STAP-ROETES
IN SUID-AFRIKA

STAP-ROETES
IN SUID-AFRIKA

Willie & Sandra Olivier

Eerste uitgawe in 2003 deur Struik Uitgewers
('n afdeling van New Holland Publishing
(South Africa) (Pty) Ltd)

New Holland Publishing is 'n lid van die
Johnnic Publishing Group

Garfield House
86–88 Edgware Road
W2 2EA London
United Kingdom
www.newhollandpublishers.com

Cornelis Struik House
McKenziestraat 80
Kaapstad
8001
Suid-Afrika
www.struik.co.za

14 Aquatic Drive
Frenchs Forest
NSW 2086
Australia

218 Lake Road
Northcote, Auckland
New Zealand

Kopiereg © 2003 van gepubliseerde uitgawe: Struik Uitgewers
Kopiereg © 2003 van teks, kaarte en die illustrasie op bl. 24:
Willie en Sandra Olivier Kopiereg © 2003 van foto's: kyk foto-erkennings onder

Uitgewersbestuurder: Dominique le Roux
Besturende redakteur: Lesley Hay-Whitton
Ontwerpbestuurder: Janice Evans
Projekbestuurder: Monique Whitaker
Konsepontwerper: Robin Cox
Ontwerper: Alison Day
Vertalers: Jan Moody, Annelene van der Merwe, Deanne Vorster
Redakteur: Aletta van der Westhuizen
Navorsingsassistent: Nicky Steenkamp
Proefleser: Betsie Potgieter
Indekseerder: Inge du Plessis
Illustreerder: Dr Jack

Reproduksie deur Hirt & Carter Cape (Pty) Ltd
Gedruk en gebind deur Paarl Print, Oosterlandstraat, Paarl, Suid-Afrika

1 3 5 7 9 10 8 6 4 2

ISBN 1 86872 789 0

Alle regte voorbehou. Geen gedeelte van hierdie publikasie mag gereproduseer, in 'n ontsluitingstelsel bewaar of weergegee word op enige manier, hetsy elektronies of meganies, deur fotokopiëring, die maak van opnamens of andersins sonder die skriftelike verlof van die kopiereghouers nie.

Hoewel alles moontlik gedoen is om die akkuraatheid van die inligting te verseker, sal daar sekere inligting wees wat tydens die lewensduur van hierdie uitgawe sal verander. Lesers word aangeraai om die inligting oor voetslaanpadgeriewe by die betrokke owerhede na te gaan, veral wanneer besprekings vir oornagroetes gedoen word. Die uitgewers sal dit waardeer indien inligting oor nuwe, opgegradeerde of afgeskafte roetes aangestuur sal word vir insluiting by toekomstige uitgawes. Skryf asseblief aan:
Die Redakteur, Staproetes in Suid-Afrika
Struik Uitgewers
Posbus 1144
Kaapstad 8000

Foto-erkennings
Shaen Adey: SA; Karl Beath: KB; Tony Camacho: TC; Colour Library: CLB; Nigel Dennis: NJD; Gerhard Dreyer: GD; Hein von Hörsten: HvH; Lanz von Hörsten: LvH; Walter Knirr: WK; Peter Pickford: PP; Roger de la Harpe: RDLH; Mark Skinner: MS; Struik Image Library: SIL; Keith Young: KY
Kopiereg © 2003 van foto's: Willie en Sandra Olivier, met uitsondering van:
Voorblad: (hoof) KB, (bo regs) SA/SIL, (onder regs) MS/SIL; **agterblad:** (links en middel) HvH/SIL, (regs) LvH/SIL; bl. 65: (bo) HvH/SIL, (onder) KY/SIL; 66: (middel) LvH/SIL; 67: (bo) HvH/SIL; 70: (bo) HvH/SIL; 71: (onder) LvH/SIL; 121: (onder) GD/SIL; 122: (onder) HvH/SIL; 123: (bo) SA/SIL; 124: (bo) SA/SIL; 125: (onder) WK/SIL; 126: (bo) SA/SIL; 128: (middel) PP/SIL; 128: (middel) RDLH/SIL; 161: (onder) SA/SIL; 162: CLB/SIL; 163: (onder) SA/SIL; 166: (bo) TC/SIL, (middel) KY/SIL; 217: (onder) WK/SIL; 218: (bo links en regs) ND/SIL, (onder) LvH/SIL; 222-3: SA/SIL; 224: (albei) LvH.

ERKENNINGS DEUR DIE SKRYWERS
Die publikasie van hierdie boek sou nie sonder die belangstelling en ondersteuning van die verskillende voetslaanpadowerhede en eienaars, wat die nodige inligting aan ons voorsien het, moontlik gewees het nie. 'n Groot dankie aan almal van u! Ons wil ook graag Struik se personeel, en veral Annlerie van Rooyen, wat ons die opdrag gegee het; Lesley Hay-Whitton; Janice Evans; Alison Day; Robin Cox en John Hall bedank. Dankie ook aan Nicky Steenkamp wat die reusetaak gehad het om die voetslaanpad-databasis by te werk, asook aan Sandra Adomeit, wat haar aanvanklik gehelp het. Laastens wil ons graag vir Monique Whitaker bedank wat so 'n deeglike, geduldige en bedagsame redakteur en projekbestuurder was en altyd bereid was om veranderinge aan te bring.

Besoek ons webtuiste **www.imagesofafrica.co.za** vir 'n Afrika-ervaring

INHOUD

KAART VAN VOETSLAANSTREKE	**6**
LYS VAN STAPROETES	**8**
INLEIDING	**16**
Omtrent die boek	16
Voetslaanterminologie	*16*
Voor jy vertrek	17
Beplanning	*17*
Kos	*17*
Voorgestelde spyskaart vir 3 dae	*18*
Toerusting	*19*
Pak jou rugsak	*24*
Lys van toerusting	*25*
Voetslaanwenke	*26*
Voetslaanreëls	26
Voetslaanveiligheid	28
Noodhulp	*29*
Noodhulpstel	*30*
DIE STAPROETES	
Suidwes-Kaap & Klein-Karoo	36
Tuinroete & Oos-Kaap	84
Drakensberg & KwaZulu-Natal	136
Vrystaat	184
Mpumalanga & Limpopo	204
Gauteng & Noordwes	254
Groot-Karoo, Namakwaland & Kalahari	270
VOETSLAANADRESSE	**288**
WOORDELYS	**292**
BIBLIOGRAFIE	**294**
INDEKS	**296**

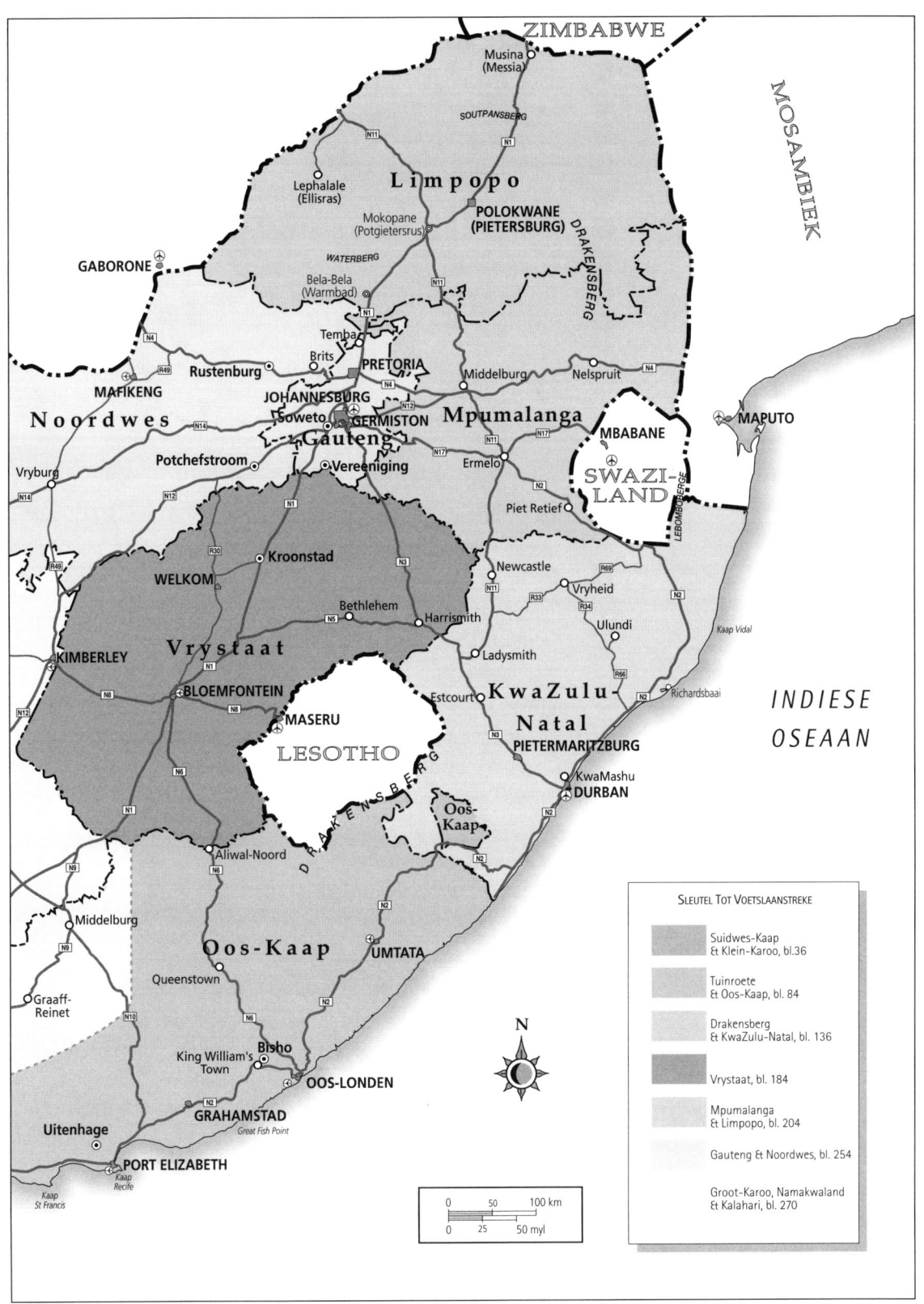

SUIDWES-KAAP & KLEIN-KAROO

1. Kaap die Goeie Hoop bl. 40
2. Kaap die Goeie Hoop-voetslaanpad bl. 41
3. Silwermyn bl. 41
4. Olifantsooggrot bl. 42
5. Houtbaai-wandelpaaie bl. 42
6. Kirstenbosch Nasionale Botaniese Tuin bl. 43
7. Tafelberg bl. 43
8. Tygerberg-natuurreservaat bl. 45
9. Koeberg-natuurreservaat bl. 45
10. Weskus Nasionale Park bl. 46
11. SAS Saldanha-natuurstaproetes bl. 47
12. Oranjevlei-vakansieplaas bl. 47
13. Helderwater-roetes bl. 47
14. Tietiesbaai na Swartriet bl. 48
15. Stompneusbaai na Paternoster bl. 48
16. Sevilla-rotskunsroete bl. 48
17. Biedouw bl. 49
18. Sederberg-wildernisgebied bl. 49
19. Sanddrif/Dwarsrivier bl. 50
20. Kromrivier bl. 51
21. Nuwerust bl. 51
22. Kagga Kamma Private Wildreservaat bl. 52
23. Groot-Winterhoek-wildernisgebied bl. 52
24. Long Acres-voetslaanpad bl. 53
25. Christie Prins-voetslaanpaaie bl. 53
26. Vaalkloof-voetslaanpad bl. 53
27. Ceres-bergfynbosreservaat bl. 54
28. Silwerfontein-voetslaanpad bl. 54
29. Karoo-woestyn Nasionale Botaniese Tuin bl. 55
30. Bainskloof, Limietberg-natuurreservaat bl. 55
31. Dutoitskloof, Limietberg-natuurreservaat bl. 56
32. Limietberg-voetslaanpad bl. 56
33. Paarlberg-natuurreservaat bl. 57
35. Wingerdroete bl. 57
35. Jonkershoek-natuurreservaat bl. 57
36. Helderberg-natuurreservaat bl. 58
37. Helderbergplaas-staproete bl. 58
38. Boland-voetslaanpad bl. 59
39. Hottentots-Holland-natuurreservaat bl. 60
40. Danie Miller-staproete bl. 61

(41) Harold Porter Nasionale Botaniese Tuin bl. 61
(42) Kogelberg-natuurreservaat bl. 61
(43) Highlands-voetslaanpad bl. 62
(44) Mont Rochelle-natuurreservaat bl. 63
(45) Caledon-veldblomtuin bl. 63
(46) Fernkloof-natuurreservaat bl. 63
(47) Kuspaadjie bl. 64
(48) Duiwelsgat-voetslaanpad bl. 64
(49) Heidehof-natuurstaproetes bl. 64
(50) Salmonsdam-natuurreservaat bl. 73
(51) Heuningberg-natuurreservaat bl. 73
(52) De Mond-natuurreservaat bl. 74
(53) De Hoop-natuurreservaat bl. 74
(54) Walvisroete bl. 75
(55) Genadendal-voetslaanpad bl. 76
(56) Boesmanskloof bl. 76
(57) Marloth-natuurreservaat bl. 76
(58) Swellendam-voetslaanpad bl. 77
(59) Montagu-bergnatuurreservaat bl. 78
(60) Pat Busch-natuurreservaat bl. 78
(61) Dassiehoek-voetslaanpad bl. 78
(62) Arangieskop-voetslaanpad bl. 79
(63) Vrolijkheid-natuurreservaat bl. 79
(64) Elandsberg-staproete bl. 80
(65) Towersig-staproete bl. 80
(66) Klapperbos-staproete bl. 80
(67) Oukraal-voetslaanpad bl. 81
(68) Gamkaskloof bl. 81
(69) Swartberg-voetslaanpad bl. 82
(70) Mons Ruber-staproete bl. 82

TUINROETE & OOS-KAAP

(1) Witsand-wandelpaaie bl. 90
(2) Volstruis-staproetes bl. 90
(3) Boosmansbos-wildernisgebied bl. 90
(4) Grootvadersbosch-natuurreservaat bl. 91
(5) Riversdal-voetslaanpaaie bl. 92
(6) Stilbaai-wandelpaaie bl. 92
(7) Rein se natuurreservaat bl. 93
(8) Oestervanger-voetslaanpad bl. 94
(9) St Blaize-staproete bl. 94

STAPROETES IN SUID-AFRIKA

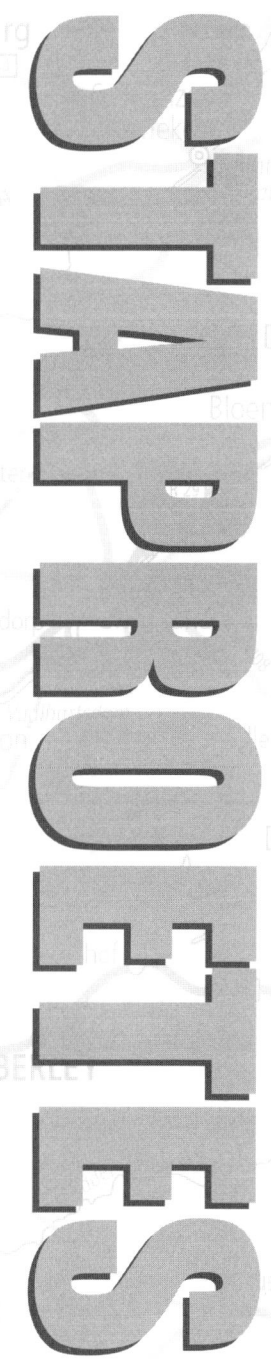

- ⑩ Attakwaskloof-voetslaanpad bl. 95
- ⑪ Koumashoek-sirkelroete bl. 95
- ⑫ Skaapplaas-staproete bl. 96
- ⑬ Groot-Brakrivier-wandelpaaie bl. 96
- ⑭ Glentana-strandwandelpad bl. 96
- ⑮ Doringrivier-wildernisgebied bl. 96
- ⑯ Outeniekwa-natuurreservaat bl. 97
- ⑰ Tierkop-voetslaanpad bl. 97
- ⑱ Groeneweide-woudwandelpaaie bl. 98
- ⑲ Melville-piek bl. 98
- ⑳ Wildernis Nasionale Park bl. 98
- ㉑ Outeniekwa-voetslaanpad bl. 99
- ㉒ Goudveld-staatsbos bl. 100
- ㉓ Goukamma Mariene en Natuurreservaat bl. 101
- ㉔ Gouna-woud bl. 102
- ㉕ Diepwalle-woud bl. 102
- ㉖ Baai-tot-baai-voetslaanpad bl. 102
- ㉗ Harkerville-kusvoetslaanpad bl. 103
- ㉘ Harkerville inheemse woud bl. 103
- ㉙ Robberg Mariene en Natuurreservaat bl. 104
- ㉚ Stinkhoutkloof-natuurwandelpad bl. 104
- ㉛ Tsitsikamma-voetslaanpad bl. 104
- ㉜ Tsitsikamma Nasionale Park, De Vasselot-gedeelte bl. 105
- ㉝ Tsitsikamma Nasionale Park, Stormsriviermond bl. 106
- ㉞ Otter-voetslaanpad bl. 107
- ㉟ Stormsrivier-wandelpaaie bl. 107
- ㊱ Dolfyn-staproete bl. 108
- ㊲ Boskloof-staproete bl. 108
- ㊳ Le Ferox Paradis-staproetes bl. 109
- ㊴ Louterwater-staproetes bl. 109
- ㊵ Baviaanskloof-bewaringsgebied bl. 110
- ㊶ Groendal-wildernisgebied bl. 110
- ㊷ Uitenhage-natuurreservaat bl. 111
- ㊸ Van Staden-veldblomreservaat bl. 112
- ㊹ Maitland-natuurreservaat bl. 112
- ㊺ Die Eiland-natuurreservaat bl. 112
- ㊻ Sardiniëbaai-natuurreservaat bl. 113
- ㊼ Kaap Recife-natuurreservaat bl. 113
- ㊽ Setlaarspark bl. 114
- ㊾ Tarentaal-staproetes bl. 114
- ㊿ Swartkops-natuurreservaat bl. 115
- 51 Aalwyn-staproete bl. 115

52. Vanderkempskloof-staproete bl. 115
53. Zuurberg bl. 116
54. Alexandria-voetslaanpad bl. 116
55. Bosberg-voetslaanpad bl. 117
56. Kommandodrif-natuurreservaat bl. 118
57. Uithou-voetslaanpad bl. 118
58. Tsolwana-wildreservaat bl. 118
59. Mpofu-wildreservaat bl. 119
60. Dubbeldrif-natuurreservaat bl. 119
61. Hogsback-wandelpaaie bl. 120
62. Amatola-voetslaanpad bl. 120
63. Piriebos bl. 129
64. Wild Coast Amble bl. 130
65. Wild Coast Meander bl. 130
66. Strandloper-voetslaanpad bl. 131
67. Wildekus bl. 131
68. Pondoland Portage-voetslaanpad bl. 133
69. Lammergeier Private Natuurreservaat bl. 133
70. Ben Macdhui-voetslaanpad bl. 134
71. Tellewaterval-staproete bl. 134
72. Woodcliffegrot-voetslaanpad bl. 135
73. Vrederus-voetslaanpad bl. 135

DRAKENSBERG & KWAZULU-NATAL

1. Vergezient-bergstaproetes bl. 141
2. Swartwildebees-voetslaanpad bl. 141
3. Royal Natal Nasionale Park bl. 142
4. Mont-aux-Sources na Cathedral Peak bl. 143
5. Cathedral Peak en Mlambonja-wildernisgebied bl. 144
6. Cathedral Peak-Twee Passe-staproete bl. 145
7. Cathkin Peak en Mdedelelo-wildernisgebied bl. 146
8. Injisuthi bl. 147
9. Injisuthi-wildernisstaproete bl. 148
10. Giant's Castle bl. 148
11. Mkhomazi-wildernisgebied en die natuurreservate Kamberg, Lotheni en Vergelegen bl. 150
12. Mzimkhulu-wildernisgebied en Mzimkhulwana-natuurreservaat bl. 152
13. Giant's Cup-voetslaanpad bl. 153
14. Umtamvuna-natuurreservaat bl. 153
15. Ingeli Forest Lodge bl. 154

STAPROETES IN SUID-AFRIKA

- ⑯ Oribi Gorge-natuurreservaat bl. 155
- ⑰ Burmanbos-natuurreservaat bl. 156
- ⑱ Silverglen-natuurreservaat bl. 156
- ⑲ Palmiet-natuurreservaat bl. 157
- ⑳ Kenneth Steinbank-natuurreservaat bl. 157
- ㉑ Krantzkloof-natuurreservaat bl. 157
- ㉒ Ferncliffe-natuurreservaat bl. 158
- ㉓ Natalse Nasionale Botaniese Tuin bl. 158
- ㉔ Groenstrook-wandelpaaie bl. 159
- ㉕ Dorpspruit-staproete bl. 159
- ㉖ Blinkwater-voetslaanpaaie bl. 160
- ㉗ Moor Park-natuurreservaat bl. 160
- ㉘ Harold Johnson-natuurreservaat bl. 169
- ㉙ St Lucia-wildreservaat bl. 169
- ㉚ Mziki-staproete bl. 170
- ㉛ Emoyeni-voetslaanpad bl. 171
- ㉜ St Lucia-wildernisroete bl. 172
- ㉝ Kaap Vidal bl. 172
- ㉞ Fanie se Eiland bl. 173
- ㉟ Charter's Creek bl. 173
- ㊱ Valsbaaipark bl. 174
- ㊲ Dugandlovu-staproete bl. 174
- ㊳ Mkuzi-wildreservaat bl. 175
- ㊴ Mkuzi-bosveldvoetslaanpad bl. 175
- ㊵ Sodwanabaai bl. 176
- ㊶ Hluhluwe-Umfolozi-park bl. 176
- ㊷ Sibayameer-natuurreservaat bl. 177
- ㊸ Amanzimnyama-voetslaanpad bl. 178
- ㊹ Tembe-olifantpark bl. 179
- ㊺ Ndumo-wildreservaat bl. 180
- ㊻ Mkhaya-voetslaanpad bl. 180
- ㊼ Ithala-wildreservaat bl. 181
- ㊽ Ntendeka-wildernisgebied bl. 182
- ㊾ Mpatiberg-voetslaanpad bl. 182
- ㊿ Izemfene-voetslaanpad bl. 183

VRYSTAAT

- ① Tussen-die-Riviere-wildreservaat bl. 188
- ② Aasvoëlberg-voetslaanpad bl. 188
- ③ Bergkloof-voetslaanpad bl. 189
- ④ Kwaggafontein-voetslaanpadl bl. 189

KAART VAN VOETSLAANSTREKE

- ⑤ Champagne-staproete bl. 190
- ⑥ Stokstert-voetslaanpad bl. 190
- ⑦ Vrystaatse Nasionale Botaniese Tuin bl. 190
- ⑧ Koranna-voetslaanpad bl. 191
- ⑨ Merrimetsi-staproetes bl. 191
- ⑩ Waterkloof-voetslaanpad bl. 192
- ⑪ Sfinks-voetslaanpad bl. 193
- ⑫ Langesnek-voetslaanpad bl. 193
- ⑬ Brandwater-voetslaanpad bl. 194
- ⑭ Camelroc-voetslaanpad bl. 195
- ⑮ Sporekrans-voetslaanpad bl. 195
- ⑯ Lesoba-voetslaanpad bl. 196
- ⑰ Tepelkop-voetslaanpad bl. 196
- ⑱ Uitzicht-voetslaanpad bl. 197
- ⑲ St Fort-voetslaanpad bl. 197
- ⑳ Bokpoort-voetslaanpad bl. 197
- ㉑ Ribbok-voetslaanpad bl. 198
- ㉒ Golden Gate Hoogland Nasionale Park bl. 199
- ㉓ Brandwag-staproete en Mont-aux-Sources bl. 200
- ㉔ Wolhuterskop-voetslaanpad bl. 200
- ㉕ Kalkoenibis-voetslaanpad bl. 201
- ㉖ Sediba-voetslaanpad bl. 201
- ㉗ Langberg-voetslaanpad bl. 202
- ㉘ Wag-'n-bietjie-voetslaanpad bl. 202

MPUMALANGA & LIMPOPO

- ① The Brook/Mondi-staproetes bl. 210
- ② El Dorian-voetslaanpad bl. 210
- ③ Suikerbosfontein-voetslaanpad bl. 211
- ④ Strikdas-voetslaanpad en Hebron-staproetes bl. 211
- ⑤ Kranskloof-voetslaanpad bl. 212
- ⑥ Bermanzi-staproetes bl. 212
- ⑦ Bakoondkrans-voetslaanpad bl. 213
- ⑧ Olifantskloof-voetslaanpaaie bl. 213
- ⑨ Idwala-voetslaanpad bl. 214
- ⑩ Botshabelo-voetslaanpaaie bl. 215
- ⑪ Broodboom-voetslaanpad bl. 215
- ⑫ Ama Poot Poot-voetslaanpad bl. 216
- ⑬ Welgedacht-staproetes bl. 225
- ⑭ Ratelspruit-voetslaanpad bl. 225
- ⑮ Salpeterkrans-voetslaanpaaie bl. 226

- ⑯ Elandsvallei-voetslaanpad bl. 226
- ⑰ Kaapsehoop-voetslaanpad bl. 227
- ⑱ Queen Rose-voetslaanpad bl. 228
- ⑲ Laeveld Nasionale Botaniese Tuin bl. 229
- ⑳ Uitsoek-voetslaanpad bl. 229
- ㉑ Gustav Klingbiel-natuurreservaat bl. 230
- ㉒ Fanie Botha-voetslaanpadnetwerk bl. 231
- ㉓ Loerie-wandelpad bl. 232
- ㉔ Forest Falls-wandelpad bl. 232
- ㉕ Jock of the Bushveld-staproete bl. 232
- ㉖ Prospekteerder-voetslaanpaaie bl. 233
- ㉗ Mount Sheba-natuurreservaat bl. 234
- ㉘ Matlapa-voetslaanpad bl. 234
- ㉙ Blyderivierspoort-voetslaanpad bl. 235
- ㉚ Bourke's Luck-kolkgate-staproetes bl. 236
- ㉛ Hadeda-watervalroetes bl. 236
- ㉜ Nasionale Krugerwildtuin bl. 237
- ㉝ De Neck-voetslaanpad bl. 239
- ㉞ Kameelperd-voetslaanpad bl. 239
- ㉟ Hans Merensky-natuurreservaat bl. 240
- ㊱ Rooikat-natuurwandelpad bl. 240
- ㊲ Wolkberg-wildernisgebied bl. 241
- ㊳ Magoebaskloof-voetslaanpad bl. 242
- ㊴ Modjadje-natuurreservaat bl. 243
- ㊵ Khongoni-voetslaanpad bl. 244
- ㊶ Ben Lavin-natuurreservaat bl. 244
- ㊷ Mabudashango-voetslaanpad bl. 245
- ㊸ Soutpansberg-voetslaanpad bl. 246
- ㊹ Lesheba-wildernis bl. 247
- ㊺ Thabaphaswa-voetslaanpaaie bl. 247
- ㊻ Ubumanzi-voetslaanpad bl. 248
- ㊼ Vasbyt-voetslaanpad bl. 248
- ㊽ Rietfontein-voetslaanpad bl. 248
- ㊾ Sable Valley-en-Serendipity-voetslaanpad bl. 249
- ㊿ Stamvrug-voetslaanpad bl. 249
- 51 Wag-'n-bietjie-staproetes bl. 250
- 52 Diepdrift-voetslaanpaaie bl. 251
- 53 Tshukudu-voetslaanpad bl. 251
- 54 Rhenosterpoort-voetslaanpad bl. 252
- 55 Waterbergkruin-voetslaanpad bl. 252
- 56 Kransberg-natuurstaproetes bl. 252
- 57 Mateke-voetslaanpad bl. 253

KAART VAN VOETSLAANSTREKE

GAUTENG & NOORDWES

1. Suikerbosrand-voetslaanpad bl. 258
2. Suikerbosrand-natuurreservaat bl. 259
3. Witwatersrand Nasionale Botaniese Tuin bl. 259
4. Kloofendal-natuurreservaat bl. 260
5. Rietvlei-natuurreservaat bl. 260
6. Pretoriase Nasionale Botaniese Tuin bl. 261
7. Windy Brow-voetslaanpad bl. 261
8. Mooiplasie-voetslaanpad bl. 262
9. Mobonz-wildreservaat bl. 262
10. Borakalalo Nasionale Park bl. 263
11. Tswaingkrater-staproete bl. 263
12. Uitkyk-voetslaanpad bl. 264
13. Hennops-voetslaanpad bl. 264
14. Kromdraai-voetslaanpad bl. 265
15. Visarendbaai-voetslaanpad bl. 265
16. Rustenburg-voetslaanpad bl. 266
17. Rustenburg-natuurreservaat bl. 267
18. Pilanesberg Nasionale Park bl. 267
19. Visarend-voetslaanpad 268
20. Vredefortkoepel-hooglandroetes bl. 268

GROOT-KAROO, NAMAKWALAND & KALAHARI

1. Karoo Nasionale Park bl. 274
2. Karoo-natuurreservaat bl. 274
3. Drie Koppe-voetslaanpad bl. 275
4. Groenvlei-plaas bl. 276
5. Transkaroo-voetslaanpad bl. 276
6. Bokmakierie-voetslaanpad bl. 277
7. Rolfontein-natuurreservaat bl. 277
8. Kuruman-voetslaanpad bl. 278
9. Kokerboom-voetslaanpaaie bl. 278
10. Klipspringer-voetslaanpad bl. 279
11. Pofadder-voetslaanpad bl. 280
12. Goegap-natuurreservaat bl. 280
13. Oorlogskloof-natuurreservaat bl. 281
14. De Hoop-staproete bl. 283

INLEIDING

Om die beste gebruik van die gids te maak, sal dit help as jy vertroud raak met die opskrifte en terminologie wat gebruik word, en die inligting oor beplanning en voorbereiding bestudeer sodat jy jou staptog ten volle kan geniet en beserings kan vermy.

OMTRENT DIE BOEK

Omdat daar soveel wandelpaaie en oornagroetes in Suid-Afrika is, is dit onmoontlik om almal hier in te sluit; slegs dié van 'n uur en langer word dus in hierdie gids gelys. Enkele uitsonderlike wandelpaaie van onder 'n uur is wel ingesluit indien hulle een van die vernaamste lokpunte vir stappers in die gebied is.

Die wandelpaaie en voetslaanroetes in hierdie boek is in breë geografiese gebiede eerder as politieke afdelings gegroepeer. Dié gebiede word algemeen vir die bevordering van toerisme gebruik, en in baie gevalle stem die fauna, flora, klimaat en geologiese kenmerke in die geografiese gebiede ook wesenlik ooreen. Die geografiese en politieke streke oorvleuel egter soms.

'n Kort oorsig van die flora, fauna, geologie, klimaat en ander toepaslike aspekte van elke streek word verskaf. Hierdie inligting sal grootliks bydra tot die waardering en genot wat jy uit die natuurwonders put.

As 'n algemene reël word alle dagwandelpaaie gelys onder die naam van die attraksie, bewaringsgebied (natuurreservaat, nasionale park of botaniese tuin) of stad/dorp waar hulle geleë is. Dit stel lesers in staat om die wandelpaaie en staproetes in 'n spesifieke gebied maklik op te spoor.

Waar voetslaanpaaie, veral oornagroetes, bekend is onder hul eie name, word hulle daaronder gelys, eerder as onder dié van die natuurreservaat of nasionale park waar hulle geleë is. Kruisverwysings na ander staproetes in dieselfde bewaringsgebied word verskaf.

Die inligting wat verskaf word behoort jou in staat te stel om 'n wandelpad of oornagroete te kies wat pas by jou belangstellings, fiksheidsvlak en die tyd tot jou beskikking. Elke staproete of groep roetes het sy eie inskrywing en begin met 'n gekleurde afdeling wat inligting onder die volgende opskrifte verstrek:

Roetes As daar net een wandelpad of staproete is, word inligting aangaande die afstand in kilometers, die tydsduur (ure of aantal dae) en die roete-uitleg verskaf. Waar daar 'n aantal wandelpaaie of staproetes in 'n spesifieke reservaat of park, stad of dorp is, word die tydsduur en uitleg van die kortste en langste roete verskaf. Die afstand, duur en roete-uitleg word dan aan die einde van elke individuele roetebeskrywing verstrek.

Die term **eenrigting** dui op 'n roete met verskillende begin- en eindpunte. Die beginpunt van 'n **sirkelroete** is dieselfde as sy eindpunt. 'n **Netwerk** is 'n paar verskillende roete-opsies wat dikwels onderling verbind, terwyl **netwerk van basiskamp** dui op 'n roete-uitleg wat gewoonlik die syfer 8 vorm. Sulke roetes kan gewoonlik met net 'n dagsak aangedurf word. Heen en terug beskryf 'n voetslaanpad waarvan die heen- en terugroete dieselfde is (d.w.s. jy draai by die eindpunt om en stap met dieselfde roete terug).

Permitte Vooruitbespreking is noodsaaklik waar 'n adres verskaf word. In baie gevalle (bv. veldblomtuine, nasionale botaniese tuine, natuurreservate en nasionale parke) kan besoekers sonder enige verdere permit staptogte onderneem mits hulle vir 'n toegangspermit of oornagverblyf betaal het. 'n Selfuitreik-permitstelsel is in sekere gevalle in werking, en gelde is slegs tydens spitsseisoene betaalbaar. Wanneer jy bespreek, moet jy navraag doen oor die minimum aantal stappers en, in die geval van groepe, oor die maksimum aantal.

Kaarte Inligting word verskaf omtrent die soort kaart (roetepamflet met kaart, ens.) wat beskikbaar is.

Geriewe/Aktiwiteite Alle ontspanningsfasiliteite en -geriewe word kortliks onder hierdie opskrif beskryf.

Belangrike inligting Hier vind jy belangrike inligting wat op die wandelpad of voetslaanroete van toepassing is. In elke streeksbeskrywing is daar ook 'n seksie met toepaslike inligting oor daardie streek.

Die hoofdeel van elke inskrywing bevat 'n kort beskrywing van die soort wandelpad of voetslaanroete asook van aspekte soos die flora, fauna en landskap langs die roete, gevolg deur 'n beskrywing van die roete self.

Vir al die bome wat in die teks genoem word, word die name in die *Nasionale Lys van Inheemse Bome* gebruik. Vir enige ander plante word die wetenskaplike naam tussen hakies aangegee om verwarring te voorkom omdat daar geen gestandaardiseerde volksname vir die meeste ander plante is nie.

Voetslaanterminologie

Die aantal staproetes en voetslaanpaaie in Suid-Afrika het so toegeneem dat voetslaanterminologie daaronder gely het. Boonop word reisigers met 'n lae begroting ook rugsakstappers genoem, wat sake verder bemoeilik.

'n Voetslaanpad is 'n ononderbroke, goed afgebakende roete deur 'n natuurlike of mensgemaakte omgewing, waar die gebruiker toerusting en kos in 'n rugsak dra. Spesifieke oornagplekke word aan die einde van elke dag se staptog verskaf.

Rugsakroetes loop nie langs aangeduide voetpaaie nie, en dit staan jou vry om jou eie weg te baan. Geen oornagfasiliteite word verskaf nie en rugsakstappers slaap in die oop veld, in grotte of in tente wat hulle self saamdra. Basiese skuilings is soms beskikbaar.

Wildernistrekke word deur 'n roetebeampte aangevoer in ongetemde en natuurgebiede soos nasionale parke en wildreservate. Hoewel wildbesigtiging deel van die uitstappie vorm, is die hoofdoel om begrip en waardering vir die natuur by stappers te kweek.

Verklarende roetes is gewoonlik net 'n paar kilometers lank en lê die klem op voorligting en verklaring van die omgewing. 'n Roetepamflet word verskaf om jou te lei, en genommerde merkers hier en daar langs die roete dui kenmerke aan wat in die brosjure verduidelik word.

Dagwandelpaaie is ideaal vir diegene wat hul litte wil rek sonder om 'n swaar rugsak te moet dra. Hulle duur van 30 minute tot 'n volle dag.

VOOR JY VERTREK

Beplanning

'n Staptog of oornagvoetslaantog verg deeglike beplanning, anders kan dit maklik op 'n ramp uitloop. Gelukkig is die beplanning en voorbereiding self 'n genot!

As jy nie 'n ervare voetslaner is nie kan jy jou gerus by 'n voetslaanklub aansluit. Dit sal jou in staat stel om by mense met jare lange ondervinding te leer, en om aan klubuitstappies deel te neem. 'n Internetsoektog na voetslaanklubs in Suid-Afrika sal jou kan help.

Die maandelikse Suid-Afrikaanse tydskrif *Getaway* publiseer gereeld artikels oor voetslaanroetes en verstrek die jongste inligting oor toerusting en nuwe ontwikkelinge. Daar is ook boeke met volledige beskrywings van dagwandelpaaie en oornagvoetslaanpaaie.

Die meeste staptogte, en bykans alle voetslaan- en rugsaktogte, behels liggaamlike inspanning. Hoe fikser jy is, hoe meer genot sal jy dus uit jou voetslaan- en staptog put. Gereelde fisieke oefening is dus noodsaaklik, en as jy 'n moeilike staptog beplan is dit raadsaam om jou oefenvlakke geruime tyd voordat jy dit aandurf, te verhoog.

Hou die volgende in gedagte wanneer jy 'n stap- of voetslaantog beplan:

- Kies 'n wandelpad of voetslaanroete wat met jou fiksheidsvlak ooreenstem. Begin met 'n paar dagwandeltogte, en vorder dan na 'n maklike naweekroete voordat jy iets te veeleisends aandurf. Hou altyd die swakste lid van die geselskap in gedagte en maak seker dat almal fiks is.
- Dit is noodsaaklik om die klimaat in ag te neem, aangesien dit bepaal watter klere en toerusting jy moet saamneem. Alte veel daguitstappies op Tafelberg en die Drakensberg het op 'n ramp uitgeloop vanweë snelle weersveranderinge, gebrek aan ondervinding en onvoldoende voorbereiding.
- Verkry die nodige kaarte en sorg dat jy weet hoe om hulle te gebruik. Dit is veral belangrik vir voetslaners in wildernisgebiede. Hier sal topografiese 1:50 000-kaarte van die landmeter-generaal se kantoor nuttig wees. Maak seker dat jy weet hoe om kaarte te lees en daarmee te navigeer.
- Een van die goue reëls is om nooit alleen te gaan stap nie, veral in die geval van lang dagwandelpaaie en voetslaanpaaie. Die minimum getal mense vir 'n voetslaanroete is drie, maar vier is veiliger.
- Gaan jou toerusting voor die tyd na en maak seker dat dit dienlik is, veral jou stewels.
- Kyk na die weervoorspelling voordat jy vertrek en kanselleer die stap- of voetslaantog, indien nodig.
- Stel altyd iemand in kennis van jou voorgenome roete en wanneer jy verwag om terug te wees. In voetslaangebiede waar daar 'n bergregister is, moet dit korrek en volledig ingevul word.

Kos

Of jy nou 'n dagwandeling of 'n voetslaantog onderneem, dit is belangrik om gesond te eet om die energie wat die liggaam verbruik, te vervang. Eetgoed soos grondboontjies en rosyne, energiestafies, droëvrugte en peuselhappies met 'n hoë voedingswaarde is voldoende vir dagstaptogte. Onthou om met gereelde tussenposes te eet om jou energievlakke hoog te hou.

Oornagvoetslaners hoef gelukkig nie meer blikkies boeliebief en die taamlik onsmaaklike outydse sojaproteïenmaaltye teen die berg op te karwei nie. 'n Groot verskeidenheid nuwe, gedehidreerde sojaproteïenkitsmaaltye, kapokaartappels, kitssoppe en nageregte is nou beskikbaar. Gebruik net jou verbeelding en voeg vars bestanddele en kruie by sojaproteïenmaaltye.

As jy bereid is om 'n bietjie meer vir kos te betaal, is daar by buitelewewinkels maaltye te kry wat nie net baie smaaklik nie, maar ook baie lig is en dikwels min gaarmaak nodig het. Die enigste nadeel is dat die porsies dalk te klein vir iemand met 'n gesonde eetlus is.

Kilojoule-inname verskil baie, maar mans verbrand gemiddeld 17–21 000 kJ (4–5 000 kalorieë) en vroue 13–17 000 kJ (3–4 000 kalorieë) per dag. Voeg sowat 4 185 kJ (1 000 kalorieë) per dag by vir 'n roete van gemiddeld 15 km per dag, of vir staptogte in koue weer. Jy het ook sowat twee en 'n half keer soveel kilojoules nodig om 300 m hoër bo seevlak te kom as om een uur lank oor gelyk terrein te stap.

Hier volg 'n benaderde gids tot die gemiddelde persoon se daaglikse voedingsbehoeftes:

- Twee porsies melkprodukte, of melk; een porsie is 250 ml melk, 60 ml melkpoeier (droog), 45 g kaas.
- Twee porsies proteïenryke voedsel; een porsie is 80 tot 250 ml neute, 60 ml grondboontjiebotter.
- Vier porsies vrugte en groente; een porsie is 'n vrug, 125 ml gaar gedehidreerde voedsel.
- Vier of meer porsies koolhidrate; een porsie is een sny brood, 125 ml gaar ontbytgraankos, 125 ml gaar pasta of rys.

Onthou ook die volgende:

- Maak vir hoogstens 1 kg voedsel per persoon per dag voorsiening, maar onthou: koue verhoog die eetlus.
- As jy in besonder droë gebiede gaan stap, sluit 'n paar vars kossoorte soos komkommer, tamaties en geelwortels in want dit bestaan hoofsaaklik uit water.
- Elkeen behoort sy of haar eie voorraad peuselhappies te hê, byvoorbeeld droëwors en energiestafies.
- Giet die inhoud van glasbottels in plastiekhouers. Sorg dat 'n skerp voorwerp nie die foeliesak van 'n boks wyn stukkend steek nie!
- Sorg altyd vir 'n ekstra dag se energieryke noodrantsoene soos sjokolade, neute en rosyne, glukoselekkers en energiestafies. Moenie daaraan peusel nie!
- Pak jou kookgerei en kos met oorleg, sodat die benodighede vir kort teepouses bymekaar is en die kos vir middagete maklik toeganklik is.

VOORGESTELDE SPYSKAART VIR 3 DAE

Die volgende driedaagse spyskaart vir drie voetslaners kan jou help om jou eie spyskaart te beplan. Dit kan aangepas word volgens persoonlike voorkeur en die beskikbare geriewe by oornagplekke. As daar hout is, kan jy vakuumverpakte vleis vir die eerste aand saamneem.

	Oggend		Middag		Aand	
DAG 1	muesli	300 g	6 snye rogbrood	375 g	gedehidreerde bone	90 g
	3 beskuite	60 g	6 kaaswiggies	100 g	spekvleis (vakuumpak)	150 g
	1 lemoen	300 g	1 klein salami	200 g	2 wortels	125 g
	3 stukke brosbrood	95 g	1 pakkie droëvye	125 g	gedehidreerde uie	25 t
			grondbone & rosyne	150 g	gedehidreerde tamatie	25 g
			3 appels	500 g	1 blokkie hoenderaftreksel	10 g
	Vervang met gewone ontbytspyskaart vir vertrek van basiskamp.		1 isotoniese drankie	80 g	rys	150 g
					1 pakkie kitspoeding	100 g

	Oggend		Middag		Aand	
DAG 2	hawermout	150 g	6 stukke brosbrood	190 g	3 koppies kitssop	35 g
	3 beskuite	60 g	3 hardgekookte eiers	190 g	kitskapokaartappel	112 g
	1 pomelo	300 g	1 blik sardiens	106 g	1 blik tuna	185 g
	3 snye rogbrood	188 g	komkommer	150 g	1 klein soetrissie	100 g
			1 vrugterol	80 g	gedehidreerde uie	25 g
			1 isotoniese drankie	80 g	gedehidreerde ertjies	50 g
					1 hoenderaftrekselblok	10 g
					kitsvlapoeier	100 g
DAG 3	muesli	300 g	6 stukke brosbrood	190 g	3 koppies kitssop	35 g
	3 beskuite	60 g	6 kaaswiggies	100 g	pasta	250 g
	gestoofde vrugte	200 g	1 tamatie	200 g	kitspastasous	50 g
			1 klein blikkie patee	100 g	parmesaankaas	120 g
			1 pakkie droëdadels	125 g	1 sjokoladeblok	200 g
			grondbone & rosyne	150 g		
			3 nartjies	500 g	*Swart olywe of gerookte mos-*	
			1 isotoniese drankie	80 g	*sels kan by sous gevoeg word.*	
ALLERLEI						
	grondboontjiebotter	250 g	18 teesakkies	54 g	suiker	500 g
	konfyt	300 g	warmsjokolade	100 g	6 koffiesakkies	75 g
	melkpoeierr (4 sakkies)	400 g	3 pakkies beskuitjies	600 g	sout, peper, kruie	25 g

Aangeduide massas is benaderd en sal verskil na gelang van handelsmerk.

Toerusting

Nuweling-voetslaners kom te staan voor 'n groot verskeidenheid wetenskaplik ontwerpte liggewigtoerusting wat dit moeilik maak om te kies. Hier volg 'n paar riglyne vir die koop van toerusting. Aangesien ontwerpe en kenmerke voortdurend verander, word net die algemene eienskappe en beginsels bespreek.

Reëls vir die koop van toerusting

- Gesels eers met medevoetslaners, blaai deur katalogusse en raadpleeg die leesstof oor toerusting voordat jy enigiets koop.
- Oorweeg jou persoonlike vereistes sorgvuldig. Dit sou byvoorbeeld nutteloos wees om 'n liggewigslaapsak, geskik vir woonwakampering, te koop as jy in die winter in die Drakensberg wil gaan stap.
- Winkelassistente in spesialisvoetslaanwinkels is 'n waardevolle bron van inligting.
- Moenie spesialistoerusting by supermarkte koop nie. Al is dit goedkoper, het die personeel gewoonlik nie die kundigheid om jou raad te gee nie.

- Koop altyd toerusting met 'n goeie handelsnaam. Dit beteken egter nie dat jy die duurste toerusting in die winkel moet koop nie.
- Dink aan gerief en funksionaliteit, nie mode nie. Persoonlike vereistes en smaak tel die swaarste.
- Besluit laastens hoeveel jy wil betaal. Wees realisties, maar moet nooit gehalte ter wille van 'n laer prys inboet nie.

Skoene

Daar is min dinge wat 'n staptoer so kan bederf as seer voete met blase, en op enige staproete begin gemak op grondvlak, by jou voete. Voetslaanskoene kan in vier breë kategorieë verdeel word:

- Liggewigstewels of stapskoene vir dagwandelings oor maklike terrein.
- Mediumgewigstewels vir voetslaan- en rugsaktogte langs goed afgebakende roetes.
  Bergklimstewels vir voetslaan- en rugsaktogte oor ruwe bergterrein en in sneeu.
- Spesialis-bergklimstewels.

Daar is 'n wêreldwye neiging na die gebruik van lig- en mediumgewigskoene, en in Suid-Afrika word die gebruik van Alpynse tipe bergklimstewels – voorheen die norm – nou grootliks beperk tot wintervoetslaantogte in die Drakensberg. Hierdie neiging is deels toe te skryf aan die swakker gehalte en werkverrigting van leerstewels as gevolg van die skerp stygende koste van leer, en deels aan omgewingsfaktore.

Met die oog op algemene staproetetoestande in Suid-Afrika is liggewigstewels geskik vir die meeste dagstaptogte en wandelings, en mediumgewigstewels vir die meeste voetslaan- en rugsakroetes.

Wanneer jy stewels koop, is die belangrikste oorwegings grootte, gemak en beskerming. Dra jou stapsokkies wanneer jy stewels aanpas. Voordat jy die veters vasmaak, stoot jou voet so ver moontlik vorentoe, totdat jou tone teen die neus druk. As jy nog steeds 'n vinger langs die binnekant van jou hak kan indruk, is die stewel die regte grootte. Die ekstra ruimte is nodig sodat jou voete kan uitsit en jou tone nie teen die neus van die stewel druk wanneer jy afdraand stap nie. Maak die veters goed vas, maar nie te styf nie. Maak ook seker dat die stewels nie die breë deel van jou voete knel nie en dat daar genoeg beweegruimte vir jou tone is. Stap in die winkel rond en kyk of die agterkant van die stewels jou hakke goed vashou. As jou hakke meer as sowat 6 mm uitlig, moet jy 'n kleiner nommer probeer.

Pas altyd albei stewels aan. Die meeste mense se een voet is effens groter as die ander, met die gevolg dat 'n stewel perfek aan die een voet pas, maar sy maat te groot of te klein vir die ander voet is.

Sodra jy die regte paar stewels aangeskaf het, is dit belangrik dat jy hulle 'n kans gee om by die vorm van jou voete aan te pas voordat jy jou eerste uitstappie – hetsy 'n dag lange staptog of 'n oornagvoetslaantog – aandurf. Hoe lank dit gaan neem om jou stewels uit te trap sal van die materiaal (leer of tekstielstof) en die buigsaamheid van die sool afhang. Dra die stewels aanvanklik in die huis en vir wandelings oor maklike terrein totdat jy seker is dat hulle behoorlik uitgetrap is.

Stewels van goeie gehalte is duur en moet dus goed versorg word. Een van die algemeenste foute is om nat stewels voor 'n vuur droog te maak. Dit veroorsaak krimping, wat die sool van die boleer kan laat lostrek. Nat stewels moet soveel moontlik gelug en dan gedra word totdat hulle droog is.

Jou stewels sal gedurende jou staptogte waarskynlik aan baie slytasie, reën en sonskyn blootgestel word. Borsel die bolere na elke uitstappie liggies af om enige modder, vuiligheid of stof, veral in die nate, te verwyder, en maak seker dat hulle droog is. Stop hulle met koerantpapier en bêre hulle op 'n droë plek. Poets leerstewels na elke staptog en behandel hulle af en toe met Dubbin. Dit sal die leer weer nuwe lewe gee en die unieke eienskappe van leer – asemhaalvermoë, soepelheid, sterkte en duursaamheid – help behou en die stewels ook waterdig maak sonder om hul asemhaalvermoë aan te tas. En, in teenstelling met wat die meeste mense dink, laat Dubbin nie steke verrot nie.

Sakke

Naas skoene is jou sak die stuk toerusting wat gaan bepaal hoeveel genot jy uit jou uitstappie put. Gemak is weer eens van die allergrootste belang.

Dagsakke se inhoudsvermoë wissel van 18 tot 42 liter, met 'n gemiddeld van sowat 35 liter. Goed opgestopte rug- en skouerbande is belangrike kenmerke, en 'n middellyfband is nuttig vir sakke met 'n groter volume.

Rugsakke Die meeste sakke in Suid-Afrika is binneraamsakke, hoewel buiteraamsakke nog baie gewild in Europa en die Verenigde State is.

Net soos met skoene is dit belangrik om die korrekte lengte sak of raam te kies. Dit is nie so eenvoudig soos dit klink nie. As jy byvoorbeeld lank is, beteken dit nie noodwendig dat 'n langraamrugsak jou sal pas nie. Wat belangrik is, is dat die grootte van die raam/sak in die korrekte verhouding tot jou bolyfgrootte moet wees. Die meeste binneraamsakke van goeie gehalte het 'n selfstel-meganisme wat mense van verskillende lengtes in staat stel om dieselfde sak te gebruik.

Een van die belangrikste kenmerke van 'n rugsak is 'n goed opgestopte heupband, wat help om tot soveel as 70 persent van die gewig van jou skouers na jou heupe te verplaas. Sit 'n paar swaar voorwerpe in die sak en maak die heupband vas sodat die borand net bokant jou heupbeen is. Verstel die skouerbande totdat die sak styf teen jou rug pas, en maak seker dat die boonste harnaspunt nie meer as vyf sentimeter onder jou prominentste nekbeen is nie. Vra 'n winkelassistent of vriend om jou die korrekte posisie te help skat. Aangesien die groottes van sakke en rame wissel, sal jy dalk 'n paar keer moet probeer voordat jy een kry wat reg pas.

Maak seker dat die agterkant van die rugsak goed opgestop is en ook dat daar genoeg ventilasieruimte tussen die sak en jou rug is. Onthou die leuse: 'As dit 'n groot sak is, maak dit vol. As dit 'n klein sakkie is, gaan dit nie inpas nie.' Met inagneming van die algemene weers- en ander toestande in Suid-Afrika is sakke met 'n inhoudsvermoë van 50 tot 55 liter en 60 liter vir vroue en mans onderskeidelik, voldoende vir 'n naweekstaptog. Vir langer voetslaanroetes (bv. vyfdagroetes) het vroue 'n sak met 'n inhoudsvermoë van 55 tot 60 liter en mans een van 60 tot 75 liter nodig.

Maak seker dat die materiaal sterk, waterdig en skuurbestand is. Rugsakke word van verskillende materiale vervaardig en dra 'n waarborg wat wissel van vyf jaar tot lewenslank, mits jy in 'n sak van goeie gehalte belê.

Oorweeg die volgende wanneer jy 'n rugsak koop:
- Is die heupband en skouerbande goed opgestop?
- Kan die skouerbande maklik verstel word?
- Het die heupband 'n snellosgespe?
- Hoeveel sysakke is daar?
- Is daar 'n sakverlengstuk ('n verlenging van die binnemateriaal wat jou in staat stel om die ruimte onder die sak se boflap te benut)?
- Is die ritssluiters met flappe bedek om hulle meer waterdig te maak?

Slaapsak

Wanneer jy 'n slaapsak koop, is jou belangrikste keuse dié tussen dons en kunsvesel. Daar is weer eens verskeie faktore om te oorweeg: gewig, warmte, grootte wanneer verpak, ontwerp en prys. Jou finale keuse sal bepaal word deur hoe goed hierdie faktore by die voorgenome gebruik van die sak aanpas.

Die voordeel van donsslaapsakke is dat hulle lig, kompak en warm is. Hulle verloor egter hul isoleereienskappe wanneer hulle nat word, moet baie versigtig gewas word en is duur. Kunsveselslaapsakke se gehalte het in die afgelope tyd geweldig verbeter en hulle is goeie plaasvervangers vir dons. Dié slaapsakke is warm, behou hul isoleereienskappe wanneer nat, is maklik om te was en die prys is mededingend. Hulle is boonop nie meer so lywig soos hul voorgangers nie en vergelyk in dié opsig goed met donsslaapsakke.

Daar is twee basiese slaapsakontwerpe: reghoekig, en mummievormig met 'n kopstuk. As jy waarskynlik lang tye in koue weer gaan deurbring, is laasgenoemde die beste, aangesien die liggaamskontoervorm die beste warmte-tot-gewig-verhouding bied.

Die sak moet 'n goed gevormde kopstuk met intrekkoorde hê sodat dit in koue weer oor jou kop getrek kan word en net 'n opening laat om deur asem te haal. Sommige sakke met kopstukke het kort ritssluiters, maar die First Ascent-reeks het 'voetvriendelike ritssluiters' ('n Suid-Afrikaans-geregistreerde ontwerp) wat jou in staat stel om die sak as 'n duvet te gebruik of twee sakke aanmekaar te rits.

Reghoekige sakke is die gewildste slaapsakke in Suid-Afrika. Hulle het gewoonlik 'n vollengte-ritssluiter wat dit vir jou moontlik maak om die temperatuur in die sak te beheer. Op warm aande kan die sak oopgerits word om die temperatuur te verlaag, en in koue weer kan twee sakke aanmekaar gerits word vir ekstra warmte. Tuis kan die sak ook as 'n duvet gebruik word.

Maak seker dat die sak wat jy koop 'n trekbuis ('n opgestopte strook) agter die ritssluiter en die gesigdeel van die kopstuk het om hitteverlies te voorkom.

Versorging van jou slaapsak

- Hou jou sak droog. As dit wel nat word, laat dit so gou moontlik in die buitelug droog word.
- Druk oortollige water liggies uit, maar moenie die sak wring nie. Pas op dat jy nie die trekbuis beskadig wanneer jy die sak oop- of toerits nie.
- Moet jou sak nooit aan oormatige hitte, soos direkte sonlig of 'n vuur, blootstel nie. Dit kan die dons in donsslaapsakke laat hard word.
- Bêre jou sak losweg – by voorkeur deur dit op te hang wanneer dit nie gebruik word nie. Indien donssakke lang tye aaneen saamgepers word, sal die vulstof sy natuurlike elastisiteit begin verloor.
- Hou die binne- en buitekant van jou slaapsak so skoon moontlik. 'n Binnelaken en oortreksel sal jou slaapsak skoon hou en ekstra warmte verleen; dit voeg egter sowat 1 kg by die gewig.
- Donsslaapsakke moet altyd met die hand gewas word. Maak 'n bad vol louwarm water (40 °C) en voeg spesiale donsseep by. Was die sak liggies en moet dit nie hardhandig draai of wring nie. Laat die water uitloop en spoel dit in vars water uit. Herhaal die proses totdat al die seep verwyder is. Druk liggies soveel moontlik water uit die sak voordat jy dit uit die bad haal; stut dit aan die onderkant. Laat die sak op 'n warm plek, weg van direkte hitte, droog word. Vryf klonte liggies los tot individuele donsies.

Toesel-grondkussing

Op roetes waar daar geen oornaghutte met slaapbanke en matrasse is nie, is 'n toesel-grondkussing ('n ligte hoëdigtheidsponsmatras van 6–10 mm dik) noodsaaklik om te voorkom dat die koue uit die grond opstyg. Die grondkussing sal aanvanklik dalk 'n bietjie hard voel, maar onthou: dis baie gemakliker as om net op 'n grondseil te slaap! Wat gemak, gewig en grootte (opgerol) betref, is dit verreweg beter as oop skuimrubber- en lugmatrasse. Toesel-grondkussings van hoë gehalte met 'n dikte van sowat 9 mm is geskik vir temperature so laag as -10 °C.

Gehalte is van groot belang wanneer jy 'n grondkussing koop. Daar is goedkoop produkte te kry, maar hul duursaamheid en die digtheid van die skuimrubber kom nie naby dié van 'n goeie toesel-grondkussing nie.

'n Selfopblaasmatras is ook 'n opsie vir voetslaners wat nie omgee om hul sakke se gewig te vermeerder ter wille van gerief nie. Hierdie slim uitvindsel is ideaal vir voetslaan – dis ligter en meer kompak as 'n lugmatras en word net oopgerol. Die nadele is dat dit swaarder en duurder as 'n grondkussing is en maklik stukkend gesteek word.

Grondseil

'n Grondseil help om die oppervlak rondom jou slaapsak skoon te hou wanneer jy buite slaap. Hier kan jy kies tussen 'n ligte grondseil van plastiek of 'n sportmanskombers wat aan die een kant met aluminiumfoelie gevoer is en sowat 310 g weeg. As dit baie koud is kan jy jou daarin toedraai om hitte te bewaar, en dit kan ook as 'n noodskuiling gebruik word.

Die noodkombers is 'n baie ligte (70 g) vel aluminiumfoelie waarvan die een kant hoogs weerkaatsend is. Dit neem feitlik geen plek in beslag nie en is betreklik goedkoop, maar is nie bestand teen ruwe hantering nie; gebruik dit dus net vir ekstra isolering of as 'n noodskuiling teen die reën of son.

Reënklere

Om reënklere te koop gaan beslis probleme oplewer, tensy jy bereid is duur te betaal vir 'n hoëgehalteproduk wat gemaak is van buitemateriale soos K-Tech® of Goretex® wat waterdig is en asemhaal.

Informele reënbaadjies is gewoonlik óf waterwerend óf waterdig. Die voordeel van waterwerende kledingstukke is dat hulle asemhaal en jou in ligte reën redelik droog hou. Wanneer ongunstige weerstoestande egter vir lang tye voortduur, is hulle heeltemal ontoereikend.

Daarenteen vorm waterdigte kledingstukke van PVC-bedekte nylon 'n verseëlde dop wat nie kan asemhaal nie. Warm, vogtige lug wat deur die liggaam vrygestel word kan nie deur die waterdigte materiaal ontsnap nie en waterdamp word binne die dop gevorm. Dit veroorsaak oormatige verhitting en kondensasie sodat jy sopnat raak binne die kledingstuk. Die oplossing vir hierdie probleme is kledingstukke gemaak van K-Tech® en Goretex®, wat 100 persent waterdig is, kan asemhaal en feitlik windbestand is. Hierdie materiale is duur, maar in ongure weer sal jy bly wees dat jy in 'n kledingstuk van hoë gehalte belê het.

Kampstofie

'n Kampstofie is nie net gerieflik vir 'n vinnige beker tee langs die pad nie, maar kom ook tot jou redding wanneer daar geen brandhout by 'n oornaghut is nie. Die gevaar van oop vure, die nadelige uitwerking van houtvure op die omgewing en die koste verbonde aan brandhoutvoorsiening het boonop meegebring dat hout op baie roetes nie meer verskaf word nie.

Vroeër jare het bergklimmers grootliks staatgemaak op hul dikwels temperamentele bensienstofies, maar deesdae is gas skynbaar die gewildste keuse. Ander opsies is onder meer brandspiritus- (alkohol-) en meerbrandstof-drukstofies.

Liggewig-gasstofies brand skoon en redelik doeltreffend wanneer hulle teen die wind beskut word. Sommige modelle het 'n breër basis en 'n verbeterde brandring – 'n groot verbetering op die taamlik onstabiele vroeë modelle met hul hoë swaartepunt. Hulle werk egter nie goed in winderige toestande, op groot hoogtes bo seevlak en in koue weer nie. Boonop het leë gassilinders ongelukkig 'n groot bron van besoedeling geword.

Brandspiritusstofies, wat algemeen as stormstofies bekend staan, is maklik om aan te steek en redelik doeltreffend. Hulle werk goed in winderige toestande en hul breë basis maak hulle redelik stabiel. Bykomstighede bestaan uit twee kastrolle, 'n braaipan, kastrolklem, windskerm, brander en (met sommige modelle) 'n ketel en is in 'n kompakte eenheid verpak. Die nadeel is dat hulle 'n lae brandstof-tot-hitteverhouding het en jy dus 'n groot brandstofvoorraad vir lang staptogte moet saamdra. Dit neem nie net plek in beslag nie, maar maak ook jou sak swaarder. Jy sal boonop 'n paar liggewig-metaalbottels moet aanskaf waarin jy die brandspiritus kan oorgiet. Nog 'n nadeel is dat hierdie stofie die kastrolle tydens die kookproses swart sal brand.

Meerbrandstof-drukstofies is duur, maar hul werkverrigting oortref dié van ander stofies verreweg, veral op groot hoogtes bo seevlak en by lae temperature. Sommige modelle gebruik enige soort brandstof, van paraffien tot vliegtuigbrandstof.

Tent

Jy sal op sommige roetes vir jouself moet sorg, selfs wat verblyf betref; moet nooit daarop staatmaak dat grotte of basiese skuilings onbeset gaan wees nie.

Ligter materiale het gelukkig lankal die plek ingeneem van die ou staatmaker-seiltente van die eerste bergklimmers. Hulle was nie net groot en swaar nie, maar as jy tydens 'n reënbui per ongeluk aan die binnekant van die tent geraak het, het water deurgesypel en het kondensasie later 'n stortvloed van water tot gevolg gehad.

Hierdie probleem is grootliks opgelos toe die dubbellaagtent, wat bestaan uit 'n binnetent en 'n buitewand, uitgevind is. Die binnetent word gemaak van óf 'n absorberende katoen- óf 'n asemhalende nylonstof, en word op so 'n manier aan die tentpale vasgemaak dat dit nie met die buitetent in aanraking kom nie. Waterdamp gaan deur die asemhalende materiaal van die binnetent en kondenseer wanneer dit met die koue buitetent in aanraking kom. Die lug wat tussen die binnetent en die buitewand vasgevang is, dien terselfdertyd as 'n doeltreffende isoleerder.

'n Goeie voetslaantent moet beskik oor kenmerke soos 'n waterdigte, ingestikte grondseil met taamlik hoë sywande, muskietnetstof by die deure en 'n klok aan weerskante. Die klok is 'n driehoekige verlenging van die tentklap aan weerskante van 'n A-raamtent, wat die ingange bedek. Dit verminder windweerstand en verskaf ruimte waar toerusting gebêre kan word..

Tente neem verskillende vorms aan, van die konvensionele A-raam tot 'n verbysterende verskeidenheid van koepelvormige modelle. Die voordele van koepeltente is dat hulle maklik opgeslaan word, ruimer is en sterk wind kan weerstaan.

Klere

Dis belangrik om in baie warm temperature koelkop te bly, en 'n breërandhoed is dus beter as 'n pet met 'n klep. Maak seker dat jou hoed genoeg skadu oor jou gesig en nek gooi. As jy voetslaan in 'n gebied waar lae temperature verwag kan word, hou in gedagte dat sowat 30 persent van jou liggaamshitte deur jou kop verlore gaan. Pak 'n bivak- of wolmus in wat oor jou ore getrek kan word.

Kortmouhemde of -bloeses is in die somer meer geskik as T-hemde wat min ventilasie verskaf en geneig is om aan jou liggaam te kleef. Katoenhemde is meer lugtig en het ook krae wat opgeslaan kan word om jou nek teen die son te beskerm.

In die winter is dit raadsaam om 'n langmouwolhemp vir ekstra warmte saam te neem. Jy sal ook 'n warm trui, of 'n dig geweefde sweetpakbostuk en -broek met 'n pluisstofvoering nodig hê. Aangesien wol uitstekende isoleereienskappe het is dit in alle gevalle verkieslik bo ander stowwe. Vir koue weerstoestande moet jy in iets warmers belê, byvoorbeeld 'n Polartech®- of donsbaadjie.

Kortbroeke is selfs in koue, nat toestande beter as langbroeke, wat ongemak en skawing kan veroorsaak wanneer hulle nat is. Moet nooit jeans dra nie – hulle is swaar (en weeg nog meer as hulle nat is) en neem baie lank om droog te word.

Jou gewone onderklere is geskik vir 'n staptog, hoewel katoenkledingstukke gemakliker is. Termiese onderklere word sterk aanbeveel vir voetslaan in koue weer. Jy hoef nie skoon onderklere vir elke dag saam te neem vir 'n voetslaantog wat 'n paar dae duur nie, aangesien dit gewoonlik moontlik is om onderklere langs die pad te was of uit te spoel.

'n Algemene reël om verlies van liggaamshitte te voorkom, is om jou liggaam met drie lae klere eerder as een dik laag te bedek. Die droë lug wat tussen die verskillende lae vasgevang is, keer dat hitte ontsnap.

Wanneer dit by sokkies kom, is daar niks wat wol oortref nie. Hoewel 'n wol/kunsveselmengsel aanvaarbaar is, moet jy seker maak dat die wolpersentasie groter as dié van die kunsvesel is. Vermy nylonsokkies, want hulle laat jou voete te warm word en veroorsaak blase. Baie stappers dra twee pare sokkies – 'n dun binnepaar van wol of katoen, en 'n dik buitepaar van wol. Dit verminder die kanse op blase aansienlik, aangesien die binnesokkies die skawing waaraan jou vel normaalweg blootgestel word, absorbeer.

Allerlei

Die beste flitslig vir staptogte is ongetwyfeld die Maglite® wat in verskillende groottes beskikbaar is. 'n Goed georganiseerde voetslaner het egter nie juis 'n flitslig nodig nie, en 'n klein flitsliggie is gewoonlik voldoende vir kosmaak en om snags by die toilet te kom. Hulle is klein en lig – en so ook die ekstra batterye.

'n Tweeliterwaterbottel of twee eenliterwaterbottels is noodsaaklik vir enige staptog. Plastiekwaterbottels word die meeste gebruik, maar die nadeel daarvan is dat dit water 'n onaangename smaak gee wanneer dit warm is. Sommige plastiekwaterbottels het 'n viltoortreksel wat help om water koel te hou solank die vilt klam gehou word.

'n Plastiekbak of 'n bord met 'n rand is verkieslik bo 'n plat bord omdat pap en souserige kos maklik oor die rand van die bord kan stort. Vasknipeetgereistelle is nuttig, maar 'n skerp mes uit jou kombuislaai sal goud werd wees. Pas op vir aluminiumbekers; hoewel hulle lank hitte behou, kan hulle nare blase op jou lippe veroorsaak as jy te haastig is met warm drankies omdat die metaal hitte goed gelei.

Pak jou rugsak

Hier is 'n paar wenke om jou te help wanneer jy jou rugsak pak:

- Hou jou sak so lig as moontlik. Die volgelaaide sak moet nooit meer as 'n derde van jou liggaamsgewig weeg nie. Die ideale gewig is 20% van vroue en kinders se liggaamsgewig, en 25% van mans se liggaamsgewig.
- Voer eers jou rugsak met 'n groot vullissak of 'n sakvoering ('n swaardiens-plastieksak wat spesiaal vervaardig word as voering vir rugsakke) uit. Dit sal die inhoud droog hou as jy op jou voetslaantog in die reën beland. Hoewel die meeste goeie rugsakke wel waterdig is, sypel water dikwels deur nate en ritssluiters, terwyl ouer sakke hul waterdigte deklaag kan verloor.
- Pak stelselmatig om seker te maak dat onnodige artikels nie ingesluit en noodsaaklike artikels weggelaat word nie. Daar is niks so frustrerend as om op 'n staptog agter te kom dat jy iets by die huis vergeet het nie!
- Artikels wat jy bedags waarskynlik baie gaan gebruik, moet maklik toeganklik wees.
- Die grootste deel van die gewig in die sak moet in lyn met jou swaartepunt wees. Pak swaar artikels in die boonste helfte van die sak, naaste aan jou rug, en ligter artikels in die onderste helfte.
- Die lys van toerusting op die oorkantste bladsy is vir 'n voetslaantog van vyf dae. Moet dit nie slaafs navolg nie, maar pas die klere en toerusting aan by die soort staptog wat jy wil onderneem, die duur daarvan, en jou persoonlike behoeftes.

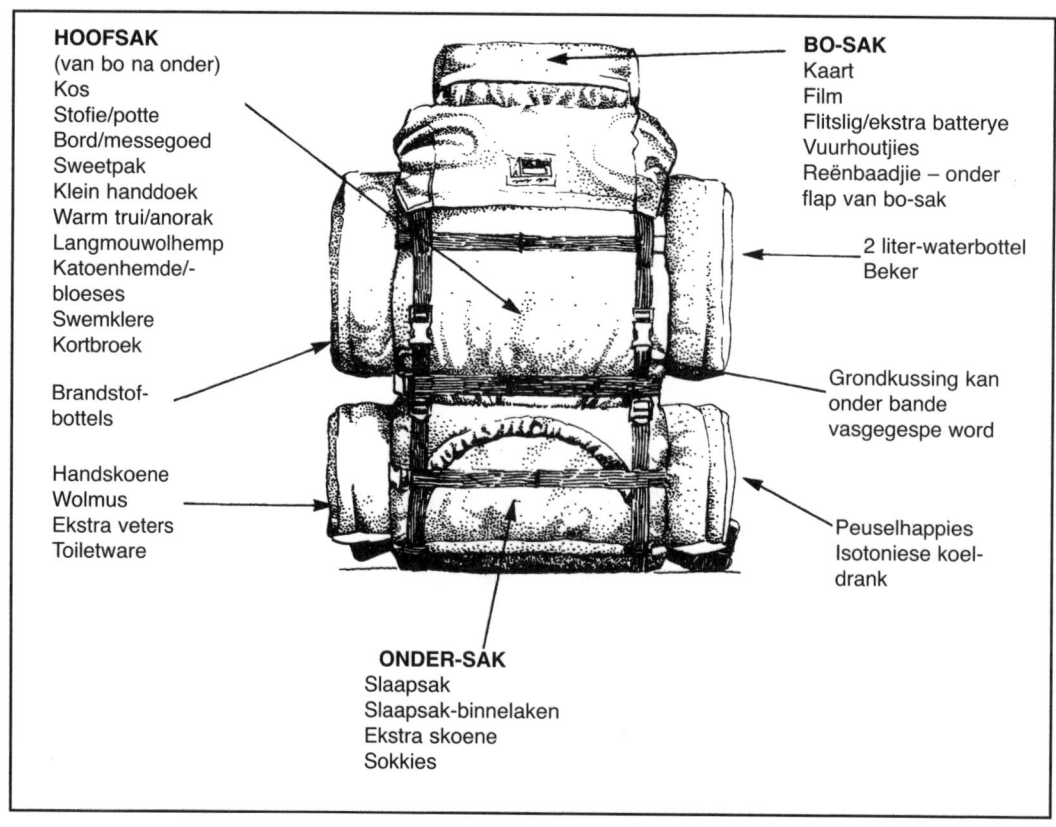

HOOFSAK
(van bo na onder)
Kos
Stofie/potte
Bord/messegoed
Sweetpak
Klein handdoek
Warm trui/anorak
Langmouwolhemp
Katoenhemde/-bloeses
Swemklere
Kortbroek

Brandstof-bottels

Handskoene
Wolmus
Ekstra veters
Toiletware

BO-SAK
Kaart
Film
Flitslig/ekstra batterye
Vuurhoutjies
Reënbaadjie – onder flap van bo-sak

2 liter-waterbottel
Beker

Grondkussing kan onder bande vasgegespe word

Peuselhappies
Isotoniese koel-drank

ONDER-SAK
Slaapsak
Slaapsak-binnelaken
Ekstra skoene
Sokkies

LYS VAN TOERUSTING

Item	Massa in gram	E = Essensieel O = Opsioneel V = Volgens geriewe	Item	Massa in gram	E = Essensieel O = Optioneel V = Volgens geriewe
Rugsak			opwasmiddel (vergaanbaar)	50	E
65 liter-rugsak	1 800	E	vadoek	80	E
sakoortreksel	25	O	peuselhappies vir roete	500	E
			kos vir roete (5 dae)	5 000	E
Slaaptoerusting			noodrantsoen	500	E
slaapsak	1 800	E	waterbottel 2 liter (vol)	2,075	E
binnelaken	500	O			
kussing	100	O	**Toiletware**		
matras/grondkussing	400	V	sneesdoekies	10	O
grondseil	720	V	toiletpapier en grafie	250	E
muskietnet	250	O	handdoek, (klein)	250	E
tent, pale en penne	3 000	V	vergaanbare seep	50	E
			waslap/spons	35	O
Skoene en sokkies			skeerstel	65	O
stewels/stapskoene	1 800	E	tandeborsel en -pasta	45	E
ekstra veters	50	E	kam	15	O
ekstra skoene	750	E	sonbrandmiddel	120	E
wolsokkies (2 paar)	400	E	lipsalf	20	E
katoensokkies (2 paar)	200	E	voetpoeier	50	O
kamaste	150	O	insekweerder	50	E
			vogroom, lyfroom	150	O
Klere					
wolmus/bivakmus	125	V	**Allerlei**		
sonhoed	75	E	noodhulpstel	300	E
koel hemp/T-hemp x 2	400	E	noodkombers	70	E
warm langmouhemp	250	E	watersuiweringstablette	50	V
trui	700	E	vullissak	25	E
kortbroeke x 2	300	E	flits, batterye, gloeilamp	115	E
onderklere x 3	150	E	sakmes	100	O
termiese onderklere	300	V	kers	60	O
nagklere	300	V	kamera en film	1,000	O
sweetpak	700	E	verkyker (klein)	400	O
handskoene/moffies	100	V	kaart	50	E
waterdigte reënklere	600	E	Kompas	100	O
swemklere	150	O	permit	7	E
			paspoort/rybewys	40	V
Kosmaak en kos			sakke vir waterdigting	50	E
messegoed	50	E	oorlewingsak	240	V
bord en beker	110	E	Tou (5 m, dun nylon)	50	E
bliksnyer	20	E	notaboek en potlood	50	O
stofie, potte, brandstof	2,000	E	fluitjie	10	E
vuurhoutjies (waterdig)	15	E	veldgidse	wissel	O
skuursponsie	20	E	kierie	wissel	O

Voetslaanwenke

Min dinge is so frustrerend as om na 'n dag se strawwe stap in die reën agter te kom dat jou vuurhoutjies deurweek is of dat jou flitslig se batterye pap is. Namate jy meer ondervinding van die buitelewe opdoen, sal jy leer om sulke irritasies te vermy en 'n goeie uitstappie in 'n onvergeetlike een te verander. Hier volg 'n paar basiese, verstandige wenke:

- Om die gevoel van wanhoop te voorkom wat 'n mens ervaar wanneer jy jou **flitslig** aanskakel en niks gebeur nie, draai een van die battery onderstebo wanneer die flitslig nie in gebruik is nie sodat dit nie pap word as die flitslig per ongeluk aangeskakel word nie. Onthou om **ekstra batterye** en 'n **ekstra gloeilampie** in te pak.
- **Waterbestande vuurhoutjies** is by spesialis-voetslaanwinkels te koop, maar is duur; en selfs hierdie vuurhoutjies werk soms nie wanneer hulle nat is nie. Neem 'n **sigaretaansteker**, asook vuurhoutjies en 'n stukkie trekstrokie in 'n leë filmhouer saam; dit is 100% waterdig as dit behoorlik toegemaak is.
- 'n **Kastrolklem** sal verhoed dat jy jou vingers verbrand of jou kos op die grond laat beland wanneer jy kastrolle verskuif. 'n **Langsteellepel** is ook baie nuttig om kos oor 'n oop vuur te roer.
- Vermy glasbottels – hulle is swaarder as plastiek en kan breek. Giet vloeistowwe in **plastiekbottels** met skroefproppe of **aluminiumhouers** oor. Sommige aluminiumhouers is in verskillende kleure beskikbaar om te verseker dat jy nie water- en brandstofbottels met mekaar verwar nie. Moenie aluminiumhouers vir suur vloeistowwe gebruik nie omdat die suur die aluminium korrodeer.
- 'n **Drukbuis** is nuttig vir heuning, konfyt, grondboontjiebotter en kondensmelk. Dit word gevul van die onderkant af, wat met 'n skuifklem verseël word. Dit is herbruikbaar, maar as die skroefdoppie te styf vasgedraai word, kan dit kraak.
- As jy weet dat jy breë riviere op die roete gaan oorsteek, neem 'n **oorlewingsak** ('n groot rooi of oranje swaardiensplastieksak) saam waarin toerusting oor die water kan dryf. Dit kan in noodgevalle as oortreksel vir jou slaapsak gebruik word, hoewel oormatige opbou van hitte en kondensasie binne die sak 'n probleem kan wees.
- Hoewel elke groep 'n goeie noodhulpstel moet hê, moet elke persoon ook 'n paar **pleisters** saamdra.
- Seer voete is 'n algemene klagte op voetslaanroetes. 'n Ekstra paar **ligte skoene** (hardloopskoene of sandale) sal jou voete na 'n dag se veeleisende stap 'n broodnodige ruskansie gee.
- 'n Dun **nylontou** van 5 meter lank is nuttig vir noodsituasies, herstelwerk, en as 'n wasgoedlyn.
- Tref altyd **voorsorgmaatreëls teen die son** – dra 'n sonhoed, gebruik sonweermiddel, en so meer.
- Onthou om **kos weg te pak** voordat jy gaan slaap, anders kan jy die volgende oggend ontdek dat muise of klein roofdiertjies jou kosvoorraad verniel of daarmee weggeloop het.
- 'n **Switserse leërmes** is nuttig op 'n staproete. Dit is lig en kompak, en die meeste modelle het al die nodige toestelletjies: bliksnyer, mes, tangetjie en skêr. Maak dit met 'n tou aan jou sak vas.

VOETSLAANREËLS

Met die oog op die toenemende aantal mense wat in die buitelug ontspan, het dit lewensbelangrik geword om by voetslaanreëls te hou. Sodoende help jy om die natuurlike omgewing vir jou eie genot en vir toekomstige geslagte te bewaar.

Land

- Moenie rommel strooi nie. Snesies wat in moue of onder horlosiebandjies ingesteek is, val altyd die een of ander tyd uit en maak 'n groot deel van die rommel op voetslaanpaaie uit. Sigaretstompies, lekkergoedpapiertjies en leë gassilinders besoedel ook die omgewing. Selfs lemoenskille, wat as vergaanbaar beskou word, neem maande om te ontbind en moet dus nie weggegooi word nie.
- Dra 'n vullissak saam en tel rommel langs die pad op.
- Moenie rommel begrawe nie, want dit word gewoonlik deur die elemente of diere, soos bobbejane, ontbloot. Dit is onooglik en stukkende glas en blikkies met skerp rande kan ook medevoetslaners en diere beseer. Onthou: Wat jy indra, moet jy uitdra.
- Vermy kortpaaie, aangesien die steilheid van die roete en die erosiepotensiaal toeneem. Dit verg ook groter inspanning.
- Trap oor erosiewalle, nie daarop nie, en moenie klippe lostrap nie.
- Vermy gebiede met min of geen plantegroei nie. Sulke plekke is uiters vatbaar vir erosie en kan jare neem om te herstel.
- Vermy ook klippies- en puinhellings. As jy daaroor stap, veroorsaak jy miniatuurrotsstortings wat

plantegroei wat onder moeilike omstandighede gevestig geraak het, vernietig.
- Moet nooit rotse teen hellings of oor kranse laat afrol nie. Dit kan ander mense beseer, brande of erosie veroorsaak, en vernietig plantegroei.
- As jy in die ongerepte natuur kampeer, moet jy sorg dat die gebied so min moontlik versteur word. Slaan jou kamp op gelyk grond op, nie net vir jou eie gerief nie, maar ook omdat hellings maklik erodeer as die plantegroei daarop eers verdig is.
- Hou jou rugsak so lig moontlik. Die verlig nie net jou las en verhoog die genot wat jy uit die natuur put nie, maar verminder ook verdigting en erosie omdat 'n laer totale massa minder verdigting veroorsaak.

Water

Baie van Suid-Afrika se strome en riviere is die habitat van seldsame en bedreigde waterlewe, wat maklik deur jou onverskilligheid vernietig kan word. Hou altyd die volgende in gedagte:
- Waar moontlik moet jy nie nader as 60 m van enige watermassa kampeer nie.
- Moenie seep direk in strome of riviere gebruik nie – swem is gewoonlik voldoende om jou skoon te kry – en moenie jou tande direk in strome of riviere borsel nie. Was kook- en eetgerei weg van die water af.

Lug

Een van die vernaamste redes waarom mense voetslaan, is dat hulle afsondering soek. Geraasbesoedeling is net so aanstootlik soos rommelstrooiing.
- Moenie skree, gil en fluit nie – dit verminder jou kanse om wilde diere te sien.
- Wees versigtig as jy rook, veral in droë grasveld. Moet nooit rook terwyl jy stap nie. Gaan sit en ontspan. Gebruik 'n plat rots as 'n asbak en onthou om die stompie in jou rommelsak te sit.
- Rook van kampvure veroorsaak lugbesoedeling. Hou vuurtjies klein waar vuurmaak toegelaat word.

Flora en fauna

- Moenie blomme pluk of bolle uittrek nie.
- Vermy kortpaaie, want dit kan kwesbare en bedreigde plantegroei vernietig.
- Waar vuurmaak toelaatbaar is, onthou die volgende:
- Gebruik bestaande vuurmaakplekke eerder as om nuwes te maak.
- Kies 'n gelyk plek waar die vuur teen wind beskut sal wees, maar moenie onder bome, naby plantegroei of op bome se wortels vuurmaak nie; verwyder alle blare en humus rondom die vuurmaakplek.
- Hou jou vuurtjie klein; dis meer gerieflik vir kos kook, meer intiem, makliker om te beheer en boonop gebruik jy minder hout.
- Waar die bymekaarmaak van brandhout toegelaat word, moet jy slegs hout gebruik wat op die grond lê. Moenie skynbaar dooie takke van bome afbreek nie; dis nie net onooglik nie, maar dikwels is die takke bloot rustend.
- Moet nooit die vuur sonder toesig laat nie en hou water byderhand.
- Blus die vuur behoorlik voordat jy gaan slaap of kamp opbreek. As die hout nie tot as verbrand het nie, gooi genoeg water oor die kole.
- Moenie plantegroei afsny om op te slaap nie – gebruik 'n grondkussing.
- Steur diere en voëls so min moontlik, veral dié met kleintjies of in neste, asook skynbaar verdwaalde of beseerde diere en voëls. Sommige diere versteek bedags hul kleintjies, en voëls wil dikwels niks met hul kleintjies te doen hê nadat mense hulle aangeraak het nie. Moenie diere of voëls voer nie. Sommige diere, veral bobbejane, leer gou om mense met kos te assosieer as hulle gevoer word en word dan soms aggressiewe aasvreters. Boonop kan jy skadelike bakterieë oordra.

Algemeen

- Waar toilette nie voorsien word nie, moet menslike afval deur middel van die 'katmetode' weggeruim word. Kies 'n gelyk, afgeskermde plek minstens 60 m van die voetpad en oop water af. Grawe 'n gat wat niks dieper as 20 tot 25 cm is nie om dit binne die biologiese laag te hou waar organiese materiaal aktief afgebreek word. Vul die gat na gebruik met los grond op en trap dit liggies vas.
- Verbrand toiletpapier, maar pas op dat jy nie die veld aan die brand steek nie.
- Moenie in grotte met rotsskilderinge slaap nie, behalwe waar dit uitdruklik toegelaat word. Moet nooit met rotsskilderinge peuter of water daaroor spuit nie. Argeologiese terreine moet nie versteur en artefakte nie verwyder word nie. Dit is 'n oortreding kragtens die Wet op Gedenkwaardighede.
- Jy sal die natuur en jou omgewing baie meer geniet en waardeer as jy voor die tyd omtrent die gebied lees. Daar is talle sakformaatveldgidse oor flora en fauna wat op staptogte saamgeneem kan word.

VOETSLAANVEILIGHEID

Veiligheid is uiters belangrik op enige wandelpad of voetslaanroete. Die meeste noodlottige of ernstige beserings kon vermy gewees het as die stappers net 'n paar basiese reëls gehoorsaam het. Hou die volgende punte in gedagte – dit sal nie net 'n genotvolle staptog verseker nie, maar kan ook rampe voorkom.

- Die groep moet altyd deur die mees ervare persoon gelei word.
- Beplan die dag se staptog sorgvuldig en begin vroeg as die afstand groot is, die terrein moeilik of onbekend is, of as dit warm is of later warm gaan word.
- Hou in gedagte dat daar in die winter baie minder dagligure as in die somer is.
- Hou 'n bestendige pas vol. Drie kilometer per uur is 'n goeie gemiddelde spoed. Voeg 'n uur by jou totale staptyd vir elke 300 m wat jy hoër klim. Teen steil seksies is dit raadsaam om korter treë te gee en aan te hou stap. Vermy lang rustye; dit is die beste om elke uur vir vyf minute te rus en tussenin liewer net 'asem te skep' behalwe vir teepouses en middagete. Met lang ruspouses koel jou spiere af en raak dit moeilik om weer aan die gang te kom
- Hou die groep bymekaar. As 'n lid agter raak is dit feitlik altyd 'n teken van moeilikheid, uitputting of blootstelling. Stel die oorsaak van die probleem vas, help die persoon deur sy sak se gewig onder ander lede van die groep te versprei en hou hom geselskap. In groot groepe is dit raadsaam om iemand aan te wys wat die agterhoede moet vorm; sodoende weet jy altyd wie die laaste persoon is.
- Dra altyd 'n fluitjie saam. Dit kan gebruik word om aandag te trek as jy verdwaal. Onthou die internasionale SOS – drie kort, drie lang en drie kort fluite.

Energie en water

- Hou energievlakke hoog deur peuselhappies soos grondboontjies en rosyne, glukoselekkers, sjokolade (dit kan smelt) en droëvrugte tussen maaltye te eet.
- Dra altyd 'n tweeliterwaterbottel saam en maak dit vol waar jy ook al kan. Onthou dat kleiner riviere in die winter in somerreënvalgebiede en in die somer in winterreënvalgebiede dikwels droog is.
- Drink veral in warm weer genoeg water om dehidrasie te voorkom, en sorg dat jy 'n reserwevoorraad vir noodgevalle het. Dit is die moeite werd om 'n rehidreringsoplossing saam te neem.
- Vul altyd waterbottels in veilige, snelvloeiende strome bokant enige gebiede waar mense woon. Water uit enige deel van die rivier onderkant 'n woongebied moet as onveilig beskou word. Kook dit voordat jy dit drink.
- Water wat vermoedelik besmet is met bilharzia, cholera of ander siektes wat deur water versprei word, moet minstens vyf minute lank gekook word; dit is verkieslik bo die gebruik van kommersieel beskikbare chemikalieë. Syg water deur 'n sakdoek om vuiligheid te verwyder voordat jy dit kook.

Ongure weer

- As jy slegte weer teëkom, of as die roete fisiek te veeleisend is, moenie huiwer om terug te draai as jy teen die middaguur nog nie die halfpadmerk van die dag se staproete bereik het nie.
- Die grootste deel van Suid-Afrika kry somerreën met donderstorms in die namiddag. Probeer om jou bestemming te bereik voor die storm begin.
- Vermy die gevare van weerlig deur weg te bly van prominente terreinbakens soos bome, riwwe, bergkruine, vlak grotte en groot rotse. Vind 'n oop helling; sit op 'n grondkussing of 'n rugsak (liefs op 'n skoon, droë rots) met jou knieë opgetrek, voete bymekaar en hande in jou skoot. As jy tydens 'n elektriese storm in 'n tent is, sit in 'n gehurkte posisie en moenie aan die wande raak nie.
- Mistige toestande kom dikwels op hoë dele voor. Indien mis jou oorval, soek 'n geskikte skuiling en bly daar totdat dit opgeklaar het.
- As dit begin sneeu, soek skuiling en beweeg so gou moontlik laer af sodat jy nie vasgekeer word indien toestande versleg nie.

Oorsteek van riviere

Wees bewus van die gevare van blitsvloede en moet nooit 'n vol rivier oorsteek nie. In Suid-Afrika keer die meeste riviere na 'n vloed gelukkig gou na hul normale vlak terug. Wag totdat die vloed bedaar het of vind 'n ompad.

- Moet nooit in rivierbeddings of valleie uitkamp nie. Reënval in die bolope van die rivier kan tot onverwagte blitsvloede met rampspoedige gevolge lei.
- Op sommige roetes moet stappers herhaaldelik riviere oorsteek. Dit is soms moontlik om van rots tot rots te spring, maar moenie ver spronge met 'n swaar rugsak waag nie; jy kan gly en nie net in die water beland nie, maar ook beserings opdoen.

- As jy nie seker is van die rivier se diepte nie, peil dit altyd sonder jou rugsak. Al is die rivier vlak (bv. kniediep) kan jy jou balans verloor as die bodem klipperig is, en sal jy vinnig van jou sak ontslae moet raak omdat die swaar sak jou onder die water kan vasdruk. Maak die sak se heupband los en stel die skouerbande slapper sodat jy dit vinnig kan afhaal.
- Laat sakke oor diepe riviere dryf – 'n oorlewingsak is ideaal om jou rugsak droog te hou.
- Moenie 'n rivier naby die monding oorsteek nie, tensy daar 'n sandbank is. As die monding oop is, steek die rivier hoër op oor, waar dit stadiger vloei en dikwels vlakker is. Vermy draaie, waar die vloei dikwels sterker en die water dieper is.
- Wanneer jy in sterk vloeiende water swem, moet jy baie hoër begin as die punt waarheen jy swem. Swem diagonaal oor die rivier, saam met die vloei, en nie reguit na die oorkant toe nie.

Veldbrande
- In die geval van 'n veldbrand moet jy skuiling in 'n kloof of ravyn probeer vind en nie teen 'n helling uitklim nie. Vermy watervalle, en doen alles in jou vermoë om onnodige risiko's te vermy.

Noodhulp
Die meeste noodsituasies hou verband met uiterste weerstoestande of liggaamsbeserings en -ongeskiktheid. Elke voetslaner moet dus die beginsels van voorsorgmaatreëls en noodhulp verstaan. Jy word sterk aangeraai om van die talle gesaghebbende publikasies hieroor te lees of om jou vir 'n noodhulpkursus in te skryf. Tensy jy mediese opleiding het, kan jy slegs noodhulp toepas – maar dit sal hopelik enige agteruitgang in die pasiënt se toestand voorkom totdat hulp opdaag.

Die drie ernstigste fisieke probleme wat jy kan teëkom, is: staking van asemhaling, bloeding en skok. Al hierdie situasies vereis onmiddellike optrede en die volgende algemene voorskrifte moet gevolg word:

Neem die leiding Die leier van die groep moet onmiddellik beheer van die situasie neem. Indien die leier beseer is, moet die lid wat ná hom die mees ervare is die leiding neem. Bly kalm, evalueer die situasie en vra die ander lede om toerusting of 'n skuiling te prakseer.

Gaan versigtig nader Waar iemand op moeilike terrein geval het en erg beseer is, moet 'n mens versigtig wees om nie rotsstortings te veroorsaak of ander se lewens in gevaar te stel nie. As die beseerde persoon nie met veiligheid bereik kan word of die nodige toerusting nie beskikbaar is nie, ontbied sonder versuim hulp.

Pas noodhulpprosedures toe As die beseerde bereik kan word, evalueer sy toestand. Indien die besering enigsins lyk of dit met die ruggraat te doen het, moet die pasiënt nie beweeg word nie.

Kyk of hy asemhaal Lek jou vingers nat en hou hulle voor die beseerde persoon se neus of mond; sit jou hand op sy bors of maag. As jy nie asemhaling of beweging kan voel nie, verwyder eers enige obstruksie in die lugweë en pas dan kunsmatige asemhaling toe.

Voel die pols As daar geen polsslag is nie, begin met kardiopulmonêre resussitasie (KPR).

Kyk of daar ernstige bloeding is Inwendige bloeding kan teenwoordig wees as die pasiënt bleek, klam en rusteloos is. Probeer om vinnige of hewige bloeding stop te sit deur direkte druk met 'n opgevoude doek toe te pas. Lig die beseerde liggaamsdeel op, indien moontlik. Gebruik ook 'n toerniket vir 'n vinnig bloeiende wond in 'n ledemaat; draai 'n lyfband of strook materiaal styf vas met 'n stok. Maak dit elke halfuur vir 'n paar minute los.

Behandel vir skok Na enige ernstige besering moet jy oplet vir tekens van skok, byvoorbeeld bleekheid, klam vel, 'n vinnige, flou hartklop, vinnige asemhaling, duiseligheid of swakheid.

Maak enige stywe klere los en laat die beseerde persoon plat lê, met sy voete hoër as sy kop. Stel die pasiënt gerus en hou hom gemaklik en warm; maak hom toe, maar moenie toelaat dat hy te warm word nie. Gee hom klein slukkies warm, soet tee of suikerwater, indien moontlik.

Kyk of daar ander beserings is en gee noodhulpbehandeling. Begin by die nek en ondersoek die pasiënt se liggaam stelselmatig vir bloeding, gevoeligheid, frakture, pyn of swelling.

Beplan wat om te doen Jou plan van aksie hang af van of die beseerde persoon sonder hulp kan voortgaan, of die groep hom kan evakueer en of hulp van buite nodig is.

Neem die volgende in ag: die aard van die persoon se beserings, die tyd van die dag, weerstoestande, die terrein, die beskikbaarheid van skuiling en water, die grootte en fisieke toestand van die groep, en die beskikbaarheid van hulp van buite.

Voer die plan van aksie uit Indien die situasie evakuasie met hulp van buite vereis, moet minstens twee lede van die groep gestuur word. Hulle moet by voorkeur sterker lede van die groep wees en moet 'n voorafbepaalde roete volg waarvan hulle, indien enigsins moontlik, glad nie mag afwyk nie. Hulle moet oor die volgende inligting beskik:

- Waar, wanneer en hoe die ongeluk gebeur het.
- Die aantal beseerdes, asook die aard en erns van die beserings.
- Watter noodhulp toegepas is, watter voorrade beskikbaar is, en die toestand van die beseerdes.
- Die afstand tussen die beseerde persone en die naaste paaie, en die aard van die terrein.
- Die getal mense by die evakuasietoneel.
- Watter soort toerusting nodig kan wees.

Terwyl die oorblywende lede van die groep wag vir hulp om op te daag, kan hulle skuilings en warm maaltye en dranke vir die pasiënt en hulleself maak.

NOODHULPSTEL

'n Groep stappers moet altyd 'n goed toegeruste noodhulpstel saamdra, selfs op 'n dagwandeltog of kort naweekuitstappie. Wanneer jy jou noodhulpstel bymekaarsit, moet jy onthou dat ruimte beperk is en dat dit altyd moontlik is om te improviseer. Stappers wat aan chroniese kwale soos diabetes, asma of allergieë ly of swak enkels of knieë het, moet seker maak dat hulle genoeg medisyne of toerusting het om vir hulleself te sorg. **Die stel moet die volgende bevat:**

- ☐ antibiotika
- ☐ antihistamien: room en tablette
- ☐ anti-inflammatoriese jel
- ☐ antiseptiese middel: room en oplossing
- ☐ chirurgiese handskoene (vir gebruik in die geval van bloeding, om die oordra van siektes soos MIV of hepatitis te voorkom)
- ☐ diarreemiddel
- ☐ haakspelde
- ☐ isotoniese drank
- ☐ keelsuigtablette
- ☐ muskietweerder
- ☐ naald en gare

- ☐ naelskêr
- ☐ oogbadjie
- ☐ oogdruppels
- ☐ sulfasetamied-oogsalf
- ☐ oordruppels: antiseptiese, pynstillend
- ☐ pleisters: sinkoksied- en individueel verseëlde pleisters
- ☐ pynstillers
- ☐ tangetjie
- ☐ termometer
- ☐ breë rekverbande en smal gaasverbande
- ☐ watte
- ☐ wondverbande

Voorkoming en genesing

Sowat 90 persent van alle kwale op voetslaanroetes is voet- en beenprobleme. Die beste oplossing is voorkoming en vermyding. Neem vroeë besluite en behandel enige kwale of wonde sodra hulle voorkom. Algemene beserings en gesondheidsgevare waarvan voetslaners bewus moet wees, word kortliks hieronder in alfabetiese volgorde beskryf.

Bilharzia: Hierdie siekte, wat taamlik algemeen in landelike gebiede van die ooskus en noordooste van Suid-Afrika voorkom, word veroorsaak deur 'n parasiet wat deur slakke versprei word en die ingewande, blaas en ander organe van sy gashere aanval. Bilharzia word gewoonlik nie aangetref in strome en riviere hoër as 1 200 m bo seevlak nie, omdat vinnig vloeiende water nie 'n geskikte habitat vir die slakke is nie. (Hoogliggende riviere vloei gewoonlik vinnig weens steil hellings.) Dit is ook minder waarskynlik dat hulle sal voorkom in watermassas wat met seewater gemeng is. Watertemperature van 0 °C drie of vier nagte na mekaar sal die slakgashere doodmaak, terwyl hulle temperature van meer as 28 °C swak verdra.

Bilharzia kom gewoonlik naby woonplekke voor; moet dus nie water stroomaf van enige menslike nedersetting, veral in landelike gebiede, drink of daarin swem of was nie. As bilharzia vermoed word, kook die water minstens vyf minute lank voor gebruik.

Blase: Blase is die algemeenste oorsaak van ongemak en moet behandel word voordat hulle ontstaan. As sekere plekke op jou voete vatbaar vir blase is, bedek dit met 'n wondverband en 'n breë strook pleister voordat jy jou stewels aantrek. 'n Potensiële blaas kan gewoonlik bespeur word wanneer 'n gevoelige 'warm plek' begin ontstaan. Bedek die aangetaste deel onmiddellik met 'n wondverband en sinkoksiedpleister. As 'n blaas vorm voordat jy die staptog voltooi het, is dit die beste om die blaas met 'n gesteriliseerde naald stukkend te steek. Druk die vloeistof versigtig uit, wend 'n antiseptiese middel aan en bedek dit met 'n wondverband en sinkoksiedpleister. Dit moet liefs na die dag se staptog gedoen word. Ondersoek die aangetaste plek gereeld vir infeksie. As die staptog reeds verby is, moet die blaas liewer nie stukkend gesteek word nie, maar eerder oop gelos word om vanself gesond te word.

Bosluisbyte: Moenie 'n bosluis probeer verwyder as dit nie maklik afgetrek kan word nie. Bedek dit met 'n olierige stof soos petroleumjellie, aangesien dit weens die gebrek aan lug waarskynlik sy greep sal verslap.

Ontsmet die bytplek goed, en indien daar binne 10 dae tekens van infeksie of koors is, moet 'n dokter dadelik geraadpleeg word.

Brandwonde: Naas blase is sonbrand ('n eerstegraadse brandwond) waarskynlik die algemeenste ongesteldheid op voetslaanpaaie. Voorkoming is beter as genesing, dra dus 'n sonhoed en wend dikwels sonweermiddel aan, veral op die neus en gesig. Slaan jou hempkraag op (een van die redes waarom 'n toeknoophemp verkieslik is bo 'n T-hemp) om jou nek te beskerm.

Vogbrand- en geringe brandwonde word behandel deur die aangetaste deel in koue water te hou totdat die pyn bedaar. Moenie vetterige salf aansmeer of brandblase stukkend steek nie. Bedek die brandwond liggies met 'n gaasverband, indien beskikbaar, en plak dit vas met 'n pleister. Brandwonde genees beter as dit aan lug blootgestel word.

Ernstiger brandwonde moet nie in water gehou word nie. Bedek die aangetaste deel met 'n steriele verband of skoon doek. Moenie klere uittrek as dit aan die brandwond vassit nie. Behandel vir skok en gee die pasiënt baie water en isotoniese drankies om te drink. Hulp moet so gou moontlik ontbied word.

Byt- en steekplekke: By die meeste spinnekopbyte, sowel as by-, skerpioen- en perdebysteke, sal die aanwending van 'n antihistamienmiddel of die gebruik van antihistamienmedikasie die ongemak verlig. As die pasiënt 'n allergiese reaksie op 'n steek toon, moet daar vir evakuasie gereël word. *Parabuthus*-dikstertskerpioensteke en knopiespinnekopbyte kan gevaarlik wees, in welke geval mediese hulp dringend nodig is.

Diarree en braking: Diarree en braking is natuurlike liggaamsmeganismes om van bakterieë ontslae te raak en moet liefs nie met kommersiële medisyne behandel word nie, tensy die groep nie anders kan as om met die staptog voort te gaan nie. Laat die pasiënt rus en gee hom gereelde dosisse van 'n isotoniese drankie wat tot halfsterkte aangemaak is.

Maagpyn en naarheid, sonder diarree en braking, kan ernstig wees as dit met aanhoudende koors gepaardgaan. Die pasiënt moet rus, warm gehou word en baie vloeistof drink. Evakuasie kan dalk nodig wees.

Hipotermie: Die verlaging van die liggaam se kerntemperatuur tot die punt waar die hitteverlies meer is as die hitte wat die liggaam kan genereer, het hipotermie tot gevolg. Dit word gewoonlik veroorsaak deur 'n kombinasie van baie koue weer, onvoldoende voedselinname en onvanpaste kleredrag, asook ooreising. Een of meer van die volgende simptome kan teenwoordig wees: swakheid, vertraging van pas, bewing, gebrek aan koördinasie, irrasionaliteit, 'n blou velkleur, moeilike spraak, vertraagde hart- en asemhalingstempo, vergrote pupille en bewusteloosheid.

Voorkom verdere hitteverlies en hou die pasiënt aan die beweeg terwyl julle 'n geskikte skuiling soek. As julle nie binne 'n paar minute een vind nie, rig die bes moontlike skuiling op. Verwyder nat klere en vervang dit onmiddellik deur warm, droë klere. Rits die pasiënt toe in 'n vooraf verwarmde slaapsak, of laat hom tussen twee mense lê en bedek hulle goed met slaapsakke. As die pasiënt kan eet, gee hom warm kos en drank (suiker/glukosewater, sjokolade en sop). Moenie alkohol, koffie of enige ander stimulante gee nie. Moenie die slagoffer vryf om sirkulasie te herstel of hom naby 'n vuur laat lê nie; direkte hitte is gevaarlik.

Hitte-uitputting: Hierdie toestand is die gevolg van óf blootstelling aan 'n baie warm omgewing óf oorverhitting weens fisieke inspanning. Simptome is naarheid, duiseligheid, dors, oormatige sweet en hoofpyn. Laat die pasiënt op 'n koel, skaduryke plek met sy voete hoër as sy kop lê, maak sy klere los en bedek hom liggies. Gee hom gereeld isotoniese drankies.

Kneusplekke: Die swelling van 'n ernstige kneusplek kan verminder word deur die aangetaste deel in koue lopende water, byvoorbeeld rivierwater, te hou. Hou dit daarna hoog en stil.

Koors: 'n Mens se normale mondelinge temperatuur is 37 °C. 'n Temperatuur wat onder 35 °C daal moet as ernstig beskou word, terwyl een van tot 39 °C op 'n ligte koors dui en een van meer as 40 °C 'n hoë koors beteken. Rus en 'n hoë vloeistofinname is noodsaaklik. Koel die pasiënt af deur enige warm klere of beddegoed te verwyder en hom met 'n nat lap af te vee. Dit sal ook help om die pasiënt koel te waai en hom aspirien te gee. As daar geen ooglopende oorsaak is nie en die koors duur voort, moet evakuasie oorweeg word. Let op vir malariasimptome.

Krampe: Spierkrampe word veroorsaak deur 'n tekort aan sout of water of albei, gepaard met fisieke inspanning. Laat die pasiënt rus, hou die aangetaste deel warm en masseer dit liggies. Gee die pasiënt 'n isotoniese drankie en sorg dat hy verdere strawwe oefening vermy totdat hy heeltemal herstel het.

Long- en keelinfeksies: 'n Seer keel sonder koors kan behandel word deur met soutwater of 'n antiseptiese middel te gorrel of suigtablette te suig. 'n Seer keel met koors vereis antibiotika, en die pasiënt moet rus en warm gehou word.

Brongitis kan ernstig wees en die pasiënt het rus, warmte en 'n breëspektrumantibiotikum nodig. As die koors voortduur moet die pasiënt geëvakueer word.

Malaria: 'n Besmette *Anopheles*-muskiet se byt kan mikroskopiese bloedparasiete oordra, wat malaria tot gevolg het. In gebiede waar malaria endemies is, is daar altyd gevaar dat die siekte opgedoen kan word, terwyl die risiko in gebiede waar dit epidemies is in die algemeen tot die reënmaande beperk is. Dit is egter raadsaam om voorsorgmaatreëls teen malaria te tref wanneer jy enige malariastreek besoek, al is jy net in transito. Vra jou dokter watter voorbehoedmiddel gebruik moet word.

Neusbloeding: Verandering in hoogte bo seevlak, verhoogde aktiwiteit en lae temperature is die vernaamste oorsake van neusbloeding. Neusbloeding is gelukkig in die meeste gevalle minder ernstig en kan stopgesit word deur ferm teen die neusgat te druk of die neus se punt 5 tot 10 minute lank te knyp. As die bloeding voortduur, stop gaas of watte in die neusgat, knyp die neuspunt nog 10 minute lank en laat die gaas of watte ongeveer twee uur inbly. Haal versigtig uit. Moenie jou neus vir minstens vier uur na 'n neusbloeding blaas nie.

Ontwrigting: Die simptome van ontwrigting is sigbare misvormdheid en hewige pyn. Dit is belangrik om dadelik professionele hulp te kry, aangesien die beseerde gewrig gou begin swel. Moet dit nie in posisie probeer terugdruk as jy nie medies opgelei is nie, want dit kan bloedvate en senuwees beskadig of breuke veroorsaak. Draai die gewrig in nat doeke toe, immobiliseer met spalke indien nodig en kry die beseerde persoon so gou moontlik by 'n dokter.

Oogbesering en -infeksies: Vreemde voorwerpe moet net verwyder word as jy hulle maklik kan uithaal. Enige voorwerp wat gedeeltelik in die oogbal vassit, moet nie verwyder word nie; bedek die oog met 'n opgerolde verband wat in 'n sirkel gevou is en met nog 'n verband in posisie gehou word om drukking op die oog te voorkom en evakueer die pasiënt.

Natuurlike trane sal egter klein voorwerpies in die oog laat loskom en uitspoel. Trek die boonste ooglid af oor die onderste ooglid en hou dit 'n sekonde of twee daar; die trane wat hierdeur veroorsaak word sal dalk die voorwerp uitspoel. As dit nie werk nie, laat die persoon sy oog in 'n oogbadjie ('n klein plastiekhouer met water wat oor die oog gehou kan word) knip en sit oogdruppels in die binnehoek van die oog. Lig die ooglid versigtig aan die wimpers op en laat die druppels oor die oogbal loop. Dit sal miskien help as die oog tydens die spoelproses geknip word. Jy kan ook probeer om die voorwerp met die punt van 'n stuk steriele gaas uit te lig.

Ooginfeksies moet met 'n sulfasetamied-oogsalf behandel word. Bedek die oog met 'n ligte verband.

Oorinfeksies: Oorpyn kan behandel word met olierige, antiseptiese, pynstillende oordruppels soos Aurone®. Middeloorinfeksies is baie ernstiger en tas die ewewig aan. As julle meer as 12 uur van hulp af is en die persoon koors het, moet 'n mondelinge breëspektrum-antibiotikum toegedien word.

Vreemde voorwerpe, soos insekte, in die oor kan gewoonlik met warm water of olie uitgespoel word. Verhit 'n bietjie olie in 'n teelepel (toets 'n druppel agterop jou hand om seker te maak dat dit nie te warm is nie), gooi in die oor en wag vyf minute voordat jy dit weer laat uitloop. Wees versigtig dat jy nie die voorwerp – veral gladde, harde voorwerpe – dieper in die oor indruk in 'n poging om dit uit te kry nie.

Pyn: Behandel algemene pyn met die pynstillers in jou noodhulpstel en drink baie vloeistof daarmee saam. Indien die pyn voortduur en daar geen klaarblyklike oorsaak is nie, kry mediese hulp.

Slangbyt: Die kanse om deur 'n slang gebyt te word is uiters skraal, en net sowat 16 van die 160 of so Suid-Afrikaanse slangspesies is dodelik. Dit is weer eens raadsaam om voorsorgmaatreëls te tref. Hou jou oë oop, veral wanneer die paadjie toegegroei is. As jy 'n wandelstok het, swaai dit in die gras voor jou terwyl jy stap. Dra dik stewels en kamaste in die wildernis, want 75 persent van alle slangbyte is onder die knie. Sowat 15 persent van alle byte is op die hand en vinger en dit is dus raadsaam om eers te kyk voordat jy jou hand agter 'n rots sit. Kyk ook eers onder en rondom 'n rots of stomp voordat jy daarop gaan sit. Moenie stompe of rotse omkeer nie; trap daarop, nie daaroor nie.

Die lewe van 'n slangbytslagoffer is selde in onmiddellike gevaar, behalwe in buitengewone omstandighede. Die gif van 'n pofadder, wat vir die meeste byte verantwoordelik is, is selde binne 10 uur na die byt lewensgevaarlik, terwyl kobrabyte gewoonlik eers na twee tot vier uur noodsimptome veroorsaak. Hoewel mambabyte asemhaling binne een of twee uur ernstig kan aantas, is dit hoogs onwaarskynlik dat die slagoffer binne vyf minute sal sterf, soos baie mense glo.

Boomslanggif is dodelik, maar byte van hierdie agtergiftandige slang is uiters seldsaam omdat dit nie 'n aggressiewe spesie is nie. Bergadderbyte is nooit dodelik nie, en pasiënte se toestand begin binne drie tot vier dae na die byt verbeter.

Die grootste probleem tydens staptogte is dat 'n ernstige slangbyt, byvoorbeeld deur 'n mamba of kobra, 60 tot 80 ml teengif vereis, terwyl slangbytstelle gewoonlik net 20 ml bevat. Boonop moet die teengif binneaars toegedien word, want na 12 uur het slegs sowat 20 persent van die teengif wat binnespiers ingespuit is, moontlik die bloedsomloopstelsel bereik.

Die volgende basiese noodhulpbehandeling moet in die geval van 'n slangbyt gegee word:

- Immobiliseer die slagoffer, aangesien enige onnodige beweging die harttempo en gevolglik ook die verspreiding van die gif sal versnel.
- Kyk waar die bytmerke is en hou dit onder harthoogte.
- Stel die slagoffer gerus en dien 'n pynstiller toe (vermy aspirien) indien nodig. Moenie toelaat dat die slagoffer alkohol inneem nie.
- As die slang nie geïdentifiseer kan word nie, maak die bytplek skoon en ontsmet dit; wag dan 10 tot 15 minute om te sien of simptome ontstaan. As daar geen simptome is nie, hou die slagoffer twee tot drie uur lank stil en hou hom dop.
- 'n Suigtoestel kan onmiddellik na die byt gebruik word, maar die bytplek moet nie gemasseer word nie. Indien 'n suigtoestel nie beskikbaar is nie, kan suiging met die mond deur 'n dun lagie plastiek toegepas word.
- Vir mamba- en kobrabyte in 'n ledemaat word 'n rekverband of afgeskeurde stroke materiaal stewig (maar nie te styf nie) van net bo die bytplek tot by die bokant van die ledemaat aangewend. Moenie 'n toerniket gebruik tensy jy medies oplei is nie omdat verkeerde gebruik die bloedtoevoer kan belemmer sodat liggaamsweefsel beskadig word. Koue lappe op die bytplek sal die gif se werking verder vertraag. Monitor die pasiënt se asemhaling en hartklop; as een of albei ophou, pas mond-tot-mond-asemhaling en/of uitwendige borskaskompressie toe.
- Moenie 'n toerniket of verband vir adder- en boomslangbyte gebruik nie. Adderbyte is sitotoksies en beskadig dus die weefsel. Verminderde bloedtoevoer weens die gebruik van 'n toerniket kan die skade vererger. Immobiliseer die slagoffer en wend koue water of koue, nat lappe op die bytplek aan.

- As jy deur 'n spoegslang (soos 'n kobra of rinkhals) aangeval is, spoel jou oë onmiddellik minstens 10 minute lank met water uit. Lig jou ooglede op sodat die water ook daaronder kan inspoel. Improviseer as water nie beskikbaar is nie; gebruik melk, koeldrank, koue tee, of selfs urine in noodgevalle, maar moenie die oë met verdunde teengif uitspoel nie.
- Moenie die bytplek sny nie, want dit sal waarskynlik weefsel beskadig.
- Moenie die slang probeer doodmaak om dit te identifiseer nie; nog 'n persoon kan gebyt word.
- As dit 'n ernstige slangbyt is, moet twee lede van die groep gaan hulp soek, die naaste dokter of hospitaal waarsku en, indien moontlik, die slang identifiseer.

Sonsteek: Sonsteek is ernstiger as hitte-uitputting omdat dit die senusentrum wat liggaamstemperatuur beheer, aantas. Dit kan baie vinnig intree en kom voor wanneer die sweetproses en ander meganismes wat die liggaamstemperatuur reguleer, ingee.

Die simptome is 'n oormatig hoë liggaamstemperatuur, rooi, droë vel, hoofpyn, irrasionele optrede, bewing, krampe, vergrote pupille, en laastens ineenstorting en bewusteloosheid. Koel die pasiënt onmiddellik af deur hom in die skadu te kry, enige stywe klere te verwyder, water oor hom te gooi en hom met nat lappe af te vee, en hom koel te waai. As die pasiënt by sy bewussyn is, gee hom snelwerkende aspirien en volop isotoniese drankies. Kry dringend mediese hulp.

Uitputting: Voorkom uitputting deur te waak teen oor-eising, peuselhappies tussen maaltye te eet en gereeld water te drink. Indien uitputting wel intree, moet die pasiënt toegelaat word om by 'n gemaklike temperatuur te rus en kos en water met 'n hoë glukose-inhoud gegee word.

Verstuitings en verrekkings: Verstuitings word veroorsaak deur die skeur of rek van ligamente, of wanneer spiersenings van die been loskom. Dit kom meestal in die enkel, knie, pols en skouer voor. Die simptome is hewige pyn en ernstige swelling as gevolg van vloeistof en bloed wat in die weefsel ophoop. Lig die beseerde ledemaat en wend koue water of nat lappe liggies aan. 'n Anti-inflammatoriese jel kan ook gebruik word. Dit sal die swelling verminder en diep bloeding tot 'n minimum beperk. Gee die pasiënt 'n pynstiller en, as jy medies opgelei is, verbind die gewrig met 'n lang rekverband. Hou die geïmmobiliseerde gewrig in 'n gemaklike rusposisie. Skakel na 24 uur oor na hittebehandeling: verwarm die verstuite gewrig in die son of by 'n vuur, of week dit drie of vier keer per dag in warm water.

Dit is dikwels moeilik om tussen 'n verstuiting en 'n breuk te onderskei. As die pyn voortduur, spalk die beseerde ledemaat (improviseer 'n spalk) en kry mediese hulp. Tekens van 'n beenbreuk is onder andere erge pyn, 'n slap voet of hand, of die onvermoë om vingers of tone te beweeg.

Verrekkings word veroorsaak deur die oorekstensie of skeur van spiervesel en is gewoonlik minder ernstig as verstuitings. Behandel soos vir verstuitings.

Om die natuur te voet te verken is 'n heerlike en verrykende tydverdryf, maar dit vereis deeglike beplanning en bring ongelukkig ook gevare mee. Indien jy die beproefde advies en wenke in hierdie inleidende gedeelte volg, sal jy talle van die algemene foute wat onervare voetslaners op hul togte maak, kan vermy en sal jy jou voetslaantog soveel meer kan geniet.

Voorspoedige voetslaan!

In die Sederberg-wildernisgebied is daar skouspelagtige rotsformasies bestaande uit sandsteen en skalie, wat tussen 500 en 345 miljoen jaar gelede afgeset is.

SUIDWES-KAAP & KLEIN-KAROO

Die Suidwes-Kaap en Klein-Karoo spog met van Suid-Afrika se skouspelagtigste kus- en berglandskappe, en hul blommeprag is ongeëwenaard. Vir geleentheidstappers sowel as toegewyde voetslaners is daar 'n verbysterende verskeidenheid van opsies, van kort, maklike wandeltogte teen die hange van Tafelberg tot heeldaagse staptogte langs die kus, en selfs vyfdaagse voetslaanroetes deur ruwe berge. Avontuursoekers kan waaghalsige klooftogte aandurf wat watervalspronge insluit, terwyl rugsakstappers hul eie weg in die Sederberg- en Groot-Winterhoek-wildernisgebiede kan baan.

Die Suidwes-Kaapse gebied wat in hierdie seksie gedek word, strek van die suidwestelikste punt van Afrika noordwaarts tot by die Sederberge. Dit word in die ooste begrens deur die Breërivier en in die noorde deur die Kaapse Plooiingsgebergte.

Een van die vernaamste attraksies van die streek is sy fynbos – die ryke verskeidenheid fynblaarplantegroei van die streek se berge – met erikas wat in die lente 'n kleurkaleidoskoop skep, terwyl baie proteaspesies en bolplante in die winter blom.

Die Suidwes-Kaap lê in die hartjie van die Kaapse Blommeryk, wat in 'n strook van 40–150 km breed van die Kaapse Skiereiland noordwaarts tot by Nieuwoudtville en ooswaarts tot by Port Elizabeth strek, met losstaande kolle tot so ver oos as Grahamstad. Dit het minstens 8 550 blomplantspesies (meer as 40% van Suid-Afrika se totale aantal plantspesies), 1 400 bolplantspesies, meer as 500 *Erica*-spesies, ongeveer 300 proteasoorte en 'n magdom van restio's (riete en biesies). Daar is sowat 2 285 plantspesies in die Kaapse Skiereiland, terwyl Tafelberg alleen met 1 470 spesies spog.

Sowat 5 800 spesies is endemies aan die streek en kom nêrens anders in die wêreld voor nie. Ongelukkig word meer as 'n derde van die fynbosspesies as kwesbaar, kritiek seldsaam of bedreig geklassifiseer, terwyl 29 reeds uitgesterf het.

Hoewel dit slegs 0,04% van die aarde se grondoppervlakte beslaan, is die Kaapse Blommeryk, met sy meer as 1 300 spesies per 10 000 ha, drie keer ryker as sy naaste 'mededinger' in Sentraal-Amerika wat net 420 spesies het.

Groot bome is merkbaar afwesig in fynbos, behalwe in beskermde klowe waar woudoorblyfsels met spesies soos geelhout-, assegaai-, rooiels-, wildeperske-, hardepeer- en kershoutbome voorkom.

Die laaggeleë kusvlaktes langs die Weskus word verander in 'n uitbundige fees van kleure wanneer strandveldblomme in Augustus en September in die blom staan. Die geel, oranje, rooi en wit blomme van die verskillende gousblomspesies (*Arctotis* en *Gazania*), nemesias en vygies is veral opvallend. Talle bolplante soos gladiolusse en lachenalia blom in die herfs en winter.

Die Suidwes-Kaap se voëllys sluit 380 spesies in, waarvan sowat 100 gereeld in fynbos voorkom. Kyk uit vir 'fynbosspesies' soos die Kaapse suikervoël, oranjeborssuikerbekkie, Kaapse berglyster, rooiborsruigtesanger en Kaapse pietjiekanarie.

Langebaanstrandmeer is 'n vleiland van internasionale belang wat in die somer soms meer as 37 000 voëls (hoofsaaklik waadvoëls) onderhou. Eilande naby die kus is belangrike broeihabitats van die brilpikkewyn, witmalgas, Hartlaubse meeu en kuifkopduiker. Kyk ook uit vir die swarttobie.

Die diere wat jy waarskynlik hier te sien gaan kry is bobbejane, vaalribbokke, klipspringers en klipdassies. Grysbokke verkies laer geleë, dig beboste gebiede, terwyl steenbokke van oop grasveld hou. Duikers kom ook hier voor, en ystervarkpenne verraai die aanwesigheid van dié diere.

Die luiperd is die belangrikste roofdier in hierdie gebied, maar omdat hy sku en naglewend is, word hy selde teëgekom. Ander roofdiere is die rooijakkals, rooikat, groototter, die kleingrysmuishond, en die klein- en grootkolmuskejaatkat.

In baie bewaringsgebiede is groot soogdiere wat voorheen hier voorgekom het, soos bontebokke, elande en bergsebras, hervestig.

Groter soogdiere is nóg skouspelagtig nóg volop in hierdie streek, maar dit is die habitat van talle endemiese reptiele en amfibieë. Baie van die streek se riviere huisves seldsame en bedreigde varswatervisspesies; die Olifantsrivierstelsel het byvoorbeeld agt endemiese visspesies..

Die kranse van die Suidwes-Kaapse kuslyn is die ideale uitkykplekke vir noordkapperwalvisse wat hierheen migreer om te kalf. Hulle maak gewoonlik hul verskyning in Junie en begin weer in November na die Suidpool migreer. Die kus tussen Hermanus en De Hoop-natuurreservaat bied van die wêreld se beste walviswaarneming, maar daar is ook talle ander lonende uitkykplekke soos Valsbaai, Kleinmond en Gansbaai.

Die Suidwes-Kaap se natuurskoon is nog 'n belangrike attraksie, met Tafelberg en Kaappunt boaan die lys. Die Kaapse Plooiingsgebergte met sy verwronge rotslae, diep klowe, watervalle en steil, korsmosbedekte kranse bied asemrowende natuurskoon en vorm 'n dramatiese agtergrond vir 'n kuslyn wat wissel van rotsagtige baaie en inhamme tot uitgestrekte wit sandstrande.

Die Sederbergreeks met sy opeluggalery van rotsformasies wat deur die elemente geskep is, is 'n ou gunsteling van buiteleweentoesiaste. Delikate rotsskilderinge in talle grotte en holkranse is die nalatenskap van die Boesmans van die Jonger Steentyd wat eens op 'n tyd hier in harmonie met die natuur geleef het.

Die Suidwes-Kaap het 'n Mediterreense klimaat, met koue, nat winters en warm, droë somers. Die hoë bergpieke is in die winter dikwels met sneeu bedek, wat die temperatuur tot benede vriespunt laat daal; die meeste dele van die streek word egter nooit so koud nie. Somertemperature is gereeld hoog in die 20 en styg dikwels tot bo 30 °C. Digte misbanke, gepaard met sterk wind, is veral in die winter algemeen in die hoë berge, terwyl die suidoostewind in die somermaande soms stormsterkte bereik.

Die Klein-Karoo streek van Worcester in die weste tot Uniondale in die ooste, en al langs 'n smal vallei, en word in die noorde deur die Witteberg- en Swartbergreeks en in die suide deur die Langeberg en Outeniekwaberge begrens.

Die plantegroei van dié halfdorre streek word gekenmerk deur 'n ryke verskeidenheid van geharde, klein struike, Karoobossies, bolplante en 'n fassinerende versameling vetplante. 'n Goeie tyd om die gebied te besoek is tussen Augustus en Oktober wanneer baie van die plante hul spitsblomtyd bereik.

Voëlspesies sluit 'n verskeidenheid lewerike en spekvreters in, asook die vaalkorhaan, grystjeriktik, groenbossanger, Namakwalangstertjie en grootvlieëvanger. Roofvoëls sluit die witkruis- en dwergarend, witkruispaddavreter, swerfvalk en kransvalk in.

Die groot wildtroppe wat vroeër deur die vlaktes van die Klein-Karoo geswerf het, is lank reeds uitgeroei. Diere wat jy dalk kan teëkom, is bobbejane, klipspringers, vaalribbokke, steenbokke, duikers, klipdassies en, as jy baie gelukkig is, luiperds. Daar is egter interessante klein soog- en ander diere, byvoorbeeld die maanhaarjakkals, ratel, groototter, swartpootkat en die blaartoongeitjie, wat beperk is tot die noordelike hange van die Swartbergreeks. Die Gamkaberge huisves 'n afgesonderde bevolking bergsebras.

BELANGRIKE INLIGTING

- Die berge van die Suidwes-Kaap is berug vir skielike weersveranderinge, veral in die wintermaande wanneer sterk wind, stortbuie, mis en sneeu lewensgevaarlike situasies kan skep vir diegene wat sleg toegerus en swak voorberei is.
- Die somermaande kan ewe onvoorspelbaar wees. Wanneer die suidooster waai, is Tafelberg soms binne 'n uur of twee gehul in sy wolkekleed, terwyl dit in Desember in die Langeberge kan sneeu. Kry dus 'n weervoorspelling voordat jy 'n wandel- of voetslaanpad aandurf, en kanselleer jou uitstappie indien nodig.
- Fynbos bied geen oorhoofse beskutting nie en dis raadsaam om 'n breërandhoed te dra en voorsorg teen die son te tref. Dra altyd water saam, en hou in gedagte dat bergstrome in die somer droog kan wees.
- Brande is 'n ernstige gevaar vir die fynbosplantegroei gedurende die somermaande. Dra altyd 'n kampstofie saam en tref alle moontlike voorsorgmaatreëls wanneer jy rook, of vuurmaak waar dit toegelaat word (kyk Inleiding, bl. ??).
- Bosluise kan 'n probleem wees. Verwyder hulle onmiddellik, indien moontlik, en ondersoek jou liggaam deeglik na elke dag se stap (kyk Inleiding, bl. ??).

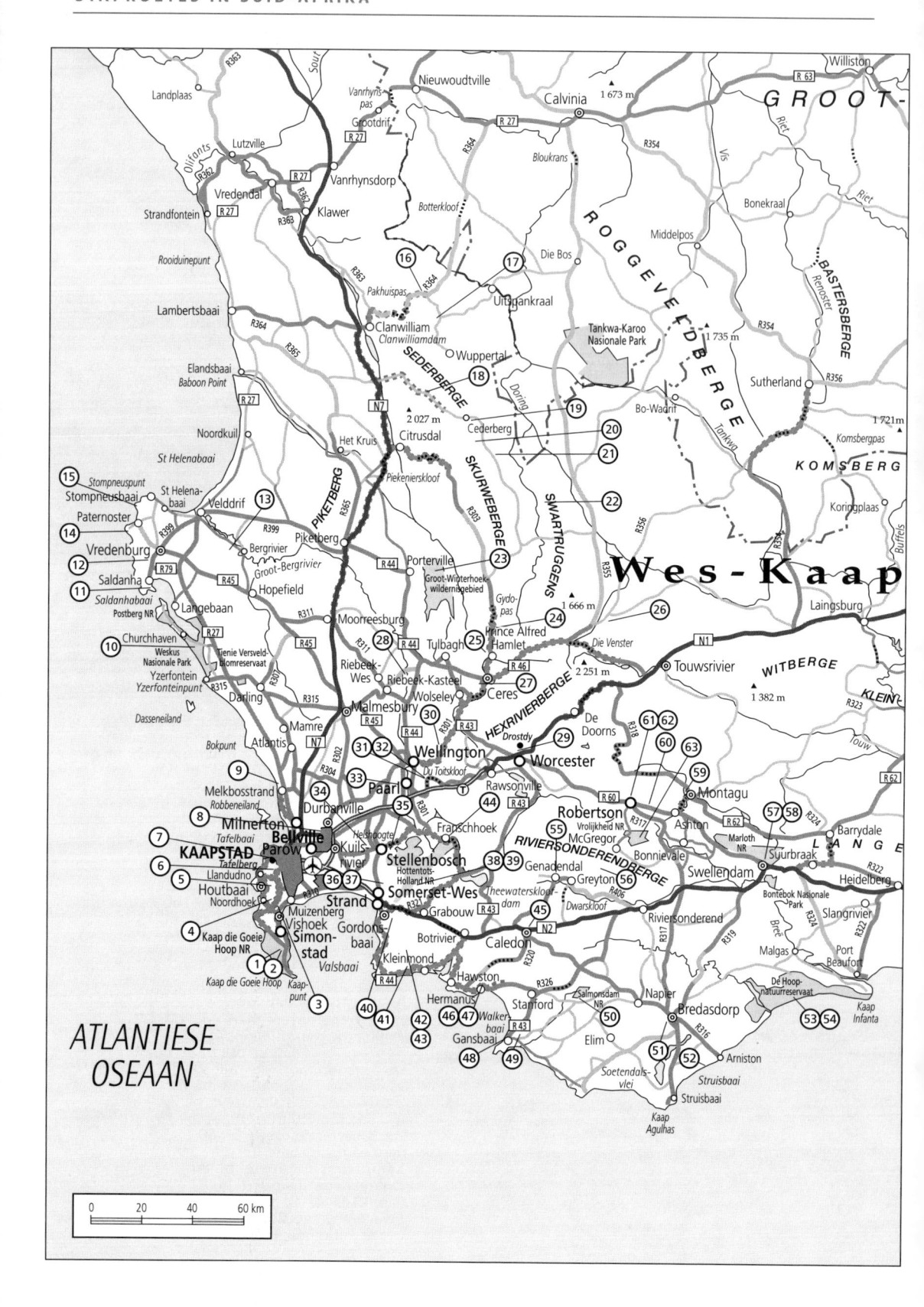

STAPROETES IN SUID-AFRIKA

SUIDWES-KAAP & KLEIN-KAROO

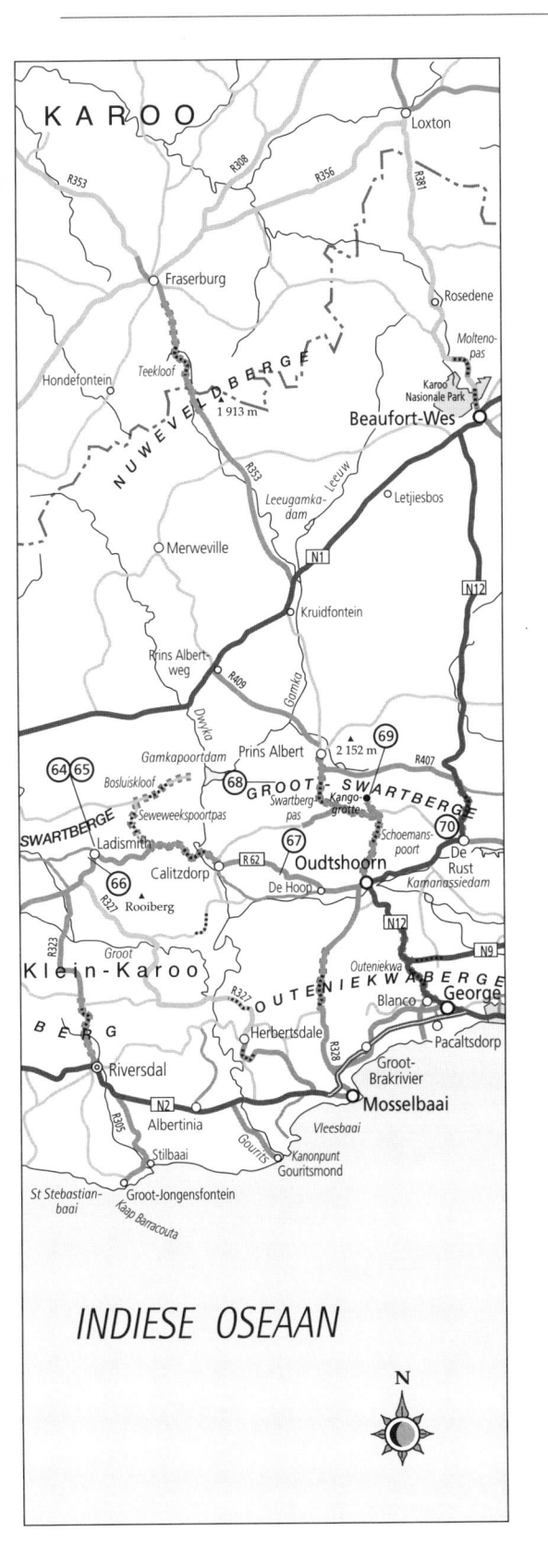

STAPROETES

1 Kaap die Goeie Hoop bl. 40
2 Kaap die Goeie Hoop-voetslaanpad bl. 41
3 Silwermyn bl. 41
4 Olifantsooggrot bl. 42
5 Houtbaai-wandelpaaie bl. 42
6 Kirstenbosch Nasionale Botaniese Tuin bl. 43
7 Tafelberg bl. 43
8 Tygerberg-natuurreservaat bl 45
9 Koeberg-natuurreservaat bl. 45
10 Weskus Nasionale Park bl. 46
11 SAS Saldanha-natuurstaproetes bl. 47
12 Oranjevlei-vakansieplaas bl. 47
13 Helderwater-roetes bl. 47
14 Tietiesbaai na Swartriet bl. 48
15 Stompneusbaai na Paternoster bl. 48
16 Sevilla-rotskunsroete bl. 48
17 Biedouw bl. 49
18 Sederberg-wildernisgebied bl. 49
19 Sanddrif/Dwarsrivier bl. 50
20 Kromrivier bl. 51
21 Nuwerust bl. 51
22 Kagga Kamma Private Wildreservaat bl. 52
23 Groot-Winterhoek-wildernisgebied bl. 52
24 Long Acres-voetslaanpad bl. 53
25 Christie Prins-voetslaanpaaie bl. 53
26 Vaalkloof-voetslaanpad bl. 53
27 Ceres-bergfynbosreservaat bl. 54
28 Silwerfontein-voetslaanpad bl. 54
29 Karoo-woestyn Nasionale Botaniese Tuin bl. 55
30 Bainskloof, Limietberg-natuurreservaat bl. 55
31 Dutoitskloof, Limietberg-natuurreservaat bl. 56
32 Limietberg-voetslaanpad bl. 56
33 Paarlberg-natuurreservaat bl. 57
34 Wingerdroete bl. 57
35 Jonkershoek-natuurreservaat bl. 57
36 Helderberg-natuurreservaat bl. 58
37 Helderbergplaas-staproete bl. 58
38 Boland-voetslaanpad bl. 59
39 Hottentots-Holland-natuurreservaat bl. 60
40 Danie Miller-staproete bl. 61
41 Harold Porter Nasionale Botaniese Tuin bl. 61
42 Kogelberg-natuurreservaat bl. 61
43 Highlands-voetslaanpad bl. 62
44 Mont Rochelle-natuurreservaat bl. 63
45 Caledon-veldblomtuin bl. 63
46 Fernkloof-natuurreservaat bl. 63
47 Kuspaadjie bl. 64
48 Duiwelsgat-voetslaanpad bl. 64
49 Heidehof-natuurstaproetes bl. 64
50 Salmonsdam-natuurreservaat bl. 73
51 Heuningberg-natuurreservaat bl. 73
52 De Mond-natuurreservaat bl. 74
53 De Hoop-natuurreservaat bl. 74
54 Walvisroete bl. 75
55 Genadendal-voetslaanpad bl. 76
56 Boesmanskloof bl. 76
57 Marloth-natuurreservaat bl. 76
58 Swellendam-voetslaanpad bl. 77
59 Montagu-bergnatuurreservaat bl. 78
60 Pat Busch-natuurreservaat bl. 78
61 Dassiehoek-voetslaanpad bl. 78
62 Arangieskop-voetslaanpad bl. 79
63 Vrolijkheid-natuurreservaat bl. 79
64 Elandsberg-staproete bl. 80
65 Towersig-staproete bl. 80
66 Klapperbos-staproete bl. 80
67 Oukraal-voetslaanpad bl. 81
68 Gamkaskloof bl. 81
69 Swartberg-voetslaanpad bl. 82
70 Mons Ruber-staproete bl. 82

1. KAAP DIE GOEIE HOOP
Kaapse Skiereiland Nasionale Park

Kyk nr. 2 vir Kaap die Goeie Hoop-voetslaanpad.

> *Staproetes:* 9 roetes; (2 van minder as 'n uur word nie gelys nie) 30 min. tot 5 uur; sirkelroete; eenrigting en heen en terug.
> *Permitte:* Toegangsgeld. Geen permitte nodig vir staproetes nie.
> *Kaarte:* Pamflet met sketskaarte van staproetes by inligtingskiosk.
> *Geriewe/Aktiwiteite:* Hengel, snorkelduik en vryduik; braai- en piekniekplekke, asook swem by Bordjiesrif- en Buffelsbaai-getypoel; walviskykplekke; besoekersentrum met inligtingskiosk, restaurant, kitskosverkooppunt, aandenkingswinkel; tandratspoor by die Kaappunt-parkeerterrein.

Die Natuurreservaat Kaap die Goeie Hoop, wat in 1939 gestig is en 7 765 ha beslaan, vorm nou een van die fokuspunte van die Kaapse Skiereiland Nasionale Park. Die 250 m hoë kranse by Kaappunt is van die hoogste seekranse ter wêreld. Vanaf die uitkykplek kan jy die dramatiese uitsig geniet en jou verwonder aan wat sir Francis Drake in 1666 beskryf het as 'the fairest cape and the most stately thing we saw in the whole circumference of the globe'.

Die plantegroei bestaan oorwegend uit 'n ryke verskeidenheid fynbosplante (1 200 spesies) wat veral in die winter en lente mooi is. Soogdiere wat te sien is, is onder meer bobbejane, bontebokke, vaalribbokke, rooihartbeeste, springbokke, elande en bergsebras. Die sowat 250 voëlspesies sluit die swarttobie en 'fynbosvoëls' soos die oranjeborssuikerbekkie en Kaapse suikervoël in. Kaappunt se kranse is die ideale plek om seevoëls waar te neem.

1. Antoniesgat-roete kronkel langs die Valsbaaikus, van die draaisirkel suid van Buffelsbaai tot by Antoniesgat, een van verskeie grotte wat deur die woeste branders uit die kuskranse gekerf is. Onderweg kan stappers hulle verlustig in die manjifieke uitsigte oor Valsbaai en die Hottentots-Hollandberge, die historiese Kaappunt-vuurtoring, en Vasco da Gama-piek. **3,5 km; 1 uur; heen en terug.**

2. Vuurtoring-wandelpaaie Daar is twee wandelpaaie: een na die ou vuurtoring wat tussen 1860 en 1919 in werking was, en die Spine-wandelpad, wat na verskeie uitkykplekke met dramatiese uitsigte oor Valsbaai, Kaappunt en Kaap die Goeie Hoop lei. Die Spine-wandelpad word nie aanbeveel vir diegene met hoogtevrees nie. Albei wandelpaaie begin by die Kaappunt-parkeerterrein. **60 minute; heen en terug.**

3. Thomas T. Tucker-roete dra die naam van die Amerikaanse vryheidskip wat die nag van 28 November 1942 op haar nooiensvaart hier gestrand het. Die heenroete volg die kuslyn verby die agterstewe- en middelskipseksies van die wrak. 'n Klein entjie verder is die oorblyfsels van die kusvaarder *Nolloth*, wat die nag van 10 April 1965 op die rotse by Duikerklip vergaan het. Van hier af kan jy óf op jou spore teruggaan óf met die platorand langs terugkeer, wat nog 1,8 km by die afstand sal voeg. **5,2 km; 1,5 uur; heen en terug.**

4. Gifkommetjie/Platboom-roete kronkel van die parkeerterrein by Gifkommetjie tot aan die kus en dan suid langs die Atlantiese kuslyn. Die Kaap die Goeie Hoop en die ou Kaappunt-vuurtoring is anderkant Bloubergstrand te sien. Die Eiland, 'n rif in die see naby Platboom, is 'n alombekende baken en uitgestrekte kelpbeddings is te sien naby Platboom, waar die roete eindig. **5 km; 1,5 uur; eenrigting.**

5. Kanonkop Die roete klim geleidelik na die ou seinkanon waarna Kanonkop genoem is. Van hierdie uitkykplek is daar mooi uitsigte op die Da Gama-gedenkteken, Buffelsbaai en Kaappunt. Die terugroete is 'n maklike afdraand en langs die pad is daar 'n interessante ou oond te sien waarin seeskulpe vroeër verbrand is om kalk te lewer. **4,8 km; 2 uur; sirkelroete.**

6. Phyllisia-sirkelroete het sy naam te danke aan die 452 ton-treiler wat net voor middernag op 2 Mei 1968 by Hoek van Bobbejaan gestrand het. Die heenroete begin by die Gifkommetjie-parkeerterrein en loop parallel met die kus, terwyl die terugroete met die kuslyn langs kronkel. Naby Gifkommetjie is daar 'n opsionele kortpad deur 'n beboste gebied wat die roeteafstand met 1,3 km verkort. **7 km; 2,5 uur; sirkelroete.**

7. Sirkelsvlei Hierdie roete kronkel van die parkeerterrein by Olifantsbos deur fynbos na die oostelike oewer van Sirkelsvlei. Wild is dikwels te sien by hierdie vlei wat deur plaaslike syferwater gevoed word. Die terugroete loop deur 'n rotsboog, verby die Eye-of-the-Needle-rotsformasie en deur 'n rotsgang, Lumbago Alley. **9,5 km; 3 uur; sirkelroete.**

2. KAAP DIE GOEIE HOOP-VOETSLAANPAD
Kaapse Skiereiland Nasionale Park

Kyk nr. 1 vir wandelpaaie.

> *Staproete:* 33,8 km; 2 dae; sirkelroete.
> *Permitte:* Kaapse Skiereiland Nasionale Park, Posbus 37, Constantia 7848, tel: (021) 701 8692, faks: 701 8733.
> *Kaarte:* Sakgids van roete met kaart.
> *Geriewe/Aktiwiteite:* Oornaghut met slaapbanke, matrasse, tweeplaatgasstoof, braaiplek, sonkragverligting, stort en toilet.
> *Belangrike inligting:* Begin die eerste dag se staptog voor 09:00 en kry die hut se sleutel by die Toegangsbeheerbeampte.

Die eerste dag se staptog (23,3 km; 9 uur) begin by die ingangshek na Rooihoogte en loop om die suidekant van Sirkelsvlei en dan deur Blaaubergvlei, wat net vir voetslaners oop is. Van Hoek van Bobbejaan kronkel dit vir 6,7 km naby die kuslyn tot by Pegram's Point. Voetslaners kan van hier af 'n kortpad kies om die hut 19 km van hul beginpunt af te bereik, of die langer roete (4,5 km langer) volg. Die langer roete bied van die beste uitsigte op Kaap die Goeie Hoop, Kaappunt en Valsbaai wat op die voetslaanpad te sien is.

Die tweede dag se roete (10,5 km; 5 uur) kronkel met die platorand langs bokant Antoniesgat en Rooikrans tot by die Homestead en klim dan na die kruin van Kanonkop. Die roete hou noordwaarts aan, verby die voet van Paulsberg, en loop dan al langs die platorand tot by die Smitswinkelbaai-uitkykplek, naby die eindpunt.

3. SILWERMYN
Kaapse Skiereiland Nasionale Park

> *Staproetes:* Netwerk; 1,5 tot 7 uur.
> *Permitte:* Toegangsgeld. Permit nie nodig nie.
> *Kaarte:* Sketskaart.
> *Geriewe/Aktiwiteite:* Piekniekplekke met water, vullisblikke en toilette.

Die Silwermyn-seksie van die park beslaan meer as 2 400 ha met van die skouspelagtigste natuurtonele in die Kaapse Skiereiland, en strek van die onderste hange van die Kalkbaai- en Muizenberg-berge in die ooste tot by Noordhoekpiek in die weste. Ou Kaapseweg verdeel die gebied in twee.

Die plantegroei bestaan oorwegend uit fynbos; onder die bykans 900 plantspesies wat hier opgeteken is, is 15 endemiese spesies, met inbegrip van *Mimetes hirtus*. Kolle inheemse woud word in die Spes Bona- en Eggovallei en langs die Silwermynrivier aangetref. Let op vir diere soos vaalribbokke, grysbokke en bobbejane.

1. Die Amfiteater-wandelpad, in die Kalkbaaiberge oos van Ou Kaapseweg, loop deur verruklike kolle inheemse woud en manjifieke bergtonele. Die roete begin by die Kalkbaai-kant van Boyesrylaan, loop opdraand tot by Weary Willy's en klim dan geleidelik in Eggovallei op tot by 'n manjifieke kol inheemse woud. Die roete kom na sowat 'n uur se stap van Weary Willy's af uit in die Amfiteater, 'n klein kom begrens deur sandsteenriwwe. Stap verder oor die plato van Ridge Peak en draai regs om langs Spes Bona-vallei met sy klein, inheemse woud af te stap. Draai regs wanneer jy by die grondpad kom en stap dan terug na Boyesrylaan. **5 km; 2 uur; sirkelroete.**

2. Kalkbaaiberge Hierdie roete spog met van die skouspelagtigste berglandskappe in die Silwermyngebied. Die roete kronkel van die Waterval-parkeerterrein, oos van Ou Kaapseweg, na Junction- en Nellie se Poel, en deur die tweelingpieke van die Kalkbaaiberge. Dit loop dan naby Spes Bona-vallei se bo-ent verby, daal af na die Amfiteater en keer terug na die beginpunt via Klein-Tuinkloof. **7 km; 3 uur; sirkelroete.**

3. Noordhoekpiek, op 754 m die hoogste punt in Silwermyn, beloon voetslaners met pragtige uitsigte oor Houtbaai en die Sentinel. Volg van die parkeerterrein by die Silwermyn-reservoir, wes van Ou Kaapseweg, 'n grondpaadjie tot by die branduitkyktoring, waar uitsigte op Chapmanspiekberg dié kort ompad die moeite werd maak. Keer terug na die hoofroete, draai links en klim verder tot 'n baken die afdraaipad na die kruin van Noordhoekpiek – net 'n kort klim verder – aandui. Van hier af volg jy die Panorama-voetpad vir sowat 75 minute tot by sy aansluiting met 'n grondpad, wat jy dan tot by die parkeerterrein volg. **7 km; 3 uur; sirkelroete.**

4. OLIFANTSOOGGROT
SAFCOL (South African Forestry Company Limited) Tokai-plantasie

Staproete: 6 km; 3 tot 4 uur; heen en terug.
Permitte: Selftoegangspermitte by die hek van die Tokai-boomtuin.
Kaarte: Sketskaart van wandelpad.
Geriewe/Aktiwiteite: Verklaringsentrum, toilette, piekniekplekke, bergfietsroete, perdry.
Belangrike inligting: Moenie kortpaaie kies nie, maar volg die slingerpaaie. Neem water saam.

Die Tokai-boomtuin, wat in 1885 gevestig is, is die oudste in die land en onder sy attraksies is 'n eksperimentele plantasie Amerikaanse rooihoutbome wat in 1902 aangeplant is. Die boomtuin en aangrensende denne- en bloekomplantasies onderhou 'n verskeidenheid van voëlspesies, veral roofvoëls.

Die beginpunt van hierdie roete is die Verklarende Sentrum in die Tokai-boomtuin. Anderkant die boomtuin begin die roete gou met 'n reeks slingerpaaie geleidelik deur die denneplantasie klim en kom dan in fynbos net onder die brandwagtoring uit. Van hier af is dit 'n klein entjie se stap na die grot, wat sy naam te danke het aan die feit dat Constantiaberg se silhoëtt na die rug en kop van 'n olifant lyk, terwyl die grot die oog voorstel. Van die grot volg jy dieselfde roete terug na die beginpunt.

5. HOUTBAAI-WANDELPAAIE
Houtbaai

Staproetes: Verskeie opsies; 2 tot 5 uur.
Permitte: Nie met die skryf hiervan nodig nie, maar die Suid-Afrikaanse Nasionale Parke (SANP) kan die Go Green Card uitbrei na dié dele van die Kaapse Skiereiland Nasionale Park waar daar geen toegangsbeheer is nie.
Kaarte: Geen. Lees Shirley Brossy se Walking Guide for the Hout Bay to Simon's Town Mountains.
Geriewe/Aktiwiteite: Geen.

Die rustige hawedorpie Houtbaai en die omliggende berge bied talle wandelpaaie wat wissel van 'n kort wandeling deur die dorp wat toegespits is op die geskiedenis, tot 'n dag lange staptog vir meer energieke stappers.

1. Chapmanspieknek tot Blackburn-ravyn Volg die Chapmanspiek-roete tot by Chapmanspieknek, maar pleks van regs te draai, draai jy links en volg die kontoerpad onder Noordhoekpiek. Die roete kronkel by 'n paar ravyne in en uit en daar is panoramiese uitsigte oor Houtbaai se hawe en die Sentinel. Blackburn-ravyn is sowat 40 minute se stap anderkant Chapmanspieknek. Na 'n kort afdraand volg jy die grondpad tot by 'n parkeerterrein langs Chapmanspiekpad, naby Oos-fort. **2,5 uur; eenrigting.**

2. Chapmanspiek Chapmanspiek, met sy steil kranse wat loodreg afdaal na die see, troon byna 600 m bo die Atlantiese Oseaan uit. Om dit te klim, is darem nie so skrikwekkend soos dit met die eerste oogopslag lyk nie. Die roete begin by die uitkykplek net voor Chapmanspiekpad en loop om die piek waarna die pad genoem is. Die eerste 30 minute is 'n taamlike steil klim langs 'n ravyn tot op Chapmanspieknek. Van daar styg die pad geleidelik deur kolle proteas en oor die westelike hange van Onder-Chapmanspiek voordat dit die kruin van Chapmanspiek bereik. Daar kan stappers 'n asemrowende uitsig van 360 grade van die spits af geniet. **3,5 uur; heen en terug.**

3. Karbonkelberg en Sutherpiek Van die eindpunt van Bay Viewweg volg die roete die slingergrondpad onder Kapteinspiek en Karbonkelberg na die oorblyfsels van die Tweede Wêreldoorlog-radarstasie op Karbonkelberg. Namate jy hoër klim, is daar skouspelagtige uitsigte oor Houtbaai en die Sentinel daaronder, Chapmanspiek anderkant die baai, die uitgestrekte strand van Noordhoek en die Tafelbergreeks. 'n Ompad van 60 minute na Sutherpiek word beloon met pragtige uitsigte oor Klein-Leeukoppie en Sandybaai. **3,5-4 uur; heen en terug.**

6. KIRSTENBOSCH NASIONALE BOTANIESE TUIN
Kaapse Skiereiland

Kyk nr. 7, Tafelberg.

Staproetes: 3 roetes; 1,5 tot 3 uur. Toegang tot gewilde Tafelberg-roetes, soos Skeleton Gorge, loop ook deur Kirstenbosch.
Permitte: Toegangsgeld. Permit nie nodig nie.
Kaarte: Kleurkaart van wandelpaaie beskikbaar by besoekersentrum.
Geriewe/Aktiwiteite: Besoekersentrum met boekwinkel en toilette; selfdien- en à la carte-restaurante; kweekhuis; begeleide staptogte vir groepe; Braille-wandelpad en Geurtuin vir gesigsgestremdes; tuinsentrum; somerkonserte; voorligtingsentrum vir skoolgroepe.

Kirstenbosch, met Castle Rock en Fernwood Buttress op die agtergrond, word beskou as een van die voorste botaniese tuine ter wêreld. Dit beslaan 492 ha natuurlike fynbos en inheemse woud en 36 ha aangeplante tuine, grasperke, paadjies en waterverfraaiings. Die tuine is beplant met bykans 6 000 plantspesies wat inheems in Suid-Afrika is, terwyl sowat 900 spesies natuurlik in hierdie streek voorkom.

1. Geelhout-roete Behalwe kolletjies fynbos, loop hierdie roete deur inheemse woud teen die onderste hange van Tafelberg. Na 'n geleidelike opdraand tot by die Kontoerpad hou die roete aan tot by Skeleton Gorge, van waar dit effens afdraand met Smutspad langs tot by die Geurtuin loop, wat ook die beginpunt is. **3 km; 1,5 uur; sirkelroete.**

2. Silwerboomroete Die roete klim van die Rycroft-hek tot by die Kontoerpad en volg dit verby Nursery Ravine en Skeleton Gorge. Anderkant Window Stream klim die pad steil tot verby The Aloes en daal dan af met die historiese Houtkapperpad (wat dateer van die 1660's, die era van die Nederlandse Oos-Indiese Kompanjie) tot by Lubbert's Gift. Van daar draai die roete terug en loop parallel met die Kontoerpad, maar laer af. Die laaste seksie loop deur die proteatuin met sy talle silwerbome, 'n lid van die proteafamilie. **7,7 km; 3 uur; sirkelroete.**

7. TAFELBERG
Kaapse Skiereiland Nasionale Park

Staproetes: Paaienetwerk; 3 tot 20 km; 1 tot 8 uur.
Permitte: By die skryf hiervan nie nodig nie, maar SANP kan die Go Green Card uitbrei na dié dele van die Kaapse Skiereiland Nasionale Park waar daar geen toegangsbeheer is nie.
Kaarte: Die kaart Approved Paths on Table Mountain, uitgegee deur die Kaapstadse afdeling van die Bergklub van Suid-Afrika, is onontbeerlik.
Geriewe/Aktiwiteite: Sweefspoor; selfdien-restaurant, bistro en winkel naby Boonste Sweefspoorstasie; abseil; bergfietsroetes.
Belangrike inligting: Die berge van die Wes-Kaap is berug vir vinnige en onverwagte weersveranderinge. Digte wolkbanke rol dikwels oor die berg en vorm die kenmerkende 'kleed' wat sigbaarheid drasties verminder. Moenie onbekende paadjies volg nie en moet nooit kortpaaie neem om teen die berg af te kom nie.

Tafelberg is een van die beroemdste bakens ter wêreld en vorm die fokuspunt van die Kaapse Skiereiland Nasionale Park wat in Mei 1998 geproklameer is. Met Leeukop (669 m) en

Duiwelspiek (1 001 m) aan weerskante, vorm die berg 'n indrukwekkende agtergrond vir die Moederstad. Die Skiereiland-bergreeks het 'n ongelooflik ryke verskeidenheid fynbosflora, met sowat 1 470 spesies wat op Tafelberg alleen voorkom. Die rooidisa (*Disa uniflora*), bloumoederkappie (*Disa longicornis*), silwerboom (*Leucadendron argenteum*), proteas, erikas, en plate watsonias is hier te sien. Kolle inheemse geelhout-, assegaai- en wildeperskewoud groei in die oostelike valleie en beskutte ravyne van die berg.

Klein soogdiertjies wat jy kan teëkom, is onder meer bobbejane, klipdassies, duikers en grysbokke. Die berg se voëllewe sluit die kransvalk, Kaapse suikervoël, klein-rooibors- en oranjeborssuikerbekkie, Kaapse kliplyster en grondspeg in.

Aangesien dit onmoontlik is om al die Tafelbergstaproetes te beskrywe, word slegs die gewildste roetes hieronder aangegee.

Westekant

Die westekant van Tafelberg kyk uit oor Kampsbaai en word oorheers deur 'n reeks bergkape wat as die Gewelberge bekend staan. Die bekende Pypleidingpad verleen toegang tot die klimroetes aan die westekant. **4,5–9 km; 3,5 uur; heen en terug.**

Kasteelspoort

Die begin van hierdie gewilde klimroete word bereik deur die Pypleidingpad van Kloofnek tot by die rigtingwyser na die afdraaipad te volg. Die pad loop diagonaal opdraand onder die bergkape Barrier, Valken en Kasteel en klim dan voortdurend teen die linkerkant van die ravyn op voordat dit Kasteelspoortrivier oorsteek om bo uit te kom. Van daar is dit 'n maklike stap na die Woodheadreservoir. 'n Alternatiewe roete is die pad na die Boonste Sweefspoorstasie via die Vallei van die Rooi Gode, Eggovallei en Fonteinpiek. **2,5 uur na bopunt van Kasteelspoort; eenrigting.**

Leeukop

Leeukop troon uit bo Leeukruis aan die noordwestekant van Tafelberg en word deur Kloofnek van die hooftafel geskei. Dit bied 'n betreklik maklike klimroete en asemrowende, panoramiese uitsigte van sy 670 m hoë kruin af. Die roete begin sowat 600 m anderkant Kloofnek, langs die Seinheuwelpad, en volg aanvanklik 'n viertrekpad voordat 'n voetpad regs afdraai. Die pad kronkel byna rondom die berg tot aan die voet van die kruinkranse, waar 'n leer toegang tot 'n hoër kontoerpad verleen. Die laaste deel van die pad volg 'n smal lysie met 'n tweede leer wat jou by die kruin uitbring. Die stap na die kruin duur sowat 1,5 uur en jy klim bykans 400 m. **2,5 uur; heen en terug.**

Noordekant

Die noordekant van Tafelberg vorm 'n amfiteater met dramatiese kranse wat bo die stad uittroon.

1. Platteklip Gorge, die oudste opgetekende roete teen Tafelberg op, is in 1503 deur die Portugese seevaarder Antonio de Saldanha geklim. Die kloof, wat die westelike en sentrale tafels skei, is die mees direkte klimroete teen die berg op. Die steil opdraand, trappiesrotspaadjie en blootstelling aan die son maak dit 'n uitputtende klim. Daar is 'n rigtingwyser na die kloof langs Tafelbergpad, sowat 1,5 km anderkant die Onderste Sweefspoorstasie. Van die bopunt van Platteklip is dit 15 minute se stap na die Boonste Sweefspoorstasie, of 45 minute se stap na die 1 085 m hoë Maclear's Beacon, die hoogste punt op Tafelberg. **3 uur; eenrigting.**

2. Venster-India is 'n vinnige manier om teen die berg op of af te kom, maar omdat daar plek-plek geklouter moet word, moet dit net deur ervare stappers aangedurf word. Volg die pad van die Onderste Sweefspoorstasie na die Boonste Kontoerpad, neem 'n goed afgebakende paadjie wat by die Vensterbergkaap verbyloop en stap dan diagonaal oor die boonste hange van India-ravyn. Jy sal moet klouter om teen die bergkaap tussen India-ravyn en Africa-ravyn op te kom. Van daar kronkel die pad onder Arrow Face na Kloof Corner Ridge. Daarvandaan is dit 'n maklike klim na die kruin al langs Fountain Ledge, waar jy versigtig moet wees omdat daar op 'n paar plekke steil afgronde is. **3–3,5 uur; eenrigting.**

Duiwelspiek

Duiwelspiek lê noordoos van Tafelberg en word deur 'n bergrug daarvan geskei.

1. Saalpad Die pad slinger van die parkeerterrein, sowat 2,5 km anderkant die Onderste Sweefspoorstasie langs Tafelbergpad, na die Boonste Kontoerpad van waar die Saalpad na Saddle Rock klim. Die roete loop dan verder met 'n brandpad langs na die 1 001 m hoë kruin van Duiwelspiek, waar jy uitsigte in alle rigtings het. Die roete klim altesaam sowat 600 m. **4,5 uur; heen en terug.**

2. Duiwelspiek-sirkelroete Dié verruklike alternatiewe roete kronkel van Nuwelandbos na die Kontoerpad en loop dan verby die Koning se Blokhuis na Mowbray Ridge. Van daar word die Middelroete om die noordelike en westelike hange van Duiwelspiek na Saddle Rock en die brandpad tot op die kruin gevolg. Die terugroete is via die Saal en daal skerp in Nuweland-ravyn af. **5–6 uur; sirkelroete.**

Oostekant en Constantianek

1. Skeleton Gorge is 'n gewilde roete na die Agtertafel, aangesien stappers in die skadu van die dig beboste kloof bly. Die roete volg Smutspad na die Kontoerpad en loop dan steil opdraand aan die linkerkant van die ravyn. Daar is lere wat stappers op 'n paar steil, rotsagtige plekke help. Die kloof maak bokant hierdie seksie oop en kom op die Agtertafel uit. Jy kan hier óf regs draai na Maclear's Beacon (70 minute in een rigting) óf links, om via Castle Rock terug te keer en in Nursery-ravyn af te stap. **3–4 uur; sirkelroete via Nursery-ravyn.**

2. Constantianek na Woodhead-reservoir Dit staan ook bekend as die Bridle Path en is die langste maar maklikste roete teen Tafelberg op. Begin by die piekniekterrein oorkant die Constantianek-restaurant en, nadat jy deur 'n hek gegaan het, draai jy links en volg 'n voetpad teen die hange van Constantiahoek en Bel Ombre op. Die pad klim totdat dit aansluit by die viertrekpad op 'n Z-draai. Stap van hier met die viertrekpad verby De Villiers-, Alexandria- en Victoria-reservoir tot by Woodhead-reservoir sowat 8 km van die beginpunt af. **5 uur; heen en terug.**

8. TYGERBERG-NATUURRESERVAAT
Bellville

Staproetes: Netwerk; 7,7 km; 6 tot 8 uur indien dit as 'n dagwandeltog aangepak word.
Permitte: By ingangshek verkrygbaar.
Kaarte: Basiese kaart waarop roetes aangedui word verkrygbaar by Munisipaliteit Bellville, tel: (021) 918 2911.
Geriewe/Aktiwiteite: Piekniekplekke (vuurmaak verbode), boekwinkel en herbarium.

Hierdie 123 ha-natuurreservaat teen die westelike hange van die Tygerberg is 'n eiland te midde van die uitgestrekte Kaapse en Tygerbergse stadsgebiede. Dit is een van die min natuurreservate wat beskerming bied aan Weskus-renosterveld, 'n plantegroeisoort wat feitlik uitgeroei is deur landbou en stedelike ontwikkeling. Die 115 voëlspesies wat hier opgeteken is, sluit die rooiborssperwer, kransvalk, Kaapse fisant en grondspeg in.

Uitkyk-wandelpad lei na 'n uitkykplek met uitsigte oor Paarlberg, Valsbaai en Tafelbaai, met Kaapstad en Tafelberg op die agtergrond.

9. KOEBERG-NATUURRESERVAAT
Melkbosstrand

Staproetes: 2 roetes; 5,7 en 19,3 km; 2 en 6 uur met korter opsies.
Permitte: Koeberg-besoekersentrum, Privaatsak X10, Kernkrag 7440, tel: (021) 553 2466, faks: 553 4171.
Kaarte: Sakgids met kaarte beskikbaar.
Geriewe/Aktiwiteite: Piekniekplek, voëlkykskuiling, uitkykpunt.

Die Koeberg-natuurreservaat is deur Eskom afgebaken om die kwesbare omgewing van die Weskus te beskerm, en beslaan 3 000 ha strandveldplantegroei, duineveld, vleiland en kustonele.

Hierdie reservaat huisves troppe bontebokke en springbokke, bontsebras, grysbokke, steenbokke en duikers, asook 'n verskeidenheid kleiner soogdiere soos rooikatte en muskejaatkatte. Die reservaat het 'n voëllys van meer as 169 spesies en bied dus goeie voëlkykgeleenthede.

Besienswaardighede op albei roetes word in die roetebrosjure genommer en verklaar.

1. Grysbok-roete loop deur die reservaat aan die suidooste- en suidekant van die Koeberg-kernkragsentrale. Dit wissel tussen duine, die kuslyn, melkhoutbome en tipiese strandveldplantegroei, wat veral mooi is in die lente. 'n Uitkykplek net langs die kus is ideaal vir die waarneming van noordkapperwalvisse tussen Mei en November. **5,7 km; 2 uur met 'n 2,5 km-opsie; sirkelroete.**

2. Dikkop-roete noord van die kernkragsentrale kronkel deur strandveldplantegroei en restio-velde, oor duine en al langs die strand. 'n Skuiling naby die halfpadmerk bied welkome beskerming teen die wind en son. Daar is goeie voëlkykgeleenthede by die verdampingsdamme. **19,3 km; 6 uur met opsies van 6,5 km en 16,3 km; sirkelroete.**

10. WESKUS NASIONALE PARK
Saldanha

> *Staproetes: 2 voetslaanroetes; 24 en 30 km; 2 dae; sirkelroete. Dagwandelpad; 10 km; 4 uur; sirkelroete.*
> *Permitte: Geelbek-Goldfields-omgewingsentrum, Posbus 25, Langebaan 7357, tel: (022) 772 2798, faks: 772 2720.*
> *Kaarte: Sketskaarte.*
> *Geriewe/Aktiwiteite: Geelbek: Goldfields-omgewingsvoorligtingsentrum, bestaande uit Geelbek-opstal en voëlkykskuilings. Postberg: oornagkampeerterrein met braairoosters, hout en toilette (geen storte nie); piekniekplekke.*
> *Belangrike inligting: Postberg is net in Augustus en September oop. Staptogte in hierdie gedeelte moet voltooi word voor 16:00, wanneer die hek toegemaak word. Dit is raadsaam om insekweerder aan te wend om steekvlieë weg te hou. Bosluise is algemeen, dra dus altyd 'n langbroek.*

Die Weskus Nasionale Park beslaan bykans 28 000 ha en omvat die Langebaanstrandmeer en die aangrensende grond aan die oostekant, die grootste deel van die skiereiland wes van die strandmeer, Sestienmylstrand, en vier eilande. Die strandmeer is 'n vleiland van internasionale belang en onderhou meer as 37 000 voëls in die somer, waarvan 92% waadvoëls is; die meeste is Palearktiese spesies. Die park se voëllys bevat 250 spesies, onder andere die flamink, Afrikaanse paddavreter, rooibandstrandkiewiet, Kaapse fisant en langbeklewerik. Die plantegroei is tipiese strandveld met digte, lae bossies, vetplante, gras en riete. Wild sluit elande, koedoes, steenbokke, grysbokke en duikers in.

Geelbek
Geelbek is aan die suidekant van die strandmeer geleë, en die fokuspunt is die manjifieke Kaaps-Hollandse herehuis wat in 1860 gebou is.

Strandveld Opvoedkundige Roete Stappers op hierdie selfbegeleide, verklarende roete word bekendgestel aan die talle fassinerende fasette van die Weskus – strandveld, duine en die kus. Die eerste dag se roete dek 14 km (5 uur), terwyl die tweede dag s'n 16 km (5-6 uur) en 'n stap langs Sestienmylstrand insluit. Slegs 'n dagsak is nodig omdat stappers na elke dag se staptog na die Geelbek-opstal terugkeer. Stappers moet op 'n Maandag- of Vrydagaand by Geelbek aanmeld. Die roete sluit alle maaltye in. **30 km; 2 dae; sirkelroete van basiskamp.**

Postberg-gedeelte
Hierdie 1 800 ha-gedeelte van die park is op die skiereiland wes van Langebaanstrandmeer geleë en is beroemd vir sy jaarlikse lenteblommeskouspel in Augustus en September. Gedurende hierdie maande word die veld deur madeliefies, geofiete en vetplante in 'n kaleidoskoop van kleur omgetower. Granietdagsome, die rotsagtige kuslyn en troppe wild dra by tot die aantrekkingskrag van dié gebied.

1. Postberg-voetslaanpad Die eerste dag se staproete (13 km; 6 uur) loop vlak langs Konstabelkop verby en kronkel 'n ent verder oor die hellings onder Postberg en Lookout, van waar daar lieflike uitsigte oor die strandmeer is. Die roete loop dan suidweswaarts na die oornagstop by Plankiesbaai. Op die tweede dag se staptog (11 km; 3,5 uur) maak die rotsagtige kuslyn plek vir die sanderige, uitgestrekte Sestienmylstrand, wat jy tot by die wrak van die *Pantelis A. Lemos* volg. Van hier af draai die roete om en loop terug na die beginpunt. **24 km; 2 dae; sirkelroete.**

2. Steenbok-dagwandelpad volg dieselfde roete as die Postberg-voetslaanpad vir 2 km en wyk dan links af na die Vingerklippe – skouspelagtige granietmonoliete wat soos vingers hemelwaarts wys. 'n Ent daarvandaan sluit die roete aan by die oornagroete, wat jy na Plankiesbaai en dan Kreeftebaai volg. By Tzaarsbank draai die roete terug na die beginpunt. **10 km; 4 uur; sirkelroete.**

11. SAS SALDANHA-NATUURSTAPROETES
Saldanha

> *Staproetes:* 38,6 km; 4 roetes; 1 tot 5 uur.
> *Permitte:* SAS Saldanha, Privaatsak X4, Saldanha 7395, tel: (022) 702 3523, faks: 702 3629.
> *Kaarte:* Roetepamflet in kleur wat staproetes aandui.
> *Geriewe/Aktiwiteite:* Water en toilette by begin van roete.
> *Belangrike inligting:* Voorsorgmaatreëls teen bosluise is raadsaam. Parkering word net by die noordhek toegelaat.

Die rotsagtige landhoof wat die noordekant van Saldanhabaai insluit, het 'n lang militêre geskiedenis en dien sedert 1948 as 'n vlootopleidingsbasis. Die hele militêre gebied van 1 800 ha is as 'n natuurreservaat afgebaken, en springbokke, rooihartbeeste, vaalribbokke en volstruise is hier te sien. Die roetenetwerk neem voetslaners verby militêre plekke wat van die Tweede Wêreldoorlog dateer, talle argeologiese vindplekke en 'n menigte geologiese verskynsels. Voetslaan is veral gedurende die lenteblomseisoen 'n lonende ervaring.

1. Blou Roete is die kortste van die vier sirkelroetes en kronkel om Malgaskop, terrein van die kanonbatterye van die kusartillerie en die kolligte wat die baai tydens die Tweede Wêreldoorlog verlig het. **4 km; 1,5 uur; sirkelroete.**

2. Groen Roete kronkel om Malgaskop en Baviaansberg, wat met 'n voetpad uitgeklim kan word. Van die kruin af is daar asemrowende uitsigte oor die ingang tot Saldanhabaai. Die roete loop dan om 'n soutpan na Long Point voor dit terugdraai na die beginpunt. **9,6 km; 3 uur; sirkelroete.**

3. Geel Roete volg dieselfde pad as die Rooi Roete behalwe dat dit nie langs Noordbaai en om Môresonkop loop nie. **11 km; 4 uur; sirkelroete.**

4. Rooi Roete begin by die Bomsgat, volg die kuslyn van Noordbaai en kronkel dan tussen Malgaskop en Baviaansberg deur. Daarna loop dit om 'n soutpan na Long Point. Die terugskof loop oor die kruin van Môresonkop na die eindpunt by die weshek. **14 km; 5 uur; sirkelroete.**

12. ORANJEVLEI-VAKANSIEPLAAS
Saldanha

> *Staproete:* 1 roete; 12 km; 4 tot 6 uur.
> *Permitte:* Oranjevlei-vakansieplaas, Posbus 11, Saldanha 7395, tel. en faks: (022) 714 2261, e-pos: oranje@mweb.co.za
> *Kaarte:* Ruwe sketskaart.
> *Geriewe/Aktiwiteite:* Gastekamers, tennis, swem, valskermseil, perdry, bergfietsroetes.

Die historiese plaas Oranjevlei is op 'n heuwel geleë en het 'n panoramiese uitsig oor Saldanhabaai en omgewing. Die roete loop van die plaaskompleks deur koringlande en volg dan 'n sirkelroete (10 km; 4 uur) deur natuurlike fynbosplantegroei waar springbokke, duikers en grysbokke te sien is.

13. HELDERWATER-ROETES
Hopefield

> *Staproetes:* 2 roetes; 10 en 20 km; 3 en 6 uur.
> *Permitte:* Langrietvlei, Posbus 121, Hopefield 7355, tel. en faks: (022) 783 0856.
> *Kaarte:* Sketskaarte.
> *Geriewe/Aktiwiteite:* Selfsorg-chalets,

> *braaiplekke, kanovaart, swem, waterski.*
> **Belangrike inligting:** *Middel-Oktober tot middel-Mei is gewoonlik die beste tyd, anders kan die vleiland moeilik begaanbaar wees. Somermaande is soms baie warm.*

Die plaas Langrietvlei lê langs die Benede-Bergrivier en dateer van 1715. Danksy die plaas se gety-, seisoenale en standhoudende panne, rivierfront en fynbosplantegroei bied dit 'n voetslaanervaring vol afwisseling en uitstekende voëlkykgeleenthede.

1. Helderwater-roete volg meestal die loop van die Bergrivier. Benewens voëlkyk kan jy dalk vroeg soggens of laat middag wildevarke in die riete sien. Braaigeriewe word voorsien by die 9 km-merk, waar 'n roeiboot gelaat kan word vir diegene wat die rivier wil verken. **10 km; 3 uur; sirkelroete.**

2. Langrietvlei-roete kronkel al langs die Bergrivier en verby 'n getypan, wat talle watervoëls lok. Stappers kan in die vleigebiede wilde perde teëkom; afstammelinge van perde wat die Britse Leër gedurende die Anglo-Boereoorlog gebruik het. Tot 2 000 flaminke word aangetref by Pienk Pan wat normaalweg tot Januarie water hou, terwyl die seisoenale panne gewoonlik van middel-Oktober af begin opdroog. **20 km; 6 uur; sirkelroete.**

14. TIETIESBAAI NA SWARTRIET
Paternoster

> **Staproetes:** *17 km; 6 uur; eenrigting.*
> **Permitte:** *Munisipaliteit Saldanhabaai, Privaatsak X12, Vredenburg 7380, tel: (022) 701 7000, faks: 715 1518.*
> **Kaarte:** *Sketskaart.*
> **Geriewe/Aktiwiteite:** *Kampeerterrein met wasgeriewe in Kaap Columbine-natuurreservaat.*
> **Belangrike inligting:** *Neem water saam.*

Hierdie staproete langs die kus spog met rotsagtige strande, kusfynbos en duine, en is veral die moeite werd gedurende die lenteblomseisoen. Die seevoëls waarvoor jy moet uitkyk, is onder andere die swarttobie, drietoonstrandloper, swartrugmeeu, sterretjie en die witbors-, trek-, bank- en kuifkopduiker. Die ryk seelewe van die rotspoele en sloepe is die moeite werd om te verken. Die roete eindig in die Kaap Columbine-natuurreservaat.

15. STOMPNEUSBAAI NA PATERNOSTER
Stompneusbaai

> **Staproete:** *30 km; 10 uur; eenrigting.*
> **Permitte:** *Munisipaliteit Saldanhabaai, Privaatsak X12, Vredenburg 7380, tel: (022) 701 7000, faks: 715 1518.*
> **Kaarte:** *Sketskaart.*
> **Geriewe/Aktiwiteite:** *Geen.*
> **Belangrike inligting:** *Dit is noodsaaklik om vroeg te begin. Neem water saam.*

Hierdie taamlike lang staproete volg die kus van Stompneusbaai verby Golden Mile, Britanniabaai en Kaap St Martin en loop dan vlak langs die Groot-Paternoster-natuurreservaat verby. Die landskap op die roete wissel tussen die rotsagtige kuslyn, beskutte baaie en uitgestrekte wit strande. Die sandvlakte-fynbos omtower die landskap in die lente in 'n fees van kleur.

16. SEVILLA-ROTSKUNSROETE
Clanwilliam

> **Staproete:** *6 km; 4 uur; sirkelroete.*
> **Permitte:** *Mnr. H. Stauss, Posbus 209, Clanwilliam 8135, tel. en faks: (027) 482 1824.*
> **Kaarte:** *Roetepamflet met beskrywings van nege rotskunsterreine; kaart van gemerkte plante.*
> **Geriewe/Aktiwiteite:** *Volledig toegeruste selfsorgkothuise met slaapplek vir vyf tot 10 persone; restaurant wat plaaslike geregte vir groepe voorsit.*

Die eerste skof van die roete kronkel bo en onder rotslyste en hoë kranse bokant die bedding van die Brandewynrivier. Daar is 10 rotskunsterreine, en die tekeninge is onder andere van kwaggas ('n uitgestorwe spesie wat soos 'n sebra lyk), 'n groep dansende vroue, dofgeel olifante en talle handafdrukke. Van die laaste terrein loop die roete deur Rooigang en steek dan die Brandewynrivier oor om uiteindelik by die kothuise by Sevilla uit te kom. 'n Kort ompad na Mildenpoel is veral op 'n warm dag die moeite werd. Op die terugskof kan jy óf die pad terug na Traveller's Rest volg óf die langer, maar baie lonende Sevilla-olienhoutwandelpad aanpak. 'n Kaart vir plante wat op die roete gemerk is, is beskikbaar.

17. BIEDOUW
Biedouwvallei

Staproete: 9,5 km; 3 uur; sirkelroete.
Permitte: Mnr. B. Lubbe, Mertenhof, Posbus 220, Clanwilliam 8135, tel. en faks: (027) 482 2845.
Kaarte: Sketskaart met plantelys.
Geriewe/Aktiwiteite: Selfsorgkothuis vir tot 12 mense.

Hierdie verruklike wandelpad in die Biedouwvallei oos van die Sederberg stel stappers in staat om die fassinerende plantlewe van die gebied te ontdek. Sowat 51 plantspesies op die roete is genommer en 'n sleutellys van die plante se name is beskikbaar. Ander glanspunte is onder meer maalgate en 'n waterval in die Biedouwrivier, asook twee rotskunsterreine. Die roete is veral lonend in die lente.

18. SEDERBERG-WILDERNISGEBIED
Citrusdal, Clanwilliam

Staproetes: Meer as 250 km; 2 tot 'n paar dae; netwerk.
Permitte: Die Bestuurder, Sederbergwildernisgebied, Privaatsak X6, Clanwilliam 8135, tel: (027) 482 2812, faks: 482 2406. Die wildernisgebied is in drie blokke verdeel, en daar is 'n beperking van 50 mense in elke blok. Groepe word beperk tot 'n minimum van drie en 'n maksimum van 12. Toegang tot die Malteserkruis en Wolfbergskeure loop deur Dwarsrivier. Permit verkrygbaar van mnre. Nieuwoudt, tel. en faks: (027) 482 2825.
Kaarte: Die 1:50 000-kaart van die Sederberg-wildernisgebied wat deur Kaapse Natuurbewaring (KNB) uitgegee word, is onontbeerlik.
Geriewe/Aktiwiteite: Die Algeria-kampeerterrein het wasgeriewe en twee volledig toegeruste kothuise vir vyf en 10 mense onderskeidelik. Elektrisiteit, beddegoed en kombuisware word voorsien. Basiese akkommodasie sonder elektrisiteit, beddegoed of kombuisware is beskikbaar by Uitkyk (10 mense), Waenhuis (6 mense), en Prik-se-Werf, Peerboom en Sas-se-Werf (5 mense elk). Kliphuis, 20 km oos van Clanwilliam, het 10 kampeerterreine met wasgeriewe. Bespreek deur KNB by bogenoemde adres. In die wildernisgebied is daar berghutte sonder geriewe, by Boontjieskloof, Middelberg, Crystal Pool, Sneeukop, Sleepad en Sneeuberg. Wanneer KNB-personeel nie die hutte gebruik nie is dit tot beskikking van dié wat eerste opdaag.
Belangrike inligting: Vuurmaak word nie in die wildernisgebied toegelaat nie.
'n Toesel-grondkussing, goeie slaapsak en warm klere is noodsaaklik, veral tussen Mei en September wanneer dit soms sneeu.

Die Sederberg-wildernisgebied beslaan 71 000 ha skouspelagtige bergtonele en strek van die Middelbergpas by Citrusdal noordwaarts tot anderkant die Pakhuispas. Natuurkragte het oor ontelbare eeue heen saamgespan om die sandsteenrots tot fassinerende natuurlike beeldhouwerke te erodeer. Beroemde besienswaardighede is onder andere die 15 m hoë Wolfbergboog, die Wolfbergskeure, 'n smal spleet wat 30 m in die Wolfberg instrek, en die Malteserkruis wat 20 m hoog is.

Die plantegroei word gekenmerk deur fynbos, met woudoorblyfsels in beskutte klowe. Die Clanwilliamseder (*Widdringtonia cedarbergensis*) is endemies in die Sederberge en groei tussen die rotse en kranse op hoogtes van meer as 1 000 m bo seevlak. Na 'n verwoestende brand in 1989 is 'n sederreservaat afgebaken as deel van 'n sederherstelprogram wat Kaapse Natuurbewaring onderneem het om die oorlewing van die seder te verseker.

Die pragtige sneeuprotea (*Protea cryophila*) groei net bokant die sneeugrens. Dit kom op baie min plekke voor, onder andere Sneeuberg en Tafelberg. Die noordelike Sederberg is die habitat van nog 'n endemiese lid van die proteafamilie, die perdekop (*Leucospermum reflexum*).

Soogdiere sluit bobbejane, klipdassies, gemsbokmuise (namtap), vaalribbokke, grysbokke en duikers in. Die Sederberge is 'n belangrike toevlugsoord vir luiperds, en 'n luiperdbewaringsgebied is in 1988 in oorleg met private grondeienaars gevestig. Spore word dikwels op die voetpaaie gesien, maar omdat luiperds hoofsaaklik naglewend is, word hulle selde teëgekom.

Onder die sowat 200 voëlspesies wat hier voorkom, is die Kaapse berglyster, Kaapse suikervoël, oranjeborssuikerbekkie, witvlerkkanarie, rooiborsruigtesanger, Kaapse pietjiekanarie en witkruisarend.

1. Blok A dek die noordelike Sederberge en sluit Pakhuis, die Krakadouw-bergreeks en Skerpioenberg in. Hoewel dit nie so gewild soos die sentrale en suidelike deel is nie, maak die ruwe landskap van die Krakadouw dit die moeite werd om te verken. Van Kliphuis daal 'n voetpad in Amon se Kloof af na die Jan Disselsriviervallei, waar 'n grot naby 'n blokhuis uit die Anglo-Boereoorlog as oornagverblyf dien. Van daar klim 'n voetpad in Krakadouwpoort op na Heuningvlei. Die derde dag se staptog is 'n maklike wandeling op 'n viertrekpad terug na Pakhuispas. **40 km; 3 dae; sirkelroete.**

2. Blok B strek van Skerpioensberg suidwaarts na die Wolfberg. Die Crystal Pool-sirkelroete is 'n gewilde tweedaagse staproete. Van Algeria klim 'n voetpad geleidelik in Helsekloof op, verby 'n pragtige waterval, tot by Middelberg. Na Middelberg kom jy by die beroemde baken Cathedral Rocks uit voordat jy die Grootlandsvlakte oorsteek. Die pad volg Wildehoutdrif en loop dan steil opdraand teen Groot Hartseer voordat dit Crystal Pool bereik. Op die tweede dag klim die roete in Engelsmanskloof op na die viertrekpad, wat jou tot by Sleepad-hut bring. Stap af na Grootlandsvlakte en volg dan die heenroete terug. Ander bekende bestemmings in Blok B is onder andere Welbedacht-grot, Tafelberg, Wolfbergboog via Gabriëlspas, en Wolfbergskeure. **26 km; 2 dae; sirkelroete.**

3. Blok C dek die westelike en suidelike deel van die wildernisgebied asook die suidwestelike eindpunt. Die mees direkte toegang tot die Malteserkruis loop deur die plaas Dwarsrivier (kyk onder). Die 2 027 m hoë Sneeuberg, die hoogste punt in die Sederberge, vorm 'n indrukwekkende agtergrond en is – soos die naam aandui – in die winter dikwels met sneeu bedek. Nog 'n besienswaardigheid is Duiwelsgat, 'n afgeleë vallei waarby jy verbystap as jy van Sneeuberghut via Noordpoort na Sederbergpas stap. **12 km; 5 uur; eenrigting.**

19. SANDDRIF/DWARSRIVIER
Sederberg, Citrusdal

Staproetes: 4 roetes; 35 min. tot 3 uur.
Permitte: Nieuwoudt-broers, Posbus 84, Clanwilliam 8135, tel. en faks: (027) 482 2825, e-pos: sandrif@mweb.co.za
Kaarte: Ingesluit op topografiese 1:50 000-kaart van Sederberge.
Geriewe/Aktiwiteite: Selfsorg-chalets en kampeerterrein by Sanddrif, bergfietsroetes, observatorium, wynproe.

Die Dwarsriviervallei, tussen die alombekende Wolfberg aan die oostekant en Sneeuberg aan die westekant, is lank reeds die tradisionele bestemming vir buitelewe-entoesiaste wat graag sommige van die bekendste bakens in die Sederberge, onder meer die Wolfbergskeure en -boog en die Malteserkruis, wil verken.

1. Wolfbergskeure en -boog Sanddrif is die ideale basis vir 'n staptog na die Wolfbergskeure wat die horison noord van die plaas oorheers en die Wolfbergboog. Dit is uit die staanspoor 'n steil opdraand na die skouspelagtige derde skeur, wat in hoogte en breedte wissel van baie smal tot 'n paar meter. Twee rotsboë, met 'n spanwydte van onderskeidelik 29 m en 20 m, is van spesiale belang. 'n Klein entjie verder moet jy na 'n hoër vlak klouter en dan onder 'n enorme rots deurkruip. Van die skeure af is dit 'n maklike stap van sowat 90 minute na die Wolfbergboog. Om terug te keer, kan jy óf op jou spore teruggaan óf langs Gabriëlspas af stap en die viertrekpad na die beginpunt volg. **13 km; 7 uur; heen en terug, of 16 km; 7–8 uur; sirkelroete.**

2. Malteserkruis
Van die parkeerterrein, sowat 7 km van Dwarsrivier, wys 'n voetpad en bakens die weg na die alombekende Malteserkruis. Die pad loop geleidelik opdraand en bring jou na 90 minute se stap by die formasie uit. **7 km; 3,5–4 uur; heen en terug.**

20. KROMRIVIER
Sederberg, Citrusdal

Staproetes: 6 roetes; 90 min. tot 8 uur.
Permitte: Sederberg-toeristepark, Posbus 284, Clanwilliam 8135, tel. en faks: (027) 482 2807, e-pos: namapip@netactive.co.za
Kaarte: Ingesluit in topografiese 1:50 000-kaart van Sederberge.
Geriewe/Aktiwiteite: Selfsorgkothuise, kampeerterreine, bergfietsry, bergklim, 4x4-roete, perdry.

Die plaas Kromrivier en die Sederberg-toeristepark is ou gunstelinge van baie buitelewe-entoesiaste. Kromrivier grens aan die Sederberg-wildernisgebied en Breekkrans, 'n eiendom van die Bergklub van SA, en is ook gerieflik naby die Stadsaalgrotte.

1. Disa-poel Die roete loop teen 'n taamlik maklike opdraand al langs die Kromrivier, verby Kromriviergrot en 'n waterval voordat dit by Disa-poel uitkom, waar klompies *Disa tripetaloides* in oorvloed te sien is wanneer dit tussen Desember en Februarie blom. **3–4 uur; heen en terug.**

2. Malteserkruis Die heenroete loop oor die hellings onder Dwarsrivierberg en Sugarloaf-piek, om die noordelike hange van The Pup en tot by die Malteserkruis. Die terugroete loop oor Kokspoort en opdraand al langs die Kromrivier, verby Disa-poel en die Kromriviergrot. **7–8 uur; sirkelroete.**

Die vier ander opsies is 'n maklike wandeling van die bopunt van Kromrivierpas na die Stadsaalgrotte en **Truitjieskraal** (3 uur), **Witkleigat** (2–3 uur) en **Apollogrot en Lunar-tonnel** (7–8 uur).

21. NUWERUST
Sederberg, Citrusdal

Staproetes: 3 roetes; 2 tot 7 uur.
Permitte: Nuwerust-ruskamp, Poskantoor Sederberg 8136, tel. en faks: (027) 482 2813.
Kaarte: Brosjure van wandelpaaie met kaart.
Geriewe/Aktiwiteite: Selfsorgkothuise.

Nuwerust, in die suidoostelike Sederberge, lê in 'n pragtige omgewing wat oorheers word deur die diep, smal kloof van die Brandkraalsrivier en steil oranje sandsteenkranse. Aangesien dit op die westelike rand van die Klein-Karoo geleë is, is die plantegroei tipies renosterveld, met 'n verskeidenheid van geofiete, vetplante en bossies, asook fynbos. Wild sluit vaalribbokke, grysbokke, klipspringers en die ontwykende luiperd in.

1. Waterval-roete klim geleidelik al langs die onderste hange van Klipbokkop na 'n waterval in die Klipbokkoprivier en maak dan 'n lus terug. Onderweg is daar mooi uitsigte oor die Brandkraalsriviervallei. **6 km; 2 uur; sirkelroete.**

2. Rooiberg-roete begin met 'n steil opdraand na die Rooibergplato, noord van die Brandkraalsrivier, van waar stappers uitsigte oor die Swartruggens in die ooste en die Breekkransberge in die weste kan geniet. Die roete kronkel dan af na die diep kloof van die Brandkraalsrivier, wat jy vir 3 km terug na die ruskamp volg. **12 km; 4,5 uur; sirkelroete.**

3. Klipbokkop-roete klim meer as 700 m na die piek, Klipbokkop, waarna die berg genoem is – klipbok is die volksnaam vir klipspringer. Die laaste opdraand behels 'n bietjie klouter, maar die asemrowende uitsigte maak die klim die moeite werd. Die eerste en laaste seksies van die roete volg die Waterval-roete. **15 km; 7 uur; sirkelroete.**

22. KAGGA KAMMA PRIVATE WILDRESERVAAT
Noordoos van Ceres

> *Staproetes:* 2 roetes; 1 en 2 uur. Begegeleide staptogte kan gereël word.
> *Permitte:* Kagga Kamma Private Wildreservaat, L'Ideal Landgoed, Paarl 7646, tel: (021) 872 4343, faks: 872 4524 e-pos: info@kaggakamma.co.za
> *Kaart:* Nie beskikbaar nie.
> *Geriewe/Aktiwiteite:* Luukse hutte en 'grotte'; restaurant; swembad; Boesman-kultuurtoere; sonsonder-, nag- en wildkykritte.

Kagga Kamma is hoog op in die Swartruggens-reeks – wat die Karoo van die Koue Bokkeveld skei – geleë in 'n ruwe, maar skouspelagtige landskap. Vreemd gevormde sandsteenformasies, rotsboë en skeure vorm 'n ontsagwekkende agtergrond vir 'n landskap gekenmerk deur valleie, berge en canyons. Ander besienswaardighede sluit onder meer rotskunsterreine wat tot 6 000 jaar oud is in. 'n Khomani-Boesman-gemeenskap is in 1990 op die plaas hervestig.

Die witkruisarend, kransvalk, dubbelbanddrawwertjie, swartkorhaan en kaalwangvalk tel onder die bykans 245 voëlspesies wat tot dusver in hierdie gebied opgeteken is. Wild wat hier te sien is, is onder meer springbokke, gemsbokke, bontebokke, elande en vaalribbokke.

Die reservaat se twee selfbegeleide roetes kronkel tussen die skouspelagtige rotsformasies deur na verskeie rotskunsterreine. Anders kan 'n verklarende staptog, onder aanvoering van óf 'n kenner op die gebied van rotsskilderinge óf Boesmanspoorsnyers, gereël word.

23. GROOT-WINTERHOEK-WILDERNISGEBIED
Porterville

> *Staproetes:* Netwerk; 90 km; twee of meer dae.
> *Permitte:* Die Bestuurder, Kaapse Natuurbewaring, Weskus-streek, Posbus 26, Porterville 6810, tel: (022) 931 2900, faks: 931 2913. Sneeugat: Mnr. Franz Zeeman, tel: (023) 230 0729. De Hoek: Mnr. Flip Langenhoven, tel: (023) 240 0339.
> *Kaarte:* Reservaatpamflet waarop roetes aangedui word.
> *Geriewe/Aktiwiteite:* Basiese oornaghutte (geen geriewe nie) by Groot-Winterhoek en De Tronk; basiese skuilings by Perdevlei.
> *Belangrike inligting:* Vuurmaak is verbode, behalwe by oornaghutte by De Tronk. Die Groot-Kliphuisrivier en ander riviere is na swaar reën soms moeilik om oor te steek. Slegs ses mense per dag word op die roete van Die Hel na De Hoek toegelaat, en die roete is gedurende die oestyd (1 Desember tot 30 April) gesluit.

Die Groot-Winterhoek-wildernisgebied is in 1985 geproklameer en beslaan 19 200 ha. Die ongetemde landskap en ruwe berge word oorheers deur die 2 077 m hoë Groot-Winterhoekpiek. Die magdom fynbosplante sluit baie proteas in, waaronder 'n paar besonder groot wabome (*Protea nitida*), baardsuikerbos (*Protea magnifica*) en *Protea recondita*. Daar is ook 'n ryke verskeidenheid erikas, wat in die somer baie mooi is. Die rooidisas (*Disa uniflora*) wat in Januarie en Februarie op die stroom- en rivierwalle pryk, is 'n lus vir die oog. Daar is ook aanloklike bergpoele en interessante rotsformasies.

1. De Tronk Een van die besienswaardighede is die diep kloof wat uitgekerf is deur die Vier-en-twintig Riviere, wat by Die Hel oor 'n waterval in 'n poel stort. Van die parkeerterrein by die oornagstop by De Tronk (13 km; 3 uur) stap jy al langs die Groot Kliphuisrivier. Die stap na Die Hel is 10 km heen en terug. 'n Paar rotsskilderinge is in 'n holkrans op pad na Die Hel te sien. **36 km; 2 dae; heen en terug.**

2. Perdevlei-De Tronk-sirkelroete 'n Langer sirkelroete loop van die parkeerterrein na Groot-Kliphuis (16 km; 5 uur) en dan na Perdevlei (7 km; 2 uur). Van Perdevlei stap jy 12 km; 4 uur na De Tronk, en 10 km; 3 uur na Die Hel en terug. Die 13 km-terugskof al langs die Kliphuisrivier na die parkeerterrein duur sowat 4 uur. **58 km; 3 of 4 dae; sirkelroete.**

Ander opsies is onder meer 'n veeleisende tweedaagse klooftrek van Die Hel na De Hoek, en 'n 14 km lange heen-en-terug-tog van die plaas Rooiland na die Sneeugatrivier. Toestemming vir albei hierdie staptogte moet van die grondeienaars verkry word (kyk 'Permitte', hierbo).

24. LONG ACRES-VOETSLAANPAD
Prins Alfred Hamlet

Staproetes: 3 roetes; 2,5 uur tot 2 dae.
Permitte: Long Acres, Posbus 182, Prins Alfred Hamlet 6840, tel: (023) 313 3367, faks: 313 3684, e-pos: longacres@lando.co.za
Kaarte: Sketskaart.
Geriewe/Aktiwiteite: Gastehuis, kampeerterreine.

Die roetenetwerk op die plaas Long Acres, noord van Prins Alfred Hamlet, loop verby treffende rotsformasies, natuurlike poele en langs 'n diep skeur. Daar is ook 'n waterval, en van die uitkykplek op Gydoberg kan jy Tafelberg op 'n wolklose dag sien.

Drie opsies vir staproetes is beskikbaar:

1. Roete Een is 'n maklike stap van die gastehuis verby fassinerende rotsformasies, **7 km; 2,5 uur; sirkelroete.**

2. Roete Twee loop deur plate proteas en klim geleidelik na 'n waterval in 'n kloof. **12 km; 4 uur; heen en terug.**

3. Roete Drie loop van die waterval verder en klim geleidelik na die oornagkamp. Op die tweede dag loop die roete deur 'n indrukwekkende rotsskeur en klim dan geleidelik na twee uitkykplekke op die rand van die Gydoberg voordat dit weer teen die berghange af kronkel. **24 km; 2 dae; sirkelroete.**

25. CHRISTIE PRINS-VOETSLAANPAAIE
Prins Alfred Hamlet

Staproetes: 2 roetes; 2 tot 4 uur.
Permitte: Laerskool F D Conradie, Posbus 31, Prins Alfred Hamlet 6840, tel: (023) 313 3407, faks: 313 3054, e-pos: admin@fdconradie.wcape.school.za
Kaarte: Sketskaart.
Geriewe/Aktiwiteite: Geen.

Die roete deur bergfynbosplantegroei teen die oostelike hange van die Skurweberg, bied uitsigte op dié berg en die Witsenberg aan die suidwestekant. Witkruisarende sweef soms in die lug, terwyl Kaapse suikervoëls en suikerbekkies nektar in die proteas soek. Klipspringers en bobbejane is ook te sien.

1. Kort lus is 'n maklike roete met verskeie strome wat oorgesteek moet word en uitkykplekke met 'n uitsig oor 'n waterval. **5 km; 2 uur; sirkelroete.**

2. Lang lus volg dieselfde aanvanklike roete as die korte en loop dan steil opdraand vir sowat 1 km, waarna dit jou deur bergfynbos tot by 'n swembad bring. Van hier daal die roete steil na die ou Gydopas en loop dan met 'n grondpad terug na die beginpunt. **3–4 uur; sirkelroete.**

26. VAALKLOOF-VOETSLAANPAD
Noordwes van Ceres

Staproete: 21,5 km; 2 of 3 dae; sirkelroete.
Permitte: Vaalkloof-natuurreservaat, Posbus 744, Ceres 6835, tel: (023) 316 1690, e-pos: info@naturereserve.co.za
Kaarte: Roete aangedui op topografiese 1:50 000-kaart.

Geriewe/Aktiwiteite: Oornaghutte met matrasse, stort, toilet, brandhout en braaigereedskap; bergfietsroetes; 40 km lange 4x4-roete; begeleide toere na rotsskilderinge.
Belangrike inligting: Hierdie tweedaagse roete kan tot drie dae verleng word deur die Fonteinhut, 8 km van die beginpunt af, as die eerste oornagstop te gebruik.

Die roete loop deur die ruwe landskap van die Ceres-Karoo in die oorgangsone tussen die Fynbos- en Karoo-bioom, met plantegroei wat wissel van bergfynbos en renosterveld tot Karoo-vetplante. Vaalkloof beslaan 5 520 ha en is die grootste Natuurerfenisgebied in die Wes-Kaap.

Diere wat hier voorkom sluit onder meer gemsbokke, springbokke, elande, vaalribbokke, klipspringers en steenbokke in.

Die eerste dag se roete (13 km; 7 uur) styg na die plato van die Bontberg en dan verder na Kerneelskloof, waar daar 'n varswaterbron is. Van daar kronkel die roete verby interessante rotsformasies, deur smal openinge en teen houtlere af na Suicide-kloof en die oornaghut aan die voet van Kerneelskloof. Die tweede dag se roete (8 km; 4 uur) loop teen die berg op langs Tierkloof met sy steil kranse, en bied lieflike uitsigte. Die roete daal dan langs Vaalkloof af na die beginpunt.

27. CERES-BERGFYNBOSRESERVAAT
Ceres

Staproete: 3 uur; sirkelroete.
Permitte: Munisipaliteit Witzenberg, Posbus 44, Ceres 6835, tel: (023) 316 1882, faks: 312 2070.
Kaarte: Ruwe sketskaart.
Geriewe/Aktiwiteite: Pine Forest Resort by beginpunt. Restaurant/teekamer by tolhuis.

Tolhuis-wandelpad bied 'n maklike wandeling deur 'n gedeelte van die Ceres-bergfynbosreservaat, wat 6 800 ha beslaan. Van die Pine Forest Holiday Resort kronkel die roete teen die fynbosbedekte hange van die Skurweberge af na die historiese tolhuis langs Michellspas. Deel van die roete volg die ou waroete, wat van 1765 tot die voltooiing van Michellspas in 1848 in gebruik was. Die spoorlynseksie van die terugroete bied uitsigte oor die Dwarsrivier.

28. SILWERFONTEIN-VOETSLAANPAD
Gouda

Staproete: 15 km; 7 uur of 2 dae lange staptog; sirkelroete.
Permitte: Silwerfontein-gasteplaas, Posbus 235, Tulbagh 6820, tel: (023) 232 0531, e-pos: bernd@silwerfontein.co.za
Kaarte: Sketskaart.
Geriewe/Aktiwiteite: Volledig toegeruste gastehuisie vir twee; omgeboude dubbeldekbus (slaapplek vir 10) met stort, toilet en boma met braaigeriewe, by beginpunt; Ontong-oornaggrot (geen geriewe nie); swem; seilplankry; hengel; bergfietsry.
Belangrike inligting: Vure streng verbode.

Die 1 000 ha-plaas Silwerfontein in die berge bokant Voëlvleidam, is tot 'n Natuurerfenisgebied verklaar en spog met 35 spesies van die proteafamilie (10% van die totale aantal spesies in die Proteaceae-familie in Suid-Afrika). Dit sluit sewe rooidataspesies in, waaronder die enigste oorblywende bevolking van 27 *Sorocephalus imbricatus*-plante. Silwerfontein, lid van die 200 km²-Voëlvlei-natuurbewaringsgebied, is ook 'n reservaat vir 10% van die wêreld se suurpootjieskilpaaie. Die 203 voëlspesies wat hier opgeteken is, sluit die bloukraanvoël en visarend in. Jy kan dalk ook diere soos gemsbokke, vaalribbokke, klipspringers, grysbokke en luiperds raakloop.

Die eerste dag se skof (6 km; 4 uur) loop deur bloekom- en denneplantasies en klim dan deur die fynbos teen die hange van die Voëlvleiberge tot op 'n bergrug. Die roete klim dan na die grot onder die 815 m hoë Ontongskop, 700 m hoër bo seevlak as die beginpunt. Die tweede dag se roete (9 km; 3 uur) kronkel oor Beacon Peak (634 m) en Corner Peak (622 m) en loop dan al langs 'n kloof tot by 'n kontoerpad, wat jy terug na die beginpunt volg. Op albei dae kan stappers pragtige uitsigte geniet.

29. KAROO-WOESTYN NASIONALE BOTANIESE TUIN
Worcester

> *Staproetes:* 7 km; 3 uur; netwerk.
> *Permitte:* Toegangsgeld. Geen permit nodig vir staproetes nie.
> *Kaarte:* Brosjure van tuin beskikbaar.
> *Geriewe/Aktiwiteite:* Boekwinkel; toilette; begleide wandelings (op versoek); plantverkope.

Die Karoo-woestyn Nasionale Botaniese Tuin is die enigste ware vetplanttuin in die suidelik halfrond en op die vasteland van Afrika. Dit beslaan 144 ha natuurlike plantegroei (beskerm as 'n plantegroei-reservaat) terwyl 11 ha beplant word. Die tuin is in die hart van die sukkulente Karoo-bioom en benewens die 400 plantspesies wat hier natuurlik voorkom, is sowat 6 000 spesies, waaronder 300 skaars en bedreigde spesies, hier gevestig. Die bewerkte deel bevat groepe van verwante spesies en tuine met plante uit verskillende streke soos die Richtersveld, Worcester-Robertson-Karoo, Knersvlakte en Namibië. Die vetplante is op hul indrukwekkendste van April tot Oktober, en die vygies blom tussen middel-Julie en middel-Oktober.

Kort roetes in die onderste gedeelte van die tuin sluit in die 450 m lange **Karoo-avontuurroete** met tipiese Karooplantegroei, die **Braille-roete** van net minder as 1 km en die **Skalie-roete**, wat 1,7 km tussen klipkoppies kronkel. In die noordelike deel van die tuin is daar langer roetes van 4 tot 7 km.

30. BAINSKLOOF, LIMIETBERG-NATUURRESERVAAT
Wellington

Kyk nr. 31 (bl. 56) vir wandelpaaie en nr. 32 (bl. 56) vir voetslaanpad.

> *Staproetes:* 4 roetes; 2 tot 6 uur.
> *Permitte:* Suidwes-streekskantoor, Kaapse Natuurbewaring, Privaatsak X7, Bellville 7535, tel: (021) 945 4570, faks: 945 3456, e-pos: swinfo@cncjnk.wcape.gov.za
> *Kaarte:* Roetepamflet met basiese kaarte.
> *Geriewe/Aktiwiteite:* Kampeer- en piekniekterrein by Tweede Tol.

Die Limietberg-natuurreservaat, met sy indrukwekkende kranse en valleie, beslaan 117 000 ha en strek van die Jonkershoekberg in die suide na die Groot-Drakensteinberge in die ooste en die Voëlvleiberge in die noorde. Die plantegroei is oorwegend bergfynbos, met erikas, proteas en restio's. Hier kom onder andere klipspringers, vaalribbokke, bobbejane en dassies voor, asook luiperds.

1. Murasie-roete begin by Eerste Tol en volg 'n viertrekpad verby 'n gedenkteken vir 'n student en drie aspirantredders wat in 1895 tydens 'n uitstappie van die Hugenotekollege op Wellington verdrink het. Hulle het gesterf in 'n poging om 'n gestrande student oor die vol rivier te kry. Die roete eindig by die bouval van Hugo's Rest, 'n huis wat blykbaar deur die ongeluk geteister is. Hugo is oorlede voor die huis voltooi is en in 1949 is dit deur 'n veldbrand verwoes. Nadat 'n voetslanerpaartjie in 1978 wreed in die huis vermoor is deur 'n ontsnapte bandiet, is die murasie afgebreek. Nog 'n besienswaardigheid is Die Witrivier se Grip, 'n sloot wat boere in 1856 gebou het om water uit die Witrivier na die Bergriviervallei te lei. Dis 'n maklike uitstappie, ideaal vir groepe, met 'n paar swempoele langs die pad. **6 km; 2 uur; heen en terug.**

1. Bobbejaansrivier-roete kronkel van die parkeerterrein by Eerste Tol af na die Witrivier. Nadat jy deur die rivier is, klim jy 'n klein entjie en stap dan al langs 'n kontoer bokant die Bobbejaansrivier. Na sowat 3,5 km is daar 'n afdraaipad na 'n paar aanloklike poele in die rivier. Die laaste 750 m van die roete styg skerp na die Bobbejaansrivier-waterval met sy drie vlakke. **9 km; 3 uur; heen en terug.**

2. Happy Valley-roete is dieselfde as die Murasie-roete tot by Hugo's Rest. Van daar volg jy die loop van die Witrivier, met sy lieflike, natuurlike poele, na Junction-poel, een van die beste swempoele in die Bolandberge. **9 km; 4 uur; heen en terug.**

3. Rockhopper-roete is 'n matige tot moeilike avontuuruitstappie, waar stappers hul eie weg oor die rotsbesaaide bedding van die Witrivier moet baan. Dit begin by Eerste Tol en stappers moet van rots tot rots spring, swem en stap om by Tweede Tol, die eindpunt, te kom. Die Breëriviergeelhout kom tussen die rivierplantegroei voor. **8 km; 6 uur; oop.**

31. DUTOITSKLOOF, LIMIETBERG-NATUURRESERVAAT
Paarl

Kyk nr. 30 (bl. 55) vir wandelpaaie en nr. 32 vir oornagvoetslaanpad.

> *Staproetes:* 4 roetes; 2,5 tot 3 uur.
> *Permitte:* Suidwes-streekskantoor, Kaapse Natuurbewaring, Privaatsak X7, Bellville 7535, tel: (021) 945 4570, faks: 945 3456, e-pos: swinfo@cncjnk.wcape.gov.za
> *Kaarte:* Roetepamflet met basiese kaart.
> *Geriewe/Aktiwiteite:* Omheinde parkeerterrein 700 m oos van die Worcester-uitgang van die Hugenotetonnel.

1. Donkerkloof bied 'n verruklike roete wat 'n paar keer oor 'n stroom en deur digte inheemse woud tot by 'n klein waterval loop. Die staptog is veral lonend in die middel van die somer, wanneer 'n menigte rooidisas (*Disa uniflora*) vol in die blom staan. Vir dié klipperige terrein het jy goeie stapskoene nodig. Die roete begin by die alombekende haarnaalddraai aan die Paarl-kant van die ou Dutoitskloofpas. **6 km; 2,5 uur; heen en terug.**

2. Kromrivier Stap 700 m terug van die parkeerterrein naby die Worcester-uitgang van die Hugenotetonnel en draai regs. Nadat die roete die Molenaarsrivier oorgesteek het, loop dit sowat 10 minute stroomop en klim dan teen die regterkantste hellings van die Kromrivier uit. Die pad loop net voor die eerste waterval deur 'n manjifieke kol inheemse woud. Wees uiters versigtig wanneer jy na die tweede waterval met sy lieflike poel klim. **7 km; 2,5 uur; heen en terug.**

3. Elandsrivier Hierdie roete begin net suid van die Worcester-uitgang van die Hugenotetonnel. Na 'n aanvanklike steil opdraand loop die roete gelyk en volg dan die Elandsrivier, met hier en daar 'n klim weg van die rivier af. Die roete daal dan af na Fisherman's-grot, waar 'n aanloklike poel die moeë stapper verwelkom. Die pad loop van daar af nog 500 m langs die rivierloop en eindig by steil kranse. **8 km; 3 uur; heen en terug.**

4. Miaspoort-wandelpad begin met 'n lang, steil klim (sowat 2 uur) na die rand van Hugenotekop. 'n Maklike stap al langs die rand word gevolg deur nog 'n steil klim na die kruis wat in Februarie 1945 opgerig is deur Italiaanse krygsgevangenes wat die Dutoitskloofpas gebou het. Die onoortreflike uitsigte vergoed egter vir die inspanning om op die 1 318 m hoë kruin van Hugenotekop te kom. Die beginpunt van die roete is aan die Paarl-kant van die ou Dutoitskloofpas. **8 km; 3 uur; heen en terug.**

32. LIMIETBERG-VOETSLAANPAD
Limietberg-natuurreservaat, Paarl

Kyk nr. 30 (bl. 55) en nr. 31 vir wandelpaaie.

> *Staproetes:* 36 km; 2 dae; eenrigting.
> *Permitte:* Die Besprekingskantoor, Kaapse Natuurbewaring, Privaatsak X7, Bellville 7535, tel: (021) 945 4570, faks: 945 3456.
> *Kaarte:* Roete aangedui op fotokopie van topografiese 1:50 000-kaarte 3319 CC Franschhoek en 3319 CA Bainskloof.
> *Geriewe/Aktiwiteite:* Happy Valley: houthut met slaapbanke, matrasse, water en toilette. Tweede Tol: kampeerterrein by eindpunt.
> *Belangrike inligting:* Vuurmaak langs roete verbode. Eenrigtingroete maak twee voertuie nodig.

Hierdie gewilde voetslaanpad loop langs die Hawequas- en Limietberge wat die Dutoitskloof- en Bainskloofpas verbind. Die eerste dag se skof (19 km; 6 uur) begin by die Limietberg-natuurreservaat en kronkel geleidelik opdraand na Suurvlakte, waarna dit weer geleidelik na die Witrivier afdaal. Junction-poel, 'n ou gunsteling by Kaapse voetslaners, nooi die moeë stapper vir 'n verfrissende swem. Die oorblywende 4,5 km volg die Witrivier al langs Paradyskloof na Limietberghut in Happy Valley. Die poel daar naby is veral welkom op 'n snikhete dag. Die tweede dag se roete (17 km; 6 uur) klim geleidelik teen die hange van die Limietberg op en styg dan skerp teen die 1 049 m hoë Pic Blanc, die hoogste punt op die roete, uit. Hierdie roete bied panoramiese uitsigte oor die Bergriviervallei en Tafelberg, Simonsberg en die Franschhoekberge in die suide, en Voëlvleidam en die Swartland in die noorde. Die laaste 4 km daal deur Wolfkloof af.

33. PAARLBERG-NATUURRESERVAAT
Paarl

Staproetes: Netwerk; 1 tot 5 uur.
Permitte: Toegangsgeld. Geen permitte vir wandelpaaie nodig nie.
Kaarte: Inligtingsbrosjure en kaart van reservaat.
Geriewe/Aktiwiteite: Piekniekplekke, vuurmaakplekke, toilette.
Toepaslike inligting: Voorsorgmaatreëls teen bosluise is raadsaam.

Die glinsterende granietkoepel waaraan die historiese dorp Paarl (wat pêrel beteken) sy naam te danke het, troon uit bo die landskap wes van die Bergrivier. Die berg beslaan 'n oppervlakte van 50 km², is 12 km lank en is plek-plek tot 5 km breed. Die hoogste dele val binne die 1 990 ha-Paarlbergnatuurreservaat, wat ook die klein Meulwater-veldblomreservaat insluit.

1. **Klipkershout-roete** in die suidelike deel van die reservaat kronkel deur fynbos met 'n magdom proteas. Olienhoutbome en die klipkershout (*Maytenus oleoides*) is opvallend tussen granietdagsome. **4,5 km; 1,5 uur;** sirkelroete.

2. **Bretagne Rock,** die hoogtepunt van die reservaat vir die meeste besoekers, is 'n maklike stap boontoe. 'n Ketting help besoekers teen die laaste opdraand

uit, van waar daar 'n 360 grade-uitsig oor die Bergriviervallei, Tafelberg en Valsbaai is. Verskeie ander voet- en gruispaaie deurkruis die reservaat.

34. WINGERDROETE
Stellenbosch/Kuilsrivier

Staproetes: Netwerk; 4 roetes; 4 tot 8 uur.
Permitte: Stellenbosse Toerisme- en Inligtingsburo, Posbus 368, Stellenbosch 7599, tel: (021) 883 3584, faks: 883 8017, e-pos: eikestad@iafrica.com
Kaarte: Sketskaart.
Geriewe/Aktiwiteite: Geen.

Die Wingerdroetenetwerk kronkel deur die wingerde, vrugteboorde en bewerkte landerye wat soos 'n lappieskombers oor die Stellenbosse wynland uitgestrek lê. In die herfs word hierdie landskap in geel, oranje en wynrooi skakerings getooi.

Die vier opsies begin teen die hange van die Papegaaiberg by Stellenbosch en volg aanvanklik dieselfde roete. Die pad styg skerp totdat dit sowat 200 m hoër bo seevlak is en loop dan na Proteahoogtes, waar die **Rooi Roete (12 km; 4 uur)** 'n lus terug na die beginpunt maak. Ongeveer 2 km verderaan draai die **Groen Roete (16 km; 5 uur)** af en volg die Devon Valleypad terug na die beginpunt. Die roete loop nou oor golwende heuwels en rante en klim na die 476 m hoë kruin van Bottelaryberg, van waar daar panoramiese uitsigte is. 'n Klein entjie anderkant Ribbokkop, waar die roete deur renosterveld loop, draai die **Blou Roete (24 km; 8 uur)** af na die beginpunt. Die **Geel Roete (24 km; 8 uur)** loop nog 10 km verder na Kuilsrivier.

35. JONKERSHOEK-NATUURRESERVAAT
Stellenbosch

Staproetes: 4 roetes; 2 tot 7 uur.
Permitte: Die Bestuurder, Jonkershoek-natuurreservaat, Privaatsak X1, Uniedal 7612,

> tel: (021) 889 1566, faks: 889 1567.
> **Kaarte:** Reservaatpamflet wat wandelpaaie aandui.
> **Geriewe/Aktiwiteite:** Geen.
> **Belangrike inligting:** Die Jonkershoekberge is berug vir skielike weersveranderinge.

Die Jonkershoekvallei, sowat 9 km van Stellenbosch, word as een van die mooistes in Suid-Afrika beskou. Die boonste deel van die vallei lê in die 8 900 ha-Jonkershoek-natuurreservaat en word omring deur die skouspelagtige Tweelingpieke van Jonkershoek, die drie Rifpieke, Guardian-piek, Pic-sans-Nom, en die Stellenboschberg. Die plantegroei word oorheers deur 'n ryke verskeidenheid fynbos, terwyl rivierwoude in beskermde klowe voorkom.

1. Swartboskloof-Sosyskloof Hierdie maklike, skilderagtige roete klim deur 'n kloof tot noord van Swartboskloof en loop deur kolle pragtige inheemse woud. Van daar loop dit oor 'n kontoer na Sosyskloof, waardeur die roete afdaal. **5,3 km; 2 uur; sirkelroete, of 6,9 km; 2,5 uur; sirkelroete as langer roete na uitkykpunt gevolg word.**

2. Tweede Waterval-wandelpad is 'n maklike stap langs die Eersterivier verby Eerste Waterval, gevolg deur 'n steil klim deur 'n kloof na die voet van Tweede Waterval. Die gevaarlike klimroete na hierdie waterval is gesluit. **6,4 km; 2 uur; heen en terug.**

3. Panorama-sirkelroete Vanaf die brug op die haarnaalddraai van Circular Drive is daar 'n steil klimroete na 'n kontoerpad net onder Derde Rif- en Banghoekpiek. Die kontoerpad bring jou by Bergriviernek, wat asemrowende uitsigte oor Assegaaibloskloof bied. Van daar kronkel die pad oor die Dwarsbergplato, met sy moerasagtige gebiede en strome omring deur disas, na Kurktrekker by die bopunt van Swartboskloof. Diegene wat 'n kort ompad na die kruin van Guardian-piek (1 227 m) neem, word ryklik beloon met lieflike uitsigte oor die Kaapse Skiereiland, van Tafelberg tot Kaappunt, Robbeneiland, Valsbaai, Kaap Hangklip en die pieke van die Hottentots-Hollandberge. Van Kurktrekker af loop die pad afdraand langs Swartboskloof, verby Tweede en Eerste Waterval, tot by die beginpunt. **17 km; 6 uur; sirkelroete.**

4. Swartboskloof-roete loop steil opdraand langs Swartboskloof en klim die eerste 4,5 km meer as 900 m, maar die panoramiese uitsigte maak dit die moeite werd. Die roete loop dan oor taamlike gelyk terrein na die bokant van Kurktrekkernek, waar daar 'n steil 2,5 km-afdraand na die Watervalroete is. **18 km; 6 uur; sirkelroete.**

36. HELDERBERG-NATUURRESERVAAT
Somerset-Wes

> **Staproetes:** Netwerk; 35 min. tot 3 uur.
> **Permitte:** Toegangsgeld. Geen permit vir wandelpaaie nodig nie.
> **Kaarte:** In reservaat verkrygbaar.
> **Geriewe/Aktiwiteite:** Inligtingsentrum, museum, piekniekplek (geen vure), restaurant.

Die Helderberg vorm 'n indrukwekkende agtergrond vir die 245 ha-natuurreservaat teen sy onderste suidelike hange, wat met fynbos bedek is. Dit is 'n gewilde bestemming vir voëlkykers en die 140 voëlspesies wat hier voorkom, sluit 'fynbosvoëls' soos die Kaapse suikervoël, oranjeborssuikerbekkie, rooiborsruigtesanger en witvlerkkanarie in. Kleinwild wat jy dalk kan teëkom, is onder meer grysbokke, duikers en steenbokke.

Die reservaat word deurkruis deur 'n netwerk van onderling verbonde voetpaaie met opsies wat wissel van 'n kort wandeling van 35 minute in die bewerkte deel tot langer staptogte hoër op teen die berghange. 'n Hoogtepunt van die reservaat is Disakloof, net onder die kranse, met sy inheemse woud van rooiels- en geelhoutbome. Disas blom hier in Desember en Januarie.

37. HELDERBERGPLAAS-STAPROETE
Helderberg

> **Staproetes:** Netwerk; tot 6 uur of oornagstaproete.
> **Permitte:** Toegangsgeld. Geen permit vir dagwandelpaaie. Vir oornagvoetslaanpad,

bespreek by Helderbergplaas-staproete, Posbus 507, Somerset-Wes 7129, tel. en faks: (021) 855 4308.
Kaarte: Sketskaart.
Geriewe/Aktiwiteite: Hutte met beddens, water en toilette by beginpunt en langs roete; teetuin; piekniekplekke.
Belangrike inligting: Neem water saam. Swem in strome en poele word nie toegelaat nie. Vuurmaak verbode.

Die historiese Helderbergplaas teen die westelike voorheuwels van die Helderberg dateer van 1692. Die plantegroei is tipiese bergfynbos, afgewissel met kolle klipkershout-, wildeperske-, olienhout- en keurbome. Nagenoeg 100 voëlspesies is hier opgeteken, en bobbejane, grysbokke en duikers is van die diere wat hier te sien is.

Hierdie roetenetwerk bestaan uit 'n paar onderling verbonde, kleurgekodeerde lusroetes wat óf afsonderlik as dagwandeltogte óf saam as 'n tweedaagse voetslaanpad aangepak kan word. Hoogtepunte is onder meer Granny's Forest met sy kombinasie van inheemse en uitheemse bome en sowat 17 varingspesies, en 'n uitkykplek met skouspelagtige vergesigte oor Valsbaai in die suide, die Stellenbosse wynland in die noorde, en die Kaapse Skiereiland in die weste.

38. BOLAND-VOETSLAANPAD
Hottentots-Holland-natuurreservaat
Kyk nr. 39 (bl. 60) vir wandelpaaie.

Staproetes: Netwerk; verskeie opsies – 2 tot 3 dae.
Permitte: Die Besprekingskantoor, Kaapse Natuurbewaring, Privaatsak X7, Bellville 7535, tel: (021) 945 4570, faks: 945 3456.
Kaarte: Gedetailleerde roetekaart.
Geriewe/Aktiwiteite: Inligtingsentrum; storte, toilet en parkeerplek by Nuweberg.
Belangrike inligting: Alle voetslaanroetes is vanweë ongunstige weerstoestande in Junie en Julie gesluit.

Hierdie roetenetwerk loop deur diep valleie, oor amberkleurige strome en deur die fynbos van berghange in die Hottentots-Holland-natuurreservaat. Sowat 1 300 plantspesies is opgeteken in die 42 000 ha-reservaat wat in die hartjie van die Kaapse Blommeryk lê. Massas erikas (daar is meer as 150 spesies) bedek die hange in die lente en somer, terwyl die proteas tussen Julie en September op hul mooiste is. Van die opvallendste proteas is die treffende Kogelbergvaalstompie (*Mimetes argenteus*) en Stokoe-suikerbos. Voëls sluit die Kaapse berglyster, grondspeg, witkruisarend, en fynbosspesies soos die rooiborsruigtesanger, oranjeborssuikerbekkie, Kaapse pietjiekanarie en witvlerkkanarie in.

1. Sfinks-roete Die eerste dag se roete (11 km; 4 uur) is die eerste 4 km dieselfde as die Stokoe-pas-roete, en loop dan effens opdraand verby die Sfinks, 'n kliprif waarna die roete genoem is. Verderaan volg die roete Palmietpad, wat vlak langs die boloop van die Palmietrivier loop. Die tweede dag se roete (7 km; 2 uur) is 'n kort, maklike afdraand met 'n viertrekpad terug na Nuweberg. **18 km; 2 dae; sirkelroete.**

2. Stokoe-pas-roete Die eerste dag se roete (17 km; 7 uur) begin by Nuweberg en klim geleidelik deur denneplantasies totdat dit in die fynbos uitkom. Anderkant die Keeromrivier is daar 'n lang, maar geleidelike opdraand deur Stokoe-pas, wat sy naam aan die Stokoe-suikerbos te danke het. Hierdie pragtige protea, wat net in die Hottentots-Holland- en Kogelbergreekse groei, is genoem na sy ontdekker, die amateurbotanis Thomas Stokoe. Anderkant die pas is die roete gelyk, en die laaste 5 km is 'n maklike afdraand. Die tweede dag se roete (7 km; 2 uur) behels 'n maklike stap met 'n viertrekpad terug na Nuweberg. **24 km; 2 dae; sirkelroete.**

3. Boesmanskloof/Orchard-roete Van Nuweberg klim die roete vir sowat 3,5 km met 'n viertrekpad voordat dit afdraai. Die stap deur Boegoekloof word gevolg deur 'n kort, maar steil opdraand en verderaan 'n geleidelike klim deur Noordekloof tot by Pofaddernek. Van daar is dit 'n moordende afdraand na Boesmanskloofhut, 17 km; 7 uur van die beginpunt af. Die tweede dag se roete is 'n maklike dwarsstap van 14 km; 5 uur terug na Nuweberg, met mooi uitsigte oor die Theewaterskloofdam en die appel- en peerboorde in die Vyeboomvallei. Die enigste lang klim is een wat jy moet aanpak nadat jy die Riviersonderend oorgesteek het. **31 km; 2 dae; sirkelroete.**

4. Nuweberg-roete is 'n driedaagse sirkelroete. Die eerste dag se roete van 11 km; 4 uur volg die Sfinksroete tot by Landdroskop. Op die tweede dag volg voetslaners die Sneeukoppad vir net meer as 3 km en sluit dan aan by die Boesmanskloof-roete, wat hulle 17 km; 7 uur nadat hulle van Landdroskop vertrek het, by die hutte uitbring. Die derde dag se stap van 14 km; 5 uur bring hulle met die Orchardroete terug na Nuweberg. **42 km; 3 dae; sirkelroete.**

Ander opsies is onder meer 'n eenrigtingroete van 29 of 35 km (2 dae) van Nuweberg na Landdroskop en van daar na Jonkershoek, of 'n 2- of 3-daagse eenrigtingroete wat by die Jan Joubertgat-brug in die Franschhoekpas eindig. Nog 'n opsie is die 20,5 km lange Boegoekloof-sirkelroete van Nuweberg af, wat tussen April en September gesluit is.

39. HOTTENTOTS-HOLLAND-NATUURRESERVAAT
Grabouw

Kyk nr. 38 (bl. 59) vir voetslaanpaaie.

Staproetes: 7 roetes; 2 tot 8 uur.
Permitte: Die Besprekingskantoor, Kaapse Natuurbewaring, Privaatsak X7, Bellville 7535, tel: (021) 945 4570, faks: 945 3456.
Kaarte: Reservaatpamflet waarop staproetes aangedui is.
Geriewe/Aktiwiteite: Inligtingsentrum, storte, toilet en parkeerplek by Nuweberg.
Belangrike inligting: Kloofroetes is oop van November tot April, na gelang van watervlakke en weerstoestande. Verlenging van hierdie oop tyd word tans oorweeg.

Daar is verskeie beginpunte vir roetes in die reservaat:

Nuweberg

1. Palmiet-roete vir blindes, naby Nuweberg, is 'n veilige roete in die omgewing van die Palmietrivier. Weerskante van die roete is boomstamme wat as tikgidse dien, met gidsrelings op moeilike plekke. 'n Verandering in die gruisoppervlak van die pad dui op punte van spesiale belang wat met verklarende Braille- en gedrukte etikette gemerk is. Die roete is geskik vir blindes en gestremdes, maar nie vir rolstoele nie. **6 km; 2 uur; sirkelroete.**

2. Riviersonderend-kloofroete Die roete volg die diep kloof van die Riviersonderend, waar jy om die beurt van rots tot rots moet spring en swem. Twee watervalle (die tweede een is 7 m hoog) moet onderweg aangedurf word. Junction-poel is die ideale plek vir middagete. **15 km; 6 uur; sirkelroete.**

3. Suicide Gorge is beslis nie vir bangbroeke nie en moet as moeilik beskou word, al is dit groot pret. Die roete volg aanvanklik 'n diep kloof waar jy 'n paar waaghalsige spronge oor watervalle moet uitvoer (die hoogste is 'n sprong van 14 m) en sluit dan by Junction-poel aan by Riviersonderendkloof. **17 km; 6 uur; sirkelroete.**

4. Boegoekloof-roete Van Nuweberg volg jy die eerste skof van die Boesmanskloof-roete, verby Eensbedrogenpoel na Boegoekloof, wat vernoem is na die menigte boegoeplante wat daar groei. Volg dan die pad wat links afdraai en klim deur die kloof op tot by Dwarsbergpoel. Van daar stap jy terug na Nuweberg. **24 km; 8 uur; heen en terug.**

5. Groenlandberg-roete klim met 'n viertrekpaadjie na 'n radiomas op die Groenlandberg suid van Nuweberg. Van daar af is daar panoramiese uitsigte oor die vrugteboorde van die Elginvallei in die suide en die Theewaterskloofdam in die noorde. Die verskeidenheid van Proteaceae wat op Groenlandberg groei sluit *Mimetes capitatus*, Stokoe-suikerbos (*Protea stokoei*) en blousuikerbos in. **22 km; 7 uur; heen en terug.**

Sir Lowryspas

Die staptog begin by die parkeerterrein aan die Grabouw-kant van Sir Lowryspas.

SUIDWES-KAAP & KLEIN-KAROO

1. Gantouwpas is 'n maklike wandeling na die heel eerste roete oor die Hottentots-Hollandberge, wat oorspronklik deur troppe migrerende elande gevolg is. Die Khoi-Khoi naam 'Gantouw' word vertaal as 'Elande se Pas'. Teen 1820 het sowat 2 800 waens elke jaar die pas gebruik, en die diep groewe wat die wawiele in die rotse gemaak het, is steeds te sien. Daar naby, op Kanonkop, is twee seinkanonne wat in die tyd van die Nederlandse Oos-Indiese Kompanjie gebruik is om teen 'n dreigende aanval deur Khoi-Khoi te waarsku of die aankoms van skepe aan te kondig. **5 km; 2 uur; heen en terug.**

Houhoek

1. Houhoek-roete is 'n gemiddelde roete oor die fynbosbedekte hange van die Houhoekberge. Onderweg is daar pragtige uitsigte oor die ou pas en die koringlande van Botrivier. **8 km; 3 uur; sirkelroete.**

40. DANIE MILLER-STAPROETE
Gordonsbaai

Staproetes: 4 km; 1,5 uur; heen en terug.
Permitte: Nie nodig nie.
Kaarte: Geen.
Geriewe/Aktiwiteite: Geen.

Die roete begin in Aurorapad en kronkel teen die hellings van die Hottentots-Hollandberge op na die landmerk-anker wat oor Gordonsbaai uitkyk. Daar is lieflike uitsigte oor Gordonsbaai en oor Valsbaai tot by die Kaapse Skiereiland.

41. HAROLD PORTER NASIONALE BOTANIESE TUIN
Bettysbaai

Staproetes: 4 roetes; 1 tot 3 uur.
Permitte: Toegangsgeld. Permit nie nodig nie.
Kaarte: Kaart van botaniese tuin beskikbaar.
Geriewe/Aktiwiteite: Piekniekplekke, restaurant.

Die Harold Porter Nasionale Botaniese Tuin is tussen die see en berge in die hartjie van die Kaapse Blommeryk geleë. Dit beslaan 200 ha bergfynbos en beboste klowe met amberkleurige strome, twee watervalle en rotspoele. Daar is ook 'n gedeelte wat ontwikkel word en spog met versamelings van verskillende plantfamilies, dammetjies en grasperke. Hierdie botaniese tuin is toegespits op die flora van die Wes-Kaapse winterreënvalstreek.

1. Sigsagroete slinger teen die berghange uit en styg sowat 200 m tot by Bobbejaankop, van waar daar skouspelagtige uitsigte oor die kus en ruwe berge is. 'n Sytak van die roete loop na Disapoel onder 'n pragtige waterval. Rooidisas, wat in Januarie blom, groei teen die nat kranse. **2–3 uur; heen en terug.**

2. Leopard's Gorge het diep poele, watervalle en 'n verruklike kol woud met assegaai-, rooiels-, geelhout-, olienhout- en kershoutbome. Die roete styg skerp in die kloof op na die eerste waterval, maar word sterk aanbeveel. **3 km; 2 uur; heen en terug.**

42. KOGELBERG-NATUURRESERVAAT
Kleinmond

Kyk nr. 44 (bl. 63) vir voetslaanpad.

Staproetes: 7 roetes; 1 tot 8 uur.
Permitte: Die Besprekingskantoor, Kaapse Natuurbewaring, Privaatsak X7, Bellville 7535, tel: (021) 945 4570, faks: 945 3456.
Kaarte: Reservaatpamflet waarop wandelpaaie aangedui is.
Geriewe/Aktiwiteite: Oornagverblyf by Oudebosch met slaapbanke, matrasse, yskas, tweeplaatstoof, bad en toilet; witwaterroei (1 Junie tot 30 September); bergfietsroete van Oudebosch-kantoor na Stokoe-brug en terug; swem; hengel by Rooisand (permit vereis).

Die Kogelberg-natuurreservaat lê in die hartjie van die Kaapse Blommeryk en bevat na raming 1 600 plantspesies (byna 20% van alle fynbosspesies). Die reservaat beskerm van die mooiste voorbeelde van fynbos en oorspronklike rivierplantegroei. Die 150 endemiese plantspesies wat hier groei, sluit die bedreigde vleiroos (*Orothamnus zeyheri*) in, terwyl ses van die land se 13 *Mimetes*-spesies hier voorkom. Sowat 176 *Erica*-spesies is hier opgeteken; meer as 'n kwart van die totale aantal Suid-Afrikaanse *Erica*-spesies. Die reservaat beslaan 18 000 ha wat die kern van die Kogelberg-biosfeerreservaat uitmaak, asook verskeie kleiner gedeeltes. Kogelberg is die eerste amptelike biosfeerreservaat wat in Suid-Afrika geproklameer is en die Kerngedeelte word deur buffer- en oorgangsones begrens.

Daar is verskeie beginpunte vir wandelpaaie in die reservaat:

Oudebosch

1. Oudebosch-Harold Porter loop aanvanklik saam met die Kogelberg-roete, maar draai dan in die Harold Porter Nasionale Botaniese Tuin in. Van die waterskeiding af volg die roete 'n kontoerpad oor die westelike hange van Luiperdskloof en daal dan met die sigsagroete af na die ontwikkelde deel van die tuin. **6 km; 3 uur; oop.**

2. Palmietrivier-roete loop vir sowat 4,5 km met 'n viertrekpad deur die vallei van die Palmietrivier en volg dan 'n voetpad langs die Palmietrivier na Stokoe-brug. Van daar kan jy langs die rivier terugstap of 'n parallelle viertrekpad neem en dan die Kogelberg-terugroete volg. **18 km; 8 uur; sirkelroete.**

3. Kogelberg-roete begin by die reservaatkantoor en loop oor die hange bokant die Oudebosrivier, verby Oudebosch na Platbos, 'n kol oorblywende inheemse woud. Van Platbos volg die roete die een oorblywende spoor van 'n gerehabiliteerde viertrekpad na Louwsbos en gaan dan voort op 'n ander viertrekpad langs die loop van die Louwsrivier. Die pad na onder volg die begindeel van die Palmietrivier-roete teen die oostelike hange van Dwarsberg. **24 km; 8 uur; sirkelroete.**

Highlands

Die beginpunt op die oostelike grens van die reservaat word bereik via Highlandspad en SAFCOL se Highlands-plantasie.

Perdeberg-roete Van die westelike grens van SAFCOL se Highlands-plantasie (die gebied is tot fynbos herstel omdat SAFCOL se plantasies in die Wes-Kaap uitgefaseer word) kronkel die roete aanvanklik met 'n viertrekpad oor die plato van die Palmietberge. Dan volg dit 'n voetpad oor die boonste hange van die Perdeberg, met 'n kort ompad na die kruin van Perdeberg (654 m) van waar daar uitsigte oor die kus en die Palmietvallei in die noorde is. Die roete draai dan terug en sluit weer by die viertrekpad aan. **16 km; 5 uur; heen en terug.**

Kleinmond

Drie Susters-wandelpad Van die beginpunt, net anderkant Jean's Hill bokant Kleinmond, kronkel die pad regsom teen die onderste hange van die Drie Susters en styg dan skerp na die 634 m hoë kruin. Van daar is daar vergesigte oor Kleinmond, Kaap Hangklip in die weste en Danger Point in die ooste. Die pad loop dan langs 'n skerp bergrug, verby die 479 m hoë Sandown-piek en verder op die rand van Perdeberg tot by Jean's Hill, waar dit skerp na die eindpunt daal. **8 km; 4 uur; sirkelroete.**

43. HIGHLANDS-VOETSLAANPAD
Kogelberg-natuurreservaat

Kyk nr. 42 (bl. 61) vir wandelpaaie.

Staproetes: 37 km; 2 dae; sirkelroete.
Permitte: Die Besprekingskantoor, Kaapse Natuurbewaring, Privaatsak X7, Bellville 7535, tel: (021) 945 4570, faks: 945 3456.
Kaarte: 'n Kaart en roetebeskrywing.
Geriewe/Aktiwiteite: Oornaghut in Kleinmond-woonwapark, met slaapbanke, vuurmaakplek en gemeenskaplike wasgeriewe.
Belangrike inligting: Neem swemklere saam om deur die Botrivier-strandmeer te kom.

Die roete begin op die plaas Iona, aan die Highlandspad, van waar dit deur vrugteboorde, denneplantasies en fynbos loop voordat dit skerp na die Botrivier-strandmeer afdaal. Na gelang van die tyd van die jaar sal die water óf enkeldiep wees óf tot by jou middel kom. Die roete volg dan die sanderige kuslyn na die oornaghut in Kleinmond, 21 km; 6-7 uur van die beginpunt af. Op die tweede dag (16 km; 8 uur) loop die roete verby die Drie Susters en klim steil teen die hange van Perdeberg uit. Die laaste 9 km stap jy met 'n viertrekpad terug na die beginpunt.

44. MONT ROCHELLE-NATUURRESERVAAT
Franschhoek

Staproetes: 3 roetes; 5 en 6 uur.
Permitte: Mont Rochelle-natuurreservaat, Posbus 61, Franschhoek 7690, tel. en faks: (021) 876 4792.
Kaarte: Sketskaarte.
Geriewe/Aktiwiteite: Geen.

Mont Rochelle-natuurreservaat is oos van Franschhoek geleë en beslaan 1 728 ha skouspelagtige bergpieke en ruwe klowe met 'n ryke verskeidenheid van fynbosspesies. Die reservaat maak deel uit van die Theewaterskloof-bewaargebied, en wild wat voorheen hier voorgekom het word nou hervestig.

1. Cats'-pas-roete Die roete begin in die buitewyke van Franschhoek en styg die eerste 2,5 km skerp met die oorspronklike Cats'-pas. Dit is in 1819 gebou en was die eerste pas oor die Franschhoekberge; dit styg sowat 400 m tot by die kruising met die moderne pas by die haarnaalddraai op die kruin van die nuwe pas. Daar is lieflike uitsigte oor die lappieskombers van plase in die Franschhoekvallei. Van die kruin van Franschhoekpas volg die 8 km lange afdraand Cats'-pas en dan die alternatief wat deur majoor Holloway gebou is. Historiese besienswaardighede langs die pad is onder meer Muller se Brug, Jan Joubertgat-brug (1825), die Cats'-tolhuis en die ou uitspanplek. **10,5 km; 5 uur; oop.**

2. Dutoitskop Van die reservaatkantoor (naby die haarnaalddraai op die kruin van die Franschhoekpas) styg die roete geleidelik meer as 700 m al langs 'n rantjie tot op die 1 418 m hoë Dutoitskop met uitsigte oor die Wemmershoek-berge en -dam in die noorde en die Franschhoek-vallei in die weste. **12 km; 5 uur; heen en terug.**

3. Perdekop Van die reservaatkantoor (naby die haarnaalddraai op die kruin van die Franschhoek-pas) styg die roete geleidelik deur 'n kloof tot by die waterskeiding en die Wemmershoek-uitkykplek. Van daar af volg jy die waterskeiding na die 1 575 m hoë Perdekop in die noordoostelike hoek van die reservaat, maar die uitsigte maak die klim die moeite werd. **15 km; 6 uur; heen en terug.**

45. CALEDON-VELDBLOMTUIN
Caledon

Staproete: 10 km; 3,5-4,5 uur; sirkelroete.
Permitte: Toegangsgeld. Permit nie nodig nie.
Kaarte: Sketskaart.
Geriewe/Aktiwiteite: Teekamer, openbare toilette, piekniekplekke.

Die Caledon-natuurreservaat en -veldblomtuin teen die hange van Swartberg is uitgelê op grond wat koningin Victoria in 1899 aan die munisipaliteit toegeken het vir 'n park. Die bewerkte deel bestaan uit 56 ha blombeddings, grasperke, dammetjies, paadjies en piekniekplekke, terwyl die oorblywende 158 ha met inheemse plante ongesteurd gelaat is.

Van die beginpunt, anderkant die teekamer, klim die roete steil tot op die kruin van die Swartberg. Dié gedeelte bied pragtige uitsigte oor die Overberg. Daarna kronkel dit terug deur Vensterkloof, verby Die Venster, 'n rotsboog wat oor die tuin uitkyk.

46. FERNKLOOF-NATUURRESERVAAT
Hermanus

Staproetes: Netwerk; meer as 50 km; 45 min. tot 'n hele dag.
Permitte: Toegangsgeld. Geen permit vir wandelpaaie nodig nie.

Kaarte: Inligtingspamflet met gedetailleerde kaart van roetes.
Geriewe/Aktiwiteite: Besoekersentrum, herbarium, kwekery, piekniekplekke.

Fernkloof-natuurreservaat, met sy ravyne, strome en watervalletjies, is aan die westekant van die Kleinriviersberge geleë en beslaan 1 446 ha. Die meer as 1 050 plantspesies in die reservaat sluit 'n paar in wat endemies aan die Kleinriviersberge is. Die beste blomtyd is in September en Oktober, maar baie van die meer as 40 proteaspesies blom in die winter. Die onderskeie roetes bied wonderlike uitsigte oor Walkerbaai in die suide en die Hemel-en-Aardevallei en Kleinmond in die weste. Die lieflike uitsigte maak dit die moeite werd om die 842 m hoë Aasvoëlkop, die hoogste punt in die reservaat, te klim. Ander hoogtepunte is onder andere die ravyn van Fernkloof, Boekenhoutbos met sy mooi boekenhoutbome, en Cave Falls, genoem na die waterval wat deur die grot se dak stort.

47. KUSPAADJIE
Hermanus

Staproete: 12 km; 4 uur; eenrigting.
Permitte: Nie nodig nie.
Kaarte: Roetepamflet met kaart verkrygbaar by Hermanus-toerismeburo.
Geriewe/Aktiwiteite: Waterpunte; toilette.

Hierdie kusroete wat in 'n natuurreservaat geleë is, loop langs die inhamme en sandstrande van die nuwe hawe tot by die monding van die Kleinrivier in die ooste. 'n Verskeidenheid plantegroeisoorte, van kusstruikgewas en duinefynbos tot kolle woud, is langs die roete te sien, en daar is meer as 100 sit- plekke op verskeie skilderagtige plekke. Hermanus bied van die beste landgebaseerde walvis- waarneming ter wêreld, en die Kuspaadjie is veral gewild tussen Junie en November. Gedurende hierdie maande stroom groot getalle toeriste na die dorp om die noordkapperwalvisse te sien wat na die kus kom om te kalf. Die Ou Hawe, met sy klein museum, is van historiese belang op die roete.

48. DUIWELSGAT-VOETSLAANPAD
Gansbaai

Staproete: 7 km; 3 uur; eenrigting.
Permitte: Nie nodig nie.
Kaarte: Sketskaart.
Geriewe/Aktiwiteite: Geen.

Hierdie skilderagtige roete verbind 'n paar historiese plekke langs die Gansbaaise kus. Die roete loop van die munisipale kampeerterrein deur Stanford's Cove, wat in die jare 1840 gebruik is vir die verskeping van plaasprodukte na die Kaap. Verder- aan langs die kus neem die roete jou verby De Kelders, 'n grot wat vars water bevat met 'n swem- poel wat deur syferwater gevorm is, en dan Die Stal. Perde van die *Birkenhead*, wat in 1852 op die Danger Point-rif gestrand het, het na bewering hier aan land geswem. 'n Klein entjie verder is Duiwelsgat, die diep gat in die rotse waarna die roete genoem is. Die roete eindig by Klipgat, 'n grot wat deur Steentyd-mense bewoon is. Die kranse bied tussen Junie en November uitstekende geleenthede vir walviswaarneming.

49. HEIDEHOF-NATUURSTAPROETES
Gansbaai

Staproete: 3 roetes; 1 tot 6 km, sirkelroetes.
Permitte: Heidehof-plaas, Posbus 654, Gansbaai 7220, tel. (028) 388 0073, faks 388 0592, e-pos: franays@telkomsa.net
Geriewe/Aktiwiteite: Pieniekplekke.
Belangrike inligting: Begeleide wandelings vir groepe van 3 tot 10 mense.

Die plaas Heidehof, sowat 20 km suidoos van Gansbaai, beslaan 180 ha ongerepte kalksteenfyn- bosplantegroei en 20 ha aangeplante fynbos. Die plantegroei sluit nie minder as 32 *Erica*-spesies, endemiese proteas, ses boegoespesies en 'n oorvloed riete en biesies in nie, asook Heidehof se reuse- melkhoutbome. Voëls sluit die grondspeg en Kaapse kliplyster, die Kaapse suikervoël en suikerbekkie in.

SUIDWES-KAAP & KLEIN-KAROO

LINKS: *Die beroemde Smithrotsformasie begroet stappers net onder Kanonkop in die Natuurreservaat Kaap die Goeie Hoop.*
ONDER: *Voetslaners by Kaappunt sal afkom op steil kranse wat van die hoogste kuskranse in die wêreld is.*

STAPROETES IN SUID-AFRIKA

HIERDIE BLADSY:
Voetslaantogte deur die Sederberge sluit bekende terreinkenmerke soos Tafelberg en The Spout (bo) in, en loop verby baie van die sederbome (links) wat endemies aan die gebied is. Die oornagskuilings op die roetes (onder) is eenvoudig, maar in skilderagtige omgewings geleë.

REGS: *Die Wolfbergboog is meer as 15 m hoog en 18 m breed, en is een van die vernaamste hoogtepunte van die Sederberge.*

ONDER: *Hierdie uitsig oor die Dwarsriviervallei en die 20 m hoë Malteserkruis maak die veeleisende staptog na die kruin van Sneeuberg, die hoogste piek in die Sederberge, die moeite werd.*

BO: *Daar is talle voetslaan- en wandelpaaie in die De Hoop-natuurreservaat en voetslaners kan ook die skouspelagtige kus by Koppie Alleen verken, van waar 'n mens walvisse kan dophou.*
REGS: *Voetpaaie in die Harold Porter Nasionale Botaniese Tuin, net 'n uur of twee van Kaapstad af, kronkel deur aangeplante dele sowel as natuurlike fynbos en beboste klowe met bergstrome.*

HIERDIE BLADSY: *Die Boland-voetslaanpad loop verby talle natuurlike poele (links) wat verfrissende swemplekke bied. Dit gaan ook deur die hart van die Kaapse Blommeryk – hou langs die pad jou oë oop vir die rooi disa (Disa uniflora, bo).*

HIERDIE BLADSY: *Dit is belangrik dat voetslaners voorsorg tref teen die son aangesien daar min bome of ander oorhoofse skuiling op die Boland-voetslaanpad is. Die roete steek die Riviersonderendrivier (onder) naby die dorpie met dieselfde naam oor.*

SUIDWES-KAAP & KLEIN-KAROO en TUINROETE & OOS-KAAP

HEEL BO en LINKS: *Voetslaners op die Swartberg-voetslaanpad in die Suidwes-Kaap kry ongelooflike uitsigte oor die Klein-Karoo (heelbo) en kan diere soos die statige koedoe (links) te sien kry.*
BO: *Goedgeloof-hut is een van die twee oornaghutte op die Swellendam-voetslaanpad (ook in die Suidwes-Kaap).*
VOLGENDE BLADSY: *By moeilike plekke op die Harkerville-kusvoetslaanpad langs die Tuinroete, is daar kettings waaraan voetslaners kan vashou.*

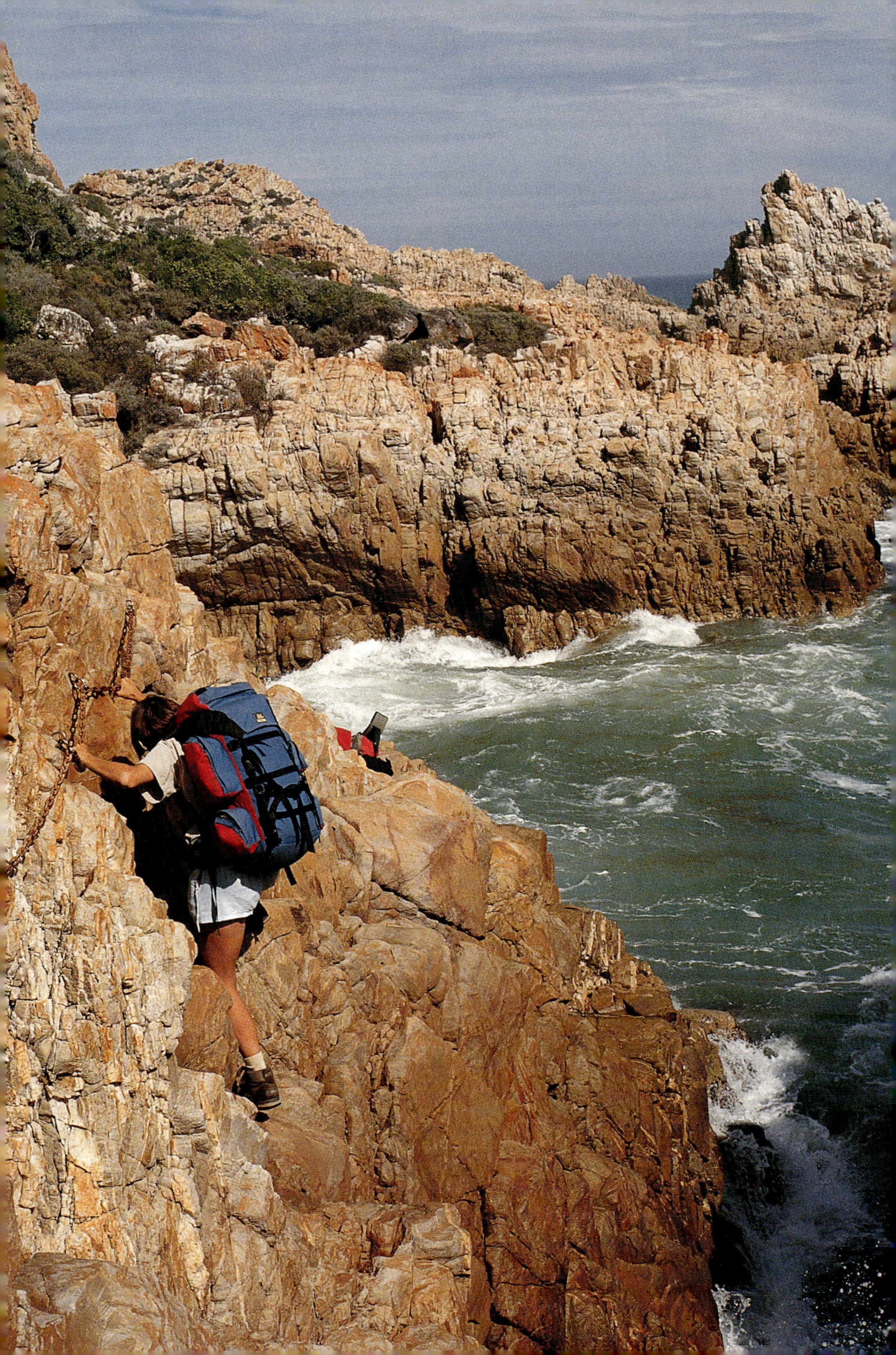

Die eienaars verskaf begeleide wandelings en deel hul diepgaande kennis met voetslaners. Daar is drie roetes. Die 1 km-roete loop oor die gelyk dele en die 3 km-roete oor die toegankliker dele van die kalksteenkoppies. Die 6 km-roete loop oor die hoogste dele van die kalksteenkoppies.

50. SALMONSDAM-NATUURRESERVAAT
Stanford

Staproetes: 3 roetes; 45 min. tot 5 uur.
Permitte: Toegangsgeld. Geen permit vir wandelpaaie nie.
Kaarte: Reservaatpamflet waarop wandelpaaie aangedui is.
Geriewe/Aktiwiteite: Bergrit; kampeergebied; basiese hutte met beddens, matrasse, gasstoof, koelkas en warmwaterwasgeriewe; besoekers moet hul eie beddegoed, kook- en eetgerei voorsien.
Belangrike inligting: Vure word net in aangewese vuurmaakplekke toegelaat.

Die 834 ha-Salmonsdam-natuurreservaat aan die voet van Perdeberg, sowat 20 km oos van Stanford, bestaan uit 'n sentrale kom met 'n vleigebied wat deur 'n halfsirkel berge ingesluit word. Die plantegroei is tipiese bergfynbos, met kolle inheemse woud in die klowe.

Wild wat hier voorkom is onder meer bontebokke, vaalribbokke, duikers, klipspringers en bobbejane. Die reservaat huisves meer as 120 voëlspesies, waaronder die Kaapse kliplyster, bergwagter, Kaapse berglyster, Kaapse suikervoël en verskeie suikerbekkiespesies.

1. Watervalroete is veral mooi nadat dit gereën het. Die roete loop deur fynbos na die Zigzag-waterval in Watervalkloof, met sy inheemse woud met boekenhout- en lepelhoutbome. Die terugroete volg 'n ou voertuigpaadjie. **2 km; 45 minute; sirkelroete.**

2. Ravynroete volg die westelike hange van Keeromskloof en loop dan deur inheemse woude voordat dit oor die rivier gaan. Die terugroete loop verby Luiperd- en Elandskransgrot en oor die oostelike hange bokant die kloof. Arch Rock is 'n bekende landmerk. **3 km; 1 uur; sirkelroete.**

3. Bergroete klim van die voet van Perdeberg na Ravenshill, van waar daar panoramiese uitsigte oor Caledon, Bredasdorp en Walkerbaai is. Landmerke langs die terugroete, wat Keeromskloof gedeeltelik volg, is onder andere die Balanseerrots en Uitsigrots. **4 km; 1,5 uur; sirkelroete.**

51. HEUNINGBERG-NATUURRESERVAAT
Bredasdorp

Staproetes: 2 roetes; 3,5 tot 4 uur.
Permitte: Toegangsgeld. Permit nie nodig nie.
Kaarte: 'n Pamflet van die reservaat en roetes is beskikbaar.
Geriewe/Aktiwiteite: Russkuilings; toilette.

Die kern van hierdie reservaat teen die hange van Heuningberg, suidoos van Bredasdorp, is aanvanklik gevestig as 'n veldblomtuin, wat later by 'n 800 ha-natuurreservaat ingelyf is. Van die meer as 300 plantspesies wat hier groei is 'n hele paar endemies, onder andere seldsame spesies soos *Leucospermum heterophyllum*, en die bredasdorplelie, *Cyrtanthus gutherieae* wat in Maart en April blom.

1. Eps Joubert-roete (Wit Roete) kronkel deur die suidelike gedeelte van die reservaat en klim teen die hange van Drinkwaterkloof uit tot by die waterskeiding. Die roete kronkel dan bokant Uitvlugkloof totdat dit by die 7 km-merk by die Geel Roete aansluit. Lot se Vrou is 'n opvallende rotsformasie naby die baken (366 m) op Heuningberg. **10 km; 3,5 uur; sirkelroete.**

2. Geel Roete loop om die westelike en noordelike hange van Heuningberg na die Preekstoelrots. Van daar klim dit geleidelik na die plato, waar dit by die Eps Joubert-roete aansluit en dan teen 'n maklike afdraand terugloop. **12 km; 4 uur; sirkelroete.**

Albei roetes bied wonderlike uitsigte oor Bredasdorp en die Ruggens in die noorde, die Heuningberge in die weste, Struisbaai en die Soetanysberge in die suide, en Waenhuiskrans en die De Hoop-natuurreservaat in die ooste.

52. DE MOND-NATUURRESERVAAT
Bredasdorp

Staproete: 7 km; 2 uur; sirkelroete.
Permitte: Toegangsgeld. Geen permit nie.
Kaarte: Reservaatpamflet met wandelpad daarop aangedui.
Geriewe/Aktiwiteite: Piekniekplekke (geen vure toegelaat nie), varswater- en seehengel (permitte vereis).
Belangrike inligting: Voetslaners moet op die afgebakende pad bly om skade aan kwesbare plantegroei te vermy. Die reservaat is 'n belangrike broeihabitat vir seldsame voëlspesies; voëls moet nie versteur word nie.

Die De Mond-natuurreservaat is rondom die monding van die Heuningnesrivier geleë en beslaan 954 ha gestabiliseerde en waaisandduine, getyvlaktes, brak vleie en fynbosplantegroei. Die reservaat is 'n belangrike broeihabitat vir Suid-Afrika se mees bedreigde kusvoël, die Damarasterretjie. Die reusesterretjie en die swarttobie kom ook hier voor.

Sterna-roete begin by die reservaatkantoor en loop deur rivierplantegroei, duinewoud en gestabiliseerde duine voor dit die sanderige kuslyn vir net meer as 2 km volg. Na winterstorms is die wrak van die *Maggie* suid van die riviermonding sigbaar. Die laaste deel loop oor getyvlaktes en verby brak vleie.

53. DE HOOP-NATUURRESERVAAT
Oos van Bredasdorp

Kyk nr. 54 vir voetslaanpad.

Staproetes: 6 roetes; 2 tot 4 uur.
Permitte: Toegangsgeld. Geen permitte is nodig vir die wandelpaaie nie.

Kaarte: Sketskaart.
Geriewe/Aktiwiteite: Kothuise toegerus met 'n stoof en koelkas, maar besoekers moet eie beddegoed, kook- en eetgerei en kos voorsien; kampeerterreine; piekniekplek en bergfietsroete. Potberg-omgewingsvoorligtingsentrum maak voorsiening vir studentegroepe.
Belangrike inligting: Neem water saam op alle dagwandelpaaie, en snorkelduiktoerusting vir die Kusroete.

De Hoop-natuurreservaat beslaan 36 000 ha en is 'n mosaïek van vleiland, kusfynbos, waaisandduine, kusvlaktes en kalksteenkoppies. De Hoopvlei, 'n vleiland van internasionale belang, vorm deel van die westelike grens, terwyl Potberg die landskap aan die noordekant oorheers.

Van die reservaat se meer as 1 500 plantspesies is 50 endemies aan die Bredasdorp-, Agulhas- en Infanta-gebied, terwyl 12 spesies by Potberg endemies is. Dit sluit 'n klein grondprotea (*Protea denticulata*) en *Aspalathus potbergensis* in.

Soogdiere wat hier te sien is, is onder meer bergsebras, elande, vaalribbokke, grysbokke en bobbejane. Daar is meer as 250 voëlspesies, waaronder 12 waterhoenderspesies, 13 trekwaadvoëlspesies, die visarend, sekretarisvoël en swarttobie.

Die kus langs De Hoop het die hoogste digtheid van suidelike noordkapperwalvisse aan die Suid-Afrikaanse kus, en tussen Junie en November kan tot 50 walvisse op 'n slag gesien word; sommige kom tot so naby as 500 m van die land af.

Potberg

Die 611 m hoë Potberg in die noordelike deel van die reservaat is uit 'n bewaringsoogpunt van spesiale belang. Dit is nie net die tuiste van talle endemiese plantspesies nie, maar sy kranse bied ook nesmaakplekke vir die grootste kransaasvoëlkolonie in die Wes-Kaap. Hoewel daar geen openbare toegang tot die kolonie is nie, kan hierdie manjifieke voëls dikwels vanaf die Klipspringer-roete in vlug gesien word.

1. Klipspringer-roete kronkel oor die onderste hange van Potberg, verby poele in die Potbergrivier, en

Black Eagle-grot. Kransaasvoëls word soggens dikwels van naby gesien as hulle van hul slaap- en nesmaakplekke in Aasvoëlkloof opvlieg. **5 km; 2 uur; sirkelroete.**

2. Potberg-roete Hierdie roete lei na die kruin van Potberg, waar jy jou kan verlustig in panoramiese uitsigte oor die reservaat, die Breërivier en Witsand. Hierdie roete styg met sowat 400 m. **8 km; 3,5 uur; heen en terug.**

De Hoop

Die historiese De Hoop-opstal op die oostelike rand van die vlei is die reservaat se fokuspunt. Die Vlei-roetenetwerk bestaan uit 'n 15 km lange lusroete met twee korter opsies, en bied manjifieke uitsigte oor De Hoopvlei. Die vlei lok tot 30 000 voëls op 'n keer, waaronder flaminke, waterhoenders, waadvoëls en visarende.

1. Bleshoender-roete 5 km; 2 uur; sirkelroete.

2. Reier-roete 8 km; 3 uur; sirkelroete.

3. Duikertjie-roete 15 km; 4 uur; sirkelroete.

De Hoopkus

Die De Hoop-natuurreservaat word in die suide begrens deur 'n 45 km lange kuslyn wat wissel van wit sandstrande tot rotsagtige inhamme en sand- en kalksteenkranse wat deur die wind en branders tot fassinerende vorms verweer is.

Kusroete Van Klipkoppie in die weste tot Koppie Alleen in die ooste word die kuslyn gekenmerk deur 'n uitgestrekte sandstrand teen 'n agtergrond van waaisandduine wat tot 90 m bo seevlak strek. Oos van Koppie Alleen wissel die kuslyn tussen klein baaitjies, fassinerende, verweerde rotsformasies, en die uitgestrekte wit Potbergstrand. Langs die roete is daar volop geleentheid om die seelewe van die rotspoele te verken. Klipkoppie en Koppie Alleen bied uitstekende geleentheid vir walvisky. **Klipkoppie na Koppie Alleen: 6,5 km; 2 uur; eenrigting. Koppie Alleen ooswaarts 9 km; 3 uur; heen en terug.**

54. WALVISROETE
De Hoop-natuurreservaat

Kyk nr. 53 vir wandelpaaie.

> *Staproete:* 56,7 km; 5 dae; sirkelroete.
> *Permitte:* De Hoop-natuurreservaat, Privaatsak X16, Bredasdorp 7280, tel: (028) 543 1126, faks: 542 1247, e-pos: dehoopinfo@sdm.dorea.co.za – minimum van ses en maksimum van 12 mense.
> *Kaarte:* Roetekaart.
> *Geriewe/Aktiwiteite:* Kothuise met beddens, matrasse, kombuis, woonkamer, warm storte, toilette, vuurmaakplek en sonkrag.
> *Belangrike inligting:* Pak snorkelduiktoerusting in. Voetslaners word met 'n heen-en-weer-bus van Koppie Alleen na Potberg vervoer.

Die Walvisroete bied voetslaners die geleentheid om die afwisselende landskappe en vernaamste habitats van die De Hoop-natuurreservaat te verken.

Die eerste dag se skof (14,7 km; 8 uur) is die veeleisendste. Die roete klim van die begin na die kruin van Potberg, kronkel oor die hellings bokant Groenkloof en daal dan af na die Cupidoskraal-oornaghut.

Op dag twee (14 km; 8 uur) klim die roete na die kruin van Potberg en styg sowat 300 m. Verderaan loop die roete oor kalksteenkoppies – waar jy waarskynlik baie bredasdorpsuikerbosse (*Protea obtusifolia*) sal sien – en daal dan af na Noetzie, 'n pragtige baai langs die kus.

Dag drie se roete (8 km; 6 uur) strek tussen Noetzie en Hamerkop, en aangesien net 'n kort afstand afgelê word, is daar volop tyd om die kuslyn te verken. Stilgat, 'n natuurlike getypoel, bied voetslaners lonende geleenthede vir snorkelduik en daar is ook 'n paar walviskykpunte.

Die vierde dag se roete na Vaalkrans (11 km; 7 uur) begin met 'n lang staptog langs die strand. Anderkant Lekkerwater word die kus rotsagtig. Hoogtepunte in hierdie gedeelte is onder meer rotspoele en kalkreetformasies wat tot fassinerende vorms geërodeer is.

Die laaste dag se roete (9 km; 6 uur) kronkel langs die rotsagtige kus verby Potbergstrand, 'n wit,

55. GENADENDAL-VOETSLAANPAD
Genadendal

> *Staproete:* 25,3 km; 2 dae; sirkelroete.
> *Permitte:* Die Bestuurder, Vrolijkheid-natuurreservaat, Privaatsak X614, Robertson 6705, tel: (023) 625 1645, faks: 625 1674, e-pos: vrolijkheid@cnc.org.za – groepe beperk tot 14 mense; maksimum 24 voetslaners per dag.
> *Kaarte:* Roetepamflet met kaart.
> *Geriewe/Aktiwiteite:* Oornaggeriewe beskikbaar by die Morawiese Sendingkerk op Genadendal en by die oornagplek op die plaas Die Hoek.
> *Belangrike inligting:* Voetslaners moet water saamneem, veral op die tweede dag se roete. Vuurmaak word net by Die Hoek toegelaat.

sanderige inham. Dit loop dan verder langs die rotsagtige kuslyn verby Whalewatch Point na Koppie Alleen, waar die pad eindig. Onderweg is daar weer eens volop geleenthede vir snorkelduik.

Die roete begin en eindig by die nedersetting Genadendal wat dateer van 1783, toe Morawiese sendelinge 'n sendingstasie aan die voet van die Riviersonderendberge gestig het. Van Genadendal deurkruis die roete die Riviersonderend-bewaringsgebied wat 69 500 ha beslaan en omring is deur die dorpe Riviersonderend, Villiersdorp, McGregor en Greyton, asook private grond.

Die eerste dag se roete (14,3 km; 8 uur) begin met 'n steil klim teen die oostelike hange van Perdekop uit, en dit styg sowat 500 m tot by Wonderklippe, 'n ideale rusplek. Die roete loop dan verder na Klein-Koffiegat en Groot-Koffiegat, waar die koel bergpoele op 'n warm dag veral welkom is. Van daar daal die roete geleidelik na die oornaghut by Die Hoek. Die aanvanklike effense opdraand van die tweede dag se roete (11 km; 7 uur) word gevolg deur 'n lang, volgehoue klim na 'n nek tussen Arendkop en Uitkykkop, waar die vreemd gevormde sandsteenformasies die aandag trek. Van daar daal die roete teen die suidelike hange van Uitkykkop af.

56. BOESMANSKLOOF
Greyton en McGregor

> *Staproete:* 14 km; 1 dag; oop.
> *Permitte:* Die Bestuurder, Vrolijkheid-natuurreservaat, Privaatsak X614, Robertson 6705, tel: (023) 625 1645, faks: 625 1674, e-pos: vrolijkheid@cnc.org.za — die getal voetslaners word beperk tot 50 per dag.
> *Kaarte:* Roetepamflet met kaart.
> *Geriewe/Aktiwiteite:* Private verblyf op Greyton en McGregor, en by Die Galg, waar die roete eindig.
> *Belangrike inligting:* Reëlings moet getref word om 'n voertuig by die eindpunt van die roete te laat. Anders kan die staptog as 'n heen-en-terug-roete aangepak word.

Die Riviersonderend-bewaringsgebied met sy bergpieke, kranse en klowe beslaan sowat 69 000 ha regerings- en private grond en word as 'n bergopvanggebied bestuur. Die plantegroei word deur bergfynbos oorheers. Die verskeidenheid van restio's, waarvan daar 50 spesies is, is opvallend. Twee endemiese *Erica*-spesies, *E. galgebergensis* en *E. parvulisepala*, is van spesiale bewaringsbelang.

Hierdie staproete deur die Riviersonderendberge volg wat voorheen die enigste verbinding tussen die dorpies McGregor en Greyton was, en kan in enige rigting afgelê word. Van Greyton af styg die roete meer as 400 m met 'n viertrekpad na 'n uitkykplek onder Perdekop. Van daar daal dit af na Boesmanskloof, waar daar 'n reeks poele by Oakes-waterval is – 'n wonderlike swemplek. Die roete eindig by Die Galg, sowat 14 km van McGregor.

57. MARLOTH-NATUURRESERVAAT
Swellendam

Kyk nr. 58 vir voetslaanpad.

> *Staproetes:* 3 roetes; 1 tot 9 uur.
> *Permitte:* Toegangsgeld. Geen permit vir wandelpaaie nodig nie.

SUIDWES-KAAP & KLEIN-KAROO

> *Kaarte:* Pamflet van wandelpaaie.
> *Geriewe/Aktiwiteite:* Piekniekplek by Hermitagekloof.

Die Marloth-natuurreservaat is vernoem na die beroemde amateurbotanis dr. Rudolf Marloth, wat in 1928 'n gebied van 190 ha vir 'n natuurreservaat afgebaken het. Die reservaat is in 1981 tot 11 000 ha vergroot. Die Langebergreeks vorm die agtergrond vir die reservaat, wat 'n ryke fynbosverskeidenheid beskerm. Verspreide kolle inheemse woud kom teen die suidelike hange van die berg voor.

1. Koloniesbos is 'n verruklike woudkol bestaande uit geelhout-, stinkhout-, kershout-, boekenhout-, rooiels- en Kaapse katjiepieringbome. Die naam Koloniesbos dateer van die 1740's, toe die distrik as *De Colonie in de Verre Afgeleegene Contreije* bekend gestaan het. 'n Maklike stap deur 'n pragtige woud. **3 km; 1 uur; sirkelroete.**

2. Die Plaat Na 'n kort opdraand volg die roete 'n kontoer deur fynbos bokant Duiwelsbos en Koloniesbos. By Die Plaat kan jy 'n kortpad terug na die hoofdienspad neem of verder na Doktersbos stap. **5,5 km; 2 uur; halfsirkelroete.**

3. Tienuurkop na Twaalfuurkop Dit is 'n veeleisende roete, maar bied asemrowende uitsigte. Die roete styg meer as 700 m na Tienuurkop en kronkel dan agter Elfuurkop na die nek tussen die twee pieke. 'n Kort ompad na die kruin van Twaalfuurkop is die moeite werd, want dit bied uitsigte oor die koringlande van die Overberg en Swellendam ver daaronder. Die terugroete daal teen die suidelike hange van die Langeberg af. **8,5 km; 8–9 uur; halfsirkelroete.**

58. SWELLENDAM-VOETSLAANPAD
Marloth-natuurreservaat

Kyk nr. 57 vir wandelpaaie.

> *Staproetes:* 76,8 km (altesaam); 6 dae, met korter opsies; sirkelroete.
> *Permitte:* Die Bestuurder, Marloth-natuurreservaat, Posbus 28, Swellendam 6740, tel: (028) 514 1410, faks: 514 1488.
> *Kaarte:* Kleurroetekaart.
> *Geriewe/Aktiwiteite:* Hutte by die oornagplekke, met slaapbanke, matrasse, basiese toilette en water.
> *Belangrike inligting:* Vure net toegelaat by Wolfkloofhut; kampstofie noodsaaklik. Voetslaners word nie op die plaas naby Goedgeloofhut toegelaat nie en mag nie in die plaasdamme swem nie.

Hierdie voetslaanpad deurkruis die 11 000 ha-Marloth-natuurreservaat in die Langebergreeks bokant Swellendam. Die reservaat se blommeweelde, wat met die seisoene verander, is 'n besonderse kenmerk. Die roete lei na afgeleë valleie wat in die berge verskuil lê, oor strome en deur kolle inheemse woud. Onderweg is daar panoramiese uitsigte oor die mosaïek van Overbergse koringplase in die suide en die dorre vlaktes van die Klein-Karoo in die noorde.

Die eerste dag se roete (11,8 km; 5 uur) behels 'n geleidelike klim na Klipkraal, en styg sowat 800 m. Die roete daal dan af na die oornaghut by die bopunt van die afgeleë Boskloof.

Dag twee (10 km; 4 uur) begin met 'n klim deur die Drosterspas na die waterskeiding, van waar daar panoramiese uitsigte oor die Klein-Karoo is. 'n Steil afdraand deur velde vol geel tolbosse (*Leucadendron*) bring stappers by die kliphutte by Goedgeloof uit.

Die derde dag se roete (10 km; 4 uur) begin weer eens met 'n steil klim, maar van Warmwaternek af word die pad gelyk. Hierdie gedeelte loop bokant Proteavallei met sy gepaste naam – daar is 'n magdom plante, waaronder die koningsprotea (*Protea cynaroides*), perskeprotea (*P. grandiceps*), bruinbaardprotea (*P. speciosa*) en die breëblaarsuikerbos.

Van Proteavalleihut is daar verskeie opsies: 'n kortpad na Wolfkloof via Kruispad (6,2 km), die langer maar skouspelagtiger Vensterbank-roete na Wolfkloof (12,5 km), of die dag lange roete na Nooitgedacht (13 km; 6 uur) en die volgende dag verder na Wolfkloof (21,3 km; 9 uur).

Op die laaste dag (10,7 km; 4 uur) word 'n steil klim uit Wolfkloof gevolg deur 'n maklike stap, en die roete daal dan af na Hermitagekloof. Daar is egter nog een laaste klim uit die kloof voordat die eindpunt bereik word. Kruispad, naby Proteavalleihut, en die Vensterbank-roete bied kortpaaie terug na die bosstasie.

59. MONTAGU-BERGNATUURRESERVAAT
Montagu

> *Staproetes:* 2 roetes; 4 en 5 uur.
> *Permitte:* Montagu-toerismeburo, Posbus 24, Montagu 6720, tel. en faks: (023) 614 2471.
> *Kaarte:* Sketskaart.
> *Geriewe/Aktiwiteite:* Klipspringerhut (1,3 km van Ou Meul-beginpunt), met slaapbanke, matrasse, braaigeriewe, stort en spoeltoilet. Dassiehut is 'n kliprondawel met 4 beddens.

Die noordelike hange van die Langeberg, wes van Montagu, word beskerm deur die 1 200 ha-Montagu-bergnatuurreservaat. Die plantegroei wissel van droë bergfynbos en vetplante teen die onderste hange tot meer mesiese fynbos hoër op. Die roetes is soos die syfer agt uitgelê en kan as twee dagwandelpaaie of as 'n oornagvoetslaanroete aangepak word.

1. Cogmanskloof-roete klim geleidelik vir die eerste 2 km en loop dan dwarsoor die hange bokant Droogekloof na Cogmanskloof met sy steil kranse. Onderweg geniet stappers lieflike uitsigte oor die korsmosbedekte kranse van Droogekloof en die omliggende berge. Die terugroete is 'n maklike opdraand teen die hellings bokant die vallei waarin Montagu lê. John Montagu, na wie die dorp genoem is, was in die 19de eeu koloniale sekretaris van die Kaap. **12 km; 4 uur; sirkelroete.**

2. Bloupunt-roete kronkel deur Rietkloof en klim dan na die kruin van Bloupunt. Van die 1 266 m hoë kruin is daar skouspelagtige uitsigte, en die dorpe Montagu, McGregor, Robertson, Ashton en Bonnievale is duidelik sigbaar. Van daar loop die roete dwarsoor De Drie Bergen en daal dan deur Donkerkloof met sy drie klein watervalle. **15,6 km; 5 uur; sirkelroete.**

60. PAT BUSCH-NATUURRESERVAAT
Robertson

> *Staproetes:* Netwerk; 40 km; 30 min. tot 5 uur.
> *Permitte:* Wandelpaaie slegs toeganklik vir gaste. Bespreek vooraf by W.D. Busch, Posbus 579, Robertson 6705, tel. en faks: (023) 626 2033, e-pos: patbusch@intekom.co.za
> *Kaarte:* Ruwe sketskaart.
> *Geriewe/Aktiwiteite:* Volledig toegeruste selfsorgkothuise en -huise, forel- en baarshengel, bergfietsroetes, 4x4-roete, swem en kanovaart in die dam.

Die Pat Busch-natuurreservaat van 2 000 ha is geleë op twee wynplase, Bergplaas en Berg en Dal, en beskerm die flora en fauna van die Langebergvoorheuwels. Die plantegroei is hoofsaaklik bergfynbos, met proteas en erikas, maar 'n verskeidenheid van inheemse bome groei ook in die valleie en op die rivieroewers. Die voëllys bevat sowat 150 spesies. Diere wat te sien is sluit gemsbokke, vaalribbokke, grysbokke, steenbokke, groototters en rooikatte in.

'n Netwerk van roetes loop deur valleie en langs twee strome, met verruklike rotspoele, in die golwende voorheuwels van die bergreeks. Deur 'n paar kort roetes te kombineer, kan stappers 'n sirkelroete van 12 km; 5 uur volg, met langer opsies na die kruin van Tafelberg (742 m) en Olifantskop verder weg in die Langeberg.

61. DASSIEHOEK-VOETSLAANPAD
Dassiehoek-natuurreservaat, Robertson

> *Staproete:* 38 km; 2 dae; sirkelroete
> *Permitte:* Mev. Becker, Posbus 24, Montagu 6720, tel: (023) 614 1112, faks: 614 1841.

> *Kaarte:* Sketskaart.
> *Geriewe/Aktiwiteite:* Hut met slaapbanke, matrasse, warm water, braaigeriewe; piekniekplekke by Silwerstrand-vakansieoord. Dassiehoek: oornaghut met beddens, matrasse, warmwaterstorte en vuurmaakplek.
> *Belangrike inligting:* Voorsorgmaatreëls teen bosluise raadsaam. Water moet op die eerste dag saamgedra word.

Die roete is teen die onderste suidelike hange van die Langebergreeks uitgelê en kronkel aanvanklik deur Karoo-struikgewas, wat hoër op plek maak vir bergfynbos. Die eerste dag se roete (23 km; 8 uur) klim voortdurend en styg sowat 500 m oor die eerste 10 km. Daarna raak dit gelyk wanneer dit by verskeie skadureyke klowe in en uit kronkel. Die roete daal oor die laaste 5 km skerp af na die Dassiehoek-oornaghut. Die tweede dag se roete (15 km; 5 uur) loop oor Droëberg en daal dan af na 'n vallei met 'n heerlike poel.

62. ARANGIESKOP-VOETSLAANPAD
Dassiehoek-natuurreservaat, Robertson

> *Staproete:* 21 km; 2 dae; sirkelroete.
> *Permitte:* Mev. Becker, Posbus 24, Montagu 6720, tel: (023) 614 1112, faks: 614 1841.
> *Kaarte:* Sketskaart.
> *Geriewe/Aktiwiteite:* Dassiehoek: oornaghut, met beddens, matrasse, warmwaterstorte en vuurmaakplek. Arangieskop: hut met beddens, matrasse, sitkamer, warm stort, toilette, en vuurmaakplek.
> *Belangrike inligting:* Die liggaamlik veeleisende roete moet net deur fikse voetslaners aangedurf word.

Dassiehoek-natuurreservaat noord van Robertson, met sy steil kranse, diep klowe en hoë bergpieke, verskaf die agtergrond vir hierdie manjifieke voetslaanpad. Die eerste dag se roete (9,5 km; 6,5 uur) loop deur die noordelike deel van die reservaat en behels 'n moordende styging van meer as 1 100 m na die oornaghut wat oor die Koovallei in die noorde uitkyk. Die asemrowende uitsigte oor die ongerepte bergvallei en die mosaïek van plase in die Breërivievallei is egter beloning genoeg. Die tweede dag se roete (11,7 km; 6 uur) begin met 'n klimtog na die 1 850 m hoë Arangieskop, waar voetslaners weer eens met skouspelagtige uitsigte beloon word. Oor die volgende 2,5 km daal die roete sowat 650 m terwyl dit deur 'n ravyn met 'n aanloklike swemkuil en enorme rooielsbome kronkel. Die roete verlaat die ravyn laer af teen die rivier en, na 'n taamlike gelyk dwarsstap, klim dit 'n klein entjie voordat dit geleidelik na Dassiehoek afdaal.

63. VROLIJKHEID-NATUURRESERVAAT
Robertson

> *Staproetes:* 2 roetes; 1 en 7 tot 8 uur.
> *Permitte:* Toegangsgeld. Selfuitreikpermit vir wandelpaaie by reservaat se ingang.
> *Kaarte:* Pamflet met wandelpaaie daarop aangedui.
> *Geriewe/Aktiwiteite:* Voëlkykskuilings, toilette.
> *Belangrike inligting:* Van November tot Maart is uiters hoë temperature algemeen en moet staptogte voor 09:00 begin.

Die plantegroei van die Vrolijkheid-natuurreservaat, wat 15 km suid van Robertson in die Elandsberge geleë is, word gekenmerk deur 'n kombinasie van vetplante, dwergstruike en kolle renosterveld. Die landskap is veral mooi tussen Augustus en Oktober, wanneer 'n ryke verskeidenheid plante (meer as 160 spesies) in volle blom staan. Uitgestrekte plate gousblomme (*Gazania krebsiana*) kan in die lente beslis nie misgekyk word nie. Soogdiere in hierdie gebied sluit springbokke, klipspringers, grysbokke, vaalribbokke, en die rooikat, waarna die Rooikat-roete genoem is, in. Die 175 voëlspesies wat hier voorkom, is onder andere die witkruisarend, visarend, rooiborsjakkalsvoël en bleeksingvalk. 'n Reptiel van spesiale belang is die Robertson-dwergtrapsuutjie.

1. Reier-roete loop oor maklike terrein deur die vlaktes na twee damme, elk met 'n voëlkykskuiling. Dit is ideaal vir diegene wat sommige van die reservaat se watervoëls wil sien. Onder hulle is die blou- en swartkopreier, grootriethaan, rooiborsvleikuiken, lepelaar, kopereend, en verskeie visvangerspesies. **3 km; 1 uur; heen en terug.**

2. Rooikat-roete loop op en af deur riviervalleie en oor rante en styg 435 m na Witkrantz, die hoogste piek in die reservaat. Van daar loop die roete oor Kranskop en Klein-Spitzkop voordat dit na die vlaktes afkronkel. Onderweg is daar pragtige uitsigte oor die Riviersonderendberge in die suide en die Langebergreeks in die noorde. Hoewel rooikatte wel in die reservaat voorkom, is hulle skugter diere wat selde teëgekom word. **19 km; 7–8 uur; sirkelroete.**

64. ELANDSBERG-STAPROETE
Ladismith

Staproetes: 12, 6 km; 6 uur; sirkelroete.
Permitte: Nie nodig nie.
Kaarte: Ruwe sketskaart.
Geriewe/Aktiwiteite: Geen.

Hierdie roete klim op teen die hange van die Elandsberg wat oor Ladismith uittroon. Die eerste 1,5 km van die roete loop langs 'n brandpad aan die voet van die berg en klim dan skerp tot naby Stanley de Witt se Lig. Daarna kronkel dit langs die hange van Toringberg (2 126 m) voor dit skerp daal na die beginpunt. Die totale styging is 792 m en die roete is dus net vir fikse voetslaners.

65. TOWERSIG-STAPROETE
Ladismith

Staproetes: 2 tot 12 km; netwerk.
Permitte: Nie nodig nie.
Kaarte: Ruwe sketskaart.
Geriewe/Aktiwiteite: Geen.

Hierdie roetenetwerk lê teen die onderste hange van Elandsberg, net noord van Ladismith, en bestaan uit twee gekoppelde lusse van 2,7 en 12 km. Langs die roete word jy beloon met skilderagtige uitsigte oor die Klein-Karoo en Toringberg wat 1 500 m bo Ladismith uittroon.

Die plantegroei in die omgewing van die roete word gekenmerk deur bergfynbos, en noemenswaardige spesies waarop jy kan afkom is onder meer die treffende Ladismith-protea.

66. KLAPPERBOS-STAPROETE
Ladismith Klein-Karoo-natuurreservaat, Ladismith

Staproete: 12,6 km; 5 uur; sirkelroete.
Permitte: Reël met Munisipaliteit Ladismith vir toegang tot die voetslaanpad en om die sleutel vir die hek te kry, tel: (028) 551 1023.
Kaarte: Ruwe sketskaart.
Geriewe/Aktiwiteite: Geen.

Die Ladismith Klein-Karoo-natuurreservaat is 4 km suidwes van Ladismith geleë en beslaan 2 800 ha koppies, vlaktes en valleie.

Die plantegroei word gekenmerk deur Karooveld wat bestaan uit 'n ryke verskeidenheid vetplante, Karoo-struike en lae bosse, onder meer Karoo-noem-noem, geel granaat en blou koeniebos. Die klapperbos (*Nymania capensis*), waarna die roete genoem is, is veral opvallend tussen Augustus en Desember wanneer dit treffende pienk saadpeule dra.

Groot diere wat hier voorkom is onder meer troppe elande en springbokke, gewone duikers en steenbokke.

Die roete kronkel deur die elandkamp waar stappers hulle dalk te sien sal kry. Sowat 1,5 km na die beginpunt bereik jy die hoogste punt van die roete (733 m) met manjifieke uitsigte oor die wingerde en appelkoos- en perskeboorde van die Ladismith-distrik. Die pad loop daarna langs die hange van Ladismithkop en maak 'n wye lus na die beginpunt.

67. OUKRAAL-VOETSLAANPAD
Gamka-bergnatuurreservaat, Calitzdorp

> *Staproete:* 19,7 km; 2 dae.
> *Permitte:* Die Bestuurder, Gamka-bergnatuurreservaat, Privaatsak X21, Oudtshoorn 6620, tel. en faks: (044) 213 3367.
> *Kaarte:* Pamflet met roetekaart.
> *Geriewe/Aktiwiteite:* Tierkloof: inligtingsentrum, piekniekplekke, toilette; basiskamp met beddens, matrasse, gaskoelkas en -stoof, vuurmaakplek en wasgeriewe. Oukraal: basiese klipskuiling, toilet.
> *Belangrike inligting:* Slegs een groep word op oornagroete toegelaat.

Die Gamka-bergnatuurreservaat beslaan 9 428 ha en is aan die oostekant van die Gamka-Rooibergreeks geleë. Die noordekant van die berg word gekenmerk deur diep ravyne en steil hellings wat oploop na Bakenkop (1 100 m), die hoogste punt in die reservaat. Die plantegroei is oorwegend fynbos, terwyl spekboomveld en bergrenostervveld teen die onderste hange voorkom. Diere wat in die reservaat aangetref word, is onder andere bergsebras, elande, rooihartbeeste, vaalribbokke, klipspringers, duikers en grysbokke. Luiperds kom ook hier voor. Die talle voëlspesies wat hier te sien is, is onder meer die breëkoparend, kaalwangvalk, swerfvalk, bonthoutkapper, Kaapse kliplyster en oranjeborssuikerbekkie.

Die eerste dag se roete (10,6 km; 6 uur) klim vir sowat 5 km deur rivierplantegroei in Tierkloof na 'n holkrans. 'n Entjie verder draai die roete regs af en hou aan met klim na Oukraal – altesaam styg dit sowat 700 m. Van Oukraal af is daar manjifieke uitsigte oor die Klein-Karoo, die Outeniekwaberge in die suide en die Swartberge in die noordweste. Die tweede dag se roete (9,1 km; 3 uur) loop met draaie teen die berghange af en sluit dan weer by die eerste dag se skof aan.

Kort roetes
Van die inligtingsentrum is daar ook vier maklike wandelpaaie wat wissel van 700 m (20 min.) tot die Bonthoutkapper-roete van 4,1 km (2 uur). Sommige van die plante en bome langs die roetes is gemerk en kan geïdentifiseer word deur na die lys op die permit te verwys. Die talle voëlspesies wat in die Gamka-bergnatuurreservaat voorkom word ook op die permit gelys.

68. GAMKASKLOOF
Swartberg-natuurreservaat

> *Staproete:* 6 km; 3 uur; sirkelroete.
> *Permitte:* Die Bestuurder, Swartberg-natuurreservaat, Privaatsak X658, Oudtshoorn 6620, tel: (044) 279 1739, faks: 272 8110, e-pos: sberg.cnc.karoo@pixie.co.za
> *Kaarte:* Verklarende pamflet met kaart.
> *Geriewe/Aktiwiteite:* Twee gerestoureerde huise (selfsorg); veldkamp en kampeerterrein, met koue stort en braaigeriewe; hengel in Gamkarivier.

Gamkaskloof, wat ook as Die Hel bekend staan, lê aan die westekant van die Swartberg-natuurreservaat. Die eerste boere het hulle in 1830 in die vrugbare vallei gevestig, en tot 1963, toe dit met 'n pad aan die Swartbergpas verbind is, was dit een van die mees afgeleë nedersettings in Suid-Afrika. Weens swaarkry moes die mense noodgedwonge in die sewentigerjare wegtrek en, na die laaste boer in 1991 weg is, is die gebied deur Kaapse Natuurbewaring oorgeneem. Daar is talle plekke van historiese belang, onder andere 'n ou Noorweegse meul, dorsvloere, die Middelplaas-skool (in 1923 gebou) en ou woonhuise.

Grootkloof Verklarende Roete kronkel vir sowat 1,5 km deur Grootkloof en loop dan oor die berghange deur Kleinkloof na Lemoenkloof, waardeur die roete afdaal. Op die roete is daar 26 interessante punte wat in die roetebrosjure verklaar word. Baie daarvan hou verband met die plante van die gebied en hoe hulle deur die inwoners van Gamkaskloof gebruik is. Die roetebrosjure verstrek ook inligting oor die plaaslike geologie en diere (soos bobbejane en ystervarke), en oor sommige van die ou geboue en strukture in die omgewing.

69. SWARTBERG-VOETSLAANPAD
Swartberg-natuurreservaat

> **Staproetes:** Netwerk; 99 km; 2 tot 5 dae.
> **Permitte:** Die Bestuurder, Swartberg-natuurreservaat, Privaatsak X658, Oudtshoorn 6620, tel: (044) 279 1739, faks: 272 8110, e-pos: sberg.cnc.karoo@pixie.co.za
> **Kaarte:** Reservaatpamflet met roetes daarop aangedui.
> **Geriewe/Aktiwiteite:** Oornaghutte met slaapbanke, matrasse, kookskuilings.
> **Belangrike inligting:** Wees altyd voorbereid op skielike weersveranderinge; sneeu is al in Desember opgeteken. Die Kruinroete tussen Ou Tol en Bothashoek moet onder geen omstandighede in gure weer aangedurf word nie omdat sig swak is in dik mis en die blootgestelde rif deur sterk wind geteister kan word.

Hierdie 121 000 ha-reservaat bied beskerming aan die oostelike Swartbergreeks en strek van die Gamkarivier in die weste tot die Uniondale/Willowmore-pad in die ooste. Die bergreeks is deel van die Kaapse Plooiingsgebergte en word gekenmerk deur skouspelagtige geplooide en verwronge rotsformasies, terwyl die plantegroei oorwegend bergfynbos is.

Die diere hier is tipiese fynbosspesies, met inbegrip van vaalribbokke, klipspringers, duikers, grysbokke, steenbokke, koedoes en bobbejane.

Onder die 150 voëlspesies wat hier aangetref word, is die witkruis-, breëkop- en dwergarend, Kaapse berglyster, rooiborsruigtesanger, Kaapse suikervoël en suikerbekkies.

Die roetenetwerk is soos die syfer agt uitgelê, met beginpunte by De Hoek en Ou Tol, en bied opsies wat wissel van twee tot vyf dae. Die roete kronkel verby verwronge rotsformasies en diep klowe. Hierdie voetslaanpad bied skouspelagtige uitsigte oor die Klein-Karoo met sy mosaïek van landerye, en oor die ontsaglike vlaktes van die Groot-Karoo wat noordwaarts strek.

Van De Hoek klim die roete (12,1 km; 6 uur) geleidelik bokant die hange van Grootkloof en styg sowat 1 000 m voordat dit verby die skouspelagtige Plooiberg na Gouekranshut afdaal.

Aanvanklik styg die tweede dag se roete (12,8 km; uur) aanhoudend voordat dit gelyk word en dan na Bothashoekhut afdaal.

Van Bothashoek is daar verskeie opsies: stap terug na De Hoek (8,7 km), met die viertrekpad na Ou Tol (13,3 km), of neem die roete wat by Malvadraai by die Swartbergpas aansluit en stap dan terug deur die Swartbergpas.

Ou Tol bied ook 'n paar verskillende opsies: twee roetes van 9,2 km en 9,4 km, of 'n stap na Bothashoek op die skouspelagtige Kruinroete met sy panoramiese uitsigte.

70. MONS RUBER-STAPROETE
De Rust

> **Staproete:** 3,3 km; 1,5 uur; sirkelroete.
> **Permitte:** Mons Ruber-landgoed, Posbus 1585, Oudtshoorn 6620, tel. en faks: (044) 251 6550.
> **Kaarte:** Roetebrosjure met kaart.
> **Geriewe/Aktiwiteite:** Wynproe; toilette.

Hierdie roete op 'n wynlandgoed 7 km wes van De Rust, kronkel deur 'n gebied wat deel uitmaak van die Suid-Afrikaanse Natuurerfenisprogram. Die naam is afkomstig van die skouspelagtige Rooi Koppe (*Mons Ruber* in Latyn) wat die landskap oorheers. Die formasies het sowat 180 miljoen jaar gelede ontstaan toe konglomeraat in die enorme kom afgeset is. Daaropvolgende erosie oor ontelbare eeue het hierdie oranje Enon-konglomeraatheuwels blootgelê.

Langs die roete loop die pad deur Klein-Karoo Gonna-renosterbosveld, spekboomveld, droë woud, wabome en fynbos.

'n Lys van die sowat 80 voëlspesies wat in die gebied opgeteken is, is beskikbaar en jy kan dalk die witkruis- en dwergarend, Karoolewerik, Kaapse kliplyster, groenbossanger en Nicholsonse koester daarop afmerk.

Avontuur wag op voetslaners langs die rotsagtige kus van die Harkerville-kusvoetslaanpad op die Tuinroete.

Tuinroete & Oos-Kaap

Vir enigeen wat hierdie fassinerende streek te voet wil verken, is daar talle moontlikhede wat wissel van kort wandelinge en maklike staptogte langs die kus tot voetslaanpaaie met oornaggeriewe op die Tuinroete en in die Drakensberg in die noordoostelike hoek van die Oos-Kaap. Die Tuinroete, wat van Heidelberg af ooswaarts strek tot by die immergroen Tsitsikammawoud, is een van Suid-Afrika se gewildste toeristebestemmings. Dit is 'n mosaïek van inheemse woude, mere, strandmere en uitgestrekte, verlate strande teen 'n agtergrond van indrukwekkende berge.

'n Fokuspunt van die Tuinroete is die manjifieke inheemse woud met sy oeroue woudreuse wat dikwels versier is met baardmos, welige varings, sy mosbedekte boomstamme en rustige stroompies. Die woud wat 60 000 ha beslaan, wat maar net 0,25% van Suid-Afrika se landoppervlakte is, kom onderbroke aan die smal kusstrook tussen Mosselbaai en Humansdorp voor, en is die grootste stuk natuurlike woud in Suid-Afrika. Die woud bevat ongeveer 87 boomspesies, waaronder die regte- en outeniekwageelhout, stinkhout, assegaai, rooiels, ysterhout, witpeer en boekenhout. Daar is ook 55 houtagtige struike, 52 varing- en 47 klimopspesies, sowel as 'n ryke verskeidenheid geofiete, epifiete, grasse en forbe.

Die inheemse woude van Knysna en Tsitsikamma is die tuiste van ongeveer 40 tipiese woudvoëlspesies. Onder hulle is die kroonarend, Afrikaanse sperwer, Knysnaloerie, bosloerie, lawaaimaker-, gewone, en witkoljanfrederik, boskrapper en die olyflyster. Ander voëls waarvoor 'n mens kan uitkyk, is die rooibekkakelaar, witborsduifie, gekroonde neushoringvoël en Knysnaspeg.

Groot diere is maar swak verteenwoordig in die inheemse woude. Die Knysna-woud en die aangrensende fynbosstreke was vroeër die tuiste van 'n groot olifantbevolking maar ongelukkig het die getal tot drie, of selfs minder, afgeneem, en die kanse dat jy hulle sal sien is baie skraal. Van die diere wat jy kan teëkom, is die bosbok, blouduiker (ook bekend as die bloubokkie) en blouapie. Jy kan ook op tekens van die teenwoordigheid van bosvarke, ystervarke, rooikatte en luiperds afkom, maar dit is onwaarskynlik dat jy die diere self te sien sal kry aangesien hulle skugter nagdiere is.

'n Ander kenmerk van die Tuinroete is die reeks mere wat tussen Wildernis en Sedgefield lê. Die vyf mere is die tuiste van 72 watervoëlspesies en huisves soms tot 24 000 voëls per maand. Voëls waarvoor jy kan uitkyk is onder andere die kuifkop- en swartnekdobbertjie, geelbekeend, bruineend, rooiborsvleikuiken en vleivalk.

Die kusvlaktes van die Tuinroete word begrens deur die hoë pieke van die Lange-, Outeniekwa- en Tsitsikammaberge. Hier, aan die oostelike grens van sy verspreidingsgebied, is die bergfynbos aansienlik armer as dié van die Suidwes-Kaap, maar tussen Mei en November word die berghange in 'n kleurskouspel omtower wanneer verskeie heidespesies blom. 'n Verskeidenheid van proteas, riete, biesies en bolplante kan ook gesien word, terwyl oorblywende kolle inheemse woud in beskutte klowe voorkom. Die gewone fynbossoogdiere en -voëls kom hier voor (kyk bl. 36–37).

Die Tuinroete bied 'n verskeidenheid voetslaanpaaie deur inheemse woud of fynbosbedekte berge en langs die kus, wat wissel van lang sandstrande tot rotsagtige kusstroke aan die voet van steil kranse. Die moontlikhede vir staptogte wissel van kort daguitstappies tot uitgebreide voetslaantogte oor verskeie dae.

Oos van die Tsitsikammabergreeks lê die Groot-Winterhoek- en die Amatolaberge. Die Amatolabergreeks het 'n groot rol gespeel in die geskiedenis van die Oos-Kaapse grensoorloë en is ook bekend vir die talle pragtige watervalle, natuurlike poele, asemrowende uitsigte en kolle inheemse woud wat daar voorkom.

Twee dierspesies wat in die Oos-Kaapse woude maar nie verder wes voorkom nie, is die boomdassie en die samango-aap. Hier sal jy ook die reusagtige *Michrochaetus*-erdwurm, die grootste erdwurm op aarde (wat tot 7 m lank word) aantref, en die Piriebos, noordwes van King William's Town, is die bekendste habitat van die bedreigde reusekruipmol. In die blaredak kan jy uitkyk vir swerms lawaaierige woudpapegaaie, 'n spesie wat nie verder weswaarts as die Alexandria-woud noordoos van Port Elizabeth voorkom nie. Alexandria-woud is 'n eiesoortige kuswoudtipe, wat sy naam kry van die dorp Alexandria, noordoos van Port Elizabeth, omdat dit hoofsaaklik in daardie omgewing voorkom.

Die Wildekus is een van die skouspelagtigste kusstroke ter wêreld. Dit strek van net noordoos van Oos-Londen tot by die Mtamvunarivier, die grens met KwaZulu-Natal. Die hart van die Wildekus strek egter van die Keirivier tot die Mtamvunarivier. Aan hierdie kus is daar klein sandbaaitjies wat omsoom is met wildepiesangbome, kalm riviermondings met wortelbome, grasbedekte landpunte en fassinerende natuurverskynsels. Van die bekende natuurverskynsels is onder meer die versteende bome en ander fossiele van Mzamba, net suid van die Mtamvunarivier, asook rotsformasies soos Hole in the Wall en Cathedral Rock, en by Waterfall Bluff stort twee watervalle direk in die see.

Talle skepe het aan hierdie stuk kus met sy sterk seestrome en enorme golwe gestrand; onder hulle was die *HMS Grosvenor*, wat na bewering die juweelbedekte Poutroon van Indië, ter waarde van meer as $10 miljoen, aan boord gehad het toe hy op die nag van 2 Augustus 1782 op die rotse geloop het. Ander beroemde skeepswrakke is die *Santo Alberto* (1593), *São João* (1552) en die *São Bento* (1554).

Die mees suidelike punt van die Drakensberg lê In die afgeleë noordoostelike hoek van die Oos-Kaap. Dit word gekenmerk deur skouspelagtige sandsteenriwwe, dig begroeide valleie, helder bergstrome en hoë bergpieke, wat dikwels in die wintermaande met sneeu bedek is. Rotsskilderinge aan die rotswande en holkranse herinner mens aan die vroeë Boesmans wat honderde, moontlik duisende jare lank en tot met die koms van die blanke setlaars in die 19de eeu, hier gewoon het.

Hierdie gebied dra nie groot troppe wild nie, maar het 'n ryke verskeidenheid voëls. Van die opwindende spesies wat hier gesien word, is die kransaasvoël, baardaasvoël en mahem. Voëls van die Drakensbergse grasveld waarvoor jy kan uitkyk, is die oranjeborsberglyster, geelborskoester en bergpietjiekanarie.

Die Tuinroete en die Oos-Kaap lê in 'n streek wat die hele jaar reën kry. In die weste is die reënval redelik eweredig deur die jaar versprei, maar in die binneland en verder oos word die hoogste reënval tussen Oktober en Maart aangeteken.

Temperature aan die kus is matig in die somer, maar tussen Mei en September daal die daaglikse minimum temperatuur tot onder 12 °C. In die binneland, daarenteen, is die berge in die noordooste van die Oos-Kaap dikwels met sneeu bedek en in die hart van die winter is daaglikse minimum temperature van onder 5 °C nie ongewoon nie.

BELANGRIKE INLIGTING

• Weerstoestande in die berge is uiters onvoorspelbaar en jy moet altyd op skielike weersverandering voorbereid wees. Hoog in die berge is mis algemeen, terwyl sneeu in die wintermaande op die hoë pieke verwag kan word, veral in die Oos-Kaapse Drakensberg, wat ook vir kwaai donderstorms in die somermaande bekend is.

• Voetslaanpaaie in die berge en woude kan na swaar reën glad word, daarom is stewels wat goed klou noodsaaklik.

• Na swaar reën kom riviere in bergagtige gebiede dikwels af en is dan moeilik om oor te steek. Wag tot dit veilig is om deur te gaan of keer terug na 'n oornaghut.

• Dit is raadsaam om 'n goeie insekafweermiddel te gebruik en voorsorgmaatreëls teen bosluise te tref. Probeer, indien moontlik, om enige bosluise wat jy op jou raaksien dadelik te verwyder en sorg dat jy jouself deeglik ondersoek wanneer jy terugkeer van jou staptog.

STAPROETES IN SUID-AFRIKA

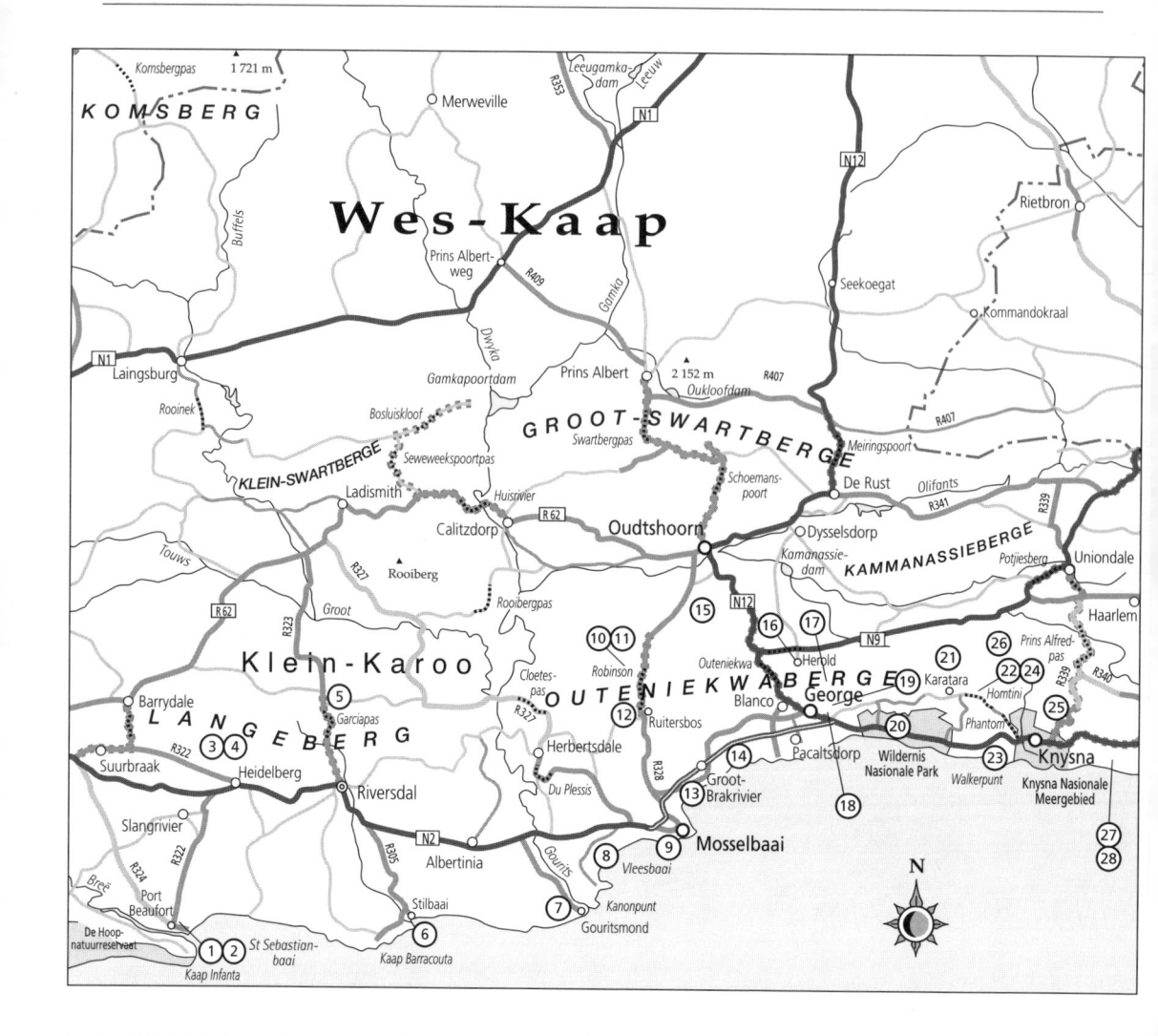

STAPROETES

1 Witsand-wandelpaaie bl. 90
2 Volstruis-staproetes bl. 90
3 Boosmansbos-wildernisgebied bl. 90
4 Grootvadersbosch-natuurreservaat bl. 91
5 Riversdal-voetslaanpaaie bl. 92
6 Stilbaai-wandelpaaie bl. 92
7 Rein se natuurreservaat bl. 93
8 Oestervanger-voetslaanpad bl. 94
9 St Blaize-staproete bl. 94
10 Attakwaskloof-voetslaanpad bl. 95
11 Koumashoek-sirkelroete bl. 95
12 Skaapplaas-staproete bl. 96
13 Groot-Brakrivier-wandelpaaie bl. 96
14 Glentana-strandwandelpad bl. 96
15 Doringrivier-wildernisgebied bl. 96
16 Outeniekwa-natuurreservaat bl. 97
17 Tierkop-voetslaanpad bl. 97
18 Groeneweide-woudwandelpaaie bl. 98
19 Melville-piek bl. 98
20 Wildernis Nasionale Park bl. 98
21 Outeniekwa-voetslaanpad bl. 99
22 Goudveld-staatsbos bl. 100
23 Goukamma Mariene en Natuurreservaat bl. 101
24 Gouna-woud bl. 102
25 Diepwalle-woud bl. 102
26 Baai-tot-baai-voetslaanpad bl. 102
27 Harkerville-kusvoetslaanpad bl. 103
28 Harkerville inheemse woud bl. 103
29 Robberg Mariene en Natuurreservaat bl. 104
30 Stinkhoutkloof-natuurwandelpad bl. 104
31 Tsitsikamma-voetslaanpad bl. 104
32 Tsitsikamma Nasionale Park, De Vasselotgedeelte bl. 105
33 Tsitsikamma Nasionale Park, Stormsriviermond bl. 106
34 Otter-voetslaanpad bl. 107
35 Stormsrivier-wandelpaaie bl. 107
36 Dolfyn-staproete bl. 108

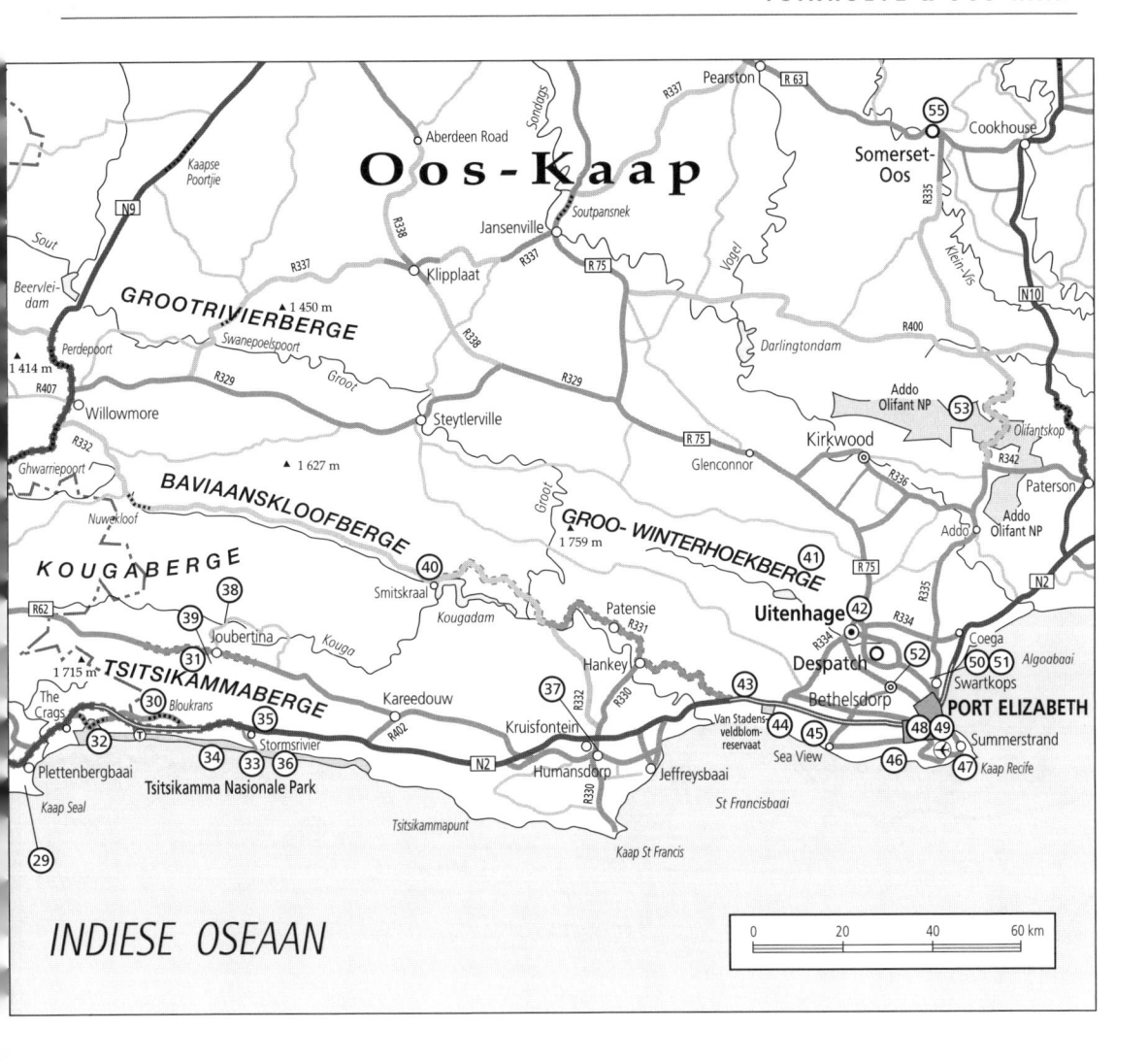

TUINROETE & OOS-KAAP

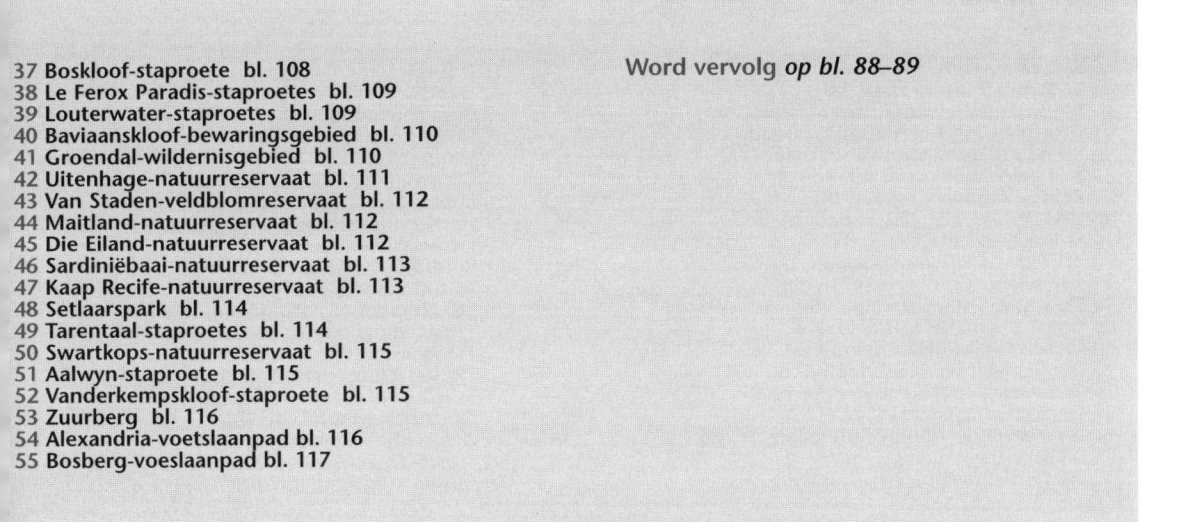

37 Boskloof-staproete bl. 108
38 Le Ferox Paradis-staproetes bl. 109
39 Louterwater-staproetes bl. 109
40 Baviaanskloof-bewaringsgebied bl. 110
41 Groendal-wildernisgebied bl. 110
42 Uitenhage-natuurreservaat bl. 111
43 Van Staden-veldblomreservaat bl. 112
44 Maitland-natuurreservaat bl. 112
45 Die Eiland-natuurreservaat bl. 112
46 Sardiniëbaai-natuurreservaat bl. 113
47 Kaap Recife-natuurreservaat bl. 113
48 Setlaarspark bl. 114
49 Tarentaal-staproetes bl. 114
50 Swartkops-natuurreservaat bl. 115
51 Aalwyn-staproete bl. 115
52 Vanderkempskloof-staproete bl. 115
53 Zuurberg bl. 116
54 Alexandria-voetslaanpad bl. 116
55 Bosberg-voeslaanpad bl. 117

Word vervolg *op bl. 88–89*

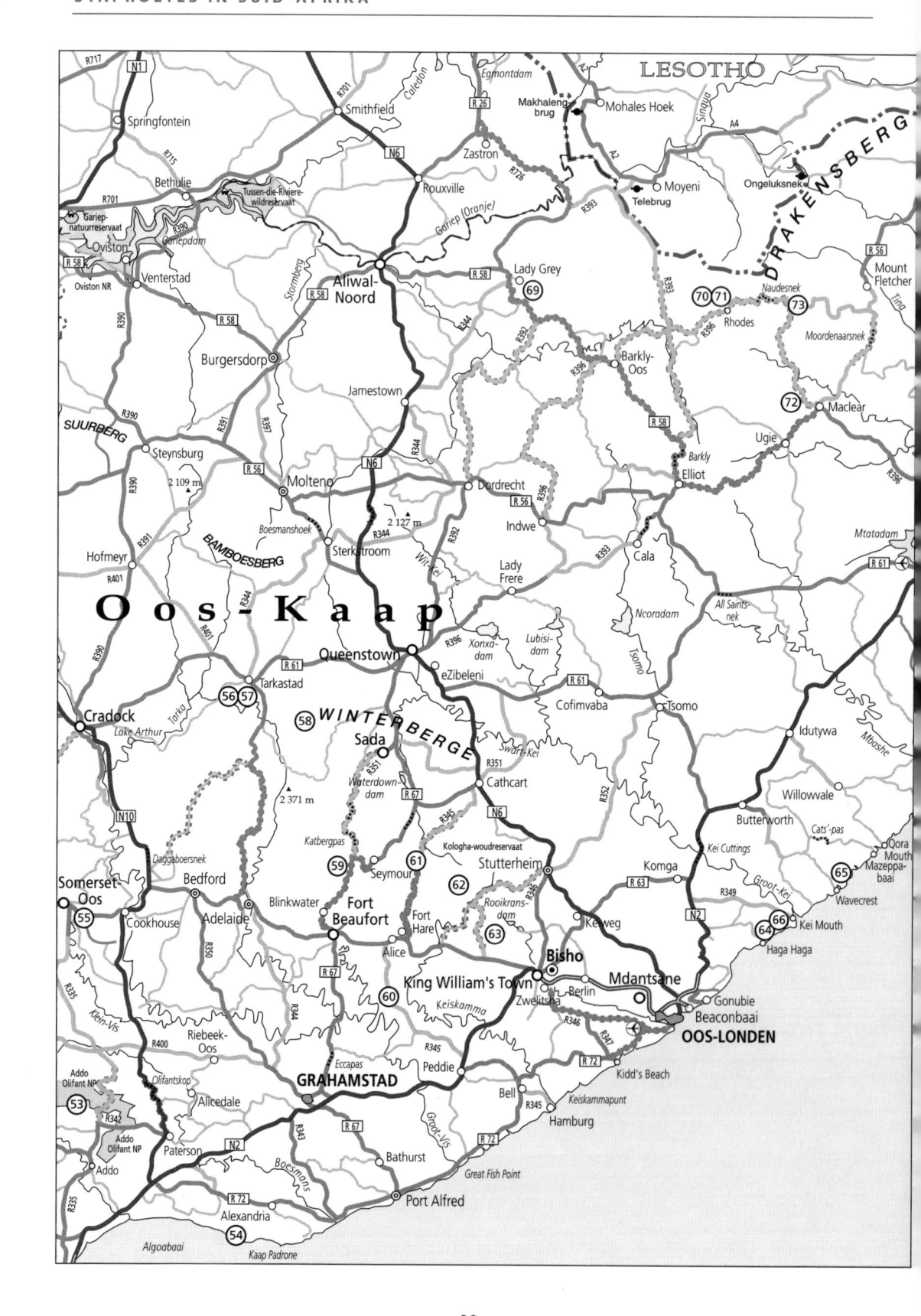

STAPROETES IN SUID-AFRIKA

TUINROETE & OOS-KAAP

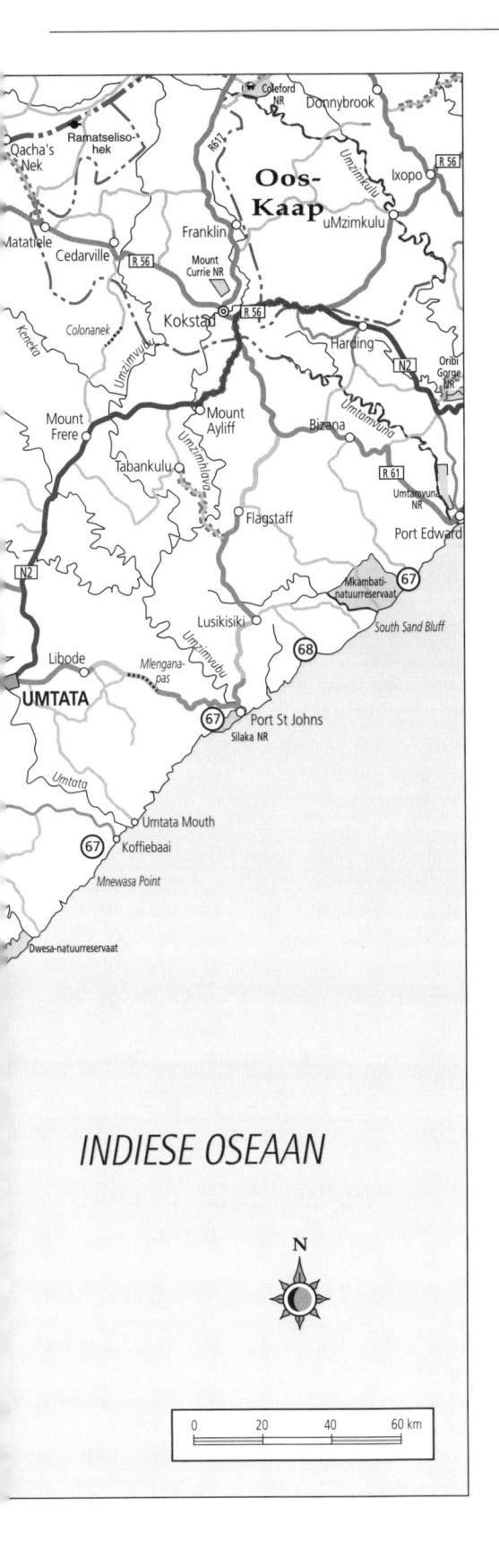

STAPROETES

53 Zuurberg bl. 116
54 Alexandria-voetslaanpad bl. 116
55 Bosberg-voeslaanpad bl. 117
56 Kommandodrif-natuurreservaat bl. 118
57 Uithou-voetslaanpad bl. 118
58 Tsolwana-wildreservaat bl. 118
59 Mpofu-wildreservaat bl. 119
60 Dubbeldrif-natuurreservaat bl. 119
61 Hogsback-wandelpaaie bl. 120
62 Amatola-voetslaanpad bl. 120
63 Piriebos bl. 129
64 Wild Coast Amble bl. 130
65 Wild Coast Meander bl. 130
66 Strandloper-voetslaanpad bl. 131
67 Wildekus bl. 131
68 Pondoland Portage-voetslaanpad bl. 133
69 Lammergeier Private Natuurreservaat bl. 133
70 Ben Macdhui-voetslaanpad bl. 134
71 Tellewaterval-staproete bl. 134

1. WITSAND-WANDELPAAIE
Witsand

> *Staproetes:* Verskeie roetes; 5 tot 20 km; 1 tot 6 uur; eenrigting en heen en terug.
> *Permitte:* Nie nodig nie. Inligting by Witsand Vereniging vir Handel en Toerisme, tel: (028) 537 1010.
> *Kaarte:* Geen.
> *Geriewe/Aktiwiteite:* Geen.

Die gewilde kusoord Witsand, wat geleë is aan die oostelike oewer van die Breërivier, net voor dit in die see uitmond, en die geskiedkundige Port Beaufort, 'n entjie verder rivier op, bied 'n verskeidenheid wandelpaaie. St Sebastianbaai lê aan die oostelike punt van die kusstrook waar die noordkapperwalviskoeie en hul kalwers tussen Junie en November vergader. In 2001 was daar 37 waarnemings in die baai.

1. Infanta-wandelpad begin by Kontiki op die westelike oewer van die rivier en volg die sandoewer totdat dit by Kabeljoubank rotsagtig raak. Verby Infanta kronkel die roete op teen Infantaheuwel, 'n uitstekende uitkykplek as jy walvisse wil sien. **5 km; 2 uur; heen en terug.**

2. Breëriviermond-wandelpad kronkel al langs die sanderige landtong op die rivier se oostelike oewer. Met laagwater volg die roete die rivieroewer en die see, maar met hoogwater loop dit oor sagte sand en duine. **6 km; 2 uur; heen en terug.**

3. Moodie se Put-wandelpad volg die sanderige oostelike kromming van St Sebastianbaai vir 4 km tot by 'n put wat kaptein Benjamin Moodie in die 19de eeu gegrawe het vir water vir kampeer- en hengeluitstappies. Dié wandeling moet met laagwater onderneem word. **8 km; 3 uur; heen en terug.**

4. Puntjie-wandelpad volg die kuslyn van Witsand verby Moodie se Put, Voëlklip en Kleinfonteinstrand, tot by Puntjie aan die mond van die Duiwenhoksrivier. Die bekoorlike plekkie met sy kapstylhuise is 'n nasionale monument. Die staptog kan in die somer met lae springgety met 'n gids onderneem word (Pietie 082 738 2101). Voetslaners word met 'n voertuig van die eindpunt gebring. **15–20 km; 6 uur; eenrigting.**

Ander staproetes by Witsand is die **Rivieruitsigwandelpad**, al langs Rivieruitsigrylaan, **Skuitbaaiwandelpad** (3 km; 1 uur) en **Westfield-wandelpad** (5 of 8 km; 2–2,5 uur).

2. VOLSTRUIS-STAPROETES
Witsand

> *Staproetes:* Netwerk; 12 tot 22 km; 5 tot 7 uur; sirkelroetes.
> *Permitte:* Ostrich Trails, Posbus 269, Heidelberg 6665, tel. en faks: (028) 537 1942, e-pos: ostrichtrails@telkomsa.net
> *Kaarte:* Basiese kleurkaart.
> *Geriewe/Aktiwiteite:* Selfsorghuisvesting; bergfietsry; plaas- en wildbesigtigingsritte.
> *Belangrike inligting:* Die water in die Slangrivier is nie drinkbaar nie.

Hierdie netwerk van wandelpaaie loop tussen koringlande, skaapkrale, melkhoutbome en fynbos deur. Van die kranse bo die Slangrivier is daar skouspelagtige uitsigte van die rivier se skerp kronkels en hoefdraaie. Die terugkof loop verby die volstruisteelkamp. Die historiese Slangrivier-opstal is in 1796 deur Jacob van Reenen gebou en lady Ann Barnard en haar gevolg het twee dae lank hier vertoef terwyl hulle die Suid-Kaap in 1798 verken het.

3. BOOSMANSBOS-WILDERNISGEBIED
Heidelberg

Kyk nr. 4 vir wandelpaaie.

> *Staproetes:* 27 km; 2 dae of langer; sirkelroetes.
> *Permitte:* Die Bestuurder, Grootvadersboschnatuurreservaat, Posbus 109, Heidelberg

> 6665, tel: (028) 722 2412,
> faks: 722 2838, e-pos:
> grootvadersbosch@cnc.co.za
> **Kaarte:** Staproetepamflet met sketskaart.
> **Geriewe/Aktiwiteite:** Kampeerterrein met warmwatergeriewe by beginpunt; baie basiese bergskuilings sonder geriewe by Helderfontein en Klein-Witbooisrivier.
> **Belangrike inligting:** Geen vure word in wildernisgebied toegelaat nie. Totale getal mense wat per dag in wildernisgebied toegelaat word is 12.

Die Grootvadersbosch-natuurreservaat in die Langebergreeks word deur indrukwekkende bergpieke, hoë kranse en diep klowe gekenmerk. Die oorheersende plantegroei is bergfynbos en in die lente is die suidelike hange met pragtige pienk heide bedek, terwyl tolbosse 'n geel see aan die noordelike hange skep. Outeniekwa- en regte-geelhout, stinkhout, without en kershout is onder die 35 algemene bome in Grootvadersbosch, die grootste inheemse woud wes van Mosselbaai.

Die eerste dag se skof (14 km; 5 uur) klim voortdurend teen die oostelike hange van Dwarsberg op en kronkel in en uit Bobbejaanskloof en Vaalrivierkloof totdat dit 'n nek bereik. Van hier af is dit 'n taamlik maklike dwarsstap ooswaarts tot jy die kliphutte by Helderfontein bereik.

Moenie 'n besoek aan Boosmansbos, die pragtige stuk woud waaraan die wildernisgebied sy naam te danke het, oorslaan nie. Dit sal jou ook loon om van Helderfontein af die 1 638 m hoë Grootberg, die hoogste piek in die omgewing, uit te klim. Van die kruin af is daar 'n onbelemmerde uitsig van 360 grade tot by Cradockpiek in die ooste, die Riviersonderendberge in die weste, Towerkop in die noorde, die lappieskombers van Heidelberg se koringvelde in die suide en Riversdal in die suidweste. Heen en terug neem dit ongeveer 4 uur.

Die tweede dag se skof (13 km; 4 uur) is 'n maklike stap bergaf met Barend Koen se Pad langs vir ongeveer 7 of 8 km totdat 'n voetpad na regs vertak. Dié pad daal skerp af in die diep kloof wat deur die Duiwenhoksrivier uitgekalwe is. Die rivier is 'n goeie plek om te rus. Daarna klim die pad uit die vallei uit om aan te sluit by 'n bosboupad wat jou na die beginpunt terugneem.

4. GROOTVADERSBOSCH-NATUURRESERVAAT
Heidelberg

Kyk nr. 3 vir wildernisgebied.

> **Staproetes:** 2 wandelpaaie; 10 en 15 km; 3 en 5 uur, met korter roetes; sirkelroetes.
> **Permitte:** Toegangsgeld. Geen permitte vir wandelpaaie nodig nie.
> **Kaarte:** Pamflet van staproetes met sketskaart.
> **Geriewe/Aktiwiteite:** Kampeerplekke met wasgeriewe; voëlkykskuiling op blaredakhoogte; bergfietspad.

Die Grootvadersbosch-woud, ongeveer 22 km noordwes van Heidelberg, lê aan die voet van die Langeberg. Dit beslaan ongeveer 250 ha, is die grootste inheemse woud wes van Mosselbaai en bestaan uit droë en klam woudbome. Van die algemene boomspesies wat hier voorkom, is die outeniekwa- en regte-geelhout, stinkhout, wildeperske, assegaai, boekenhout en ysterhout.

Onder die byna 200 voëlspesies wat tot op datum hier aangeteken is, is die Knysnaloerie, kroonarend, die sku bosloerie, bloukuifvlieëvanger, olyfboslaksman en die Knysnaspeg. Ander voëls wat opgeteken is, is die swartrugkwarteltjie, gestreepte vleikuiken en die grystjeriktik.

1. Bosbok-wandelpad kry sy naam heel gepas van die bosbok wat die eerste keer beskryf is aan die hand van 'n eksemplaar wat in 1780 by Grootvadersbosch bekom is. Jy sal moontlik ook bobbejane sien, sowel as die Kaapse grysbok, wat 'n voorkeur vir die soom van die woud en fynbos het. **10 km; 3 uur; sirkelroete, met korter roetes.**

2. Grysbok-wandelpad Nadat dit aanvanklik al langs die ekotoon, of oorgangsgebied, tussen die inheemse woud en die fynbos kronkel, gaan die roete oor die onderste fynbosbedekte suidelike hange van die Langebergreeks. Die Suikerbekkie-lus bied 'n korter, 3 km lange roete. Die fynbos is besonder mooi van vroeg in Augustus tot einde Oktober. **15 km; 5 uur; sirkelroete.**

5. RIVERSDAL-VOETSLAANPAAIE
Riversdal

> *Staproetes:* 1 dag lange staptog; 13,8 km; 8 uur. 2 voetslaanpaaie; 24,6 en 25,5 km; 2 tot 5 dae; eenrigting en sirkelroete.
> *Permitte:* Riversdal-toeristekamp, Posbus 29, Riversdal 6670, tel: (028) 713 2418, faks: (028) 713 3146.
> *Kaarte:* Roetes word op 'n afskrif van 'n topografiese 1:50 000-kaart aangedui.
> *Geriewe/Aktiwiteite:* Twee hutte met slaapbanke, matrasse, water en vuurmaakhout.
> *Belangrike inligting:* Die Rooiwaterspruit-voetslaanpad kan óf van die Korentevetterivierdam óf van die Tolhuis aangepak word. Tussen Mei en Augustus waai daar dikwels sterk bergwinde. Moenie Slapende Skoonheid in mistige weer uitklim nie. Pasop vir bye in die geelhoutwoud op die Slapende Skoonheid- en Rooiwaterspruit-voetslaanpad.

Die Langeberg noord van Riversdal is bekend vir sy oorvloed fynbosplante, waaronder skaars spesies soos die Riversdalse heide (*Erica blenna*), en twee speldekussings endemies aan die Riversdalberge: *Leucospermum mundii* en *Leucospermum winterii*. Onder die proteas wat hier te sien is, is die koningsprotea (*Protea cynaroides*), rooisuikerkan (*Protea grandiceps*), sowel as die breëblaar-, blou- en groenhofiesuikerbosse. Die plantegroei aan die Langeberg se noordelike hange is droog, met tipiese Karooplante, terwyl kolle inheemse woud in die klowe teen die natter suidelike hange voorkom. Tipiese bome is geelhout, stinkhout, rooiels, hardepeer, boekenhout en kershout.

1. Slapende Skoonheid Hierdie dagwandeling gaan geleidelik op in 'n kloof met talle bergstrome tot by 'n geelhoutwoud. Die pad kronkel dan tot by 'n nek agter Slapende Skoonheid, en oor die laaste 1,5 km neem die hoogte bo seevlak met meer as 300 m toe. Die 1 341 m hoë Slapende Skoonheid, so genoem omdat dit soos die profiel van 'n vrou in 'n liggende houding lyk, troon meer as 1 000 m bo die kusvlaktes uit. Die skouspelagtige uitsigte maak die klim die moeite werd. **13,8 km; 8 uur; heen en terug.**

2. Rooiwaterspruit-voetslaanpad loop oor die Langebergreeks wes van Garciapas. Van die Tolhuis af styg die eerste dag se roete (15,6 km; 5 uur) vir die eerste 5 km steil op tot by Nekkie, waar daar 'n opsionele heen-en-terug-roete van 3 km na Slapende Skoonheid is. Van hier af daal die roete met Oom Boet se Pad langs tot by Stinkhoutbos en kronkel dan tot by die oornaghut langs die Rooiwaterspruit met sy aanloklike poele. Die tweede dag se roete (9 km; 3 uur) is 'n maklike staptog, hoofsaaklik deur of langs denneplantasies tot by die Korentevetterivierdam. Hierdie voetslaanroete kan verleng word deur die Rooiwaterspruit-hutte as 'n basis te gebruik en 'n 14 km-roete na Stinkhoutbos te volg. Van daar af loop die roete onder Aasvoëlkrans verby en daal dan skerp om 'n kontoer terug na die hut te volg. **24,6 km; 2 dae; eenrigting.**

3. Kristalkloof-voetslaanpad gaan oor die Langeberg oos van Garciapas. Die steil klim van 3 km teen Kristalkloof op tot by Wildehondekloofnek word gevolg deur 'n lang daling na die oornagplek (9 km; 3 uur van die beginpunt) langs die Kruisrivier. Op die tweede dag se skof (16,5 km; 5 uur) swaai die roete weswaarts en volg dan 'n maklike kontoer oor die suidelike hange van Kampscheberg. Van die voetslaanpad se eindpunt af is dit 'n 4,5 km stap teen Garciapas uit. **25,5 km; 2 dae; sirkelroete.**

As jy die Rooiwaterspruit- en Kristalkloof-voetslaanpaaie en die Aasvoëlkrans-sirkelroete kombineer, gee dit jou 'n voetslaanroete van vyf dae.

6. STILBAAI-WANDELPAAIE
Stilbaai

> *Staproetes:* 5 roetes; 1 tot 4 uur.
> *Permitte:* Nie nodig nie.
> *Kaarte:* Geen.
> *Geriewe/Aktiwiteite:* Geen.
> *Belangrike inligting:* Skakel Stilbaai-toerismeburo by (028) 754 2602 vir meer inligting.

Stilbaai, wat aan 'n riviermonding lê, is 'n gewilde plek onder vakansiegangers en hengelaars. Die kusstrook en omliggende gebiede is ryk aan argeologiese skatte, waaronder tussengety-visvalle wat (moontlik al 2 000 jaar gelede) deur voorouers van die Boesmans en Khoi-Khoi gebou is, en afvalhope. 'n Variasie op werktuie uit die Middelsteentydperk, gekenmerk deur simmetriese, blaarvormige klippunte, is die eerste keer by Stilbaai ontdek.

1. Wesoewer-roete Hoogtepunte op hierdie wandelpad is onder meer uitsigte op die riviermonding, ou visvalle en waarneming van naby van die mak palings waarvoor Stilbaai bekend geraak het. **3–6 km; 1–2 uur; eenrigting.**

2. Pauline Bohnen-roete in die gelyknamige 150 ha-natuurreservaat loop deur kusfynbos met panoramiese uitsigte van die see en kus. Onder die diere wat jy kan teëkom is bosbokke, grysbokke en die gewone duiker. **4–8 km; 1,5–3 uur; sirkelroete.**

3. Strandloper-roete herinner aan die vroeë inwoners van die gebied, voorouers van die Boesmans en Khoi-Khoi, wat ook bekend gestaan het as Strandlopers. Die roete begin by die Jagersboschgemeenskapsaal in Stilbaai-Wes en kronkel met die rotsagtige kuslyn langs verby Morrispunt en Kleinplaatjie voordat dit na die beginpunt terugkeer. Besienswaardighede is onder andere die uitsigte oor die riviermonding, die vishawe, geskiedkundige geboue, visvalle van eertydse Boesman- en Khoi-Khoi inwoners en Stilbaai se beroemde mak palings. **8 km; 3 uur; sirkelroete.**

4. Lappiesbaai-roete word die beste met laagwater afgelê. Van Lappiesbaaistrand af volg die roete die sanderige kuslyn vir ongeveer 4 km tot by die Preekstoel, 'n rotsformasie wat aan 'n preekstoel laat dink. Kyk uit vir hartsterskulpe ('pansy shells') wat op die strand uitspoel. **8 km; 3 uur; heen en terug.**

5. Noordkapper-roete strek langs die kus van Morrispunt tot Jongensfontein. Die eerste deel van die roete word gekenmerk deur rooi sandduine en afgesien van sanderige inhamme by Kleinplaatjie, Sandhoek en Koppiesbaai is die kus rotsagtig. Hoogtepunte is onder andere visvalle en afvalhope van vroeë bewoners en die kusgrot by Jongensgat, terwyl die verskeidenheid seeskulpe 'n paradys vir skulpkenners is. **11 km; 4 uur; eenrigting.**

7. REIN SE NATUURRESERVAAT
Mosselbaai

> *Staproetes:* 2 wandelpaaie; 2 uur elk.
> *Permitte:* Nie nodig vir gaste wat in die reservaat bly nie. Rein se Natuurreservaat, Posbus 298, Albertinia 6695, tel: (028) 745 3322, faks: 745 3324, e-pos: info@reinsouthafrica.com
> *Kaarte:* Wandelpadbrosjure met kaart.
> *Geriewe/Aktiwiteite:* Luukse verblyf in en suite-kamers en ontwerpershutte; vissershuisies met volledig toegeruste kombuise; restaurant; kunsvlieghengel; bergfietsry; snorkelduik; besigtigingstoer met trekker.
> *Belangrike inligting:* Blindevlieë kan baie irriterend wees en insekafweermiddels is noodsaaklik. Beplan om die Kormorantwandelpad met laagwater aan te pak.

Rein se Natuurreservaat, geleë in 'n streek wat as Gouriekwa onder die vroeë Boesmans en Khoi-Khoi bekend gestaan het, beslaan 3 550 ha van ongerepte kusfynbos, wat aan 'n pragtige kusstrook front.

Die fynbos bestaan uit 'n ryke verskeidenheid heide en biesies, en is besonder mooi tussen Mei en September. Verskeie lede van die proteafamilie kan gesien word, onder meer die opregte suikerbos, stinkblaarsuikerbos, die mosselbaai-speldekussing (*Leucospermum praecox*) en die haarlose tolbos (*Leucodendron galpinii*). Opvallend langs die kus is witmelkhoutbome wat weens die sterk kuswinde wanstaltig en verdwerg is.

Die reservaat is die tuiste van bontebokke, elande, bergsebras, bosbokke, gewone duikers en Kaapse grysbokke. Rooikatte en ystervarke kom ook voor, en dalk sien jy die ploegskaarskilpad. Tipiese fynbosvoëls is onder meer die Kaapse suikervoël, terwyl swarttobies, witborsduikers en sterretjies onder die kusvoëls tel.

Noordkappers, bultrugwalvisse en Bryde se walvisse word in die tweede helfte van die jaar, wanneer hulle die Suid-Afrikaanse kus besoek om te kalf, dikwels ongeveer 1 km van die land af gesien. Nader aan die land is daar talle tussengetypoele en sloepies wat die tuiste van 'n groot verskeidenheid mariene organismes is.

Die kusstrook is ook van argeologiese belang en daar is verskeie tussengety-visvalle. Hulle is tot ongeveer 2 000 jaar oud en is gebou deur Boesman- en Khoi-Khoi jagterversamelaars.

1. Kormorant-wandelpad Hierdie verklarende paadjie is op verskillende aspekte van die kus ingestel. Van die onderwerpe wat in die leersame roetegids bespreek word, is golwe en seestrome, die ou visvalle, kusvoëls en seediere in die tussengetypoele. Die spoelklipstrand waar die wandelpad begin, is uniek en wemel van seelewe. Dit is die langste spoelklipstrand aan die Suid-Afrikaanse kus (dit is sowat 3 km lank en strek van die strand seewaarts tot verby die laagwatermerk). Uit 'n ekologiese oogpunt is dit uniek omdat 'n menigte seediertjies onder die ronde spoelklippe (met 'n deursnee van tussen 30 en 40 cm) eerder as tussen of op hulle leef. Van kulturele en historiese belang is dat die vroeë bewoners die klippe gebruik het om visvalle te bou. **2,5 km; 2 uur; heen en terug.**

2. Protea-wandelpad loop deur kusfynbos met 'n oorvloed proteas en ander fynbosplante. Daar is agt gemerkte punte van belang langs die roete, wat volledig in die roetegids beskryf word. Onderwerpe wat gedek word wissel van termiethope en fynbosplantegroei tot die belangrikheid van brande vir fynbos. **2,8 km; 2 uur; sirkelroete.**

8. OESTERVANGER-VOETSLAANPAD
Mosselbaai

> **Staproete:** Met 'n gids; 55 km; 4 dae; eenrigting.
> **Permitte:** Trail of the Oystercatcher, Posbus 1889, Mosselbaai 6500, tel. en faks: (044) 699 1204, e-pos: info@oystercatchertrail.co.za
> **Kaarte:** Kleurkaart
> **Geriewe/Aktiwiteite:** Luukse gastehuise; vindingryke middag- en aandetes (sluit in plaaslike tradisionele disse, visbraai, mosselsop en tuisgebakte brood vir middagete); snorkelduik; vervoer van Rein se Natuurreservaat na Mosselbaai.

> **Belangrike inligting:** Staptogte vir groepe van tussen 6 en 12 mense van middel April tot einde November. Geen kinders jonger as 10 jaar nie.

Die allesinsluitende staptoer tussen Mosselbaai en Rein se Natuurreservaat word deur 'n plaaslike gids gelei en is daarop gemik om omgewingsbewustheid op die Tuinroete te kweek. Langs die pad verduidelik die gids die kusomgewing, en voetslaners sal ook tyd kry om die rotspoele langs die kus te verken.

Voetslaners ontmoet die gids by die Mosselbaaimuseum en besoek dan die Poskantoorboom en die Maritieme Museum, wat insig in verskillende aspekte van die mariene omgewing gee. Van hier af loop die roete na Boesmansgrot by Kaap St Blaize, van waar dit al met die kuskranse langs weswaarts gaan, 'n ideale uitkykplek as jy noordkappers en dolfyne wil sien. Die eerste dag (15 km) eindig by Danabaai.

Die tweede dag se skof (12 km) gaan hoofsaaklik oor sandstrande en langs die pad kan voetslaners die swarttobie (oestervanger) waarneem. Ook van belang is die skulpafvalhope van vroeë Boesmans en Khoi-Khoi en Steentydperk-implemente. Omdat die dag se skof kort is, word daar dikwels vertoef om te swem. Die dag se staptog eindig by Boggomsbaai.

Op dag drie (15 km) word die strand gevolg tot by die vakansiedorp Vleesbaai. Van hier af loop die roete langs die rotsagtige kus tot by Fransmanshoek, waar voetslaners kan snorkelduik. Van daar loop die roete na Kanonpunt waar 'n trekkerrit teen hoë sandduine uit die hoogtepunt van die middag is. Die laaste gedeelte volg die rotsagtige kuslyn tot by die Gouritsriviermond, wat per boot of met 'n spesiale binneband oorgesteek word.

Dag vier (13 km) volg die ruwe kus tot by Rein se Natuurreservaat. Die dag eindig met 'n rit op 'n grasdaksleepwa en aandete by kerslig.

9. ST BLAIZE-STAPROETE
Mosselbaai

> **Staproetes:** 13,5 km; 5 uur; eenrigting.
> **Permitte:** Nie nodig nie.
> **Kaarte:** Voetslaankaart verkrygbaar by

> *Mosselbaai-toerismeburo, tel: (044) 691 2202, faks: 690 3077, e-pos: mbtb@mweb.co.za*
> *Geriewe/Aktiwiteite:* Geen.
> *Belangrike inligting:* Omdat daar hoë kranse is, moet kinders deur volwassenes vergesel word. Wees bedag op hoë branders langs die kus. Dit is nie raadsaam om die staptog in sterk wind aan te pak nie.

Die staproete begin by die Kaap St Blaize-grot net onder die geskiedkundige vuurtoring wat in 1864 in werking gestel is. Hierdie grot, met 'n hoogte van 8 m, 'n diepte van 13 m en 'n breedte van 28 m, was reeds in die Middelsteentydperk bewoon. Van hier af loop die roete weswaarts langs die kuskranse, 'n ideale uitkykpunt as jy walvisse en dolfyne wil sien, en ook gewild onder hengelaars. Die witmalgas, swartrugmeeu en swarttobie is van die voëls wat te sien is. Die wandelpad eindig by Danabaai.

10. ATTAKWASKLOOF-VOETSLAANPAD
Outeniekwa-natuurreservaat, Robinsonpas

Kyk nr. 11 vir wandelpad.

> *Staproete:* 40 km; 3 dae; sirkelroete.
> *Permitte:* Die Bestuurder, Outeniekwa-natuurreservaat, Privaatsak X6517, George 6530, tel: (044) 870 8323, faks: 870 7138, e-pos: outenr@mweb.co.za
> *Kaarte:* Sketskaart.
> *Geriewe/Aktiwiteite:* Oornaghut met slaapbanke, matrasse, warmwaterstort, toilet, vuurmaakplek en hout.
> *Belangrike inligting:* Die voetslaanpad styg skerp op plekke en moenie deur onfikses aangepak word nie. Wees voorbereid op mis.

Op hierdie roete volg voetslaners 'n gedeelte van die Attakwaskloofpas wat gebou is nadat Isaac Schrijver in 1689 'n roete oor die Outeniekwaberge gebaan het. Die voetslaanpad loop deur ongerepte bergfynbos en voetslaners word beloon met panoramiese uitsigte oor die kusvlaktes en die Outeniekwaberge.

Die eerste dag se skof (19,2 km; 9 uur) styg gelykmatig teen die suidelike hange van Skurweberg tot by 'n nek. Dan daal die roete en sluit aan by die Attakwaskloofpas, wat eers styg en dan na die Perdekophut afkronkel.

Op die tweede dag het voetslaners die keuse van 'n kort 4,6 km-sirkelroete, tot by 'n pragtige poel in die boloop van die Kammarivier. Die dag kan deurgebring word deur te ontspan, te swem of die omgewing te verken.

Dag drie (15,5 km; 7 uur) sluit drie strawwe klimme in: een van 400 m teen die Attakwaberg uit, dan een van 300 m, gevolg deur 'n 340 m-klim van die Koumarivier tot by die Robinsonpas. 'n Natuurlike rotspoel naby die halfpadmerk is net die plek om vir swem en middagete te vertoef.

11. KOUMASHOEK-SIRKELROETE
Outeniekwa-natuurreservaat, Robinsonpas

Kyk nr. 10 vir voetslaanpad.

> *Staproete:* 16,5 km; 6 uur; sirkelroete.
> *Permitte:* Die Bestuurder, Outeniekwa-natuurreservaat, Privaatsak X6517, George 6530, tel: (044) 870 8323, faks: 870 7138, e-pos: outenr@mweb.co.za
> *Kaarte:* Sketskaart.
> *Geriewe/Aktiwiteite:* Geen.
> *Belangrike inligting:* 'n Strawwe roete, net geskik vir fikse voetslaners. Wees voorbereid op mis.

Die Koumashoek-sirkelroete loop deur ongerepte fynbos en berge wes van die Robinsonpas. Die roete daal na die Koumashoekvallei en styg dan skerp teen die berghange uit tot by 'n rug waarna die roete die skerp bergrug volg. 'n Ent verder sluit die pad aan by die Attakwaskloof-voetslaanpad se uitwaartse roete en daal dan teen Skurweberg se suidelike hange af. Van die bopunt van Robinsonpas is dit 3 km se stap met die pas af.

12. SKAAPPLAAS-STAPROETE
Mosselbaai

> *Staproete:* 10 km; 5–6 uur; sirkelroete.
> *Permitte:* Skaapplaas, Posbus 724, Hartenbos 6520, tel: (044) 631 0035.
> *Kaarte:* Sketskaart.
> *Geriewe/Aktiwiteite:* Selfsorghut met paalheining (boma), vuurmaakplek en water.
> *Belangrike inligting:* Die wandelpad kan óf as 'n dag- óf 'n oornaguitstappie aangepak word. As jy laasgenoemde kies, is dit raadsaam om 'n tent te neem.

Die Skaapplaas-staproete, in die voorheuwels van die Robinsonpas in die Ruiterbos-gebied, volg die fynbosbedekte rante, met asemrowende uitsigte oor die Mosselbaai-gebied, en loop ook deur sprokiesagtige inheemse woude met stinkhoutbome, geelhoutbome en boomvarings.

Die roete gaan oor private plaasgrond en gedeeltelik langs die loop van die Koumarivier met sy watervalle en aanloklike poele. Rotsskilderinge van wildsbokke en mensfigure kan op die roete gesien word.

'n Grot op die staproete dien as oornagverblyf vir diegene wat die roete rustig wil voltooi.

13. GROOT-BRAKRIVIER-WANDELPAAIE
Groot-Brakrivier

> *Staproetes:* 2 wandelpaaie; 1,5 uur.
> *Permitte:* Nie nodig nie.
> *Kaarte:* Geen. Vra die toerismebeampte in Amy Searle-straat, Groot-Brakrivier, tel: (044) 620 3338 vir meer inligting.
> *Geriewe/Aktiwiteite:* Piekniekplekke met braaigeriewe, swembad en minigholf by Pine Creek-woonwapark.

1. Wolwedans-wandelpad Dié betreklik maklike wandelpad, wat naby die Pine Creek-woonwapark begin, gaan na die Wolwedansdam, wat water aan Mossgas, nou bekend as PetroSA, en die Groter Mosselbaai-gebied verskaf. Die roete keer terug langs die Groot-Brakrivier met sy welige rivierplantegroei. 5 km; 1,5 uur; sirkelroete.

2. Groot-Brakrivier-wandelpad kombineer 'n wandeling deur die dorp met voetslaan langs die strand, die riviermonding en die Groot-Brakrivier. Besienswaardighede in die dorp is onder meer die grootste bekende peperboom in Suid-Afrika, die Searle-gedenkkerk en Searle-familiebegraafplaas, waar die stigters van die dorp begrawe lê, asook die Watson-skoenfabriek waaraan die dorp sy bestaan te danke het. 5 km; 1,5 uur; sirkelroete.

14. GLENTANA-STRANDWANDELPAD
Glentana

> *Staproete:* 6 km; 3 uur; heen en terug.
> *Permitte:* Geen permitte is nodig nie.
> *Kaarte:* Geen. Vra die toerismebeampte in Amy Searle-straat, Groot-Brakrivier, tel: (044) 620 3338 vir meer inligting.
> *Geriewe/Aktiwiteite:* Braaiplekke, toilette en parkeerplek by Glentanastrand.
> *Belangrike inligting:* Die staptog kan net met laagwater aangepak word. Die roete is nie gemerk nie.

Die maklike roete van Glentana af ooswaarts na Kaap Windlass wissel tussen sandstrande en rotsriwwe. Die roete kronkel verby die geroeste oorblyfsels van 'n dryfdok, wat hier gestrand het toe dit in 1902 van Engeland na Durban gesleep is.

15. DORINGRIVIER-WILDERNISGEBIED
Outeniekwa-natuurreservaat, George

> *Staproete:* 14 km; 7 uur; sirkelroete.
> *Permitte:* Die Bestuurder, Outeniekwa-natuurreservaat, Privaatsak X6517, George 6530, tel: (044) 870 8323, faks: 870 7138,

e-pos: outenr@mweb.co.za
Kaarte: *Ruwe sketskaart.*
Geriewe/Aktiwiteite: *Geen.*

Hierdie wandelpad loop deur die Doringrivierwildernisgebied, wat tussen die Outeniekwa- en Robinsonpas aan die noordelike hange van die Outeniekwaberge geleë is. Die eerste 6 km van die roete is 'n geleidelike klim, waartydens die hoogte bo seevlak met ongeveer 420 m toeneem, tot jy 'n baken (1 100 m) onder Witberg bereik. Die roete swaai dan in 'n suidwestelike rigting en daal skerp na die Doringriviervallei. Stappers volg 'n viertrekpad in die vallei in waar 'n poel in die Grootdoringrivier 'n welkome rusplek is. Die res van die roete is 'n maklike daling na die beginpunt toe. Langs die pad is daar mooi uitsigte oor die Klein-Karoo en die Doringriviervallei.

16. OUTENIEKWA-NATUURRESERVAAT
George

Staproetes: *4 roetes; 4,7 tot 19 km; 3 tot 8 uur; eenrigting en heen en terug.*
Permitte: *Selfuitreikpermitte by beginpunt.*
Kaarte: *Sketskaarte.*
Geriewe/Aktiwiteite: *Geen.*

1. Pas-tot-Pas-staproete verbind die Outeniekwapas met die geskiedkundige Montagupas. 'n Opsionele 2,6 km heen-en-terug-ompad na die kruin van Losberg (851 m) word beloon met panoramiese uitsigte oor George en die kusvlaktes. Oos van Losberg daal die roete na die Keurrivier, met sy pragtige stuk inheemse woud, voordat dit skerp na die eindpunt styg. Die roete kan in albei rigtings afgelê word. **4,7 km; 3 uur; eenrigting.**

2. Cradockpas-staproete Van Witfontein af volg die roete die Georgepiek- en Cradockpiek-staproete vir ongeveer 1 uur en vertak dan om Tierkloof oor te steek. Daarna klim die roete met 'n uitloper langs en volg die ou Cradockpas. Hierdie pas wat in 1821 gebou is, was die enigste pad oor die berge voor die Montagupas in 1847 voltooi is. Nadat die spoorweg oorgesteek is, gaan die roete steil teen Cradockkloof uit, en op een plek kan die groewe wat die wawiele in die rotse uitgekerf het, nog gesien word. Die hoogte bo seevlak neem met byna 800 m toe tydens jou klim na die bopunt van Cradockpas, en van daar af is dit 'n 2 km-stap berg af na Montagupas toe. **12,4 km; 6 uur; eenrigting.**

3. Georgepiek-staproete Van Witfontein af klim die roete ongeveer 2,5 uur lank steil teen die hange uit, deur fynbos, tot by 'n nek waar die Georgepiek- en Cradockpiek-wandelpad skei. Van hier af is dit 'n klim van 30 minute na die 1 337 m hoë spits van Georgepiek, van waar daar pragtige uitsigte oor George en die kuslyn tussen Mosselbaai en Knysna is. Die roete styg met meer as 1 000 m en word as straf gegradeer. **17 km; 7 uur; heen en terug.**

4. Cradockpiek-staproete volg die eerste 2,5 uur dieselfde roete as die Georgepiek-wandelpad. Dan loop die roete vir ongeveer 1 uur steil op tot by die spits van Cradockpiek, wat op 1 579 m die hoogste punt in die gebied is. Dit is 'n uiters veeleisende voetslaanpad, met 'n toename in hoogte bo seevlak van byna 1 300 m, maar die uitsigte maak die inspanning die moeite werd. **19 km; 8 uur; heen en terug.**

17. TIERKOP-VOETSLAANPAD
Outeniekwa-natuurreservaat, George

Staproete: *30 km; 2 dae; eenrigting.*
Permitte: *Die Bestuurder, Outeniekwa-natuurreservaat, Privaatsak X6517, George 6530, tel: (044) 870 8323, faks: 870 7138, e-pos: outenr@mweb.co.za*
Kaarte: *Sketskaart.*
Geriewe/Aktiwiteite: *Oornaghut met slaapbanke, matrasse, water en toilette.*

Op die eerste dag se skof (17,5 km; 5 uur) gaan die roete aanvanklik deur denneplantasies en styg dan geleidelik 420 m hoër bo seevlak deur die fynbos tot by Tonnelbos, 'n oorblyfsel van die inheemse woud.

Die roete daal dan na Georgedam in die Swartrivier voordat dit skerp styg na Tierkophut toe.

Die tweede dag se roete (12,5 km; 4 uur) is 'n maklike daling deur fynbos met 'n viertrekpad tot by die verruklike Pepsipoele en -waterval. Die laaste gedeelte volg die oewer van die Tuinroetedam.

18. GROENEWEIDE-WOUDWANDELPAAIE
Groenkopwoud, George

> *Staproete:* 4,6 tot 9,6 km; 1,5 tot 3 uur; sirkelroete.
> *Permitte:* Selfuitreikpermitte by beginpunt.
> *Kaarte:* Beskikbaar by beginpunt.
> *Geriewe/Aktiwiteite:* Piekniekplekke.

Die Groeneweide-wandelpaaie loop deur die inheemse Groenkopwoud van 1 450 ha met sy talle strome. Die netwerk volg bosboupaaie en bied drie opsies: Die **Rooi Roete** (9,6 km; 3 uur), **Blou Roete** (7,9 km; 2,5 uur) en **Groen Roete** (4,6 km; 1,5 uur).

'n Betowerende poel in die Silwerrivier is 'n hoogtepunt op die Rooi Roete, wat verby verskeie enorme outeniekwageelhoutbome loop. Ander tipiese woudbome hier is die regte-geelhout, witstinkhout, terblanz, stinkhout en wildeperske.

Diere waarvoor jy kan uitkyk, is bobbejane, blouapies, blouduikers, bosvarke, bosbokke en rooikatte. Luiperds kom ook voor, maar is sku. Van die talle woudvoëls wat jy kan teëkom, is die Knysnaloerie, bosloerie, olyflyster, lawaaimakerjanfrederik, kroonarend en Afrikaanse sperwer.

19. MELVILLE-PIEK
Outeniekwa-natuurreservaat, George

> *Staproete:* 25 km; 9 uur; heen en terug.
> *Permitte:* Die Bestuurder, Outeniekwa-natuurreservaat, Privaatsak X6517, George 6530, tel: (044) 870 8323, faks: 870 7138, e-pos: outenr@mweb.co.za
> *Kaarte:* Geen.

> *Geriewe/Aktiwiteite:* Geen.
> *Belangrike inligting:* 'n Veeleisende staptog, wat net deur fikse en ervare voetslaners aangedurf moet word.

Hierdie voetslaanpad, wat begin by Saasveld, die Port Elizabeth Technikon se Fakulteit Bosbou, 10 km van George, loop aanvanklik deur die inheemse Groenkopwoud van 1 450 ha. Die roete klim dan geleidelik na die spits van die 1 300 m hoë Melville-piek, een van die hoogste pieke in die Outeniekwaberge.

20. WILDERNIS NASIONALE PARK
Wildernis

> *Staproetes:* 6 wandelpaaie; 3 tot 10 km; 1 tot 4 uur.
> *Permitte:* Toegangsgeld. Selfuitreikpermitte by beginpunt.
> *Kaarte:* Pamflet met kaarte beskikbaar.
> *Geriewe/Aktiwiteite:* Selfsorghuisvesting en kampeerplek by Ebb and Flow-noorden -suidruskamp; piekniekplekke; voëlkykskuilings; trapbote en kano's te huur; hengel (permitte nodig).

Die Wildernis Nasionale Park, wat net meer as 2 600 ha beslaan, bied beskerming aan 'n hele reeks mere, twee riviermondings en 28 km se kuslyn. Die drie westelike mere (Eilandvlei, Langvlei en Rondevlei) word aan die Touwrivier verbind deur die Serpentine, 'n smal 5,5 km-kanaal wat deur 'n vleigebied loop. Die park is omring deur 'n Nasionale Meergebied van 10 000 ha, wat nie deel van die park is nie, maar deur die Nasionale Parkeraad geadministreer word.

Die vleilande is 'n belangrike voëlhabitat, en is die tuiste van meer as 24 000 voëls op 'n slag. Watervoëls maak meer as 'n derde van die 240 voëlspesies uit wat reeds opgeteken is, en onder hulle is daar vyf visvangerspesies, sowel as bleshoenders, geelbekeende, slanghalsvoëls, rietduikers en kleindobbertjies. Die merestelsel het een van die land se grootste bevolkings Afrikaanse vleivalke.

In die inheemse woude kan voetslaners op blouduikers, bosbokke, bosvarke en blouapies afkom, terwyl die kusstruikgewas grysbokke en knaagdiere soos die Kaapse duinemol huisves.

1. Bosbok-wandelpad volg 'n sirkelroete deur inheemse woud wes van die Duiwerivier. Dit het dieselfde beginpunt as die Bruinkopvisvanger-wandelpad. **3 km; 1,5 uur; sirkelroete.**

2. Blouvisvanger-wandelpad begin naby die watersuiweringsinstallasie langs die spoorwegbrug by Ebb and Flow-noordruskamp en volg die Touwrivier se westelike oewer vir ongeveer 1,9 km stroom op. Van hier af kan jy op jou spore teruggaan, met die keuse om die meer veeleisende, maar baie lonende, Bosduif-sirkelroete te neem, of jy kan die rivier oorsteek en met die Reusevisvanger-wandelpad terugkeer. **3,8 km; 1–1,5 uur; heen en terug.**

3. Bruinkopvisvanger-wandelpad loop deur welige rivierbos langs die Duiwerivier, wat verskeie kere oorgesteek word (wees versigtig op gladde klippe). Net voor die sameloop van die Duiwe- en Klein-Keurboomsrivier lei 'n opsionele stywe klim na 'n uitkykpunt. 'n Entjie verder vertak die roete om die Klein-Keurboomsrivier na 'n pragtige poel te volg. Die beginpunt word aangedui op die Merepad, oos van die Ebb and Flow-noordruskamp. **5 km; 2–3 uur; heen en terug.**

4. Kaapse Duinemol-wandelpad gaan deur die gebied tussen Rondevlei en Swartvlei en bied uitstekende voëlkykgeleenthede. Twee aaneengeskakelde keuses is beskikbaar. **Roete A** kronkel aan die voet van die duine na die oewers van Swartvlei, waar 'n voëlkykskuiling enige voëlkyker sal beloon. Aan die oostelike punt van die duin klim die roete steil na die duin se kruin, wat uitstekende uitsigte oor Swartvlei en die kusvlaktes bied. Dit volg dan die kruin van die duin voordat dit afkronkel na die beginpunt toe. **6 km; 2 uur; sirkelroete.**

Roete B vertak na 1 km uit Roete A en maak dan 'n wye lus, wat gedeeltelik langs die oewer van die Wolwerivier kronkel. Voëlkyk in die rietbeddings langs die rivier kan baie lonend wees. Na 4 km sluit die roete weer by Roete A aan, en gaan dan na die oewer van Swartvlei voordat dit oor die duinekruin terugkeer. **8 km; 2,5 uur; sirkelroete.**

5. Reusevisvanger-wandelpad begin by die Ebb and Flow-noordruskamp. Dit gaan oor die hange bo die Touwrivier voordat dit na die rivier afsak en dit dan stroomop volg. Dit gaan dan deur inheemse woud na 'n klein waterval en 'n reeks rotspoele. **7 km; 3–4 uur; heen en terug.**

6. Bontvisvanger-wandelpad Hierdie roete, wat by die Ebb and Flow-suidruskamp begin, volg aanvanklik die rand van die Serpentine-vloedvlakte. 'n Ent verder volg dit die plankpad langs Wildernis-strandmeer tot by die Touwriviermond. Van hier af stap jy ongeveer 2 km ooswaarts met die sanderige kuslyn voordat jy padlangs na die ruskamp terugkeer. **10 km; 3–4 uur; sirkelroete.**

21. OUTENIEKWA-VOETSLAANPAD
Beervlei na Harkerville

Staproete: 108 km; 7 dae, met korter opsies; eenrigting.
Permitte: Departement van Waterwese en Bosbou, Privaatsak X12, Knysna 6570, tel: (044) 382 5466.
Kaarte: Kleurkaart en inligtingsbrosjure.
Geriewe/Aktiwiteite: Hutte met slaapbanke, matrasse, vuurmaakhout en water.
Belangrike inligting: Wees voorbereid op reën en mis. Na reën kan die woudpaadjies baie glad wees, dus is stewels wat goed klou noodsaaklik.

Die inheemse woude van die Knysna-streek maak die grootste natuurlike woudgebied in Suid-Afrika uit en beslaan ongeveer 28 600 ha staatsbos en 16 000 ha private grond. Die woude bestaan uit ongeveer 142 houtagtige boom- en struikspesies, waaronder regte- en outeniekwageelhout, stinkhout, ysterhout, rooiels, boekenhout, notsung, without en assegaai. Op die oewers van die strome is daar indrukwekkende varings, boomvarings en kleurryke mosse.

Weens die digte plantegroei en die hoë blaredak van die woude word voëls meer dikwels gehoor as gesien. Onder die 40 tipiese woudvoëls wat jy kan afmerk, is die Knysnaloerie, bosloerie, die lawaaimaker-, gewone en witkoljanfrederik, die olyflyster en die boskrapper.

Die woude is die tuiste van bosbokke, bosvarke, blouduikers, blouapies en luiperds, sowel as 'n verskeidenheid kleiner soogdiere wat óf baie sku óf naglewend is. Op die tweede dag moet jy op die uitkyk wees vir vaalribbokke, klipspringers en bobbejane in die fynbos- en berggebiede.

Hierdie voetslaanpad gaan deur majestueuse inheemse woud, aromatiese denneplantasies en fynbosbedekte berghange. Die Outeniekwa-voetslaanpad, wat in November 1976 geopen is, is oorspronklik ontwerp as 'n agtdaagse staptog van 149 km tussen Witfontein, buite George, en Diepwalle. Maar teen die tyd dat baie van die voetslaners Tierkophut na 'n moordende 22 km op die eerste dag bereik het, was hul geesdrif geblus. Gevolglik is die roete op plekke verander en die skof van 4 dae tussen Witfontein en Windmeulnek is uiteindelik gesluit. Hoewel daar nog heelwat op- en afdraandes en taamlike lang skofte op sekere dae is, is dit 'n aangename staptog, met verskeie korter opsies.

Van Beervlei af gaan die eerste dag se skof (16 km; 5,5 uur) oor maklike terrein deur die inheemse Beervleiwoud en daal dan deur denneplantasies na die Hoëkraalrivier. Die volgende 8 km na die Windmeulnekhut is 'n geleidelike klim deur die dennebome van SAFCOL se Karatara-plantasie.

Die roete van Windmeulnek na Platbos op dag twee (17 km; 5,5 uur) gaan deur fynbos, behalwe die laaste 3 km wat deur denneplantasies loop. Van Windmeulnek daal die roete na die Karatararivier en klim dan geleidelik teen die hange van Spitskop uit voordat dit 'n poel in die Plaatrivier bereik. Na 'n maklike opdraand teen die hange van die Kagiesberg, loop die roete bergaf na Platbos toe.

Op dag drie (15,5 km; 7 uur) klim die roete deur inheemse woud en denneplantasies na die Homtinirivier voordat dit 'n maklike kronkelroete deur plantasies en inheemse woud na Jubilee Creek volg. Na Jubilee Creek is daar 'n stywe klim voordat jy by Millwood-hut aankom.

Net 'n bietjie meer as die helfte van die vierde dag se skof (17 km; 5 uur) is óf gelyk óf afdraand en gaan eers deur denneplantasies en dan inheemse woud. Deur die inheemse woud styg die roete met meer as 300 m namate jy uitklim teen die kloof van die Knysnarivier. 'n Maklike afdraande skof bring jou aan die einde van die dag by Rondebossiehut.

Dag vyf se roete (16 km; 5 uur) loop heen en weer deur die rande van inheemse woud en denneplantasies, na fynbos en die inheemse woud van Diepwalle. Die dag begin met 'n ononderbroke klim na die baken op Jonkersberg, gevolg deur 'n lang, geleidelike daling na die Gounarivier. Die laaste deel is 'n maklike 2,5 km-klim na die Diepwallehut.

Die sesde dag se skof (16 km; 5 uur) volg 'n pad met geleidelike dalings en stygings by vier riviere. Die grootste deel van die staptog na Fisantehoek is deur inheemse woud met fynbos-eilande tussenin.

Die laaste skof van die voetslaanroete, op die sewende dag (12 km; 4,5 uur), is 'n maklike staptog deur inheemse woud met net een effense klim naby die begin van die voetslaanpad. Die res van die dag se roete na Harkerville is óf gelyk óf afdraand.

22. GOUDVELD-STAATSBOS
Knysna

Staproetes: 3 roetes; 4 tot 9 km; 1,5 tot 3 uur.
Permitte: Selfuitreikpermitte by beginpunt.
Kaarte: Sketskaart.
Geriewe/Aktiwiteite: Piekniekplekke by Jubilee Creek, Millwood en Krisjan se Nek; Mynmuseum, Bendigo-myndorpie en teekamer by Millwood.

Goudveld, wat ongeveer 5 150 ha beslaan, is die grootste stuk inheemse woud in die Knysnagebied en was vroeër die toneel van koorsagtige goudmynaktiwiteite. Prospekteerders en delwers het na die Knysnawoud gestroom nadat 'n goudklont in 1876 in die Karatararivier ontdek is.

Na die ontdekking van 'n ryk neerslag spoelgoud in 1885 en rifgoud die jaar daarna, het die mynaktiwiteit 'n hoogtepunt bereik. Teen 1887 het Millwood 'n vaste bevolking van 400 (bo en behalwe ongeveer 600 delwers), ses hotelle, drie koerante en verskeie winkels gehad. Die meeste van die delwers het na die Witwatersrand uitgewyk nadat goud in 1886 daar ontdek is, en teen 1893 het Millwood se bevolking tot 74 afgeneem. Namate die oorblywende inwoners padgegee het, het die woud die vervalle huise van yster en sink opgeëis en al wat uit hierdie tydperk oorbly, is mynskagte, stukke mynmasjinerie, 'n begraafplaas en die Matterollihuis, een van slegs twee oorblywende sinkhuise uit die dae van die Millwood-goudstormloop. Dit is nou 'n teekamer. Die ander een is gesloop en weer in Knysna opgerig waar dit 'n museum is.

1. Jubilee Creek-wandelpad Van die Jubilee Creek-piekniekplek af volg die roete 'n gedeelte van die Outeniekwa-voetslaanpad deur die inheemse woud langs 'n rustige stroom. Die oorblyfsels van 'n ou delwersput en watervoor herinner aan die koorsagtige goudsoektog van die 1880's. Die roete eindig by 'n poel en waterval waar jy kan swem. **4 km; 1,5 uur; heen en terug.**

2. Millwood-mynwandelpad gaan deur denneplantasies en klim dan na Nols se Kop voordat dit na die ou Bendigomyn terugswaai. Die myn word gerestoureer en onder die vertoonstukke is ou mynmasjinerie, onder meer 'n draagbare stoomenjin, stampbattery, stoomketel en klipbreker. Langs die pad is daar ook 'n paar ou myntoegangstonnels. Die roete begin en eindig by die Millwood-piekniekplek. **5,6 km; 2 uur; sirkelroete.**

3. Houtkapper-wandelpad herroep Millwood se dol goudmyndae toe die inheemse woud erg vir mynbouhout uitgekap is. Van die piekniekplek by Krisjan se Nek loop die roete deur inheemse woud na Forest Creek en maak dan 'n wye sirkel na Langrugpad, wat na Jubilee Creek lei. Jy sal die die stroom se natuurlike poele op 'n warm somersdag besonder verfrissend vind. Die laaste gedeelte van die roete volg 'n gruispad. **9 km; 3 uur; sirkelroete.**

23. GOUKAMMA MARIENE EN NATUURRESERVAAT
Sedgefield

Staproetes: 3 roetes; 2 tot 5 uur.
Permitte: Toegangsgeld. Geen permitte vir wandelpaaie nie.
Kaarte: Reservaatpamflet met wandelpaaie aangedui.
Geriewe/Aktiwiteite: Boskamp op die oewers van Groenvlei; piekniekplekke, swem, seil en kanovaart op die Keurboomsrivier; see- en varswaterhengel (permitte nodig).
Belangrike inligting: *Die Strand-wandelpad is ontoeganklik met hoë springgety en word verkieslik met laagwater aangepak. Weens trekstrome aan die kus, is swem gevaarlik.*

Die Goukamma Mariene en Natuurreservaat van 2 500 ha beskerm 'n 14 km lange strand, die Goukamma-riviermonding, begroeide duine, kuswoud en Groenvlei. Groenvlei, wat deur land omring is, is die enigste varswatermeer onder die string mere tussen Wildernis en Sedgefield, en omdat dit nie deur riviere gevoed word nie, word dit net gevul deur reënwater wat by die omliggende duine uitsypel. Die mariene reservaat, aangrensend aan die natuurreservaat, strek 1,8 km ver die see in. Die reservaat se plantegroei word gekenmerk deur kusduinefynbos en kusduinewoud, met uitgestrekte stande melkhout. Onder die meer as 220 voëlspesies wat reeds opgeteken is, is die Afrikaanse vleivalk, die visarend, verskeie spesies watervoëls, die reuse- en blouvisvangers, en die watertrapper. Wees ook op die uitkyk vir swarttobies langs die kus.

Diere wat in die reservaat voorkom, is onder meer die bosbok, grysbok, bosvark, water- en kleingrysmuishond, groototter, rooikat en ystervark.

1. Sirkelroete Die heenroete van die wandelpad kronkel 'n kort entjie langs die Goukammarivier se wesoewer en volg dan 'n vallei tussen die duine. 'n Onderskeidende kenmerk hier is die melkhoutbos aan die voet van die duine. Nadat die roete deur hierdie bos gegaan het, klim dit na die fynbosbedekte rug van die duin, van waar daar wonderlike uitsigte op die kus, Goukammarivier en sy monding is. Die roete klim dan geleidelik met die rug langs tot by 'n trigonometriese baken van waar dit skerp na die beginpunt daal. **8 km; 2–3 uur; sirkelroete.**

2. Strand-wandelpad volg die ongerepte kuslyn tussen Rowwehoek en Platbank. Langs die pad kan voetslaners die tussengetygebied verken en 'n ogie oophou vir stompneus- en gewone dolfyne. Tussen Augustus en Desember kan jy noordkapperwalvisse sien. Vervoer moet by Platbank gereël word, anders kan jy 'n heen-en-terug-roete wat die helfte korter is, aanpak. **14 km; 4 uur; eenrigting.**

3. Goukamma-na-Groenvlei-staproete volg die heenskof van die Sirkelroete tot by die inligtingsborde aan die westekant van die duinerug. Van hier loop die roete op en oor die duine, en nadat dit deur 'n melkhoutbos gegaan het, kom jy by 'n tafel en banke op 'n duinerug. 'n Entjie verder swaai die roete noordwes en gaan deur nog 'n melkhoutbos bo Groenvlei voordat jy die eindpunt bereik. **16 km; 4–5 uur; eenrigting.**

24 GOUNAWOUD
Knysna

> *Staproete:* 6,5 km; 2 uur; sirkelroete.
> *Permitte:* Selfuitreikpermitte by beginpunt.
> *Kaarte:* Beskikbaar by beginpunt.
> *Geriewe/Aktiwiteite:* Piekniekterrein by Grootdraai.

Terblans-wandelpad kry sy naam van die terblanz of terblanshout wat 'n lid van die protea-familie is. Dit kom in die Suid-Kaap net in die Gounawoud voor en het 'n beperkte verspreiding elders in Suid-Afrika.

Die roete begin by die Grootdraai-piekniekterrein en gaan deur 'n gedeelte van die 3 450 ha-Gounawoud, die naasgrootste stuk inheemse woud in die Knysna-omgewing. Langs die roete is daar verskeie groot outeniekwageelhoute en pragtige varings. By Witplekbos, net verby die halfpadmerk, is daar 'n heerlike swempoel. Met die uitsondering van die Rooielsrivier-oorgang, waar die afdraand deur 'n stywe klim gevolg word, is die terrein betreklik plat.

25. DIEPWALLE-WOUD
Knysna

> *Staproetes:* Netwerk; 7 tot 9 km; 2 tot 3 uur.
> *Permitte:* Selfuitreikpermitte by beginpunt.
> *Kaarte:* By beginpunt.

> *Geriewe/Aktiwiteite:* Piekniekplekke by Ysterhoutbrug, Grootboom en Velbroekdraai; fietsroete na Tuin van Eden.

Die inheemse Diepwalle-woud beslaan ongeveer 3 200 ha en was vroeër die laaste toevlugsoord van die beroemde Knysna-olifante. In die 19de eeu was daar tussen 400 en 500, maar na die Millwood-goudstormloop is hulle meedoënloos om hul ivoor gejag en in die vroeë 20ste eeu het daar net omtrent 50 olifante oorgebly.

Teen 1920 het die olifantbevolking nog verder afgeneem en die daaropvolgende 50 jaar het dit onveranderd op tussen 11 en 13 gebly. Net drie olifante is gevind toe 'n opname in 1979 gedoen is en 'n plan om drie jong olifante van die Kruger Nasionale Park in te voer, was onsuksesvol. Tydens 'n soektog in dieselfde jaar na die oorblywende olifante is net een olifant, 'n ou koei, gevind. Toe, heel onverwags, is 'n jong bul in September 2000 in die Gounawoud gesien.

Olifant-roete Hierdie staproete loop deur inheemse woud wat deur talle rustige strome en riviere deurkruis word. Die netwerk gaan deur klam, half-klam, nat en baie nat woudtipes. Bome in die klam woud bereik hoogtes van 15 tot 30 m en dit staan daarom as 'hoë woud' bekend. Tipiese bome hier is die regte- en outeniekwageelhout, stinkhout, witpeer en ysterhout. Die nat woudtipes is beperk tot riviervalleie en klowe en word gekenmerk deur rooi- en witels, notsung, stinkhout en without.

Die voetslaannetwerk bied 'n keuse van drie kleurgekodeerde roetes: rooi 7 km; 2 uur, wit 8 km; 2,5 uur en swart 9 km, 3 uur.

26. BAAI-TOT-BAAI-VOETSLAANPAD
Nollshalte

> *Staproete:* 21,9 km; 2 dae, sirkelroete.
> *Permitte:* Die Bestuurder, Millwood-natuurreservaat, Posbus 48, Uniondale 6460, tel: (044) 874 2160, faks: 874 1567, e-pos: george@cnc.org.za
> *Kaarte:* Brosjure met sketskaart.

> *Geriewe/Aktiwiteite:* Kampeerterrein met water en toilet, maar geen stort nie; oordekte piekniekterrein.

Die roete begin op Vergenoeg-appelplaas by Nollshalte en klim geleidelik deur fynbos na die kruin van die Outeniekwaberge. 'n Ompad van 8 km na die 1 453 m hoë Spitskop beloon jou met uitsigte oor die kuspanorama, van die Tsitsikamma-kus tot Plettenbergbaai, Knysna en Sedgefield.

Die roete loop al langs die kruin en daal dan met 'n pad na die oornagrusplek in die Millwood-kom. Die Millwood-natuurreservaat is een van verskeie klein reservate wat in die Knysnawoude geproklameer is om die natuurlike woude van die Suid-Kaap te beskerm. Die gebied is ook van geskiedkundige belang, en daar is talle oorblyfsels van die goudstormloop van die laat 19de eeu. Die dag se staptog is 13,9 km, die 8 km-ompad na Spitskop uitgesluit.

Op dag twee (8 km; 4 uur) gaan die roete op sy spoor terug na die kruin van waar die wegwysers na die beginpunt teruggevolg word.

27. HARKERVILLE-KUSVOETSLAANPAD
Harkervillewoud, Plettenbergbaai

Kyk nr. 28 vir wandelpaaie.

> *Staproete:* 27 km; 2 dae; sirkelroete.
> *Permitte:* Departement van Waterwese en Bosbou, Privaatsak X12, Knysna 6570, tel: (044) 382 5466.
> *Kaarte:* Kleurkaart met inligting.
> *Geriewe/Aktiwiteite:* Hutte met slaapbanke en matrasse, vuurmaakplekke, water en toilette.
> *Belangrike inligting:* Kettings is in die rotswande geanker om voetslaners op moeilike plekke langs die kus te help. Hoogtevreeslyers sal bygestaan moet word.

'n Deel van die roete kronkel deur die Sinclair-natuurreservaat, met sy inheemse woud, en langs die ruwe kuslyn. Die eerste dag se skof (15 km; 7 uur) is 'n maklike wandeling van ongeveer 11 km deur inheemse woud en dan 'n steil afdraand na die kus met sy loodregte kranse, klein inhamme bestrooi met los ronde klippe, sloepies en rotsagtige landpunte. Houtlere en kettinggrepe help voetslaners op moeilike plekke. Die 2,5 km-skof langs die kus word gevolg deur 'n steil klim tot op die kusplato en die Sinclair-oornaghut.

Die tweede dag se skof (12 km; 6 uur) gaan vir ongeveer 2 km oor die kusplato en daal dan deur 'n beboste kloof en fynbos na die kuslyn. Daar is weer moeilike dele, waarvan een sonder 'n kettinggreep aangepak moet word. 'n Ent verder loop die roete deur 'n rotsboog en nadat dit die kuslyn ongeveer 2 km ver gevolg het, klim dit skerp na die plato. Van hier af gaan die roete geleidelik op deur inheemse woud voordat die pad gelyk raak.

28. HARKERVILLE INHEEMSE WOUD
Plettenbergbaai

Kyk nr. 27 vir voetslaanpad.

> *Staproetes:* 2 wandelpaaie; 9,4 en 9,5 km; 3 en 3,5 uur; sirkelroete.
> *Permitte:* Selfuitreikpermitte by beginpunt.
> *Kaarte:* Beskikbaar by beginpunt.
> *Geriewe/Aktiwiteite:* Piekniekplekke by Kranshoek-waterval en Viewpoint.

1. Kranshoek-kuswandelpad Van die waterval by die Kranshoek-piekniekterrein daal die roete skerp deur inheemse woud af in die kloof van die Kranshoek-rivier. Die roete volg die ruwe kuslyn dan vir sowat 3,5 km tot by die mond van die Crooksrivier. 'n Stywe klim na die kusplato word gevolg deur 'n maklike wandeling op 'n gruispad terug na die piekniekterrein. **9,4 km; 3,5 uur; sirkelroete.**

2. Perdekop-natuurwandelpad begin by die Harkerville-bosboustasie en volg 'n maklike roete deur 'n koel, inheemse woud tot by Perdekop, met sy pragtige stand hardepeerbome. Die poel onder die waterval in die Perdekoprivier is 'n goeie rus- of swemplek. Van hier klim die roete steil na die Klein-eilandpad. Die roete is verder 'n maklike wandeling deur inheemse woud. **9,5 km; 3 uur; sirkelroete.**

29. ROBBERG MARIENE EN NATUURRESERVAAT
Plettenbergbaai

> **Staproetes:** 9 km; 3 uur, met korter opsies; sirkelroete.
> **Permitte:** Toegangsgeld. Permitte nie nodig vir wandelpaaie nie.
> **Kaarte:** Sketskaart van roete.
> **Geriewe/Aktiwiteite:** Piekniekplekke; verklarende sentrum.
> **Belangrike inligting:** Dele van die roete na Die Punt gaan oor hoë kranse en moeilike rotsagtige terrein, wat vir onervare voetslaners gevaarlik kan wees. Swem is gevaarlik omdat fratsgolwe en sterk strome voorkom. Moenie probeer om die sandduin bo Witsand uit te klim nie, want dit is onvas.

Die Robberg Mariene en Natuurreservaat van 175 ha beskerm die Robberg-skiereiland, 'n 4 km lange kaap waarvan die breedte wissel van 250 m by Die Gaping tot ongeveer 1 km in die omgewing van Die Eiland. Die plantegroei wissel tussen kusstruikgewas en ruigtes, en onder die diere waarop jy kan afkom is die gewone duiker en die Kaapse grysbok.

Hoogtepunte op die roete, wat hoofsaaklik langs die kranswande loop, is die manjifieke rotspoele by Die Punt en die pragtige wit strand by Percy's Bank. Van die hoë kranse af is daar panoramiese uitsigte oor die lang strook wit strand na Plettenbergbaai toe en die kuslyn in die weste. Daar is twee korter roetes: 'n 2,1 km-wandeling met Die Gaping langs en 'n 5 km-wandeling oor Witsandeiland.

30. STINKHOUTKLOOF-NATUURWANDELPAD
Bloukrans-staatsbos

> **Staproete:** 8 km; 3 uur; sirkelroete.
> **Permitte:** Selfuitreikpermitte by beginpunt.
> **Kaarte:** By beginpunt.
> **Geriewe/Aktiwiteite:** Piekniekterrein by beginpunt; drinkwater.

Die roete loop aanvanklik deur denneplantasies voordat dit vir 'n paar honderd meter deur die indrukwekkende inheemse woud in die boonste gedeelte van Stinkhoutkloof kronkel. Dit keer dan vir net meer as 1 km terug na die plantasies en gaan deur 'n lappie fynbos voordat dit die inheemse woud weer binnegaan. Verskeie strome word oorgesteek, en jy sal nie die hoë boomvarings op die oewers kan miskyk nie. Naby die 5 km merk is daar 'n pragtige natuurlike swempoel. Die roete loop dan verder deur die woud tot jy net verby die 6 km-merk die ou hoofweg bereik wat jou terugneem na die Bloukrans-bosboustasie, wat ook die begin van die wandelpad is.

31. TSITSIKAMMA-VOETSLAANPAD
Nature's Valley-Stormsrivierbrug

> **Staproete:** 60,8 km; 5 dae; eenrigting.
> **Permitte:** SAFCOL Ekotoerisme, Posbus 1171, Silverton 0127, tel: (012) 481 3615, faks: 481 3622, e-pos: ecotour@safcolecotourism.co.za
> **Kaarte:** 'n Sketskaart in vier kleure van roete.
> **Geriewe/Aktiwiteite:** Oornaghutte met slaapbanke, beddens, kookgeriewe, koue storte en toilette.

Hierdie verruklike voetslaanpad loop oor die hange van die Tsitsikammaberge, steek amberkleurige strome oor en loop deur lappe woud met welige varings en kleurryke swamme. Die grootste gedeelte van die roete loop egter deur fynbos met pragtige berglandskappe en panoramiese uitsigte.

Die Tsitsikamma-streek huisves 'n ryker voëllewe as die fynbosgebiede verder wes, en meer as 217 spesies is in die gebied opgeteken. Dit is hoofsaaklik te danke aan die groter verskeidenheid habitats wat deur die mengsel van fynbos en kolle inheemse woud geskep word. Voëls waarvoor jy kan uitkyk is die Knysna- en rooiborsruigtesanger, Kaapse suikervoël, die jangroentjie en oranjeborssuikerbekkie, die Kaapse kliplyster en grootheuningwyser.

Die eerste dag se skof (16,6 km; 7 uur) gaan meestal deur die inheemse woude van Grootkloof en Platbos. Met die uitsondering van die klimme by

Douwurmkop naby die beginpunt, en die Trappe-waterval, is dit maklike terrein. Die Trappe-waterval, wat jy 4 uur na die begin bereik, is 'n ideale rusplek vir middagete. Die oorblywende 5 km na die Bloukranshut loop deur denneplantasies.

Dag twee (13,4 km; 4 uur) begin met 'n stywe klim en afgesien van die daling na die Bloukransrivier, klim dit vir die grootste gedeelte van die dag geleidelik. Die roete loop meestal deur oop fynbos, met woudkolle by Buffelsbos en Benebos. Keurboshut lê aan die rand van 'n stukkie inheemse woud.

Die geleidelike daling na die Lotteringrivier op die derde dag se skof (13,4 km; 4 uur) word gevolg deur 'n volgehoue klim teen die Biesiespas uit. Die roete kronkel dan af na die Lotteringrivier, van waar jy 'n effens golwende roete deur denneplantasies na Heuningboshut volg.

Dag vier se skof (14,2 km; 7 uur) loop hoofsaaklik deur fynbos, en sluit twee redelik stywe klimme in: teen Splendidpas uit en na Nademaalnek toe. Die Splendidpas kry sy naam van die seldsame *Mimetes splendidus* wat hier voorkom. As jy vroeg begin, jou tyd neem, en die manjifieke natuurskoon geniet, sal die dag se skof nie naastenby so afskrikwekkend wees as wat dit lyk nie. Van Nademaalsnek daal die roete na Teebosrug, vernoem na die bergtee (*Cyclopia subternata*) wat hier volop is, en daal dan verder deur inheemse woud na die Sleepkloofhut.

Die laaste dag se skof (3,2 km; 1 uur) is 'n maklike wandeling deur inheemse woud en fynbos na die Stormsrivierbrug waar die voetslaanpad eindig.

32. TSITSIKAMMA NASIONALE PARK
De Vasselot-gedeelte, Nature's Valley

Kyk nr. 33 (bl. 106) vir wandelpaaie by Stormsriviermond en nr. 34 (bl. 107) vir voetslaanpad

Staproetes: 6 roetes; 4,8 km tot 17,1 km; 2,5 tot 7 uur; sirkelroetes, eenrigting.
Permite: Toegangsgeld. Geen permite nodig vir wandelpaaie nie.
Kaarte: Kleurkaart van roetes.
Geriewe/Aktiwiteite: De Vasselot-kampeerterrein: selfsorgboshutte, kampeerplekke met wasgeriewe; kano's te huur.

Die De Vasselot-gedeelte is aan die westepunt van die Tsitsikamma Nasionale Park geleë en sluit die kusplato (wat ongeveer 300 m bo seevlak is), beboste hange en 'n ruwe kusstrook in. Inheemse woude beslaan byna twee derdes van hierdie 2 560 ha-gedeelte van die park en die res van die gebied is met fynbos bedek.

Hierdie gebied, vernoem na graaf Médéric de Vasselot de Regnè, wat in 1880 as Superintendent van Bosse en Woude van die Kaapkolonie aangestel is, is in 1974 tot 'n bosbounatuurreservaat verklaar. In 1987 het dit deel van die Tsitsikamma Nasionale Park geword.

Die netwerk aaneengeskakelde wandelpaaie loop deur kusbosse, hoë inheemse woud, en fynbosplantegroei op die plato.

1. Kalanderkloof-wandelpad kry sy naam van die volksnaam van die outeniekwageelhout, wat hier volop is. Die roete, wat oorkant die De Vasselot-kampeerterrein se ingang begin, klim geleidelik deur inheemse woud totdat dit in fynbos uitkom. Van hier af kan jy panoramiese uitsigte geniet, wat die strandmeer en dig beboste klowe insluit. Die terugskof is met die kloof langs deur inheemse woud. **4,8 km; 2,5 uur; sirkelroete.**

2. Grootrivier-wandelpad Hierdie roete volg die oostelike oewer van die Grootrivier tot by sy mond, en gaan dan ooswaarts oor die sandstrand tot by Die Spleet (The Gully). Van hier af volg die roete die laaste gedeelte van die Otter-voetslaanpad in die teenoorgestelde rigting, en gaan teen Die Punt uit (die landpunt bo Die Spleet) van waar daar wonderlike uitsigte oor die kuslyn is. Van die hek op die landpunt gaan jy terug op jou spoor, steek die Grootriviermond oor, en volg dan die pad terug na die beginpunt by die De Vasselot-kampeerterrein. **6 km; 2,5 uur; sirkelroete.**

3. Soutriviermond Van die winkel in Nature's Valley styg die roete deur struikwoud tot by 'n uitkykpunt en sluit dan 'n entjie verder by 'n viertrekpad aan. Draai hier links en volg die pad na Soutrivier. Die terugskof loop deur struikwoud, en dan langs en oor die rotse verby Pebble Beach, vernoem na die ronde klippe van verskillende skakerings en groottes wat hier uitspoel. **9 km; 2,5 uur; sirkelroete.**

4. Soutrivier oor Keurpad volg aanvanklik die heenskof van die Kalanderkloof-wandelpad, maar van die uitkykpunt af gaan die roete verder na die kop van Kalanderkloof. Nadat dit oor die R102 gegaan het loop dit deur fynbos met die Keurpadroete, vernoem na die keurbome wat hier groei. Sowat 2 km nadat die Soutrivier oorgesteek is, sluit die roete aan by Rugpad, wat deur inheemse woud na die Soutriviermond lei, van waar jy langs die kus na Nature's Valley terugkeer. **15,1 km; 6 uur; sirkelroete.**

5. Varinghoek oor Keurpad begin by die piekniekterrein aan die Plettenbergbaai-kant van die Grootrivierpas. Die roete loop hoofsaaklik deur inheemse woud, behalwe op Keurpad, wat deur die fynbos van die kusplato en oor twee lappe fynbos langs die Brakrivierroete loop. Van die Soutrivier af is dit 'n geleidelike klim terug na die beginpunt toe. **16 km; 6 uur; sirkelroete.**

6. The Crags oor Brakrivier Hierdie roete, wat by die De Vasselot-kampeerterrein begin, lei na Nature's Valley, van waar jy die Soutrivierroete oor die Soutrivier volg. 'n Ent verder stap jy met die Brakrivierroete op 'n viertrekpad en 'n brandpad voordat jy by 'n gruispad aansluit wat lei na die veldwagter van die Nasionale Parke se huis, waar daar parkeerplek is. **17,1 km; 7 uur; eenrigting.**

33. TSITSIKAMMA NASIONALE PARK
Stormsriviermond

Kyk nr. 32 (bl. 105) vir wandelpaaie by De Vasselot en nr. 34 (bl. 107) vir voetslaanpad.

> *Staproetes:* 3 wandelpaaie; 3 tot 6 km; 2,5 tot 3 uur.
> *Permitte:* Toegangsgeld. Geen permitte nodig vir wandelpaaie nie.
> *Kaarte:* Sketskaarte.
> *Geriewe/Aktiwiteite:* Selfsorghuisvesting; restaurant; onderwaterroete (skubaroete); bootritte in Stormsrivierkloof op.

Die Tsitsikamma Nasionale Park van 4 172 ha, wat tussen Grootbank in die weste en Grootrivier naby Humansdorp in die ooste strek, is 'n kaleidoskoop van loodregte kranse, afgesonderde baaie, diep uitgekalwerde klowe en inheemse woude. Toe die park in 1964 geproklameer is, was sy aflandige grens ongeveer 300 m die see in, wat dit die eerste nasionale mariene park in Suid-Afrika gemaak het. Hierdie grens is later tot 5,5 km die see in verleng. Die grens op land volg min of meer die 200 m-kontoerlyn.

Die plantegroei in die kusgordel is tipiese, struikgewasagtige, droë woud, sonder die welige ruigtes van die hoë woude dieper die binneland in. Van die boomspesies wat hier aangetref word, is witmelkhout en wildekanfer, terwyl outeniekwageelhout, stinkhout, rooiels, fynblaarsaffraan en boekenhout ook voorkom. Die plantegroei op die kusplato word deur fynbos oorheers.

Ongeveer 40 van die 210 voëlspesies wat reeds opgeteken is (bv. die swarttobie, steenloper, witborsduiker, reusesterretjie en kelpmeeu) is see- of kusvoëls. Onder die woudvoëls waarvoor jy kan uitkyk, is die Knysnaloerie, groenvlekduifie, boskrapper, witkoljanfrederik, bloukuifvlieëvanger en olyfboslaksman.

Soogdiere sluit die seldsame blouduiker of bloubokkie, bosbok, bosvark, blouapie, luiperd en rooikat in, terwyl die groototter in die gebied se standhoudende riviere en vleie voorkom.

1. Waterval-wandelpad volg die eerste 2,6 km van die Otter-voetslaanpad na 'n verruklike waterval wat oor verskeie vlakke tot in 'n aanloklike poel stort. **3 km; 3 uur; heen en terug.**

2. Mond-en-Uitkyk-wandelpad loop deur inheemse woud na 'n grot bo die Stormsriviermond wat in die verre verlede deur voorouers van die Boesmans en Khoi-Khoi bewoon is. Die Stormsriviermond word begrens deur loodregte kranse en word oorgesteek met 'n hangbrug. 'n Stywe klim na die plato word beloon met pragtige uitsigte oor die ruskamp en die ruwe Tsitsikammakuslyn. **4 km; 2,5 uur; heen en terug.**

3. Blouduiker-wandelpad loop deur struikgewas na die Agulhas-uitkykpunt en gaan dan die inheemse droë bos binne, waar jy dalk op 'n blouduiker kan afkom. Die roete steek 'n smal stroompie met 'n betowerende kaskade oor en bied volop geleentheid vir voëlkyk. **6 km; 3 uur; heen en terug.**

34. OTTER-VOETSLAANPAD
Tsitsikamma Nasionale Park

Kyk nr. 32 (bl. 105) en 33 vir wandelpaaie.

> *Staproete:* 41 km; 5 dae; eenrigting.
> *Permitte:* Bespreek lank vooruit.
> Nasionale Parkeraad, Posbus 787, Pretoria, tel: (012) 428 9111, faks: 343 0905, e-pos: reservations@parks-sa.co.za
> *Kaarte:* Kleurkaart en roetepamflet.
> *Geriewe/Aktiwiteite:* Hutte met slaapbanke en matrasse; vuurmaakplekke, vuurmaakhout, water en toilette.
> *Belangrike inligting:* Raadpleeg 'n getytabel en beplan om die Lotteringrivier (dag 3) en die Bloukransrivier (dag 4) met laagwater oor te steek. 'n Oorlewingsak is nuttig om jou rugsak te laat dryf as jy moet swem. Vuurmaakhout word verskaf, maar is nie altyd beskikbaar nie en dit is dus raadsaam om 'n voetslaanstofie saam te dra. Gebruik water by die hutte spaarsaam, want dit kom van reënwatertenks wat deur die afvloei van die hutte se dakke gevul word.

Skemeragtige kuswoude, reusebranders wat teen die ruwe kus aanstorm, afgesonderde baaie en 'n kusplato bedek met heide en proteas – dit is van die pragtige natuurtonele van die Otter-voetslaanpad. Dit was die eerste amptelike voetslaanpad wat, in 1968, in Suid-Afrika geopen is en die roete loop van die Stormsrivierruskamp tot by Nature's Valley, langs wat ongetwyfeld een van die skouspelagtigste kusstroke in Suid-Afrika is.

Die voetslaanpad het sy naam te danke aan die groototter, wat in die standhoudende riviere en vleie langs die kus leef. Aan die Tsitsikammakus besoek hulle ook die tussengetysone en die see. Hulle is sku nagdiere en word selde gesien, maar met 'n bietjie geduld en geluk kan jy laatmiddag dalk een gewaar, gewoonlik waar 'n rivier in die see vloei.

Die eerste dag se skof (4,8 km; 2 uur) neem jou langs die rand van die kuswoud en oor rotse na die Watervalrivier, met sy pragtige waterval wat in 'n reusepoel neerstort. 'n Kort klim deur inheemse woud, gevolg deur 'n skof in die vallei af, bring jou by die oornagplek, Ngubu se Hutte.

Heel aan die begin van dag twee se skof (7,9 km; 4 uur) gaan die roete steil op na die plato toe. Verby Skilderkrans daal die roete na 'n stroom, begin dan weer klim en dan, na 'n gelyk stuk, daal dit weer na die Kleinbosrivier, met sy smal ravyn, poele en watervalle. Van die Kleinbosrivier af keer die roete terug na die plato, net om weer hoogte te verloor en dan, ná 'n laaste stywe klim, na Scott se Hutte op die oewer van die Geelhoutrivier te daal.

Dag drie (7,7 km; 4 uur) volg 'n golwende roete oor beboste hange, stukke van die kus en die plato. Met laagwater steek 'n mens die Lotteringrivier maklik oor, maar met hoogwater, of as 'n sloep na reëns oopgespoel is, sal jy dalk moet swem. Van hier af is dit 'n 20 minute-stap na Oakhurst-hutte toe.

Hoewel die vierde dag (13,8 km; 6 uur) die langste skof op die voetslaanpad is, is die effens golwende terrein nie eintlik veeleisend nie. Die roete wat tussen die kuslyn en die inheemse woud wissel, bring jou na 10 km by die Bloukransrivier. Anderkant die rivier klim die pad skerp na die kusplato, van waar daar mooi uitsigte oor die kusstrook is. Die roete loop dan steil af na André se Hutte, wat in inheemse woud langs die Kliprivier genestel is.

Dag vyf (6,8 km; 3 uur) begin met 'n stywe klim na die plato, en afgesien van 'n skotige af- en opdraand by Helpmekaarkloof, is dit 'n maklike wandeling oor die kranse na Die Punt. Van hier af kyk jy af op die Grootrivier se monding en Nature's Valley se wit sandstrand. Nadat jy afgeklim het na die strand toe en die riviermonding oorgesteek het, is dit 'n maklike wandeling na óf Nature's Valley óf die Grootrivier-kampeerterrein.

35. STORMSRIVIER-WANDELPAAIE
Stormsrivier-dorpie en -brug

> *Staproetes:* 2 wandelpaaie; 4,2 tot 8 km; 1,5 tot 2,5 uur. Korter roetes moontlik.
> *Permitte:* Selfuitreikpermitte by beginpunt.
> *Kaarte:* By die beginpunt.

Geriewe/Aktiwiteite: Piekniekterreine by Ou Brug en Stormsrivierbrug.

1. Ratel-natuurwandelpad Hierdie wandelpad is uitgelê in die omgewing van die beroemde Groot Boom van Tsitsikamma en bestaan uit drie aaneengeskakelde roetes. Die **Groen Roete** is 'n 1,2 km-sirkelroete na die Groot Boom. Hierdie enorme outeniekwageelhout, wat 36,6 m bo die woudvloer uittroon, het 'n omtrek van 8,5 m op borshoogte en 'n kroonwydte van 32,5 m. Van die Groot Boom af maak die **Geel Roete** (2,6 km) 'n groot lus en gaan langs die pad by 'n ander geweldige groot outeniekwageelhout verby. Die **Rooi Roete** is 'n 1,6 km-lus wat van die Geel Roete af vertak en hier kan reusagtige hardepeerbome langs die pad gesien word. **4,2 km; 1,5 uur, met korter opsies; sirkelroete.**

2. Plaatbos-natuurwandelpad loop deur inheemse woud suid van die N2. Die netwerk van wandelpaaie bied vier keuses. Die **Groen roete** (5,09 km), **Rooi roete** (7,78 km) en **Geel roete** (8,1 km) begin en eindig almal by die Bosboukantoor in die dorpie Stormsrivier, terwyl die **Blou roete** (830 m) by die Stormsrivierbrug-piekniekterrein begin en eindig. **8 km; 2,5 uur; sirkelroete.**

36. DOLFYN-STAPROETE
Stormsrivier

Staproete: 20 km; 2 dae; eenrigting.
Permitte: Nasionale Parkeraad, Posbus 787, Pretoria, tel: (012) 428 9111, faks: 343 0905, e-pos: reservations@parks-sa.co.za
Kaarte: Geen.
Geriewe/Aktiwiteite: Luukse oornagverblyf; fynproewersetes, ontbyt, pieknieketes en tee in die bos.
Belangrike inligting:
Omdat alle bagasie deur portiere na die oornagverblyf gedra word, hoef voetslaners net 'n dagsak en verkyker saam te dra.

Hierdie luukse staptog langs die Tsitsikammakus is 'n vennootskap tussen die Parkeraad en die private sektor. Voetslaners word deur opgeleide veldwagters vergesel wat hulle aan die wondere van die natuur en die mariene omgewing sal bekendstel.

Van die Stormsrivier-ruskamp word gaste in 'n viertrekvoertuig op 'n besigtigingsrit langs die Stormsrivier na die Forest Ferns-landgoed geneem waar die voetslaanroete begin. Hier word gaste die varingkwekery en 'n video oor die kweek en uitvoer van dié varings gewys. Verblyf is in luukse chalets op die oewer van die Sanddriftrivier.

Die eerste dag se roete gaan deur plantasies en inheemse woude waar 'n bostee bedien word. Die roete daal dan na die ruwe kus met sy kranse en natuurlike getypoele, wat met snorkels verken kan word. Die grootste gedeelte van die dag se staptog is langs die kus, maar aan die einde is daar 'n stywe klim terug na die plato toe waar voetslaners in die vakansiehutte van die Misty Mountain-melkplaas oornag.

Die tweede dag se skof, op die platorand, loop deur fynbos en bied die ideale uitkykpunt van waar jy skole dolfyne en groepies walvisse kan sien. Van Bakenrant af daal die roete skerp na die kus toe en steek die Stormsrivier met 'n hangbrug oor. Na 'n rustige vaart in 'n motorboot in die Stormsrivierkloof stap jy die oorblywende 1,5 km van die Stormsriviermond na die ruskamp toe waar die verblyf in houthutte is. Die staptog word afgesluit met 'n aandete in die restaurant van die Stormsrivierruskamp.

37. BOSKLOOF-STAPROETE
Humansdorp

Staproete: 3 km; 1 uur; sirkelroete.
Permitte: Nie nodig nie.
Kaarte: Ruwe sketskaart.
Geriewe/Aktiwiteite: Geen.

Die roete wat by die ingang langs die tuin van Indaba-huis in Voortrekkerweg, Humansdorp, begin, kronkel al langs 'n stroom in Boskloof en loop geleidelik opdraand. Aan die bopunt van die kloof gaan die roete deur 'n bekoorlike woud, wat 'n heerlike rusplek bied. Die terugskof loop langs die oostelike oewer van die stroom.

Inheemse bome wat langs die pad gesien kan word, is die besemtrosvy, Kaapse essenhout, bostaaibos, kershout, witpeer, hardepeer en boekenhout. Dele van die roete gaan deur struikwoud en fynbos terwyl die kransaalwyn opvallend tussen die kranse is. Onder die voëls wat jy kan afmerk is die gewone janfrederik, rooibekkakelaar, grootheuningwyser en gestreepte kanarie.

38. LE FEROX PARADIS-STAPROETES
Joubertina

> **Staproetes:** 6 km tot roetes van verskillende afstande volgens jou behoefte; 4 uur tot 'n volle dag; netwerk.
> **Permitte:** Le Ferox Paradis, Posbus 218, Joubertina 6410, tel: (042) 273 2079.
> **Kaarte:** Sketskaart.
> **Geriewe/Aktiwiteite:** Volledig toegeruste selfsorgbungalow (kan 16 huisves); volle losies in die plaashuis; kampeerterrein.

Die Le Ferox Paradis Private Natuurreservaat is deel van 'n 2 000 ha-plaas, wat in die noorde aan die Kougaberge en in die suide aan die Langkloof grens.

Die plantegroei wissel van inheemse woud in beskermde klowe en fynbos op hoër dele, tot geharde karoostruikgewas. Veral opvallend is die bitteraalwyn (*Aloe ferox*) waarna die reservaat vernoem is. Die seldsame olifantspoot (*Dioscorea elephantipes*), haworthias en broodbome kan ook gesien word.

Die Kougarivier en sy sytakke vloei deur die reservaat en hul ongetemde klowe dra by tot die aantreklikheid. Diere sluit die gewone duiker, vaalribbok en grysbok in. Die maanhaarjakkals, siwet en luiperd kom ook hier voor, maar word selde gesien. Die reservaat bied baie vir voëlkykers; onder die voëls wat jy moontlik sal sien is die witkruis- en visarend, bloukraanvoël en Knysnaloerie.

Kloofroete volg die loop van die Braamrivier stroomop en word gekenmerk deur fassinerende rotsformasies, aanloklike poele, rotsskilderinge en inheemse woude. **6 km; 4–5 uur; sirkelroete.**

Voetslaners kan ook langs die Kougarivier loop, terwyl die **Fynbos-aalwyn**-roete 'n sirkelpad tussen die Kouga- en Waboomsrivier volg. In die gebied suid van die Waboomsrivier kan stappers na hartelus hul eie pad baan, en onder meer 'n staptog na die Tweerivier onderneem.

39. LOUTERWATER-STAPROETES
Joubertina

> **Staproetes:** 4 roetes; 4 tot 10 km; 3 tot 7 uur: sirkelroete.
> **Permitte:** Louterwater Landgoed, Posbus 44, Louterwater 6435, tel: (042) 272 1724, faks: 272 1493.
> **Kaarte:** Sketskaart.
> **Geriewe/Aktiwiteite:** Selfsorghouthutte met beddens, matrasse, braaiplek en toilette; trekkertoere.

Louterwater Landgoed, 'n appel-en-peer-plaas in die noordelike voorheuwels van die Tsitsikammaberge, was die eerste plaas in die Langkloof wat vir die publiek oopgestel is. Die basiskamp vir die staptog is langs 'n aanloklike poel in die Louterwaterrivier. Besoekers kan die omgewing verken en geniet, maar ook sien hoe die plaas se vrugte gekweek, geoes en verpak word.

1. Bloukransbrug-roete Hierdie roete loop deur fynbos aan die noordelike hange van die Tsitsikammaberge en klim dan na die kruin van die reeks. Van daar af kan jy ver uitkyk oor die Langkloof in die noorde, die Tsitsikammawoude en die 216 m hoë Bloukransrivierbrug in die suide. **4 km; 3 uur; sirkelroete.**

2. Tsitsikammakloof-roete kronkel langs 'n rivier deur inheemse woud, waar nie minder nie as 11 varingspesies en hoë boomvarings gesien kan word. Op die roete stap jy verby natuurlike poele en daar is verskeie ompaaie na watervalle. Die roete klim skerp om by fynbos uit te kom waar die koningsprotea (*Protea cynaroides*) opvallend is. **7 km; 5 uur; sirkelroete.**

3. Langkloof-roete volg die bergkontoere deur fynbos en bied uitsigte op die Kouga- en Baviaanskloofgebergtes in die noorde. Proteaspesies wat hier voorkom, is onder meer die wit-, breëblaar-, blou- en opregte suikerbos. Vaalribbokke kan dikwels langs die roete gesien word. Op die terugskof kan voetslaners in 'n plaasdam afkoel, waar 'n kano beskikbaar is. **10 km; 6 uur; sirkelroete.**

4. Formosapiek Vir die meer avontuurlustige voetslaners is daar van die gebaande weë af 'n roete na die 1 675 m hoë Formosapiek wat die hoogste bergspits in die Langebergreeks is. Dit is 'n veeleisende roete wat net deur fikse en ervare voetslaners aangepak moet word.

40. BAVIAANSKLOOF-BEWARINGSGEBIED
Patensie

Staproetes: Talle voetpaaie deur die bewaringsgebied.
Permitte: Verantwoordelike Beampte, Baviaanskloof-bewaringsgebied, Posbus 218, Patensie 6335, tel: (040) 635 2115, faks: 635 2535.
Kaarte: Die topografiese 1:50 000-kaart van Baviaanskloof-bewaringsgebied, beskikbaar by die besprekingskantoor, is onontbeerlik.
Geriewe/Aktiwiteite: Komdomo: kampeerplekke met wasgeriewe, piekniekplekke, kanovaart, swem; Geelhoutbos: selfsorghutte; Doodsklip en Rooihoek: basiese kampeerplekke, varswaterhengel (permit is nodig), swem, bergfietsry en 4x4-roetes.
Belangrike inligting: Aangesien die voetpaaie nie gemerk is nie en die terrein taamlik ru is, moet hierdie gebied net deur fikse en ervare voetslaners verken word. 'n Kaart is noodsaaklik.

Die groter Baviaanskloof-bewaringsgebied, wat 200 000 ha met indrukwekkende bergspitse, diep ravyne, valleie en plato's beslaan, is 'n afgeleë en wilde stuk wêreld. Die hart van die bewaringsgebied is die 120 km lange kloof, wat in die noorde aan die Baviaanskloofreeks grens, met die Groot-Winterhoekreeks en die Cockscomb-piek en sy suidelike hange in die noordooste. Suid lê die Kougaberge.

Die berge in hierdie streek dra 'n ryke verskeidenheid plantegroei, wat wissel van bergfynbos en kolle inheemse woud tot spekboomveld, karoostruike en -vetplante, en valleibos, gekenmerk deur die valleibos-naboom. Hier groei 17 proteaspesies, die Baviaanskloofseder wat endemies aan die Kougabergreeks is, en die seldsame karoobroodboom.

Van die diere wat hier voorkom, is die koedoe, vaalribbok, rooiribbok, bosbok, luiperd, rooikat en bobbejaan. In 1989 is sewe elande in die ooste van die bewaringsgebied vrygelaat en die volgende jaar is 14 Kaapse bergsebras weer ingebring.

Omdat daar so 'n wye verskeidenheid habitats en plantegroeitipes is, is die gebied die tuiste van sowat 300 voëlspesies, onder meer die swerf- en edelvalk, Afrikaanse vleivalk en gestreepte vleikuiken. Die gebied is ook 'n broeihabitat vir die bloukraanvoël. Kyk in fynbos uit vir die Kaapse suikervoël, oranjeborssuikerbekkie, witvlerkkanarie en Kaapse fisant.

Hierdie bewaringsgebied word deur talle ongemerkte voetpaaie deurkruis, en jy kan jou eie voetslaanroete beplan; die enigste beperking is die tyd tot jou beskikking. Verskeie voetpaaie gaan op tot by die kruin van die Baviaanskloofreeks, maar wees voorberei op 'n stywe klim. In die Guerna-gebied, suid van Baviaanskloof, is daar talle verskillende paadjies wat tot diep in die afgeleë wildernis van die Kougaberge lei. Basiese voetslaanskuilings is beskikbaar by Guerna, Riverside en Dieprivier.

41. GROENDAL-WILDERNISGEBIED
Uitenhage

Staproetes: Netwerk; 14 tot 38 km; 7 uur tot 2 of meer dae; sirkelroetes.
Permitte: Die Verantwoordelike Beampte, Groendal-wildernisgebied, Posbus 445, Uitenhage 6230, tel: (041) 992 5418.
Kaarte: Roetes aangedui op afskrif van 1:50 000 topografiese kaart.
Geriewe/Aktiwiteite: Storte en toilette by die kantoor. Oornagverblyf in grotte.

Die Groendal-wildernisgebied van 25 047 ha lê aan die oostelike punt van die Groot-Winterhoekberge. Groendaldam is in die middel van die wildernisgebied, en die omliggende landskap word gekenmerk deur 'n plato wat deur diep ravyne verdeel word, met ruwe berge op die agtergrond. Strydomsbergpiek, die hoogste punt in die wildernisgebied, is 1 180 m bo seevlak.

Op laer vlakke is die plantegroei tipiese valleibos, oorheers deur die soetnoors (*Euphorbia coerulescens*), terwyl spekboom, nieshout, katdoring en kriedoring ook hier voorkom. Fynbos en gras kan hoër bo seevlak aangetref word en onder die tipiese plante is hoë geelbosse, die blou- and breëblaarsuikerbos en die gewone luisiesbos. In die diep ravyne floreer die inheemse woud met sy outeniekwa- en regte-geelhout, rooiels en die Kaapse sterkastaiing.

Bosbokke, blouduikers en samango-ape leef in die beboste gebiede, terwyl vaalribbokke, rooiribbokke en bobbejane in die oop berggebiede bly. Luiperds kom hier voor maar word selde gesien.

Daar is 'n verskeidenheid voëls en van die spesies wat jy in die fynbos kan afmerk, is die Kaapse en rooikeelfisant, grasvoël, Kaapse suikervoël en Kaapse pietjiekanarie. In die valleibos moet jy uitkyk vir die Knysnaspeg, Heuglinse janfrederik, donkervlieëvanger en grysborstjagra. Talle watervoëls word na die Groendaldam en die riviere gelok.

1. Blindekloof is 'n manjifieke, ongetemde kloof met rustige poele en watervalle. Die heenroete volg 'n viertrekpad, wat later plek maak vir 'n voetpad na die bopunt van Blindekloof. Van hier af daal die roete in die beboste Blindekloof na Gemini-poele en verby Perdekloof (die Kimcadle-waterval is 'n bietjie hoër op in die kloof) tot by Skimmelkloof. Na 'n kort, steil klim uit Skimmelkloof uit sluit jy weer aan by die viertrekpad en volg dit terug na die beginpunt toe. **14 km; 7 uur; sirkelroete.**

2. Smaragpoel Hierdie gewilde naweekbestemming, omring deur die steil kranse van Bo-Chasekloof, lê onder 'n reeks stroomversnellings en 'n 10 m hoë waterval, wat in 'n reusepoel met die gepaste naam Smaragpoel stort. Twee nabygeleë grotte dien as oornagverblyf. Die bestyging van die Strydomsbergpiek is 'n opsionele uitstappie van Smaragpoel af en behels 'n stywe klim wat jou meer as 550 m hoër bo seevlak neem. **32 km; 2 dae; sirkelroete.**

3. Bo-Blindekloof-roete loop langs die bolope van Skelmkloof en Bo-Skelmkloof. Die roete styg gelykmatig met 750 m tot by Vermaakskop en loop hoofsaaklik deur fynbos, maar teen die hange bo Groendaldam kronkel dit in en uit by klowe met valleibosplantegroei. Smaragpoel kan met 'n kort ompad bereik word. **36 km; 2 dae; sirkelroete.**

4. Damroete volg 'n sirkelroete om Groendaldam, wat in 1932 voltooi is om in Uitenhage se behoefte aan huishoudelike en nywerheidswater te voorsien, en 'n inhoud van 11 miljoen kubieke meter het. 'n Hoogtepunt van die roete is die geelhoutbos, wat op die oewer van 'n hoefdraai in die Swartkopsrivier geleë is. **38 km; 2 dae; sirkelroete.**

42. UITENHAGE-NATUURRESERVAAT
Uitenhage

Staproetes: Netwerk; 24 km (altesaam); 30 min. tot 3 uur.
Permitte: Toegangsgeld. Geen permitte nodig vir wandelpaaie nie.
Kaarte: Kaart en pamflet.
Geriewe/Aktiwiteite: Selfsorgbungalows en kampeerplekke by Springs-vakansieoord.

Die reservaat, 7 km noord van Uitenhage, is geleë om 'n natuurlike fontein wat as die dorp se eerste openbare watervoorraad gedien het. Dit bied beskerming aan 900 ha tipiese valleibosplantegroei, met elemente van karoovetplantveld en grasveld. Tussen Mei en Augustus is die aalwyne, waaronder die uitenhaagsaalwyn (*Aloe africana*), bitteraalwyn (*Aloe ferox*), Franse aalwyn (*Aloe pluridens*) en koraalaalwyn (*Aloe striata*) opvallend, asook die nabome (*Euphorbia*), spekboom en die karoobroodboom.

Die netwerk van wandelpaaie loop van 'n dig beboste vallei na die heuwels en rante wat die oord omring. Van hierdie uitkykpunte is daar uitsigte oor Uitenhage, en Algoabaai in die ooste. In teenstelling met die valleibos van die laer liggende dele, word die plantegroei van die heuwels en rante gekenmerk deur vet- en bolplante. Onder hulle is daar aalwyne, plakkies, vygies, haworthias en tjienkerientjees.

43. VAN STADEN-VELDBLOMRESERVAAT
Wes van Port Elizabeth

Staproetes: 2 roetes; 2,5 en 3 km; 1 tot 1,5 uur.
Permitte: Toegangsgeld. Geen permitte.
Kaarte: Ruwe sketskaart.
Geriewe/Aktiwiteite: Inligtingsentrum; piekniekplekke; toilette.

Die reservaat beslaan 400 ha en bestaan uit 'n bewerkte deel en groot stukke natuurlike plantegroei. Dit lê weerskante van die N2 en grens in die weste aan Van Stadenskloof. Die deel noord van die N2 lê op die kusplato en bevat hoofsaaklik fynbos. Suid van die N2 maak die kusplato plek vir hange bedek met Alexandria-woud wat die suidwestelike uitbreiding van die meer tropiese oostelike woud is. Dit is meer droogtebestand as die kuswoude verder oos en is die beste ontwikkel in die omgewing van Alexandria, noordoos van Port Elizabeth.

1. Rivier-wandelpad loop deur natuurlike fynbos en massa-aanplantings van proteas, heide en ander plante in die noordelike deel van die reservaat. Die roete loop langs die rand van Van Stadenkloof en dan terug na die beginpunt. Die Kaapse suikervoël en ses suikerbekkiespesies is onder 100 voëlspesies wat hier opgeteken is. **2,5 km; 1 uur; sirkelroete.**

2. Bos-wandelpad suid van die N2 bied die geleentheid om 'n mooi gedeelte van die Alexandria-woud te sien waar geelhout, bastersaffraan, witels, kiepersol en swartysterhout groei. Woudvoëls soos die witborsduifie, Knysnaloerie en gestreepte kanarie kan ook afgemerk word. **3 km; 1 uur; sirkelroete.**

44. MAITLAND-NATUURRESERVAAT
Port Elizabeth

Staproetes: 3 wandelpaaie; 3 tot 9 km; 1,5 tot 3 uur; sirkelroete.
Permitte: Toegang gratis. Geen permitte

is nodig vir wandelpaaie nie.
Kaarte: Sketskaart.
Geriewe/Aktiwiteite: Maitland-oord, met kampeerplekke en wasgeriewe daar naby.
Belangrike inligting: Water in die strome is nie drinkbaar nie; neem water saam.

Die Maitland-natuurreservaat van 127 ha aan die mond van die rivier waaraan hy sy naam te danke het, bied beskerming aan 'n mooi stuk kuswoud en boswêreld met onder andere geelhout-, melkhout- en boerboonbome. Diere wat jy kan teëkom sluit die bosbok, blouduiker en kleingrysmuishond in, en die woud is ook die tuiste van die Knysnaloerie, paradysvlieëvanger en groenvlekduifie.

Al drie roetes, wat by die ingangshek begin, volg aanvanklik die ou wapad na die verlate loodmyn op die kruin van die heuwel buite die reservaat.

1. Sir Peregrine Maitland-wandelpad volg die ou wapad en gaan dan met 'n lus terug teen die steilte af deur kuswoud tot by die De Stadesrivier, met sy digte blaredak van oorhangende bome. **3 km; 1,5 uur; sirkelroete.**

2. Igolomi-wandelpad Van die aansluiting by die Sir Peregrine Maitland-wandelpad stap jy 'n klein entjie verder op die wapad tot waar die Igolomi-wandelpad na regs vertak. Die terugroete gaan deur lae bos en klein boompies en langs die pad is daar uitsigte oor die kus. **4 km; 2 uur; sirkelroete.**

3. De Stades-wandelpad vertak na links, teenoor die afdraai na die Igolomi-wandelpad, en loop dan oor die rug van 'n beboste duin, van waar daar panoramiese uitsigte oor die Maitlandriviervallei en die hoë sandduin by die riviermond is. **9 km; 3 uur; sirkelroete.**

45. DIE EILAND-NATUURRESERVAAT
Port Elizabeth

Staproetes: Netwerk; 1,5 tot 16 km; 30 min. tot 5 uur; sirkelroetes.
Permitte: Die Verantwoordelike Beampte,

*Die Eiland-natuurreservaat,
Posbus 50634, Colin Glen 6018,
tel: (041) 378 1634,
faks: 378 1607.*
Kaarte: *Sketskaart.*
Geriewe/Aktiwiteite: *Piekniekplekke; oordekte braai- en eetarea.*
Belangrike inligting: *Voorsorgmaatreëls teen bosluise is raadsaam.*

46. SARDINIËBAAI-NATUURRESERVAAT
Port Elizabeth

Staproete: *8 km; 3 uur; sirkelroete.*
Permitte: *Nie nodig nie.*
Kaarte: *Sketskaart.*
Geriewe/Aktiwiteite: *Piekniekplek; toilette.*
Belangrike inligting: *Vir jou eie veiligheid is dit raadsaam om in 'n groep te stap.*

Die Eiland-natuurreservaat strek oor ongeveer 500 ha. Dit is begroei met denne- en bloekomplantasies en bied ook beskerming aan 'n stuk Alexandria-woud. Dit is baie dig, met 'n hoogte van ongeveer 10 m en is die suidwestelike uitbreiding van die meer tropiese kuswoude wat verder oos voorkom. Dit het meer plante wat spesiaal aangepas is vir droë dele as die kuswoude verder oos, maar bevat ook spesies wat kenmerkend is van die meer gematigde woude verder wes.

Bosbok-wandelpad Afgesien van die bosbokke waarna die wandelpad vernoem is, kan jy ook op gewone duikers en blouapies afkom, terwyl verskeie klein knaagdiere ook in die reservaat voorkom. Onder die voëls waarvoor jy op die uitkyk moet wees is die olyfboslaksman, bosloerie, Knysnaloerie, bosmusikant en gryskopspeg.

Bome langs die netwerk van wandelpaaie is gemerk en kan uitgeken word deur die lys op die wandelpadbrosjure te raadpleeg. Op die Bosbok-wandelpad kan jy mooi eksemplare van hardepeer, kasuur, outeniekwageelhout, veldvy, Kaapse kiaat en wildekastaiing sien.

Die Alexandria-woud is op 'n ou duin, wat deel vorm van die reeks duine in hierdie deel van Die Eiland-natuurreservaat wat 'n hoogte van tot 282 m bo seevlak bereik. Op die volle sirkelroete is daar twee goeie uitkykpunte op die duin. By die 8,5 km-merk kan voetslaners met 'n ysterleer na die top van 'n baken klim, en op die 10,4 km-merk is daar 'n branduitkyktoring. Van hier af is daar panoramiese uitsigte oor die bos en die oseaan daaragter, met Jeffreysbaai en Kaap St Francis duidelik sigbaar op 'n helder dag. **Bosbok-wandelpad bestaan uit verskeie aaneengeskakelde sirkelroetes: 1,5 km, 30 minute; 3,4 km, 45 minute; 7,6 km, 2 uur; 16 km, 5 uur; almal sirkelroetes.**

Hierdie reservaat van 320 ha is in 1980 gevestig om die kusduinefynbos en sy diere te beskerm. Die mariene reservaat van Sardiniëbaai strek van naby Skoenmakerskop weswaarts tot by Bushy Park en 1 km die see in. As gevolg van die sterk kuswinde is die melkhoute misvorm en laag, soms net kniehoogte. In die lente blom groot getalle donkerpienk sanduie (*Veltheimia viridiflora*) onder die kusbos, en die blomme van die gousblomme en vuurpyle gee kleur aan die rotse langs die kus.

Sacramento-wandelpad is vernoem na die Portugese galjoen wat op 30 Junie 1647 naby Skoenmakerskop gestrand het. Net 9 van die 72 oorlewendes het Delgoabaai (nou Maputo) bereik na 'n staptog van 1 300 km wat ses maande geneem het. 'n Brons kanon wat in 1977 uit die wrak opgediep is en langs die kus net wes van Skoenmakerskop opgerig is, dien as 'n herinnering aan die ramp.

Van die westekant van Skoenmakerskop volg die roete die kus verby die Sacramento-monument, en aan die verste punt van Cannon Bay is die ruïne van 'n meul wat gebruik is om skulpe te vergruis. Anderkant Cannon Rocks is daar talle sloepies waar voetslaners die seelewe kan bestudeer of kan afkoel. Die terugkof van Sardiniëbaai af volg 'n rant wat aan die reservaat se voetpadnetwerk verbind is.

47. KAAP RECIFE-NATUURRESERVAAT
Port Elizabeth

Staproete: *9 km; 3 uur; sirkelroete.*
Permitte: *Geen toegangsgeld as voertuie buite die hek gelaat word nie.*

Geen permitte nodig vir wandelpaaie nie.
Kaarte: Sketskaart en inligtingsblaadjie.
Geriewe/Aktiwiteite: Inligtingsentrum; voëlkykskuiling; toilette.

Hierdie reservaat aan die mees westelike punt van Algoabaai beslaan 336 ha kusduinflora en rotskuste. Dit word oorheers deur 'n 24 m hoë agthoekige vuurtoring, wat skepe sedert 1851 teen die gevare van Recifepunt en Thunderbolt Reef waarsku.

Watervoëls soos die rooipoot- en bontelsie, die grootkoningriethaan en ander, word deur die waterherwinningsinstallasie gelok, en groot getalle sterretjies gebruik Recifepunt as slaapplek. 'n Rotsagtige landpunt is afgesonder as 'n reservaat vir die bedreigde brilpikkewyn en daar word gehoop dat beseerde voëls wat gered is en na hul herstel hier vrygelaat is, 'n broeikolonie sal vorm.

Rooiborssterretjie-wandelpad is vernoem na een van die sterretjiespesies wat hier voorkom. Die roete loop van die reservaat se hek na die waterherwinningsinstallasie, waar daar 'n voëlkykskuiling is. Dit volg dan die kuslyn, verby die vuurtoring en die brilpikkewynreservaat, voordat dit van die kus wegswaai na die oorblyfsels van 'n Tweede Wêreldoorlog-kaserne. 'n Kort klim bring jou by 'n uitkykpos, wat in 1940 as deel van die stad se haweverdediging gebou is, en van hier kyk jy uit oor die reservaat, Algoabaai en Thunderbolt Reef.

48. SETLAARSPARK
Port Elizabeth

Staproetes: 2 tot 7,5 km; 1 tot 3,5 uur; netwerk.
Permitte: Nie nodig nie.
Kaarte: Sketskaart en inligtingsblaadjie.
Geriewe/Aktiwiteite: Blommevertoonhuis; toilette; water.
Belangrike inligting: Moenie die water van die Baakensrivier drink nie.

Setlaarspark, in die hart van Port Elizabeth, is 'n groen gordel van 54 ha in die Baakensriviervallei met sy steil hellings. Tussen die natuurlike gemengde boswêreld is daar netjiese grasperke, paadjies, banke en waterverfraaiings.

Jan Smuts-wandelpad loop van die hoofingang by Howestraat in die vallei met sy kranse, fonteine, lappe uitheemse bome en versamelings proteas en broodbome in. Daar is talle voetpaaie wat jy kan volg en langs die pad sal jy baie voëls teëkom. Van die 120 spesies wat gesien kan word, is die gryskopspeg, rooikeelfisant, geelborskleinjantjie, gestreepte kanarie en die witborsduifie. Wees op die uitkyk vir swerfvalke in die omgewing van Lover's Rock.

49. TARENTAAL-STAPROETES
Port Elizabeth

Staproetes: 2 roetes; 6 en 7,5 km; 2 en 2,5 uur, met korter roetes; eenrigting.
Permitte: Nie nodig nie.
Kaarte: Sketskaart en inligtingsblaadjie.
Geriewe/Aktiwiteite: Blommevertoonhuis; toilette en water in Setlaarspark.
Belangrike inligting: Die water van die Baakensrivier is nie drinkbaar nie; neem water saam. Vir jou eie veiligheid is dit raadsaam om in 'n groep te stap.

Die Tarentaal-staproete volg die loop van die Baakensrivier oor sy hele lengte van die N2-snelweg tot by Steenmakerskloof. Die roete gaan met 'n groen gordel langs, wat onder voorstede verbygaan en deur 'n verskeidenheid plantegroeitipes loop.

1. Bo-Tarentaal-roete begin by die parkeerterrein by die Derde Laan-laagte in Newton Park. Terwyl 'n mens in die Baakensvallei opstap, kan jy nie help om die vervuiling deur indringerplante raak te sien nie. Gelukkig word hulle met biologiese metodes uitgeroei en mettertyd sal die inheemse plante hulle weer vestig. Terwyl jy na Fernglen en onder Overbaakens klim, loop die roete deur fynbos, en teen die steil hange onder Knife Edge, 'n rif met steil kante, kan valleibos gesien word. Die wandelpad eindig aan die onderpunt van Hawthorne-laan. **6 km; 2 uur; eenrigting.**

2. Onder-Tarentaal-roete strek rivieraf van die Derde Laan-laagte in Newton Park tot by Setlaarspark en Steenmakerskloof. Die roete volg aanvanklik die loop van die rivier, waar indringerplante opvallend is. Maar waar die pad uit die vallei klim, loop dit deur fynbos en valleibos. Setlaarspark word sowat 5 km van die beginpunt af bereik, en die staptog kan óf by die hoofparkeerterrein uit Howelaan óf by Steenmakerskloof eindig. **7,5 km; 2,5 uur; eenrigting.**

50. SWARTKOPS-NATUURRESERVAAT
Port Elizabeth

Staproetes: 10 km; 3 uur; sirkelroete.
Permitte: Nie nodig nie.
Kaarte: Sketskaart met inligtingsblaadjie.
Geriewe/Aktiwiteite: Geen.
Belangrike inligting: Vir jou eie veiligheid is dit raadsaam om in 'n groep te loop.

Die Swartkops-natuurreservaat is tot stand gebring om die valleibosplantegroei, soutvleie, getyvlaktes en panne van die Swartkops-riviermonding, 15 km noord van Port Elizabeth, te beskerm. Die plantegroei word gekenmerk deur boerboonbome, kiepersolle, witmelkhoute en spekbome. Die reservaat het ook aalwyne, wat in Junie en Julie, wanneer hulle blom, besonder mooi is.

Die vleilande en valleibos lok 'n verskeidenheid voëls en tot op datum is 220 voëlspesies in en om die Swartkops-riviermonding opgeteken. Met tye vergader tot 1 000 flaminke op die pan en in die somer kan verskeie waadvoëls en sterretjies afgemerk word. In die valleibos moet jy jou oë oophou vir die Knyspeg, bergpatrys, grysborstjagra en witkeeljanfrederik.

Die valleibos is die tuiste van die Kaapse grysbok, blouduiker en bosvark, terwyl die groototter 'n voorkeur vir die ruie plantegroei langs die rivier het.

Flamink-wandelpad begin by die Motherwell-stormwaterkanaal in die Swartkops-natuurreservaat, 'n paar kilometer noord van die middestad. Van hier af klim die roete deur valleibos na die platorand, van waar daar mooi uitsigte oor die Swartkops-riviermonding is. Dit daal dan in 'n kloof af tot by die soutpan en volg 'n rukkie 'n spoor aan die voet van die platorand voordat dit weer na die kruin van die platorand klim. Dan volg 'n laaste daling na die soutpan, gevolg deur 'n wandeling langs die rivier tot by Redhouse, voordat die roete naby die rand van die soutpan loop.

51. AALWYN-STAPROETE
Blouwaterbaai, Port Elizabeth

Staproete: 7 km; 2,5 uur; sirkelroete.
Permitte: Nie nodig nie.
Kaarte: Sketskaart met inligtingsblad.
Geriewe/Aktiwiteite: Geen.

Die Aalwyn-staproete het sy naam te danke aan die oorvloed aalwyne by die beginpunt van die roete, waarvan die uitwaartse skof bo die Swartkops-riviermonding met die platorand langs loop. Net voor die 1 km-merk vertak die **Geel Roete** ('n 2 km-sirkelroete), terwyl die langer **Rooi Roete** 'n entjie verder langs 'n ompad binneland toe gaan. Dit keer dan terug na die platorand van waar daar pragtige uitsigte oor die riviermonding, Swartkops-natuurreservaat verder rivierop, en die Cockscombpiek in die verte is. Die roete swaai dan weg van die platorand en loop deur valleibos op die plato, waar dit deur 'n reeks ou moddergate loop. Hierdie holtes is die enigste getuienis dat olifante vroeër hier voorgekom het. Die laaste 1 km volg die Geel Roete se terugskof. Die staproete begin by die bopunt van Tippers Creek-weg tussen Amsterdamhoek en Blouwaterbaai.

52. VANDERKEMPSKLOOF-STAPROETE
Bethelsdorp

Staproete: 8 km; 3 uur; sirkelroete.
Permitte: Nie nodig nie.
Kaarte: Sketskaart en inligtingspamflet.
Geriewe/Aktiwiteite: Geen.

Hierdie staproete begin in die hart van die geskiedkundige nedersetting Bethelsdorp, wat in 1803 deur dr. Johannes van der Kemp van die Londense Sendinggenootskap gestig is. Onder die plekke van geskiedkundige belang is die Armehuis (1822), Van der Kemp se Kerk, wat in 1903 gebou is op die terrein van die oorspronklike kerk, wat in 1890 deur 'n brand verwoes is, Kerkstraat en die Sendingklok, wat in 1815 opgerig is. 'n Ander belangrike gebou is Livingstone Cottage, waar dié beroemde sendeling en ontdekkingsreisiger glo 'n tyd lank gewoon het.

Van die nedersetting af loop die roete vir ongeveer 3 km langs die Klein-Swartkopsrivier in Vanderkempskloof en klim dan tot op die plato met sy grasagtige fynbos. Langs die pad is daar uitsigte oor Port Elizabeth se westelike voorstede, die kloof, Swartkopsvallei en Algoabaai. 'n Steil afdraand in die kloof af, gevolg deur 'n kort wandeling, voltooi die staptog.

53. ZUURBERG
Addo Olifant Nasionale Park

Staproetes: 1 of 4 uur; 2,5 of 12 km; sirkelroete.
Permitte: Toegangsgeld. Geen permitte nodig vir wandelpaaie nie.
Kaarte: Sketskaart.
Geriewe/Aktiwiteite: Zuurberg-herberg naby die begin van die wandelpad of selfsorgverblyf in die hoofkamp van die Addo Olifant Nasionale Park, 20 km na die suide.

Die Addo Olifant Nasionale Park is in 1931 geproklameer om die laaste oorblywende olifante in die Oos-Kaap te beskerm, en sedertdien het die park se olifantbevolking van 11 tot 300 toegeneem. Dit is ook 'n reservaat vir die swartrenoster en in een stadium was dit die tuiste van die enigste buffelbevolking sonder bek-en-klouseer. Rooihartbeeste, elande, koedoes, bosbokke en grysbokke is van die wildsbokke wat in die park voorkom. Ook van belang is 'n miskruier wat nie kan vlieg nie en endemies aan die Oos-Kaap is.

Die Zuurberg-gedeelte van die Addo Olifant Nasionale Park beslaan 35 000 ha met ruwe bergpieke en ongerepte riviervalleie in die Klein-Winterhoekberge. Dit is in 1985 tot nasionale park verklaar en daarna met die Addo Olifant Nasionale Park verenig toe grond tussenin bekom is.

Zuurberg is die tuiste van die koedoe, rooiribbok, vaalribbok, bosbok, gewone duiker, blouduiker en bosvark. Sedert die proklamering van Zuurberg tot nasionale park is bergsebras, swartrenosters en 'n familie seekoeie hier hervestig.

Die valleibos in die gebied word as die mees ongerepte in die Oos-Kaap beskou. Fynbos oorheers op die hoër hoogtes, terwyl inheemse woud plek-plek in die klowe voorkom. Onder die plante moet drie broodboomspesies, sowel as die wateraalwyn (*Aloe micracantha*) en die beesvygie (*Ruschia rigens*) spesiaal genoem word.

Die korter roete loop langs die rand van die kloof, terwyl die lang roete afkronkel in Doringnekkloof met sy rivierplantegroei en dan terugklim na 'n oop fynbosrug waarlangs jy na die beginpunt terugstap.

54. ALEXANDRIA-VOETSLAANPAD
Alexandria

Staproete: 36 km; 2 dae; sirkelroete.
Permitte: Die Reservaatbestuurder, Woody Cape-natuurreservaat, Posbus 50, Alexandria 6185, tel: (046) 653 0601, faks: 653 0302.
Kaarte: Sketskaart.
Geriewe/Aktiwiteite: Twee oornaghutte, met slaapbanke, matrasse, water en wasgeriewe.
Belangrike inligting: Geen vure word by die Woody Cape-hut toegelaat nie. Gebruik water by Woody Cape net vir drink- en skottelgoedwater, want die enigste beskikbare water is reënwater wat van die hut se dak kom. Alle vullis moet van Woody Cape af teruggebring word.

Woody Cape-natuurreservaat bevat die grootste stuk Alexandria-woud in die land en die grootste kusduineveld in Suider-Afrika.

Die Alexandria-woud bestaan uit lae en middelgroot (10 m hoë) bome en lyk dikwels meer na 'n ruigte as 'n woud. Hoër bome groei in die valleie. Alexandria-woud het 'n interessante samestelling, want dit bevat 'n mengsel van kusbome, tropiese bome, wat meestal verder oos voorkom, gematigde berg- en Kaapse woudbome.

Die Alexandria-duineveld wat ongeveer 110 km² beslaan, het die afgelope 6 000 jaar ontwikkel. Dit word gereken as een van die beste voorbeelde van 'n beweeglike duinestelsel in die wêreld, en die invloei van sand in die stelsel in word geskat op 375 000 m³ per jaar.

Die woud is die habitat van die bosvark, bosbok en blouduiker, en in die duineruigtes leef grysbokke, gewone duikers, boomdassies en blouape. Luiperds, rooikatte, rooijakkalse en 'n verskeidenheid kleiner soogdiere kom ook hier voor.

Die Alexandria-duineveld is 'n belangrike broeihabitat vir die Damarasterretjie en die swarttobie. Voëleiland, die grootste van 'n groep eilande aan die kus, is die tuiste van ongeveer 140 000 witmalgasse (die grootste kolonie ter wêreld) en ongeveer 5 000 brilpikkewyne. Voëls waarvoor jy in die bos moet uitkyk, is die gekroonde neushoringvoël, gewone boskraai, bosloerie, witkoljanfrederik, boskrapper en bosmusikant.

Die eerste dag se skof (19,5 km; 6 uur) loop vir ongeveer 4 km om die beurt deur plantasies en inheemse bos na die Waterboom, so genoem omdat vroeë reisigers glo reënwater gebruik het wat in die holte aan die voet van die boom versamel. Van hier af gaan die roete deur 'n manjifieke stuk Alexandria-woud voordat dit oor private grond en oor 'n bufferduin loop. Hierna bereik dit die kus by die Woody Cape-oord en volg dan die pragtige kus met sy wit strand weswaarts na die duinekranse. Met hoogwater het jy geen ander keuse as om die 'hoë roete' oor die kranse te neem nie, maar met laagwater kan jy verder langs die kus stap tot by 'n touleer, waarmee jy tot bo-op die kranse kan kom. Die laaste gedeelte van albei roetes loop oor die kranse, met mooi uitsigte op die kus.

Die tweede dag se skof (16,5 km) neem jou deur die duine. Die klein eilandjies bos in die duine is besonder treffend. Anderkant die duineveld betree jy private eiendom waar die roete oor 'n groot grasplato loop. Jy gaan verby 'n sigoreibrander wat in die 1920's gebruik is. Die laaste gedeelte van die wandelpad loop weer deur inheemse woud.

55. BOSBERG-VOETSLAANPAD
Somerset-Oos

Staproetes: 15 km; 1 of 2 dae; sirkelroete.
Permitte: Die Reservaatbestuurder, Blue Crane Route Munisipaliteit, Posbus 21, Somerset-Oos 5850, tel: (042) 243 1333, faks: 243 1548.
Kaarte: Sketskaart en reservaatbrosjure.
Geriewe/Aktiwiteite: Oornaghut met slaapbanke, matrasse, tafels, banke, vuurmaakplekke, water en toilette; kampeerplekke; piekniekplekke.

Die Bosberg-natuurreservaat teen die hange van die Bosberg is beroemd vir sy goed bewaarde Döhne-suurveld wat hoër bo seevlak voorkom. Die plantegroei van die vlaktes word gekenmerk deur karoo-agtige struike en grasveld, terwyl kolle inheemse woud, wat uit olienhout, witstinkhout, outeniekwageelhout en wildeperske bestaan, in die beskutte klowe voorkom.

Diere waarop jy kan afkom, is die bergsebra, bosbok, bosvark, steenbok, bobbejaan, blouapie en klipdassie. 'n Verskeidenheid voëls kan ook hier afgemerk word.

Die eerste dag se skof (5 km; 3 uur) begin met 'n stywe klim, maar na die 2 km-merk is die helling effens minder steil. Tussen die 2 km- en 3 km-merk kronkel die pad deur 'n mooi stuk woud. Slagbos, met sy massiewe dolorietrotse en skadubome is die ideale rusplek. By die 3,5 km-merk swaai die oornagroete wes, maar vir dagvoetslaners is daar 'n sirkelroete terug na die beginpunt. Die hoogte bo seevlak styg met ongeveer 700 m tot by die oornaghut, maar die uitsigte is wonderlik: op 'n helder dag kan jy tot 120 km ver na die suide sien.

Die tweede dag se skof (10 km; 3 uur) loop aanvanklik oor die platogebied en langs die pad is daar asemrowende uitsigte op die Bestershoekvallei. Van Bloukop, op 1 620 m die hoogste punt in die reservaat, daal die roete skerp voordat dit gelyk raak en die laaste gedeelte jou deur die wildkamp neem.

56. KOMMANDODRIF-NATUURRESERVAAT
Tarkastad

Kyk nr. 57 vir voetslaanpad.

> **Staproete:** 6 km; 2 uur; heen en terug.
> **Permitte:** Toegangsgeld. Geen permitte nodig vir wandelpaaie nie.
> **Kaarte:** Sketskaart.
> **Geriewe/Aktiwiteite:** Selfsorgverblyf, kampeerterreine; voëlkykskuiling; bergfietsry; piekniekplekke; bootvaart; varswaterhengel (permit nodig).
> **Belangrike inligting:** Somertemperature kan baie hoog wees.

Die Kommandodrifdam is die vernaamste lokpunt van hierdie 5 983 ha-natuurreservaat, wat deur lae, golwende heuwels gekenmerk word. Die reservaat is in 1980 geproklameer en een van die bestuursdoelwitte is om die Karoo-veld tot sy oorspronklike toestand te herstel.

Wild wat vroeër hier voorgekom het en weer ingevoer word, is die bergsebra, swartwildebees, rooihartbees, blesbok en springbok. Koedoes, steenbokke, rooiribbokke, rooikatte, bobbejane en blouapies kom ook hier voor. Tot op datum is 200 voëlspesies in die reservaat opgeteken.

Boesman-roete lei van die ruskamp met die oewer van die dam langs en volg dan 'n viertrekpad in Palingkloof op. Die oop water en oewer lok water- en waadvoëls en maak die roete ideaal vir voëlkykers. **6 km; 2 uur; heen en terug.**

57. UITHOU-VOETSLAANPAD
Kommandodrif-natuurreservaat

Kyk nr. 56 vir wandelpaaie.

> **Staproete:** 28 km; 2 of 3 dae; sirkelroete.
> **Permitte:** Die Bestuurder, Kommandodrif-natuurreservaat, Posbus 459, Cradock 5880, tel: (048) 881 3925, faks: 881 3119.
> **Kaarte:** Sketskaart en inligtingsbrosjure.
> **Geriewe/Aktiwiteite:** Oornaghutte met slaapbanke, matrasse, koue stort en vuurmaakplek; selfsorgverblyf; kampeerplekke; voëlkykskuiling; bergfietsry; piekniekterreine; bootvaart; varswaterhengel (permit nodig).
> **Belangrike inligting:** Somertemperature kan baie hoog wees.

Uithou-voetslaanpad In weerwil van sy naam, is dit 'n betreklik maklike roete. Op dag een (16,5 km; 5,5 km) kronkel die roete oor die onderste hange van Rooiberg en steek verskeie stroombeddings oor. 'n Besoek aan die wildkykskuiling wat oor 'n dam naby die oornaghut uitkyk, is laatmiddag of vroegoggend besonder lonend.

Op dag twee (11,5 km; 4 uur) gaan die roete oor Springbokvlakte, 'n gebied waar wild voorkom, voordat dit terugswaai en 'n kontoer oor die westelike hange bo die dam volg. 'n Kort ompad neem jou na die Tarkarivier-skuiling net voor die einde van die roete.

Die staptog kan tot drie dae verleng word deur 'n ekstra nag by die hut te bespreek. Dit sal jou in staat stel om wild en voëls dop te hou en die natuurlike swempoel by die nabygeleë Ratelshoek te geniet.

58. TSOLWANA-WILDRESERVAAT
Whittlesea

> **Staproetes:** Staptogte met gidse; afstand en duur wissel (4 km tot 20 km; 2 uur tot 2 dae), na gelang van die groep se fiksheid en belangstelling; sirkelroete.
> **Permitte:** Toegangsgeld. Vir oornagroetes, moet jy bespreek by die Oos-Kaapse Toerismeraad, Posbus 186, Bisho 5606, tel: (040) 635 2115, faks: 636 4019.
> **Kaarte:** Sketskaart van reservaat.
> **Geriewe/Aktiwiteite:** Twee voetslaankampe met slaapbanke, matrasse en warm- en kouewaterwasgeriewe;

luukse selfsorghutte; begeleide en onbegeleide wildbesigtigingsritte; perdry; piekniekplekke.

Die landskap van die Tsolwana-wildtuin van 8 500 ha aan die rand van die Winterberge word gekenmerk deur grasvlaktes wat deur diep valleie verdeel word. Die reservaat kry sy naam van die 1 877 m hoë keëlvormige heuwel wat die Xhosas aan 'n skerp punt, *tsolwana*, laat dink het.

Die plantegroei teen die noordelike hange van die Winterberge op die rand van die Karoo wissel van dwergagtige karoostruike tot doringveld en grasveld. 'n Verskeidenheid wildspesies leef op die vlaktes en teen die hange, onder andere witrenosters, kameelperde, bergsebras, elande, gemsbokke, blesbokke, springbokke, rooi- en vaalribbokke.

Roetes volg wildpaadjies en gruispaaie en is ontwerp om aan die behoeftes van die groep te voldoen. Omdat al die staptogte onder leiding van wildwagters is, gee die wandelpaaie jou die ideale geleentheid om meer omtrent die diere, plante en ekologiese prosesse van die reservaat te wete te kom. Roetes kan wissel van kort wandelings van twee uur tot 'n oornagroete van twee dae in die westelike gedeelte van die reservaat.

'n Ander moontlikheid is 'n begeleide staptog teen Ntaba Themba uit, wat die Hinana-hulpbrongebied in die noorde van die reservaat oorheers. Die hulpbrongebied het baie voordele vir die mense wat in die gebied woon, soos 'n inkomste uit begeleide toere en wildsvleis van diere wat deur trofeejagters geskiet is. Die platkruinberg, wat verband hou met Xhosa-legendes, word in gedigte uitgebeeld en is deur die kunstenaar Thomas Baines geskilder. Die steil kranse van die berg, ook bekend as Tafelberg (soos sy naamgenoot in Kaapstad) is die tuiste van 'n kolonie kransaasvoëls.

59. MPOFU-WILDRESERVAAT
Fort Beaufort

Staproetes: Begeleide staptogte; afstand en tydsduur wissel.
Permitte: Toegangsgeld. Staptogte kan in die reservaat bespreek word.
Kaarte: Sketskaart van reservaat.
Geriewe/Aktiwiteite: Selfsorghutte; piekniekterreine; selfbegeleide of begeleide wildbesigtigingsritte; nagritte.

Die landskap van die Mpofu-wildreservaat, wat op die Katberg in die suide uitkyk, word gekenmerk deur steil kranse en hange wat na beboste valleie daal. Die reservaat, een van verskeie in die eertydse Ciskei-tuisland, huisves 'n verskeidenheid wildspesies, waaronder buffels, kameelperde, witrenosters en bontsebras. Springbokke, rooihartbeeste, elande, bosbokke, koedoes en rooiribbokke is van die wildsbokke wat hier voorkom.

Die plantegroei wissel van Döhne-suurveld, op die hoër dele, tot valleibos en inheemse woude laer af. Begeleide wildbesigting in die Fort Fordyce-gedeelte van die reservaat en langs die rivier wat Ford Fordyce verdeel, kan gereël word.

60. DUBBELDRIF-WILDRESERVAAT
Peddie

Staproetes: Begeleide dagwandelings; afstand en tydsduur wissel.
Permitte: Toegangsgeld. Wandelings kan in die reservaat bespreek word.
Kaarte: Sketskaart van reservaat.
Geriewe/Aktiwiteite: Selfsorghutte; begeleide en selfbegeleide besigtigingsritte; begeleide nagbesigtigingsritte; piekniekplekke; varswaterhengel.

Die Dubbeldrif-wildreservaat wat aan die Groot-Visrivier grens, beskerm een van die beste voorbeelde van valleibos in Suid-Afrika. Die reservaat, wat 23 000 ha beslaan, vorm 'n gesamentlike bewaringsgebied van 44 000 ha met die aangrensende Andries Vosloo-koedoereservaat en die Sam Knott-natuurreservaat.

In die noorde van die reservaat is 'n afgekampte wildbesigtigingsgebied. Twee van die Groot Vyf, swart- en wit renosters, sowel as buffels is hervestig.

Ander wild sluit in koedoes, elande, kameelperde, blouwildebeeste, bontsebras, waterbokke, rooihartbeeste en rooibokke, sowel as talle klein soogdiere. Seekoeie is in die Groot-Visrivier vrygelaat.

Die gebied bevat talle oorblyfsels uit die tyd van die grensoorloë tussen die vroeë grensboere en die Xhosas. Herinneringe aan hierdie tydperk is onder andere die ruïnes van verskeie forte wat deel van die Kaapkolonie se verdedigingstelsel gevorm het.

Begeleide dagwandelings, ontwerp om die groep te pas, word onderneem en sluit wildbesigtiging, seekoeiwaarneming en 'n staptog langs die Groot-Visrivier in.

Eastern Monarch, troon 34 m bo die woudvloer uit. Onder die pragtige watervalle is die '39 Steps', 'Madonna and Child', 'Swallowtail', 'Bridal Veil' en 'Kettlespout'. Laasgenoemde word so genoem omdat die water wat met die natuurlike tuit neerstort, teruggestoot word wanneer die suidooster sterk waai, wat dit soos stoom laat lyk.

Ander staproetes loop deur denneplantasies na Tor Doone (1 565 m hoog) en as jy bereid is om die hele dag lank te stap, is daar 'n volgehoue klim na die kruin van die 1 963 m hoë Gaikaskop. 'n Ander moontlikheid is om na die voet van die drie Hogsback-pieke te stap.

61. HOGSBACK-WANDELPAAIE
Hogsback

Staproetes: Netwerk; 3 tot 20 km; 1 tot 6 uur.
Permitte: Nie nodig nie.
Kaarte: Piggy Books (sien hieronder) te koop in die dorpie.
Geriewe/Aktiwiteite: Hotelle; gastehuise; kampeerterrein.
Belangrike inligting: Slange (boomslange, kobras en pofadders) is volop en jy moet bedag wees daarop, veral in die lente en somer.

Hogsback, wat sy naam kry van die berg met die drie pieke wat bo hom uittroon, is beroemd vir sy pragtige inheemse woud, bergstrome, kaskades en talle manjifieke watervalle. Die dorpie is ook bekend vir sy massas asaleas, rododendrons en blomappelbome wat in die lente in volle bloei is.

'n Netwerk van wandelpaaie loop deur die inheemse Auckland-woud met voetpaadjies wat met varkie-embleme aangedui word. Die varkies is jare gelede deur die Hogsback Inn in verskillende kleure langs die verskillende staproetes aangebring en word beskryf in wat as die Piggy Books bekend staan en in die dorpie te koop is.

Onder die talle aantreklikhede langs hierdie wandelpaaie is watervalle met betowerende name, en ook Hogsback se beroemde Groot Boom. Hierdie oeroue outeniekwageelhout, ook bekend as die

62. AMATOLA-VOETSLAANPAD
King William's Town en Keiskammahoek

Staproetes: 100 km; 6 dae; eenrigting; verskeie korter (tweedaagse) sirkelroetes.
Permitte: Keiskamma Ekotoerisme, Chamberlainstraat 9, King William's Town 5601, tel: (043) 642 1747, faks 642 2571.
Kaarte: Gedrukte kaart met inligting oor voetslaanpad.
Geriewe/Aktiwiteite: Oornaghutte met slaapbanke, matrasse, braaigeriewe, vuurmaakhout, storte en toilette.
Belangrike inligting: Die volle staproete van Madendam tot Zingcuka-bosboustasie strek die meeste dae oor lang afstande. Dit, tesame met stywe klimme, maak die Amatola-voetslaanpad veeleisend en net fikse voetslaners moet dit aandurf.

Die Amatola-voetslaanpad loop oor die hange en hoë pieke van die Amatolaberge deur die mooiste natuurskoon denkbaar. Die roete gaan om die beurt deur inheemse woud, grasveld en stukke denneplantasies. Uitstaande kenmerke van die voetslaanpad is die talle watervalle, kaskades en aanloklike swempoele wat in die betowerende woude versteek lê. Sommige skofte op die roete vereis veeleisende klimme, maar die inspanning word altyd met asemrowende uitsigte beloon.

TUINROETE & OOS-KAAP

HEEL BO: *Die Stormsrivier-hangbrug is aan die einde van die Tsitsikamma-voetslaanpad en die begin van die Otter-voetslaanpad.*

BO: *Die Otter-voetslaanpad volg die skouspelagtige Tsitsikammakus teenaan die see, terwyl die Tsitsikamma-voetslaanpad hoër op langs die kranse kronkel.*

LINKS: *Hogsback is beroemd vir sy pragtige watervalle.*
ONDER: *Op die Tsitsikamma-voetslaanpad loop stappers deur 'n uiteenlopende verskeidenheid fynbossoorte – 'n hoogtepunt van hierdie roete. Die plantegroei hier word ook afgewissel met bekoorlike inheemse woudkolle.*

HEEL BO: *Maak seker dat jy die voetslaanroete tussen Koffiebaai en die Mbasherivier insluit by enige besoek aan die Wildekus, sodat jy die bekende Hole in the Wall te sien kan kry.*
BO: *So lyk een van die eenvoudige skuilings by Helderfontein waar jy na jou eerste dag op die Boosmansbos-wildernisroete sal oornag.*
REGS: *Die Wildekus is 'n baie afgesonderde gebied waar mense nog tradisionele gebruike volg, en baie jong mans uit die stede kom hierheen vir hul inisiasie as volwassenes.*

HEEL BO: *As jy tussen Mei en Augustus in die Drakensberg stap, sal jy waarskynlik sneeu en ys op die hoë pieke in die gebied sien.*
BO: *Voetslaners kan die talle buitelugkunsgalerye in die gebied, wat meer as 35 000 rotsskilderinge bevat, besoek.*
LINKS: *Die Tonnel-roete is baie gewild onder besoekers aan die Royal Natal Nasionale Park.*

TUINROUTE & OOS-KAAP

REGS: As jy op die roete met die Tugela-tonnel en -ravyn in die Drakensberg 'n ompad om die Tugela-tonnel wil volg na die Tugelarivier, moet jy teen 'n kettingleer opklim.
ONDER: Die Amfiteater vorm 'n indrukwekkende agtergrond vir die Royal Natal Nasionale Park. Op die verskillende staproetes deur hierdie voetslanersparadys sal jy dit vanuit verskeie hoeke te sien kry.

BO: *In die Kleinberg het die riviere en strome indrukwekkende ravyne in die sagte sandsteen van die Clarens-formasie uitgekerf, soos hierdie een in die Royal Natal Nasionale Park, waardeur jy kan stap.*
ONDER: *Die seldsame baardaasvoël, of lammergeier, kan in vlug maklik uitgeken word aan sy kenmerkende wigvormige stert. Die 'aasvoëlrestaurant' in die Giant's Castle-reservaat bied gulde geleenthede om hierdie voëls te sien.*
OORKANT BO: *Met hierdie voetbrug steek stappers op die Boesmansrivier-staproete die Boesmansrivier oor. Dit is een van 25 staproetes (wat wissel van 1,9 km tot verskeie dae) in die Giants's Castle-wildreservaat.*
OORKANT ONDER: *Jy kan hierdie manjifieke ravyn, wat deur die Mzimkhulwanarivier deur die Oribi-vlakte uitgekerf is, op verskeie pragtige wandelpaaie deur die Oribi Gorge-natuurreservaat verken.*

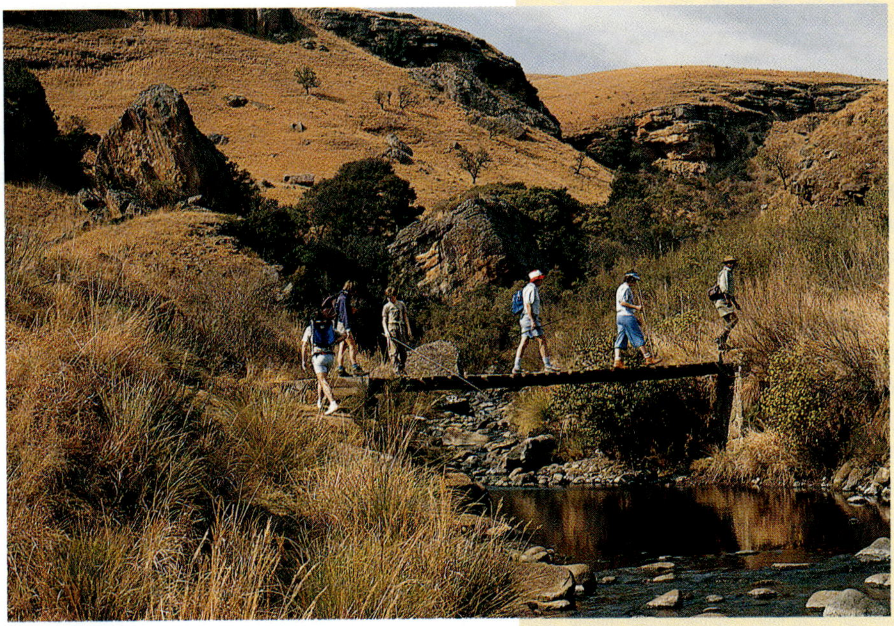

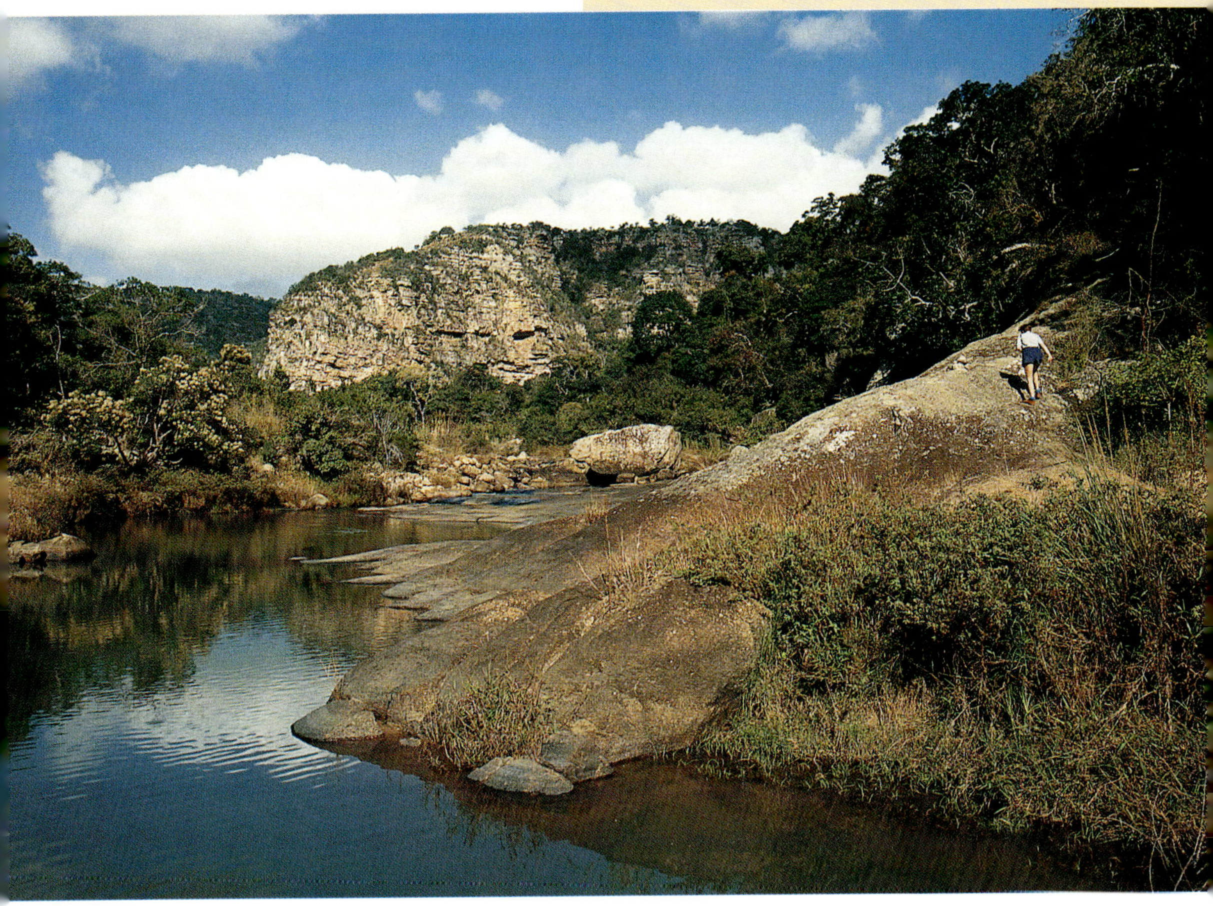

BO: *Voetslaners op die Imboma-wandelpad by Kaap Vidal in die Groter St Lucia-vleilandpark, het 'n uitsig oor pragtige vleilandtonele.*
LINKS: *Op die Dugandlovu-staproete, ook in St Lucia, is die oornagverblyf in bekoorlike grasdakkampe.*

REGS: *Aan die begin van die Mbuvu-voetslaanpad by Kaap Vidal is daar 'n kennisgewingbord met 'n kaart vir voetslaners.*

Die verskeidenheid habitats maak voëlkyk interessant en die bromvoël, gewone boskraai, Knysnaloerie en woudpapegaai kan afgemerk word. Daar is ook die Kaapse en rooiborssuikervoël, wat deur proteas op die grasveld gelok word. Onder die roofvoëls tel die witkruis- en kroonarend.

Van die groter diere wat jy kan teëkom, is die bosbok en bosvark, en jy kan moontlik ook van die verskeie seldsame en bedreigde amfibieë en visse sien wat endemies aan die Amatolaberge is. Hulle is onder andere die Amatolaskurwepadda, Hogsbackpadda, en twee klein vissies: die grensbaber en die Amatolababer.

1. Amatola-voetslaanpad Die volle roete is 'n 100 km-staptog oor ses dae. Daaglikse afstande wissel tussen 15 en 22,5 km en, omdat daar verskeie steil klimme is, moet voetslaners fiks wees. Die pragtige uitsigte, rustige strome met aanloklike swempoele, die talle watervalle, en verruklike inheemse woud is voldoende beloning vir al die inspanning. **100 km; 6 dae; eenrigting.**

Anders kan voetslaners enigeen van verskeie tweedaagse sirkelroetes volg:

2. Dontsa-sirkelroete begin by die Dontsa-bosboustasie en is 'n maklike wandeling deur manjifieke inheemse woud sowel as lappe denne- en wattelplantasies. Van die hoogtepunte op die eerste dag is die pragtige rotspoele en die mooi uitsigte oor die omgewing vanaf die oornaghut in 'n denneplantasie bo 'n waterval. **11 km; 2 dae; sirkelroete.**

3. Cata-sirkelroete Min wandelpaaie bied oor 'n afstand van net 11 km soveel natuurskoon, met strome, poele, watervalle en skilderagtige woude. Die roete begin by Dontsa-bosboustasie en klim steil deur Watervalwoud met sy pragtige kaskades. Binne 1 km van die oornagplek, waar voetslaners in Xhosa-hutte oornag, is daar rotspoele om in af te koel. Die terugskof op dag twee is 'n maklike afdraand deur die Watervalwoud langs 'n hoër roete as die heenskof. **11 km; 2 dae; sirkelroete.**

4. Evelynvallei-sirkelroete volg die eerste dag (15 km; 6 uur) die roete van die oorspronklike Amatola-voetslaanpad. Die roete, wat by Madendam begin, kronkel deur die Piriebos, waar die fondament van 'n saagmeul en die spoor van 'n houtkapperspoorlyn getuienis is van die uitbuiting van die woude in die 1890's. Van Timber Square klim die roete deur inheemse woud na die plato agter McNaughtenskrans. Die laaste 5 km volg 'n bosboupad deur denneplantasies tot by die Evelynvalleihut. Op die tweede dag (12 km; 4 uur) volg die roete 'n maklike afdraand met 'n rug langs tot by Evelynstroom en gaan dan deur inheemse woud langs die Buffelsrivier. **27 km; 2 dae; sirkelroete.**

5. Zingcuka-sirkelroete begin 3 km van Hogsback op die Wolf Ridge-pad, aan die westelike punt van die Amatola-voetslaanpad. Die eerste dag se skof (19,7 km; 7 uur) klim uit die Tyumerivier en klim gelykmatig na 'n nek tussen die Hogsbackpieke. Die roete kronkel dan af na die Mnyamenirivier waar voetslaners hulle in die bergpoele kan verfris. Die roete verlaat dan die Mnyamenivallei en gaan eers op en dan langs die rand van Zingcukakrans voordat dit skerp na die oornaghut daal. Op die terugskof (16,5 km; 6 uur) word dieselfde roete as op dag ses van die Amatola-voetslaanpad gevolg, 'n veeleisende klim na die rotsagtige rif van Hogsbackpiek en daarna 'n afdraand na die Tyumerivier/Wolf Ridge-pad. **36,2 km; 2 dae; sirkelroete.**

6. Wolfrivier-staproete Dit wissel tussen lappe pragtige inheemse woud en grasveld, en omdat die afstand wat tydens elke skof afgelê word baie korter is as op die volle Amatola-voetslaanpad, het voetslaners genoeg tyd om die skouspelagtige natuurtonele te geniet. Oornaggeriewe word beplan, maar aanvanklik sal tente moontlik gebruik word. Wat ook beplan word, is toesluitbare bêreplek sodat groepe die dagwandelings sonder die las van 'n swaar rugsak kan geniet. Ander aktiwiteite is forelhengel, perdry en begeleide staptoere na plaaslike dorpies volgens afspraak. **60 km; 5 dae; sirkelroete.**

63. PIRIEBOS
King William's Town

Staproetes: 2 roetes; albei 9 km; albei 3 uur; sirkelroete en heen en terug.
Permitte: Nie nodig nie.

> **Kaarte:** Verkrygbaar by Departement van Bosbou, Privaatsak X7485, King William's Town 5601, tel: (043) 642 4984.
> **Geriewe/Aktiwiteite:** Piekniekplekke by Madendam; inligtingskiosk.

Die Piriebos, wat in die oorgangsgebied tussen die inheemse woude van die Suid-Kaap en die meer subtropiese woude van die noordelike deel van die Oos-Kaap en van KwaZulu-Natal geleë is, is 'n uitstekende voorbeeld van inheemse hoë woud, tipies van die Oos-Kaap. Dié woude bevat meer boom- en plantspesies as die Suid-Kaapse woude – sowat 250 houtagtige spesies (byna twee keer soveel as die Knysna/Tsitsikamma-woude). Daarby is daar min struikgewas weens die digte blaredak.

Ontginning van die bos het reeds in 1819 begin toe bome afgekap is om Fort Wiltshire langs die Keiskammarivier te bou. In die laat 1890's is die alleenreg om hout in die bos te ontgin aan mnr. J.E. Howse toegeken en tekens van hierdie tydperk kan meer as 'n eeu later nog gesien word.

Albei wandelpaaie begin by die inligtingskiosk bo Madendam, wat 11 km vanaf die King William's Town/Stutterheim-pad bereik word.

1. Pirie-wandelpad volg die spoor van die 4 km-smalspoorlyn wat Howse se saagmeul met Timber Square verbind het, waar die stompe tussen 1910 en 1917 op 'n 5 ton-lokomotief gelaai en na die meul vervoer is. 'n Gedeelte van die oorspronklike spoorlyn, handgekapte lemoenhoutdwarsleêrs, en 'n skraagbrug oor die Hutchingstroom kan nog gesien word. By Timber Square vertak die roete uit die Amatola-voetslaanpad (kyk bl. 129) en nadat dit die Buffelsrivier oorgesteek het, kronkel dit langs die oewer van die rivier deur inheemse woud terug na die beginpunt toe. **9 km; 3 uur; sirkelroete.**

2. Sandile-wandelpad eer Sandile, die opperhoof van die amaRharabe-stam van die Xhosa-volk, wat sy mense in drie grensoorloë teen die Britte gelei het. In die grensoorlog van 1877–1878 het Sandile die Piriebos en 'n diep grot aan die voet van wat as Sandilekrans bekend geword het, as 'n toevlugsoord gebruik toe hy deur Britse en koloniale magte agtervolg is. Hy is in Mei 1878 in 'n skermutseling met die vrywilliger-magte onder kaptein Lonsdale doodgeskiet en op 9 Junie 1878 met volle militêre eerbewys aan die voet van Mount Kemp begrawe.

Die roete volg die oewer van Madendam en nadat dit die Buffelsrivier en Artilleriestroom oorgesteek het, klim dit na die Sandilegrot. Dieselfde roete word teruggevolg. **9 km; 3 uur; heen en terug.**

64. WILD COAST AMBLE
Qolorarivier tot Glen Garriff

> **Staproetes:** 56 km; 4 dae; eenrigting.
> **Permitte:** Wildekus-vakansiebesprekings, Posbus 8017, Nahoon 5210, tel: (043) 743 6181, faks: 743 6188,
> e-pos: meross@iafrica.com
> **Kaarte:** Brosjure van roete met kaart van Strandloper-voetslaanpad.
> **Geriewe/Aktiwiteite:** Hotelverblyf vir vyf nagte.
> **Belangrike inligting:** Hierdie allesinsluitende pakket sluit vervoer van en na Oos-Londen, hotelverblyf met alle etes vir vyf nagte en die dienste van 'n gids in. Portiere kan gehuur word om voetslaners se rugsakke te dra, wat ligter as 10 kg elk moet wees.

Die eerste dag se skof, wat óf by Trennery's óf die Seagulls Beach Hotel begin, eindig by Morganbaai. Die voetslaanpad word bestuur met die goedkeuring van die Strandloper-direksie wat bestaan uit verteenwoordigers van buitelewe- en bewaringsliggame. Van Morganbaai af volg die roete dieselfde roete as die Strandloper-wandelpad (kyk nr. 66). Oornagverblyf word verskaf by Morganbaai, Haga Haga, Cintsa-Oos en Glen Garriff.

65. WILD COAST MEANDER
Kob Inn tot Morganbaai

> **Staproetes:** 56 km; 4 dae; eenrigting.
> **Permitte:** Wildekus-vakansiebesprekings, Posbus 8017, Nahoon 5210, tel: (043) 743 6181, faks: 743 6188,

e-pos: meross@iafrica.com
Kaarte: Brosjure van roete met kaart.
Geriewe: Hotelverblyf vir vyf nagte.
Belangrike inligting: Hierdie allesinsluitende pakket sluit vervoer van en na Oos-Londen, hotelverblyf met alle etes vir vyf nagte en die dienste van 'n gids in. Portiere kan gehuur word om voetslaners se rugsakke te dra, wat ligter as 10 kg elk moet wees.

Die kusstrook tussen die Qorarivier en Morganbaai is al baie jare 'n gewilde vakansie- en hengelbestemming en hierdie voetslaanpakket stel voetslaners in staat om hierdie deel van die Wildekus werklik in weelde te geniet.

Die roete wissel tussen strandwandelings en voetslaan oor grasbedekte landpunte met verskeie rivieroorgange. Die dagskofte is betreklik kort, tussen 6 en 14 km, wat jou genoeg tyd gee om die natuurskoon te geniet. Die gebied is ook van geskiedkundige belang, want dit was by die towerpoele in die Gxararivier waar Nongqawuse die stemme gehoor het wat die slagting van vee en nasionale selfmoord van die Xhosas in 1856–7 tot gevolg gehad het.

Hotelverblyf word by Kob Inn, Mazeppa Bay, Wavecrest, Trennery's of Seagulls en Morgan Bay Hotel voorsien.

66. STRANDLOPER-VOETSLAANPAD
Kei Mouth tot Gonubie

Staproete: 54 km; 5 dae; eenrigting.
Permitte: Wildekus-vakansiebesprekings, Posbus 8017, Nahoon 5210, tel: (043) 743 6181, faks: 743 6188, e-pos: meross@iafrica.com
Kaarte: Kaart van roete en inligtingsbrosjure.
Geriewe: Oornaghutte met slaapbanke, matrasse, vuurmaakplekke en water.
Belangrike inligting: Verskeie riviere moet oorgesteek word; neem 'n getytabel saam en beplan rivieroorgange vir die keerpunt van laaggety, of die begin van 'n inkomende gety.

Op hierdie voetslaanpad volg jy in die voetspore van die voorouers van die Boesmans en Khoi-Khoi wat die see se hulpbronne aan die kus benut het, en in dié van die ongelukkige seevaarders wat hier skipbreuk gely het. Onder die skeepswrakke is waarskynlik dié van die beroemde *Santo Alberto* wat in Maart 1593 naby Cintsa-Oos gestrand het. Die roete neem jou oor rotsagtige kus, deur grasveld, stukke kusbos en sandstrande.

Die roete begin by die Kaap Morgan Ekotoerismesentrum en die eerste dag se skof is 'n 8,75 km-sirkelroete wat die dorp Kei Mouth, die Keirivier en kuswandelings insluit.

Op die tweede dag (7 km; 3 uur) stap jy oor ongelyke, rotsagtige terrein en 'n lang sandstrand tot by Morganbaai. Daarna loop die roete deur grasveld bo die Morganbaai-kranse voordat dit terugkeer na die kuslyn wat jy tot by die Double Mouth-hut volg.

Kort nadat jy dag drie se skof (15,5 km; 7 uur) begin het, steek jy die Qukoriviermonding oor en dan loop die roete verby Bead Beach, vernoem na die krale wat na skipbreuke hier uitgespoel het. Anderkant Haga Haga word die kuslyn gekenmerk deur 'n platform deur branders uitgekalwe en daar is talle geleenthede vir snorkelduik in die sloepe.

Van die Kaap Henderson-hut loop die eerste 10 km van die vierde dag se skof (13 km; 5 uur) oor 'n breë sandstrand waar vier riviermondings oorgesteek moet word. Jy sal die Beacon Valley-hut 'n kort entjie verby Cintsa-Oos en Cintsa-Wes kry.

Die laaste dag se skof (14,5 km; 5 uur) na Gonubie loop hoofsaaklik met die rotsagtige kusstrook langs.

67. WILDEKUS
Mtamvunarivier tot Keirivier

Staproetes: 5 voetslaanpaaie; 44 tot 100 km; 4 tot 9 dae; eenrigting.
Permitte: Oos-Kaapse Toerismeraad, Posbus 186, Bisho 5606, tel: (040) 635 2115, faks: (040) 636 4019.
Kaarte: Bekom toepaslike topografiese kaarte.
Geriewe/Aktiwiteite: Geen.
Belangrike inligting: Dit is noodsaaklik om tente saam te dra, aangesien oornaghutte

> *nie in stand gehou word nie en in sommige gevalle nie meer bestaan nie. Talle riviere moet oorgesteek word en jy moet beplan om dit met laagwater te doen. 'n Oorlewingsak is nuttig om rugsakke te laat dryf ingeval jy sal moet swem. Wees bedag op haaie in die riviermondings, veral gedurende 'n inkomende gety. Dra sandale wat styf aan jou voete sit en behandel alle snye wat jy op rotse om die riviermondings opdoen met ontsmettingsalf. Mikrobes wat op die rotse leef, veroorsaak klein maar nare infeksies wat nie maklik genees nie.*

Tot ongeveer 'n dekade gelede was die Wildekus sinoniem met die 280 km lange kusstrook tussen die Mtamvunarivier en die Groot-Keirivier, in die gebied wat vroeër as die Transkei bekend was. Vandag sluit die naam egter ook die kusstrook in wat tot by Glen Garriff, oos van Oos-Londen strek. Dit is een van die mooiste kusstreke ter wêreld en die natuurskoon word gekenmerk deur dramatiese kranse, golwende heuwels, rustige strandmere, ongeskonde strande en fassinerende rotsformasies.

Teen die grasbedekte hange en die rûens van die golwende heuwels wat seewaarts strek, staan die kenmerkende rondawels van die Xhosas van die Oos-Kaap. Waar die kus onbegaanbaar raak, loop die staproete binneland toe verby dorpies en rondawels en kry jy 'n fassinerende insig in die landelike leefwyse van die tradisonele Xhosa-inwoners.

Die plantegroei aan die kus word oorheers deur die kusgrasveld wat op plekke tot by die see strek, met kolle kusgordel- en duinewoud. Langs die Wildekus is daar ongeveer 18 wortelboomstande en die een by Mngazana word as die mooiste in Suider-Afrika beskou. Ander word by die Mtamvuna-, Mbashe- en Kobonqabarivier aangetref.

Onder die meer as 200 voëlspesies wat hier opgeteken is, is spesies soos die kalkoenibis, withalsbosduif en woudpapegaai. Die visarend, gewone boskraai, rooibekkakelaar, verskeie visvangerspesies en 'n verskeidenheid seevoëls kan ook gesien word.

1. Mtamvunarivier tot Port St Johns Op hierdie voetslaanpad volg jy in die voetspore van honderde oorlewendes wat aan die ruwe kus skipbreuk gely het. Onder die talle skepe wat hier gestrand het, is die beroemde *HMS Grosvenor*, wat in 1782 gesink het. Van besondere belang is die fossielbeddings by Mzamba, naby die beginpunt, en die pondoklapper wat net op die noordelike oewer van die Msikabarivier groei. Van Port Grosvenor loop die roete deur van die skouspelagtigste kusnatuurtonele ter wêreld – indrukwekkende watervalle wat in die see stort, kranse wat hoog uittroon, rotsformasies en stukke ongerepte strand. **100 km; 9 dae; eenrigting.**

2. Port St Johns tot Koffiebaai Hierdie gedeelte van die voetslaanpad volg die kuslyn met sy afgesonderde strande en baaitjies, ongeskonde riviermondings en lappe kuswoud. Wanneer die kuslyn te ru raak, gaan die roete teen grasheuwels uit en swaai dan binneland toe, waar jy verby die Mpondo- en Bomvana-dorpies en -wonings gaan. Uitstekende voorbeelde van wortelboomstande kan by die Mngazana- en Mtakatyerivier gesien word. **60 km; 6 dae; eenrigting.**

3. Koffiebaai tot Mbasherivier Die terrein oor hierdie gedeelte van die kus is nie so rotsagtig soos dié oos van Koffiebaai nie. Die roete loop deur 'n gebied wat hoofsaaklik deur die Bomvana-stam bewoon word, maar daar is groot gebiede wat yl bevolk is. Die skotige heuwels van Bomvanaland sorg vir 'n maklike staptog wat jou oor lang stukke verlate strand, oor golwende heuwels, en verby pragtige riviermondings en ongeskonde strandmere neem. Hole in the Wall, een van die mees fassinerende rotsformasies aan die Wildekus, is 'n hoogtepunt op hierdie roete. **44 km; 4 dae; eenrigting.**

4. Mbasherivier tot Qoloramond Hierdie roete strek van die Nqabara-riviermonding, die suidelike grens van die Dwea-natuurreservaat, na Qoloramond, noord van die Groot-Keirivier. Langs die pad kan voetslaners die wrakke sien van die *Jacaranda*, wat in 1971 tussen Kobonqaba-punt en Qoloramond op die rotse geloop het, en die *Frontier*, wat in 1939 suid van die Shixini-riviermonding gestrand het. Kobonqaba is die mees suidelike groot wortelboomstand aan die ooskus en, wat interessant is, is dat net die wit wortelboom hier voorkom. Oornagplekke op die roete is by Nqabara-punt, Shixini-riviermonding, Mazeppa-punt, Kobonqaba en Cebe. **80 km; 5 dae; eenrigting.**

68. PONDOLAND PORTAGE-VOETSLAANPAD
Lusikisiki

Staproetes: 4 staproetes in verskillende rigtings; 15 tot 24 km elk; 5 tot 7 uur elke dag; sirkelroete.
Permitte: Wildekus-vakansiebesprekings, Posbus 8017, Nahoon 5210, tel: (043) 743 6181, faks: 743 6188, e-pos: meross@iafrica.com
Geriewe/Aktiwiteite: Verblyf by Mbotyi River Lodge, maaltye, gidse en vervoer van sekere plekke ingesluit; opsionele besoek aan Xhosa-dorpie, perdry, kanovaart en hengel.

Begeleide staptoere met Mbotyi River Lodge as basis word na sommige van die mees dramatiese natuurtonele aan die Pondolandkus onderneem.

Die eerste dag se roete is oor 24 km (10 uur) na Waterfall Bluff en terug, maar die roete kan verkort word. Die byna loodregte sandsteenkranse van Waterfall Bluff, wat ongeveer 6 km langs die kus en tot 5 km die binneland in strek, troon sowat 100 m bo die see uit. Van die voetslaanpad se talle aantreklikhede is die Mlambomkulurivier, met sy reeks poele en waterval wat regstreeks in die see stort, en die 80 m hoë Mfihleho-waterval, wat ook regstreeks in die see stort. Ander interessanthede is Cathedral Rock, 'n reusekusrotsformasie met branders wat deur sy boë slaan, en die Citadel-rotsformasie.

Op dag twee (16 km; 5 uur) stap jy deur 'n vallei en stukke woud na die top van die platorand. Die roete gaan dan verder deur teeplantasies na die 125 m hoë Magwa-waterval. Die waterval, in 'n sytak van die Mzintlavarivier, stort oor 'n loodregte krans tot in 'n beboste kloof wat deur 'n fout in die aardkors veroorsaak is. Voetslaners word by die waterval ontmoet en na die hotel teruggeneem.

Op dag drie (15 km; 6 uur) loop die roete suidwaarts langs die kus na Collierpunt en gaan om die beurt oor rots- en sandstrande. Die terugroete loop binneland toe oor grasheuwels en verby dorpies. Langs die pad word voetslaners beloon met uitsigte van die kus, valleie en stukke inheemse woud.

Dag vier neem jou noord langs die kus tot by Drew se Kamp, waar daar 'n pragtige strandmeer is. Van hier af gaan die roete Fraser's Gorge met sy ongerepte inheemse woud binne. Die volle staptog is 16 km (6–7 uur), maar die program is buigsaam.

69. LAMMERGEIER PRIVATE NATUURRESERVAAT
Lady Grey

Staproetes: Netwerk wandelpaaie; 11 tot 22 km; 5 uur tot 2 dae; heen en terug, sirkelroete.
Permitte: Lammergeier Private Natuurreservaat, Posbus 123, Lady Grey 9755, tel. en faks: (051) 603 1114, e-pos: margot@eci.co.za
Kaarte: Die roetes word op 'n afskrif van 'n topografiese 1:50 000-kaart aangedui.
Geriewe/Aktiwiteite: Oornaghutte met slaapbanke, matrasse, warm storte, spoeltoilette en braaigeriewe; forelhengel; binnebandvaarte; swem; perdrypaaie; bergpatrysjag.

Die 7 500 ha Lammergeier Private Natuurreservaat lê in die Witteberg, die suidwestelike uitloper van die suidelike Drakensberg. Die plantegroei is tipies grasveld en onder die reservaat se 282 voëlspesies is die baardaasvoël of lammergeier (waarna die reservaat vernoem is), witkruisarend, kransaasvoël en rooiborsjakkalsvoël. 'n 'Aasvoëlrestaurant' (voerplek) bied jou geleentheid om roofvoëls te sien.

Die netwerk van wandelpaaie bestaan uit aaneengeskakelde sirkelroetes, wat verskeie keuses bied:

1. Witkruisarend-wandelpad lei na die Karringmelkspruitvallei, met sy aanloklike poele, en bied 'n ent verder skouspelagtige uitsigte oor die Olympusravyn. Van die sameloop van die Karringmelkspruit en Olympus-ravyn klim die roete na die Olympushut. **11 km; 5 uur; heen en terug.**

2. Witteberg Sky Walk is 'n strawwe staptog na die kruin van die Witteberg. Dit begin by Olympus-hut en klim steil teen die berghange uit, maar die uitsigte oor die gebied noord van die Keirivier en Lesotho maak hierdie wandelpad die moeite werd vir fikse voetslaners. **12 km; 6 uur; sirkelroete.**

3. Kaasfabriek-wandelpad heet na 'n kaasfabriek wat tot 1929 in werking was. Van Olympus-hut af kronkel die roete langs die kranse bo die Karringmelkspruit en gaan dan deur die Five Oaks-vallei verby die Romeinse Baddens ('n manjifieke poel) tot by Bo-Pelion-hut. **Afstand en tipe onbekend; 5–6 uur.**

4. Pelionvallei-wandelpad loop van Bo-Pelion-hut deur Pelionvallei, met sy verskeidenheid plante, talle poele en pragtige watervalle. Die hoofwaterval stort 45 m ver in 'n poel, en 'n kort ompad lei na die Versteekte Waterval. **11 km; 5 uur; heen en terug.**

5. Tafelberg-dwarsklim Van die Bo-Pelion-hut kronkel die roete in die Keiskammavallei af en klim dan skerp na die kruin van die platkruinberg Tafelberg (nie te verwar met die Tafelberg van Kaapstad nie). Nadat jy vertoef het om die panoramiese uitsig van die landskap suid in die rigting van Barkley-Oos en Lesotho te geniet, volg jy die roete teen die berg se westelike hange af na die beginpunt by Tempe. 'n Alternatiewe, makliker roete loop om die berg. **Afstand nie beskikbaar nie; 5–6 uur; eenrigting.**

6. Snowdon-piek bied 'n veeleisende stap na die piek se 2 750 m hoë kruin. Krans- en baardaasvoëls word dikwels hier hoog in die berge gesien. Daar is geen geriewe nie en voetslaners moet hul eie tent saambring. **2 dae; 22 km; heen en terug.**

70. BEN MACDHUI-VOETSLAANPAD
Rhodes

> *Staproetes:* 51 of 66 km; 3 of 4 dae; sirkelroete.
> *Permitte:* Mnr. G. van Zyl, Ben Macdhui-voetslaanpad, Posbus 299, Barkley-Oos 9786, tel. en faks: (045) 971 0446.
> *Kaarte:* Kleurkaart van roete en brosjure.
> *Geriewe/Aktiwiteite:* Eksodus NG Kerk-kamp in Rhodes; oornaghutte op roete, beddens, matrasse, gas- en koolstoof, potte; toilette.

Hierdie voetslaanpad is uitgelê teen die hange van die 3 001 m hoë Ben Macdhui, die hoogste spits in die Oos-Kaap, en loop deur private plaasgrond. Die hoë berge se plantegroei word gekenmerk deur grasveld, wat in die lente besonder mooi is wanneer die oorvloed plante in volle blom is. Onder die 191 voëlspesies wat tot op datum opgeteken is, is die skaars baardaasvoël en 'spesiale' Drakensberg-spesies soos die bergpietjiekanarie, geelborskoester en oranjeborsberglyster.

Die eerste dag se skof (17 km; 8 uur) volg aanvanklik die loop van die Bellrivier en gaan dan teen die hange bo die Kloppershoekvallei uit voordat dit na die oornagplek by Mavis Bank daal.

Dag twee (18 km; 10 uur) begin met 'n geleidelike klim na die 2 670 m hoë Lesotho View, die hoogste punt op die roete. Die hoogte bo seevlak styg met ongeveer 700 m na die uitkykpunt toe. 'n Steil afdraand tot by die Kloppershoekspruit word gevolg deur 'n effens golwende wandeling na die Hooggenoeg-hut aan die voet van Ben Macdhui.

'n Alternatiewe roete vir fikse en ervare voetslaners is om die pad van Lesotho View te volg na die merker wat die pad na Ben Macdhui aandui. Van hier af gaan die roete baie steil boontoe, en styg die hoogte bo seevlak met ongeveer 400 m na die spits, wat jy na 'n klim van twee uur sal bereik.

Dag drie (sowat 15 km; 8 uur) bied jou die keuse om Ben Macdhui uit te klim, met Hooggenoeg as basiskamp, of om regstreeks na dag vier se roete oor te gaan. Die roete volg die pad verby Tiffendel-ski-oord en klim dan na die kruin van Ben Macdhui en terug na die Hooggenoeg-hut.

Dag vier (16 km; 7 uur) gaan af na Carlislehoek met sy 40 m hoë waterval en gaan dan verder langs die Carlislehoekspruit deur skouspelagtige natuurskoon verby Goatfell Gorge. Die laaste 8 km na Rhodes is met 'n gruispad.

71. TELLEWATERVAL-STAPROETE
Rhodes

> *Staproete:* Ongeveer 13 km; 6 tot 8 uur; heen en terug.
> *Permitte:* Vooruitbespreking nie nodig nie. Reëlings vir 'n gids kan gemaak word wanneer jy by Tiffendel-ski-oord aankom.
> *Kaarte:* Roete word aangedui op fotokopie van topografiese 1:50 000-kaart.

> *Geriewe/Aktiwiteite: Tiffendel-ski-oord: verblyf wissel van en suite-chalets tot kampeerplekke met gemeenskaplike wasgeriewe; restaurant; ski; sneeuplankry.*
> *Belangrike inligting: Gaan weerstoestande die aand voor jou staptog na. Wees bedag op sterk winde en verkrummelende rotse by die rand van die kranse naby die waterval.*

Hierdie moeilike maar lonende staproete wat by Tiffendel-ski-oord teen die hange onder Ben Macdhui begin, loop na die 200 m hoë Telle-waterval wat weens sy afgeleë ligging deur min mense gesien word. Van die oord af klim die roete sowat 280 m na die kruin van die Drakensberg en daal dan af teen die hange bo die Tellevallei. 'n Poel onder 'n klein waterval dui die halfpadmerk aan. Van hier daal die roete verder teen die vallei se westelike hange tot by die waterval. Die terugroete behels 'n stywe klim na die Drakensberg se kruin.

Die eerste dag se skof (5 km; 1,5 uur) is 'n maklike stap met 'n viertrekpad langs die Kleinpotrivier tot by Tok se Grot, 'n holkrans met vier hutte daarin.

Op die tweede dag (13 km; 7 uur), gaan jy terug na die Woodcliffe-plaashuis van waar 'n sirkelroete tot by Redcliffe-poel gevolg word. Van hier klim die roete na 'n rug bo die waterval en daal dan na Skinny Dip Pool voor dit na Tok se Grot terugkeer.

Dag drie (13 km; 7 uur) volg 'n viertrekpad na die voet van die Drakensberg en klim dan steil tot by Vlaknek op die kruin van die Hoëberg. Van hier loop dit afdraand na die Reed Park-oornagplek.

Dag vier se skof (13 km; 7,5 uur) begin met 'n stywe klim na die platorand waar voetslaners beloon word met skouspelagtige uitsigte. Die res van die dag se staptog volg die Sephton-viertrekpas af na die Wide Valley-hut.

Dag␣vyf (10 km; 3 uur) volg 'n viertrekpad vir 2 km en klim dan met 'n pad langs na die top van 'n rant voordat dit in die Woodcliffe-vallei afdaal.

72. WOODCLIFFEGROT-VOETSLAANPAD
Maclear

> *Staproete: 54 km; 5 dae; sirkelroete.*
> *Permitte: Phyll Sephton, Posbus 65, Maclear 5480, tel. en faks: (045) 932 1550.*
> *Kaarte: Fotokopie van topografiese 1:50 000-kaart van gebied.*
> *Geriewe/Aktiwiteite: Oornaghutte en grot; water; vuurmaakhout by Tok se Grot.*

Hierdie sirkelroete in die skilderagtige Joelshoekvallei, loop deur 'n skaap-en-beesplaas, met natuurtonele wat wissel van sandsteenkranse en steil grasheuwels tot bergstrome met aanloklike poele en lappe inheemse woud. Rotsskilderinge in grotte herinner aan die gebied se oorspronklike bewoners.

Onder die 170 spesies op die voëllys wat afgemerk kan word, is die mahem, krans- en baardaasvoël, witkruisarend, bergwagter, dassievoël, suikerbekkies en die paradysvlieëvanger. Twee wildsbokke wat jy kan teëkom, is die vaal- en rooiribbok, terwyl ystervarke, rooikatte en ander soogdiere ook voorkom maar selde gesien word.

73. VREDERUS-VOETSLAANPAD
Maclear

> *Staproete: 18 km; 2 dae; sirkelroete.*
> *Permitte: J. Naudé, Posbus 296, Maclear 5480, tel. en faks: (045) 932 1572.*
> *Kaarte: Sketskaart.*
> *Geriewe/Aktiwiteite: Selfsorgverblyf; forelhengel; bergfietsry; perdry.*

Vrederus, in die voorheuwels van die Oos-Kaapse Drakensberg, is bekend vir sy forelhengel. Die meer en damme op die plaas bevat reënboogforelle en 'n aantal bruinforelle. Jy kan ook in die rivier hengel.

Die plaas is 2 000 m bo seevlak en die plantegroei is hoofsaaklik grasveld. Meer as 100 voëlspesies is opgeteken, onder meer die baardaasvoël, dwergarend, witkruisvleivalk, geelbors- en bergkoesters, asook die grootswartooievaar en seldsamer mahem, bloukraanvoël, kransaasvoël en grondspeg.

Die roete loop van Boatman's Cottage na die Luzirivier. Daar is verskeie grotte met rotsskilderinge in die gebied. Tente moet op die oornagkampeerterrein opgeslaan word, waar vuurmaakhout voorsien word. Dag twee neem jou terug na die beginpunt.

DRAKENSBERG & KWAZULU-NATAL

Van die uitdagende bergpieke van die Drakensberg en die wuiwende graslande van die Middelland tot by die silwer strande van die Maputaland-kus en die mosaïek van vleilande by St. Lucia, bied KwaZulu-Natal 'n ongelooflike verskeidenheid van landskappe en besienswaardighede. Dit is derhalwe geen verrassing dat twee van die eerste vier Wêrelderfenisgebiede wat in Suid-Afrika verklaar is, die Groter St Lucia-vleilandpark en die uKhahlamba-Drakensbergpark in hierdie provinsie is nie.

Die uKhahlamba-Drakensbergpark beslaan 243 000 ha en strek 150 km ver van die Koninklike Natalse Nasionale Park in die noorde tot by die Mkhomazi-wildernisgebied in die suide. Die park het in 1986 tot stand gekom toe vyf voormalige reservate van die Nasionale Parkeraad met vier wildernisgebiede en staatsbosse geamalgameer is. Die Drakensberg is in 2000 as 'n Wêrelderfenisgebied geproklameer en is een van 23 gemengde gebiede (van kulturele en natuurbelang) op die Wêrelderfenislys. Nog 'n opwindende ontwikkeling wat die Drakensberg betref, is die onlangse stigting van die Maloti-Drakensberg Oorgrensbewaringsarea (OBA) in samewerking met Lesotho. Van die totale 8 113 km^2 van die OBA, val 5 170 km^2 (64%) binne Lesotho, terwyl ongeveer 2 943 km^2 (36%) in Suid-Afrika lê. Die OBA het ten doel om die biodiversiteit en kulturele bronne van die Maloti-Drakensberggebied te bewaar. Die gebied sal soos 'n onverdeelde ekosisteem bestuur word en sal ook die ekonomiese ontwikkeling van die OBA bevorder.

Die Drakensberg vorm deel van die Suid-Afrikaanse Platorand en is Suid-Afrika se hoogste en indrukwekkendste bergreeks. Verskeie pieke reik tot meer as 3 000 m bo seevlak en die Zoeloe-naam, uKhahlamba, beteken 'grens van spiese'. Die hoë pieke is dikwels in die winter met sneeu bedek.

Hierdie berge was eens op 'n tyd die vesting van die Boesmans wat 'n ryk nalatenskap van rotskuns op grotmure en holkranse in die 'Berg, soos die berge onder buitelewe-entoesiaste bekend staan, agtergelaat het. Die meer as 35 000 rotsskilderinge maak dit een van die digste konsentrasies van rotskuns ter wêreld. Bekende plekke sluit Battle Cave in Injisuthi, Main Caves in Giant's Castle en Ndedema-ravyn in.

Diegene wat gewoond is aan die Wes-Kaapse blommeryk is dikwels teleurgesteld met die flora van die Drakensberg. Tot op datum is daar egter reeds meer as 1 600 blom- en 72 varingspesies in die bergreeks opgeteken. Baie spesies is in die grasveld versteek of groei in beskutte plekke waar hulle maklik misgekyk word. Die lente is egter vol verrassings. Dan kry die bruin gras weer lewe en talle plante spog met blomme. In die beskutte valleie en klowe word pragtige woudkolle met geelhoutbome aangetref. In Augustus steek die manjifieke rooi blomme van die natal-baakhout teen die hange van Clarens-sandsteen af.

Die 'Berg se unieke vleilandstelsel van moerasse, mere en talle netwerke van strome en riviere, is van groot belang vir die natuurlewe. Daar is minstens 36 unieke plantspesies in die 11 vleilandplantgemeenskappe wat in die Drakensberg voorkom.

Die Drakensberg bied die voëlkyker verskeie verrassings onder die 246 spesies wat reeds opgeteken is. Boaan die lys is die baardaasvoël, wat sy laaste vesting hier gemaak het. Met sy kenmerkende wigvormige stert en 'n vlerkspan van 2,5 m tot 3 m is hy maklik herkenbaar in die lug en bied 'n onvergeetlike gesig. Sy vlerke is baie sterk en 'n sweefspoed van tot 105 km per uur is al gemeet. Die kranse van die Drakensberg bied ook 'n toevlug aan die kalkoenibis en kransaasvoël, terwyl die vleiland ongewone en bedreigde spesies soos die lelkraanvoël en die gestreepte vleikuiken huisves. Die bergpietjiekanarie, oranjeborsberglyster en geelbors- en bergkoester kom ook hier voor.

Die Drakensberg is ongetwyfeld die land se gewildste stap- en voetslaanbestemming. Opsies wissel van verskeie selfbegeleide en verklarende roetes in die Kleinberg tot oornagroetes in afgeleë wildernisgebiede. Die Kleinberg en die Platorand word verbind deur verskeie passe wat sorg vir skouspelagtige staproetes tussen die twee. Die Kleinberg bestaan uit die menigte laer berge en koppies onder die Hoëberg.

Nog 'n unieke gebied van KwaZulu-Natal is die Groter St Lucia-vleilandpark wat in Desember 1999 Wêrelderfenisstatus ontvang het. Die gebied beslaan sowat 260 000 ha en die fokuspunt is die St Lucia-meer, wat die grootste soutwatermeer in Afrika is en ook die grootste konsentrasie seekoeie en krokodille in Suid-Afrika huisves.

Die park bestaan uit vyf eiesoortige ekosisteme: die mariene ekosisteem met sy sanderige strande en die mees suidelike koraalriwwe in die wêreld; die beboste duine van die Oostelike Oewer; St Lucia-meer se 38 000 ha; die Westelike Oewer met sy duinewoud en mariene fossiele; en die Mkuze-vleie.

Die Groter St Lucia-vleilandpark bied met sy voëllys van 521 spesies buitengewone voëlkyk-geleenthede. Die meer onderhou groot broei-kolonies pelikane, reiers, ooievaars, sterretjies en 'n groot verskeidenheid watervoëls. Die kolle sand-woud huisves spesies soos die geelvleknikator, bloukruissuikerbekkie en Ruddse kleinjantjie.

Vier van die Groot Vyf (renoster, olifant, buffel en luiperd, maar nie leeus nie) kom in die park voor en soogdiere wat te sien is sluit in blouwildebeeste, rietbokke, waterbokke, rooibokke, bontsebras, rooiduikers en njalas. Die jagluiperd en verskeie kleiner roofdiere is ook goed verteenwoordig.

Besoekers kan die park op hulle eie verken langs 'n aantal wandelpaaie wat in die omgewing van die verskeie ruskampe uitgelê is. Daar is ook daguit-stappies met gidse, asook 'n wildernisstaproete in die Tewate-wildernisgebied langs die Oostelike Oewer van die park.

In die noordoostelike hoek van die provinsie lê nog 'n unieke gebied, naamlik Maputaland. Hierdie fassinerende streek wat in die weste deur die Ubombo- en Lebomboberge begrens word, beslaan 8 000 km^2 en sluit die kusvlakte van net suid van die Mfolozirivier noordwaarts tot by die grens van Mosambiek in.

Maputuland is 'n lappieskombers van beboste duine, moeraswoud, vleie, mere, grasvelde en myle van silwer strande. Die Kosimeerstelsel met sy raffia-palms en witaasvoëls is een van die uitstaande ken-merke. Die unieke wortelboomgemeenskap van die Kosiriviermonding is die enigste plek in Suid-Afrika waar vyf wortelboomspesies saam voorkom. Ander besienswaardighede is die Sibayameer (die land se grootste varswatermeer), die unieke sandwoude van die Tembe-olifantpark en die Ndumo-wildtuin.

Vir diegene wat 'n ontmoeting met die Groot Vyf soek, bied die Hluhluwe-Umfolozi-park 'n eersteklas-wilderniservaring. Hluhluwe en Umfolozi is in 1897 as twee aparte parke geproklameer. Hierdie parke is saam met St Lucia-park die drie oudste bewarings-gebiede in Afrika. Die eerste wildernisgebied in Suid-Afrika is in 1959 in Umfolozi afgebaken en het in baie opsigte 'n pioniersrol gespeel. Die eerste wildernis-staproete met 'n gids is hier aangebied. Umfolozi het ook 'n belangrike rol gespeel om die witrenoster van uitwissing te red en die park het vandag een van die grootse bevolkings van swartrenosters ter wêreld. Die park kan op begeleide wandelings of oornag-staproetes in die wildernisgebiede besigtig word.

Ander hoogtepunte van KwaZulu-Natal sluit die manjifieke Mtamvuna- en Oribi-ravyn in die suide van die provinsie in. Daar is ook verskeie klein maar besienswaardige natuurreservate en groen gebiede binne die digbevolkte stadsgebiede van Durban en Pietermaritzburg.

Hoewel KwaZulu-Natal 'n warm subtropiese kli-maat het, het die hoogte bo seevlak 'n duidelike uitwerking op die plaaslike klimaatstoestande. Die somers is warm en vogtig langs die kus, terwyl die wintermaande aangenaam is. Verder na die binne-land is die wintersdae aangenaam, maar nagtem-perature daal dikwels onder 5 °C. Somersdae en -aande in die binneland is aangenaam.

Somertemperature wissel tussen 13 en 32 °C in die Drakensberg-voorheuwels, terwyl wintertem-perature gewoonlik tussen 5 en 16 °C wissel, maar dikwels tot heelwat onder vriespunt daal.

KwaZulu-Natal kry somerreën en die meeste reën word in die vorm van donderstorms tussen Oktober en Maart opgeteken. Die gemiddelde reënval oor die grootste deel van die Drakensberg is 1 250 mm, maar as 'n reël neem die reënval toe van die valleie na die boonste deel van die Kleinberg.

Gedurende die somer is die Kleinberg en die kruin dikwels toe onder digte wolke en mis wat tot twee weke kan duur voordat dit lig. Ryp kom ongeveer 150 nagte per jaar voor en sneeu val ses tot 12 keer per jaar. Hoewel sneeu enige tyd van die jaar kan val, kom dit gewoonlik tussen April en September voor. In die suidelike 'Berg kom daar meer dikwels en swaarder sneeuvalle as in die noordelike 'Berg voor. Sneeu is gewoonlik tot die kruin en omgewing beperk, maar dit bereik soms die 1 800 m-vlak.

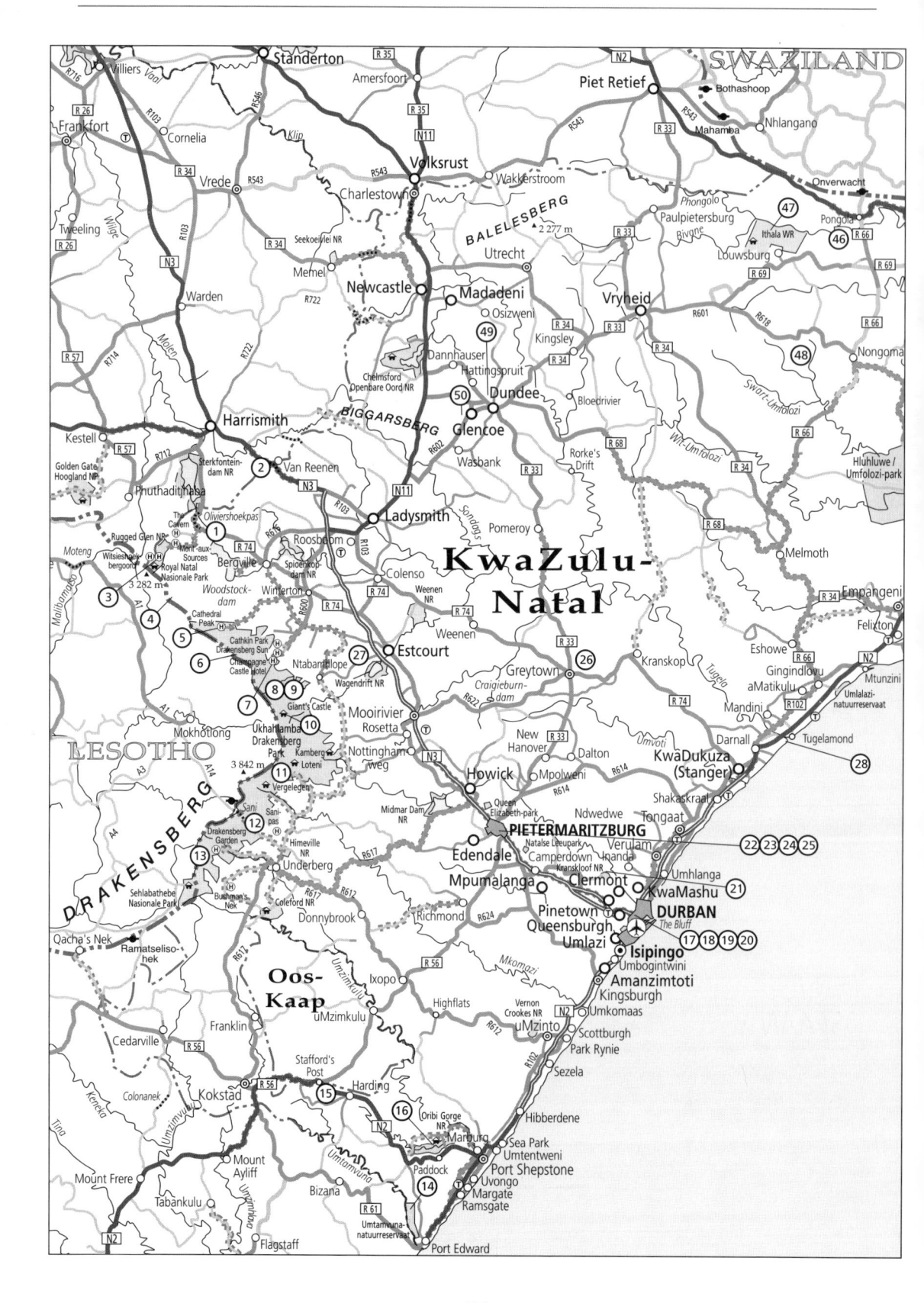

STAPROETES IN SUID-AFRIKA

DRAKENSBERG & KWAZULU-NATAL

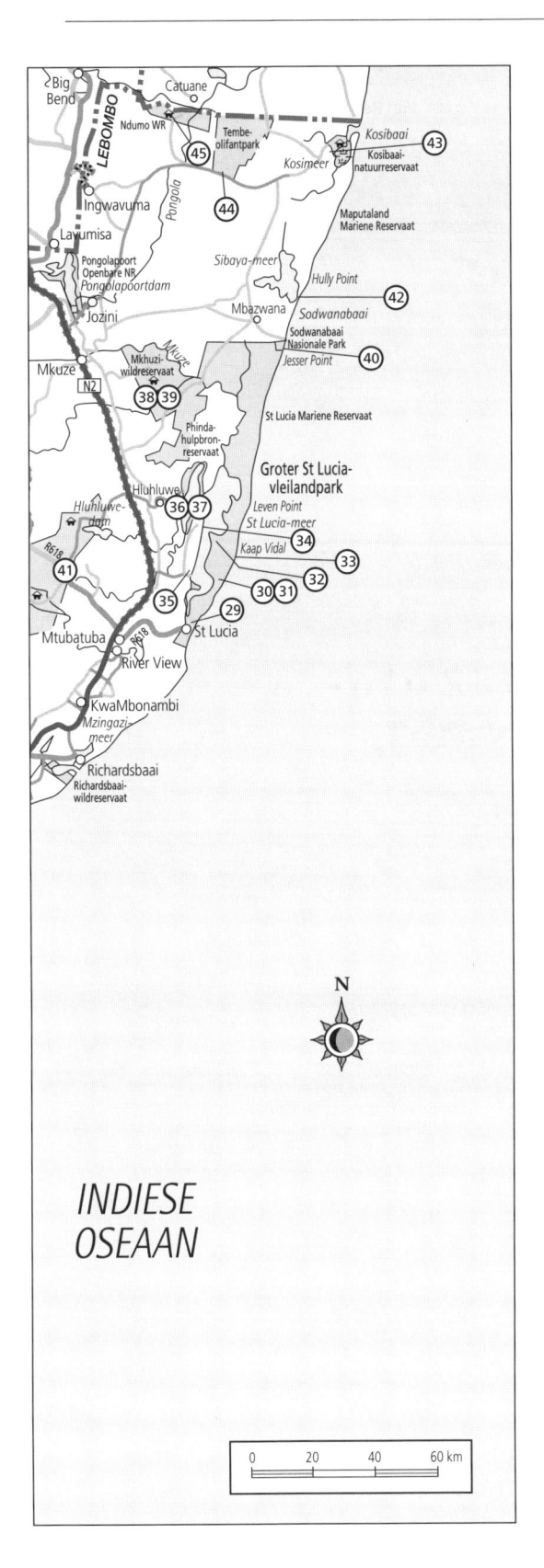

STAPROETES

1. Vergezient-bergstaproetes bl. 141
2. Swartwildebees-voetslaanpad bl. 141
3. Royal Natal Nasionale Park bl. 142
4. Mont-aux-Sources na Cathedral Peak bl.143
5. Cathedral Peak en Mlambonja-wildernisgebied bl. 144
6. Cathedral Peak-Twee Passe-staproete bl. 145
7. Cathkin Peak en Mdedelelo-wildernisgebied bl. 146
8. Injisuthi bl. 147
9. Injisuthi-wildernisstaproete bl. 148
10. Giant's Castle bl. 148
11. Mkhomazi-wildernisgebied en die natuurreservate Kamberg, Lotheni en Vergelegen bl. 150
12. Mzimkhulu-wildernisgebied en Mzimkhulwana-natuurreservaat bl. 152
13. Giant's Cup-voetslaanpad bl.153
14. Umtamvuna-natuurreservaat bl. 153
15. Ingeli Forest Lodge bl. 154
16. Oribi Gorge-natuurreservaat bl. 155
17. Burmanbos-natuurreservaat bl. 156
18. Silverglen-natuurreservaat bl. 156
19. Palmiet-natuurreservaat bl. 157
20. Kenneth Steinbank-natuurreservaat bl. 157
21. Krantzkloof-natuurreservaat bl. 157
22. Ferncliffe-natuurreservaat bl. 158
23. Natalse Nasionale Botaniese Tuin bl. 158
24. Groenstrook-wandelpaaie bl. 159
25. Dorpspruit-staproete bl. 159
26. Blinkwater-voetslaanpaaie bl. 160
27. Moor Park-natuurreservaat bl. 160
28. Harold Johnson-natuurreservaat bl. 169
29. St Lucia-wildreservaat bl. 169
30. Mziki-staproete bl. 170
31. Emoyeni-voetslaanpad bl. 171
32. St Lucia-wildernisroete bl. 172
33. Kaap Vidal bl. 172
34. Fanie se Eiland bl. 173
35. Charter's Creek bl. 173
36. Valsbaaipark bl. 174
37. Dugandlovu-staproete bl. 174
38. Mkuzi-wildreservaat bl. 175
39. Mkuzi-bosveldvoetslaanpad bl. 175
40. Sodwanabaai bl. 176
41. Hluhluwe-Umfolozi-park bl. 176
42. Sibayameer-natuurreservaat bl. 177
43. Amanzimnyama-voetslaanpad bl. 178
44. Tembe-olifantpark bl. 179
45. Ndumo-wildreservaat bl. 180
46. Mkhaya-voetslaanpad bl. 180
47. Ithala-wildreservaat bl. 181
48. Ntendeka-wildernisgebied bl. 182
49. Mpatiberg-voetslaanpad bl. 182
50. Izemfene-voetslaanpad bl. 183

BELANGRIKE INLIGTING

DRAKENSBERG

- Weerstoestande kan hier baie vinnig verander en hierdie bergreeks het waarskynlik al meer lewens as enige ander in Suid-Afrika geëis. Wees altyd voorbereid op slegte weer en onthou die volgende vir staptogte van meer as 'n paar uur of oornagtogte:
- Groepe vir oornagtogte word tot hoogstens 12 persone beperk.
- Moenie in die Hoëberg stap as jy nie die terrein ken nie.
- 'n Goeie kaart is onontbeerlik. Die beste een is die driedelige, 1:50 000-ontspanningskaart wat die hele Drakensberg van Mont-aux-Sources in die noorde tot by Sehlabathebe in die suide dek. Nuttige inligting is onder meer 'n veiligheidsrooster, wat mens help om jou posisie vinnig te bepaal, asook 'n stelsel van nommers waar voetpaaie kruis. Dit is standaardpraktyk dat stappers wat die bergregister invul, die kruispadnommers van hul voorgenome roetes verskaf.
- Dit is verpligtend om die bergregister in te vul wanneer enige berggebied binnegegaan word. Doen dit so akkuraat moontlik aangesien hierdie inligting moontlike hulp- of reddingsaksies sal bespoedig.
- Skryf by jou terugkeer die datum en tyd in die register en stel die verantwoordelike beampte in kennis.
- 'n Mens beland maklik onverwags in digte mis met sig wat tot 'n paar meter beperk is. Moenie probeer om van die platotrand na onder te beweeg nie. Slaan eerder tent op en bly daar totdat die mis lig.
- Moet nooit naby riviere of strome kamp opslaan nie. Fratsvloede is nie ongewoon na donderstorms nie. Donderstorms kan hoog in die opvangsgebiede van riviere voorkom sonder dat jy daarvan bewus is.
- Beweeg so gou moontlik na laer dele as dit begin sneeu. Indien die sneeu te diep is, probeer die naaste grot bereik of prakseer 'n noodskuiling.
- Neem altyd bykomende hoë-energierantsoene vir minstens twee dae saam.
- Sekere grotte kan vir eksklusiewe gebruik deur een groep bespreek word. Besprekings moet by die betrokke KwaZulu-Natalse Natuurlewekantoor gedoen word.
- Selfs as jy 'n grot bespreek het, is dit raadsaam om 'n tent saam te neem aangesien slegte weerstoestande of ander faktore mens kan noop om die nag buite deur te bring.
- Oop vure word nie toegelaat nie, neem dus 'n kampstofie en brandstof saam.
- Vir oornaguitstappies in die 'Berg is 'n goeie donsslaapsak met 'n gradering van minstens -5 °C, 'n hoëdigtheidmatras en waterdigte en warm klere ook noodsaaklik.
- 'n Geldige paspoort is nodig vir uitstappies oor die grens van Lesotho.

ST LUCIA & MAPUTALAND

- Stappers wat St Lucia en Maputaland besoek, moet voorsorg tref teen malaria.
- Weens die krokodille en seekoeie is dit verbode om te swem of in die water te stap.
- Benewens bogenoemde diere kom haaie in die St Luciariviermonding voor.
- Seekoeie kom gewoonlik laatmiddag uit die water om te wei en keer vroegoggend terug. Kyk dus uit vir hulle wanneer jy naby vleie, mere en moerasse stap en onthou dat hulle soms bedags op bewolkte dae in beboste gebiede rus. As jy 'n aggressiewe seekoei raakloop, retireer so vinnig moontlik of klim in 'n redelike groot boom. Indien dit lyk asof die seekoei nie aggressief is nie, staan stil en beweeg dan stilletjies weg.

DRAKENSBERG & KWAZULU-NATAL

1. VERGEZIENT-BERGSTAPROETES
Bergville

> *Staproete:* Tot 13,5 km en oornag; 1 uur tot 2 dae; netwerk.
> *Permitte:* Jacana Marketing and Reservations, Posbus 95212, Waterkloof 0145, tel: (012) 346 3550, faks: 346 2499, e-pos: info@jacanacollection.co.za
> *Kaarte:* Staproetekaart in roetepamflet.
> *Geriewe/Aktiwiteite:* Hoofkamp met slaapbanke/beddens, matrasse; kombuis met yskas, mikrogolfoond, drieplaatstoof, kook- en eetgerei; braaiplekke; storte en toilette.

Hierdie staproetes by Vergezient-bergoord op die randjie van die Drakensberg-platorand bied asemrowende uitsigte oor die Amfiteater, Cathkin Peak en Champagne Castle na die suidooste, die Malutiberge na die suidweste, en Colenso na die ooste.

Die roetenetwerk loop deur oop, kort grasveld afgewissel met proteas, klowe met pragtige kolle inheemse woud, stil strome, en twee 40 m hoë watervalle. 'n Sandsteen-holkrans vol delikate rotsskilderinge is agter een van die watervalle versteek. Die reusagtige ou grondstorting wat die agtergrond vir 'n ongewone vleiland bied, is ook interessant.

Rooiribbokke en blesbokke is van die diere wat te sien is en die verskillende habitats lok ook 'n ryke verskeidenheid voëls. Van geskiedkundige belang is die Retiefpas (waarlangs die Voortrekkers KwaZulu-Natal in 1838 vir die eerste keer bereik het) en Retiefrots wat daar naby geleë is.

Stapgeleenthede sluit kort uitstappies, drie langer wandelpaaie van een tot drie uur, en twee 13,5 km-roetes wat tot 'n oornagstaptog gekombineer kan word, in.

2. SWARTWILDEBEES-VOETSLAANPAD
Van Reenen

> *Roetes:* 2 eendagroetes; 4 en 10 km; 1,5 en 3,5 uur; sirkelroete. 28,5 km-voetslaanpad; 2 of 3 dae; sirkelroete.
> *Permitte:* Jacana Marketing and Reservations, Posbus 95212, Waterkloof 0145, tel: (012) 346 3550, faks: 346 2499, e-pos: info@jacanacollection.co.za
> *Kaarte:* Staproetekaart in die roetepamflet.
> *Geriewe/Aktiwiteite:* Twee oornagkampe met slaapbanke, matrasse, tweeplaatgasstoof, gasyskas, potte, panne, vuurmaakplek, storte en spoeltoilette.
> *Belangrike inligting:* Indien die Sandspruit in vloed is, moet stappers op dag 2 (van die driedagroete) na Andrews Motel stap waar hulle opgelaai sal word.

1. Crystal Falls-staproete volg dieselfde roete as die eerste skof van die oornagroete langs die Crystal Stream-kloof na Dassiepas waar lere toegang tot die plato bied. Die roete wyk na regs af na Fig Tree Island en daal dan tot by Siggy se Kamp by die beginpunt. 4,5 km; 1,5 uur, sirkelroete.

2. Blouaap-staproete volg hoofsaaklik dele van die eerste en tweede, of derde (as jy vir twee nagte by die Rivierkamp gebly het) dag se skofte van die oornagroete. 10 km; 3,5 uur; sirkelroete.

3. Swartwildebees-voetslaanpad Hierdie roete in die Sandspruit-bewaringsgebied suid van Van Reenen bied stappers die geleentheid om 'n verskeidenheid diere te voet te besigtig. Tesame met die groot bevolking swartwildebeeste, kan stappers ook op rooihartbeeste, blouwildebeeste, elande, bontsebras, blesbokke en koedoes afkom.

Die eerste dag se skof (14 km; 5 uur) loop langs 'n kloof na Dassiepas, waar lere toegang tot die plato verleen. Die roete loop dan oor die deinende koppies en die plantegroei wissel tussen grasveld en kolle inheemse bome. Verskeie strome word langs die pad oorgesteek en die roete loop verby damme waar jy diere kan gewaar. 'n Aanloklike swemplek wag op stappers in die Lost Valley-ravyn. Van hier is dit 'n maklike skof langs die Sandspruit tot by die Rivierkamp.

As die Rivierkamp as basis gebruik word, is daar 'n opsionele 6,5 km-roete wat op die tweede dag gevolg kan word. Die pad klim teen 'n rif uit en kronkel dan langs 'n kontoer. Nadat Ribbokspruit oorgesteek is, loop dit verder tot by Eagle's View. Van hier draai die pad terug en steek Ribbokspruit weer oor voor dit na die hut terugkeer.

Dag drie (8 km; 3 uur) – dag twee indien jy die opsionele dagroete uitgelaat het – begin met 'n stywe klim en volg dan 'n maklike roete langs die plato wat deur verskeie inheemse woudkolle kronkel. Die paadjie sak dan in 'n vallei af en die res van die roete is 'n maklike stappie. **28,5 km; 2 of 3 dae; sirkelroete.**

3. ROYAL NATAL NASIONALE PARK
uKhahlamba-Drakensbergpark, Bergville

Staproete: 24 roetes; 3 tot 45 km; 45 min. tot twee dae; sirkelroete; heen en terug, eenrigting.
Permitte: Toegangsgeld. Geen permitte is nodig nie.
Kaarte: Uitstekende gidsboek met kaart.
Geriewe/Aktiwiteite: Selfsorgverblyf; kampeerplekke by Mahai en Glen Reenen; piekniekplekke; forelhengel, swem en perdry.

Die Royal Natal Nasionale Park beslaan 8 094 ha in die noordelike Drakensberg en word oorheers deur die asemrowende Amfiteater, 'n steil basaltmuur wat 700 m bo die Kleinberg uittroon. Hierdie imposante natuurwonder strek van Eastern Buttress weswaarts vir 8 km na die Sentinel. Die 500 m hoë Tugela-waterval stort oor die rand van die Amfiteater in vyf reusagtige sprange en is van die hoogstes in die wêreld. Ander bekende besienswaardighede is onder meer 'n sandsteenformasie, wat gepas Policeman's Helmet genoem word, asook die skouspelagtige tonnel wat hier deur die Tugelarivier uitgekalwe is.

Die Amfiteater se muur vorm 'n indrukwekkende agtergrond vir die Clarens-sandsteenformasies van die Kleinberg. Die plantegroei op die laer vlakke is kenmerkend grasveld met kolle proteas, terwyl kolle inheemse woud met geelhout, boekenhout, assegaai en witstinkhout in beskutte valleie en klowe voorkom. Van die bokant van die Kleinberg tot net onder die kruin bestaan die plantegroei hoofsaaklik uit grasveld met 'n alpestrook 2 865 m bo seevlak. Die grasveld word in hierdie strook afgewissel met *Erica-* en *Helichrysum*-spesies.

Die park se voëllys van meer as 130 spesies, sluit 'n hele paar noemenswaardige spesies in, onder meer die baardaasvoël, swerfvalk, mahem, oranjeborsberglyster, grasvoël, en die rooiborssuikervoël. Ander om voor uit te kyk, is die kransaasvoël, witkruisarend, bosveldfisant, grondspeg, langtoonkliplyster, witkoljanfrederik en die oranjekeelkalkoentjie.

Die soogdiere is hoofsaaklik klein en naglewend en word dus maklik misgekyk. Die meer opvallende spesies is onder meer die vaalribbok, rooiribbok, klipspringer, gewone duiker, bobbejaan en dassie. Karnivore sluit in rooikatte en tierboskatte.

Die park word deurkruis met 'n roetenetwerk van meer as 100 km, wat ses kort wandelings van altesaam twee uur of minder insluit.

Mahai-parkeerterrein

1. Cascades en McKinlay se Poel Die roete volg die pad verby die forelplaas en na sowat 15 minute kom jy by die Cascades, met sy pragtige ligging teen die agtergrond van 'n inheemse woudkol. Die pad loop nou verder langs die linkeroewer van die Mahairivier tot by McKinlay se Poel by die kruising van die Mahai- en Gudurivier, ongeveer 15 minute van die Cascades af. Van hier kan jy omdraai of voortgaan met die pad wat steil na Lookout Rock klim, waar jy by die Tiger Falls-pad aansluit. **8 km; 3 uur; sirkelroete.**

2. Fairy Glen en die Grotto Dié roete steek die Mahairivier oor aan die oostekant van die kampeerterrein en volg die Fairy Glen- en Sunday Falls-pad. Net voor die pad die Golide-stroom oorsteek, draai die Fairy Glen-roete links af en klim gemaklik na Fairy Glen wat 'n gewilde piekniekplek is. Van hier klim die pad verder tot onder Plowman's Kopkranse waar jy regs draai. 'n Entjie verder kronkel die pad steil boontoe voordat dit afplat en by 'n vurk kom. Die linkerkantste pad lei na die ingang van die Grotto waar 'n waterval oor die kranse stort. Ten spyte van die naam is Grotto nie 'n grot nie, maar twee indrukwekkende ravyne wat in die sandsteen uitgekalwe is. **10 km; 4 uur; heen en terug.**

3. Gudu-waterval, The Crack en Mudslide Hierdie roete volg aanvanklik die Tiger Falls-pad waarby jy agter die hotel aansluit. Die pad loop onder die sandsteenkranse van Dooley en daal dan na Gudubos waar 'n pad langs die regteroewer van die Gudurivier na die waterval aan die bopunt van die vallei lei.

As jy verder met Basotho Gate-pad langs die Mahairiviervallei langs stap, kom jy na sowat 1,2 km by The Crack. Hier klim die roete steil in 'n spleet in die sandsteenkranse op met 'n kettingleer op een van die moeilike plekke. Die pad loop nou teen die hoogtes langs en steek die Gudurivier ongeveer 50 m bokant die waterval oor; 'n heerlike uitspan- en swemplek. Na 'n dwarsstap oor Plowman's Kop loop die roete teen Mudslide af waar 'n kort kettingleer stappers by die begin help. As gevolg van die steil helling en los oppervlak, wat baie glad is nadat dit gereën het, word Mudslide nie vir jong kinders en diegene met hoogtevrees aanbeveel nie. Volg die Gudubospad van die onderkant van die kranse na die eerste afdraai aan jou linkerkant en stap terug na die parkeerterrein. **11 km; 5 uur; sirkelroete.**

4. Sunday Falls, Surprise Ridge en Cannibal Cave Hierdie wandelpad volg die roete na die Fairy Glen-afdraai, waar jy dié keer regs draai en aanstap na Sunday Falls, wat jy ongeveer 'n uur na jou vertrek bereik. Die afdraai na die waterval is gemerk en nadat jy bokant die waterval verbygeloop het, moet jy uitkyk vir 'n paadjie na die voet van die waterval.

Die paadjie loop oor die Sunday Falls-stroom en langs die Sigubudurivier. 'n Kort steilte bring mens by Surprise Ridge met sy onverwagte uitsig wat so ver as Cathedral Peak, Cathkin Peak en Champagne Castle in die suide strek. Cannibal Cave lê buite die grense van die park en kan na 'n kort stappie weswaarts langs die kranse bereik word.

In plaas daarvan om in jou spore om te draai, kan jy via die Grotto- en Fairy Glen-roete terugkeer. Dit is 'n volle dag se stap, maar beslis die moeite werd. **22,5 km; 8 uur; sirkelroete.**

Ravyn-parkeerterrein

5. Tugela-tonnel en -ravyn Dit is ongetwyfeld die gewildste en mooiste staproetes in die park. Die roete volg die regteroewer van die Tugelarivier van die parkeerterrein verby 'n sandsteenrif wat deur Policeman's Helmet oorheers word. Die roete loop deur verskeie woudkolle en terwyl jy aanstap word jy al meer bewus daarvan dat die ravyn jou omsluit. Die rivier word drie maal in die laaste 1,5 km van die roete oorgesteek en dan word die Tonnel, 'n kort entjie anderkant 'n kettingleer op die regterkantste oewer van die rivier, bereik.

Na gelang van die vlak van die rivier kan mens sowat 65 m opstap na die Tonnel of die kettingleer gebruik om dit te omseil en vir sowat 800 m van klip tot klip in die Tugelarivier opstap.

Op die linkerkantste oewer, feitlik regoor die kettingleer, loop 'n steil paadjie na die Tonnelgrot van waar jy oor die Tonnel, met die Amfiteater as indrukwekkende agtergrond, uitkyk. **22,5 km; 7 uur; heen en terug.**

6. Duiwelshoekvallei Volg die ravyn-staproete van die parkeerterrein na die bordjie waar jy na regs draai. Die roete styg nou uit die vallei en na 'n rukkie is daar 'n vurk in die pad waar jy links draai om Thendele-kamp te omseil. Van hier loop die paadjie verder langs die regterkant van die vallei en deur pragtige woudkolle. Die pad eindig by Tweede Bos. **9 km; 4 uur; heen en terug.**

7. Vemaanvallei Hierdie staproete volg die Duiwelshoekvallei-roete vir ongeveer 1,6 km tot by 'n vurk in die pad waar jy links draai. Nadat die Duiwelshoekrivier oorgesteek is, loop die pad om tot by die Vemaanvallei, wat jy tot by 'n klein woudkolletjie volg. Van hier loop die roete terug oor die Policeman's Helmet-rif wat van 'n entjie verder terug uitgeklim kan word. **9 km; 4 uur; heen en terug.**

4. MONT-AUX-SOURCES NA CATHEDRAL PEAK
uKhahlamba-Drakensbergpark, Bergville

Staproete: 60 km; 5 dae; eenrigting.
Permitte: Verantwoordelike Beampte, Cathedral Peak, Privaatsak X1, Winterton 3340, tel: (036) 488 1880, faks: 488 1677.

> *Kaarte:* Die gebied word gedek deur kaart een in die Drakensberg Recreational Series: Drakensberg-Noord – Mont-aux-Sources na Cathedral Peak.
> *Geriewe/Aktiwiteite:* Kampeerplek by Cathedral Peak; grotte.

Op hierdie staproete, wat by die Sentinel-parkeerterrein begin, sien jy van die skouspelagtigste natuurskoon in die Drakensberg. Die eerste dag se skof (12 km) klim teen 'n kettingleer na die bopunt van die Amfiteater en loop dan suid na die Kubedurivier. Van hier styg die pad geleidelik teen 'n sytak van die Kubedurivier en loop dan onder om die Ifidi Pinnacles na die oornagplek by die Ifidi-grot.

Op die tweede dag (11 km) loop de roete binnelands om die diep insnyding tussen die bergkape Ifidi en Icidi te vermy, voordat dit in die rigting van die Platorand draai. Van die Stimela-rug is daar uitsigte oor Mbundini Buttress, en van Mbundini Abbey is die indrukwekkende Fangs en die Madonna en haar Aanbidders ook te sien. Stappers loop verder met die Platorand tot by Fangspas waar daar verblyf in die Fangs-grot, 'n entjie laer af in die pas, beskikbaar is.

Die derde dag se skof (11 km) bied 'n manjifieke uitsig oor die Mweni Pinnacles en die Mweni-gebied ver onder. Die roete volg dan 'n ompad na die binneland rondom die Mweni-insnyding en steek die Senqurivier, die oorsprong van die Garieprivier, oor. Van die bergkaap op die rand van die plato is daar uitsigte oor die Mweni Needles en Rockeries Tower. Mponjwane-grot, 'n entjie noord van die Rockeriespas, is 'n gewilde oornagplek.

Dag vier (15 km) se skof loop na die bopunt van die Rockeriespas van waar daar asemrowende uitsigte oor die agt pieke van die Rockeries is. Aan die bopunt van die pas is daar 'n paadjie wat na 'n waterval, sowat 4 km verder, in die Senqurivier lei. Jy volg dan die Kokoatsanrivier stroomop van die waterval. Na 'n steil klim teen 'n rug uit daal die roete skerp na die bopunt van die Ntonjelanapas. Van hier volg die staproete die Platorand bokant die Cathedral-reeks na die Mlambonjapas. Die oornagrusplek, Twins Cave, is 'n entjie verder in die pas af.

Die laaste dag se skof (11 km) loop langs die Mlambonjapas af na die Cathedral Peak Hotel. Die roete is ruig en daal met sowat 1 500 m tydens hierdie skof op pad na die hotel.

5. CATHEDRAL PEAK EN MLAMBONJA-WILDERNISGEBIED
uKhahlamba-Drakensbergpark, Winterton

> *Staproetes:* 120 km-netwerk van voetpaaie; 1 tot 18 km; 30 min. tot oornagstaproetes; sirkelroetes, heen en terug, eenrigting.
> *Permitte:* Verantwoordelike Beampte, Cathedral Peak, Privaatsak X1, Winterton 3340, tel: (036) 488 1880, faks: 488 1677.
> *Kaarte:* Kaart twee in die Drakensberg Recreational Series: Drakensberg-Noord – Cathedral Peak na Injisuthi.
> *Geriewe/Aktiwiteite:* Kampeerplekke met wasgeriewe; sekere grotte kan vooraf vir eksklusiewe gebruik deur 'n groep bespreek word.

Cathedral Peak en die aanliggende Mlambonja-wildernisgebied beslaan 31 500 ha en is gewild by buitelewe-entoesiaste. In die noorde en noordweste word dit deur die Tugelarivier begrens en in die suide deur die Mdedelelo-wildernis. Die gebied word deur die Cathedral-bergreeks oorheers. Die 4 km lange ry losstaande pieke, ook bekend as die Ridge of Horns, bevat van die asemrowendste bergpieke in Suid-Afrika, soos Cathedral Peak (3 004 m), Bell (2 930 m), Outer Horn (3 005 m), Inner Horn (3 005 m) en die Chessmen. Die pieke van die Platorand is hier almal hoër as 3 000 m.

Daar is heelwat geleenthede vir kort uitstappies in die Kleinberg en langer oornagstaproetes in die Mlambonja-wildernisgebied.

1. Ndedema-ravyn word ongeveer 2,5 km anderkant die Organ Pipes-afdraai bereik. Die ravyn, wat sowat 8 km lank is, is wêreldbekend vir sy rotskuns. Wyle Harald Pager het in die 1960's noukeurig 3 909 rotsskilderinge op 17 plekke opgeteken. Sebayeni-grot is die eerste skuiling in die sandsteenrif aan die suidekant van die vallei. Dit is die grootste skuiling in die ravyn en bevat 1 100 rotsskilderinge. Ander plekke met rotskuns in die ravyn sluit Poacher's Cave en Leopard Cave in. Die ravyn beskik oor een van die grootste stukke inheemse woud in die Drakensberg. **9,5 km; 3 uur, na die begin van die ravyn; eenrigting. Slegs begeleide toere.**

2. Tarn and Tryme Hills Hierdie aangename wandelpad begin by die Cathedral Peak-hotel en styg redelik skerp na Mushroom Rock van waar dit verder langs 'n rug klim na Tarn Hill, wat na die klein bergmeertjie op die plato vernoem is. Na ongeveer 4 km word 'n voertuigpad bereik waarlangs mens vir 1 km klim voor jy na links draai. Die roete kronkel nou teen die skuinstes af, steek 'n stroom oor en klim dan teen die hellings van Tryme Hill uit voordat dit afdaal in die beboste vallei van die Mhlonhlorivier waarlangs jy na die beginpunt terugstap. Daar is 'n paar ompaaie na die Ribbon-, Albert- en Doreen-waterval wat die moeite werd is. **10 km; 4 uur; sirkelroete.**

3. Reënboog-ravyn Hierdie bekoorlike wandelpad begin by die Cathedral Peak Hotel en volg die diep ravyn wat deur die Ndumenirivier, wat sy oorsprong onder die Organ Pipes het, uitgekalwe is. Van die hotel loop die paadjie om die voet van Tryme Hill en daal na ongeveer 4 km in die Ndumeni-vallei af. Op jou pad deur die beboste vallei na bo bereik mens 'n pragtige poel waarin twee watervalle neerstort. Die paadjie raak nou moeiliker aangesien jy die rivier verskeie kere moet oorsteek voordat die ravyn bereik word. Die ravyn kan verken word deur onder 'n rots deur te kruip wat in die ravyn vassit. Mens kan van die bopunt van die ravyn op jou voetspore terugkeer of verder teen die steil regterkant van Tryme Hill uitklouter om by 'n voetpaadjie bo-op die koppie aan te sluit. Draai hier regs en volg die pad terug na die hotel. **11 km; 5 uur; heen en terug of sirkelroete.**

4. Organ Pipes Cathedral Peak is die enigste 'Berggebied van waar jy tot bo-op die Kleinberg kan ry. Toegang word verkry deur die 10,5 km lange Mike's-pas wat met ongeveer 500 m styg na Arendsig-hek, die beginpunt van die roete na Organ Pipes en die Platorand. Daar is 'n rigtingwyser na die beginpunt van die staproete, sowat 6,5 km van Arendsig. Die pad styg met meer as 900 m oor die volgende 7 km en loop verby 'n groepering van spitse en bergkape wat in Zoeloe bekend staan as *Qolo la Masoja*, of die Rif van die Soldate. Die naam kan toegeskryf word aan die ooreenkoms van die gegroefde suile met 'n regiment soldate wat op aandag staan, of anders kan die naam afkomstig wees van 'n tradisie wat met militêre optrede geassosieer word. Die oorsprong van die naam is nie seker nie. **13,5 km; 7 uur; eenrigting.**

Van bo-op Organ Pipes-pas kan jy langs die Platorand na Gray's-pas stap en by die Monk's Cowl-kantoor eindig. **50 km; 5 dae; eenrigting.**

5. Cathedral Peak Om Cathedral Peak te klim behels 'n veeleisende heen-en-terug-roete van 18 km waarvoor 'n hele dag nodig is. Die finale klim na die kruin van Cathedral Peak sluit 'n graad C-gradiënt in en word derhalwe nie vir onervare voetslaners aanbeveel nie. Op 'n helder dag is die uitsig van die kruin asemrowend, met Cathkin Peak na die suide en Eastern Buttress duidelik in die noorde te sien. Die natuurskoon word na die suidooste oorheers deur die diep vallei wat deur die Mlambonjarivier uitgekalwe is. **18 km; 10 uur; heen en terug.**

6. CATHEDRAL PEAK-TWEE PASSE-STAPROETE
uKhahlamba-Drakensbergpark, Winterton

Staproetes: 37,5 km; 3 dae; eenrigting.
Permitte: Verantwoordelike Beampte, Cathedral Peak, Privaatsak X1, Winterton 3340, tel: (036) 488 1880, faks: 488 1677.
Kaarte: Kaart twee in die Drakensberg Recreational Series: Drakensberg-Noord – Cathedral Peak na Injisuthi.
Geriewe/Aktiwiteite: Kampeerterrein by Cathedral Peak; sekere grotte kan vooruit vir die eksklusiewe gebruik van 'n groep bespreek word.

Dit is 'n veeleisende maar lonende roete wat net deur fikse, ervare voetslaners aangedurf moet word. Van die Arendsig-hek aan die einde van Mike's-pas loop die roete 3 km met 'n viertrekpad na die Kontoerpad waar jy links draai en 3,5 km verder na Organ Pipes-pas stap. Oor die volgende 7 km sal jy met meer as 900 m styg op pad na die indrukwekkende Organ Pipes. Die breë vallei tussen Ndumeni Dome en Castle Buttress wat jy na die veeleisende dagskof van 13,5 km bereik, is 'n goeie plek om in 'n tent te oornag, of jy kan verder gaan na die Ndumeni-grotte, twee klein skuilings hoog teen Ndumeni Dome.

Dit is raadsaam om vroeg te begin met die tweede dag se skof (12,5 km) omdat die terrein ongelyk is met op- en afdraandes. Om die beste uitkykpunte te bereik, moet die waterskeiding oor Castle Buttress en Cleft Peak (teen 3 281 m, die hoogste punt tussen Mont-aux-Sources en Cathedral Peak) gevolg word. Verderaan volg die pad die waterskeiding naby die rand van die Platorand en bied asemrowende uitsigte. Prominente landmerke sluit die Column, Pyramid, Cockade en Elephant in, en anderkant Xeni-pas kan jy op die Cathedralbergreeks afkyk. Die oornagrusplek, Twins Caves, is 'n kort entjie van die bopunt van die Mlambonjapas af geleë.

Die derde dag se skof (11,5 km) sluit 'n steil afdraand langs die Mlambonja-pas in. As gevolg van die steil gradiënt en los klippe in die rotsstroke naby die bopunt van die pas, asook die gladde gras, moet jy versigtig wees en jou tyd neem.

7. CATHKIN PEAK EN MDEDELELO-WILDERNISGEBIED
uKhahlamba-Drakensbergpark, Winterton

Staproetes: 185 km-netwerk van voetpaadjies, 1 tot 58 km, 30 min. tot oornagstaproetes, sirkelroete, heen en terug, eenrigting.
Permitte: Verantwoordelike Beampte, Monk's Cowl, Privaatsak X2, Winterton 3340, tel. en faks: (036) 468 1103.
Kaarte: Hierdie gebied word gedek deur kaart twee in die Drakensberg Recreational Series: Drakensberg-Noord – Cathedral Peak na Injisuthi.

Geriewe/Aktiwiteite: Kampeerplek met wasgeriewe by Monk's Cowl, sekere grotte kan vooraf vir die eksklusiewe gebruik van 'n groep bespreek word.

Monk's Cowl en die aanliggende Mdedelelo-wildernisgebied van 29 000 ha word gekenmerk deur diep valleie, indrukwekkende pieke en grotte met rotsskilderinge. Bekende landmerke sluit Cathkin Peak, Gatberg en Dragon's Back, 'n reeks losstaande, blokvormige pieke, in. Voetslaan word vergemaklik deur 'n kontoerpad wat gewilde bestemmings en passe met mekaar en die Platorand verbind. Die gebied word in die noorde deur Cathedral Peak en in die suide deur die Injisuthi-deel van die Giant's Castle-wildreservaat begrens.

1. Kontoerpad via die Sfinks Een van die gewildste staproetes na die Kleinberg is van Monk's Cowl via die Sfinks en Verkykerskop. Dit is die gebruiklike roete na die Kontoerpad en derhalwe ook na die hoër pieke en passe. Jy klim sowat 450 m voordat die gradiënt afplat by Breakfast-stroom waarna die pad geleidelik na die Kontoerpad styg. Cathkin Peak (3 149 m) oorheers die toneel. Die gebied se naam, Mdedelelo, is 'n Zoeloe-woord wat beteken 'maak plek vir hom', en verwys na die feit dat dit lyk asof Cathkin Peak die ander pieke uit die pad gestoot het om vir homself plek te maak. **5,5 km; 3 uur; eenrigting.**

2. Gray's-pas word bereik deur die staproete via die Sfinks na die Kontoerpad te volg, waar jy regs draai en vir 2,5 km verder na Hlatikulu-nek stap. Bly op die Kontoerpad vir nog 1,5 km en draai dan links om na 'n volgehoue klim van ongeveer 4 km by die Keith Bush-kamp uit te kom. Dit is 'n pragtige kampplek wat aan die bopunt van die Mhlawazinirivier geleë is en aan drie kante deur kranse omring word. Hoewel Gray's-pas slegs 2,5 km lank is, is dit verweer en blootgestel, asook baie steil, en jy klim sowat 700 m.

Kort nadat jy teen die pas begin uitstap, kry jy jou eerste onbelemmerde uitsig na Monk's Cowl (3 234 m). Nkosazana-grot, naby die bopunt van die pas, is 'n goeie plek om op die Platorand te oornag. Van die bopunt van die pas is dit 'n maklike stap van sowat 3 km na Champagne Castle (3 377 m).

Mens kan met dieselfde roete teen Gray's-pas terugkeer, of met Ship's Prow-pas, net suid van Champagne Castle, afloop. Moenie probeer om langs die noordelike vurk van Ship's Prow-pas af te gaan nie; dit is baie gevaarlik. Volg die suidelike vurk. Los klippe maak hierdie roete moeilik; wees dus versigtig. **45 km; 3 dae; sirkelroete.**

3. Monk's Cowl na Ndedema-ravyn 'n Ander opsie is om, nadat jy via die Sfinks en Breakfast-stroom by die Kontoerpad aangesluit het, na Ndedema-ravyn te stap. Dit is 'n veeleisende roete deur twee riviervalleie met **lang afdraandes**, gevolg deur steil opdraandes. Gatberg, 'n piek met 'n gat (na raming 9 m in deursnee) deur sy voet, is 'n prominente landmerk op hierdie roete. Die Zoeloenaam, Intunja, word onderskeidelik vertaal as 'oog van die naald' en 'gat in die berg waardeur skaapwagters kan kruip'. Verder langs die roete oorheers Dragon's Back, 'n imposante reeks blokvormige pieke, die toneel. Die roete daal ongeveer 400 m gedurende die laaste 4 km na Ndedema-ravyn wat sowat 28 km van Monk's Cowl-kantoor geleë is. Van hier kan jy óf na Cathedral Peak stap, óf in Ndedema-ravyn afstap en al langs die Mhlawazinirivier en Hlatikulunek (23 km), of via Hospitaalspruit en Stalgrotte (19 km), na Monk's Cowl terugkeer.

8. INJISUTHI
uKhahlamba-Drakensbergpark, Estcourt

Staproetes: Netwerk van verskeie staproetes; 2,5 tot 15 km; 1 uur tot oornagstaproetes; sirkelroetes, heen en terug, eenrigting. 6 uur lange begeleide staproete na Battle Cave.
Permitte: Toegangsgeld. Geen permit nodig vir daguitstappies nie. Vir oornagstaproetes en grotte: Verantwoordelike Beampte, Injisuthi-kamp, Privaatsak X7010, Estcourt 3310, tel. en faks: (036) 431 7848.
Kaarte: Die gebied word gedek deur kaart drie in die Drakensberg Recreational Series: Drakensberg-Sentraal – Injisuthi, Giant's Castle, Highmoor.

Geriewe/Aktiwiteite: Selfsorghutte, kampeerplek; staproetes met gidse na Battle Cave; forelhengel (permit nodig).

Suid-Afrika se twee hoogste pieke, Mafadi (3 446 m) en Injisuthi Dome (3 379 m) vorm 'n indrukwekkende agtergrond vir die ongetemde Injisuthi-vallei in die noorde van die Giant's Castle-wildreservaat. Ander prominente bergpieke in die gebied is onder meer Old Woman Grinding Corn, die Injisuthi-Drieling en die Molar. In die noordweste van die Injisuthi-vallei word die horison deur drie indrukwekkende bergpieke – Champagne Castle, Monk's Cowl en Cathkin Peak – oorheers.

1. Grindstone Caves het hul naam aan 'n slypsteen, wat baie jare tevore hierheen gebring is, te danke. Die staproete lei na 'n lieflike geelhoutbos en kronkel dan teen die berghange uit na die sandsteenkranse voor dit begin afplat. **3 uur; heen en terug.**

2. Van Heyningenspas is 'n gewilde wandelpad na die bopunt van die Kleinberg. Die roete loop deur 'n stuk bos voordat dit langs die Van Heyningenspas na 'n uitkykpunt met asemrowende uitsigte op Monk's Cowl en Champagne Castle, oploop. As mens suidwaarts met die ruwe pieke langs kyk, strek die uitsig so ver as die imposante wand van Giant's Castle. **8 km; 3 uur; heen en terug.**

3. Cataract Valley word bereik deur die pad van Grinstone Caves af te volg na die Old Woman-stroom wat jy bokant 'n waterval kan oorsteek. Die paadjie klim dan na die kruin van die rug en begin in Cataract Valley afsak. Die Cataract-stroom word drie maal oorgesteek voor die Delmhlwazinerivier bereik word. Van hier loop die pad terug na die kamp. **13 km; 5 uur; sirkelroete.**

4. Battle Cave kan slegs op 'n begeleide toer besoek word. Die grot se naam is afkomstig van 'n rotskunstoneel wat die kragmeting tussen twee vegtende Boesmanstamme uitbeeld. 'n Klein groepie leeus, diere wat bo-oor mense geteken is, elande, ribbokke en gemaskerde figure word ook uitgebeeld. **15 km; 6 uur; heen en terug.**

5. Wondervallei word bereik deur na die bopunt van Van Heyningenspas te stap. Stap van hier padlangs na 'n rug wat verderaan oorgesteek word. Die roete daal nou geleidelik en daar is 'n paar mooi uitsigte oor Wondervallei. Stap verder na die Wondervalleigrot van waar dit die beste is om op jou spoor terug te loop. **15 km; 5 uur; heen en terug.**

9. INJISUTHI-WILDERNISSTAPROETE
uKhahlamba-Drakensbergpark, Estcourt

Staproetes: Wildernisstaproetes met gidse, afstande wissel van 10 tot 15 km per dag; 2 nagte; uitstappies vanaf basiskampgrot.
Permitte: KwaZulu-Natal Natuurlewe, Posbus 13069, Cascades 3202, tel: (033) 845 1000, faks: 845 1001, e-pos: trails@kwazulu-natalwildlife.com
Kaarte: Die gebied word gedek deur kaart drie in die Drakensberg Recreational Series: Drakensberg-sentraal – Injisuthi, Giant's Castle, Highmoor.
Geriewe/Aktiwiteite: Op die staproete: verblyf in grotte. Injisuthi-kamp: selfsorg-hutte, kampeerplek; begeleide staproetes na Battle Cave; forelhengel (permit nodig).
Belangrike inligting: Die seisoen vir hierdie staproete strek van die begin van Oktober tot einde Mei. Die minimum ouderdom vir stappers is 16.

Op hierdie begeleide staproete verken jy die ongerepte Injisuthi-gebied van Giant's Castle te voet. Die landskap wissel van afgeleë valleie en grasbedekte koppies tot die hoë pieke wat die Platorand oorheers. 'n Ryke verskeidenheid habitats lok net so 'n groot verskeidenheid voëls, en stappers sal waarskynlik ook troppe elande en ander wild te sien kry. Die flora van die grasveld is pragtig en is veral in die lente en somer treffend.

Op hierdie staproetes val die klem op die genot wat geput word uit die skouspelagtige natuurskoon en waardering van die komplekse omgewing waardeur daar gestap word. Die twee nagte word in 'n grot deurgebring.

10. GIANT'S CASTLE
uKhahlamba-Drakensbergpark, Estcourt

Staproetes: 285 km-netwerk van voetpaaie, 3 tot 30 km, 1 uur tot oornagstaproetes; sirkelroetes, heen en terug, eenrigting.
Permitte: Toegangsgeld. Geen permit nodig vir daguitstappies nie. Vir oornagstaproetes, berghutte en grotte: Verantwoordelike Beampte, Giant's Castle, Privaatsak X7055, Estcourt 3310, tel: (036) 353 3718, faks: 353 3775.
Kaarte: Kaart drie in die Drakensberg Recreational Series: Drakensberg-Sentraal – Injisuthi, Giant's Castle, Highmoor.
Geriewe/Aktiwiteite: Drie berghutte; selfsorgkothuise; restaurant; staproetes met gids na Main Caves se rotsskilderinge; aasvoëlrestaurant; perdry by Hillside.

Die Giant's Castle-gebied, wat op 'n grasbedekte plato tussen diep valleie en onder die loodregte kranse van die Platorand geleë is, is 'n paradys vir stappers. Die Platorand word hier deur 'n aantal bekende landmerke soos Giant's Castle, die Long Wall, Carbineer Point, die Thumb en Bannerman Face oorheers.

Giant's Castle-wildreservaat, wat in 1903 geproklameer is om die krimpende elandbevolking te beskerm, strek noordwaarts vir 25 km van Giant's Castle-rug tot by die Injisuthirivier. Die reservaat huives ook blesbokke, rooiribbokke, rietbokke, vaalribbokke, gewone duikers en bobbejane.

Die voëllys bevat 160 spesies en Giant's Castle bied uitstekende voëlkykgeleenthede. Boaan die lys van besienswaardige spesies is die baardaasvoël, wat dikwels in die lug gesien kan word. 'n Begeleide uitstappie na die aasvoëlkykskuiling by Bamboo Hollow moenie oorgeslaan word nie. Hier word die dieet van die baardaasvoël van Mei tot September met karkasse aangevul. Ander roofvoëls wat moontlik hier te sien sal wees sluit die kransaasvoël, witkruisarend, edelvalk en rooiborsjakkalsvoël in.

Die kalkoenibis is al hier gesien, en ander voëlspesies wat dalk hier afgemerk kan word, is die oranjekeelkalkoentjie, grondspeg, oranjeborsberglyster, bergpietjiekanarie en die rooiborssuikervoël.

Daar is meer as 25 staproetes in die reservaat (die Injisuthi-gebied uitgesluit) wat wissel van 'n 1,9 km-sirkelroete van Giant's Castle na Main Ridge, tot 'n vierdag-voetslaanroete.

Kort wandelpaaie

1. Rivier-wandelpad Die uitwaartse been van hierdie roete volg die Main Caves-pad na Rock 75 en keer dan terug deur grasveld en ligte bosse langs die oostelike oewer van die Boesmansrivier. **3 km; 1 uur; heen en terug.**

2. Boesmansrivier-staproete is 'n verklarende roete wat by die hutkamp begin en is een van die gewildste wandelpaaie in die reservaat. Plekke van belang op die roete is onder meer Sandstone View en Rock 75, waar die kampkok van die 75ste Regiment te Voet, die syfer 75 in 'n klip uitgekerf het tydens die Langalibalele-rebellie in 1874. Die hoogtepunt van die staproete is die Main Caves. Hier is een van die bekendste rotskunspersele in Suid-Afrika en die twee groot holkranse bevat sowat 540 rotsskilderinge. Kommentaar op band oor die Boesmans word elke uur gespeel en die museum op die terrein bied 'n waardevolle blik op die lewe van hierdie vroeë bewoners van die Drakensberg. **3,2 km; 2 uur; heen en terug.**

3. Grysbokbos-roete volg die pad verby Main Caves en daal dan geleidelik deur grasveld en ouhout. Verderaan word die vallei nouer en groei die ouhout en olienhout al digter. Ongeveer vier kilometer van die hoofkamp bereik mens die eerste poel, asook Grysbokbos, 'n pragtige stukkie inheemse woud. **8 km; 4 uur; heen en terug.**

Langer staproetes

4. Giant's Hut via Giant's Ridge Volg die pad verby die Main Caves-afdraai vir ongeveer 500 m. Die roete klim steil teen die Boesmansriviervallei uit en loop langs twee kort, maar steil, opdraandes, met makliker terrein tussenin. Die pad loop dan langs die rand van die rug en oor die hange van nog 'n rug voor dit by die Kontoerpad aansluit. Draai hier links en volg die kronkeling van die Kontoerpad na Giant's Castle tot dit na 2 km by Giant's Castle-hut uitkom. 'n Entjie verder kom jy by die terugroete wat aanvanklik langs die westelike oewer van Twee Dassie-stroom loop. Laer af steek jy die stroom 'n paar maal oor en daar is verskeie aanloklike poele langs die pad. Na 8 km sluit die roete by die pad na Main Caves aan en die res van die roete is 'n gemaklike stappie terug na die hoofkamp. **20,5 km; 9 uur; sirkelroete.**

5. Langalibalele-pas word bereik deur die paaie na Main Caves en Grysbokbos (sien kort staproetes, vorige kolom) te volg. Die roete loop geleidelik opdraand van die onderkant van Grysbokbos langs die rand van die rif en styg met sowat 400 m oor 2 km tot by die Kontoerpad. 'n Wandeling van 1 km langs die Kontoerpad bring jou by die afdraai na Langalibalele-pas, wat sowat 670 m oor 3 km styg. Aan die bokant van die pas neem 'n kort wandeling na die suide jou na 'n eenvoudige klipbaken op die plek waar drie karabiniers van majoor Dunford se magte en twee hulptroepe op 4 November 1873 in 'n skermutseling met die Hlubi (die Sotho-sprekende mense van Zoeloeland) onder kaptein Langalibalele, gesneuwel het. Vyf van die pieke suid van die pas is vernoem na die gesneuweldes. Die name van die pieke is Erskine, Bond, Potterill, Kambule en Katana. Dieselfde roete word met die terugskof gevolg. **21 km; 10 uur; heen en terug.**

6. Giant's Pass en Giant's Castle Volg die pad van die hoofkamp na Giant's Ridge en die Kontoerpad waar jy regs draai en vir 2 km aanhou tot by die afdraai na Giant's Castle-pas. Die laaste gedeelte is steil, pas dus op vir grondverskuiwings en vermy klofies wat na links afdraai, aangesien hulle onbegaanbaar is. Die pad loop van die pas ooswaarts vir sowat 2 km tot by die kruin van Giant's Castle (3 314 m) na 'n maklike opdraand van sowat 230 m. Keer met dieselfde pad na die hoofkamp terug. **30 km; 2 dae; heen en terug.**

Oornagstaproete

7. 'n Heerlike sirkelroete oor vier dae wat gebruik maak van twee berghutte, begin op die eerste dag (10,5 km; 4 uur) by die hoofkamp en loop via Twee Dassie-stroom na die kontoerpad en Giant's Hut.

Giant's Hut is die ideale vertrekpunt om Giant's Castle op dag twee te klim (18 km; 9 uur). Volg die Kontoerpad van die hut af vir ongeveer 2 km verby Giant's Ridge-voetpad tot by die onderkant van Giant's Castle-pas. 'n Steil klim van 2 km bring jou aan die bopunt van die pas waar 'n paadjie sowat 2 km ooswaarts loop tot by die kruin van Giant's Castle. Volg dieselfde roete terug na die hut.

Dag drie (17,5 km; 7 uur) se roete na Bannerman-hut volg die Kontoerpad wat ongeveer 2 300 m bo seevlak deur die reservaat loop. Die roete is redelik maklik, behalwe waar bergstrome telkens oorgesteek moet word. Die Platorand word deur 'n paar prominente landmerke oorheers, onder meer Long Wall, Katana, Carbineer Point, Kambule, Mount Durnford, Potterill, Bond en Erskine. Die voet van Langalibalele-pas lê ongeveer 9,5 km van die begin af. Die roete loop nou verder onder Thumb en Bannerman Face verby voordat dit Bannerman-hut aan die voet van Bannerman-pas bereik.

Op dag vier loop die roete 4 km terug om by die Sekretarisvoëlrugpad aan te sluit, of nog 500 m verder, waar 'n korter roete na die kamp aansluit. Die onderskeie afstande is 12 km; 4 uur en 10,5 km; 3,5 uur. **56,5 km of 58 km; 4 dae; sirkelroete.**

11. MKHOMAZI-WILDERNISGEBIED EN DIE NATUURRESERVATE KAMBERG, LOTHENI EN VERGELEGEN
uKhahlamba-Drakensbergpark, Nottingham Road

Staproetes: 465 km-netwerk van voetpaaie; 3 tot 80 km; 1,5 uur tot oornagroetes; sirkelroete, heen en terug, eenrigting.
Permitte: Toegangsgeld. Geen permit vir daguitstappies nodig nie. Vir oornagroetes en grotte: Verantwoordelike Beampte, Mkhomazi, Posbus 105, Nottingham Road 3280, tel. en faks: (033) 263 64444. Verantwoordelike Beampte, Highmoor, Posbus 51, Rosetta 3301, tel. en faks: (033) 263 7240. Verantwoordelike Beampte, Lotheni, Posbus 14, Himeville 3256, tel. en faks: (033) 702 0540. Verantwoordelike beampte, Vergelegen, Posbus 53, Himeville 3256, tel: (033) 702 0712.
Kaarte: Hierdie gedeelte word gedek deur kaart vier: Drakensberg-Sentraal – Highmoor, Mkhomazi, Lotheni; en kaart vyf: Suidelike Drakensberg – Vergelegen, Cobham, Garden Castle in die Drakensberg Recreational Series.
Geriewe/Aktiwiteite: Highmoor: kampeerplek. Kamberg: selfsorgverblyf, forelhengel. Lotheni: selfsorgverblyf, kampeerplek, forelhengel, Setlaarsmuseum. Vergelegen: selfsorgverblyf.

Mkhomazi-wildernisgebied

Die Mhkomazi-wildernisgebied van 54 000 ha wat in Mei 1973 geproklameer is, is nie so bekend soos gebiede verder noord nie. Die uitlopers van die Kleinberg strek van die Platorand verder uit na die ooste as in die noorde en die diep ingekeepte valleie gee die landskap 'n ruwe voorkoms met 'n gevoel van eensaamheid en rustigheid. Bergkape troon hoog die lug in en die Platorand word hier oorheers deur verskeie pieke sonder name wat hoër as 3 000 m is.

Die gebied het heelwat geskiedkundige assosiasies en talle hewige gevegte het hier tussen die Boesmans en vroeë blanke setlaars plaasgevind. Sommige van die staproetes na die Platorand is die oorspronklike passe wat deur die Boesmans en Basoeto's gebruik is om die Drakensberg oor te steek.

Highmoor

Highmoor lê na die noorde en ooste van die wildernisgebied en huisves die grootste broeikolonie van die kalkoenibis in KwaZulu-Natal. Die damme en vleilande van Highmoor is ook 'n belangrike habitat van die lelkraanvoël, grootriethaan en rooiborsvleikuiken.

Kamberg, Lotheni en Vergelegen, wat gerieflike toegangspunte tot die Mkhomazi-wildernisgebied verskaf, grens in die suide en ooste aan die wildernisgebied. Ten spyte van die ruwe terrein is daar verskeie voetpaaie, maar hulle kom hoofsaaklik by 'n uitloper hier en daar of riviervalleie voor. Dit is dus dikwels noodsaaklik om in valleie van klip tot klip te spring om hoër grond te bereik.

Kamberg

Hierdie reservaat, op die noordoostelike grens van die Mkhomazi-wildernisgebied, beslaan 2 232 ha en is bekend vir sy natuurskoon en uitmuntende forelhengel. Diere soos die rooiribbok, rietbok, blesbok, eland, vaalribbok en oorbietjie kom hier voor.

1. Mooirivier-wandelpad kry sy naam van die Mooirivier wat ontspring in die aanliggende Mkhomazi-wildernisgebied. Die roete bestaan uit 'n hoofroete, met drie lusse van 1 km en is as 'n rolstoel-roete uitgelê. **7 km, met korter opsies; 2–3,5 uur; sirkelroete.**

Lotheni

Lotheni beslaan 3 984 ha en beskik oor van die asemrowendste natuurskoon in die Drakensberg, onder meer 'n paar watervalle. Een van hulle is die Jacob's Ladder-waterval wat in verskeie trappe by die berghang afstort. Opvallende bergpieke, soos Tent, Hawk en Redi, is duidelik op die Platorand sigbaar.

2. Gelib Tree-wandelpad is 'n verklarende pad wat mense herinner aan 'n insident in die Tweede Wêreldoorlog naby die dorpie Gelib in Ethiopië. 'n Offisier van die 1st Royal Natal Carbineers, kaptein Charles Eustace, wat in die destydse Italiaanse Somaliland geveg het, het 'n paar sade van 'n akasiaboom opgetel. Eustace het die sade jare later op sy plaas (wat mettertyd deel geword het van die Lotheni-natuurreservaat) geplant ter herinnering aan 13 karabiniers wat tydens 'n militêre aanval op die dorpie Gelib, wat deur Italiaanse magte beset was, in 'n lokval omgekom het. Die 11 punte van belang op die wandelpad sluit die gebied se riviere en visse, die geologie, 'n miershoop, uitheemse bome en 'n grondherwinningsprojek in. **5,5 km; 2,5 uur, sirkelroete.**

3. Geelhout-grot Van Simes's Cottage volg die roete die linkeroewer van die Lotheniriver stroomop verby die eMpophomeni-waterval. Verderaan loop dit langs die Ka-Masihlenga-stroom met inheemse woud aan weerskante daarvan, na 'n grot wat aan die regterkantste oewer van die stroom geleë is. **10,6 km; 4 uur; heen en terug.**

4. Emadundwini-wandelpad Hierdie roete begin by die hutte van Lotheni-kamp, van waar dit geleidelik styg tot net onder Sheba's Breasts. Dit styg sowat 770 m. 'n Entjie verder sluit dit by die Kontoerpad na Giant's Hut aan en loop dan in 'n noordwestelike rigting verder tot by die Taylor's-pad-aansluiting. Draai links en volg Taylor's-pas wat geleidelik sak en 'n sytak van die Elandshoekrivier oorsteek. Die roete kronkel verder bokant die Elandshoekrivier en 'n kort stappie langs die Lothenirivier bring jou terug by die beginpunt. **11,5 km; 5 uur; sirkelroete.**

5. Arend-wandelpad loop van die Lotheni-kampeerplek verby 12 plekke van belang wat in die brosjure bespreek word. Aspekte wat gedek word sluit die geologie van die streek, die Drakensberg as 'n wateropvangsgebied, sandsteenformasies, grasvelde en brande, asook boomvarings in. Die terrein is taamlik maklik, maar daar is een of twee redelike steil plekke. **12 km; 5 uur; sirkelroete.**

6. Bhodlarivierkloof Van Lotheni-kamp se hutte volg die roete aanvanklik die Gelib Tree-wandelpad en loop dan na die wildbewaarders se hutte onder Ka-Zwelewle. Voor die hutte draai die pad na regs af en volg dan die skouspelagtige kloof wat deur die Bhodlarivier uitgekerf is. **12,6 km; 6 uur; heen en terug.**

7. Hlathimbe-pas As jy via die historiese Hlathimbe-pas na die Platorand klim, styg die hoogte bo seevlak sowat 880 m tydens die 9 km na die Kontoerpad wat die Hlathimbe- en Ka-Masihlenga-pas verbind. Volg die Kontoerpad vir ongeveer 3,5 km. Die laaste 4 km van die roete in die Hlathimbe-pas styg met 440 m. **35 km; 2 dae; heen en terug.**

Vergelegen

Hierdie Y-vormige reservaat lê tussen die lope van die Mkhomazi- en Mlahlanguborivier en beslaan 1 159 ha met diep valleie en steil grasbedekte koppies. Dit is 'n toevlugsoord vir elande, rooiribbokke, rietbokke, vaalribbokke en oorbietjies.

5. Mohlesi-pas moet slegs aangedurf word as mens fisiek fiks is aangesien dit 'n uitputtende roete is wat met sowat 1 600 m tot by die bopunt van die pas styg. Die 3 482 m hoë Thabana Ntlenyana is die hoogste punt in Afrika suid van Kilimanjaro, en is ongeveer 5 km verder in Lesotho geleë. **50 km; 2 dae; heen en terug.**

12. MZIMKHULU-WILDERNISGEBIED EN MZIMKHULWANA-NATUURRESERVAAT
uKhahlamba-Drakensbergpark, Himeville

> *Staproetes:* 220 km-netwerk van voetpaaie, 3 tot 35 km; 1,5 uur tot oornagroetes; sirkelroetes, heen en terug, eenrigting.
> *Permitte:* Verantwoordelike Beampte, Cobham, Posbus 168, Himeville 3256, tel. en faks: (033) 702 0831. Verantwoordelike Beampte, Garden Castle, Posbus 378, Underberg 3257, tel: (033) 701 1823, faks: 701 1822.
> *Kaarte:* Kaart vyf: Drakensberg-Suid – Vergelegen, Cobham, Garden Castle, en kaart ses: Drakensberg-Suid: Garden Castle, Boesmansnek, Sehlabathebe, in die Drakensberg Recreational Series.
> *Geriewe/Aktiwiteite:* Kampeerplek by Cobham en Garden Castle; sekere grotte kan vooruit vir die eksklusiewe gebruik van 'n groep bespreek word.

Die suidelike uKhahlamba-gebied word gekenmerk deur asemrowende sandsteenformasies en talle strome en riviere. Diegene wat graag wil wegkom van die meer gewilde gebiede verder noord, sal vind dat Mzimkhulu 'n rustige toevlugsoord is. Hoewel daar nie 'n duidelike kontoerpad is nie, is daar 'n uitgebreide netwerk van voetslaanpaaie in die noordelike gebied en in die suidelike deel kan mens langs verskeie passe oploop na die Platorand.

Die Mzimkhulu-wildernisgebied strek van die Sani-pas in die noorde tot by Griekwaland-Oos in die suide en grens in die ooste aan die Mzimkhulwana-natuurreservaat. Die twee gebiede beslaan altesaam 57 000 ha. Ten spyte van die afwesigheid van prominente losstaande pieke, wat so kenmerkend van die sentrale en noordelike Drakensberg is, is daar verskeie ongewone bergkape en rotsformasies wat vir pragtige natuurtonele sorg. Toegang tot die grootste groep voetpaaie is van die Cobham-kantoor.

1. Renoster-piek (3 051 m) steek sowat 2 km by die Platorand uit en is een van die opvallendste pieke in die suidelike Drakensberg. Die Zoeloenaam van hierdie piek, Ntabangcobo, beteken 'renosterhoringpiek'. Dit word bereik deur 'n duidelike voetpad van die Garden Castle-kantoor al langs die Mlambonjarivier te volg. Van Pillar-grot, 2 km ná die beginpunt, klim die voetpad sowat 500 m oor 3,5 km en dan nog 400 m oor die laaste 1,5 km al langs die Mashai-pas. Wanneer jy by die Platorand kom, draai die roete ooswaarts en na 2 km kom jy by Renoster-piek. Na die suide is Wilson's Peak (3 267 m), Mashai (3 313 m), Walker's Peak (3 306) en Devil's Knuckles, ook bekend as Baroa-Ba-Bararo of die Drie Boesmans, te sien. **12 km; 8 uur; heen en terug.**

2. Sipongweni-skuiling word van die Cobham-kantoor bereik deur die loop van die Pholelarivier vir sowat 7 km stroomop te volg voordat jy links draai. Die skuiling is ongeveer 1 km verderaan. As mens na die aantal rotsskilderinge, die toestand daarvan en die interessante temas kyk, kan dit as een van die plekke met die beste rotskuns in die Drakensberg beskou word. Die bekendste toneel beeld mans uit wat uit klein kano's visvang. **16 km; 4 uur; heen en terug.**

3. Hodgson's Peaks Kaptein Allen Gardiner het in 1835 vir die eerste keer die tweelingpieke net suid van Sani-pas gesien, en weens hul ongewone buitelyn Giant's Cup gedoop. Die pieke is later herdoop ter herinnering aan Thomas Hodgson wat in 1862 tydens 'n strafekspedisie om beeste en perde by die Boesmans terug te kry, per ongeluk gewond is. Hy het 'n dag later aan sy wonde beswyk en is aan die bopunt van die pas begrawe. 'n Baken is 'n jaar later op die plek opgerig. Die roete vanaf die Cobham-kantoor volg die Pholelarivier stroomop en die laaste steilte is teen die Masubashuba-pas uit. Jy styg ongeveer 1 400 m tot bo-op die pas. **36 km; 2 dae; heen en terug.**

13. GIANT'S CUP-VOETSLAANPAD
uKhahlamba-Drakensbergpark, Himeville

> *Staproete:* 59,3 km; 5 dae; eenrigting.
> *Permitte:* Die Besprekingsbeampte, KwaZulu-Natal Natuurlewe, Posbus 13069, Cascades 3202, tel: (033) 845 1000, faks: 845 1001, e-pos: trails@kwazulu-natalwildlife.com
> *Kaarte:* Wandelpadkaart in kleur met inligting oor die reservaat.
> *Geriewe/Aktiwiteite:* Vyf oornaghutte met slaapbanke, matrasse, koue water en toilette.
> *Belangrike inligting:* Daar is geen oornaghut by die begin van die roete nie. Reëlings moet getref word vir vervoer aan die einde van die roete aangesien dit 'n eenrigtingroete is.

Hierdie redelik maklike staproete loop deur die voorheuwels van die suidelike Drakensberg en is 'n ideale beginpunt vir diegene wat nie die Drakensberg ken nie. Dit strek van die voet van die Sani-pas in die noorde tot by Boesmansnek in die suide en die roete kronkel verby verweerde sandsteenformasies, oor grasvelde en deur asemrowende valleie met aanloklike waterpoele. Troppe elande word soms raakgeloop en roofvoëls soos die baardaasvoël en kransaasvoël word soms in die lug gesien.

Die eerste dag se skof (13,3 km; 6 uur) loop oor maklike terrein en na sowat 5 km kom jy by Ngenwa-poel. Hoewel die poel nie heeltemal halfpad lê nie, is dit, veral op warm dae, die ideale plek om middagete te nuttig. Die roete styg van hier geleidelik en word gelyk namate dit by die voet van Ndlovini verbyloop voordat dit begin daal na die eerste oornaghut wat in die Pholela-vallei geleë is.

Dag twee (9 km; 3,5 uur) begin met 'n maklike klim voordat dit afplat by Tortoise Rocks – platterige ronde rotse wat soos prehistoriese skilpaaie lyk. Verderaan bereik mens Bathplug Cave, wat sy naam kry van die watervalletjie wat na reënbuie deur die grot se dak stort en dan in 'n natuurlike dreineringsgat verdwyn voor dit weer verderaan sy verskyning maak. Die mure van die grot is met honderde rotsskilderinge van stokkerige mensfigure, perde en diere versier. Van hier loop die roete afdraand na die oornaghut in die Mzimkhulwana-vallei.

Die derde dag se skof (12,2 km; 5,5 uur) begin met 'n maklike klim na die Little Bamboo-berge en bereik na 4 km die hoogste punt by die bergmeertjie Crane Tarn. 'n Entjie verder loop die roete verby 'n interessante plek waar die oorblyfsels van versteende bome in die Beaufort-groep gesien kan word. Die roete volg dan die Killiecranckie-stroom, en halfpad tussen die 5 km- en 6 km-merkers kom jy by 'n pragtige poel onder 'n massiewe rots. 'n Geleidelike afdraand lei tot in die Mzimkhulu-vallei en van hier is dit 'n maklike wandeling van 2 km na die oornaghut.

'n Kort, steil paadjie teen die hange van Garden Castle lê aan die begin van dag vier (12,8 km; 6 uur) vir stappers voor. Die roete plat net bokant die 1 900 m-kontoer af en verderaan kyk jy op die Drakensberg Gardens Hotel af. Na ongeveer 8 km loop die roete steil na onder en vir die res van die dag se skof is die terrein gelyk.

Die finale dag se skof (12 km; 5 uur) volg 'n maklike klim na Bucquay-nek en daal dan na die Mzimuderivier wat deur middel van 'n hangbrug oorgesteek word. Die volgende 2 km styg sowat 200 m na Langalibalele-grot op die westelike hange van Langalibalele-piek. Die res van die roete na Boesmansnek-hut is hoofsaaklik afdraand.

14. UMTAMVUNA-NATUURRESERVAAT
Port Edward

> *Staproetes:* 6 roetes; 2 tot 12 km; 1 tot 8 uur; sirkelroetes en eenrigting.
> *Permitte:* Toegangsgeld. Geen permitte vir wandelpaaie nodig nie.
> *Kaarte:* Omvattende brosjure met sketskaarte van die staproetes.
> *Geriewe/Aktiwiteite:* Braaigeriewe; toilette by die Beacon Hill-ingang.
> *Belangrike inligting:* Verblyf is beskikbaar by die aangrensende Clearwater Chalets, Posbus 111, Port Edward 4295,

tel. en faks: (039) 313 2684,
e-pos: tabbott@venturenet.co.za

Die Umtamvuna-reservaat beslaan 3 257 ha en is op die noordelike oewer van die Mtamvunarivier, wat die grens tussen die Oos-Kaap en KwaZulu-Natal vorm, geleë. Hoogtepunte van die reservaat is onder meer die diep kloof wat deur die Mtamvunarivier uitgekalwe is, die rivierwoud, steil klipkranse, watervalle en skouspelagtige natuurskoon.

Daar word gesê dat die reservaat meer skaars boomspesies bevat as enige ander plek in Suider-Afrika, en ten spyte van die klein oppervlakte is 'n verstommende 1 250 blomplante, varings, mosse en korsmos reeds hier aangeteken. Die Pondolandkusgrasveld bokant die kloof is veral in die lente treffend wanneer blomme in 'n menigte verskillende kleure in die bloei staan.

Umtamvuna se voëllys staan op 259 en sluit spesies soos die kroonarend, sekretarisvoël, Knysnaspeg, papegaaiduif, Kaapse kliplyster en rooiborssuikervoël in. Die kranse huisves ook 'n groeiende bevolking kransaasvoësl en hulle kan goed vanuit die aasvoëlkykskuiling dopgehou word.

Wildsbokke sluit die gewone en blouduiker, bosbokke en rietbokke in. Ander soogdiere om voor uit te kyk is die samango- en blouaap, bosnagapie, bobbejaan, klipdassie en Natalse rooi klipkonyn.

Die roetes is in die omgewing van die Pont- en Beacon Hill-ingang uitgelê.

Pont-ingang

1. Loerie-wandelpad is 'n maklike roete wat bokant die Mtamvunarivier kronkel voordat dit wegswaai en deels teen die helling op die oostelike oewer van die Mtamvunarivier oploop. Die roete loop dan terug deur 'n woud, waar blouduikers en bosbokke dalk gesien kan word. **2 km; 1 uur; sirkelroete.**

2. Visarend-wandelpad volg die loop van die Mtamvunarivier vir 3 km stroomop voor dit met Dog's Leg steil oploop na die grasveld. Dit loop verder op die rand van die krans en daar is 'n paar pragtige uitsigte oor die kloof en die natuurskoon suid van die Mtamvunarivier. Die paadjie loop dan afdraand na die beginpunt. **8 km; 4 uur; sirkelroete.**

Beacon Hill-ingang

3. Ingungumbane-wandelpad volg 'n steil afdraande roete na die Bulolorivier wat twee maal oorgesteek word voor die roete deur manjifieke bosse weer steil klim na die grasveld. Ten spyte van die steiltes word die roete as een van die mooiste wandelpaaie in die reservaat beskou. **4 km; 3 uur; sirkelroete.**

4. uNkonka-wandelpad daal na die Bulolorivier wat dan stroomaf na sy kruising met die Mtamvunarivier, gevolg word. Hoewel die terrein langs die rivier plek-plek moeilik begaanbaar is, is daar talle lekker swemplekke langs die pad. 'n Steil klim teen Razorback (wat met sowat 300 m in hoogte styg) neem jou terug na die grasveld van waar daar pragtige uitsigte oor die ravyn te sien is. **8 km; 6 uur; sirkelroete.**

5. iMpunzi-wandelpad loop deur grasveld langs die oostelike grens van die reservaat en sluit later by die Visarend-wandelpad aan. Dit eindig by die Pont-ingang. Daar is panoramiese uitsigte van die ravyn langs die pad. **8 km; 4 uur; eenrigting.**

6. iMziki-wandelpad Hierdie roete loop afdraand na die Bulolorivier en dan 200 m opdraand na Western Heights, die grootste grasveldgebied in die reservaat. Langs die pad kan jy versteekte klowe, strome, woude en 'n ongerepte vlei verken en skouspelagtige uitsigte geniet. **12 km; 8 uur; sirkelroete.**

15. INGELI FOREST LODGE
Harding

Staproetes: *3 staproetes; 3,3 tot 18 km; 1 tot 6 uur; sirkelroetes, heen en terug.*
Permitte: *Geen permit vir wandelpaaie nodig nie. Bespreek verblyf in Umsilo-hut by: Ingeli Forest Lodge, Privaatsak X502, Kokstad 4700, tel: (039) 553 0600, faks: 553 0609, e-pos: i-hotel@venturenet.co.za*
Kaarte: *Sketskaart.*
Geriewe/Aktiwiteite: *Ingeli Forest*

> *Lodge: kamers met badkamers; swembad; bergfietsry; perdry; tennis.*
> *Umsilo-hut: slaapbanke met matrasse; water; vuurmaakhout.*

Die Ngele-gebied is 'n mosaïek van denneplantasies (die Weza-plantasie is die grootste in Suid-Afrika), kolle inheemse woud en bergagtige grasveld. Tipiese boomspesies wat in die Ngele-woud te sien is, sluit lemoenhout, perdepram, outeniekwageelhout, rooistinkhout en nieshout in.

Die grasveld herberg 'n oorvloed blomme van die lelie-, orgidee-, iris- en aster-families. Onder hulle tel kandelaarblomme, nerinas, rooipypies, wildedagga, vuurpyle en 'n verskeidenheid kruidagtige plante. Die geelklokkie (*Sandersonia aurantiaca*) met sy oranjegeel, klokvormige blomme word dikwels naby vleie gesien.

Die woudkolle en plantasies huisves een van die grootste bosbokbevolkings in Suid-Afrika en blou- en samango-ape kom hier voor. Die Ngelewoud is ook die tuiste van 'n groot bevolking van die skaars tierboskat, hoewel hulle weens hul skugterheid selde gesien word. Rooiribbokke, vaalribbokke en bobbejane kom ook in die bergagtiger dele voor.

Die bykans 200 voëlspesies wat reeds in die Weza/Ingele-gebied opgeteken is, sluit die withalsbosduif en papegaaiduif, woudpapegaai, langkuifarend, bosjakkalsvoël, Knysnaloerie, bosloerie, Knysna-speg en geelkeelsanger in. Grasveldspesies wat hier opgeteken is sluit die sekretarisvoël, mahem en oranjekeelkalkoentjie in.

1. Narina Trogon-wandelpad loop afwisselend deur inheemse woude, plantasies en grasveld in die Mackton-plantasie naby die Ingeli Forest Lodge. **3,3 km; 1 uur; sirkelroete.**

2. Glen Ives-wandelpad Hierdie roete begin met 'n steil opdraand deur Ngele-woud na 'n branduitkykpunt. Van hier volg die roete die boonste rand van die woud en bied panoramiese uitsigte oor 'n lappieskombers van plantasies, inheemse woude en grasveld. Na die suidweste word die toneel deur die 2 268 m hoë Ngele-piek oorheers. Die terugtog loop hoofsaaklik deur die woud. **9 km; 3 uur; sirkelroete.**

3. Ngelipoort-wandelpad Hierdie roete kronkel aanvanklik deur die Ngele-woud en sny dan deur die Ngelipoort-plantasie. Die roete kronkel verder deur grasveld langs die hange van Ngele-berg tot by Breekkrans. Van hier is dit 'n maklike wandeling tot by Umsilo-hut. **18 km; 6 uur; heen en terug.**

16. ORIBI GORGE-NATUURRESERVAAT
Port Shepstone

> *Staproetes:* 5 roetes; 1 tot 9 km; 30 min. tot 5 uur; sirkelroetes, heen en terug.
> *Permite:* Toegangsgeld. Geen permite vir wandelpaaie nodig nie.
> *Kaarte:* Sketskaart.
> *Geriewe/Aktiwiteite:* Selfsorgkothuise en hutte, piekniekplekke.
> *Belangrike inligting:* Die rivierwater kan nie gedrink word nie. As gevolg van 'n gevaar van bilharzia is dit ook nie wenslik om in die rivier te swem nie.

Mzimkhulwanarivier se loop deur die Oribi-vlakte het een van Suid-Afrika se onbekendste natuurwonders, die Oribi Gorge, uitgekalwe. Die ravyn is tot 500 m diep en tot 5 km breed, en die natuurskoon langs die ravyn wissel van inheemse woud en bosveld tot hoë sandsteenkranse. Die mooiste gedeelte lê in die Oribi Gorge-natuurreservaat van 1 873 ha.

Hierdie reservaat is 'n uitstekende voorbeeld van immergroen Platorand-kuswoud, met tipiese spesies soos bosvaderlandswilg, Kaapse boekenhout, rooikweper, klipessenhout en teerhout. Die kenmerkende grootblaar-drakeboom en drakensbergbroodboom kom ook hier voor.

Diere wat langs die pad te sien is, sluit die gewone en blouduiker, bosbok, gewone rietbok, bobbejane en samango-ape in. Luiperds kom ook voor, maar is selde te bespeur.

Die voëllys van meer as 220 spesies, maak van voëlkyk pure plesier. Spesies om voor uit te kyk, sluit die bosloerie, gewone boskraai, withalsbosduif, kaneelduifie, papegaaiduif en Knysnaloerie in. Die verskillende habitats lok ook verskeie roofvoëlspesies soos die dwergarend, breëkoparend, Afrikaanse paddavreter en edelvalk.

1. Nkonka-wandelpad begin by die piekniekterrein in die ravyn en loop deur beboste hange bokant die Mzimkhulwanarivier. Dit loop dan verder langs die voet van die droër hange wat wes en noord front en begroei is met valleibosveldplantegroei. **5 km; 2,5 uur; heen en terug.**

2. Hoephoepwaterval-wandelpad volg 'n maklike roete wat by die piekniekterrein in die ravyn begin en vir ongeveer 1,5 uur langs die noordelike oewer van die Mzimkhulwanarivier loop. Majestueuse sandsteenkranse en beboste hange omsluit die roete en die wandelpad volg dan die Mbabala-stroom tot waar die Hoephoep-waterval in 'n diep poel stort. **7 km; 4 uur; heen en terug.**

3. Mziki-wandelpad kry sy naam van die Zoeloewoord vir rietbok. Dit begin by die piekniekplek in die ravyn en loop langs 'n nou klofie na die bopunt van die kranse. Van hier loop dit deur grasveld met pragtige uitsigte oor Oribi Gorge. Die wandelpad kan ook by die ruskamp begin word. **9 km; 5 uur; heen en terug.**

17. BURMANBOS-NATUURRESERVAAT
Durban

Staproetes: 3 staproetes; 1,68 km (altesaam); 10 min. tot 1 uur; sirkelroete.
Permitte: Toegangsgeld. Geen permit vir wandelpaaie nodig nie.
Kaarte: Doen navraag by die reservaat.
Geriewe/Aktiwiteite: Piekniekplekke, openbare toilette, parkering.

Burmanbos-natuurreservaat, 8 km van die middestad, beskerm 50 ha kusduinebos wat beskou word as een van die bes bewaarde kusbosoorblyfsels in die Durban-gebied. Tipiese boomspesies wat te sien is sluit die platkroonboom, boskoorsbessie, Natalse mahoniehout, hophout, witstinkhout en rooiboekenhout in.

Onder die voëls wat te sien is, is die edel-valk, gewone kakelaar, mikstertbyvanger, kleinbyvanger, Nataljanfrederik, geelborskleinjantjie en paradysvlieëvanger. Die oranjeborsboslaksman, bosmusikant, groenkolpensie en koningrooibekkie kom ook hier voor.

Diere wat hier voorkom is onder meer die blouduiker, in Zoeloe bekend as die *pithi*, gewone duiker en blouaap. Hier kom ook gebande en swartkwasmuishonde, asook ystervarke voor.

Die wandelpadnetwerk bestaan uit drie sirkelroetes wat verbind is: die **Pithi-wandelpad** (180 m), **Hadeda-wandelpad** (500 m) en die **Umgeni-wandelpad** (1 km). 'n Hoogtepunt van die Umgeni-wandelpad is 'n uitkykplatform op blaardakhoogte met 'n panoramiese uitsig oor die Umgenirivier, van die Connaught-brug stroomaf na die riviermonding by Blue Lagoon.

18. SILVERGLEN-NATUURRESERVAAT
Durban

Staproete: 4 km; 2 uur; sirkelroete.
Permitte: Toegangsgeld. Geen permit nodig vir wandelpad nie.
Kaarte: Navrae by reservaat.
Geriewe/Aktiwiteite: Piekniekplek; hulpbronsentrum; medisinale plantkwekery.

Die reservaat is suid van die Durbanse middestad op die noordelike oewer van die Mlazirivier geleë en bied beskerming aan grasveld, woud- en rivierplantegroei.

Van die bome wat te sien is, sluit rooistamkanniedood, bosmelkbessie, rooiboekenhout, natalvy, bosvaderlandswilg, swartklapper, platkroon en silwereik in. Die waterbessie, ook bekend as die umdoni, kom dikwels in klam grasveld voor.

Langs die roete sien mens ook die langkuifarend, die Knysna- en bloukuifloerie, bosloerie, gewone vleiloerie en 'n verskeidenheid visvangerspesies. Die witborsduifie, rooikophoutkapper en gevlekte vleikuiken is ook al opgemerk.

Silverglen-staproete begin by die piekniekplek naby die suidelike punt van Clearwater-dam en kronkel aanvanklik deur kusbosse wat later plek maak vir grasveld. By 'n kruising loop die roete regsom deur grasveld, kolle kusbos en kuswoud. Langs die pad is daar mooi uitsigte wat strek van die binnelandse deel van die Bluff na die Nwabe-plato in die ooste, en Umlazi. Verderaan sluit die wandelpad by 'n teerpad aan wat teruglei na die beginpunt. 4 km; 2 uur; sirkelroete.

19. PALMIET-NATUURRESERVAAT
Westville, Durban

> *Staproetes:* Netwerk van 4 aaneengeskakelde staproetes; 700 m tot 2,7 km; 15 min. tot 1 uur.
> *Permitte:* Toegangsgeld. Geen permitte vir wandelpaaie nodig nie.
> *Kaarte:* Staproetepamflet.
> *Geriewe/Aktiwiteite:* Piekniekplekke en braaigeriewe by Cascades.

Hierdie reservaat van 90 ha in die hartjie van Westville, en 'n skamele 10 km noordwes van Durban, beskerm die ruwe Palmietrivier-vallei, wat die blouduiker, bosbok en blouaap huisves.

Interessante voëls om na op te let is die bosloerie en edelvalk, terwyl die Nataljanfrederik volop is. Die blouduiker kan soms in die beboste dele van die reservaat bespeur word.

Die roetenetwerk wissel tussen kus- en rivierwoud, die Nkawu-kranse, grasveld en die loop van die Palmietrivier. Hoewel die roetes nie moeilik is nie, is daar 'n paar taamlike steil opdraandes.

20. KENNETH STEINBANK-NATUURRESERVAAT
Durban

> *Staproetes:* Rooi-staproete; 5 km; 2 uur, en verskeie korter paadjies; sirkelroete.
> *Permitte:* Toegangsgeld. Geen permit is nodig vir daguitstappies nie.
> *Kaarte:* Sketskaart.
> *Geriewe/Aktiwiteite:* Kampeerplek, piekniekplek met braaigeriewe; toilette; fietsryroetes.

Hierdie reservaat wat in die suidwestelike voorstede van Durban geleë is, beskerm 211 ha kuswoud en grasveld.

Rietbokke, bosbokke, rooi- en blouduikers, rooibokke, njalas en blouape kan langs die pad teëgekom word. Die reservaat is ook die tuiste van 'n verskeidenheid van kleiner soogdiere soos die Kaapse groototter en gebande muishond.

Voëlkyk kan lonend wees – noemenswaardige spesies is onder meer die witoorhoutkapper, groenvleiloerie en Natallyster. Ander spesies sluit die langkuifarend, goudstertspeg, die groenrugreier en verskillende visvangerspesies in.

1. Rooi-staproete Hierdie roete kronkel aanvanklik deur grasveld en gaan verby 'n dam waar wildsbokke dikwels te sien is wanneer hulle kom drink. Verderaan verander die grasveld na inheemse kuswoud en die roete loop dan langs die Klein-Umhlatuzanarivier wat twee keer oorgesteek word voor die roete terugkring na die beginpunt. 5 km; 2 uur; sirkelroete.

21. KRANTZKLOOF-NATUURRESERVAAT
Kloof

> *Staproetes:* 6 staproetes, afstande nie beskikbaar nie; 45 min. tot 6 uur; heen en terug, sirkelroetes, eenrigting.
> *Permitte:* Toegangsgeld. Geen permitte is nodig vir wandelpaaie nie.
> *Kaarte:* Inligtingsbrosjure oor reservaat met kaart.
> *Geriewe/Aktiwiteite:* Piekniekplekke; klein verklarende sentrum.

Die Krantzkloof-natuurreservaat, wat knus teen die kusplatorand lê, is in 1950 geproklameer om die skouspelagtige beboste ravyne wat deur die Molweni- en Nquturivier uitgekalwe is, te beskerm. Die reservaat is bekend vir sy asemrowende uitsigte oor die ravyn wat tot 350 m diep is, die oranje-rooi sandsteenkranse, die Ipithi- en Nkutu-waterval en die 90 m hoë Kloof-waterval in die Molwenirivier.

Ten spyte van die feit dat die reservaat slegs 584 ha beslaan, groei daar 'n groot verskeidenheid plante met 'n hele paar skaars spesies. Een van Suid-Afrika se skaarsste bome, die Natalse kweper, ook bekend as die sandsteenkweper, wat slegs in 'n paar verspreide gebiede voorkom, groei hier. Ander interessante boomspesies wat te sien is, is die Pondo-roosappel, teerhout, klipessenhout en breekhout.

Die reservaat huisves die bosnagapie, bosbok, blou- en rooiduiker en die boomdassie. Vir voëlkykers wag daar die kroonarend, bruinarend (die mees suidelike broeiplek van hierdie spesie is in die reservaat) en die breëbek. Die Knysna- en bloukuifloerie, bosloerie, bruinwipstert en gewone boskraai is ook al hier opgeteken.

1. Nkutu-watervalstaproete: Hierdie roete begin by die Nkutu-piekniekplek en kronkel hoofsaaklik deur grasveld langs die kranse bokant die Nkuturivier. 'n Ompad, wat ongeveer 1 km ná die beginpunt bereik word, lei na die voet van die eerste waterval. Nadat jy in jou spore teruggeloop het na die hoofroete, loop die pad verder langs die rand van die krans tot by nog 'n ompad na die tweede waterval. Nog verder wag daar skouspelagtige uitsigte oor die onderste deel van die ravyn. **1,5 uur; of 3 uur as beide watervalle besoek word; heen en terug.**

2. Molweni-staproete Dié roete het drie beginpunte: die piekniekterrein in Kloofwatervalweg, Uvewegparkeerplek en Nkutu-piekniekterrein. Al drie staproetes begin met 'n afdraand van sowat 350 m in die ravyn af en 'n ewe moeilike klimtog om daaruit te kom. Hierdie staproete is die enigste wat toegang tot die onderkant van Kloofwaterval bied. Stappers moet liefs nie stroomaf van Splash Rock stap nie aangesien die optrede van inwoners buite die reservaat onvoorspelbaar is. **5 uur; eenrigting.**

3. Beacon-staproete begin by die Kloofwatervalpiekniekterrein en volg in die begin die Molweni-staproete. Daarna loop dit deur grasveld na 'n trigonometriese baken. Die pad loop dan in die ravyn af na Splash Pool. Van hier word die Molweni-staproete terug na die beginpunt gevolg. **6 uur; sirkelroete.**

22. FERNCLIFFE-NATUURRESERVAAT
Pietermaritzburg

Staproetes: 7 roetes; 10 km (altesaam); 10 min. tot 1 uur; sirkelroetes, heen en terug.
Permitte: Geen permitte is nodig nie.
Kaarte: Doen navraag by die reservaat.
Geriewe/Aktiwiteite: Piekniekplekke; parkering.

Ferncliffe lê net onder die Platorand, ongeveer 12 km noordwes van Pietermaritzburg, en beslaan sowat 250 ha. Dit bevat eksotiese plantasies en inheemse woud met spesies soos die lemoenhout, bosvy en boslelie. Die reservaat se netwerk van kort wandelpaaie loop verby natuurwonders soos Breakfast Rock met sy mooi uitsig oor Pietermaritzburg, 'n grot wat vier vlermuisspesies huisves, Boulder-dam, rustige stroompies en die Maidenhair-waterval. 'n Verskeidenheid voëls word deur die plantasies en woude aangelok en as mens stilletjies loop, kan jy dalk bosbokke sien.

23. NATALSE NASIONALE BOTANIESE TUIN
Pietermaritzburg

Staproetes: Netwerk van roetes; nie een langer as 1 uur nie.
Permitte: Toegangsgeld. Geen permitte nodig vir wandelpaaie nie.
Kaarte: Kaart van botaniese tuin is beskikbaar.
Geriewe/Aktiwiteite: Restaurant; openbare toilette; kwekery.

Die Natalse Nasionale Botaniese Tuin is een van agt tuine van die Nasionale Botaniese Instituut en is in 1874 gestig. 'n Fokuspunt van die tuin is die manjifieke plataanboomlaning wat in 1908 aangeplant is. Statige kamfer-, magnolia-, tulp- en moerassipresbome getuig van die vroeë Victoriaanse invloed. Die tradisionele Zoeloe-hut, wat omring is deur 'n inheemse medisinale tuin wat deel vorm van 'n uitstalling van *muthi*-plante, is ook interessant.

Die tuin spesialiseer in plante van die oostelike grasvelde van Suid-Afrika en die grasveldprojek bevat 'n uitstekende versameling van *Kniphofia*- (vuurpyl-), *Watsonia*- en *Dieramas*-spesies. In die noordoostelike deel van die tuin groei daar inheemse struikwoud met 'n mengsel van ruigte-, doringveld- en misgordelspesies wat 'n groot verskeidenheid voëls lok. 'n Gedeelte van die woud vorm deel van die boslelie-bewaringsprojek waar vier *Clivia*-spesies onder besproeiing gekweek word.

Tot op hede is meer as 130 voëlspesies in die tuin opgeteken. Die kroonarend, swartriethaan, kaneelduifie, swartkopwielewaai, reuse- en bontvisvanger, lawaaimakerjanfrederik en bosmusikant kom hier voor. As mens mooi kyk, kan jy dalk die gevlekte vleikuiken en witborsduifie ook sien.

1. Turraea-wandelpad loop langs die oewers van Kingfisher Lake en deur inheemse woud, ruigtes en verstrengelde struikgewas. Die roete is veral lonend vir voëlkykers en sluit 'n gedeelte in met aangeplante inheemse plante wat voëls en vlinders lok.

2. Woud-wandelpad bied wonderlike uitsigte oor die tuin en die geleentheid om tipiese woudvoëlspesies soos die kroonarend, Afrikaanse sperwer en bosmusikant af te merk.

24. GROENSTROOK-WANDELPAAIE
Pietermaritzburg

> *Staproetes:* 6 roetes; 1,1 tot 10,3 km; 30 min. tot 4 uur; heen en terug; eenrigting.
> *Permitte:* Geen permitte is nodig nie.
> *Kaarte:* Doen navraag by die Pietermaritzburgse Publisiteitsvereniging, Posbus 25, Pietermaritzburg 3200, tel: (033) 345 1348.
> *Geriewe/Aktiwiteite:* Piekniekplekke en parkering by World's View.

Die Platorand noordoos van Pietermaritzburg is sowat 350 m hoër as die dorp en word met reg World's View genoem. Die wandelpadnetwerk van groenstrookroetes dek meer as 20 km en kronkel deur plantasies en kolle natuurlike plantegroei. Langs die pad is daar mooi uitsigte oor die stad.

1. World's View-wandelpad begin in Voortrekkerweg en klim geleidelik totdat jy 250 m gestyg het. Die roete volg die wapad wat die Voortrekkers met hul aankoms in die destydse Natal gebruik het. Van World's View word stappers met 'n pragtige uitsig oor die stad beloon. 4,8 km; 2 uur; heen en terug.

2. Bo-Linwood-wandelpad begin in Celtisweg, en na 'n stewige opdraande van sowat 1 km sluit die roete by die uitwaartse roete van die Telekulu-wandelpad aan. Die oorblywende 2,4 km van die roete volg die spoorbedding van 'n sylyn van die spoorlyn wat in 1916 geopen is om die steil klim uit Pietermaritzburg te vergemaklik en in 1960 gesluit is. Langs die roete loop mens deur 'n tonnel van 100 m waar 'n flitslig nodig is. Die roete eindig sowat 700 m van die World's View-parkeerterrein. 7 km; 3 uur; heen en terug, of 4,2 km; 2 uur; eenrigting.

3. Laer-Linwood-wandelpad kronkel langs die laer hange van World's View deur bloekomplantasies en het beginpunte in Celtisweg en Linwoodrylaan. Na die aansluiting van die twee paaie klim die roete gelykmatig en styg met sowat 100 m voor dit 'n kontoer volg. 7,4 km; 3,5 uur; heen en terug.

4. Telekulu-wandelpad Stap van die World's View-parkeerterrein sowat 800 m met World's View-weg tot by die afdraaibord. Die roete loop nou in 'n suidwestelike rigting oor 'n plato en daal langs die rand van 'n rif, voordat dit skerp noordwes draai om by die Bo-Linwood-wandelpad aan te sluit. Van hier stap jy met die ou treinspoor langs tot by Celtisweg wat jy vir 1,7 km volg voordat jy begin terugklim na die beginpunt. 10,3 km; 4 uur; heen en terug.

25. DORPSPRUIT-STAPROETE
Pietermaritzburg

> *Staproete:* 4 km; 2 uur; heen en terug.
> *Permitte:* Geen permitte is nodig nie.
> *Kaarte:* Doen navraag by die

> *Pietermaritzburgse Publisiteitsvereniging, Posbus 25, Pietermaritzburg 3200, tel: (033) 345 1348.*
> *Geriewe/Aktiwiteite: Geen.*

Die Dorpspruit-staproete is die eerste van 'n reeks spruitstaproetes wat vir Pietermaritzburg in die vooruitsig gestel is, en is in 1987 geopen om Wêreldomgewingsdag te gedenk. Die roete begin by die Voortrekkerbrug in Robertsweg en volg dan die Dorpspruit verby ou plaaslike nywerhede en die ou steengroef van die stad. Hier vertak 'n roete na De Villiersrylaan wat 'n aansluiting met die World's View-wandelpad bied. Die hoofroete steek egter die Dorpspruit oor en volg dan Tomlinsonweg wat op die spruit uitkyk.

26. BLINKWATER-VOETSLAANPAAIE
Greytown

> *Staproetes: 100 km (altesaam); 2 tot 6 dae; netwerk.*
> *Permitte: Blinkwater-voetslaanpaaie, Posbus 573, Greytown 3250, tel. en faks: (033) 507 0047.*
> *Kaarte: Roetepamflet met kaart.*
> *Geriewe/Aktiwiteite: Vier oornaghutte met slaapbanke, matrasse, warm storte by drie van die oornaghutte, toilette, vuurmaakplekke en hout; bergfietsroetes.*

Hierdie pragtige roete lê in die Middellande van KwaZulu-Natal en is 'n gesamentlike projek tussen die Umvoti-tak van die Natuurlewe en Omgewingsvereniging van Suid-Afrika, twee houtmaatskappye (Sappi en Mondi) en KwaZulu-Natal Natuurlewe.

Die gebied word deur kommersiële plantasies oorheers, maar kolle inheemse woud kom in riviervalleie en teen die suidelike hange voor en grasveld teen hoër dele. Tipiese woudspesies sluit die outeniekwa- en henkelgeelhout, perdepram, wildekastaiing, nieshout, kannabas en notsung in. Varings en *Streptocarpus*-plante verleen kleur aan die woudvloer terwyl boslelies in die mikke van die bome groei. Die gewone boomvaring is volop langs die oewers van stroompies in die grasveld.

Diere wat in die grasveld voorkom is onder meer die bedreigde oorbietjie en rooiribbok. Van die belangrikste voëls wat hier aangetref word is die bedreigde blouswael, wat in die gebied broei, en die lelkraanvoël, ook 'n bedreigde spesie wat in die omgewing van die Eilanddam broei. Roofvoëls word deur 21 spesies verteenwoordig, onder meer die kransaasvoël, kroon- en breëkoparend, bosjakkalsvoël en Afrikaanse vleivalk. Ander spesies sluit die gevlekte vleikuiken, kaneelduifie, woudpapegaai, grasuil, gewone boskraai, Natal- en witkoljanfrederik, grasvoël en oranjekeelkalkoentjie in.

Die staproetenetwerk bestaan uit twee dele: die Suidelike Deel, met toegang deur die Seele-landgoed van Mondi, en die Noordelike Deel wat by Mountain-waterval in die Sappi-woud begin. Die netwerk bestaan uit aaneengeskakelde sirkelroetes wat dus aan stappers verskeie opsies bied. Die roetes volg bospaaie, brandpaaie en voetpaadjies wat deur plantasies, inheemse woude en grasvelde loop. Rustige stroompies, watervalle en damme dra by tot die diversiteit van die gebied. Daar is ook 'n pragtige uitsig oor die Albert Falls-dam.

Daar is soveel moontlik van die gebied se plaaslike geskiedenis in die roetenetwerk ingesluit. Daar is 'n ou begraafplaas van die Wesleyane wat van Yorkshire na KwaZulu-Natal gekom het om hul geloof sonder vrees vir vervolging te beoefen, asook die ou treinspoor wat in die begin van die 20ste eeu gebou is om hout uit die inheemse woude en saagkuile te bring. Elk van die hutte het 'n eie karakter en atmosfeer: een is 'n herboude kothuis langs 'n ou plaashuis en 'n ander een is 'n replika van die plaashuis wat in 1905 deur die eienaar van die oorspronklike plaas gebou is. Daar is 'n derde hut langs 'n stroompie en 'n vierde hoog bo in die grasveld.

27. MOOR PARK-NATUURRESERVAAT
Estcourt

> *Staproetes: 6 km; 3 uur; heen en terug.*
> *Permitte: Toegangsgeld. Geen permit nodig vir wandelpaaie nie.*

DRAKENSBERG & KWAZULU-NATAL

HEEL BO: Met die Mngobozeleni-roete by Sodwanabaai, kom jy by die Mngobozeleni-meer uit. Hierdie meer is vernoem na hoofman Mngobo, wat op die oewer gewoon het.

BO: Daar is uitstekende geleenthede vir voëlkyk op die Baya-kamp-wandelpad by Sibaya-meer.
REGS: 'n Maklik rivieroorgang vir voetslaners op die Umfolozi primitiewe voetslaanpad.

BO: 'n Viertrekvoertuig ry langs die strand aan die afgeleë kus van Maputaland by Kosibaai. Sedert hierdie foto geneem is, is die gebruik van voertuie op Suid-Afrikaanse strande geheel en al verbied ten einde skade aan sensitiewe duingebiede te voorkom.

AGTER: 'n Visser wat besig is by sy visval. Sulke valle is te sien op die Amanzimnyama-voetslaanpad by Kozibaai.

DRAKENSBERG & KWAZULU-NATAL

HIERDIE BLADSY: *Op die eerste dag van die Amanzimnyama-voetslaanpad sal jy tradisionele Tsonga-visvalle in Makawulanimeer (onder), die eerste van die aaneengeskakelde mere van die Kosi-stelsel, sien. Aan die begin van die laaste dag van die voetslaantog steek jy die Sihadlarivier oor op 'n vlot wat die plaaslik mense van pale en raffiablare maak (heel bo).*

LINKS en ONDER: Een van die twee pragtige watervalle (links) wat voetslaners sal sien op die eerste dag van die Koranna-voetslaanpad wat deur die Vrystaatse platteland kronkel. Die plantegroei word hier gekenmerk deur kort, digte grasveld met blomplante wat net in die lente opvallend is.
OORKANT: Op die derde dag van die Brandwater-voetslaanpad, ook in die Vrystaat, kom jy by die Klein-Caledonrivier.

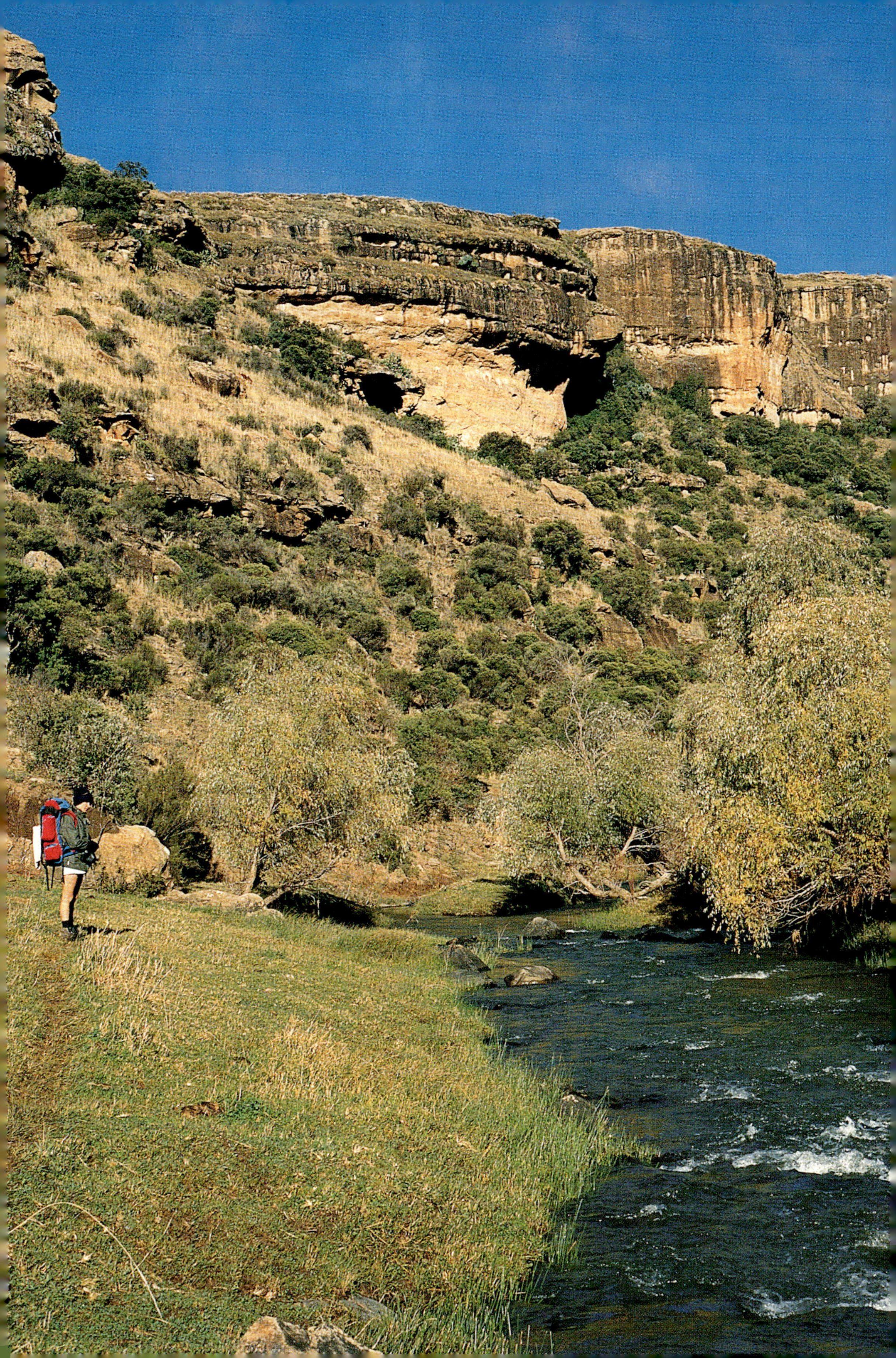

STAPROETES IN SUID-AFRIKA

HIERDIE BLADSY: *Die skouspelagtige natuurskoon (heel bo) van die Golden Gate Nasionale Park sorg vir 'n uitmuntende voetslaanbestemming. Daar is talle treffende natuurverskynsels soos die Brandwag (of Sentinel) (bo), en grotte soos hierdie een (regs) wat jy op die Holkransvoetslaanpad kan verken.*

DRAKENSBERG & KWAZULU-NATAL

BO: *Hierdie houtbrug help voetslaners op die Holkrans-voetslaanpad teen 'n steil kranswand uit.*

BO en ONDER: *Die indrukwekkende dak van die Katedraalgrot (bo) is nog een van die verstommende rotsformasies by Golden Gate, nes die uitsonderlike Sampioenrotse (onder).*

STAPROETES IN SUID-AFRIKA

HIERDIE BLADSY: *Daar is pragtige tonele op staproetes in Mpumalanga: 'n grasbedekte rug op die Loerie-wandelpad, Lone Creek-waterval op een van die Fanie Botha-voetslaanpaaie en die beroemde Bourke's Luck-kolkgate – die hoogtepunt van die Blyderivierspoort-voetslaanpad.*

> *Kaarte:* Wandelpadboekie.
> *Geriewe/Aktiwiteite:* Piekniekplek; opvoedkundige sentrum; kampeerplek langs die Wagendriftdam-oord.

Die reservaat beslaan 264 ha aan die bokant van die Wagendriftdam en word deur Makabeni-kop oorheers. Die landskap wissel van blootgestelde kranse en diep klowe tot 'n hoë plato en die Boesmansrivier, wat die reservaat se suidelike grens vorm.

Die plantegroei is 'n lappieskombers van bosveld, doringveld, hoë grasveld en Hoëveld-suurveld. Wild wat hierheen gebring is sluit bontsebras, blesbokke, rooiribbokke, swartwildebeeste en rooibokke in. Die reservaat se voëllys bevat meer as 190 spesies.

Argeologiese opgrawings by Makabeni-kop dui daarop dat mense uit die Ystertydperk sowat 1 000 jaar gelede hier gewoon het. Die terrein van Veglaer, waar die Voortrekkers tussen 13 en 15 Augustus 1838 drie dae lank teen 'n groot Zoeloe-mag geveg het, is deur die Wagendriftdam oorstroom.

Old Furrow-wandelpad is 'n verklarende pad wat langs die historiese besproeiingsvoor loop wat tussen 1900 en 1903 deur die Moor-gesin gebou is om die water van die Boesmansrivier te lei na landerye wat na die voltooiing van die Wagendriftdam in 1964 oorstroom is. Merkers langs die roete dui op aspekte van die gebied se geskiedenis, plantegroei, bome en die ekologie van die Boesmansrivier, en word in die wandelpadboekie beskryf.

28. HAROLD JOHNSON-NATUURRESERVAAT
Darnall

> *Staproetes:* 2 roetes; 1,8 tot 5 km; 1 tot 3 uur; sirkelroete.
> *Permitte:* Toegangsgeld. Geen permit vir wandelpaaie nodig nie.
> *Kaarte:* Inligtingspamflet oor Remedies and Rituals-wandelpad en 'n kaart van Bosbok-wandelpad is by besprekingskantoor te kry.
> *Geriewe/Aktiwiteite:* Kampeerplekke met wasgeriewe; piekniekplekke; opvoedkundige sentrum.

Die Harold Johnson-natuurreservaat is geleë op die suidelike oewer van die Tugelarivier, en beslaan 104 ha met grasveld, bos en goed bewaarde stukke kusbos. Die reservaat is bekend vir sy ryke verskeidenheid epifitiese orgideë. Bome wat algemeen voorkom is onder meer die wilde-dadelboom, akasias, die kleinperdepram, witmelkhout, kei-appel en swartklapper.

Die reservaat huisves bontsebras, rooibokke en kleiner soogdierspesies soos die gewone, blou- en rooiduiker, bosbok en bosvark.

Van die tipiese kusvoëls wat jy kan afmerk is die bosmusikant, bosloerie, Nataljanfrederik, bloukuifloerie en witoorhoutkapper.

Behalwe vir die natuurskoon en pragtige uitsigte oor die Tugelarivier, het die gebied talle plekke van geskiedkundige belang soos die ruïnes van Fort Pearson wat as afspringpunt gedien het tydens die Britte se inval in Zoeloeland in 1879 en die Ultimatum-boom waar die Britse ultimatum aan Cetshwayo op 11 Desember 1878 aan sy indoenas voorgelees is.

1. Remedies and Rituals-wandelpad is 'n verklarende roete wat fokus op die vroeë blanke setlaars, asook die Zoeloes en die wyse waarop hulle sommige van die bome in die omgewing vir medisinale en ander doeleindes gebruik het. Sestien bome langs die pad is gemerk en word in die wandelpadboekie beskryf. **1,8 km; 1 uur; sirkelroete.**

2. Bosbok-wandelpad kronkel teen die steil hange bokant die Tugelarivier na 'n stroom en loop dan op na 'n rug wat oor die Tugelariviervallei uitkyk. **5 km; 3 uur; sirkelroete.**

29. ST LUCIA-WILDRESERVAAT
Groter St Lucia-vleilandpark,
St Lucia-dorp

> *Staproetes:* 4 roetes; 5 km (Imvubu-wandelpad), ander afstande nie beskikbaar nie; 40 min. tot 3 uur; sirkelroetes, heen en terug.
> *Permitte:* Toegangsgeld. Geen permit nodig vir wandelpaaie nie.
> *Kaarte:* Inligtingsbrosjure met kaart.

> *Geriewe/Aktiwiteite:* Drie kampeerplekke; Krokodilsentrum; toere van St Lucia-riviermonding per motorboot.
> *Belangrike inligting:* Die staproetes mag slegs in daglig gevolg word aangesien seekoeie die riviermonding vroeg smiddae verlaat om in die grasveld te wei. Hulle keer eers weer vroegoggend terug.
> Wees versigtig wanneer jy naby die riviermonding se oewer of panne stap en moenie deur oop water loop nie aangesien krokodille hier voorkom.

Hierdie klein wildtuin lê net noord van die dorpie St Lucia en die St Luciariviermonding. Die plantegroei is tipies van die Oostelike Oewer van St Lucia en wissel van duinewoud, grasveld en Umdoniparkland tot vleie, rietmoerasse en wortelbome langs die St Luciariviermonding.

Groot wildsoorte wat hier voorkom, is onder meer die blouwildebees, rietbok, bontsebra, waterbok, rooibok en bosbok. Kleiner spesies is die rooi- en gewone duiker, blouaap en witkwasjakkals. Seekoeie en krokodille kan dikwels van die oewers van die riviermonding gesien word.

'n Besoek aan die Krokodilsentrum verduidelik hoe belangrik krokodille vir die natuur is. Uitstallings bied 'n fassinerende insig in die biologie en lewenswyse van hierdie reptiele. Benewens Nylkrokodille van verskillende ouderdomme is daar twee Afrika-spesies (die dwerg- en die langsnoetkrokodil), asook die Amerikaanse kaaiman te sien.

Met sy uiteenlopende verskeidenheid habitats bied St Lucia uitstekende voëlkykgeleenthede. Spesies wat afgemerk kan word is die dwergggans, visarend, kuifkoptarentaal, gewone vleiloerie en gewone boskraai. Die geelkeelkalkoentjie kan dalk in die grasveld gesien word.

Imvubu-wandelpad kronkel van die Krokodilsentrum deur grasveld na 'n kol moeraswoud met pragtige voorbeelde van die moerasvy en poeierkwasboom. Nadat dit deur 'n proteaveld geloop het, gaan die roete verder deur 'n vlei totdat dit die oewer van die riviermonding met sy wortelboomgemeenskap bereik. **5 km; 1,5 uur; heen en terug.**

'n Skof van 35 minute verbind die Imvubu-wandelpad met die staproete-netwerk oos van die Kaap Vidal-pad. Opsies sluit die **Ihlathi-wandelpad**, wat deur duinewoud na die kus en terug loop **(40 minute; heen en terug)** en die **Iphiva-wandelpad**, 'n sirkelroete deur grasveld, moeras en die rand van die kuswoud **(60 minute; sirkelroete)** in. Die **Iphothwe-wandelpad** loop hoofsaaklik deur grasveld en dele daarvan loop op die rand van moerasse **(50 minute; sirkelroete)**.

30. MZIKI-STAPROETE
Groter St Lucia-vleilandpark, Mission Rocks

> *Staproetes:* 38 km; 3 dae; netwerk vanaf basiskamp.
> *Permitte:* Verantwoordelike Beampte, Mfabeni/Mission Rocks, Posbus 52, St Luciariviermonding 3936, tel: (035) 590 9002, faks: 590 9090.
> *Kaarte:* Sketskaart van die staproete. Volkleur-toeristekaart van die park.
> *Geriewe/Aktiwiteite:* Mount Tabor: Basiskamp met slaapbanke, matrasse, kombuisgeriewe, gasstoof en -yskas, emmerstort, toilette en vuurmaakplek. Mission Rocks: piekniekplekke en toilette.
> *Belangrike inligting:* Aangesien vier van die Groot Vyf in die gebied voorkom, moet vooraf bespreek word sodat 'n gewapende veldwagter stappers kan vergesel en hulle beskerm teen potensieel gevaarlike diere.

Die staproete loop langs die Oostelike Oewer van St Lucia-meer in die Mfabeni-gedeelte van die park, ongeveer 16 km noord van die dorpie St Lucia. Hoewel die plantegroei hoofsaaklik deur grasveld oorheers word, kom manjifieke duinewoud op die Oostelike Oewer voor. Daar word gesê dat dié duine die hoogste beboste kusduine in die wêreld is en van hulle reik tot byna 200 m bo seevlak. Op 'n afstand kan hulle maklik vir groot koppies aangesien word. Hulle bestaan eintlik uit sand wat die afgelope 12 000 tot 20 000 jaar rondgewaai is en saamgepak het op die onderliggende rotsbed. Tipiese boomspesies wat hier voorkom sluit die doringtou, waterysterpruim, gifolyf en witmelkhout in.

St Lucia huisves vier van die Groot Vyf en dit is net leeus wat nog nie weer hier hervestig is nie. Die mees onlangse Groot Vyf-spesie wat weer in Augustus 2001 ingevoer is, is die olifant. Die eerste groep is in 'n boma in die Oostelike Oewer-gedeelte van die park losgelaat. St Lucia-meer is ook 'n belangrike habitat vir seekoeie en krokodille.

Met 'n bevolking van tussen 4 000 en 5 000 rietbokke, onderhou die Oostelike Oewer-gedeelte een van die grootste konsentrasies van dié spesie in Afrika. Ander soogdiere sluit die waterbok, koedoe, rooibok, bosbok, vlakvark en bosvark in. Die groot roofdiere is luiperds en jagluiperds.

Onder die 245 voëlspesies wat hier voorkom, is die Ruddse kleinjantjie, Woodwardse bosbontrokkie en die bruinwipstert. Woudspesies wat afgemerk kan word, is die witborsduifie, Knysnaloerie, witoorhoutkapper, goudstertspeg en kleinbyvanger.

Hoewel die staproete as 'n selfbegeleide roete ontwerp is, het die hervestiging van olifante in hierdie deel van die park dit noodsaaklik gemaak dat gewapende veldwagters stappers moet vergesel. Die roetenetwerk bestaan uit drie roetes, wat as daguitstappies by die Mount Tabor-basiskamp ('n ou radarstasie uit die Tweede Wêreldoorlog) begin. Die hut is ongeveer 130 m bo seevlak geleë en bied uitsigte van St Lucia-meer en die Indiese Oseaan.

1. Suidkus-sirkelroete op dag een loop eers deur grasveld, dan duinewoud en volg dan 'n 2 km-gedeelte langs die rotsagtige kuslyn. Die kus se rotse bestaan uit seesand wat sowat 80 000 jaar gelede saamgebind is deur kalsiumkarbonaat afkomstig van skulpe. Hierdie rotse is die fondament waarop die kusduine ontwikkel het. By Mission Rocks draai die roete na die binneland en styg deur duinewoud terug na die kamp. **10 km; 4 uur; sirkelroete.**

2. Meer-sirkelroete kies weswaarts koers deur inheemse bosse na 'n skuiling wat oor Mfazana-pan uitkyk. Seekoeie, krokodille en 'n verskeidenheid watervoëls kan van hier dopgehou word. Die roete loop verder deur grasveld tot by die oewers van St Lucia-meer. Volg die oewer vir ongeveer 1,5 km en keer dan deur grasveld en Umdoni-parkland na Mount Tabor terug. **10 km; 4 uur; sirkelroete.**

3. Noordkus-sirkelroete volg aanvanklik die Mount Tabor-rug noordwaarts en daal dan af in die Bokkie-vallei, wat sy naam van die groot aantal rietbokke kry wat hier voorkom. Die laaste 4 km van die heenskof van die roete kronkel deur inheemse woud en beboste duine. Die samango-aap en rooi-eekhoring is soms te sien. Die roete daal dan tot op die strand en volg die ongerepte kuslyn met afwisselende sandstrande en rotse vir ongeveer 8 km suidwaarts. Die laaste deel klim steil terug na Mount Tabor. **18 km; 7 uur; sirkelroete.**

31. EMOYENI-VOETSLAANPAD
Groter St Lucia-vleilandpark, Mission Rocks

Staproetes: Begeleide roete; 63 km; 5 dae; sirkelroete.
Permitte: Verantwoordelike Beampte, Mfabeni/Mission Rocks, Posbus 52, St Luciariviermonding 3936, tel: (035) 590 9002, faks: 590 9090.
Kaarte: Volkleur-toeristekaart van die park.
Geriewe/Aktiwiteite: Op die roete: Rustieke kampeerplekke met tafel, bankies, koue emmerstort en toilet. Mission Rocks: piekniekplekke en toilette.
Belangrike inligting: Tente moet saamgeneem word aangesien geriewe op die roete tot basiese kampeerplekke beperk is.

Hierdie vyfdag-roete loop deur 'n verskeidenheid landskappe in die Oostelike Oewer-gedeelte en bied pragtige uitsigte oor St Lucia- en Bhangazi-meer.

Die eerste dag se skof (7 km; 3 uur) begin by Mission Rocks en loop na die Oostelike Oewer van St Lucia-meer deur duinewoud, vleilande en woudkolle. Die roete loop dan langs die strand na die eerste oornagrusplek, Jock's Mess, by Catalina-baai. Die baai is vernoem na die *Catalina*-seevliegtuig wat op 25 Junie 1943 in die baai neergestort het. Die *Catalina* is gedurende die Tweede Wêreldoorlog gebruik om vir duikbote te patrolleer.

Dag twee (18 km; 9 uur) loop naby die strand in 'n noordwestelike rigting en dan verder deur woudkolle en grasveld. 'n Hoogtepunt is die moeraswoud van die Nkamaza-stroom met sy unieke plantegroei. Die tweede oornagrusplek is by Jumangoma.

Die roete loop op dag drie (11 km; 5 uur) hoofsaaklik deur grasveld, afgewissel met woudkolle en vleiland, na die suidelike grens van die Tewate-wildernisgebied waar hoofsaaklik Umdoni-parkland voorkom. Die skof kronkel langs die kant van die eDuyini-stroom en sy moeraswoud na die derde oornagrusplek naby die oewer van Bhangazi-meer.

Vroeg op dag vier (16 km; 8 uur) loop die roete langs die suidelike rand van Bhangazi-meer en verder langs die oostekant van die Mfabeni-moeras. Daarna klim dit teen die beboste duine suid van Kaap Vidal na die oornagkamp by Banel's Folly.

Die laaste dag se skof (11 km) kronkel af na die rotsagtige kuslyn wat jy tot by Mission Rocks volg, en vandaar na die binneland tot by die beginpunt.

32. ST LUCIA-WILDERNISROETE
Groter St Lucia-vleilandpark, Kaap Vidal

> **Staproetes:** *Begeleide wildernisroete; 4 nagte; afstande wissel van 10 tot 12 km per dag; wandelpaaie vanaf basiskamp.*
> **Permitte:** *KwaZulu-Natal Natuurlewe, Posbus 13069, Cascades 3202, tel: (033) 845 1067, faks: 845 1001, e-pos: trails@kwazulu-natalwildlife.com*
> **Kaarte:** *Volkleur-toeristekaart van die park.*
> **Geriewe/Aktiwiteite:** *Basiskamp met tente: tente bevat matrasse, kussings, lakens en komberse; ten volle toegeruste kombuise, beperkte verkoelingsgeriewe, gemeenskaplike leefarea; warm stort en toilet. 'n Kampkok maak vir stappers kos. Op die roete: Tente met dieselfde geriewe as basiskamp; kook oor oop vure; warmwater-emmerstort. Kaap Vidal: selfsorghuisvesting; kampeerplekke; hengel; snorkel.*
> **Belangrike inligting:** *Weens die hoë somertemperature word die roetes slegs van April tot einde September gebruik. Voorsorg moet teen malaria getref word. Tekkies (seilskoene) of sandale word aanbeveel aangesien daar heelwat deur die water in die panne geloop word. Roetes word van 'n Vrydagmiddag tot 'n Dinsdagoggend aangebied.*

Hierdie wildernisroete word aangebied in die Tewate-wildernisgebied, noordwes van Kaap Vidal. Stappers oornag die eerste aand in Bhangazi-kamp wat op die westelike oewer van Bhangazimeer-Suid geleë is en vertrek die volgende oggend. Hulle slaap die volgende twee aande in 'n tentkamp op die Oostelike Oewer van St Lucia-meer.

Die strand, vleiland, grasveld, duinewoud en duine word te voet onder begeleiding van 'n gewapende veldwagter verken. Vaste roetes word nie gevolg nie, maar dagskofte is sowat 10 km lank.

Behalwe vir stap is daar ook geleentheid om met kano's op St Lucia-meer te roei en vir snorkelduik langs die kus.

33. KAAP VIDAL
Groter St Lucia-vleilandpark, Kaap Vidal

> **Staproetes:** *2 roetes; 1,5 en 3 uur; 3,5 en 7 km; sirkelroete.*
> **Permitte:** *Toegangsgeld. Geen permit nodig vir wandelpaaie nie.*
> **Geriewe/Aktiwiteite:** *Kaap Vidal: selfsorghouthutte; kampeerplekke; hengel; snorkelduik.*

Kaap Vidal is ongeveer 35 km van die dorpie St Lucia op die rand van manjifieke duinewoud langs die kus geleë.

1. Imboma-staproete loop deur parkland, vleilande en inheemse duinewoud na die suide van Bhangazi-meer-Suid. Dele van die roete volg seekoeipaadjies, en die vleilande bied uitstekende voëlkykgeleenthede. Rietbokke kom dikwels hier voor en stappers moet op die uitkyk wees vir seekoeie en buffels. **3,5 km; 1,5 uur; sirkelroete.**

2. Mvubu-staproete Die Mvubu-staproete (Zoeloe vir seekoei) styg geleidelik van die kamp deur duinewoud en sak dan af na die strand van Bhangazimeer-Suid. Dit volg die meeroewer vir 'n kort rukkie en loop dan deur *Acacia*-boswêreld voor dit weer deur duinewoud opdraand loop tot by die beginpunt by die kamp.

Diere wat hier te sien is, sluit rietbokke, waterbokke, bosbokke, bosvarke en samango-ape in. Kyk uit vir seekoeie en krokodille langs die strand van Bhangazi-meer. Daar is ook heelwat voëls te sien. **7 km; 3 uur; sirkelroete.**

34. FANIE SE EILAND
Groter St Lucia-vleilandpark, Mtubatuba

> *Staproetes:* 5 km; 2 uur; sirkelroete.
> *Permitte:* Toegangsgeld. Geen permitte nodig vir wandelpaaie nie.
> *Kaarte:* Roetebrosjure met kaart. Volkleurbrosjure van park vir toeriste.
> *Geriewe/Aktiwiteite:* Selfsorgverblyf; kampeerterrein; swembad; hengel.
> *Belangrike inligting:* Aangesien die seekoeie laatmiddag die water verlaat om te wei en eers vroegoggend weer na die meer terugkeer, mag daar slegs gedurende daglig gestap word.
> Wees altyd op bewolkte dae bedag op seekoeie aangesien hulle by geleentheid in die bosse rus.

Fanie se Eiland, wat op die Westelike Oewer van St Lucia-meer geleë is, ontleen sy naam aan 'n groot eiland vol riete wat op die ruskamp uitkyk. Dit is 'n gewilde voëlkyk- en visvangbestemming met 'n rustige en ontspanne atmosfeer.

Umkhiwane-staproete Hierdie roete, wat die gewone boskraai as embleem het, loop deur kusbos, kuswoud, 'n moeraswoud en grasveld en keer dan parallel met die oewers van St Lucia-meer terug. Bome en ander punte van belang op die roete is gemerk en word in die roeteboekie beskryf. Hierdie roete is beslis die moeite werd.

Langs die pad sien mens bome soos die paddaboom, kusvaalbos, bos-rooiessenhout, poeierkwasboom, waterbessie en doringtou. Die koraalboom met sy bloedrooi blomme is tussen Julie en Oktober in die blom en ander interessante bome wat hier voorkom is die groen- en swartklapper, wilde mispel en wilde-dadelboom.

Langs die pad kan stappers dalk diere soos rooiduikers, bosbokke en blouape teëkom, terwyl seekoeie ook in die omtrek is. Voëls is volop en spesies soos die witoorhoutkapper, gewone boskraai, papegaaiduif, bosloerie, bloukuifloerie en kuifkoptarentaal is onder meer hier te sien.

35. CHARTER'S CREEK
Groter St Lucia-vleilandpark, Mtubatuba

> *Staproetes:* 2 roetes, 5 en 7 km; 2 en 3 uur; sirkelroete.
> *Permitte:* Toegangsgeld. Geen permitte nodig vir wandelpaaie nie.
> *Kaarte:* Brosjures, maar geen roetekaarte nie. Volkleurbrosjure van park vir toeriste.
> *Belangrike inligting:* Hoewel dit onwaarskynlik is dat stappers seekoeie sal teëkom, moet daar steeds vir hulle uitgekyk word. Moenie in die meer swem of in die water stap nie.

Charter's Creek, op die Westelike Oewer van St Lucia-meer, is lank reeds gewild by diegene wat wil ontvlug van die dolle gejaag van die stadslewe en na 'n rustige atmosfeer soek.

Die plantegroei langs die Westelike Oewer is 'n mosaïek van kuswoud, grasveld, moeraswoud en rietstande. Van die talle spesies wat op die twee roetes met etikette gemerk is, is die hophout, rooiessenhout, witstinkhout, platkroon en die Natalse wilde-piesang.

'n Verskeidenheid soogdiere kan langs die pad gesien word, onder meer die rooiduiker, bosbok, njala, rietbok, bosvark en blouaap. Voëls is volop en spesies soos die groenvleiloerie, bloukuifloerie, bosloerie, geelvleknikator en rooskeelkolpensie kan hier afgemerk word.

1. Umkhumbe-staproete se naam kom van die Zoeloe-woord vir rooiduiker, die algemeenste wildsbok in die omgewing. Die brosjure bevat inligting oor 12 punte van belang, onder meer verskeie boomspesies, die rooiduiker, die nes van die 'wipstertmiere' en bosbokke. **5 km; 2 uur; sirkelroete.**

2. Isikhova-natuurwandelpad 'n Spesiale kenmerk van hierdie roete wat deur kuswoud kronkel, is die Isikhoveni-stroom waarna die wandelpad vernoem is. Stompe is op twee plekke neergesit sodat stappers 'n wyle kan rus. Op die terugpad kronkel die roete langs die meeroewer voordat dit na die begin terugkeer. Daar is 17 punte van belang wat gemerk is en in die brosjure beskryf word. **7 km; 3 uur; sirkelroete.**

36. VALSBAAIPARK
Groter St Lucia-vleilandpark, Hluhluwe

> *Staproetes:* 2 roetes; 6 en 10 km; 3 en 4,5 uur; sirkelroete.
> *Permitte:* Toegangsgeld. Geen permitte nodig vir wandelpaaie nie.
> *Kaarte:* Inligtingsbrosjure met roetekaarte.
> *Geriewe/Aktiwiteite:* Kampeerplekke met warmwaterwasgeriewe; swembad; piekniekplekke; hengel.

Valsbaai vorm die noordwestelike arm van die H-vormige St Lucia-meer en is op die meer se Westelike Oewer geleë. Daar is goeie voël- en wildkykgeleenthede en een van die uitstaande kenmerke is die sandwoud, 'n soort droë woud, wat hier en daar in die noordooste van KwaZulu-Natal slegs op diep, wit sand voorkom. Kenmerkende spesies is die Lebombo-wattel en vals-tambotie.

'n Interessante wildsbokspesie om voor uit te kyk is die soeni, wat net in sandwoud voorkom. Ander bokke soos die gewone en rooiduiker, waterbok, rietbok, njala en rooibok kom ook hier voor. Wees op die uitkyk vir bontsebra, bosvark, vlakvark, blouaap, rooijakkals en luiperd.

Daar is al meer as 160 voëlspesies in die Valsbaai-gebied opgeteken en sandwoud-spesies sluit die bloukruissuikerbekkie, geelvleknikator en Ruddse kleinjantjie in. Ander spesies wat voorkom is die breëbek, groenvleiloerie, rooskeelkalkoentjie en gevlekte heuningwyser.

1. Ingwe-staproete se naam is ontleen aan die luiperd (*ingwe* in Zoeloe) wat dikwels in die omgewing gesien word. Die roete strek van die een kant van die Lister-skiereiland na die ander en loop van die strande van St Lucia-meer na die bosse, ruigtes en sandwoud. Wanneer die watervlak van die meer laag is, is fossiele van seediere en koraalfossiele daarin sigbaar. **6 km; 3 uur; sirkelroete.**

2. Mphophomeni-staproete is in die noordelike deel van die Valsbaai-gedeelte van die park uitgelê. Die roete kronkel deur boswêreld, ruigtes en sandwoud en langs die pad is daar 27 punte van belang gemerk. 'n Piekniekplek naby die halfwegmerk bied 'n ideale rusplek. **10 km; 4,5 uur, of 7 km; 3 uur; sirkelroete.**

37. DUGANDLOVU-STAPROETE
Groter St Lucia-vleilandpark, Valsbaai

> *Staproetes:* 16 km; 6 uur, of oornagvoetslaanpad; sirkelroete.
> *Permitte:* Verantwoordelike Beampte, Valsbaai, Posbus 222, Hluhluwe 3960, tel. en faks: (035) 562 0425.
> *Kaarte:* Inligtingsbrosjures met roetekaarte, volkleurkaart van die park vir toeriste.
> *Geriewe/Aktiwiteite:* Dugandlovu se rustieke kamp: vier hutte met beddens en matrasse, gasstoof, vrieskas, vuurmaakplekke, emmerstorte en toilette.
> Valsbaai: kampeerplekke; swembad; piekniekplekke; hengel.
> *Belangrike inligting:* Muskiete kan by die oornaghut 'n probleem wees, dus is dit raadsaam om insekweerder saam te neem. Pasop vir krokodille wanneer jy langs die meer stap.

Vir onervare stappers en gesinne sal die sogenaamde Verlore Olifant- of Dugandlovu-staproete ideaal wees omdat afstande kort en die terrein maklik is. Kort na die begin vurk die roete en kan stappers besluit om die bestuurspad te volg wat deur *Acacia*- en *Terminalia*-boswêreld loop, of die Warburgia-sirkelroete, vernoem na die papierbasdoringboom (*Warburgia* is die wetenskaplike naam van die genus waaraan dié spesie behoort). Nadat die Warburgia-sirkelroete by die hoofroete aangesluit het, loop die pad na die oewer van St Lucia-meer waarlangs stappers na die oornagkamp stap. Ammoniete en ander seefossiele is langs die meer te sien en lewer bewys daarvan dat die see se golwe eens hier teen die strand gebreek het.

Die rustieke oornagkamp is op 'n hoë krans net noord van die Hluhluweriviervloedvlakte geleë. Daar is twee uitkykplatforms wat panoramiese uitsigte bied oor die meer en die vloedvlakte wat onder gunstige omstandighede groot swerms watervoëls, soos die klein- en witpelikaan, grootflamink en lepelaar lok. Troppe wildsbokke word ook deur die goeie weiveld gelok.

'n Kort sirkelroete wat naby die kamp loop, die **Wildekamfer-sirkelroete**, kan verken word voor stappers met die tweede dag se skof begin. Die roete loop aanvanklik van die kamp deur boswêreld en ruigtes voor dit by die heenroete van die eerste dag se skof aansluit.

38. MKUZI-WILDRESERVAAT
Groter St Lucia-vleilandpark, Mkuze-dorpie

> *Roetes:* 1 onbegeleide roete; 3 km; 1 uur; sirkelroete; en begeleide toere; 2 tot 3 uur; 4 tot 5 km; sirkelroete.
> *Permitte:* Toegangsgeld. Geen permitte nodig vir wandelpaaie nie. Begeleide toere moet vooraf by die kantoor bespreek word.
> *Kaarte:* Roetebrosjure met 'n kaart van Fig Forest-wandelpad. Volkleurkaart van die park vir toeriste.
> *Geriewe/Aktiwiteite:* Selfsorgverblyf; tentkampe; kampeerplekke; selfry-wildbesigtiging; nagritte; tradisionele Zoeloe-kultuurdorpie; piekniekplekke.

Die wildtuin is in 1912 geproklameer en die 36 000 ha-Mkuzi-gedeelte van die Groter St Lucia-vleilandpark word deur middel van die Mkuze-moeras met die res van die park verbind. Die Ubombo-berge vorm in die weste die grens en die asemrowende landskappe sluit ongerepte bosveld en rivierwoud, oorheers deur die gewone trosvy, koorsboomwoude en die Nsumo-pan in.

Wild is volop en sluit drie van die Groot Vyf (swart- en witrenoster, olifant en luiperd) in, terwyl seekoeie, kameelperde, bontsebras en vlakvarke ook voorkom. Wildsbokke word deur die rooi- en gewone duiker, njala, koedoe, rietbok en rooibok verteenwoordig. Die soeni kom in die sandwoud oos van die ruskamp voor.

Mkuzi is bekend vir sy voëlkykgeleenthede. Van die spesies wat hier voorkom is die lepelaar, kuifkoptarentaal, bloukruissuikerbekkie en die rooskeelkolpensie. Die voëlkykskuilings langs die Nsumo-pan is 'n goeie plek om watervoëls dop te hou, veral as die watervlak laag is.

1. Mkuzi-Fig Forest-staproete loop verby 'n kol koorsbome en dan verder deur 'n manjifieke kol gewone trosvye in die suidoostelike deel van Mkuzi. Dié tipe woud is baie skaars in Suid-Afrika, en van die 1 800 ha wat in KwaZulu-Natal oorgebly het, is 1 400 ha in Mkuzi. Daar is sewe gemerkte punte van belang langs die roete en hulle stem ooreen met die genommerde teks in die brosjure. **3 km; 1 uur; sirkelroete.**

2. Begeleide staptogte word vanaf die Mantumahutkamp aangebied en daar is 'n keuse van uitstappies vir voëlkykers en diegene wat hoofsaaklik diere te voet wil besigtig. Die voëlkykuitstappie vroeg soggens dek ongeveer 5 km, en nadat dit deur gewone trosvyrierwoud langs die Mkuzerivier gekronkel het, loop dit na 'n uitkykpunt oor die Nhlonhlela-pan. Van hier kronkel die roete na die ruskamp terug. **2 tot 3 uur; 4 tot 5 km; sirkelroete.**

39. MKUZI-BOSVELDVOETSLAANPAD
Groter St Lucia-vleilandpark, Mkuze-dorpie

> *Staproetes:* Begeleide wildernisroetes; afstande wissel van 10 tot 15 km per dag; 3 nagte; roetes van basiskamp.
> *Permitte:* KwaZulu-Natal Natuurlewe, Posbus 13069, Cascades 3202, tel: (033) 845 1000, faks: 845 1001, e-pos: trails@kwazulu-natalwildlife.com
> *Kaarte:* Volkleurkaart van die park.

Geriewe/Aktiwiteite: Roetekamp met beddens, beddegoed, matrasse, kombuis, gemeenskaplike warmwaterstort en spoeltoilette. Mkuzi: selfsorgverblyf; tentkamp; kampeerplekke; selfry-wildbesigtiging; nagritte; tradisionele Zoeloe-kultuurdorpie; piekniekplekke.
Belangrike inligting: Die voetslaanseisoen strek van begin Maart tot die einde van November omdat die somer te warm is. Alle etes word verskaf, maar stappers moet hul eie drinkgoed en versnaperinge saambring.

Hierdie roete bied buitelewe-entoesiaste 'n geleentheid om die verskillende landskappe van die Mkuzi-wildreservaat te voet, onder begeleiding van 'n wildbewaarder en veldwagter, te besigtig. Benewens die troppe diere is voëls soos die breëbek, kuifkoptarentaal, bloukruisuikerbekkie, baardwipstert witen kleinpelikaan, dwerggans en visarend te sien.

Stappers bly drie nagte in die roetekamp in die suide van die wildtuin. Twee volle dae word daar gestap deur die diverse landskappe en plantegroei. Na 'n vroeë oggendwandeling op die laaste dag word die uitstappie afgesluit met 'n laatontbyt.

40. SODWANABAAI
Groter St Lucia-vleilandpark

Staproete: 5 km; 2,5 uur; sirkelroete.
Permitte: Toegangsgeld. Geen permitte nodig vir daguitstappies nie.
Kaarte: Roetebrosjure met kaart.
Geriewe/Aktiwiteite: Selfsorgverblyf; kampeerplek; winkel; vulstasie; vryduik; hengel; snorkelduik; begeleide uitstappie na skilpad-broeiplek (Desember en Januarie).

Die naam Sodwana is sinoniem met uitmuntende diepsee-hengel en veral sportvishengel. Die wêreld se mees suidelike koraalriwwe kom hier voor en daar is 'n ongelooflike diversiteit van gekleurde visse. Sodwana is die beste vryduikbestemming langs die Suid-Afrikaanse kus.

Sodwana is in 1950 as 'n nasionale park geproklameer en bestaan uit 413 ha kusduinewoud, die Mngobozeleni-meer en 'n klein wortelboomwoud in die riviermonding net noord van Jesser Point. Na die suide grens Sodwana aan Ozabeni wat ook deel is van die Groter St Lucia-vleilandpark.

Diere wat hier voorkom sluit rietbokke, rooi- en gewone duikers, soeni's en bosvarke in. Die ryk voëllewe bied 'n geleentheid om spesies soos die bloukuifloerie, bosloerie, Ruddse kleinjantjie, geelvleknikator en Woodwardse bosbontrokkie te sien.

Die strande van Sodwana is 'n belangrike broeiplek vir die leerskilpad. Die broeiseisoen strek van Oktober tot Februarie wanneer die wyfies snags aan wal kom en hul eiers in gate wat bo die hoogwatermerk gegrawe is, kom lê.

Mngobozeleni-staproete loop aanvanklik deur grasveld voor dit afsak na die Mngobozeleni-meer. Die meer is vernoem na hoofman Mngobo, wat op die oewers van die meer gebly het. Daar is 'n rusplek net voor mens die meer, wat deel vorm van 'n klein kusmeerstelsel, bereik. Die steil kante van die meer is oortrek met digte bosse wat tot aan die water se kant strek en van die rusplek kan mens dus net 'n skrams blik van die meer kry. Daar is 10 gemerkte punte van belang op hierdie roete en almal word in die roetebrosjure beskryf. **5 km; 2,5 uur; sirkelroete.**

41. HLUHLUWE-UMFOLOZI-PARK
Mtubatuba- en Hluhluwe-dorp

Staproetes: Begeleide dagtoere; 4 tot 5 km; 2 tot 3 uur; sirkelroetes. Begeleide wildernisroetes; afstande wissel van 12 tot 15 km per dag; 2 tot 4 nagte; staptogte vertrek van basiskamp.
Permitte: KwaZulu-Natal Natuurlewe, Posbus 13069, Cascades 3202, tel: (033) 845 1000, faks: 845 1001, e-pos: trails@kwazulu-natalwildlife.com
Kaarte: Volkleurkaart van park.
Geriewe/Aktiwiteite: Selfsorgverblyf; restaurant by Hillside; selfry-wildbesigtiging; begeleide nagritte; piekniekplekke.

Die Hluhluwe-Umfolozi-park is sonder twyfel een van Suid-Afrika se mooiste wildtuine. Die twee is in 1897 as twee aparte wildtuine geproklameer en is, saam met St Lucia, die oudste wildtuine in Afrika. Umfolozi is die geboorteplek van die wildernis-konsep in Suid-Afrika, wat deur die bekende bewaringspionier Ian Player geïmplementeer is. (Die konsep beteken dat 'n intrinsiek ongerepte gebied in sy natuurlike staat bewaar word met die minimum menslike indringing, soos die bou van paaie of ander strukture.)

Die eerste wildernisgebied is in 1959 in die suidelike deel van die reservaat afgebaken, en dit was ook hier waar die eerste wildernisstaptogte in Suid-Afrika ingestel is. Umfolozi het ook 'n belangrike rol gespeel in die bewaring van Suid-Afrika se witrenosterbevolking.

Die twee reservate was aanvanklik geskei deur 'n stuk grond wat as The Corridor bekend staan, maar is in 1985 geamalgameer toe die Corridor-reservaat geproklameer is en vorm nou 'n wildtuin van 96 000 ha.

Die park huisves al die lede van die Groot Vyf en is veral bekend vir die groot bevolking witrenosters. Dit beskik ook oor een van die grootste bevolkings swartrenosters in die wêreld. Ander spesies wat hier voorkom sluit die jagluiperd, luiperd, wildehond, bontsebra, kameelperd en seekoei in. Wildsbokke word deur die koedoe, waterbok, njala, rooibok, blouwildebees en rietbok verteenwoordig.

1. Umfolozi-wildernisstaproete Hierdie staptog word onder begeleiding van 'n gewapende veldwagter en wildbewaarder aangebied. Die roete is nie 'n uithoutoets nie, en hoewel die opspoor van wild te voet deel van die daaglikse program is, is die doel om aan stappers 'n wilderniservaring te bied. Die eerste en, opsionele, laaste nag word in die Mdindini-kamp deurgebring, terwyl nag twee en drie langs die pad in wilderniskampe deurgebring word. Alle toerusting word na die kampe geneem en stappers hoef net 'n klein dagsak saam te dra. **Afstande wissel van 12 tot 15 km per dag; 4 nagte; staptogte vanaf basiskamp.**

2. Umfolozi primitiewe voetslaanpad Hierdie begeleide staptog sal gewild wees onder buitelewe-entoesiaste met 'n sin vir avontuur aangesien daar geen geriewe langs die pad is nie. Stappers moet alles saamdra – rugsakke, kos, toerusting en klere. Dit is dus 'n moeiliker roete as die tradisionele wildernisroetes. Die roete word deur die roete-beampte gekies en hang van die fiksheidsvlak van stappers en die weersomstandighede af. Stappers slaap in grotte of onder die sterre. **Afstande wissel van 12 tot 15 km per dag; 4 nagte; staptogte vanaf basiskamp.**

3. Umfolozi-naweekwildernisstaproete Hierdie begeleide staptog begin net na middagete op Vrydagmiddag en stappers moet hul toerusting vir 7 km na die roetekamp dra. Die twee nagte word in 'n tentkamp deurgebring en die roete begin hier. Afstande van tussen 12 en 15 km word elke dag afgelê, maar stappers dra slegs 'n ligte sak met 'n waterbottel en hul middagete saam. Die staptog eindig Sondagmiddag. **Afstande wissel van 12 km tot 15 km; 2 nagte; staptogte vanaf basiskamp.**

4. Begeleide dagwandelings word onder die leiding van 'n veldwagter van Hilltop- en Mpila-kamp aangebied. Die uitstappies wissel van twee tot drie uur en is 'n wonderlike manier om die natuur op sy beste te beleef. **Afstande wissel van 4 tot 5 km; 2 tot 3 uur; sirkelroete.**

42. SIBAYAMEER-NATUURRESERVAAT
Mbazwana

Staproetes: 1 roete; 3,4 km; 2 uur; sirkelroete.
Permitte: Toegangsgeld. Geen permit is nodig nie.
Kaarte: Sketskaart met inligting oor die roete.
Geriewe/Aktiwiteite: Rustieke grasdakhutte met kouewaterwasbakke; gemeenskaplike eet-area; gemeenskaplike wasgeriewe.

Hierdie klein natuurreservaat is 'n vleiland van internasionale belang en Sibayameer, die land se grootste varswatermeer, is die fokuspunt. Die meer se oppervlak wissel tussen 6 600 en 7 000 ha na gelang van die watervlak. Die gemiddelde diepte is

13 m, maar plek-plek is die maksimum diepte 43 m. Hoë beboste duine, genaamd isiBayo (Zoeloe vir 'beeskraal') skei die meer van die see.

Die kusduinewoud rondom die meer huisves die gewone en rooiduiker, bosvark, samango- en blouaap, bosnagaap en rooi-eekhoring. Die meer huisves 'n gesonde seekoei- en krokodilbevolking.

Met sy uiteenlopende habitats bied Sibaya uitstekende voëlkykgeleenthede. Van die bykans 300 spesies wat hier voorkom, word die gekroonde neushoringvoël en boskraai, geelvleknikator, boslaksman en bruinwipstert dikwels gesien. Wees op die uitkyk vir die rooskeelkalkoentjie in die natterige grasveld, asook die kuifkopdobbertjie in die baaitjies langs die meer.

Baya-kamp-wandelpad loop deur 'n verskeidenheid van plantgemeenskappe wat wissel van kuswoud en kusboswêreld tot Umdoni-parkland, wat na die dominante waterbessie (*umdoni* in Zoeloe) vernoem is. Daar is twee skuilings langs die roete wat uitstekende geleenthede aan voëlkykers bied. Mdoni-skuiling kyk uit oor 'n pan in die Umdoni-boswêreld, terwyl die Amadada-skuiling, by die omdraaipunt, oor 'n oop pan uitkyk. **3,4 km; 2 uur; heen en terug.**

43. AMANZIMNYAMA-VOETSLAANPAD
Kosibaai-natuurreservaat, KwaNgwanase

Staproetes: Begeleide roete; 35 km; 4 dae; sirkelroete.
Permitte: KwaZulu-Natal Natuurlewe, Posbus 13069, Cascades 3202, tel: (033) 845 1000, faks: 845 1001, e-pos: trails@kwazulu-natalwildlife.com
Kaarte: Sketskaart.
Geriewe/Aktiwiteite: Vier oornaghutte met beddens, matrasse, kombuis met tweeplaat-gasstoof, potte, ketel, en wasgeriewe. Kosibaai: kampeerplekke; Kosi-mond: gemeenskapskampeerterrein; snorkelduik.
Belangrike inligting: Watersuiweringstablette word aanbeveel aangesien drinkwater hier beperk is en stappers moontlik water uit die meer sal moet gebruik om te drink en mee te kook.

Kosibaai is 'n fassinerende gebied. Die Kosi-sisteem wat oor 'n afstand van 18 km strek, bestaan uit 'n string van vier aaneengeskakelde mere en 'n riviermonding, wat die sisteem met die see verbind. Die mere word omring deur 'n mosaïek van vleie, moerasse en panne en word van die see geskei deur 'n strook hoë duine.

Nhlange, of Derde Meer, is die grootste van die vier mere, en strek oor 'n gebied van tussen 3 000 en 3 700 ha. Met 'n diepte van 31 m is dit ook die diepste. Mpungwini, of Tweede Meer, beslaan minder as 10% van die oppervlak van Nhlange, terwyl Makawulani (Eerste Meer) die kleinste is, met 'n oppervlak van tussen 800 en 1 000 ha. Amanzimnyama (Vierde Meer), is die verste suid van die vier en in talle opsigte uniek.

Behalwe vir sy moeraswoud kom die raffiapalm hier ook die volopste in Suid-Afrika voor. Hierdie spesie is tot KwaZulu-Natal beperk en daar is verspreide kolle in die nabyheid van Manguzi, 'n klein nedersetting buite die reservaat. Die palms by Mntuzini, suid van Richardsbaai, het van saad gegroei. Nog 'n interessante botaniese besienswaardigheid is Kosi-mond, die enigste plek in Suid-Afrika waar vyf wortelboomspesies saam voorkom.

Onder die meer as 250 voëlspesies wat in die gebied opgeteken is, is Suid-Afrika se skaarsste broeivoël, die witaasvoël. Die broei- en vreetgewoontes van die witaasvoël hou nou verband met oliepalms. 'n Ander noemenswaardige spesie is die visuil, wat in die moeraswoud van Amanzimnyama-meer voorkom. Onder meer word voëls soos die visarend, nonnetjie-eend, dwerggans, groenvleiloerie, geelbektroupant, breëbek en Stierlingse sanger ook hier aangetref.

Die kus van Maputaland is die belangrikste broeigebied van die leerskilpad in die suidelike Indiese Oseaan. Die wyfies kom tussen Oktober en Februarie snags aan wal om hul eiers op die strand te lê.

Die komplekse sisteem van visvalle wat by Makawulani-meer voorkom is van kulturele belang. Hierdie valle, wat uit hout- en rietheinings bestaan, is ontwerp om visse in 'n tregtervormige mandjie, wat reeds vir meer as 500 jaar deur die Tsongas gebruik word, te vang.

Die roete begin by die kamp op die noordwestelike oewer van Nhlange-meer. Die eerste dag se skof (7 km; 3 uur) loop deur manjifieke kusbosse na Makawulani-meer (Eerste Meer) met sy fassinerende kompleks van Tsonga-visvalle. Nadat stappers deur die meer geloop het, is dit net 'n kort entjie na die oornagkamp. Kosibaai-mond lê 'n skamele 2 km noord en bied uitstekende geleenthede vir snorkelduik.

Op die tweede dag (10 km; 4 uur) is daar 'n keuse om óf langs die strand te stap óf die duinerug na Banga-nek te volg. *Encephalartos ferox*, 'n broodboom met helderrooi konusse, is opvallend tussen die duinebosse. Banga-nek is 'n broeiplek vir die leerskilpad en hulle kan tussen Oktober en Februarie dopgehou word wanneer die wyfies snags hul eiers aan wal kom lê.

Op die derde dag (7 km; 3 uur) wyk die roete weg van die kus en kies koers na die binneland na Amanzimnyama-meer met sy water wat swart gevlek is van moerasturf, moeraswoude en raffiapalms. Die oornagkamp lê aan die suidelike oewer van die meer langs die Sihadlarivier.

Op dag vier (11 km; 5 uur) word die Sihadlarivier eers oorgesteek op 'n vlot wat deur die Tsongas van pale en raffiapalms gemaak is. Die roete loop dan verder deur die moeraswoud terug na die beginpunt by die Nhlange-voetslaankamp.

44. TEMBE-OLIFANTPARK
KwaNgwanase

Staproetes: 1 roete met 2 opsies; 2,2 km en 3,5 km; 1 en 2 uur; sirkelroete.
Permitte: Toegangsgeld. Geen permitte is nodig nie.
Kaarte: Sketskaart.
Geriewe/Aktiwiteite: Luukse tentkamp; begeleide wildbesigtiging.
Belangrike inligting: As gevolg van die hoë temperature, veral gedurende die somer, en die sagte sand, is dit raadsaam om die roete soggens vroeg of in die namiddag aan te pak. Indien daar besluit word

om die roete in die namiddag te stap, moet jy sorg dat daar genoeg tyd is om dit voor donker te voltooi.

Die Tembe-olifantpark wat 29 000 ha beslaan, word in die noorde deur Mosambiek begrens en lê binne 'n sandwoud-sone wat verskeie skaars plant- en voëlspesies huisves. Die park is in 1983 geproklameer om die laaste oorblywende troppe vrylopende olifante in Suid-Afrika te beskerm. Die olifante het seisoenaal van die Maputo-olifantreservaat, in die suide van Mosambiek, na Tembe, langs die Futikanaal, gemigreer. As gevolg van die burgeroorlog in Mosambiek en die optrede van stropers, het hul getalle van 'n geskatte 350 in die vroeë 1970's afgeneem tot net 120 in die laat 1980's. Bewaringsowerhede van KwaZulu-Natal was bevrees dat die hele bevolking uitgewis sou word en het in 1989 die noordelike grens van die park afgekamp. Die bevolking in Tembe staan nou op meer as 150 en daar word gehoop dat die park in die toekoms weer met die Maputo-olifantreservaat verbind kan word sodat die olifante vrylik kan migreer.

Die park se plantegroei is 'n mosaïek van sandwoud, boswêreld, grasveld, palmveld en moerasse. Die sandwoud is van spesiale bewaringsbelang omdat dit 'n droë woud is wat beperk is tot die diep wit sand van KwaZulu-Natal se kusstrook en net in die noordooste van die provinsie uitgebreid voorkom. Kenmerkende boomspesies soos die lebombowattel, peulmahonie, vals tambotie, groen-appel en sand-kanariebessie kom hier voor.

Sandwoud word met skaars dierspesies soos die soeni, rooi-eekhoring en bosklaasneus geassosieer. Die park is nie net 'n veilige hawe vir olifante nie, maar ook vir witrenosters, luiperds, buffels, seekoeie, kameelperde, waterbokke, rietbokke, blouwildebeeste, njalas, koedoes, rooibokke, bontsebras, rooiduikers en krokodille. Die laaste van die Vyf, die leeu, is weer in die eerste helfte van 2002 ingevoer, toe ses leeus van die Madikwe-wildtuin in Noordwes Provinsie na Tembe gebring is.

Die oorvloedige voëllewe is een van die wildtuin se grootste besienswaardighede aangesien verskeie spesies die mees suidelike grens van hul verspreiding in Maputaland bereik. Noemenswaardige spesies sluit die Ruddse kleinjantjie, bloukruissuikerbekkie, geelvleknikator en rooskeelkolpensie in. Die breëbek, Woodwardse bosbontrokkie, konkoit, bosloerie, purperbandsuikerbekkie en geelborskanarie is al hier opgeteken.

Ngobozana-sandwoudwandelpad bied stappers die geleentheid om Tembe se unieke sandwoud met sy skaars voëls, klein soogdiere en interessante plantegroei te verken. Die roete kronkel deur 'n kol sandwoud naby die tentkamp wat afgekamp is om olifante uit te hou sonder om die beweging van kleiner diertjies te verhinder. Daar is uitstekende voëlkykgeleenthede, hou dus jou verkyker byderhand. Daar is 'n keuse tussen 'n langer of korter sirkelroete. **Nhlengane-wandelpad: 3,5 km; 2 uur** of **Umgqulo-wandelpad: 2,2 km; 1 uur; albei sirkelroetes.**

45. NDUMO-WILDRESERVAAT
Ndumo

Staproetes: 5 begeleide daguitstappies; 4 tot 6 km; 2 tot 3 uur; sirkelroetes.
Permitte: Toegangsgeld. Roetes kan by ontvangs bespreek word.
Kaarte: Sketskaart.
Geriewe/Aktiwiteite: Selfsorgverblyf; luukse tentkamp; piekniekplekke; gemeenskapskampeerterrein buite die wildtuin; begeleide ritte na die panne; selfry-wildbesigtiging.

Die Ndumo-wildreservaat word in die noorde deur die Usuturivier en in die weste deur die Lebomboberge begrens en is bekend vir sy pragtige voëllewe. Die wildtuin beslaan 12 420 ha met sandwoud, vloedvlaktes, vleilande, rivierwoud, boswêreld en die digte Mahemane-struikgewas. Opvallende kenmerke van die wildtuin is die stelsel van seisoenale en permanente panne omring deur koorsbome, en vleie. Bekende panne is Nyamithi en Banzi in die ooste van die wildtuin en Shokwe in die weste.

Die park is in 1924 gestig om as toevlug vir die dalende getal seekoeie te dien. Vandag beskik die park oor 'n gesonde seekoeibevolking asook 'n groot aantal krokodille. Die njala is die algemeenste wildsbok in die wildtuin – Ndumo het een van die digste njala-bevolkings in Suid-Afrika. Die swart- en witrenoster, kameelperd, koedoe, rietbok, bosbok, blouwildebees, bontsebra, rooiduiker, bosvark en gevlekte hiëna is ook goed verteenwoordig. Die klein soeni en die rooi-eekhoring is van spesiale belang in die sandwoud. Buffels kom ook voor, maar hulle verkies die welige gras van die vloedvlaktes en word net nou en dan bespeur.

Ndumo is 'n besige voëlparadys. Met 'n lys van meer as 420 spesies is dit, die grootte in ag genome, een van die beste voëlkykbestemmings in Suid-Afrika. Minstens 17 van die 21 spesies wat nie verder suid as Maputaland voorkom nie, is hier opgeteken. Spesies wat jy kan afmerk sluit die geelvleknikator, witoorhoutkapper, Stierlingse sanger, Woodwardse bosbontrokkie, purperbandsuikerbekkie en rooskeelkolpensie in. Die vleilandsisteem is van spesiale belang en 'n groot verskeidenheid water- en waadvoëls kan hier gesien word. Die dwerggans, kleinwaterhoenders, kleinriethaan, witen kleinpelikaan en watertrapper kom almal hier voor. Roofvoëls word ook goed verteenwoordig.

Begeleide wandelpaaie Daar is vyf begeleide roetes deur verskillende landskappe en plantegroeitipes wat verseker dat elke roete 'n eiesoortige ervaring bied sowel as die moontlikheid om wild te sien.

Manzimbomvu-wandelpad verken die suidwestelike hoek van die wildtuin en **Shokwepan-wandelpad** is in die omgewing van die pan geleë. Twee van die roetes fokus op die Phongolorivier met sy interessante rivierplantegroei. **Noord-Pongolo-wandelpad** en **Suid-Pongolo-wandelpad**, asook **Nyamithipan-wandelpad** lei na 'n voëlkykskuiling wat uitkyk oor 'n klein rietomsoomde pan in die noordoostelike hoek van Nyamithi-pan. **4 tot 6 km; 2 tot 3 uur; sirkelroete.**

46. MKHAYA-VOETSLAANPAD
Pongola

Staproetes: 30 tot 40 km; 2 of 3 dae; sirkelroete. Korter opsies beskikbaar.
Permitte: Mev. M. de Swardt, Posbus 734, Pongola 3170, tel. en faks: (034) 414 1076.

> *Kaarte:* Sketskaart van roete.
> *Geriewe/Aktiwiteite:* Rondawels by die begin en hutte aan die einde van die eerste dag se skof. Beddens, matrasse, vuurmaakplekke, brandhout, warmwaterstorte en toilette word voorsien.

Hierdie sirkelroete is tussen Vryheid en Pongola geleë en kronkel op 'n private plaas deur die bosveld van KwaZulu-Natal. Die plantegroei is tipies van die bosveld van die noorde van KwaZulu-Natal. Wild wat te sien is sluit rooiribbokke en rooiduikers in. Voëllewe is volop en roofvoëls soos die witkruis-, kroon- en roofarend kom voor.

Plekke van belang op die eerste dag se skof (18 km; 7 uur) is onder meer die plek waar Dingaan na bewering geslaap het nadat hy in 1840 na Swaziland gevlug het. Die klipbakens en ondergrondse graanskure van die vroeë Zoeloe-inwoners is ook van belang. Ander besienswaardighede is 'n papierbasdoringboom met 'n kroon van 30 m. Die boom staan as die Wonderboom bekend en is na bewering die grootste voorbeeld van sy soort in Suid-Afrika. Die roete loop opdraand na die 951 m hoë KwaVundla-berg met sy asemrowende uitsig oor die omliggende omgewing, en loop dan afdraand na die oornagkamp.

Op die tweede dag (12 km; 5 uur) loop die roete deur laagliggende gebiede en steek dit die Mkhayastroom, waarna die wandelpad vernoem is, oor. Die lalapalms, een van die twee waaierpalmspesies wat in Suid-Afrika voorkom, is opvallend langs hierdie stroom.

Daar is 'n opsionele skof van 10 km op dag drie.

47. ITHALA-WILDRESERVAAT
Louwsburg

> *Staproetes:* Onbegeleide roetes; 1 tot 4 uur; netwerk vanaf ruskamp; begeleide uitstappies; 4 tot 5 km; 2 tot 3 uur; sirkelroete.
> *Permitte:* Toegangsgeld. Geen permit nodig nie. Begeleide uitstappies kan by die reservaatkantoor bespreek word.
> *Kaarte:* Sketskaart van onbegeleide roetes in Ntshondwe-kamp. Volkleurkaart van park.
> *Geriewe/Aktiwiteite:* Ntshondwe-kamp: volledig toegeruste selfsorgberghutte; restaurant; aandenkingwinkel; swembad. Ntshondwe Lodge: rustieke kampeerplekke; selfry-wildbesigtiging, oggend-, middag- en aand-wildbesigtingsritte.

Die Ithala-wildtuin word in die noorde deur die Phongolorivier begrens en strek oor 29 635 ha ruwe terrein wat wissel van Drakensberg-hooglande tot tipiese laeveld. Die wildtuin is bekend vir sy opwindende wildbesigtiging en uitstekende geriewe by die Ntshondwe-kamp.

Tot op hede is 900 plantspesies in die wildtuin aangeteken waarvan ongeveer 320 boomspesies is, sodat die verskeidenheid boomspesies van die grootste in KwaZulu-Natal is. Die plantegroei in die grootste gedeelte van die wildtuin word oorheers deur soetdoring- en lekkerruikpeul-boswêreld, wat wissel van grasvlaktes tot digte ruigtes. Die boswêreld word afgewissel met kolle lang grasveld, wat hoofsaaklik uit dekgras bestaan, terwyl die platogebiede deur kort grasveld gekenmerk word.

Die verskeidenheid habitats huisves baie verskillende voëls en diere. Ithala is 'n toevlugsoord vir die wit- en swartrenoster, olifant, kameelperd, koedoe, eland, waterbok, njala, rooibok, rooihartbees, blouwildebees, rooiribbok, bosbok en klipspringer. Die wildtuin huisves ook die seldsame bastergemsbok en die enigste bevolking basterhartbeeste (tsessebe) in KwaZulu-Natal.

Met meer as 314 opgetekende voëlspesies, bied Ithala heelwat voëllewe en van die kenmerkendste spesies is die kalkoenibis. Daar is 29 roofvoëlspesies, onder meer die witrugaasvoël, die witkruis-, breëkop-, kroon- en visarend, die berghaan en kaalwangvalk. Die bruinkoppapegaai, bloukuifloerie, verskeie visvanger-spesies, gekroonde neushoringvoël, blouswael, geelvleknikator, witborsspreeu en rooibekrenostervoël kom ook hier voor.

1. Self-begeleide wandelpaaie is onder die kranse in die Ntshondwe-kamp uitgelê. Die **Witborsspreeuwandelpad** en **Krimpvarkie-wandelpad** neem ongeveer 'n uur om te stap, terwyl die **Klipspringerwandelpad** 90 minute neem. Daar moet ongeveer vier uur vir die langste roete, die **Bosvark-wandelpad**, opsygesit word. Stappers moet op die uitkyk wees vir gevaarlike diere soos luiperds, swartrenosters en slange.

2. Begeleide staproetes word twee maal per dag aangebied; soggens vroeg en in die namiddag. Stappers word deur 'n gewapende veldwagter vergesel. **4 tot 5 km; 2 tot 3 uur; sirkelroete.**

48. NTENDEKA-WILDERNISGEBIED
Ngome-staatsbos, Vryheid

Staproetes: 3 uur tot volle dag; 57 km (altesaam); netwerk.
Permitte: Staatsbosbouer, Ngome-staatsbos, Privaatsak X9306, Vryheid 3100, tel. en faks: (034) 967 1404.
Kaarte: Wildernisgebied-brosjure met kaart.
Geriewe/Aktiwiteite: Kampeerplek met vuurmaakplekke, brandhout en wasgeriewe.
Belangrike inligting: Daar mag nie in die wildernisgebied gekampeer word nie.

Ntendeka, 'n Zoeloenaam wat 'plek van steil hoogtes' beteken, is 'n wonderwêreld van skouspelagtige kranse, tropiese inheemse woude en grasveld. Die wildernisgebied bied baie assosiasies met die Zoeloe-geskiedenis en is deur Mzilikazi as skuilplek gebruik toe hy deur Shaka agtervolg is. Die Zoeloekoning Cetshwayo het in 1879 hier in 'n grot aan die voet van een van die kranse geskuil nadat die Zoeloes deur die Britte verslaan is.

Net minder as die helfte van die gebied van 5 230 ha bestaan uit grasveld, terwyl inheemse woud die ander 2 635 ha bedek. Die Ngome-woud word as een van die mooistes in KwaZulu-Natal beskou en is die habitat van meer as 50 varingspesies, insluitend die *Didymochlaena truncatula*, 'n varing met blare van 2,5 m, en bosboomvarings wat tot 8 m groot word. Die bos huisves ook 19 epifitiese orgideespesies asook 'n *Streptocarpus* met reuseblare van tot 1 m lank. Tipiese woudspesies sluit die regte-geelhout, lemoenhout, doringtou, rooiels, bosvlier en groot voorbeelde van boswaterbessie in. Die bosvy, of wurgvy, is veral van belang.

Daar is reeds sowat 200 voëlspesies in hierdie wildernisgebied opgeteken en van die noemenswaardigste spesies is die kalkoenibis, withalsbosduif, lelkraanvoël, groenkolpensie en blouswael. Stappers kan ook die breëkop- en kroonarend, gewone boskraai en bosloerie sien.

Die wildernisgebied word deurkruis met 'n netwerk van aaneengeskakelde voetpaaie wat binne 'n dag van die kamp af gestap kan word. Die kortste roete is 8 km lank, maar die ompad na Cetshwayo se skuilplek voeg nog 5 km by. 'n Voldag-sirkelroete van 19 km kronkel onder en oor die Ntendekakranse. **57 km (altesaam); 3 uur tot volle dag; sirkelroete en eenrigting.**

49. MPATIBERG-VOETSLAANPAD
Dundee

Staproete: 18 km; een dag of oornag; sirkelroete.
Permitte: Dundee-munisipaliteit, Posbus 76, Dundee 3000, tel: (034) 212 2121, faks: 212 3856.
Kaarte: Omvattende roetebrosjure met kaart.
Geriewe/Aktiwiteite: Verblyf is beskikbaar in die Dundee-woonwapark, waar die roete begin. Chase-berghut op Mpati-berg: slaapbanke met matrasse, gemeenskaplike vertrek met vuurherd, braaiplek, warm water, toilet.

Hierdie voetslaanpad, wat 'n gemeenskaplike projek van die Biggarsberg-tak van die Natuurlewe-en-Omgewingsvereniging van Suid-Afrika en die Dundee-munisipaliteit is, is ontwikkel om omgewingsbewustheid te kweek en 'n opvoedkundige en ontspanningshulpmiddel te voorsien.

Die roete loop oor Mpati-berg, 'n eilandberg in die Biggarsberg, wat van die Vrystaatse Drakensberg tot by die Buffels- en Tugelarivier strek. Die plantegroei is hoofsaaklik grasveld deurspek met akasiabome, asook die natal-baakhout, gewone kiepersol en die kransaalwyn wat 'n algemene gesig teen die hellings van Mpati is.

Van die wildsbokke wat stappers dalk kan sien, is koedoes, rooiribbokke, springbokke, steenbokke en gewone duikers, asook die Natalse rooi klipkonyn, vlakhaas, krimpvarkie, rooijakkals en silwervos. Die luiperd, vaalboskat, tierboskat en maanhaarjakkals kom ook hier voor, maar word selde gesien.

Daar is reeds sowat 170 voëlspesies aangeteken en van hulle sluit die kalkoenibis, witkruis- en kroonarend, papegaaiduif, grasuil en pylvlekkatlagter in. Die kleinste klopkloppie, oranjekeelkalkoentjie en brilwewer is ook al hier gesien.

Mpati-berg het 'n belangrike rol gespeel tydens die eerste dae van die Anglo-Boereoorlog. Na die boere die destydse Natal vroeg in Oktober 1899 ingeval het, het 'n Boeremag onder leiding van generaal Erasmus Mpati-berg met 'n 40 lb- Long Tom-kanon beset. Generaal Meyer, 'n ander boeregeneraal, het die nabygeleë Talana-kop beset. Die eerste skote van die oorlog is van Talana-kop gevuur en nadat die Boeremagte van die koppie onttrek het, is die dorpie Dundee vanaf Mpati gebombardeer.

Die eerste dag se skof (13 km; 5 uur) klim tot by die 1 590 m hoë kruin van Mpati, van waar daar pragtige uitsigte reg rondom is. Talana-kop, met sy gelyk oppervlak, lê oos van Dundee en Isandlwana lê suidoos. Die Britte het gedurende die Anglo-Zoeloe Oorlog van 1879 hier 'n vernietigende nederlaag gely. Die roete kronkel dan afdraand na Chase-hut, wat langs 'n stroompie geleë is.

Stappers kan van Chase-hut 'n opsionele heen-en-terug-uitstappie na twee damme in die sytak van die Sterkstroom onderneem. Die terugbeen (5 km; 2 uur) na die beginpunt is 'n maklike staptog langs die heenroete van die eerste dag se skof.

50. IZEMFENE-VOETSLAANPAD
Glencoe

Staproetes: 22,5 km; 2 dae; sirkelroete.
Permitte: Jacana Marketing and Reservations, Posbus 95212, Waterkloof 0145, tel: (0122) 346-3550, faks: 346 2499, e-pos: info@jacanacollection.co.za
Kaarte: Roetekaart in roetepamflet.
Geriewe/Aktiwiteite: Basiskamp: grasdakhut met slaapbanke, matrasse, woon/eetvertrek, kombuis met

gassstoof, potte, vuurherd, warm storte en toilette. Dipkraal-kamp: Tente, kombuis met gasstoof, potte, vuurherd, warm stort, toilette.

Hierdie staproete in die Biggarsberg ontleen sy naam aan die Zoeloe-woord *izemfene*, wat 'plek van die bobbejaan' beteken. Die hoogte van die gebied wissel van 700 tot 1750 m bo seevlak, terwyl die plantegroei wissel van bosveld in die laagliggende dele en kolle inheemse woud in die klowe tot grasveld op hoër liggings.

Die gebied het talle kulturele en geskiedkundige assosiasies. Langs die pad word mens herinner aan die vroeë Voortrekkers wat hierlangs getrek het. Wasbankrivier kry byvoorbeeld sy naam van Voortrekkers wat in 1838 hul klere hier gewas het. 'n Uitkykpunt op die eerste dag se skof kyk uit oor die plek waar die Boere een van hul Long Tom-kanonne opgestel het om die Britse troepe, wat van Talana na Elandslaagte teruggeval het, in 'n hinderlaag te lei. Daar is ook oorblyfsels van 'n pionierplaaswerf uit die tyd 1850 tot 1890, asook tekens van ou steenkoolmynskagte en 'n Hindoe-tempel.

Die eerste dag se skof (12 km; 6 uur) styg geleidelik met ongeveer 1 000 m tot by die oornagrusplek. Langs die pad stap jy verby 'n gebied wat in 1996 deur 'n tornado verwoes is, asook 'n boord vol granaatbome en 'n pioniershuisie. Die roete volg 'n stroom met verskeie swemplekke en met die klim na die nek, wat halfpad lê, verander die bosveldplantegroei na grasveld. Van hier loop die roete verder opdraand na die plato van waar daar asemrowende uitsigte is. Die pad volg 'n kontoer voor dit deur inheemse bosse na die oornagrusplek daal.

Dag twee se skof (10,5 km) begin met 'n kort klim en sak dan in 'n vallei af, waar daar verby die ruïnes van 'n ou kliphuis en die Piano-huis gestap word. Van daar loop die roete verder in die vallei af langs 'n stroom met verskeie aanloklike swemplekke tot by 'n nek, van waar daar panoramiese uitsigte oor Wasbank-vallei en die Drakensberg is. Die oorblywende deel van die roete kronkel dan teen die berghang af deur grasveld, verby ou mynskagte, 'n onvoltooide multiverdiepingbetonstruktuur wat bekend staan as die Jungle Gym, en die ruïnes van 'n Hindoetempel.

VRYSTAAT

Die Vrystaat, wat in die suide aan die Garieprivier (Oranjerivier) en in die noorde aan die Vaalrivier grens, lê op die groot Suider-Afrikaanse sentrale plato of Hoëveld. Die landskap is grotendeels plat, soms effens golwend, met uitgestrekte grasvelde waar met beeste geboer word, en mielie- en koringlande. In die ooste en noordooste word die grasveld vervang deur dramatiese sandsteenformasies, ruwe berge, hoë pieke en diep valleie, wat wonderlike geleenthede vir voetslaan, wandelings en ander buiteaktiwiteite skep.

Die Hoëveld, op 'n hoogte van tussen 1 000 en 1 800 m bo seevlak, het 'n strawwe klimaat en temperature wissel van benede vriespunt in die winter tot 30 °C in die somer. Onder hierdie uiterste toestande kan net die gehardste plant- en diersoorte oorleef en daarom is die plantegroei oorwegend grasveld, met min bome en struike, hoewel proteaveld soms teen die hange onder sandsteenkranse aangetref word.

Onder die talle opvallende terreinpunte in die noordooste van die Vrystaat is rotsformasies wat lyk na 'n kameel en die profiel van koningin Victoria, asook Lesoba, wat die Sotho-naam is van 'n gat wat deur erosie in 'n berg ontstaan het. Bekende formasies in die Golden Gate Hoogland Nasionale Park is onder meer die Brandwag, ook bekend as die Sentinel, die skouspelagtige Sampioenrotse en Gladstone's Nose, 'n rotsformasie wat herinner aan die die profiel van 'n eertydse Britse premier.

Die rotsskilderinge teen die wande van die talle holkranse in die noordooste van die Vrystaat getuig van die Boesmans wat vroeër in die gebied gewoon het. Salpeterkrans, naby Fouriesburg, is ook interessant. Talle vroue bring offerhandes aan die geeste hierheen omdat hulle glo dat dit hulle meer vrugbaar sal maak.

Na die strawwe wintermaande is die grasveld bruin en eentonig, maar in die lente bring 'n verskeidenheid blomplante 'n mate van kleur. Hierdie plante sluit onder meer *Gladiolus-, Agapanthus-, Hypoxis, Watsonia-* en *Brunsvigia-*spesies, sowel as wildepynappels (*Eucomis*), vuurpyle (*Kniphofia*) en berglelies (*Galtonia*) in.

In die meer bergagtige oostelike en noordoostelike dele van die provinsie, is ouhoutbome opvallend langs die rivierlope. Fynblaarghwarrie, wildesalie-, wildeperske-, mirting-, swartbas- en nanabessiebome kom in beskutte valleie en ravyne voor en kiepersolbome kan op kliprante gesien word.

Tipiese diere van die Hoëveld is onder andere die bontsebra, blesbok, eland en kleiner wildsbokke soos die gewone duiker en steenbok. Springbokke en oorbietjies kom ook voor, terwyl vaal- en rooiribbokke bergagtige dele verkies. Kleiner soogdiere is onder meer die bobbejaan, rooijakkals, rooikat, vaalboskat en vlakhaas.

Voëlkykers sal verskeie interessante spesies in die oostelike dele van die provinsie en in die noordoostelike hoogland kan afmerk. Onder hulle is die baard- en kransaasvoël, kalkoenibis en geelborskoester. Tipiese grasveldspesies waarvoor jy kan uitkyk, is die langtoonkliplyster, bergklipwagter, bloukorhaan en mahem. Die grondspeg en oranjeborsberglyster verkies die hoër, rotsagtige dele, terwyl die rooiborssuikervoël in die proteaveld gesien kan word. Die Drakensberg- en die Vaalrivierlewerik is twee spesies waarvoor jy op die hoogliggende grasveld in die noordoostelike hoek van die provinsie kan uitkyk.

Die landskap van die noordoostelike hoogland word oorheers deur imposante kranse, bergkape en dagsome van die Clarens-sandsteenformasie, wat die boonste gedeelte van die Karoo-supergroep vorm. Die sandsteenkranse is deur fyn windverwaaide sand gevorm wat in 'n reusebekken afgeset is toe klimaatstoestande tydens die Karootydperk toenemend droër geword het.

Die talle treffende sandsteenformasies is deur 'n kombinasie van verskeie prosesse gevorm. Die skouspelagtige Sampioenrotse in die Golden Gate Hoogland Nasionale Park is byvoorbeeld gevorm as gevolg van die verkalking van die sandsteen op verskillende vlakke, wat weer verskille in die weerstand teen verwering tot gevolg gehad het. 'n Ander proses, soutverwering, vind plaas wanneer soutoplossings naby die voet van 'n krans uitsypel en kristalliseer en die kransoppervlak geleidelik wegvreet. Daarby word grondwater, wanneer dit die ondeurdringbare moddersteen bereik, gedwing om naby die voet van die sandsteen uit te sypel en sodoende die voet van die sandsteenkrans uit te kalwe.

Die Drakensbergformasie is nog 'n boeiende natuurverskynsel in die gebied en raak tot 600 m diep by Ribbokkop in die Golden Gate Hoogland Nasionale Park. Dit is ongeveer 190 miljoen jaar gelede gevorm toe ontsaglike strome lawa groot dele van Suider-Afrika bedek het. Die lawa het daarna gestol en dik lae basalt gevorm wat vandag die hoë berge in die park is.

Verskeie fossiele is in die Golden Gate Hoogland Nasionale Park en in die Clarens-omgewing ontdek. Die opwindendste ontdekking tot op datum was 'n gefossileerde dinosourusnes en ses eiers (die eerste optekening van fossieleiers uit die Bo-Triastydperk) wat tussen 185 en 195 miljoen jaar oud is.

Oor die grootste gedeelte van die Vrystaat is dit in die somer bedags warm met aangename aandtemperature. Op die noordoostelike hoogland is die temperature gewoonlik 'n paar grade laer en kan die aande koel wees. Die winterdae is gewoonlik matig, maar kan bytend koud wees wanneer die suidewinde van die Drakensberg en die Maluti's waai. Snags daal die temperatuur dikwels tot benede vriespunt en swaar ryp is nie ongewoon nie. In die middel van die winter val sneeu af en toe op die hoë berge in die noordooste.

Die reënval wissel van 600 mm in die Noordwes-Vrystaat tot 900 mm op die noordoostelike hoogland. Die meeste reën val tussen November en Maart met Januarie en Februarie die natste en Junie, Julie en Augustus die droogste maande. Die reën gaan meestal gepaard met dramatiese donderstorms en weerligstrale, gewoonlik in die namiddag.

Geleenthede vir stap- en voetslaantogte in die Vrystaat wissel van gemaklike wandelings tussen die dolerietkoppies in die Vrystaatse Nasionale Botaniese Tuin tot dagwandelings langs die Garieprivier, die suidelike grens van die gebied. In die ooste en noordooste van die Vrystaat is daar 'n uitgebreide netwerk van wandel- en voetslaanpaaie op private plase en in bewaringsgebiede. Voetslaners kan ook die hoë berge van die Golden Gate Hoogland Nasionale Park verken of 'n taamlik veeleisende voetslaantog na die kruin van die Amfiteater en Mont-aux-Sources onderneem.

BELANGRIKE INLIGTING

- Vir 'n staptog in die winter moet jy sorg dat jy genoeg warm klere het omdat dit bitter koud kan word. 'n Goeie slaapsak met temperatuurgradering van onder vriespunt is noodsaaklik.
- Weerlig is 'n gevaar in die somer. Begin vroeg in die oggend stap en probeer by die oornagverblyf kom voor die donderstorm losbars. As jy in 'n donderstorm beland, moet jy hoë oop terrein, rotse en bome vermy.
- Op voetslaanpaaie waar riviere oorgesteek moet word kan donderstorms skielike oorstromings veroorsaak. Moenie 'n rivier probeer oorsteek wat sterk vloei nie, maar wag tot dit na 'n veilige vlak gesak het.
- Op party voetslaanpaaie word vuurmaakhout nie verskaf nie; doen dus navraag wanneer jy bespreek. Houtagtige plante is skaars; moenie sonder goedkeuring vuurmaakhout versamel nie.
- Maak net vuur waar dit toelaatbaar is. Rokers moet versigtig wees en nie vuurhoutjies en sigaretstompies op die roetes weggooi nie. Brandgevaar is baie hoog in die winter wanneer die gras droog is.
- Baie strome is in die winter droog en en jy moet 'n bottel vol water (minstens 2 liter) saamneem en dit spaarsaam gebruik tot jy weer kan volmaak.
- Die meeste voetslaanpaaie in die Vrystaat loop oor private plaasgrond. Gebruik altyd die oorklimtrap waar dit voorsien word. Toe hekke moet jy weer toemaak en oop hekke moet oop gelaat word. Plaashuise moet net op uitnodiging van die eienaar of in uiterste noodgevalle besoek word.

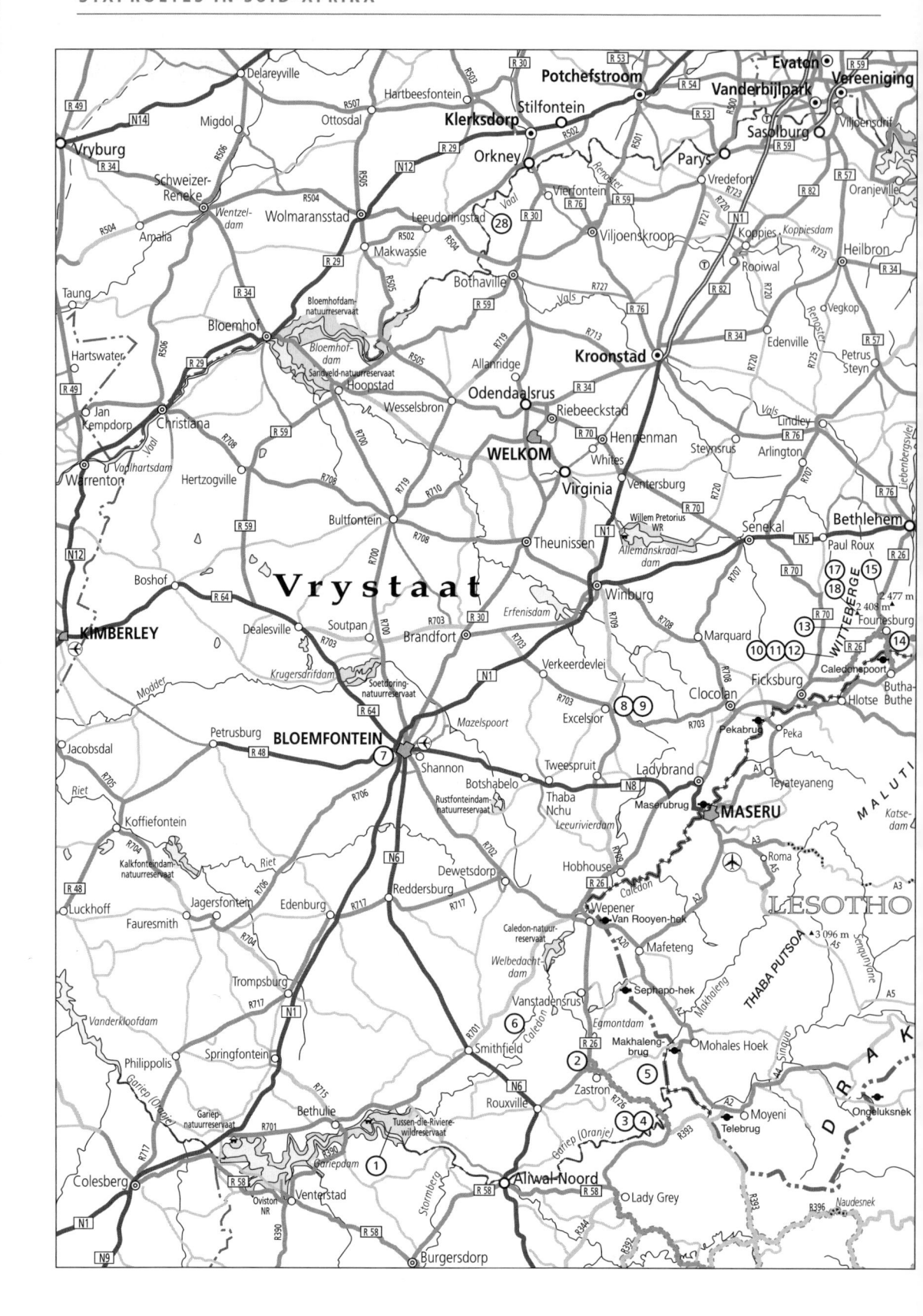

STAPROETES IN SUID-AFRIKA

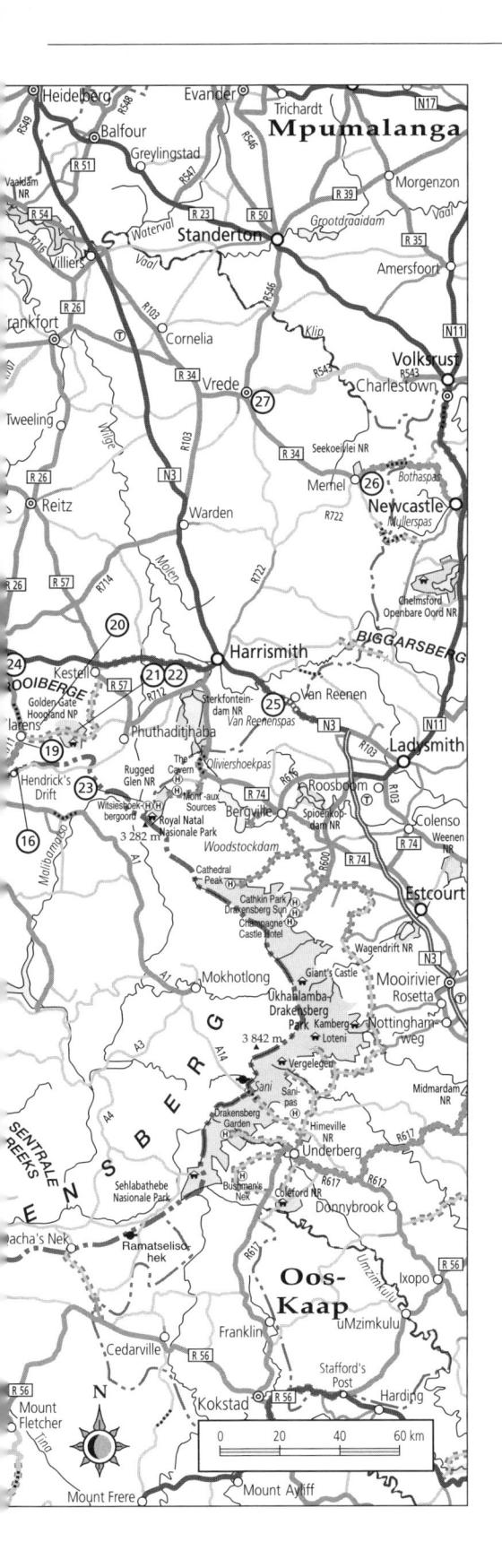

STAPROETES

1. Tussen-die-Riviere-wildreservaat bl. 188
2. Aasvoëlberg-voetslaanpad bl. 188
3. Bergkloof-voetslaanpad bl. 189
4. Kwaggafontein-voetslaanpadl bl. 189
5. Champagne-staproete bl. 190
6. Stokstert-voetslaanpad bl. 190
7. Vrystaatse Nasionale Botaniese Tuin bl. 190
8. Koranna-voetslaanpad bl. 191
9. Merrimetsi-staproetes bl. 191
10. Waterkloof-voetslaanpad bl. 192
11. Sfinks-voetslaanpad bl. 193
12. Langesnek-voetslaanpad bl. 193
13. Brandwater-voetslaanpad bl. 194
14. Camelroc-voetslaanpad bl. 195
15. Sporekrans-voetslaanpad bl. 195
16. Lesoba-voetslaanpad bl. 196
17. Tepelkop-voetslaanpad bl. 196
18. Uitzicht-voetslaanpad bl. 197
19. St Fort-voetslaanpad bl. 197
20. Bokpoort-voetslaanpad bl. 197
21. Ribbok-voetslaanpad bl. 198
22. Golden Gate Hoogland Nasionale Park bl. 199
23. Brandwag-staproete en Mont-aux-Sources bl. 200
24. Wolhuterskop-voetslaanpad bl. 200
25. Kalkoenibis-voetslaanpad bl. 201
26. Sediba-voetslaanpad bl. 201
27. Langberg-voetslaanpad bl. 202
28. Wag-'n-bietjie-voetslaanpad bl. 202

1. TUSSEN-DIE-RIVIERE-WILDRESERVAAT
Bethulie

> **Staproetes:** 7 km; 3 uur; sirkelroete.
> **Permitte:** Toegangsgeld. Geen permit nodig vir wandelpad nie.
> **Kaarte:** Reservaatbrosjure met sketskaart.
> **Geriewe/Aktiwiteite:** Volledig toegeruste hutte.

Die Tussen-die-Riviere-wildreservaat lê tussen die Garieprivier (Oranjerivier) en Caledonrivier en beslaan 22 871 ha kliprante en oop vlaktes. Die erosie van dolerietintrusies het fassinerende stapelrotsformasies laat ontstaan.

Die plantegroei van die vlaktes is oorwegend gras en karoobossies soos bitterbos (*Chrysocoma ciliata*), persaarbos (*Walafrida geniculata*), kapokbossie (*Eriocephalus*) en vaalkaroo (*Pentzia globosa*). Olienhout, witstinkhout, karee en kiepersolle oorheers die dolerietheuwels, terwyl die rivierplantegroei gekenmerk word deur soetdoring, witstinkhout, vaalwilger en karoobloubos.

Swart- en witrenosters is hervestig in die reservaat, wat ook die tuiste is van die bontsebra en 'n groot verskeidenheid wildsbokke. Onder hulle is die koedoe, eland, swartwildebees, rooihartbees, rooibok, springbok, blesbok en rooiribbok. Kleiner soogdiere is onder andere die draai- en die silwerjakkals, bobbejaan, blouapie en maanhaarjakkals.

Van die meer as 220 voëlspesies wat hier voorkom, is die kransaasvoël, visarend, bloukorhaan, Karoo- en vlaktespekvreter en Namakwalangstertjie. Verskeie lewerik- en tinktinkiespesies is ook opgeteken. 'n Verskeidenheid watervoëls word na die Gariepdam en die Gariep- en Caledonrivier gelok.

Middelpunt-staproete Van die reservaatkantoor kronkel die pad langs die voet van 'n rant na 'n punt naby die samevloeiing van die Gariep- en Caledonrivier. Die roete keer dan terug van hoog teen die hange van die rant. Langs die pad is daar panoramiese uitsigte oor die Caledonrivier en die reservaat se heuwelagtige landskap, en wakker voetslaners sal moontlik sommige van die reservaat se wildspesies sien.

Twee ander wandelpaaie, die Klipstapel- en Oranjerivier-wandelpad, moes gesluit word ná die hervestiging van swartrenosters in die reservaat.

2. AASVOËLBERG-VOETSLAANPAD
Zastron

> **Staproetes:** 23 km; 2 dae; sirkelroete.
> **Permitte:** Mnr. L. Alberts, Posbus 24, Zastron 9950, tel: (051) 673 1323, faks: 673 2100.
> **Kaarte:** Brosjure en sketskaart.
> **Geriewe/Aktiwiteite:** Verblyf by die beginpunt in Zastron se munisipale woonwapark of die Maluti Hotel. Oornaghut met slaapbanke, matrasse, braaiarea, stort en toilet.

Hierdie voetslaanpad in die Suidoos-Vrystaat loop oor die Aasvoëlberg wes van Zastron. Dit is bekend vir skilderagtige bergtonele, watervalle en sandsteenoorhange of holkranse. Van die interessante rotsformasies hier is die Sampioenrotse, Gesigrots, die Tonnel en die Oog, 'n gat wat deur 'n kliprif uitgevreet is.

Groot soogdiere waarop jy kan afkom, is die vaal- en die rooiribbok, en die bobbejaan, klipdassie, springhaas en ystervark asook verskeie knaagdiere is van die kleiner soogdiere wat hier voorkom. Onder die roofdiere is daar die rooikat, vaalboskat, silwer- en rooijakkals.

Tot op datum is 136 voëlspesies in die gebied opgeteken, waaronder die bedreigde kransaasvoël, waarna Aasvoëlberg vernoem is. Die aasvoëls gebruik die westelike kranse van Aasvoëlberg as slaap- en broeiplek, en is die enigste kolonie kransaasvoëls in die suidelike Vrystaat. 'n 'Aasvoëlrestaurant' (voerplek) is teen die berg se noordwestelike hange ingerig om hul dieet aan te vul. Ander roofvoëls waarvoor jy kan uitkyk, is die witkruis- en dwergarend, geelbekwou, witkruisvleivalk en kaalwangvalk. Die volstruis, Kalaharipatrys, vier lewerikspesies, die Kaapse kliplyster en oranjekeelkalkoentjie is ook al hier opgeteken.

Die roete loop deur beboste klowe, grasveld en langs die voet van sandsteenkranse. Weens die ruwe terrein waaroor die oorspronklike roete van 37 km oor twee dae geloop het, is die voetslaanpad as baie moeilik beskou. Dit het tot gevolg gehad dat die eienaar die roete in 2002 herontwerp en verkort het. Die hoogtepunte van die ou roete is almal steeds deel van die nuwe voetslaanpad.

3. BERGKLOOF-VOETSLAANPAD
Zastron

Staproetes: 2 staproetes; 6 of 8 en 10 km; 3 of 4 uur en 5 uur; netwerk van basiskamp af.
Permitte: D. Snyman, Posbus 145, Zastron 9950, tel: (05542) 1922 (skakel die sentralekode en vra die operateur vir die viersyfernommer).
Kaarte: Sketskaart.
Geriewe/Aktiwiteite: Basiskamp: plaashuis met bed en matrasse, volledig toegeruste kombuis, grasdaklapa met braaigeriewe, badkamer met warm water en toilet.

Hierdie voetslaanpad loop deur grasveld en beboste dele op 'n plaas ongeveer 32 km van Zastron af. Twee eendaagse sirkelroetes kan van die basiskamp, 'n ou plaashuis, afgelê word en jy hoef net 'n dagsak saam te dra.

Rooikop-roete Hierdie roete loop oor die plaas se hoogliggende dele en klim tot by die spits van Rooikop, waarna dit vernoem is. Hier word voetslaners beloon met pragtige uitsigte oor die Maluti's in Lesotho en die Witteberg by Lady Grey. Die roete is 8 km lank, maar 'n korter 6 km-opsie kan ook gekies word. **6 of 8 km; 3 of 4 uur; sirkelroete.**

Rivieruitsig-roete kronkel deur klowe en oor heuwels in die laagliggende gedeelte van die plaas. Langs die pad kan voetslaners skilderagtige uitsigte van die kronkelende Garieprivier (Oranjerivier) geniet. Hierdie roete is ook lonend vir voëlkykers. **10 km; 5 uur; sirkelroete.**

4. KWAGGAFONTEIN-VOETSLAANPAD
Zastron

Staproetes: 2 staproetes; 7 of 13 en 3 of 10,5 km; 3,5 of 6,5 uur en 1,5 of 5 uur; netwerk van basiskamp af.
Permitte: Rits Agentskap, Posbus 8871, Bloemfontein 9300, selfoon: 082 429 3711, faks: (051) 405 5044, e-pos: derekrits@mweb.co.za
Kaarte: Roete word aangedui op 'n kopie van 'n topografiese 1:50 000-kaart.
Geriewe/Aktiwiteite: Plaashuis met beddens, beddegoed, volledig toegeruste kombuis met gasstoof, yskas en vrieskas, eetkamer, sitkamer met kaggel, badkamer met warm water, paraffienlampe en braaigeriewe.

Die Kwaggafontein-voetslaanpad met sy syfer-agt-ontwerp, stel voetslaners in staat om die Suid-Vrystaatse natuurskoon te verken. Dit is uitgelê in die omgewing van die Garieprivier naby die grens tussen Suid-Afrika en Lesotho waar die landskap van die roete wisselende tonele en skouspelagtige berguitsigte bied. 'n Opgeknapte plaashuis dateer van 1912 en dien as basiskamp.

Die roete loop hoofsaaklik deur grasveld, maar daar is ook beboste ravyne en klowe. Die opvallendste groot soogdier wat hier voorkom, is die rooiribbok, en daar is 'n groot verskeidenheid watervoëls wat deur die Garieprivier en plaasdamme gelok word.

Rivier-wandelpad Langs hierdie roete, met 'n keuse tussen afstande van 7 of 13 km, het voetslaners mooi uitsigte van die Garieprivier. Voëlkykers sal ook beloon word. **7 of 13 km; 3,5 of 6,5 uur; sirkelroete.**

Berg-wandelpad Soos die naam aandui, gaan hierdie roete oor bergagtige terrein, wat deur beboste klowe en klipperige hange gekenmerk word. Langs die pad kan rotskuns gesien word. 'n Korter 3 km-roete is ook beskikbaar. **3 of 10,5 km; 1,5 of 5 uur; sirkelroete.**

5. CHAMPAGNE-STAPROETE
Zastron

Staproetes: 4 roetes; 30 min. tot 5 uur; netwerk van basiskamp af.
Permitte: Rits Agentskap, Posbus 8871, Bloemfontein 9300, selfoon: 082 429 3711, faks: (051) 405 5044, e-pos: derekrits@mweb.co.za
Kaarte: Roete word aangedui op 'n topografiese 1:50 000-kaart wat spesiaal geteken is.
Geriewe/Aktiwiteite: Plaashuis met beddens en matrasse, kombuis met koolstoof, yskas en kookgerei, warm storte, toilet, braaigeriewe en vuurmaakhout.

Hierdie skilderagtige plaasomgewing oos van Zastron word gekenmerk deur grasveld, beboste klowe, interessante rotsformasies, heuwels en rante. Die netwerk staproetes bied vier eendaagse sirkelroetes en hulle wissel van 'n maklike 2 km-wandeling tot 'n redelik moeilike 10 km-roete van die basiskamp na die kruine van die hoogste pieke op die plaas. 'n Hoogtepunt van byna al hierdie roetes is die wonderlike uitsigte oor die Suidoos-Vrystaat, die Maluti's in Lesotho en die Witteberg by Lady Grey.

6. STOKSTERT-VOETSLAANPAD
Smithfield

Staproetes: 22 km; 2 dae; netwerk van basiskamp af.
Permitte: Mnr. Jan le Roux Pieterse, Posbus 71, Smithfield 9966, tel: (05562) 2104 (skakel die sentralekode en vra die operateur vir die viersyfernommer).
Kaarte: Sketskaart van roete.
Geriewe/Aktiwiteite: Oornaghut met beddens, matrasse, stort, toilet, braaiplek en vuurmaakhout.

Hierdie voetslaanpad, wat na die stokstertmeerkat vernoem is, loop oor 'n plaas in die Caledonrivier-bewaringsgebied, wat wes van die rivier tussen Wepener in die noorde en Smithfield in die suide lê. Die omgewing word oorheers deur die 1 704 m hoë Burnetskop met sy loodregte kranse.

Hier is reeds 105 voëlspesies opgeteken, waaronder die witkruis-, breëkop- en visarend, grootswartooievaar en verskeie lewerik- en spekvreterspesies.

Die tweedagroete, wat soos 'n syfer agt van die sentrale basiskamp af uitgelê is, loop deur grasveld, beboste rante en skilderagtige klowe. Hoogtepunte is 'n wandeling langs die Caledonrivier en Mosselgat ('n sytak van die Caledonrivier met varswatermossels). Ook interessant is die ruïne van die Franse sendingstasie wat in 1828 by Beersheba gestig is en tot 1856 in gebruik was.

7. VRYSTAATSE NASIONALE BOTANIESE TUIN
Bloemfontein

Staproetes: 4 km; 1,5 uur; netwerk.
Permitte: Toegangsgeld. Geen permitte nodig vir wandelpaaie nie.
Kaarte: Beskikbaar by ingang.
Geriewe/Aktiwiteite: Piekniekplekke; teekiosk; plantverkope.

Die Vrystaatse Nasionale Botaniese Tuin lê oor 'n vallei tussen drie dolerietkoppies aan die buitewyke van Bloemfontein. Die natuurlike plantegroei, wat van hoë grasveld en boswêreld met bome soos blinkbaar-wag-'n-bietjie, karee en witstinkhout tot sukkulente karooagtige plantegroei wissel, is grotendeels ongeskonde gelaat, en net sewe van die tuin se 70 ha is ontwikkel. Spesiale plantversamelings is die gras- en bolplanttuine en 'n mooi versameling Suid-Afrikaanse taaibosse en kareebome. Die tuin is besonder mooi tussen November en Maart wanneer 'n groot verskeidenheid bome vol blare is.

Besonder interessant is 'n tradisionele Basoetowoning, terwyl 'n klipmuur, 'n patrolliepad op een van die koppies en die hoofdam, wat deur Britse troepe gebou is, 'n herinnering is aan die Anglo-Boereoorlog van 1899–1902. Daar is twee vertoontuine: 'n tuin vir medisinale plante en 'n waterbesparende tuin met droogtebestande plante.

8. KORANNA-VOETSLAANPAD
Marquard

Kyk nr. 9 vir wandelpaaie.

> *Staproetes:* 28 km; 2 dae; sirkelroete.
> *Permitte:* Jacana Marketing and Reservations, Posbus 95212, Waterkloof 0145, tel: (012) 346 3550, faks: 346 2499, e-pos: info@jacanacollection.co.za
> *Kaarte:* Pamflet oor voetslaanpad met kaart.
> *Geriewe/Aktiwiteite:* Merrimetsi-skuur: 33 slaapbanke met matrasse, elektrisiteit, gasstofies; gasyskas, kookgerei, vuurmaakplek en wasgeriewe met warm water. Merrimetsi-plaashuis: huisves 10 mense en het elektrisiteit, yskas, gasstoof, kookgerei, messegoed, breekgoed, kaggel, wasgeriewe met warm water. Waenhuiskransgrot op Korannaberg-voetslaanpad.
> *Belangrike inligting:* 'n Flitslig is noodsaaklik vir die ompad deur Magul se Gat op die tweede dag se skof.

Die Korannaberg, wat ongeveer 400 m bo die omliggende vlaktes uittroon, is soos 'n eiland tussen die laslappe van plaasgrond. Die roete loop oor 'n berg, wat die fokuspunt van die 7 000 ha Korannaberg-bewaringsgebied is, en langs die roete wissel die natuurtonele van dig beboste klowe en watervalle tot interessante sandsteenformasies en grasvelde.

Die plantegroei op die vlaktes en bergplato word oorheers deur kort, digte grasveld met 'n verskeidenheid blomplante wat net in die lente opvallend is. Teen die dig beboste berghange en in die riviervalleie groei 'n verskeidenheid bome en struike, onder andere olienhout, ouhout, karee, notsung, without en saliehout.

Die tuin word deurkruis met 'n netwerk van voetpaaie wat om die dolerietkoppies loop na klipriwwe van waar daar skouspelagtige uitsigte oor die vallei met sy drie damme en die bewerkte gedeelte van die tuin is.

Ongeveer 150 voëlspesies kom in die gebied voor en onder meer kan die witkruis- en breëkoparend, die gewone en geelborskoester, grondpeg, witvlerkswartkorhaan en bergpatrys dalk afgemerk word. Vier lewerikspesies (rooinek-, rooikop- en pienkbeklewerik en Kaapse klappertjie) is ook opgeteken.

Die eerste dag se skof (18 km; 7 uur) loop steil teen Boskloof uit tot by 'n manjifieke waterval wat ongeveer 15 minute voor die bopunt van die kloof bereik word. Van die bopunt van die kloof af klim die roete geleidelik deur grasveld en pragtige rotsformasies tot by die voet van die sandsteenkranse, waar 'n waterval, wat oor die lip van 'n groot holkrans stort, die ideale plek vir middagete bied. Van hier af stap jy verder deur grasvelde en word jy beloon met panoramiese uitsigte oor die Maermanshoekvallei en Wonderkop. Die daling na Olienhoutbos word gevolg deur 'n steil klim na Waenhuiskrans, 'n groot holkrans met twee kamers wat deur 'n rotspilaar verdeel word.

Die tweede dag se skof (10 km; 4 uur) is hoofsaaklik afdraand en loop verby imposante dagsome voordat jy by die hoogtepunt van hierdie gedeelte, Magul se Gat, kom. In 1858 is die Koranna-hoofman, Gert Taaibosch, en sy volgelinge deur die blanke setlaars in die grot vasgekeer, maar hulle het daarin geslaag om in die donker deur 'n tonnel te ontsnap. Rugsakke kan by die ingang gelaat word as jy die grot wil verken, maar jy moet onthou om 'n flitslig saam te neem. Die tonnel raak nouer en jy moet onder 'n groot rots deurkruip tot in 'n wye kamer waar jy teen groot rotse moet uitklim voordat jy weer in die buitelug kom. 'n Maklike klim word gevolg deur 'n daling na die Albasterrotse, so genoem omdat hulle soos reuse-albasters lyk. Die res van die dag se staptog is afdraand.

9. MERRIMETSI-STAPROETES
Marquard

Kyk nr. 8 vir voetslaanpad.

> *Staproetes:* 3 roetes; 6 tot 10 km; 3 tot 6 uur; netwerk van basiskamp af.
> *Permitte:* Jacana Marketing and Reservations, Posbus 95212, Waterkloof

> 0145, tel: (012) 346 3550,
> faks: 346 2499, e-pos:
> info@jacanacollection.co.za
> **Kaarte:** Pamflet oor wandelpad met kaart.
> **Geriewe/Aktiwiteite:** Merrimetsi-skuur:
> 33 slaapbanke met matrasse, elektrisiteit,
> gasstofies; gasyskas, kookgerei, vuurmaak-
> plek en wasgeriewe met warm water.
> Merrimetsi-plaashuis: huisves
> 10 mense en het elektrisiteit, yskas,
> gasstoof, kookgerei, messegoed,
> breekgoed, kaggel, wasgeriewe
> met warm water.
> **Belangrike inligting:** 'n Flitslig is noodsaaklik
> vir die ompad deur Magul se Gat op die
> Blou Roete.

Hierdie netwerk van dagroetes is vir stappers wat die Korannaberg se plante en diere sonder die las van 'n rugsak wil verken.

1. Geel Roete begin met 'n steil klim na Leeukop, maar raak dan gelyk wanneer dit oor die plato na 'n holkrans met rotsskilderinge gaan. Van hier af gaan die roete in 'n noordelike rigting na die Albasterrotse. Die res van die roete is afdraand. **6 km; 4–6 uur; sirkelroete.**

2. Groen Roete Van Merrimetsi loop die roete in 'n suidelike rigting en styg dan skerp met ongeveer 200 m tot op die plato van die Korannaberg. Hoogtepunte is onder andere die Kannibaalsgrot, stande van die seldsame voetangel ('n plant wat net op drie plekke op die Korannaberg voorkom) en 'n manjifieke holkrans wat 'n goeie rusplek is. Die roete daal dan terug na Merrimetsi toe. **10 km; 4 uur; sirkelroete.**

3. Blou Roete styg skerp na die plato en gaan dan verder tot by Waenhuiskrans, 'n grot wat as oornagverblyf op die Koranna-voetslaanpad dien. Magul se Gat word 'n ent verder bereik en die laaste gedeelte van die roete volg die Groen Roete se terugskof. Meer as 40 inheemse boomspesies is langs die Blou Roete gemerk en dit help baie om die plantegroei van die gebied te leer ken. Besonder interessant is 'n witstinkhoutboom met 'n buitengewoon massiewe stam. **10 km; 6 uur; sirkelroete.**

10. WATERKLOOF-VOETSLAANPAD
Ficksburg

Kyk nr. 11 en 12 vir ander roetes.

> **Staproetes:** 21 km; 2 dae, of 26,7 km; 3 dae; sirkelroete.
> **Permitte:** Jacana Marketing and Reservations, Posbus 95212, Waterkloof 0145, tel: (012) 346 3550, faks: 346 2499, e-pos: info@jacanacollection.co.za
> **Kaarte:** Pamflet oor voetslaanpad met kaart.
> **Geriewe/Aktiwiteite:** Waterkloof-basiskamp: 30 beddens met matrasse, tweeplaat-gasstoof, potte, panne, ketel, braaigeriewe en wasgeriewe met warm water. Barolong-oornagkamp: drie paal-en-klei-kamers, of slaapplek in grot (bring eie grondseile of grondmatte), braaigeriewe, gietysterpotte, water en puttoilette. Sfinksberg-hut: 22 beddens, matrasse, braaigeriewe, potte, driepootpot, kouewaterstorte en puttoilette.

Hierdie roete loop deur die Visierskerf Private Natuurreservaat naby Ficksburg in die Oos-Vrystaat. Die plantegroei wissel van tipiese grasveld tot beboste klowe, en sommige van die byna 90 bome en struike van die omgewing is langs die roete gemerk. Diere waarop jy kan afkom, is die vaalribbok, springbok, rooiribbok en gewone duiker, sowel as verskeie kleiner soogdiere. Die omgewing langs die roete is die tuiste van ongeveer 200 voëlspesies.

Die eerste dag se skof (10,5 km; 5 uur), waarbo die 2 410 m hoë Visierskerf uittroon, gaan op deur 'n kloof met indrukwekkende poele en volg dan 'n kontoer aan die voet van die sandsteenkranse en verby verskeie groot holkranse. 'n Opsionele ompad neem voetslaners na die kruin van die 2 312 m hoë Sekonjela-piek, 'n klim waartydens die hoogte bo seevlak met 240 m toeneem. Van hier af gaan die roete na die tweede kloof waar daar 'n aanloklike rotspoel, net die plek vir middagete, is. Die pad daal dan na Bamboeskloof naby die oornagverblyf.

Die tweede dag se skof (10,5 km; 5 uur) loop aanvanklik met die sandsteenkranse langs tot by 'n aansluiting, waar jy die keuse het om Visierskerf uit te klim. Hierdie heen-en-terug-ompad van 4 km neem jou na die hoogste punt in die Vrystaat naas die Maluti's. Van hier af gaan die roete na 'n kloof met sewe pragtige poele, waar die pad vertak. Die tweedaagse roete gaan verby die poele en daal dan deur grasveld terug na die beginpunt, terwyl die driedaagse roete met 'n kontoer teen die hange van Jacobsberg verder gaan tot by die Sfinks-oornaghut.

Die derde dag se skof (5,7 km; 2 uur) kronkel onder die Eerste en Tweede Piramide en loop dan tussen ou eikebome deur en met 'n wilgerlaning tot by 'n groot swempoel. Die res van die roete loop hoofsaaklik deur bewerkte lande.

volg dan die kontoere teen die hange van Jacobsberg. 'n Leer laat jou afsak na 'n ravyn en vir die volgende kilometer loop die roete deur digte inheemse woud. Die Sfinks-oornaghut kyk uit oor 'n natuurlike swemgat, en 'n dam daar naby is 'n goeie plek vir voëlkykers.

Die tweede dag se skof (5 km; 2 uur) gaan oor die kontoere onder die twee Piramideberge. Volgens oorlewering is die holkrans gedurende die Anglo-Boereoorlog as arsenaal gebruik. Die roete daal dan na 'n swempoel en dam met 'n voëlkykskuiling van riete, voordat die basiskamp bereik word.

11. SFINKS-VOETSLAANPAD
Ficksburg

Kyk nr. 10 en 12 vir ander roetes.

Staproetes: 15,5 km; 2 dae; sirkelroete.
Permitte: Jacana Marketing and Reservations, Posbus 95212, Waterkloof 0145, tel: (012) 346 3550, faks: 346 2499, e-pos: info@jacanacollection.co.za
Kaarte: Pamflet oor voetslaanpad met kaart.
Geriewe/Aktiwiteite: Moolmanshoek-basiskamp: plaashuis met 22 beddens, matrasse, tweeplaatgasstoof, potte, panne, ketel, braaigeriewe en wasgeriewe met warm water. Sfinksberg-hut: hut met 22 beddens, matrasse, braaigeriewe, potte, driepootpot, kouewaterstorte en puttoilette.

12. LANGESNEK-VOETSLAANPAD
Ficksburg

Kyk nr. 10 en 11 vir ander roetes.

Staproetes: 22 km; 2 dae; netwerk van basiskamp af.
Permitte: Jacana Marketing and Reservations, Posbus 95212, Waterkloof 0145, tel: (012) 346 3550, faks: 346 2499, e-pos: info@jacanacollection.co.za
Kaarte: Brosjure oor voetslaanpad met kaart.
Geriewe/Aktiwiteite: Basiskamp: ou plaashuis met slaapbanke, matrasse en volledig toegeruste kombuis met yskas, tweeplaatgasstoof, potte, panne, lapa met braaigeriewe, badkamers en toilette.

Hierdie roete neem voetslaners verby verskeie bekende rotsformasies soos die Sfinks en die Piramides in die Visierskerf Private Natuurreservaat.

Van die Moolmanshoekvallei af gaan die eerste dag se skof (10,5 km; 4 uur) geleidelik deur grasveld teen die Witteberg se hange uit en volg dan 'n kontoer tot by Spiraalgat. Hierdie 4,5 m diep poel met die fatsoen van 'n omgekeerde roomyskeël, is die ideale plek om asem te skep. 'n Entjie verder gaan die roete verby nog 'n aanloklike swemgat, Witgatbad, en nog 'n ent verder kom jy by die ompad na die kruin van die 2 410 hoë Visierskerf. Van hier af gaan die roete agterom die Sfinks en

Van die basiskamp op die plaas Langesnek in die Visierskerf Private Natuurreservaat gaan die eerste dag se skof (11,5 km; 5 uur) verby 'n ou meul waar vroeër mielies en koring gemaal is. 'n Entjie verder kom jy by Swaelnes, 'n pienk holkrans van sandsteen, en later by 'n skaapdipgat wat uit sandsteen gekerf is. Die roete klim tot by Preekstoel-uitsig, gaan verby sandsteenformasies wat in lae gevorm is en bereik dan 'n plato. Daarna daal jy na 'n nek en kry jou eerste goeie uitsig van die Maluti's. 'n Entjie verder kom Visierskerf en Sekonjela se Hoed in sig. Die roete neem jou dan na Kraterpoele (natuurlike poele wat in die sandsteen uitgekalwe is) en 'n dam, waar jy vir middagete kan vertoef. 'n Geleidelike klim na Klipkoppie word gevolg deur 'n maklike wandeling oor 'n sandsteendagsoom en 'n daling na die sogenaamde Fotograafrots, 'n massiewe sandsteenformasie, wat 'n goeie plek is om foto's te neem. Van hier af is dit 'n kort entjie terug na die basiskamp toe.

Die tweede dag se roete (10,5 km; 4 uur) loop na 'n gladde rots met die gepaste naam van Supertube Gorge. Die pad klim dan na die Moolmanshoekvallei-uitkykpunt, waar daar 'n opsionele 2 km lange heen-en-terug-roete na die kruin van die Eerste Piramide is. Die roete loop verder oor die hange onder Eerste en Tweede Piramide voordat dit na die Sfinks-oornaghut daal. Die terugskof volg die roete van die Sfinks-voetslaanpad tot by Mrs Mitchell's High Tea Rock, waar een van die eerste eienaars van Moolmanshoek elke middag haar tradisionele Engelse teemaaltyd geniet het. 'n Entjie verder vertak die roete en dan klim die Langesnek-roete steil na sandsteenrante en 'n holkrans.

13. BRANDWATER-VOETSLAANPAD
Fouriesburg

Staproetes: 61 km; 5 dae; sirkelroete
Permitte: Fouriesburg-kultuurvereniging, Ds. J. Mostert, Posbus 24, Fouriesburg 9725, tel: (058) 223 0050.
Kaarte: Roete aangedui op fotokopie van topografiese 1:50 000-kaart, seksies 2828 AC, 2828 AD, 2828 CA en 2828 CB.
Geriewe/Aktiwiteite: Drie grotte en 'n skuur met geen geriewe.

Hierdie taamlik veeleisende voetslaanpad wes van Fouriesburg in die Oos-Vrystaat sal baie gou enige opvatting dat die provinsie plat en oninteressant is, uit die weg ruim. Die roete kronkel deur grasveld en pragtige bergklowe en verby wit sandsteenformasies en groen weivelde.

Die plantegroei word oorheers deur suurgrasveld en lappe struikwoud in die riviervalleie en teen die valleihange. Op die grasveld groei sewejaartjies (*Helichrysum*), rooihartjies (*Erica cerinthoides*), vuurpyle (*Kniphofia*), gousblomme en 'n verskeidenheid ander blomplante. Op die eerste dag se skof sal jy die besonder treffende *Euphorbia clavarioides*, 'n vetplant wat soos 'n ronde termiethoop lyk, sien.

Die tipiese voëlspesies van die hooglandgrasveld van die Oos-Vrystaat kom hier voor. Bly op die derde dag se skof op die uitkyk vir die baardaasvoël, wat dikwels in die omgewing van Snymanshoekberg gesien word. Ander voëls wat jy dalk kan afmerk, is die grondspeg, die Kaapse en langtoonkliplyster, oranjeborsberglyster, oranjeborskalkoentjie en klipkoester.

Die eerste dag se skof (14 km; 7 uur) is die moeilikste en dit is raadsaam om vroeg te begin. Die voetslaanpad, wat by die Meiringspoort-ruskamp begin, volg Meiringskloofspruit totdat dit in 'n smal kloof eindig, waar 'n kettingleer die enigste pad uit is. Van hier af klim die roete eers geleidelik tot by die ou Ventersberg-plaasopstal en dan skerp na die Maluti-uitkykpunt. Die volgende paar kilometer is die roete hoofsaaklik gelyk of afdraand en kronkel dit by verskeie klowe in en uit. Daarna volg 'n kort opdraand tot op 'n nek en van daar af is dit ongeveer 'n uur se stap na die oornagplek, Watervalgrot.

Dag twee (14 km; 6 uur) volg 'n golwende roete tot by 'n groot holkrans, minder as twee uur vandat jy begin stap het. Na 'n effense klim daal die pad, gaan dan weer op, en loop uiteindelik steil afdraand en steek 'n stroom oor waar klein maalgate in die sandsteen uitgevreet is. Dan volg jy 'n plaaspad in 'n vallei met geil grasvelde na die ou Paterimo-plaasopstal wat van oranje sandsteenklip gebou is. Die roete gaan dan verder deur 'n vallei wat aan die Yellowstone Park in Amerika laat dink, en klim skerp deur proteaveld tot by die Suikerbosrandgrot.

Die derde dag se skof (13 km; 6 uur) begin met 'n steil klim van 40 minute teen Snymanshoekberg uit voordat dit minder steil word wanneer die pad ongeveer 30 minute lank oor die berghange loop. Nadat jy oor 'n nek na die suidekant van die berg is, sal jy die Malutibergreeks sien en oor die volgende paar kilometer daal die hoogte bo seevlak met ongeveer 500 m. Wees op die uitkyk vir Salpeterkrans, die landmerk waarheen jy op pad is. Jy daal af na die Klein-Caledonrivier en na 'n kort opdraand kom jy by die ontsaglike Salpeterkransgrot, glo die grootste holkrans in die Suidelike Halfrond. Die grot is 'n pelgrimsoord vir baie vroue wat offerandes aan geeste bring in die geloof dat dit vrugbaarheid sal verhoog. As die grot beset is, moet jy die sangoma en aanbidders beleef groet voordat jy verder gaan. Die oorblywende uur van die dag se skof volg die oewers van die Klein-Caledonrivier tot by die oornagverblyf, 'n ou skuur.

Dag vier (10 km; 4 uur) se skof is maklik en loop eers met 'n grondpad en dan langs die Klein-Caledonrivier. 'n Klein entjie anderkant Middeninplaas stap jy verby 'n ou Voortrekker-begraafplaas, en dan kronkel die roete teen 'n heuwel uit voordat dit afdaal in 'n vallei met die oornaggrot aan die einde daarvan.

Die laaste dag se skof (10 km; 4 uur) begin met 'n lang klim en die hoogte bo seevlak neem met sowat 300 m toe tot by Ventersberg. Dan volg 'n kort afdraand, en by die ou Ventersberg-plaasopstal sluit jy by die eerste dag se uitwaartse roete aan. Van hier af gaan jy op jou spoor terug na Meiringskloof toe.

die roete steil na God's Window, 'n sandsteengrot met pragtige uitsigte oor die landskap daaronder. Avontuurlustige voetslaners kan die nek oor The Ledge nader, wat oor 'n sandsteenrant met steil hellings gaan. Die Chicken Run bied 'n veiliger alternatief vir dié wat minder waaghalsig is. Daar is 'n steil klim na die plato, waar 'n houtbrug die ravyn tussen die berg en die kameelkopformasie oorspan. Van hier af loop die roete oor die plato en daal dan in 'n skaduryke ravyn af. Daar is poele naby die einde van die dag se skof, ideaal vir stappers wat op 'n warm dag wil afkoel.

'n Hoogtepunt van die tweede dag se skof (4 km; 1,5 uur) is 'n holkrans met rotsskilderinge, wat met 'n brug oor die Caledonrivier bereik word. Die roete volg die loop van die Caledonrivier en daar is verskeie swemplekke, of die staptog kan gekombineer word met 'n ekskursie rivier af op 'n binneband.

14. CAMELROC-VOETSLAANPAD
Fouriesburg

Staproetes: 2 dagstaptogte (kan as 'n tweedaagse staptog gekombineer word); 9 en 4 km; 4 en 1,5 uur; netwerk van basiskamp af.
Permitte: Jacana Marketing and Reservations, Posbus 9521, Waterkloof 0145, tel: (012) 346 3550, faks: 346 2499, e-pos: info@jacanacollection.co.za
Kaarte: Roetebrosjure met kaart.
Geriewe/Aktiwiteite: Basiskamp: Hut met slaapbanke en matrasse wat 16 mense huisves; tente wat 12 mense huisves; kookgeriewe; vuurmaakplek; wasgeriewe; 4x4-roete van 6 km.

Hierdie wandelpad naby die Caledonspoort-grenspos is vernoem na 'n sandsteenformasie wat soos 'n kameel se kop lyk, en word as twee dagstaptogte afgelê. Die lokpunte is onder andere panoramiese uitsigte van Lesotho en die Maluti's, interessante rotsformasies en sandsteenholkranse.

Hoewel die eerste dag se skof kort is (9 km; 4 uur), moet dit nie onderskat word nie, aangesien daar verskeie stywe klimme is. Van die basiskamp af klim

15. SPOREKRANS-VOETSLAANPAD
Fouriesburg

Staproetes: 16,5 km; 2 dae; netwerk van basiskamp af.
Permitte: Discovery Trails, Posbus 149, Paul Roux 9800, tel. en faks: (058) 471 0551, e-pos: retastrydom@worldonline.co.za
Kaart: Ruwe roetekaart.
Geriewe/Aktiwiteite: Basiskamp met slaapbanke, matrasse, kombuis met yskas, kookplaat, potte, pan en elektriese ketel, lapa met braaigeriewe, warm storte en toilet; perdry; abseil; wildbesigtigingsritte met sonder.

Hierdie voetslaanpad, in die Bergdeel Private Natuurreservaat in die hart van die Witteberg, loop deur beboste klowe, oor bergstrome en deur grasveld. Die reservaat huisves 'n verskeidenheid wildspesies, waaronder elande, swart- en blouwildebeeste, koedoes, rooihartbeeste, blesbokke en bontsebras. 'n Besonderse voël is die seldsame kalkoenibis, wat teen Bergdeel se sandsteenkranse broei.

Op die eerste dag se skof (12 km; 5 uur) stap jy deur Stinkhoutkloof, met sy witstinkhoutbome, en gaan dan met 'n leer op na Angel's Corner en God's

View, waar jy met wonderlike uitsigte beloon word. Ongeveer 1 km verder bereik jy die skilderagtige Boesmanbaddens en daarna volg die roete Koedoespoort voordat jy twee van die voetslaanpad se hoofaantreklikhede bereik: die skilderagtige Bamboeskloof en Meerminpoel, waar jy kan swem om jou te verfris. Van hier af is dit 'n 4 km stap na die oornagverblyf, Boesmansgrot.

Die tweede dag se roete (4,5 km; 1,5 uur) gaan terug oor die laaste gedeelte van die vorige dag se skof tot by Sporekrans, waarna die voetslaanpad vernoem is, en neem voetslaners dan linksom terug na die beginpunt toe.

16. LESOBA-VOETSLAANPAD
Fouriesburg

Staproetes: 26 km; 2 dae; netwerk van basiskamp af, met 'n opsionele bykomende roete van 6 km; 2 uur.
Permitte: Mev. A. Viviers, Bougainvilla 6, Orchid-singel, Gardeniapark, Bloemfontein 9301, tel: (051) 522 8659 of (058) 223 0444.
Kaarte: Sketskaart.
Geriewe/Aktiwiteite: Hutte met beddens, kombuis met tweeplaatstoof, yskas, ketel, warm storte, toilette en braaigeriewe.

Die Lesoba-voetslaanpad loop oor die berge tussen Clarens en Fouriesburg op die grens van Lesotho. Die naam kom van die Sotho-woord vir die prominente gat wat uitgekalwe is in die berg wat die omgewing oorheers.

Die plantegroei is hoofsaaklik grasveld met proteas en bergkiepersolle plek-plek, en ouhout op die oewers van die strome. Die grasveld tref die oog veral in die lente wanneer watsonias en ander bolplante en orgideë blom. Die stande vaderlandspopuliere is in die herfs besonder mooi.

Die eerste dag se skof (14 km; 6 uur) klim na die kruin van 'n berg, waar voetslaners met panoramiese uitsigte oor die Caledonrivier en die Maluti's in die verte sowel as Lesoba beloon word. Die roete swaai dan weswaarts oor die plato en daal na die Kerkdeur, 'n holkrans met rooi en swart rotsskilderinge. Op die terugskof gaan die roete verby 'n terrein waar die fossieloorblyfsels van 'n dinosourus se dybeen en skouerblad gesien kan word, en ook verby die Koningin Victoria-rotsformasie, so genoem omdat dit baie na die eertydse Britse vorstin lyk.

Die tweede dag se skof (12 km; 5 uur) kronkel verby Lesoba en klim dan steil na die top van 'n berg, waar voetslaners weer pragtige uitsigte het. Bergaf loop die roete verby nog 'n gat in die berg en gaan dan om 'n grasryke kom, waar blesbokke gewoonlik gesien kan word.

'n Skaduryke dagwandeling (6 km; 2 uur) is beskikbaar vir voetslaners wat meer oefening wil hê of hul verblyf wil verleng.

17. TEPELKOP-VOETSLAANPAD
Bethlehem

Staproetes: 17 km; 2 dae; netwerk van basiskamp af.
Permitte: Discovery Trails, Posbus 149, Paul Roux 9800, tel. en faks: (058) 471 0551, e-pos: retastrydom@worldonline.co.za
Kaarte: Sketskaart.
Geriewe/Aktiwiteite: Sandsteenhuis met 20 beddens en matrasse, vuurmaakplek, gasstoof, yskas, messegoed, breekgoed, warm storte en toilette.

Die plaas Tepelkop teen die suidoostelike hange van die Wittebergreeks, kry sy naam van 'n heuwel wat soos 'n bors en tepel lyk. Die eerste 3 km van die eerste dag se skof (10 km; 4 uur) is 'n steil klim teen Tepelkop (2 023 m) uit, van waar 'n kontoer gevolg word. Nadat die roete deur verskeie klowe met digte rivierbos gegaan het, sirkel dit terug na die basiskamp toe.

Die tweede dag se skof (7 km; 2,5 uur) loop om Sampioenberg, die oorheersende terreinpunt van die omgewing agter die basiskamp. Interessant is Mapieta se Grot, wat in die Anglo-Boereoorlog (1899-1902) as skuiling vir die vrou en kinders van die plaas se oorspronklike eienaar gedien het.

VRYSTAAT

18. UITZICHT-VOETSLAANPAD
Bethlehem

> **Staproetes:** Verskeie opsies; 16 tot 26 km; 2 dae; netwerk van basiskamp af.
> **Permitte:** Discovery Trails, Posbus 149, Paul Roux 9800, tel. en faks: (058) 471 0551, e-pos: retastrydom@worldonline.co.za
> **Kaart:** Doen navraag wanneer bespreking gemaak word.
> **Geriewe/Aktiwiteite:** Basiskamp met slaapbanke en matrasse, kombuis met gasstoof, potte, pan en ketel, vuurmaakplek, warm storte en toilette; perdry; wildbesigtigingsritte.

Hierdie wandelpad in die Wittebergreeks 50 km suid van Bethlehem, loop deur 'n private wildreservaat met 15 wildspesies. Die landskap word gekenmerk deur grasveld, yl beboste hange en manjifieke sandsteenformasies. Die omgewing is veral mooi tussen November en Februarie wanneer die proteas op die plaas Suikerbosrand in volle bloei is. Langs die pad is daar uitsigte op die Maluti's in Lesotho. Die eerste dag het jy 'n keuse tussen 11, 15 of 18 km, terwyl jy op die tweede dag tussen 5 of 8 km kan kies.

19. ST FORT-VOETSLAANPAD
Clarens

> **Staproete:** 17 km; 2 dae; sirkelroete.
> **Permitte:** Discovery Trails, Posbus 149, Paul Roux 9800, tel. en faks: (058) 471 0551, e-pos: retastrydom@worldonline.co.za
> **Kaarte:** Geen.
> **Geriewe/Aktiwiteite:** Basiskamp: omskepte melkkamer met slaapbanke, matrasse, elektrisiteit, kombuis met stoof, yskas, potte, pan en ketel, kaggel, warm storte en toilette. Mike se Grot: matrasse, vuurmaakplek, vuurmaakhout, pot, ketel en toilet.

Hierdie voetslaanpad, wat op die plaas Letsoana Stad, 5 km suid van Clarens, uitgelê is, lê aan die voet van die 1 824 m hoë piek, Die Fort. Hierdie maklike tot effens moeilike roete loop aan die voet van indrukwekkende sandsteenrante, deur dig beboste ravyne en oor grasveld.

Die eerste dag se skof (10 km; 4 uur) volg 'n roete aan die voet van die sandsteenkranse en gaan verby vyf holkranse. Hierdie grotte was vroeër die tuiste van Boesmans en sommige van die wande is met rotsskilderinge versier. Daar is vier ravyne op die roete en talle houtbrûe en lere om voetslaners te help. 'n Swemgat by die halfpadmerk is die ideale plek vir 'n blaaskans.

Die tweede dag se skof (7 km; 3 uur) bied pragtige uitsigte op die hoë pieke in die gebied, onder andere George's Pimple, Wodehouse, Generaalskop en Visierskerf. 'n Ent verder neem die 125-Trapleer jou af na die Klein-Caledonrivier wat met 'n houtbrug oorgesteek word. Die roete volg die loop van die rivier, met 'n opsionele klim teen Sampioenrotse uit voordat jy die rivier 'n tweede keer oorsteek.

20. BOKPOORT-VOETSLAANPAD
Clarens

> **Staproetes:** 14 km; 2 dae; sirkelroete.
> **Permitte:** Jacana Marketing and Reservations, Posbus 95212, Waterkloof 0145, tel: (012) 346 3550, faks: 346 2499, e-pos: info@jacanacollection.co.za
> **Kaarte:** Brosjure oor voetslaanpad met sketskaart.
> **Geriewe/Aktiwiteite:** Basiskamp: 24 beddens en matrasse, elektrisiteit, vuurherd, gietysterpotte, ketels en wasgeriewe. Bergkamp: twee hutte wat elkeen ses mense huisves (bring eie grondseile of grondmatte), koolstoof, vuurmaakplek, koue stort en toilet.

'n Amfiteater in die voorheuwels van die Rooibergreeks, wes van Golden Gate, bied die agtergrond vir hierdie voetslaanpad wat deur skouspelagtige sandsteenformasies loop.

Die eerste dag se staptog (7 km; 2,5 uur) volg 'n maklike roete en op hierdie skof steek jy nege strome oor. Hoogtepunte is 'n ketting-en-buiteband-leer en Die Oog, 'n indrukwekkende tonnel wat deur die wind uitgekalwe is. Van die oornaghut af is daar 'n opsionele 4 km-lus na die kruin van George's Pimple, die hoogste piek in die gebied (2 540 m). Dit is steil, maar word aanbeveel ter wille van die uitsigte oor Lesotho en die Maluti's.

Die tweede dag se skof (7 km; 2,5 uur) volg 'n ou perdepad terug na die basiskamp. Sowat 1 km voor die einde gaan dit oor 'n stroom met 'n swempoel.

21. RIBBOK-VOETSLAANPAD
Golden Gate Hoogland Nasionale Park, Clarens

Kyk nr. 22 vir wandelpaaie.

Staproete: 29 km; 2 dae; sirkelroete.
Permitte: Suid-Afrikaanse Nasionale Parkeraad, Posbus 787, Pretoria 0001, tel: (012) 428 9111, faks: (012) 343 0905, e-pos: reservations@parks-sa.co.za
Kaarte: Pamflet oor voetslaanpad met sketskaart.
Geriewe/Aktiwiteite: Op die roete: oornaghut met stapelbeddens en matrasse, basiese kookgerei, vuurmaakplek, warm water en toilet. Glen Reenen-ruskamp: gedeeltelik toegeruste kliprondawels met stort; kampeerplekke met warmwaterwasgeriewe, opwasplek en braaiplekke; winkel. Brandwag-ruskamp: enkel- en dubbelkamers met en suite-geriewe, telefoon en televisie; chalets met slaapkamer, woonkamer, gedeeltelik toegeruste kombuis, braaiplekke en badkamer; kort selfry-wildbesigtigingsritte; begeleide nagritte; begeleide wandelings na Katedraalgrot; aasvoëlskuiling.

Die Ribbok-voetslaanpad, wat in die voorheuwels van die Maluti's uitgelê is, loop deur die Golden Gate Hoogland Nasionale Park. Die roete kronkel deur oop grasveld en gaan verby indrukwekkende sandsteenformasies, wat laatmiddag besonder mooi is wanneer hulle van pienk en geel na 'n gloeiende goue kleur verander.

Sedert Golden Gate Hoogland Nasionale Park in 1962 geproklameer is, het sy oorspronklike grootte van 4 792 ha byna verdubbel. Die park is beroemd vir skouspelagtige sandsteenformasies, waaronder Golden Gate (waarna die park vernoem is), die Brandwag, die Sampioenrotse en Katedraalgrot. Daar is ook talle holkranse aan die voet van die Clarens-sandsteenformasie.

Die park het een van die grootste troppe swartwildebeeste in die land. Ander wildspesies wat tipies van die hoogland is, is die eland, blesbok, bontsebra en die rooi- en vaalribbok. Oorbietjies en springbokke kom ook hier voor.

Tot op datum is ongeveer 160 voëlspesies hier uitgeken, waaronder die witkruisarend en die kalkoenibis, wat in die park broei. Soms sien 'n mens die baardaasvoël sweef. Ander spesies wat jy kan afmerk is die oranjeborskalkoentjie, bergpatrys, langtoonkliplyster en oranjeborsberglyster.

Wanneer jy in die oop veld of teen effens skuins hellings stap, moet jy jou oë oophou vir tonnels van die reuse-akkedisse, die skurwejanne of sonkykers, so genoem omdat hulle ure lank na die son lê en staar. Die park het 'n groot verskeidenheid skoenlappers, en onder die 78 opgetekende spesies is daar verskeie endemiese en seldsame spesies.

Die plantegroei word gekenmerk deur digte bergsuurgrasveld en tot op datum is ongeveer 65 grasspesies en meer as 200 blomplante uitgeken. Bome en struike is skaars op die grasveld en ouhout is die oorheersende boomsoort. Houtagtige plantegroei is beperk tot die Klein-Caledonrivier-vallei, beskutte ravyne en sandsteenskeure.

Die eerste dag se skof (16 km; 7 uur) loop op na die Brandwag wat oor die Klein-Caledonrivier uitkyk. Dit klim dan teen die hange van Wodehousepiek uit voordat dit na Boskloof kronkel (nie die Boskloof in die kranse bo Glen Reenen nie). Van Tweelingskop af daal die roete na Wilgenhof en loop dan tot by die oornaghut in Oudehoutskloof.

Op die tweede dag se skof (13 km; 6 uur) klim die roete langs die Ribbokspruit verby interessante rotsskeure en 'n indrukwekkende waterval. Die hoogte bo seevlak neem met ongeveer 700 m toe tot by die 2 732 m hoë kruin van Generaalskop, die hoogste punt in die park. Die roete daal dan met 'n uitloper langs, wat dramatiese uitsigte oor die Klein-Caledonrivier en Sampioenrotse bied. Die hange lok verskeie wildspesies waaronder swartwildebeeste, blesbokke en bontsebras. Van Langtoondam is dit 'n kort entjie se stap verby 'n natuurlike glyrots en poel na die Glen Reenen-ruskamp.

22. GOLDEN GATE HOOGLAND NASIONALE PARK
Clarens

Kyk nr. 21 vir Ribbok-voetslaanpad.

> *Staproetes:* 4 wandelpaaie; 2 tot 7 km; 1 tot 2,5 uur; sirkelroete, heen en terug.
> *Permite:* Toegangsgeld. Geen permitte nodig vir wandelpaaie nie. Besprekings vir begeleide staptoere na Katedraalgrot kan by die ontvangskantoor van die Glen Reenen-ruskamp gemaak word.
> *Kaarte:* Sketskaart.
> *Geriewe/Aktiwiteite:* Glen Reenen-ruskamp: gedeeltelik toegeruste kliprondawels met stort, kampeerplekke met warmwaterwasgeriewe, opwasplek en braaiplekke; winkel. Brandwag-ruskamp: enkel- en dubbelkamers met en suite-geriewe, telefoon en televisie; chalets met slaapkamer, woonkamer, gedeeltelik toegeruste kombuis, braaiplekke en badkamer; kort selfry-wildbesigtigingsritte; begeleide nagritte; begeleide wandelings na Katedraalgrot; voëlkykskuiling vir aasvoëls.

Glen Reenen-ruskamp

1. Wodehouse-kop word bereik deur die pad na die top van Brandwag te volg. Van hier af volg jy die Ribbok-voetslaanpad oor 'n plato voordat dit steil teen 'n grashelling uitklim. Net verby 'n dolerietrif vertak die roete na regs en volg dan 'n dowwe voetpad na die 2 438 m hoë Wodehouse-kop. **4 km; 2 uur; heen en terug.**

2. Golden Gate-hoogtepunte Van die Glen Reenen-ruskamp af kan stappers verskeie kort wandelings van minder as 'n uur na bekende natuurverskynsels soos Eggokloof, Boskloof, die Brandwag en Sampioenrotse onderneem, of 'n langer staptog aanpak wat hulle almal insluit.
Van die ruskamp af neem jy die voetbrug oor die Klein-Caledonrivier en klim tot aan die voet van die sandsteenkranse en Eggokloof, 'n diep ravyn, wat verken kan word. Gaan terug na die begin van die vertakking na Eggokloof, draai regs en stap aan tot by 'n vertakking na regs, wat jou tot diep in die beboste Boskloof sal neem. Dan moet jy weer terugstap na die vurk toe (want die pad deur Boskloof hou later op) waar jy regs draai en deur rotse na die voet van Brandwag gaan. 'n Kettingleer help jou om teen die laaste 20 m van die kranse uit te kom. Van die kruin van Brandwag af is daar mooi uitsigte oor die Klein-Caledonrivier en die parkomgewing. Nou moet jy teruggaan na die eerste vertakking na Eggokloof, van waar die roete al langs die voet van die sandsteenkranse onder die Sampioenrotse loop totdat dit by die park se pad aansluit. Van hier af kan jy óf op jou spoor óf met die pad na die ruskamp teruggaan. **5 km; 2,5 uur; sirkelroete of heen en terug.**

3. Katedraalgrot is 'n begeleide staptoer wat nie misgeloop moet word nie, maar dit word net buite Junie tot September, die kalkoenibis se broeiseisoen, aangebied. Die grot is een van die skouspelagtigste voorbeelde van sandsteenverwering in Suid-Afrika. Uit 'n nou opening aan die einde van die grot se gewelf stort 'n stroom ongeveer 30 m tot op die vloer, en onder die waterval se lip is die gewelf tot 'n manjifieke koepel verweer, vandaar die naam. Staptoere word as deel van die park se vakansieprogram aangebied, maar kan ook op versoek gereël word. Besprekings kan by die Glen Reenen-ruskamp se ontvangskantoor gemaak word. **Ongeveer 7 km; 2,5 uur; heen en terug.**

Brandwag-ruskamp

Brandwag, die park se hoofruskamp, lê genestel onder 'n indrukwekkende sandsteendagsoom, wat die agtergrond bied vir een van die interessantste wandelings in die park.

4. Holkrans Van die ruskamp af klim die roete steil na die voet van die sandsteenkranse agter die ruskamp en loop dan langs die voet van die kranse na skouspelagtige grotte, wat oor duisende jare in die sandsteen uitgekalwe is. Houttrappe verleen toegang tot die grotte wat 'n paradys vir fotograwe is aangesien die geronde ingange volmaakte rame vir die uitsig oor die vallei bied. Waar die roete eindelik wegswaai van die kranse af, klim jy met 'n lang houtleer na die vallei toe, waarlangs jy dan na die ruskamp terugkeer. **2 km; 1 uur; sirkelroete.**

23. BRANDWAG-STAPROETE EN MONT-AUX-SOURCES
Phuthaditjhaba

> *Staproetes:* 12 km; 2 dae; heen en terug, met 'n opsionele klim van Mont-aux-Sources.
> *Permitte:* Toegangsgeld, maar geen permit is nodig nie.
> *Kaarte:* Die gebied word gedek deur Kaart een in die Drakensberg Recreational Series: Drakensberg-Noord – Mont-aux-Sources na Cathedral Peak.
> *Geriewe/Aktiwiteite:* Oornaghut met slaapbanke en matrasse vir 12 mense, koue stort en toilet by parkeerterrein aan die einde van die Bergpad. Geen geriewe op die platorand nie.
> *Belangrike inligting:* Weerstoestande op die platorand kan baie skielik verander. Wees bedag op moontlike weersverandering, veral mis, wat sonder veel waarskuwing kan toesak. In die winter moet jy warm klere inpak, want sneeu is altyd 'n moontlikheid, en 'n tent moet saamgeneem word as jy van plan is om 'n nag op die kruin deur te bring.

Die pad, wat by die parkeerplek aan die einde van die Bergpad begin, sigsag teen die heuwel op en jy gaan by die Witches verby, van waar daar pragtige uitsigte op Eastern Buttress (3 047 m) en Devil's Tooth (3 019 m) is. Jy bereik die kontoerpad aan die voet van die Brandwag nadat die hoogte bo seevlak met ongeveer 300 m toegeneem het, en volg dit onder Western Buttress (3 121 m) verby.

By Kloof Gully is daar 'n steil, rotsagtige roete wat tot by Beacon Buttress (2 899 m) op die platorand lei en dit is 'n alternatiewe roete vir voetslaners wat die kettinglere 1 km verder wil vermy. In die winter is Kloof Gully egter dikwels deur sneeu en ys versper. In die vroeë dae was hierdie klofie die gewone pad boontoe en het klimmers dikwels in Brandwag-grot, 'n entjie verby die klofie, geslaap.

Twee kettinglere, wat in 1930 deur die destydse Natalse tak van die Bergklub van Suid-Afrika aangebring is, stel jou in staat om die platorand te bereik. Die eerste leer gaan vir ongeveer 17 m teen byna loodregte kranse op en het ongeveer 50 sporte, terwyl die tweede met sy ongeveer 45 sporte 13 m lank is.

Van die bopunt van die lere is dit sowat 1,5 m na die rand van die platorand en op pad daarheen steek jy die Tugelarivier oor. Van die rand van die afgrond is daar ontsagwekkende uitsigte oor die Royal Natal Nasionale Park, die Tugela-waterval, Eastern Buttress, Devil's Tooth en Devil's Toothpick.

Op die platorand kan jy in Kraainesgrot slaap, wat ongeveer 1 km suidwes van die bouval van die Natalse Bergklub se ou hut is. Daar is verskeie pieke op die platorand, onder meer Mount Amery, Western Buttress en Mont-aux-Sources, wat van die kruinplato bereik kan word.

Mont-aux-Sources (3 282 m), die hoogste punt van die Drakensbergse Amfiteater, is ongeveer 5 km suidwes van die bouval geleë. Jy kom daar deur die Tugelarivier stroomop te volg tot by sy oorsprong en dan na die baken te klim wat die grens tussen Lesotho, die Vrystaat en KwaZulu-Natal aandui.

Die kruin is in 1830 die eerste keer deur twee Franse sendelinge, Thomas Arbousset en François Dumas, bereik terwyl hulle die hoogland van Lesotho verken het. Hulle het besef dat die piek die oorsprong van vyf belangrike riviere is en dit 'Berg van Oorspronge' genoem. Die Bilanjil- en Tugelarivier vloei ooswaarts na KwaZulu-Natal, terwyl die Westelike en Oostelike Khebedu die boonste oorsprong van die Garieprivier (Oranjerivier) vorm. Die Elandsrivier wat na die Vrystaat vloei, stort oor 'n krans naby die kettinglere.

24. WOLHUTERSKOP-VOETSLAANPAD
Bethlehem

> *Staproetes:* 19 km; 2 dae; sirkelroete.
> *Permitte:* Jacana Marketing and Reservations, Posbus 95212, Waterkloof 0145, tel: (012) 346 3550, faks: 346 2499, e-pos: info@jacanacollection.co.za
> *Kaarte:* Sketskaart.
> *Geriewe/Aktiwiteite:* Plaashuis by beginpunt, toegerus met beddens en matrasse, elektrisiteit, tweeplaatstoof, yskas, potte, panne, gietysterpot, warmwaterstort en toilet. Oornaghut:

VRYSTAAT

beddens, slaapbanke, matrasse, kombuis met gasstoof, potte, panne, gietysterpot, messegoed, breekgoed, kaggel, warm stort en toilette.

Hierdie voetslaanpad in die Wolhuterskop-natuurreservaat wat 2 km suid van Bethlehem 1 200 ha beslaan, gee voetslaners die geleentheid om die natuurskoon van die reservaat te voet te verken. 'n Bykomende aantreklikheid is dat jy moontlik wild soos springbokke, blesbokke, gemsbokke, rooibokke en die gewone duiker sal sien.

Die eerste dag se skof (12 km; 5 uur) klim na Wolhuterskop met mooi uitsigte oor die reservaat, die omliggende plase en, in die verte, die Maluti's. Verby Barbersbaaidam kronkel die roete deur interessante sandsteenformasies na die oornaghut wat naby 'n dam wat 'n verskeidenheid watervoëls en wildspesies lok, geleë is.

Die tweede dag se skof (7 km; 2,5 uur) lei na die Gerrands-uitkykpunt en, nadat dit 'n viertrekpad 'n kort entjie gevolg het, daal dit na Loch Athlone. Terwyl jy ondertoe stap, moet jy jou oë oophou vir die ouvolk, ook bekend as skurwejanne of sonkykers, die reuse-akkedisse wat hier teen die grasbedekte hange leef.

25. KALKOENIBIS-VOETSLAANPAD
Swinburne

Staproetes: 26,7 km; 2 dae; netwerk van basiskamp af.
Permitte: Jacana Marketing and Reservations, Posbus 95212, Waterkloof 0145, tel: (012) 346 3550, faks: 346 2499, e-pos: info@jacanacollection.co.za
Kaarte: Brosjure oor voetslaanpad met kaart.
Geriewe/Aktiwiteite: Basiskamp: skuur met beddens, matrasse, kombuis met potte, ketels, panne, tweeplatgasstoof, oordekte eetarea, lapa met braaigeriewe, warm storte en toilette. Oornaggrot: bedplatforms (voorsien eie matras), water (kan vir 'n stortbad verhit word), braairooster en toilet.

Dié roete in die omgewing van Harrismith en Van Reenenspas word oorheers deur Rensburgkoppie, 'n bekende landmerk in die Noordoos-Vrystaat.

Afgesien van die kalkoenibis en kransaasvoël, kan voëlkykers die witkruis- en kroonarend te sien kry, asook die kleinswartooievaar en grasveldvoëls soos die oranjekeelkalkoentjie en rooineklewerik.

Kort na die begin van die eerste dag se skof (17,7 km; 7 uur) bereik die pad 'n natuurlike skuiling tussen die rotse wat op die 'aasvoëlrestaurant' (voerplek) uitkyk. Nadat jy deur 'n pragtige stuk inheemse woud gestap het, volg die roete 'n steil sigsagpaadjie teen die berg uit. Katedraalgrot, 'n manjifieke holkrans met 'n gewelf wat soos dié van 'n Gotiese katedraal lyk, is 3,2 km van die beginpunt af. Van die ander hoogtepunte is Wonderfontein, indrukwekkende sandsteenformasies, lappe inheemse woud en 'n grot met goed bewaarde rotsskilderinge. Net meer as 12,5 km van die beginpunt af klim 'n ompad steil na die 2 205 m hoë kruin van Rensburgkoppie en neem die hoogte bo seevlak met meer as 400 m toe. Die roete gaan hierna deur woude ouhout en geelhout en oor die Kalkoenibis-vlakte, waar hierdie skaars voëlsoort dikwels gesien word. 'n Skotige afdraand word gevolg deur 'n klim teen 'n heuwel uit, waarna die roete 'n maklike helling teen die heuwelhang verby die Sampioenrotse tot by die oornaggrot volg.

Kort nadat jy die tweede dag se skof (9 km; 4 uur) begin het, bereik jy die loodregte Swaelkranse, waar jy versigtig moet wees, veral as dit mistig is. Die pad volg dan 'n golwende roete deur grasveld met proteas en ouhoutbome tot by die Verlore Valleiuitkykpunt en verby indrukwekkende sandsteenrotse. 'n Plaasdam, wat jy ongeveer 7 km na die beginpunt bereik, is die ideale plek om in die somermaande af te koel. Die oorblywende 2 km is 'n maklike wandeling met 'n kontoer langs, gevolg deur 'n skotige afdraand.

26. SEDIBA-VOETSLAANPAD
Memel

Staproetes: 2 staproetes; 16,5 km; 2 dae; netwerk van basiskamp af.
Permitte: Discovery Trails, Posbus 149,

Paul Roux 9800, tel. en faks: (058) 471 0551, e-pos: retastrydom@worldonline.co.za
Kaarte: Sketskaart.
Geriewe/Aktiwiteite: Basiskamp met slaapbanke, matrasse, kombuis met gasyskas, kookplaat, potte, pan, ketel, warm storte en lapa met braaigeriewe; kiosk met braaipakkies en plaasprodukte.
Belangrike inligting: Voetslaners moet hul eie hout of houtskool bring.

Hierdie voetslaanpad is in die Noordoos-Vrystaat naby Memel en die basiskamp is baie skilderagtig en by 'n pragtige waterval geleë. Die Sotho-woord *sediba* beteken 'fonteinwater', 'n verwysing na die oorvloed water in die gebied. Met 15 Rooidata-voëlspesies in die gebied en 'n lys van ongeveer 230 spesies, is dit 'n goeie bestemming vir voëlkykers. Van die noemenswaardige voëls wat hier opgeteken is, is die mahem, die blou- en die lelkraanvoël, sowel as die Drakensberg- en Vaalrivierlewerik.

Die eerste dag se skof (10,5 km; 4 uur) loop deur Dassieskeur, 'n diep skeur wat deur die sandsteenrots uitgekalwe is, en gaan dan verder na Khwelakloof met sy watervalle. 'n Ent verder kom jy by Ipikiniki, waar die aanloklike poele die ideale plek vir middagete en swem is. Voor die einde van die dag se skof kronkel die roete verby die Fee-waterval en gaan dan verder na die Alfa-en-Omega-watervalle. Die tweede dag se skof is 'n kort, maar pragtige sirkelroete (6 km; 2,5 uur).

27. LANGBERG-VOETSLAANPAD
Vrede

Staproete: 22 km; 2 dae; netwerk van basiskamp af.
Permitte: Jacana Marketing and Reservations, Posbus 95212, Waterkloof 0145, tel: (012) 346 3550, faks: 346 2499, e-pos: info@jacanacollection.co.za
Kaarte: Sketskaart.
Geriewe/Aktiwiteite: Oornaghut: dubbelverdiepinggebou met slaapbanke,

matrasse, sitkamer, eetgedeelte, elektrisiteit, yskas, kookgerei, kaggel en wasgeriewe; bergfietsry; rotsklim, abseil; grotverkenning.

Hierdie voetslaanpad op die plaas Koefontein loop oor die hange van die Langberg en die maklike terrein maak dit die ideale roete vir nuwelinge. Die eerste dag se skof (14 km; 6 uur) kronkel afwisselend bo en onder die sandsteenkranse. Van die hoogtepunte op die eerste dag is die Waenhuis, 'n ontsaglike groot grot waar vroue en kinders gedurende die Anglo-Boereoorlog (1899-1902) geskuil het, en 'n tweede grot met talle gange.

Die tweede dag se skof (8 km; 3 uur) volg 'n maklike roete oor die onderste hange van die berg. 'n Gedeelte van die roete volg die loop van Spruitsonderdrif, met sy heerlike poel en goeie voëlkykmoontlikhede.

28. WAG-'N-BIETJIE-VOETSLAANPAD
Bothaville

Staproetes: 15 km; 2 dae; netwerk van basiskamp af.
Permitte: Discovery Trails, Posbus 149, Paul Roux 9800, tel. en faks: (058) 471 0551, e-pos: retastrydom@worldonline.co.za
Kaarte: Doen navraag wanneer jy bespreek.
Geriewe/Aktiwiteite: Basiskamp met beddens, matrasse, kombuis met yskas, kookplaat, potte, pan, elektriese ketel, braaigeriewe, warm storte en toilet.

Hierdie voetslaanpad is op 'n plaas noord van Bothaville in die Suidwes-Vrystaat uitgelê en is na die blinkblaar-wag-'n-bietjie vernoem. Die roete begin by die basiskamp, slegs 300 m van die rivier af, en albei skofte (11 km op dag een en 4 km op dag twee) kronkel hoofsaaklik deur welige rivierwoud, met blinkblaar-wag-'n-bietjie, karees, wilde rosyntjiebosse en statige jakkalsbessiesbome. Langs die pad is daar pragtige rusplekke en blikke op die rivier. Die oop water en rivierwoud bied ideale voëlkykplekke. Onder meer kan jy verskillende visvanger-, reier- en eendspesies te sien kry.

Talle vroue vroue onderneem 'n pelgrimstog na Salpeterkrans, op die Brandwater-voetslaanpad, om offerhandes aan die voorvadergeeste te bring in die hoop dat dit hulle vrugbaarder sal maak.

Mpumalanga & Limpopo

Mpumalanga en Limpopo, die provinsies in die noordoostelike en noordelike deel van Suid-Afrika, is bekend vir hul uiteenlopende landskappe, pragtige natuurskoon en talle ander natuurverskynsels. Mpumalanga deel 'n grens met Swaziland in die suidooste, terwyl die Lebomboberge 'n natuurlike grens met Mosambiek in die ooste vorm. Limpopo grens ook aan twee lande: die Limpoporivier vorm die noordelike grens met Zimbabwe, en in die weste grens die provinsie aan Botswana.

Vir mense wat van die buitelewe hou, is daar talle moontlikhede om hierdie twee provinsies se natuurskoon te verken. Dit wissel van kort, maklike verklarende paadjies en oornagvoetslaanpaaie tot begeleide staptogte in die Krugerwildtuin, en die Wolkberg-wildernisgebied waar voetslaners hul eie roetes kan baan.

Die grootste gedeelte van Mpumalanga lê op die Hoëveld, 'n hoogliggende streek waarvan die hoogte bo seevlak van 900 m in die weste tot 2 277 m op die kruin van Mount Anderson in die Mpumalanga-Drakensberg wissel. Die plantegroei is hoofsaaklik grasveld en dit wissel van byna suiwer grasveld met min bome en struike, tot grasveld met tussenin lappe boswêreld in die valleie en teen die heuwelhange. Groot dele van die eertydse grasveld is nou beplant met boerderygewasse en denne- en bloekomplantasies.

Die Mpumalanga-Drakensbergplatorand is 'n gebied met pragtige natuurskoon. Daar is talle watervalle en bekende besienswaardighede soos Blyderivierspoort, Bourke's Luck en God's Window. In die 1880's het prospekteerders, delwers en fortuinsoekers na die gebied gestroom op soek na goud en die geskiedkundige goudmyndorpe Pelgrimsrus en Kaapsehoop herinner aan daardie tydperk.

Die platorand se plantegroei word gekenmerk deur berggrasveld met plek-plek rotsformasies wat tot fassinerende fatsoene verweer het. In die lente gee blomplante kleur aan die grasveld.

Afgesien van die inheemse woud by Mount Sheba, word net klein stukkies bergwoud in beskutte klowe en ravyne op die Mpumalanga-platorand aangetref. Tipiese bome is die outeniekwa- en regte-geelhout, lemoenhout, boekenhout, witstinkhout en bosvaderlandswilg.

Op die platorand is groot soogdiere skaars. Wildsbokke wat natuurlik hier voorkom sluit die vaal- en rooiribbok, klipspringer, gewone duiker, oorbietjie en bosbok in. Al vyf Suid-Afrikaanse primate (bobbejaan, blouapie, samango-aap, die bosnagapie en die nagapie), die bosvark sowel as verskeie kleiner vleisetende diere en knaagdiere kom ook hier voor.

Die berggrasveld naby Graskop en Kaapsehoop is 'n belangrike habitat van die bedreigde blouswael, en Suidoos-Mpumalanga is die tuiste van tipiese grasveldvoëls soos die Vaalrivier- en Drakensberglewerik, geelborskoester en mahem. Die grootste kalkoenibis-broeikolonies word ook hier aangetref. Ander grasveldvoëls is die Kaapse kliplyster, bosveldfisant, rooiborssuikervoël, gestreepte vleikuiken en bergklipwagter. Woudvoëls sluit onder meer die kroonarend, Knysnaloerie, paradysvlieëvanger, lawaaimakerjanfrederik, gewone willie en gryskopspeg in.

In die winter is minimum temperature van benede vriespunt nie ongewoon nie en die dae is koel. Ryp kan tussen Mei en September voorkom en die somertemperature is matig. Die meeste van die Hoëveld se reënval word tussen November en Maart opgeteken, gewoonlik as hewige donderstorms in die namiddag. Die jaarlikse reënval wissel van minder as 400 mm in die weste tot meer as 2 600 mm by God's Window waar die vogtige oostewinde opwaarts gedwing word en swaar mis en reën laat ontstaan. Mis is veral algemeen tussen Desember en Maart.

Die Platorand val weg na die Laeveld, 'n landskap van laagliggende vlaktes met hoogtes bo seevlak wat van 150 m tot 600 m wissel. In dié droë boswêreld kom 'n groot verskeidenheid bome voor, met meer as 300 boomspesies in die

Krugerwildtuin. Tipiese bome is die haak-en-steek, mopanie, boswilg, hardekool, knoppiesdoring, appelblaar, maroela, sterkbos, sandvaalbos, kremetart en koorsboom.

Die Laeveld, wat dikwels as verteenwoordigend van die 'wesenlike Afrika' beskou word, word vereenselwig met groot troppe wild en die Groot Vyf (olifant, renoster, buffel, leeu en luiperd). Die beroemde Nasionale Krugerwildtuin strek van die Limpoporivier vir 350 km suidwaarts tot by die Krokodilrivier. Hierdie wildtuin van byna 2 miljoen ha huisves sowat 147 soogdier-, 114 slang- en meer as 500 voëlspesies.

Die Laeveld het 'n subtropiese klimaat. Winterdae is matig, maar in die midwinter kan minimum temperature tot ongeveer 5 °C daal. In die midsomer kan dit ondraaglik warm word en in Januarie kan temperature tot 35 °C styg. Die reënval wissel tussen 350 en 600 mm per jaar, en die meeste reën val tussen November en Februarie. Swaar donderstorms en weerlig is algemeen in hierdie tyd.

Die provinsie Limpopo is 'n streek van vlaktes en heuwels, met die Soutpansberg in die noorde, die Waterberg in die weste en die noordelike Drakensberg-platorand in die ooste. Die plantegroei op die Platorand is tipiese berggrasveld met klein lappe inheemse woud in beskutte klowe. Grootbos, naby Magoebaskloof, en die Wonderwoud in die Wolkberg-wildernisgebied is die enigste twee plekke waar groot stukke inheemse woud oorgebly het.

Die res van Limpopo se plantegroei – afgesien van dié op die Platorand in die Laeveld-gedeelte – bestaan uit bosveld, 'n term wat verwys na 'n landskap van gemengde bome en struike laer as 10 m met blaredakke wat gewoonlik aan mekaar raak. Dit bestaan onder andere uit 'n verskeidenheid boswilg- en naboomsoorte, maroelas, rooiseringbome, blinkblaar-wag-'n-bietjies en uitgestrekte stande mopanies.

Baie beesplase in Limpopo is in wildplase omskep en wild word stadigaan hervestig. Die Waterberg is 'n belangrike vesting van die skaars bastergemsbok, terwyl swartwitpense, koedoes, ribbokke en rooibokke ook hier voorkom.

Voëls is volop en die soorte wissel van boswêreldspesies soos die witkeeljanfrederik, kalahariwipstert, geelbekneushoringvoël, gebande sanger en grootglansspreeu tot die buitengewone groot verskeidenheid voëls wat na die Nylsvley-vleiland gelok word. By Nylsvley, een van Suid-Afrika se beste voëlkykplekke, is al 426 voëlspesies opgeteken, waaronder broeibevolkings van verskeie skaars en bedreigde spesies. Met tye is daar tot 80 000 voëls in hierdie vleigebied. Die kranse van die Waterberg is die tuiste van die grootste broeikolonie kransaasvoëls in die wêreld.

Wintertemperature in die bosveld is oor die algemeen matig, maar in die midsomer styg dit dikwels tot bo 40 °C, veral op laagliggende plekke. Die provinsies Mpumalanga en Limpopo lê in die somerreënvalstreek.

BELANGRIKE INLIGTING

- Op die Hoëveld en die hoër dele van die Platorand kan dit veral in die winter baie koud word en voetslaners moet genoeg warm klere en 'n goeie slaapsak saamneem.
- Tussen September en April is mis algemeen op die Platorand. As dit baie dig is, moet jy wag totdat dit gelig het (gewoonlik in die middel van die oggend) anders kan jy maklik roetemerkers miskyk en verdwaal.
- Swaar donderstorms kom in die somer in sowel Mpumalanga as Limpopo voor en gaan dikwels gepaard met weerlig. Beplan om die oornagverblyf teen die middel van die namiddag te bereik om te verhoed dat jy in 'n donderstorm vasgevang of deur 'n rivier in vloed vasgekeer word.
- Wees altyd bedag op die gevaar van brande as jy deur grasveld loop. Rokers moet uiters versigtig wees en vure moet net gemaak word op plekke waar dit toelaatbaar is.
- Bosluise kan in die somer 'n probleem wees. Tref dus voorsorg, deur byvoorbeeld jou sokkies met 'n bosluisafweermiddel te behandel.
- Malaria is endemies aan die Laeveld, en die res van Mpumalanga en Limpopo val binne 'n epidemiese malariagebied. Dit is raadsaam om 'n dokter of apteker oor malaria-werende medikasie te raadpleeg voor jy dit in die gebied waag.

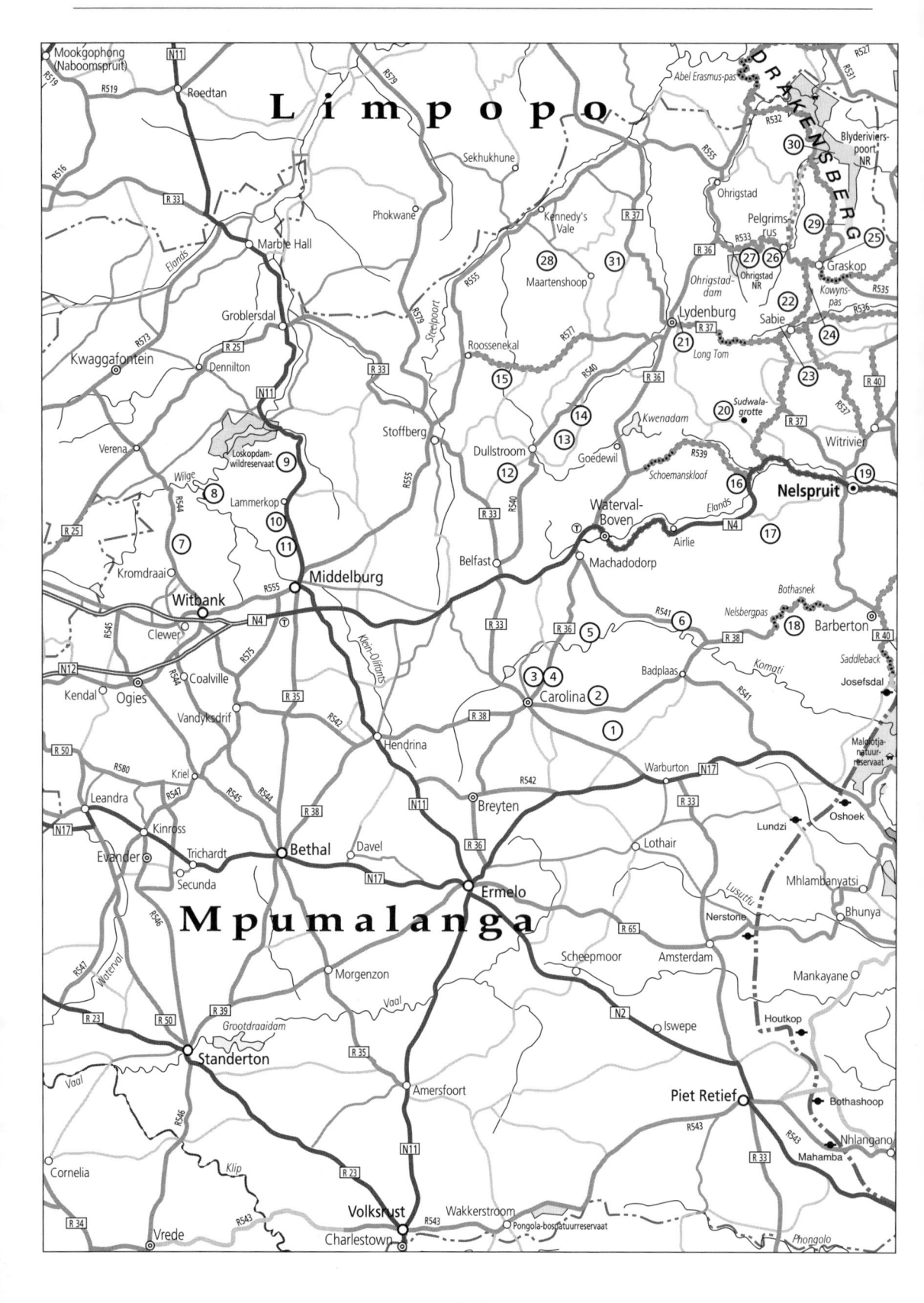

STAPROETES IN SUID-AFRIKA

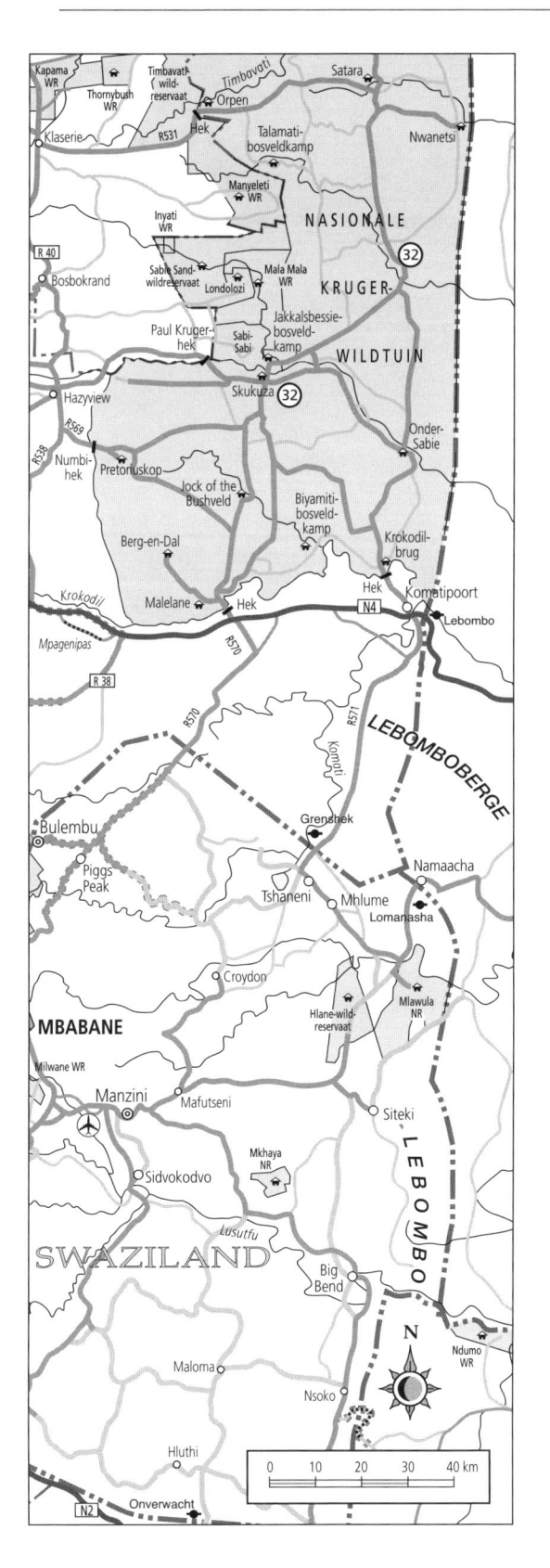

STAPROETES

1. The Brook/Mondi-staproetes bl. 210
2. El Dorian-voetslaanpad bl. 210
3. Suikerbosfontein-voetslaanpad bl. 211
4. Strikdas-voetslaanpad en Hebron-staproetes bl. 211
5. Kranskloof-voetslaanpad bl. 212
6. Bermanzi-staproetes bl. 212
7. Bakoondkrans-voetslaanpad bl. 213
8. Olifantskloof-voetslaanpaaie bl. 213
9. Idwala-voetslaanpad bl. 214
10. Botshabelo-voetslaanpaaie bl. 215
11. Broodboom-voetslaanpad bl. 215
12. Ama Poot Poot-voetslaanpad bl. 216
13. Welgedacht-staproetes bl. 225
14. Ratelspruit-voetslaanpad bl. 225
15. Salpeterkrans-voetslaanpaaie bl. 226
16. Elandsvallei-voetslaanpad bl. 226
17. Kaapsehoop-voetslaanpad bl. 227
18. Queen Rose-voetslaanpad bl. 228
19. Laeveld Nasionale Botaniese Tuin bl. 229
20. Uitsoek-voetslaanpad bl. 229
21. Gustav Klingbiel-natuurreservaat bl. 230
22. Fanie Botha-voetslaanpadnetwerk bl. 231
23. Loerie-wandelpad bl. 232
24. Forest Falls-wandelpad bl. 232
25. Jock of the Bushveld-staproete bl. 232
26. Prospekteerder-voetslaanpaaie bl. 233
27. Mount Sheba-natuurreservaat bl. 234
28. Matlapa-voetslaanpad bl. 234
29. Blyderivierspoort-voetslaanpad bl. 235
30. Bourke's Luck-kolkgate-staproetes bl. 236
31. Hadeda-watervalroetes bl. 236
32. Nasionale Krugerwildtuin bl. 237 (kyk ook kaart op bl. 209)

Word vervolg op bl. 208–209

STAPROETES

- 29 Blyderivierspoort-voetslaanpad bl. 235
- 30 Bourke's Luck-kolkgate-staproetes bl. 236
- 31 Hadeda-watervalroetes bl. 236
- 32 Nasionale Krugerwildtuin bl. 237
- 33 De Neck-voetslaanpad bl. 239
- 34 Kameelperd-voetslaanpad bl. 239
- 35 Hans Merensky-natuurreservaat bl. 240
- 36 Rooikat-natuurwandelpad bl. 240
- 37 Wolkberg-wildernisgebied bl. 241
- 38 Magoebaskloof-voetslaanpad bl. 242
- 39 Modjadje-natuurreservaat bl. 243
- 40 Khongoni-voetslaanpad bl. 244
- 41 Ben Lavin-natuurreservaat bl. 244
- 42 Mabudashango-voetslaanpad bl. 245
- 43 Soutpansberg-voetslaanpad bl. 246
- 44 Lesheba-wildernis bl. 247

MPUMALANGA & LIMPOPO

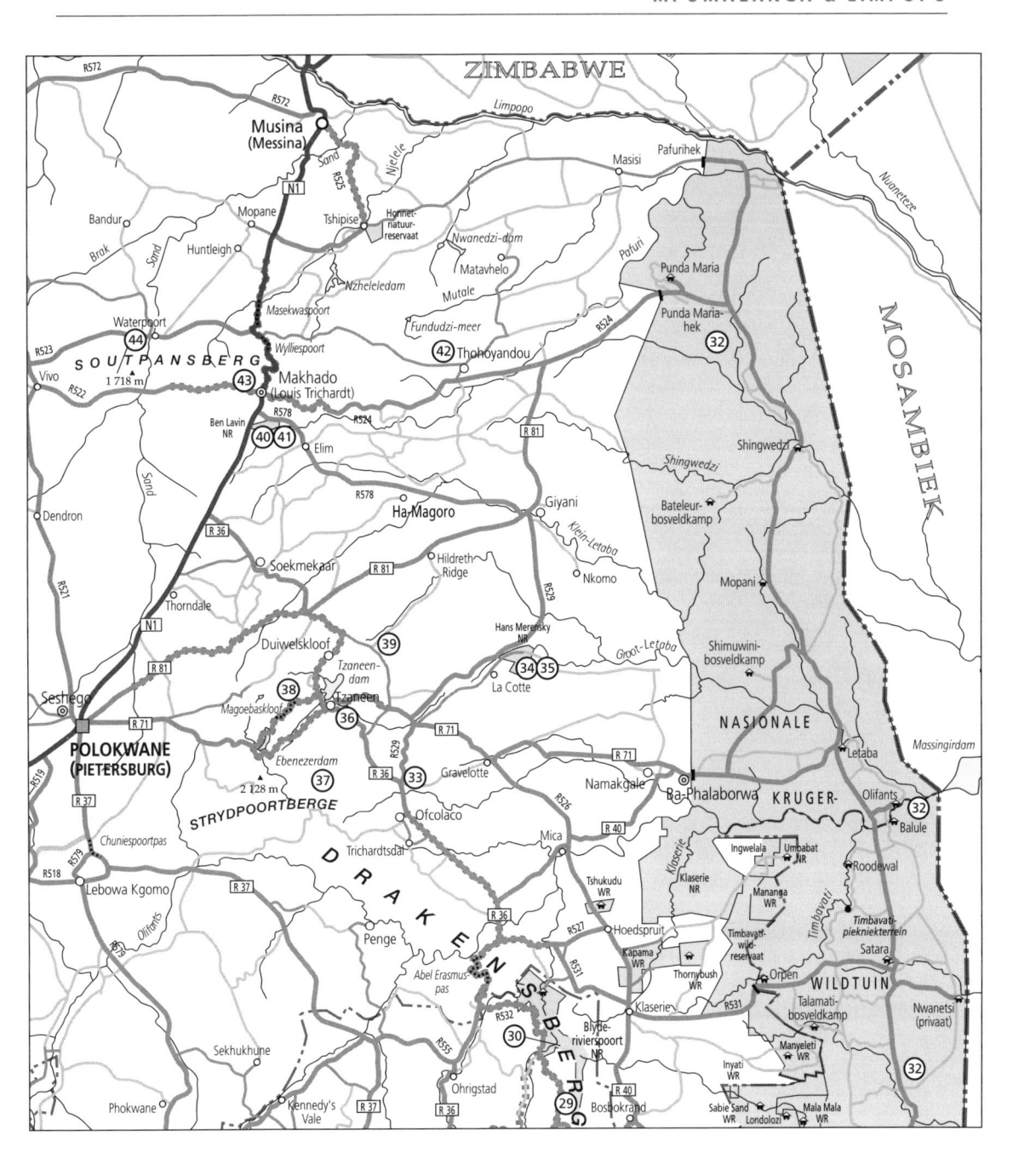

45 Thabaphaswa-voetslaanpaaie bl. 247
46 Ubumanzi-voetslaanpad bl. 248
47 Vasbyt-voetslaanpad bl. 248
48 Rietfontein-voetslaanpad bl. 248
49 Sable Valley-en-Serendipity-
   voetslaanpad bl. 249
50 Stamvrug-voetslaanpad bl. 249
51 Wag-'n-bietjie-staproetes bl. 250

52 Diepdrift-voetslaanpaaie bl. 251
53 Tshukudu-voetslaanpad bl. 251
54 Rhenosterpoort-voetslaanpad bl. 252
55 Waterbergkruin-voetslaanpad bl. 252
56 Kransberg-natuurstaproetes bl. 252
57 Mateke-voetslaanpad bl. 253

1. THE BROOK/MONDI-STAPROETES
Warburton

> **Staproetes:** 3 roetes; 5 tot 11 km; 2,5 tot 5 uur; netwerk van basiskamp af.
> **Permitte:** Jacana Marketing and Reservations, Posbus 95212, Waterkloof 0145, tel: (012) 346 3550, faks: 346 2499, e-pos: info@jacanacollection.co.za
> **Kaarte:** Pamflet oor staproetes met kaart.
> **Geriewe/Aktiwiteite:** Muzentu-hut: gerestoureerde plaashuis met beddens, matrasse, kombuis met gasstowe, yskas, potte, panne, ketels, braaigeriewe, warm storte en toilette; forelhengel.

Hierdie staproetes loop deur 'n gebied van Suidoos-Mpumalanga waar die Hoëveld wyk voor 'n vallei wat die oorsprong is van verskeie riviere wat oos vloei. Die talle watervalle en strome het een van die oorspronklike Skotse setlaars in wat toe as die New Scotland Development bekend was, geïnspireer om sy plaas The Brook te noem. Die talryke strome loop teen die berghange af na die noordelike vallei van die Komatibekken en vloei uiteindelik saam om die Muzentustroom te vorm.

Die plantegroei is hoofsaaklik tipiese Hoëveldgrasveld met 'n groot verskeidenheid blomplante soos grasklokkies, watsonias en ses aalwynsoorte. Van die groter soogdiere wat jy kan sien, is die blesbok, bontsebra en rooiribbok. Ongeveer 80 voëlspesies is in die gebied opgeteken.

Die roetenetwerk bestaan uit 'n volle dag se staptog van 11 km, wat oor die hange langs die Muzentustroom gaan, en twee halfdagroetes van 5 km en 5,5 km onderskeidelik.

1. Moon Rock-staproete daal en steek 'n stroom oor en loop dan op na die rotsformasie waarna dit vernoem is. Van daar af daal die roete weer om oor Daisy Creek te gaan, waar dit 'n kontoer na 'n ander stroom volg. 'n Ent verder sluit dit aan by 'n pad waarmee jy na die beginpunt kan terugstap. **5 km; 2,5 uur; sirkelroete.**

2. Boulder Canyon-staproete is 'n halfdagroete wat verby enorme rotse tot in die Muzentuvallei afkronkel en dan deur 'n diep, rotsbesaaide kloof loop voordat dit na die beginpunt terugkeer. **5,5 km; 3 uur; sirkelroete.**

3. Waterval-staproete Van die basiskamp af klim die roete geleidelik teen die westelike hange bo die Muzentustroom uit en die hoogte bo seevlak neem met 200 m toe. Dit kronkel dan af na die rivier waar 'n poel die ideale plek vir middagete is. Daarna loop die roete verby 'n manjifieke waterval en klim dan steil teen die vallei se oostelike hange uit. Die roete loop dan oor die bopunt van die vallei voordat dit om Aalwynspruit en Grasklokkies-klippe terug na die beginpunt kronkel. **11 km; 5 uur; sirkelroete.**

2. EL DORIAN-VOETSLAANPAD
Carolina

> **Staproete:** 27 km; 2 dae; sirkelroete.
> **Permitte:** Anvie Ventures, Posbus 60035, Pierre van Ryneveld 0045, tel. en faks: (012) 662 1140.
> **Kaarte:** Sketskaart.
> **Geriewe/Aktiwiteite:** Basiskamp: huis met matrasse, sitkamer met kaggel, kombuis met yskas, potte, panne, braaiplek, warm storte en toilette. Oornagkamp: huis met slaapbanke en matrasse, oordekte braaiplek met kookgerei, lanterns, storte en toilette.
> **Belangrike inligting:** Rook verbode op die roete. Vure net op afgemerkte plekke.

Hierdie voetslaanpad loop oor 20 000 ha bergagtige gebied, 22 km oos van Carolina en word gekenmerk deur klowe met inheemse woude, plantasies, fonteine en panoramiese uitsigte. Die Buffelspruit, wat die gebied se water afvoer, word verskeie kere in die loop van die staptog oorgesteek.

Op dag een (15 km; 6 uur) loop die roete aanvanklik oos en gaan dan bo die Klein-Buffelspruit verby tot by 'n pragtige waterval, waar jy vir middagete kan vertoef. Die roete gaan oor die rivier, dan op na 'n plato en gaan dan weer oor die Buffelspruit voordat jy die oornaghut bereik. Ongeveer 1 km nadat jy die tweede dag se skof (12 km; 5 uur) begin het, bereik die roete die Buffelspoortdam, van waar dit tot die hoogste punt op die roete klim. 'n Ent verder kom jy by nog 'n dam, waar jy kan afkoel voordat die laaste gedeelte terug na die beginpunt aangepak word.

3. SUIKERBOSFONTEIN-VOETSLAANPAD
Carolina

> *Staproete:* 19,5 km; 2 dae; sirkelroete.
> *Permitte:* Jacana Marketing and Reservations, Posbus 95212, Waterkloof 0145, tel: (012) 346 3550, faks: 346 2499, e-pos: info@jacanacollection.co.za
> *Kaarte:* Pamflet oor roete met kaart.
> *Geriewe/Aktiwiteite:* Rooikrans-kamp: hutte met beddens, matrasse, kombuis met ketel, potte, panne, braaigeriewe, warm storte en toilette. Oom Japie se Huis: huis met beddens, matrasse, kombuis met ketel, potte, panne, braaigeriewe, warm storte en toilette.

Die Suikerbosfontein-voetslaanpad, geleë op die Platorand, 20 km noordoos van Carolina, loop oor grasveld afgewissel met kolle gewone suikerbos. Lappe inheemse woud, met geelhoutbome, kom in beskutte klowe voor, terwyl die gewone boomvaring opvallend is langs die strome. Van geskiedkundige belang is die bouvalle van altare, tempels en ander konstruksies wat deur Dravidiese (Indiese) goudsoekers gebou is wat in die eerste millennium en vroeg in die tweede millennium vir goud geprospekteer en dit met die Khoi-Khoi en later die Nguni-volke verhandel het.

Van Oom Japie se Huis gaan die eerste dag se skof (9,3 km; 4 uur) geleidelik af na die Geelhoutkranse en loop dan verby goeie voorbeelde van rotskuns. 'n Ent verder kom jy by ruïnes uit die tydperk van die Dravidiese goudsoekers, en dan gaan die roete verder na Dassiekrans, waar nog ruïnes te sien is. Nadat dit 'n kontoer gevolg het, loop die roete om 'n kloof en kom dan by die Dying Sun Chariot-tempel, 'n Dravidiese tempel met 'n regop steen wat in lyn is met die spits van Doornkop, waar die 'sterwende son' om ongeveer 16:50 op 21 Junie, die wintersonstilstand, ondergaan.

Die tweede dag se skof (10,2 km; 4 uur) van Rooikrans-kamp loop deur smal ravyne en dan na 'n altaar, die beginpunt van die pad na die Dying Sun Chariot-tempel. Net meer as 2 km van die beginpunt kom jy by Grootkloof en die 23 m hoë Mooifontein-waterval. Van hier af volg die roete 'n kontoer na S-draai-kloof en loop dan langs 'n stroom met pragtige watervalle en poele. Dan gaan jy deur Gladdekloof, 'n goeie plek vir middagete. Nadat jy deur Gladdekloof is ('n tou help voetslaners teen nat kranse uit) volg jy die roete oor Suikerbosrand met sy oorvloed gewone suikerbosse en dan na Rooirant toe. Die daling na Oom Japie se Kloof, met sy manjifieke boomvarings, word gevolg deur 'n gelykmatige klim na Oom Japie se Huis.

4. STRIKDAS-VOETSLAANPAD EN HEBRON-STAPROETES
Carolina

> *Staproetes:* Oornagroete; 19 km; 2 dae; sirkelroete. 4 eendagroetes; 4 tot 12 km; 2 tot 6 uur; sirkelroete en eenrigting.
> *Permitte:* Anvie Ventures, Posbus 60035, Pierre van Ryneveld 0045, tel. en faks: (012) 662 1140.
> *Kaarte:* Sketskaart.
> *Geriewe/Aktiwiteite:* Basiskamp: kliphuisie en hut met slaapbanke en matrasse, braaiplek met potte, panne, ketel, vuurmaakhout, warm storte en toilette. Oornagkamp: houthut en kliphut met matrasse, braaiplekke, potte, panne, ketel, warm stort en toilet.

1. Strikdas-voetslaanpad volg die Hebron- en Bosvark-wandelpaaie tot jy 11 km (5 uur) nadat jy vertrek het by die oornaghut uitkom. (Voetslaners kan hul rugsakke hier laat terwyl hulle die 12 km lange Kiepersol-roete aflê (kyk bl. 212). Hoogtepunte op die roete is Die Venster, 'n uitkykpunt met panoramiese uitsigte oor die Komativallei, en die ruïnes van bouwerke wat deur Indiese goudsoekers gebou is en van die 6de eeu v.C. dateer. 'n Ent verder volg die roete die loop van 'n stroom, met aanloklike poele en opwindende stroomversnellings. Die tweede dag se skof (8 km; 3 uur) volg aanvanklik die loop van 'n stroom deur 'n kloof en sluit dan aan by die terugskof van die Waterval-roete. **19 km; 2 dae; sirkelroete.**

2. Hebron-staproetenetwerk bestaan uit vier roetes: **Bosvark-roete** (4 km; 2 uur; eenrigting), **Hebron-roete** (7 km; 3,5 uur; eenrigting), **Kiepersol-roete** (12 km; 6 uur; sirkelroete) en die **Waterval-roete** (7,5 km; 4 uur; sirkelroete). Soos die naam aandui, is daar pragtige watervalle en swempoele op die Waterval-roete, en 'n sampioenvormige rots van kwarts is nog 'n hoogtepunt. **4–12 km; 2–6 uur; sirkel- en eenrigtingroetes.**

5. KRANSKLOOF-VOETSLAANPAD
Carolina

Staproetes: 1 voetslaanpad; 18,5 km; 2 dae; sirkelroete. 4 dagwandelings; 3,5 tot 5 km; 2 tot 3 uur; sirkelroetes en heen en terug.
Permitte: Jacana Marketing and Reservations, Posbus 95212, Waterkloof 0145, tel: (012) 346 3550, faks: 346 2499, e-pos: info@jacanacollection.co.za
Kaarte: Pamflet oor roete met kaart.
Geriewe/Aktiwiteite: Kranskloof: kliphutte met slaapbanke en matrasse, kombuis met tweeplaatgasstoof, potte, panne, braaigeriewe, warm storte, toilette. Suikerkrans: houthutte met dieselfde geriewe as Kranskloof.

1. Kranskloof-voetslaanpad Die eerste dag (10 km; 4 uur) van hierdie voetslaanpad, ook bekend as die Vaalribbok-roete, klim geleidelik langs die rand van 'n kloof en gaan deur 'n stand melkpruimbome. Die roete bereik 'n waterval wat oor die rand van 'n krans stort en klim dan deur interessante rotsformasies en grasveld voordat dit geleidelik na die oornaghutte by Suiderkrans daal.

Dag twee se skof (8,5 km; 3 uur), die Oorbietjie-roete, klim uit Kleinklofie, met sy reuseboomvarings, tot by die plato en loop dan geleidelik op na die waterval, waar jy by die heenroete van die eerste dag se skof uitkom. Van hier af gaan jy op jou spoor terug na die beginpunt toe. **18,5 km; 2 dae; sirkelroete.**

2. Ruïnes-daguitstappie kan ook hier onderneem word. **3,5 km; 2 uur; sirkelroete.**

3. Kransroete volg die heenskof van die oornagroete tot by die waterval, van waar jy op jou spoor teruggaan. **4,5 km; 2 uur; heen en terug.**

4. Kloofroete kan met die Kransroete gekombineer word deur van die waterval in die vallei af te loop. Die afdraand is steil en sak met omtrent 100 m tot by die rivier met sy waterglybaan en pragtige poele. **5 km; 3 uur; sirkelroete.**

6. BERMANZI-STAPROETES
Machadodorp

Staproetes: 2 roetes; 8 en 12 km; 4 en 6 uur; sirkelroetes.
Permitte: Anvie Ventures, Posbus 60035, Pierre van Ryneveld 0045, tel. en faks: (012) 662 1140.
Kaarte: Sketskaart.
Geriewe/Aktiwiteite: Luukse grasdak-kliphuis: drie slaapkamers, badkamer, kombuis met gasstoof en yskas, sonkragbeligting, elektrisiteit, sitkamer met kaggel, braaiplek. Voetslanerhutte met slaapbanke, matrasse, potte, pan, ketel, klein houtskoolstofie, braaigeriewe, warm storte en toilette.

Die berge tussen Machadodorp, Waterval-Boven en Badplaas vorm die agtergrond vir hierdie wandelpaaie suidoos van Machadodorp.

Roete 1, ook bekend as die Hoofroete, volg aanvanklik 'n ou wapad wat gemaak is deur 'n familie vir wie hierdie valleie 'n toevlugsoord was tydens die Anglo-Boereoorlog (1899–1902). Nadat dit deur 'n natuurlike rotsskeur, Houtkapperskeur, gegaan het daal die roete na die voet van die kranse wat oor die Komativallei uitkyk. Dit sluit dan aan by die ou wapad en van daar daal dit skerp deur inheemse bos na die Bosbok-wandelpad en die Bankspruit. Hierna klim die roete steil na die kruin van Rooikrans en daal dan na 'n pragtige poel en stroomversnellings. 'n Ent verder kom jy by die Uitkoms-waterval, glo die tweede hoogste in Mpumalanga, en klim dan geleidelik terug na die plato. Die terugskof volg die rand van die plato terug na die basiskamp. **12 km; 6 uur; sirkelroete.**

Roete 2 bestaan uit 'n kombinasie van verskeie kort sekondêre wandelpaaie, soos die **Boerperd-, Rooikat-, Tarentaal-, Tierboskat-, Bosvark-** en **Duikerroete. 8 km; 4 uur; sirkelroete.**

7. BAKOONDKRANS-VOETSLAANPAD
Witbank

Staproetes: 21 km; 2 dae; sirkelroete.
Permitte: Anvie Ventures, Posbus 60035, Pierre van Ryneveld 0045, tel. en faks: (012) 662 1140.
Kaarte: Roete aangedui op 'n fotokopie van 'n topografiese 1:50 000-kaart.
Geriewe/Aktiwiteite: Koeistalle-basiskamp: opgeknapte koeistal met slaapbanke, matrasse, braaigeriewe, potte, panne, ketel en lanterns, stort en toilet. Oornaghut: 'grot'-hut met beddens, matrasse, braaiplek met potte, panne, lanterns, stort en toilet.

Hierdie bekoorlike voetslaanpad gaan oor die Gouwsberg, 30 km noord van Witbank, en langs die pad kom 'n mens broodbome (*Encephalartos*), 'n natuurlike rotsbrug, grotte en manjifieke rotsformasies teë.

Van die Koeistalle-basiskamp loop die eerste dag se skof (12 km; 6 uur) deur grasveld tot by Ras se Kloof en kronkel dan deur broodbome na die kruin van die berg, van waar daar mooi uitsigte oor die Olifantsrivier is. Die roete daal deur 'n kloof na die Klipspruit met sy natuurlike rotsbrug, poele, stroomversnellings en 'n 3 m hoë waterval, net die plek vir middagete. Dan klim die roete na die Sampioenrotse en Salpeterkrans, en gaan verby 'n grot waar mense uit die Ystertydperk gewoon het. Dit kronkel uiteindelik af na Bakoondkrans langs die Olifantsrivier. Die tweede dag se skof (9 km; 4 uur) volg die Olifantsrivier en loop deur Diepkloof, 'n geil bosgebied met gewone boomvarings. Die laaste 1 km van die roete is deur grasveld.

8. OLIFANTSKLOOF-VOETSLAANPAAIE
Witbank

Staproetes: 3 roetes 23 tot 27 km; 2 dae; sirkelroete, wat tot langer roetes gekombineer kan word.
Permitte: Anvie Ventures, Posbus 60035, Pierre van Ryneveld 0045, tel. en faks: (012) 662 1140.
Kaarte: Sketskaart.
Geriewe/Aktiwiteite: Kingdombasiskamp: kliphutte met slaapbanke, matrasse, stort en toilet; rietdakarea met kombuis en braaigeriewe, potte, pan, ketels en lanterns. Slanghoek: plaashuis met slaapbanke, matrasse, braai- en kombuisgeriewe, potte, pan, ketel. Grootdraai: hut met slaapbanke, matrasse, braaigeriewe, pot, pan en ketel, stort en toilet.

Hierdie netwerk van wandelpaaie loop deur 'n gebied van 15 000 ha by die samevloeiing van die Olifants- en Wilgerivier in die Loskopdam-gebied. Dit bestaan uit 'n tweedaagse oornagvoetslaanpad en twee wandelpaaie wat elk uit twee sirkelroetes bestaan wat afsonderlik as dagroetes afgelê kan word of tot oornagroetes gekombineer kan word.

1. Slagthoek-voetslaanpad loop deur die gebied oos van die Olifantsrivier. Van die Slagthoek-basiskamp klim die God's Window-lus (12 km; 6 uur) geleidelik deur rotse na 'n uitkykpunt met 'n uitsig oor die Honderd Heuwels. Dit kronkel af deur 'n vallei met treffende rotsformasies na 'n uitkykpunt met asemrowende uitsigte oor die Olifantsrivier. Van hier af klim die roete geleidelik na Gifkoppie, met sy panoramiese uitsigte oor die stroomversnellings en kaskades in die Olifantsrivier, en daal dan na die Olifantsrivier. Nadat die rivier oorgesteek is, volg die roete 'n dig beboste kloof terug na die basiskamp. Die Broodboom-lus (11 km; 5 uur) volg 'n pad na Boskloof-plato en daal dan deur 'n vallei met 'n natuurlike broodboomtuin. 'n Ent verder klim dit geleidelik na 'n uitkykpunt met 'n uitsig oor die Olifantsrivier, waarna dit weer daal, terug na die basiskamp toe. **23 km; 2 dae; sirkelroete.**

2. Kingdom-voetslaanpad Roete 1 (9 km; 4 uur) begin by die Kingdom-basiskamp en klim deur 'n kloof met 'n seisoenale waterval tot op 'n plato, waar voetslaners van Razor's Edge af met pragtige uitsigte oor die Wilgerivier beloon word. Nadat dit 'n kontoer gevolg het daal die roete deur die dig beboste Donkerkloof met sy fonteine en ou witstinkhoutbome. 'n Ent verder volg die pad die Njalarivier na Black Rock Cascade en die Kingdom-basiskamp. Roete 2 (16 km; 7 uur) loop verby Black Rock Cascade en gaan op deur 'n kloof tot op 'n plato, met 'n uitsig oor Olifantskloof en Die Hel by die samevloeiing van die Olifants- en die Wilgerivier. Die roete gaan dan af deur 'n kloof na die Olifantsrivier en loop verby 'n manjifieke ou vyeboom. Op pad kom jy by die Hippo Pool-swemplek, 'n ideale rusplek. Die roete loop dan verder langs die rivier en verby kranse. Die rivier word twee keer met behulp van 'n kabelgreep oorgesteek. As die rivier vol is, sal jy egter 'n alternatiewe roete moet volg wat die lus vermy wat die Olifantsrivier oorsteek. Nadat jy die tweede keer oor is, loop die roete geleidelik afdraand na die Snaaksekrans-uitkykpunt en 1 km verder swaai dit skerp regs om deur Sheba's Breasts te gaan. Die laaste gedeelte daal deur die Njalariviervallei terug na die basiskamp. **25 km; 2 dae; sirkelroete.**

3. Olifantskloof-voetslaanpad is 'n tweedaagse staptog, wat tot 'n drie- of vierdaagse voetslaanpad verleng kan word deur enige van die sirkelroetes hieronder by te voeg. Dag een (12 km; 5 uur) volg die eerste 7,5 km van Roete 2 van die Kingdom-voetslaanpad tot by die eerste oorgang oor die Olifantsrivier. Hier vertak die roete na links en gaan deur 'n kloof terug na Slanghoek toe. Op dag twee (15 km; 7 uur) loop die roete deur Bamboeskloof en volg dan die Olifantsrivier waar daar verskeie swemplekke is. By Grootdraai-hut sluit dit aan by die Paradors-lus en volg dan die Njalarivier terug na die Kingdom-basiskamp. **27 km; 2 dae; sirkelroete.**

9. IDWALA-VOETSLAANPAD
Loskopdam

Staproetes: Netwerk van verskeie roetes; 24 km (altesaam); 1 uur tot 1,5 dae; sirkelroete.
Permitte: Jacana Marketing and Reservations, Posbus 95212, Waterkloof 0145, tel: (012) 346 3550, faks: 346 2499, e-pos: info@jacanacollection.co.za
Kaarte: Pamflet oor roete met kaart.
Geriewe/Aktiwiteite: Basiskamp: chalets met beddens, matrasse, kombuis met tweeplaatgasstoof, potte en panne, braaigeriewe (bring eie houtskool), warm storte en toilette.
Belangrike inligting: Die plaas Kranskloof, waarop die roetes geleë is, is van 15:00 Donderdag tot 10:00 Maandag oop vir besoekers, met die uitsondering van openbare vakansiedae, wanneer dit gesluit is.

Hierdie voetslaanpad, wat op die Loskopdam uitkyk, lê in die oorgangsgebied tussen die Hoëveld en die Laeveld, en die plante en diere is daarom verteenwoordigend van albei streke. *Idwala* is 'n Ndebele-woord wat 'groot plat klippe' beteken, 'n verwysing na die klipriwwe in die omgewing. Die kort afstande maak dit 'n ideale roete vir beginners en gesinne met kinders.

Die plantegroei wissel van uitgestrekte grasvelde, met 'n verskeidenheid blomplante en proteaveld, tot dig beboste klowe. Tipiese boomsoorte wat hier voorkom, is die gewone boomvaring, stamvrug, wildepruim, Transvaalse baakhout en bergsering.

Groot diersoorte in die gebied is onder andere die bastergemsbok, koedoe, rooiribbok, blouwildebees en bontsebra. Die klipspringer, gewone duiker en steenbok is ook hier te sien. Meer as 85 voëlspesies, waaronder die hoëveldklappertjie, is reeds opgeteken en verskeie soorte watervoëls word na Hannes se Dam op die plaas gelok.

Die Idwala-staproetenetwerk bestaan uit 'n aantal aaneengeskakelde sirkelroetes. Die sirkelroetes op die grasvlaktes suid van die basiskamp wissel van 'n kort wandeling deur Varingkloof tot die 6 km lange **Hoëveldklappertjie-wandelpad**. 'n

Interessante natuurverskynsel op hierdie roete is 'n konglomeraatrif wat ongeveer 350 miljoen jaar gelede gevorm is toe spoelklippe in lawa ingebed geraak het.

Noord van die basiskamp klim die 9,4 km lange **Mwamasi-roete** tot by die Suikerbosvlakte. 'n Mens kan die roete verleng deur aan te sluit by die 3,4 km lange **Suikerbossingel-wandelpad**. Haelgeweersingel, wat uit Suikerbossingel vertak, kan gevaarlik wees (aangesien die roete oor 'n kranslys loop wat in nat weer glad kan wees) en moenie in nat weer, deur onvergeselde kinders of deur onervare voetslaners aangepak word nie. Langs die roetes is daar wonderlike uitsigte oor die diep valleie en ravyne van die gebied, sowel as van Loskopdam, wat honderde meters onder jou lê.

10. BOTSHABELO-VOETSLAANPAAIE
Middelburg

Staproetes: 3 roetes; 6 tot 12 km; 3 tot 6 uur; sirkelroete.
Permitte: Toegangsgeld. Geen permit nodig vir wandelpaaie nie.
Kaarte: Sketskaart.
Geriewe/Aktiwiteite: Restaurant; kiosk; aandenkingwinkel; Botshabelo-museum, Ndebele-opelugmuseum.

Die voetslaanpadnetwerk neem die natuurskoon van die gebied, sy geskiedenis, en die kultuur van die Ndebele-volk in. Botshabelo, wat 'skuilplek' beteken, is in 1865 deur die Berlynse Sendingvereniging begin. Om sy volgelinge teen aanvalle deur die Pedi-hoofman, Sekhukhune, te beskerm, het die sendeling Alexander Merensky 'n klipfort gebou. Die sendingstasie het vinnig uitgebrei en teen 1873 was daar 1 315 inwoners. Die fort, twee kerke, Merenskyhuis-museum en talle ander geboue uit daardie tyd vorm deel van die Botshabeloterreinmuseum.

Botshabelo lê binne 'n 2 306 ha-natuurreservaat, en diere wat te sien is sluit die eland, blesbok, rooihartbees, swartwildebees, springbok en bontsebra in. Kleiner diere is die steenbok, gewone duiker, oorbietjie, klipspringer, bobbejaan en blouapie.

1. Botshabelo-staproete is ingestel op die geskiedenis van die sendingstasie. Dit kronkel verby Fort Merensky en bied uitstekende uitsigte oor die nedersetting. Nadat die roete deur twee klowe is, daal dit na die Klein-Olifantsrivier en keer dan terug na Botshabelo, met genoeg tyd oor om die nedersetting te verken. **6 km; 3 uur; sirkelroete.**

2. Klein-Aasvoëlkrans-staproete loop deur groepe van die endemiese olifantsrivierbroodboom en bied mooi uitsigte oor die Klein-Olifantsrivier. Die heenskof van hierdie wandelpad klim aanvanklik geleidelik en loop dan bo die Klein-Olifantsrivierkloof tot by Aasvoëlkrans. Nadat die rivier oorgesteek is, loop die roete die hele pad terug na die beginpunt langs die rivier. **12 km; 6 uur; sirkelroete.**

Daar is ook 'n korter opsie wat gevolg kan word op die Klein-Aasvoëlkrans-wandelpad. Hierdie roete gaan in die kloof af en loop dan bo die rivier verder, voordat dit by die uitwaartse skof van die Klein-Aasvoëlkrans-wandelpad aansluit. **10 km; 5 uur; sirkelroete.**

11. BROODBOOM-VOETSLAANPAD
Middelburg

Staproetes: 3 roetes; 9 tot 21 km; 4 tot 8 uur; sirkelroetes wat tot langer roetes gekombineer kan word.
Permitte: Broodboom-voetslaanpad, Posbus 1326, Middelburg 1050, tel: (013) 282 6101, faks: 282 5752.
Kaarte: Sketskaart.
Geriewe/Aktiwiteite: Scheepersdalbasiskamp: plaashuis met matrasse, water, braaigeriewe, vuurmaakhout en toilette. Op die roete: hutte met matrasse, braaigeriewe, vuurmaakhout en toilette.

Die Broodboom-voetslaanpad, wat in 1975 geopen is, loop deur pragtige natuurskoon in die Olifantsriviervallei. Die roetenetwerk kronkel deur manjifieke rotsformasies, digte stande broodbome en ook langs die Olifantsrivier. Die plantegroei word oorheers deur gemengde suurveld, wat uit bome en struike soos die gewone haakdoring, witaarbeibos, boekenhout, fluweelboswilg, gewone drolpeer en gewone suikerbos bestaan. Besonder interessant is die groot bevolkings van twee broodboomsoorte wat hier voorkom: die olifantsrivierbroodboom is endemies aan die bolope van die Olifantsrivier en word maar net 1 m hoog, terwyl die waterbergbroodboom tot 4 m hoog word.

Van die diere wat jy hier kan teëkom, is die koedoe, klipspringer, vlakvark, blouapie en bobbejaan. Luiperds en strandjutte kom ook hier voor maar word selde gesien.

Langs die Olifantsrivier moet jy op die uitkyk wees vir bloureiers, gewone vleiloeries en reusevisvangers. Roofvoëls wat jy kan sien, is onder andere die witkruis-, breëkop- en visarend, en die edel- en die swerfvalk. Die bosveldfisant, Afrikaanse kwartel, gewone bontrokkie en witgatspreeu is van die bosveldsavannevoëls wat jy kan afmerk.

Die staproetenetwerk bestaan uit drie roetes, wat as dagroetes afgelê of tot twee- of driedaagse voetslaanpaaie gekombineer kan word.

1. Suikerbos-voetslaanpad het sy naam te danke aan die gewone suikerbos wat volop is langs die roete. Die roete loop oor die boonste plato en daal dan deur 'n kloof af tot by die Olifantsrivier. Die terugskof volg grotendeels die rivieroewer terug na die beginpunt by die Scheepersdal-plaashuis. Die Suikerbos-voetslaanpad kan ook as die tweede skof van 'n twee- of driedaagse roete afgelê word. **9 km; 4 uur; sirkelroete.**

2. Broodboom-voetslaanpad kronkel langs die rand van die plato, van waar daar asemrowende uitsigte oor die Olifantsrivier is. Die voetslaanpad kry sy naam van die twee broodboomsoorte wat volop hier voorkom. Die Arendsneshut is geleë op die rand van die kranse bo die Klein-Olifantsriviervallei. Die Broodboom-voetslaanpad kan ook as die eerste skof van 'n twee- of driedaagse roete afgelê word. **14 km; 6 uur; sirkelroete.**

3. Bobbejaanroete vereis dat jy taamlik fiks moet wees, aangesien daar rotsagtige gedeeltes is waar voetslaners soos bobbejane moet klim en klouter – vandaar die naam. Die roete loop aanvanklik op die rand van die plato en daal dan na die Olifantsrivier wat vir 14 km gevolg word voordat dit na die beginpunt terugdraai. Die Bobbejaanroete kan ook as die tweede of derde skof saam met die twee ander roetes afgelê word. **21 km; 8 uur; sirkelroete.**

12. AMA POOT-POOT-VOETSLAANPAD
Dullstroom

Staproetes: Voetslaanpad met twee verskillende roetes; 6 en 13 km; 3 en 6 uur; netwerk van basiskamp af.
Permitte: Anvie Ventures, Posbus 60035, Pierre van Ryneveld 0045, tel. en faks: (012) 662 1140.
Kaarte: Sketskaart.
Geriewe/Aktiwiteite: Basiskamp met slaapbanke, matrasse, kombuis met gastoestelle, potte, panne, sitkamer met kaggel, braaigeriewe, warm storte en toilette. Forelhengel.

Die twee roetes van die Ama Poot-Poot-voetslaanpad op 'n private wildplaas naby Dullstroom kronkel deur grasveld waar voetslaners verskillende diersoorte kan sien. Voetslaan kan met forelhengel in die damme gekombineer word.

1. Forelroete loop langs 'n stroom met twee watervalle, verby foreldamme, tot by die Witpoortrivierkloof. As jy 'n tou saamneem en taamlik rats en waaghalsig is, kan jy die kloof verken en waad na die waterval wat jy op die Ribbokroete verbygegaan het. Van hier af gaan die roete na 'n uitkykpunt met 'n uitsig oor die rivier en keer dan terug na die beginpunt toe. **6 km; 3 uur; sirkelroete.**

2. Ribbokroete Hierdie roete kronkel oor kliprante en bokant kranse, waar voetslaners met pragtige uitsigte beloon word. Nadat die Witpoortrivier oorgesteek is, klim die roete steil teen die berghange uit en draai dan terug deur 'n kloof met 'n oorvloed gewone boomvarings. Die hoogtepunt op die roete is 'n 10 m hoë waterval en 'n geweldige groot poel, die ideale plek vir middagete. Nadat jy weer die Witpoortrivier oorgesteek het, klim die roete uit die kloof en keer jy terug na die beginpunt. **13 km; 6 uur; sirkelroete.**

MPUMALANGA & LIMPOPO

HEEL BO: *God's Window bied panoramiese uitsigte oor die Blyderivierspoort, naby die beginpunt van die Blyderivierspoort-voetslaanpad.*

BO: *Die bekende Drie Rondawels wat oor die canyon troon, is 'n treffende gesig.*

HIERDIE BLADSY: *Die Krugerwildtuin is die ideale plek vir voetslaan as jy 'n wonderlike verskeidenheid diere wil sien. Jy sal waarskynlik blouape (bo) in beboste gebied naby water teëkom. Watergate is 'n goeie plek om talle diere soos kameelperde (links) te sien. Hulle is veral weerloos teen aanvalle wanneer hulle drink. Jy kan dalk selfs die sku jagluiperd (onder) op een van die wildtuin se talle wildernisroetes te sien kry.*
OORKANT: *'n Leer help voetslaners op moeilike dele van die Magoebaskloof-voetslaanpad naby Tzaneen.*

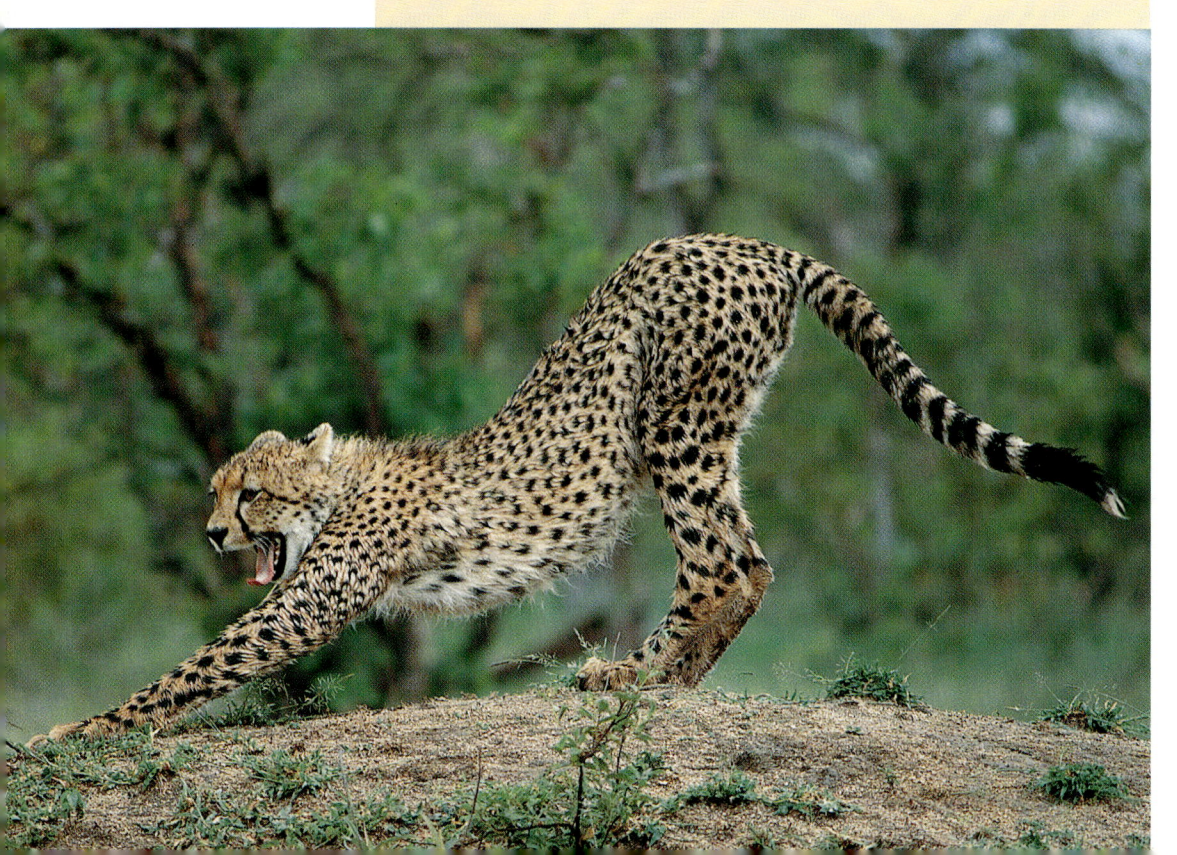

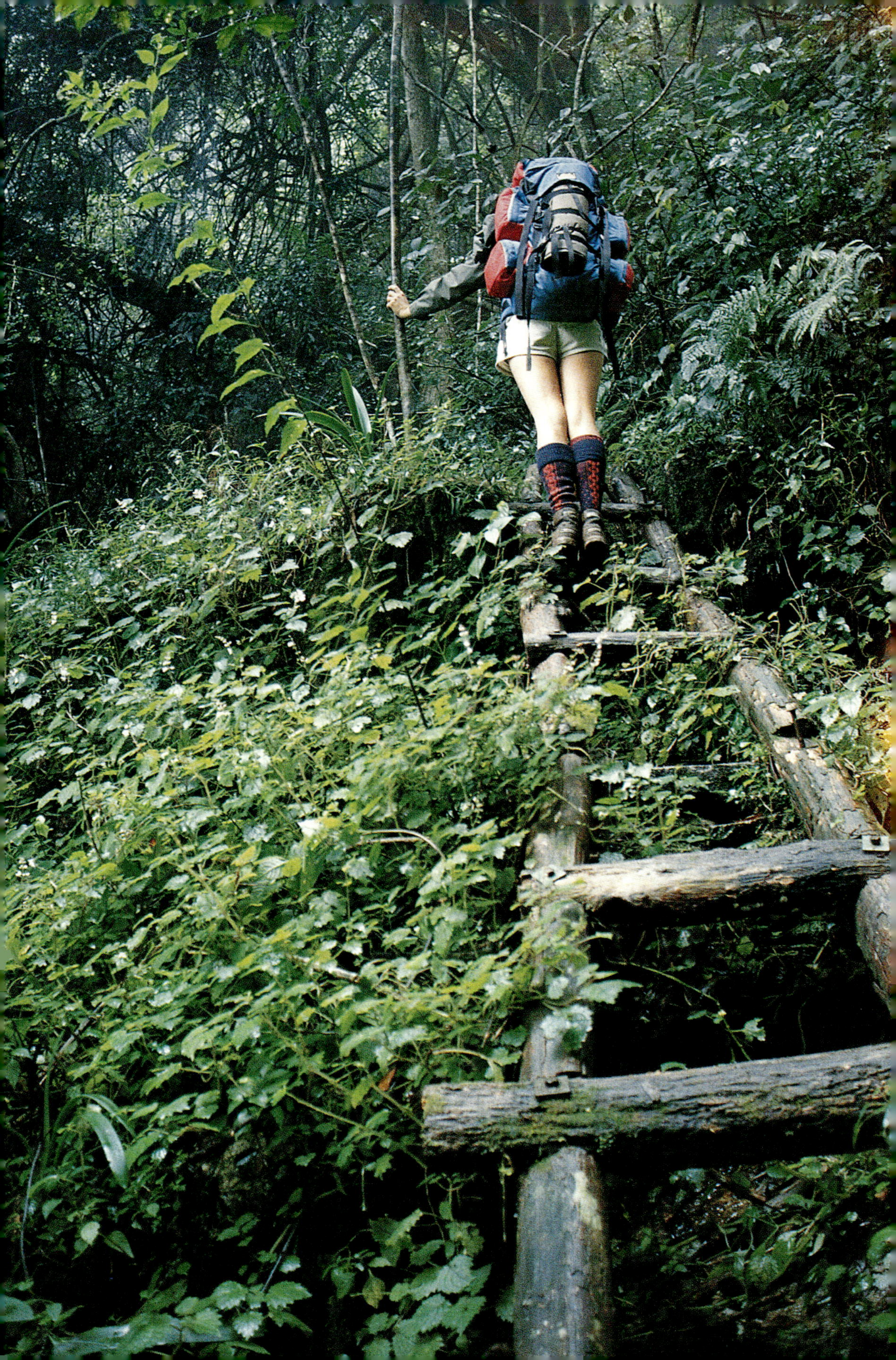

BO: *Die Forest Falls-wandelpad, naby Sabie in Mpumalanga, kry sy naam van hierdie manjifieke waterval.*
ONDER: *Op die Prospekteerder-voetslaanpad naby Pelgrimsrus is daar talle oorblyfsels uit die tyd van die goudstormloop in die 19de eeu.*

BO: Wilde perde wei naby die Excelsior-hut op die Prospekteerder-voetslaanpad.
ONDER: 'n Pragtige uitsig oor die Laeveld op die Kaapsehoop-voetslaanpad.

VOLGENDE BLADSY: Die Vallei van Verlatenheid is die middelpunt van die Karoo-natuurreservaat en bied 'n indrukwekkende agtergrond vir talle staproetes in die reservaat.

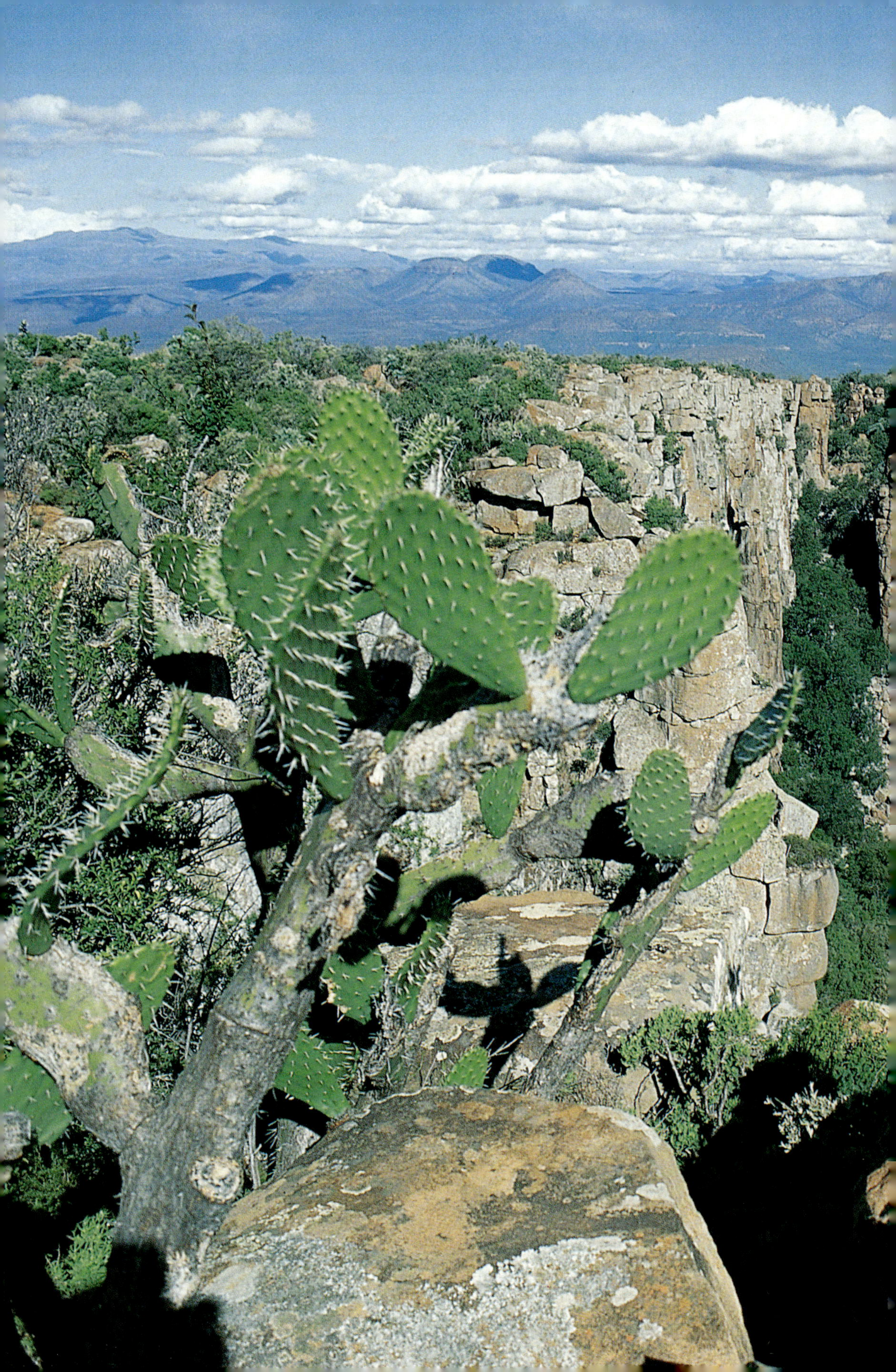

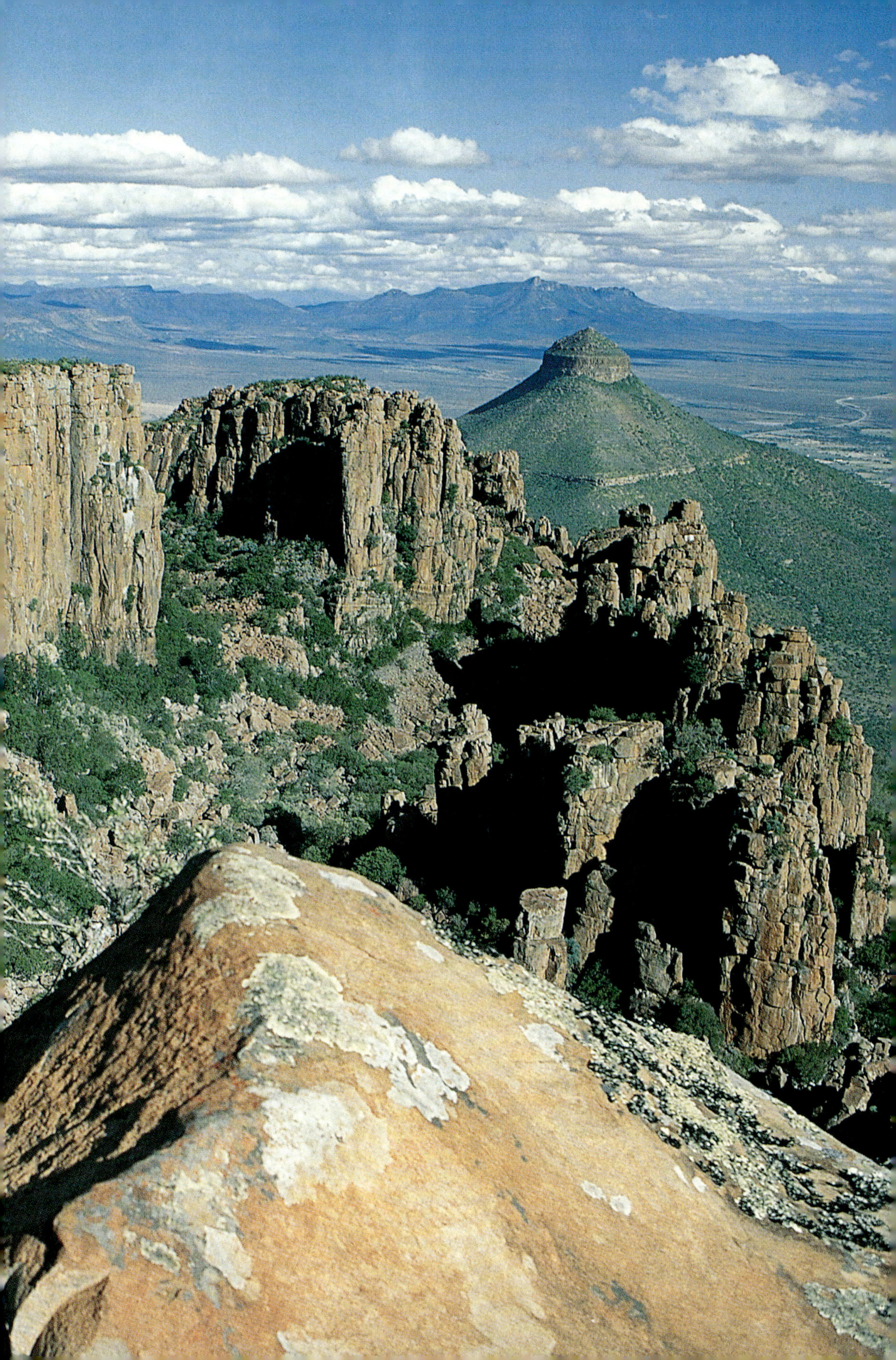

BO: *In die Richtersveld in die Noord-Kaap moet jy vroeg op jou staptog vertrek om die moordende hitte later in die dag te vermy.*
LINKS: *Die kokerboom word vereenselwig met Namakwaland en die dorre Noord-Kaap.*

13. WELGEDACHT-STAPROETES
Lydenburg

> *Staproetes:* Verskeie roetes; 2 tot 20 km; netwerk. Al die roetes kan as daguitstappies onderneem word of tot 'n oornagvoetslaanpad gekombineer word.
> *Permitte:* Jacana Marketing and Reservations, Posbus 95212, Waterkloof 0145, tel: (012) 346 3550, faks: 346 2499, e-pos: info@jacanacollection.co.za
> *Kaarte:* Roetes aangedui op lugfoto's van die gebied.
> *Geriewe/Aktiwiteite:* Basiskamp: twee huise met slaapbanke, matrasse, tweeplaatstoof, potte, panne, ketel, braaigeriewe, vuurmaakhout, warm storte en toilette. Varingkloofhut: slaapbanke, matrasse, potte, panne, ketel, braaigeriewe, koue stort en toilet.

'n Netwerk van staproetes loop deur Welgedacht, 'n melk-en-forel-plaas, op die rand van die Platorand, suidwes van Lydenburg. Die natuurtonele wissel van die skilderagtige Krokodilriviervallei, tot grasbedekte berghange en die Mpumalanga-Drakensberg-platorand. Ongeskonde inheemse woude kan ook op die roetes verken en geniet word.

Ongeveer 160 voëlsoorte is hier opgeteken. Voëls wat jy kan afmerk is onder meer die kalkoenibis, berghaan, mahem, witborsduifie, Kaapse kliplyster, grasvoël, oranjekeelkalkoentjie en verskeie suikerbekkiespesies.

Sommige van die staproetes is langs die Krokodilrivier en die voorheuwels van die Platorand uitgelê, terwyl drie veeleisende roetes na die kruin van die Platorand klim. Besienswaardighede is pragtige uitsigte oor die Ratelspruit- en Lunsklipwaterval, Steenkampsberg en die Badsfonteinvallei, bergstrome met watervalle en argeologiese terreine van kliphuise en ringmure uit die Ystertydperk.

Al die roetes kan as daguitstappies aangepak word, en die afstande wissel van 2 km tot 20 km. Anders kan voetslaners die Varingkloofhut as 'n basiskamp gebruik om die plato-omgewing te verken. Die kortste roete na die hut is egter 'n stywe klim waartydens die hoogte bo seevlak oor net minder as 5 km met 530 m toeneem.

14. RATELSPRUIT-VOETSLAANPAD
Dullstroom

> *Staproetes:* 2 roetes; 12 en 13 km; 6 uur; sirkelroete.
> *Permitte:* Mnr. en Mev. L. Mostert, Posbus 27, Dullstroom 1110, tel. en faks: (013) 254 0831.
> *Kaarte:* Sketskaart.
> *Geriewe/Aktiwiteite:* Basiskamp: hut met slaapbanke, matrasse, klein kombuis met koolstoof, braaigeriewe, vuurmaakhout, stort en toilet; tentterrein. Volledig toegeruste selfsorghuisie en rondawel.

Die staproetenetwerk op hierdie plaas noordoos van Dullstroom loop deur grasveld wat in die somer kleurryk getooi is met lelies, sleutelblomme (*Streptocarpus*) en 'n menigte ander blomplante. Gewone suikerbosse kom kol-kol voor, terwyl die Natalse baakhout en kiepersolbome opvallend tussen die kliprante is.

Soogdiere wat jy kan teëkom, is die vaalribbok, bobbejaan en ratel. Die witkruisarend, bloukraanvoël, sekretarisvoël en visarend is maar 'n paar van die groot verskeidenheid voëlsoorte.

1. Langklippe-roete loop deur grasveld en neem jou verby interessanthede soos ou klipkrale en ongewone rotsformasies, wat plaaslik as die Langklippe bekend is. **12 km; 6 uur; sirkelroete.**

2. Ratelsrus-roete Hierdie staproete kry sy naam van die Ratelspruit – en die ratel verskyn ook op die brosjure. Hoogtepunte op hierdie roete is Klein Victoria, 'n waterval wat, hoewel op 'n veel kleiner skaal, aan die Victoriawaterval herinner, en Die Geut, waar die rivier deur 'n smal geut vloei. 'n Entjie stroomaf van Die Geut is daar nog 'n waterval en hier volg die roete hoë kliprante op die rand van die plato waar voetslaners pragtige uitsigte oor van die ravyne en kranse onder hulle het. **13 km; 6 uur; sirkelroete.**

15. SALPETERKRANS-VOETSLAANPAAIE
Roossenekal

> *Staproetes:* Oornagroete; 25 km; 2 dae; sirkelroete. 3 eendagroetes; 10,5 tot 15 km; 4 tot 7 uur; sirkelroete.
> *Permitte:* Jacana Marketing and Reservations, Posbus 95212, Waterkloof 0145, tel: (012) 346 3550, faks: 346 2499, e-pos: info@jacanacollection.co.za
> *Kaarte:* Pamflet oor roete met kaart.
> *Geriewe/Aktiwiteite:* Basiskamp: hutte met slaapbanke, matrasse, braaigeriewe, vuurmaakhout, warm storte en toilette. Vingerrots-oornagkamp: slaapbanke met matrasse, kombuisarea, braaigeriewe, warm storte en toilette.

Hierdie voetslaanpad loop oor die Salpeterkransberg, wes van die Steenkampsbergreeks, op die randjie van die Platorand. Hy kry sy naam van die Salpeterkrans waar swael vroeër ontgin is om biltong te maak. Die plantegroei bestaan uit Hoëveld- en Platorandplante, en die grasveld is besonder mooi van Oktober tot Januarie wanneer massas geel varkore (*Zantedeschia pentlandii*) in volle bloei is. Ook van belang is die sabielelie (*Crinum macowanii*), blouslangkop (*Scilla natalensis*), kransaalwyn en *Aloe reitzii*, 'n skaars aalwynspesie wat slegs in die Belfast-distrik in Mpumalanga en Noord-KwaZulu-Natal voorkom.

Van historiese belang is plekke wat herinner aan die Anglo-Boereoorlog en die oorlog wat die Boere in 1883 teen die Ndebele-leier, Mabhogo, gevoer het.

1. Salpeterkrans-voetslaanpad Die eerste dag se skof (15 km; 7 uur) volg die Roossekop-roete tot by die afdraai na die Otter-swemgat. Dan steek dit die Kliprivier oor en loop verder tot by die Vingerrots-oornagkamp, wat vernoem is na twee rotsvingers wat bo die inheemse woud uitsteek. Dag twee se skof (10 km; 5 km) klim gelykmatig en loop daarna oor Spitsberg. Van hier af daal die roete en volg dan die Bokbrug-lus verby die natuurlike rotsbrug, terug na die basiskamp toe. **25 km; 2 dae; sirkelroete.**

2. Bokbrug-roete Hierdie roete loop tot by die Visvangerbrug en dan met 'n lus na Bokbrug, waar die Kliprivier verskeie strome onder 'n natuurlike rotsbrug vorm. Hier kan jy 'n bietjie rus, swem en die klein maalgate wat die vinnig vloeiende rivier uitgekalwe het, ondersoek. Die roete gaan dan met 'n lus terug verby Reitziikop, met sy aalwyne, en Varkoorvlei, met die seisoenale skouspel van geel varkore. 'n Ent verder kom jy by die Rotskamer, waar die Boere tydens die Anglo-Boereoorlog perde versteek het. **10,5 km; 4 uur; sirkelroete.**

3. Salpeterkrans-roete kronkel verby Geelbooiskraal tot by Bakenkop, waar voetslaners beloon word met skouspelagtige uitsigte oor die Vlugkraaldam en die landskap om Roossenekal en Draaikraal. 'n Entjie verder van Salpeterkrans af kan jy die korter 7 km-sirkelroete terug na die basiskamp kies. Die langer roete gaan verder oor die Salpeterkransrug en daal dan na die Otter-swemgat, van waar dit langs 'n sirkelroete na die beginpunt terugkeer. **7 of 13 km; 3,5 of 6 uur; sirkelroete.**

4. Roossekop-roete volg dieselfde roete as die Salpeterkrans-roete, maar pleks van na die Otter-swemgat te daal gaan dit verder tot op die kruin van Roossekop, vernoem na Veldkornet Roos, wat noodlottig gewond is terwyl hy die Pedi-leier, Mampuru, probeer vang het. Die ingang tot die grot waar hy gewond is, is later deur die Boere opgeblaas en dit het die massagraf geword van die Pedi's wat daarin vasgekeer was. Die insident het gelei tot die 1883-oorlog teen die Ndebele-leier, Mabhogo, wat skuiling aan Mampuru gebied het. Die roete swaai dan terug en sluit aan by die terugskof van die Salpeterkrans-roete. **15 km; 7 uur; sirkelroete.**

16. ELANDSVALLEI-VOETSLAANPAD
Wes van Nelspruit

> *Staproetes:* Oornagroete, 19 km; 2 dae; sirkelroete. 2 dagroetes; 3 tot 8 km; 1,5 tot 4 uur; sirkelroetes.
> *Permitte:* Jacana Marketing and Reservations, Posbus 95212, Waterkloof 0145,

tel: (012) 346 3550, *faks:* 346 2499,
e-pos: info@jacanacollection.co.za
Kaarte: Roetebrosjure met kaart.
Geriewe/Aktiwiteite: Skooltjie-basiskamp
(by 'n ou skool): slaapbanke, matrasse,
panne, potte, ketel, braaigeriewe,
warm stort en toilet; geen gasstoof nie.
Cheeky's Place (oornagboskamp): dieselfde
geriewe as Skooltjie-basiskamp.
Belangrike inligting: Hou jou oë oop vir
seekoeie as jy langs die Elandsrivier loop
of dit oorsteek.

Die Elandsriviervallei tussen Ngodwana en Nelspruit in die Laeveld vorm die agtergrond vir hierdie netwerk van staproetes op die plaas Lindenau. Hoewel groot dele van die plaas onder bloekom- en denneplantasies is, kom inheemse plantegroei in die klowe en ravyne voor. Bome langs die roete het naambordjies en bome en struike wat jy kan sien is onder meer die graskopaalwyn, die Barbertonse laeveldsuikerbos en die Afrikaanse witsuikerbos, gewone nabome en verskeie boswilgsoorte.

Diere wat jy kan teëkom, is die bobbejaan, blouapie, bosbok, rooiribbok, blouduiker, gewone duiker, klipspringer, steenbok en oorbietjie. Die gevlekte hiëna is die grootste roofdier in die omgewing en daar is seekoeie in die Elandsrivier.

As gevolg van die verskeidenheid habitats en plante is voëls hier volop. Onder die meer as 250 voëlspesies wat opgeteken is, is die reusevisvanger, gewone vleiloerie, oranjekeelkalkoentjie, Knysna- en bloukuifloerie, Nicholsonse koester en die witkruis- en breëkoparend.

Die eerste 3 km van dag een se skof (13 km; 6 uur) volg 'n maklike roete langs die Elandsrivier tot by 'n swempoel en waterval, wat 'n goeie rusplek is. Die roete loop dan deur 'n tonnel onder die N4 en klim steil na die kruin van Sugarloaf, 'n uitkykpunt oor die Elandsvallei. Van hier af volg die roete vir ongeveer 2 km 'n kontoer voordat dit met 'n spleet in die kranse na die plato opgaan. Die res van die dag se skof loop effens op en af oor golwende terrein voordat jy uiteindelik met 'n bosboupad na die oornagkamp afdaal.

Kort nadat jy die tweede dag se skof (6 km; 3 uur) begin het, loop die roete verby 'n ou goudmyn en daal dan na 'n poel onder 'n waterval. 'n Geleidelike klim teen die berghange uit, gevolg deur 'n skotige afdraand, bring jou by die plek waar die Boere hul artillerie in die finale stadiums van die Anglo-Boereoorlog ontplooi het. Die roete gaan dan verder oor die boonste hange van die plato tot by 'n punt wat oor die saagmeule en plantasies oorkant die vallei uitkyk. 'n Steil afdraand met 'n kloof langs neem voetslaners terug na die basiskamp.

Daar is ook twee dagroetes van 3 km; 1,5 uur, en 8 km; 4 uur, albei sirkelroetes.

17. KAAPSEHOOP-VOETSLAANPAD
Kaapsehoop

Staproetes: Netwerk; 111 km (altesaam); 2 tot 4 dae; sirkelroetes.
Permitte: SAFCOL Ekotoerisme, Posbus 1771, Silverton 0127, tel: (012) 481 3615, faks: 481 3622,
e-pos: ecotour@safcol.co.za
Kaarte: A4-kleursketskaart van roete
Geriewe/Aktiwiteite: Kaapsehoop: hut met slaapbanke, matrasse, potte, panne, ketels, braaiplek, vuurmaakhout, warm storte en toilette. Barretts Coaches: treinwaens, potte, panne, braaiplek, vuurmaakhout, storte en toilette. Wattles: hut met slaapbanke, matrasse, potte, panne, ketel, braaiplek, warm storte en toilette. Coetzeestroom: hut met slaapbanke, matrasse, storte en toilet.
Belangrike inligting: Staptogte kan by Kaapsehoop en Barretts Coaches begin word.

SAFCOL se Berlyn-plantasie op die Drakensberg-platorand is die agtergrond vir die Kaapsehoop-voetslaanpad. Dit is geleë op 'n plato op die kant van die Platorand en die landskap word gekenmerk deur diep valleie met kolle inheemse woud, loodregte kranse, heuwels en strome.

Die nedersetting by Kaapsehoop was die brandpunt van die goudstormloop in die 1880's en talle van die oorblyfsels van die vroeë goudmyndae, soos die goudkommissaris se huis, ou poskantoor en tronk in Kaapsehoop, sowel as die gouddelwerye kan nog gesien word. In 1886, 'n jaar nadat die De Kaap-goudveld tot openbare goudveld verklaar is, het die gebied 'n paar duisend inwoners en 'n hele aantal permanente geboue gehad. Na die ontdekking van goud aan die Witwatersrand het baie delwers egter padgegee en het die nedersetting 'n spookdorp geword.

Plantasies het die meeste van die natuurlike plantegroei vervang, maar 'n paar kolle grasveld en lappe inheemse woud het ongeskonde gebly. By Coetzeestroom verander die plantegroei dramaties na Laeveld-bosveldsavanne. 'n Interessante plant wat in die gebied voorkom is die endemiese kaapsehoopbroodboom, wat in die Starvation Creek-natuurreservaat beskerm word.

Soogdiere wat hier voorkom, is onder andere die bobbejaan, blouapie, klipdassie, oorbietjie, gewone duiker, blouduiker, klipspringer, bosbok en bosvark. Ook interessant is Kaapsehoop se wilde perde, wat glo afstammelinge is van delweryponies en/of die Boere se perde wat tydens die Anglo-Boereoorlog (1899–1902) wild geraak het.

Meer as 200 voëlspesies is hier opgeteken, waaronder 8 tot 12 broeipare van die bedreigde blouswael. Hulle broei op Blouswawelvlakte, suidoos van Kaapsehoop. Die gebied, wat tot die Blouswael-natuurerfenisgebied verklaar is, huisves die derde grootste broeipopulasie van hierdie spesie in Suid-Afrika. Ander voëls waarvoor jy kan uitkyk, is die lawaaimaker- en die witkoljanfrederik, Knysnaloerie, bosjakkalsvoël en olyfboslaksman.

Hierdie roetenetwerk bied die voetslaner verskeie keuses wat wissel van vier tweedaagse roetes tot aanpasbare drie- en vierdaagse roetes. Een van die vierdaagse roetes, wat die meeste van die verskillende opsies insluit, word hier in meer besonderhede beskryf.

Kaapsehoop-vierdagvoetslaanpad Hierdie voetslaanpad, wat by Barretts Coaches begin, bied 'n kombinasie van geskiedkundige en kulturele hoogtepunte. Die eerste dag se skof (16,5 km; 6 uur) wissel tussen denneplantasies en lappe inheemse woud in die bolope van Battery Creek. Die roete daal geleidelik na die Starvation Creek-natuurreservaat, wat afgebaken is om die kaapsehoopbroodboom te beskerm, en loop tot by 'n waterval in die stroom. Van hier af klim die roete steil langs die stroom op tot by Starvation Creek en dan minder steil na Wattles-hut

toe. Op dag twee (15,4 km; 6 uur) kronkel die pad teen Spitskop uit en volg 'n golwende roete langs die rand van die Platorand tot by Kaapsehoop, waar pragtige voorbeelde van Victoriaanse argitektuur gesien kan word, voordat dit verder na die Kaapsehoop-hut loop.

Dag drie (14 km; 6 uur) volg aanvanklik 'n maklike roete op die rand van die Platorand en daal na 'n inheemse woud en verskeie ou mynskagte. Dan klim die roete en loop oor die Blouswawelvlakte en daal dan na die Coetzeestroom-hut. Die laaste dag se skof (9 km; 4,5 km) neem voetslaners terug na Barretts Coaches deur grasveld, plantasies en kolle woud. **54,9 km; 4 dae; sirkelroete.**

18. QUEEN ROSE-VOETSLAANPAD
Barberton

Staproete: 20,9 km; 2 dae; sirkelroete.
Permitte: Queen Rose-voetslaanpad, Posbus 1332, Barberton 1300, tel: (083) 545 0900, faks: (013) 712 6054.
Kaarte: Sketskaart.
Geriewe/Aktiwiteite: Queen's View-hut by beginpunt met warm storte en toilette. Twee oornaghutte met slaapbanke, matrasse, braaigeriewe, stoof en yskas.
Belangrike inligting: Riviere word talle kere oorgesteek op plekke waar voetslaners baie versigtig moet wees.

Hierdie voetslaanpad, wat in die berge wes van Barberton, naby Nelshoogte uitgelê is, loop deur skouspelagtige natuurskoon terwyl dit die loop van die Montrose- en Queensrivier volg.

Van die Queen's View-hut af klim die eerste dag se skof (13 km; 6 uur) geleidelik deur denneplantasies tot by die hoogste punt op die roete waar voetslaners met wonderlike uitsigte oor die omliggende landskap begroet word. Die roete daal dan skerp na die beboste Montroseriviervallei, waar die Alvin-waterval en 'n diep poel die ideale rusplek is. Van hier af word die rivier verskeie kere oorgesteek en 'n ent verder kom jy, betyds vir middagete, by Marie se Piekniekplek. Na ete stap jy met 'n maklike kontoerpad verby interessante rotsformasies na Angel's View. 'n Steil afdraand lei na die Makesh-hut.

Dag twee se skof (7,9 km; 4 uur) volg aanvanklik die Queensrivier stroomop en klim gelykmatig vir ongeveer 'n uur voordat dit by 'n piekniekplek kom. Daar is 'n ompad na 'n poel met 'n glydraad 'n klein entjie stroomop van die piekniekplek af, wat 'n besoek werd is. Die roete klim dan verder totdat voetslaners met asemrowende uitsigte oor die Queensrivier, sy wilde klowe en Kupido-waterval beloon word. As die vlak van die rivier dit toelaat, kan die bopunt van die waterval met Heaven's Staircase bereik word. Die laaste opdraand wag vir voetslaners by Fonteinbos, en van hier af is dit 'n maklike wandeling terug na die beginpunt toe.

19. LAEVELD NASIONALE BOTANIESE TUIN
Nelspruit

> *Staproetes:* Netwerk van wandelpaaie.
> *Permitte:* Toegangsgeld. Geen permit nodig vir wandelpaaie nie.
> *Kaarte:* Inligtingsbrosjure met kaart.
> *Geriewe/Aktiwiteite:* Vooraf gereëlde begeleide toere; restaurant; parkering; toilette; plantverkope.

Die Laeveld Nasionale Botaniese Tuin beslaan 159 ha en twee hoogtepunte is die diep ravyn wat deur die Krokodilrivier uitgekalwe is, en die Nelsrivier wat met die Krokodilrivier saamvloei nadat dit oor 'n waterval gestort het. Ongeveer 200 plantspesies groei natuurlik in die tuin, en nog 2 000 spesies is aangeplant. Die tuin bevat ongeveer 650 van Suid-Afrika se sowat 1 000 boom- en struikspesies en is 'n genot vir boomliefhebbers. Boomversamelings in die tuin verteenwoordig onder andere die kanniedood-, kiepersol-, wildevy-, kremetart-, boswilg- en peulvrugfamilies.

Besonder interessant is die broodboomversameling, wat as die beste versameling van Afrika-broodbome in Suid-Afrika beskou word, en die tropiese reënwoud, wat die tropiese reënwoude van Sentraal- en Wes-Afrika verteenwoordig.

Afgesien van die geplaveide voetpaaie wat deur die tuin kronkel, is daar ook 'n 1 km lange wandeling, die **Rivieroewer-wandelpad**, langs die Krokodilrivier. Punte van belang op die roete word in die brosjure beskryf en verklaar.

20. UITSOEK-VOETSLAANPAD
Nelspruit

> *Staproetes:* 25,5 km; 2 dae; sirkelroete. 2 staproetes; 11 km; 5 uur; sirkelroetes.
> *Permitte:* SAFCOL Ekotoerisme, Posbus 1771, Silverton 0127, tel: (012) 481 3615, faks: 481 3622, e-pos: ecotour@safcol.co.za
> *Kaarte:* A4-kleurketskaart van roete.
> *Geriewe/Aktiwiteite:* Oornaghutte met slaapbanke, matrasse, potte, panne (slegs Uitsoek-hut), braaigeriewe, vuurmaakhout, warm water (Uitsoek-hut), koue water (Lisabon-hut) en toilette.
> *Belangrike inligting:* Aangesien vuurmaakhout nie by Lisabon-hut voorsien word nie, is 'n voetslaanstofie noodsaaklik. Mis is heeljaar algemeen en jy sal reënklere moet saamneem en jou rugsak waterdig maak.

Hierdie roete in die suidooste van Mpumalanga neem die voetslaner van die Drakensberg se voorheuwels tot op die Platorand en terug. Dit loop deur diep valleie en oor hoë berge met pragtige uitsigte. Dit gaan ook deur berggrasveld, denneplantasies en pragtige inheemse woude, wat 'n bron van timmerhout was vir die eerste Voortrekkers wat hulle in 1848 hier begin vestig het.

Die plantegroei van die laagliggende dele in die suide van die Uitsoek-plantasie word gekenmerk deur lappe halfbladhoudende woud en Laeveld-suurbosveld. Bo 1 200 m word dit vervang deur noordoostelike bergsuurveld, waarvan 'n groot gedeelte vir denneplantasies skoongemaak is. Tipiese boomspesies is die transvaal- en breëblaarboekenhout, kiaat en ouhout. Onder die grasveldblomme wat hier voorkom is die dwergvuurpyl (*Kniphofia triangularis*), wildepynappel (*Eucomis humilis*) en nie minder nie as agt disaspesies. Uitgestrekte kolle bergwoud kom nog voor in die Houtbosloop- en Beestekraalspruit-vallei. Ongeveer 120 boomspesies is in die gebied opgeteken.

Die enigste groot roofdier wat in die gebied voorkom, is die luiperd. Wildsbokke wat gesien kan word, is die rooi- en gewone duiker, oorbietjie, vaal- en rooiribbok, bosbok en klipspringer. Ander soogdiere is die bosvark, bobbejaan en blouapie.

Meer as 100 voëlspesies is reeds hier opgeteken. Onder hulle is die langkuifarend, Kaapse kliplyster, witooievaar, bosloerie en bergklipwagter. Grasveldvoëls wat jy dalk sal kan afmerk is die bosveldkwarteltjie, landeryklopkloppie en oranjekeelkalkoentjie.

1. Uitsoek-voetslaanpad Die eerste dag se skof (11 km; 5 uur) begin met 'n geleidelike 8 km-klim, waartydens die hoogte bo seevlak met 700 m toeneem. Dan volg die roete min of meer die 1 800 m-kontoer oor die suidelike hange van Makobolwane vir ongeveer 2 km, en loop dan om die bolope van die Sebrarivier. Die steil daling in Clivia-ravyn af met sy oorvloed bosielies (*Clivia caulescens*), word gevolg deur 'n uitputtende klim na die Platorand, waartydens die hoogte bo seevlak oor minder as 1 km met ongeveer 180 m toeneem. Die laaste gedeelte van die dag se skof volg 'n maklike roete oor 'n klipperige heuwel tot by Lisabon-hut.

Afgesien van twee kort opdraandes loop dag twee se roete (14,5 km; 7 uur) afdraand. Naby die 3 km-merk daal die roete steil in Grootkloof af. Oor net meer as 3 km daal die hoogte bo seevlak met 500 m na die Houtbosloopvallei terwyl dit deur pragtige inheemse woud loop. Dan volg die roete die loop van die Houtbosloop, wat talle kere oorgesteek word. Naby die 9 km-merk is daar 'n ompad na die Bakkrans-waterval, waar 'n groot poel net die regte plek vir middagete is. Van hier af gaan die roete verder langs die Houtbosloop en dan klim die laaste gedeelte geleidelik deur proteaveld. **25,5 km; 2 dae; sirkelroete.**

2. Beestekraalspruit-staproete Hierdie roete klim geleidelik deur denneplantasies, inheemse struikgewas en grasveld tot op die kransrand van die Beestekraalspruit. Dit daal dan geleidelik af in die Beestekraalspruitkloof, met sy inheemse woud. Vir die volgende 4 km volg die roete die loop van die rivier, wat jy 20 keer met houtbrûe oorsteek. Dan verlaat jy die stroom en klim geleidelik na die beginpunt. **11 km; 5 uur; sirkelroete.**

3. Bakkrans-staproete Hierdie roete lei na die Bakkrans-waterval en wissel tussen denneplantasie bo die Houtbosloop en inheemse struikgewas in die klowe. Van die waterval af word die laaste 4,5 km van die Uitsoek-voetslaanpad terug na die beginpunt gevolg. **11 km; 5 uur; sirkelroete.**

21. GUSTAV KLINGBIEL-NATUURRESERVAAT
Lydenburg

Staproetes: 3 roetes; 5 tot 12 km; 2 tot 6 uur; sirkelroetes.
Permit: Toegangsgeld. Geen permitte nodig vir staproetes nie.
Kaart: Sketskaart.
Geriewe/Aktiwiteite: Museum; toilette.

Die Gustav Klingbiel-natuurreservaat net buite Lydenburg beslaan 2 200 ha met tipiese Platorandplante en -diere. Elande, blouwildebeeste, blesbokke, koedoes, vaal- en rooiribbokke, gewone duikers, steenbokke en oorbietjies is in die reservaat gevestig. Meer as 200 voëlspesies is hier opgeteken en 'n aasvoëlrestaurant (voerplek) is ingerig.

1. Pedi-roete is vernoem na die Pedi's wat eeue lank hier gewoon het. Die fokuspunt van die staproete is 'n vroeë Pedi-nedersetting, en langs die pad sien mens terrasse, paadjies met klipmure en die ruïnes van huise. Die nedersetting is in die 1820's ontvolk nadat sy inwoners deur die Zoeloe-opperhoof, Mzilikazi, aangeval is. Mzilikazi en sy volgelinge het voor die Zoeloe-koning Shaka uit gevlug en na die Hoëveld getrek waar hulle die Sotho-, Tswana- en Pedi-inwoners aangeval en oorwin het. **5 km; 2 uur; sirkelroete.**

2. Kraanvoël-roete loop na 'n dam, wat uitstekende voëlkykmoontlikhede bied, en kronkel dan om Aarbeikop na die aasvoëlrestaurant teen die hange van Vyekop (waar jy heel moontlik kransaasvoëls sal sien) voordat dit terugdraai na die beginpunt toe. Pedi-ruïnes word ook op die roete teëgekom. **9 km; 4 uur; sirkelroete.**

3. Protea-roete volg Kraanvoëlroete tot by Aarbeikop en daal dan geleidelik na 'n uitkykpunt waar die Boere twee van hul Long Tom-kanonne ontplooi het om die opmars van Generaal Buller se troepe in die finale stadiums van die Anglo-Boereoorlog te stuit. Die terugskof loop afdraand deur 'n kloof. **12 km; 6 uur; sirkelroete.**

22. FANIE BOTHA-VOETSLAANPADNETWERK
Sabie

Staproetes: 5 voetslaanpaaie; 17,7 tot 72,4 km; 2 tot 5 dae; sirkelroetes en eenrigting.
Permitte: SAFCOL Ekotoerisme, Posbus 1771, Silverton 0127, tel: (012) 481 3615, faks: 481 3622, e-pos: ecotour@safcol.co.za
Kaarte: A4-kleursketskaart van roetes.
Geriewe/Aktiwiteite: Ses oornaghutte met slaapbanke, matrasse; oordekte braaiplek, vuurmaakhout, storte (in almal behalwe die Mac-Mac-hut) en toilette.
Belangrike inligting: Ceylon-plantasie, Graskop-hut en die President Burger-hut by die Mac-Mac-plantasie kan as beginpunte gebruik word.

Die Fanie Botha-voetslaanpad, wat in 1973 geopen is, sal altyd onthou word as een van die baanbrekervoetslaanpaaie in Suid-Afrika. Die voetslaanpad, op die Drakensberg-platorand, loop deur denneplantasies, grasveld en lappe inheemse woud. Dit bied talle pragtige uitsigte oor 'n mosaïek van plantasies en die Laeveld ver onder jou.

Wildsbokke wat jy kan teëkom is die klipspringer, vaal- en rooiribbok, bosbok en oorbietjie. Ander diere waarvoor jy kan uitkyk, is die bosvark, bobbejaan en klipdassie. Onder die voëls wat op die Hartbeesvlakte opgeteken is, is die blouswael en breëstertsanger. Elders op die roete kan jy die rooiborsjakkalsvoël, bosveldfisant, Knysnaloerie en rooiborssuikervoël afmerk.

Die volle voetslaanpad strek van die SAFCOL Ceylon-plantasie tot by Graskop en keer dan terug na Mac-Mac.

1. Maritzbos-voetslaanpad Die eerste dag se skof (8,7 km; 4 uur), wat by die Ceylon-hut begin, loop vir 3 km geleidelik opdraand deur denneplantasies en loop dan afdraand, verby die Lone Creek-waterval. Van hier af klim die roete geleidelik na die oornaghut aan die rand van Maritzbos. Dag twee se skof (9 km; 4 uur) volg die Lone Creek-rivier aanvanklik stroomaf op sy noordelike oewer, voordat dit by die heenroete van die eerste dag se skof aansluit, van waar jy terugstap na die Ceylon-hut. **17,7 km; 2 dae; sirkelroete.**

2. Bonnet-en-Mac-Mac-poele-voetslaanpad Hierdie roete kan van die Graskop-hut of van die President Burger-hut by die Mac-Mac-plantasie begin word. Van die President Burger-hut af klim die eerste dag se roete (16 km; 7 uur) vir ongeveer 7 km geleidelik deur denneplantasies en kolle inheemse woud. Daarna volg dit 'n ou pad oor die oostelike hange van Stanley Bush-heuwel tot by The Bonnet, van waar dit deur grasveld na die Graskop-hut daal. Op dag twee (23 km; 9,5 uur) loop die roete deur denneplantasies en grasveld voordat dit deur inheemse woud na die Mac-Mac-rivier daal, wat jy met 'n hangbrug oorsteek. Van hier af klim die roete steil na Mac-Mac Bluff en daal dan verby die Mac-Mac-poele en Mac-Mac-waterval. **39 km (dieselfde afstand van albei beginpunte af); 2 dae; sirkelroete.**

3. Hartbeesvlakte-voetslaanpad loop op die eerste dag (8,7 km; 4 uur) van die Ceylon-plantasie na Maritzbos, 'n oorblywende kol inheemse woud. Op die tweede dag (12 km; 8 uur) klim die roete langs die Lone Creek-rivier deur Maritzbos. Wanneer die roete die woud verlaat, klim dit geleidelik teen die hange van Mount Anderson na Hartbeesvlakte. 'n Ent verder volg jy 'n bergstroom met poele en watervalle voordat die laaste gedeelte deur 'n denneplantasie na die Stalle-oornaghut daal. Die derde dag se skof (10 km; 4 uur) is 'n maklike wandeling bergaf deur denneplantasies en lappe inheemse woud. **30,7 km; 3 dae; sirkelroete.**

4. Mount Moodie-voetslaanpad begin by die Ceylon-plantasie en volg die eerste twee dae van die Hartbeesvlakte-voetslaanpad. Van die Stalle af loop die derde dag se skof (16,4 km; 8 uur) om die rand van denneplantasies terwyl dit steil na die kruin van Mount Moodie (2 078 m) klim, waar voetslaners met uitsigte oor die Sabievallei begroet word. Van hier af daal die roete skerp teen die hange van Baker's Bliss af tot by die Mac-Mac-hut. Op dag vier het voetslaners die keuse om die lang roete oor die Mac-Mac-poele en die Platorand (22,3 km; 9,5 uur) tot by die Graskop-hut, of die korter roete oor The Bonnet (13 km; 6 uur) te volg. **50,1 km, of 59,4 km; 4 dae; eenrigting.**

5. Fanie Botha-vyfdagvoetslaanpad Hierdie roete volg die vier dae van die Mount Moodie-voetslaanpad. Op die vyfde dag (13 km; 6 uur) volg voetslaners die roete oor The Bonnet tot by die President Burger-hut by die Mac-Mac-plantasie. **63,1 km of 72,4 km; 5 dae; eenrigting.**

23. LOERIE-WANDELPAD
Sabie

> *Staproetes:* 13,5 km; 6 uur; sirkelroete. Korter, 10,5 km-roete beskikbaar.
> *Permitte:* SAFCOL, Privaatsak X503, Sabie 1260, tel: (013) 764 2423, faks: 764 2662. Permitte kan ook tydens kantoorure by die SAFCOL-kantoor op Sabie verkry word.
> *Kaarte:* Sketskaart.
> *Geriewe/Aktiwiteite:* Geen.

Die Loerie-wandelpad volg 'n roete deur die valleie van die Sabierivier en loop hoofsaaklik deur denne- en bloekomplantasies. Dit kan by die Castle Rock-woonwapark of by die Ceylon-plantasie se kantoor begin word. Van die Ceylon-plantasie se kantoor loop die roete deur grasveld en denneplantasies tot by die Bridal Veil-waterval. Van daar af klim die roete steil deur en langs die rand van inheemse woud verby die Glynis- en die Elna-waterval tot op 'n rant, van waar daar asemrowende uitsigte oor die Sabievallei is. Nadat dit 'n bloekomgordel (bloekombome wat as 'n windskerm tussen plantasiegedeeltes geplant is) gevolg het, sluit die roete aan by 'n bosboupad en daal dan na Castle Rock. Die oorblywende deel van die roete is 'n maklike wandeling langs die loop van die Sabierivier.

'n Korter roete vertak ongeveer 7 km van die Ceylon-plantasie uit die hoofroete en kronkel dan afdraand om die beginpunt na 3 km te bereik.

24. FOREST FALLS-WANDELPAD
Sabie/Graskop

> *Staproetes:* 3 km; 1 uur; sirkelroete.
> *Permitte:* SAFCOL, Privaatsak X503, Sabie 1260, tel: (013) 764 2423, faks: 764 2662.
> *Permitte kan ook tydens kantoorure by die SAFCOL-kantoor op Sabie verkry word.*
> *Kaarte:* Sketskaart.
> *Geriewe/Aktiwiteite:* Piekniekterrein by beginpunt.

Van die Mac-Mac-piekniekterrein loop die roete deur denneplantasies en aan die rand van inheemse woud langs 'n sytak van die Mac-Mac-rivier om die pragtige Forest-waterval na 1,6 km te bereik. Die terugskof volg die oostelike oewer van die rivier verby verskeie ou myne voordat dit weer by die beginpunt kom.

25. JOCK OF THE BUSHVELD-STAPROETE
Graskop

> *Staproete:* 8 km; 3 uur; sirkelroete.
> *Permitte:* Nie nodig nie.
> *Kaarte:* Sketskaart.
> *Geriewe/Aktiwiteite:* Graskop-vakansieoord by beginpunt.

Op hierdie roete volg voetslaners die spoor van die beroemde Staffordshire-terriër, Jock, wat die gebied tussen 1885 en 1887 gereeld saam met sy baas, Sir

Percy Fitzpatrick besoek het. Van die Graskop-vakansieoord loop die roete na Paradise Camp, waar Fitzpatrick altyd gekampeer het. Van hier af gaan die roete na die Bathing Pools (wat in die boek, *Jock of the Bushveld*, genoem word) in die Tumbling Waters-spruit, wat verder stroomaf oor talle rotse stort en stroomversnellings vorm. Aan die suidpunt loop die roete verby die Sandstone Sentinels, kwartsformasies wat soos 'n seeperd, wolf, kameel, sittende hen en aasvoël lyk. 'n Ent verder steek jy die Fairyland-spruit oor en dan gaan die roete verby Vensterrots op pad terug na die beginpunt toe.

26. PROSPEKTEERDER-VOETSLAANPAAIE
Pelgrimsrus

> *Staproetes:* 4 roetes; 20,9 tot 63 km; 2 tot 5 dae; sirkelroetes.
> *Permitte:* SAFCOL Ekotoerisme, Posbus 1771, Silverton 0127, tel: (012) 481 3615, faks: 481 3622, e-pos: ecotour@safcol.co.za
> *Kaarte:* A4-kleursketskaart van roetes.
> *Geriewe/Aktiwiteite:* Vier oornaghutte met slaapbanke, matrasse, braaigeriewe, vuurmaakhout, warm storte en toilette.
> *Belangrike inligting:* Die roetes kan by die Pelgrimsrus-hut (1 km buite die dorp) of van die Morgenzon-plantasie se kantoor, 2,3 km van die Morgenzon-hut, begin word.

Op hierdie roetes volg voetslaners in die voetspore van die vroeë delwers, prospekteerders en fortuin-soekers wat na die gebied gestroom het nadat goud in 1873 by Pelgrimsrus ontdek is. Op die roete is daar talle oorblyfsels uit die vroeë goudmyndae, onder andere 'n watervoor wat water na 'n ou myn gekanaliseer het en die geskiedkundige dorpie Pelgrimsrus. Dele van die roete kronkel deur lappe inheemse woud, denneplantasies en grasveld.

Die dierelewe langs die roete is dieselfde as dié elders in die Mpumalanga-Drakensberg met diere soos die vaal- en rooiribbok, oorbietjie, klipspringer, bosbok, gewone duiker en bobbejaan. Wees op die uitkyk vir die bekende wilde perde van Morgenzon, veral in die omgewing van die Excelsior-hut. Hulle is moontlik die afstammelinge van perde wat in die dae van die goudstormloop deur prospekteerders agtergelaat is of perde wat gedurende die Anglo-Boereoorlog (1899–1902) wild geword het.

1. Peach Tree Creek-voetslaanpad Die eerste dag se skof (12,6 km; 7 uur) kronkel verby talle herinneringe aan die goudmyndae, soos 'n ou koekepan-spoor, die spoorlyn na die myne in Peach Tree Creek en 'n ou verlate myn. Van die hut af klim die roete geleidelik teen Brownsheuwel uit en kronkel dan af om die Blyderivier ongeveer 5 km van die beginpunt te bereik. Nadat jy die rivier oorgesteek het, volg jy 'n ou spoorlyn wat destyds die myne in Peach Tree Creek bedien het, en klim dan tot by 'n ou betonkanaal. Van hier af klim die roete steil met 'n ou delwerspad na 'n verlate myn en gaan dan verder boontoe deur grasveld tot op 'n rug waar dit meer gelyk raak. 'n Ent verder loop die roete deur 'n stuk inheemse woud en daal dan skerp. Die res van die dag se skof na die Morgenzon-hut is oor maklike terrein.

Op dag twee (8,3 km; 3 uur) gaan die roete deur 'n lap inheemse woud en proteaveld voordat dit by die Columbia Race, 'n voor wat water na die Columbia-myn gebring het, aansluit. 'n Klein entjie verder bereik jy die terrein van die Columbia-myn en daarna loop die roete skerp afdraand teen Columbia-heuwel tot by Pelgrimsrus. Die res van die dag kan jy die geskiedkundige dorp verken. 20,9 km; 2 dae; sirkelroete.

2. Black Hill-voetslaanpad Van die Morgenzon-plantasie se kantoor af daal die eerste dag se roete (15,6 km; 7 uur) in die Clever-vallei af en klim dan steil teen 'n rant oorkant die Clever-waterval uit. 'n Ent verder gaan die roete 'n kloof met inheemse woud binne en volg dan 'n stroom tot by 'n klein waterval. Dan loop dit met 'n pad na 'n ander beboste kloof, waar dit weer langs 'n stroom steil opgaan tot by 'n pragtige waterval. Hoër op loop die roete tussen fynbos uit en 'n entjie verder kom jy by die Black Hill-hut. Dag twee se skof (12,6 km; 6 uur) gaan verby rotsformasies op pad na die Black Hill-uitkykpunt en loop dan bergaf deur denneplantasies, voordat dit deur grasveld na 'n uitkykpunt klim. Dan daal die roete weer deur denneplantasies en fynbos, wat later na grasveld verander, en kom dan by 'n stroom met watervalle en 'n poel, 'n goeie plek vir middagete. Van die punt wat op die Ohrigstad-vallei uitkyk, is dit 'n kort, gelykmatige klim na die Excelsior-hut. Die derde dag se skof (15,7 km; 7 uur) volg 'n golwende roete. Van die hoogtepunte is die uitsig van Themeda-heuwel af, die Clivia-bos en 'n klipdoolhof. Die laaste gedeelte van die roete klim steil deur inheemse woud. **43,9 km; 3 dae; sirkelroete.**

3. Prospekteerder-en-Morgenzon-voetslaanpad Die eerste dag se skof (12,6 km; 7 uur) is dieselfde as die Peach Tree Creek-voetslaanpad s'n en klim van Pelgrimsrus na die Morgenzon-hut. Die ander drie dae volg jy dieselfde roete as die Black Hill-voetslaanpad. **56,5 km; 4 dae; sirkelroete.**

4. Prospekteerder-vyfdagvoetslaanpad Die voetslaanpad begin by die Pelgrimsrus-hut en die eerste twee dae is dieselfde as die Prospekteerder-en-Morgenzon s'n. Van Black Hill af klim die derde dag se skof (10,5 km; 5 uur) na die Black Hill-uitkykpunt, met sy panoramiese uitsigte en loop afdraand voordat dit geleidelik klim. Dan daal die roete na 'n stroom met watervalle en poele, waarna daar 'n effense klim na die Excelsior-hut is. Die vierde dag se skof (16 km; 7 uur) is redelik moeilik en volg 'n golwende roete. Hoogtepunte is Clivia-bos, die uitsig van Themeda-heuwel af en 'n klipdoolhof. Die laaste dag se skof (8,3 km; 3 uur) is 'n maklik stap bult af oor Columbia-heuwel. **63 km; 5 dae; sirkelroete.**

27. MOUNT SHEBA-NATUURRESERVAAT
Pelgrimsrus

Staproetes: *2 roetes; 3 en 5 km; 1,5 en 2,5 uur; sirkelroete en heen en terug. Daar is ook 'n netwerk van 10 korter roetes.*
Permitte: *Nie nodig vir gaste van die Mount Sheba Country Lodge nie.*
Kaarte: *Brosjure en kaart.*
Geriewe/Aktiwiteite: *Mount Sheba Country lodge.*

Die Mount Sheba-natuurreservaat van 400 ha teen die hange van Mount Sheba bo Pelgrimsrus bied beskerming aan een van die laaste oorblywende stukke inheemse woud in die Mpumalanga-Drakensberg. Buitengewoon groot geelhout-, rooipeer- en wildekastaiingbome oorheers die ongeveer 110 boomspesies wat in die woud geïdentifiseer is, en op die woudvloer groei 'n groot verskeidenheid varings en mosse.

Hierdie natuurreservaat is die tuiste van die bobbejaan, samango-aap, bosnagapie, vaalribbok, blesbok, klipspringer, rooi- en gewone duiker, oorbietjie, bosvark en klipdassie. Die woud is 'n goeie plek vir voëlkykers.

Die reservaat word deurkruis met 'n netwerk van 12 wandelpaaie, wat wissel van maklike wandelings tot meer veeleisende roetes.

1. Ou Delwery-wandelpad Hierdie roete gaan talle kere oor Kearney's Creek op pad na ou delwerye wat uit die dae van die gebied se goudstormloop dateer. Op pad gaan jy verby verskeie mooi geelhoutbome en pragtige poele **3 km; 1,5 uur; heen en terug (van brug oor Kearney's Creek).**

2. Marco's Mantle-wandelpad is al met reg as asemrowend beskryf. Die roete loop deur inheemse woud na die Marco's Mantle-waterval in die bolope van Kearney's Creek. Hier gaan die roete agter die waterval verby en dan af na die poel onder die waterval. **5 km; 2,5 uur; sirkelroete.**

Ander wandelings is die **Waterval-wandelpad**, wat jou na twee pragtige watervalle in die Sheba-spruit neem, en 'n wandeling na die Verlore Stad-uitkykpunt op Mount Sheba.

28. MATLAPA-VOETSLAANPAD
Steelpoort

Staproete: *18 km; 2 dae; sirkelroete.*
Permitte: *Hikers Paradise, tel: (012) 663 7647, faks: 663 7649.*
Kaarte: *Sketskaart.*
Geriewe: *Twee oornaghutte met slaapbanke, matrasse, braaigeriewe,*

vuurmaakhout, opwasplek, stort (slegs by Maroela Den) en toilet.
Belangrike inligting: *Op gedeeltes van die roete moet jy steil afklim en op ander plekke van rots tot rots spring, wat groot versigtigheid vereis.*

braaigeriewe, vuurmaakhout en toilette.
Belangrike inligting: *Parkering is beskikbaar by Paradise Camp op eienaar se risiko. Die roete van Bourke's Luck na Swadini is gesluit en voetslaners word nie op hierdie gedeelte toegelaat nie.*

Hierdie voetslaanpad, uitgelê op die plaas St George, suid van Steelpoort, se naam beteken 'Plek van Klippe' – 'n verwysing na die verweerde granietformasies wat die gebied oorheers.

Van die Maroela Den-kamp by die begin van die wandelpad lei die eerste dag se roete (10 km; 6 uur) na die ingang tot 'n vallei, waar 'n enorme trosvy en 'n rots met gate wat vroeë inwoners van die gebied in sy oppervlak gemaak het, gesien kan word. 'n Ent verder klim die roete langs 'n rivierloop, en hier moet jy nogal baie van rots tot rots spring, voordat jy by Jakobsleer kom, waar honderde trappies in die graniet uitgebeitel is. Nog 'n ent verder kronkel die roete langs St George-straat met sy interessante geologiese formasies en panoramiese uitsigte en daal dan steil in Russiese Roulette-kloof af tot by Glygat-kamp, wat só genoem is weens die natuurlike glyrots by 'n poel.

Dag twee se skof (8 km; 5 uur) volg aanvanklik 'n rivier met pragtige poele en watervalle en klim dan steil na 'n uitkykpunt. Van hier af is dit 'n lang pad bergaf na die bolope van die Fontein, waarna die roete in Broekskeurkloof af tot by aanloklike poele aan die voet van die kloof loop.

29. BLYDERIVIERSPOORT-VOETSLAANPAD
Blyderivierspoort-natuurreservaat

Kyk nr. 30 (bl. 236) vir wandelpaaie.

Staproete: 30,1 km; 3 dae; eenrigting.
Permitte: Mpumalanga-parkeraad, Posbus 1990, Nelspruit 1200, tel: (013) 759 5432, faks: 755 3928.
Kaarte: Sketskaart van voetslaanpad.
Geriewe/Aktiwiteite: Twee oornaghutte met slaapbanke, matrasse, potte, ketels,

Die Blyderivierspoort-voetslaanpad loop oor die suidelike helfte van die Blyderivierspoort-natuurreservaat van 30 000 ha met sy bekende natuurverskynsels soos die Pinnacle-rotsformasie, God's Window en Bourke's Luck-kolkgate.

Die plantegroei in die hoogliggende suidelike gedeelte van die reservaat word oorheers deur bergsuurveld, bestaande uit oop grasveld met klein kolle inheemse woud. Afgesien van 'n verdwergde transvaalboekenhout af en toe, is daar nie hoë bome op die grasveld nie. Gewone boomvarings groei oral langs klein stroompies.

Soogdiere wat in die reservaat aangetref word, is onder andere die bobbejaan, blouaapie, bosbok, koedoe, rooi- en gewone duiker, vaalribbok, klipspringer en bosvark.

Sowat 227 voëlspesies is in die reservaat opgeteken. Hulle sluit onder meer 25 roofvoëlspesies soos die witkruis-, breëkop- en kroonarend, swartborsslangarend, rooiborsjakkalsvoël, kransvalk en die swerf- en edelvalk in. Wees ook op die uitkyk vir die laeveldpatrys, veldpou, bergklipwagter en die rooiborssuikervoël, sowel as die kalkoenibis wat in die kranse naby Bourke's Luck broei.

Die eerste dag se skof (3 km; 1 uur), wat by Paradise-kamp op die God's Window-luspad buite Graskop begin, kronkel deur verweerde kwartsietrotse en oor grasveld na die Watervalspruitvallei. Van Paradise-poel loop die roete effens opdraand en daal dan na die Watervalspruit-hut wat teen 'n helling gebou is.

Kort na die begin van die tweede dag se skof (13,5 km; 5 uur), gaan die roete verby kwartsietriwwe wat tot interessante vorms verweer is, en ook verby opvallende kolle geel, wit en rooibruin korsmos wat op die rotse groei. Die roete daal na die Clearstream-hut, wat net 'n entjie bo 'n pragtige poel geleë is en waar jy die middag kan ontspan.

Op dag drie (13,6 km; 5 uur) volg die roete die loop van die Treurrivier voordat dit by die plek verbygaan waarvandaan die Voortrekkerleier Hendrik Potgieter waarskynlik in 1840 vertrek het om 'n roete na die see te soek. Die roete gaan voort langs die Treurrivier verby die New Chumm-waterval en die Belvedere- hidroëlektriese kragstasie. Dan loop dit om die Crocodile Valley Estates-plantasie en daal geleidelik na Bourke's Luck-kolkgate en die Ou Myn-hut.

30. BOURKE'S LUCK-KOLKGATE-STAPROETES
Blyderivierspoort-natuurreservaat

Kyk nr. 29 (bl. 235) vir wandelpad.

> *Staproetes:* 2 roetes; 180 m en 8 km; 30 min. en 5 uur; sirkelroetes.
> *Permitte:* Beskikbaar by Bourke's Luck-kolkgate se inligtingskantoor.
> *Kaarte:* Beskikbaar by Bourke's Luck-kolkgate se inligtingskantoor.
> *Geriewe/Aktiwiteite:* Besoekersentrum; kiosk; piekniek- en braaigeriewe.

Die beroemde Bourke's Luck-kolkgate is een van die hoofaantreklikhede van die Blyderivierspoort-natuurreservaat. Hier het die Blyderivier 'n diep skeur in die rots gevreet en by die samevloeiing met die Treurrivier het die malende waters van die twee riviere en spoelklippe skouspelagtige ronde kolkgate in die rots uitgekalwe. Die kolkgate is vernoem na ene Tom Bourke, wat voorspel het dat goud in die omgewing ontdek sou word. Ironies genoeg het Bourke se kleim daar naby niks opgelewer nie. 'n Goeie uitsig op die kloof en die kolkgate kan van drie metaalbrûe oor die kloof verkry word.

Stroomaf van Bourke's Luck het die Blyderivier 'n skouspelagtige canyon gevorm, wat tot 700 m diep en 32 km lank is. Oor hierdie canyon kyk 'n mens uit op die bekende Drie Rondawels-pieke.

1. Korsmos-staproete is 'n verklarende paadjie met inligtingspunte oor korsmosspesies (ligene) op borde langs die pad. Inligting verskyn ook in groot druk en braille en daar is 'n kapreling vir blinde besoekers. Hierdie staproete is ook geskik vir mense in rolstoele. Al neem dit minder as 'n uur, word die wandelpad hier ingesluit, aangesien dit een van die weinige roetes is wat vir blindes en liggaamlik gestremdes voorsiening maak. **180 m; 30 minute; sirkelroete.**

2. Belvedere-dagstaproete Hierdie roete lei na die Belvedere- hidroëlektriese kragstasie by die samevloeiing van die Blyde- en Belvederivier. Dit is in 1911 gebou om elektrisiteit vir die ertsbrekers by Pelgrimsrus te verskaf en was destyds die grootste installasie van sy soort in die Suidelike Halfrond. Van die Bourke's Luck-besoekersentrum daal die roete steil in die Blyderivier-canyon af en daal die hoogte bo seevlak met 400 m. Die terugkof loop langs 'n ander roete na die beginpunt toe. Dit is 'n veeleisende roete wat net deur fikse voetslaners aangepak moet word. **8 km; 5 uur; sirkelroete.**

31. HADEDA-WATERVALROETES
Burgersfort

> *Staproetes:* 5 roetes; 4 tot 15,8 km; 2 tot 9 uur; netwerk van basiskamp af.
> *Permitte:* Jacana Marketing and Reservations, Posbus 95212, Waterkloof 0145, tel: (012) 346 3550, faks: 346 2499, e-pos: info@jacanacollection.co.za
> *Kaarte:* Pamflet oor voetslaanpad met sketskaart.
> *Geriewe/Aktiwiteite:* Basiskamp: hutte met slaapbanke, matrasse, kombuis met potte, panne, gasstoof, braaigeriewe, vuurmaakhout, warm storte en toilette. Luiperdgrot: holkrans wat agt mense kan huisves; tentterrein; braaigeriewe, vuurmaakhout en toilet. Hadeda-nes: volledig toegeruste selfsorgrondawel.

Hierdie wandelpadnetwerk in die Watervalriviervallei noordwes van Lydenburg begin by die plaas Buffelsvlei en loop oor verskeie sitrus- en groenteplase. Die roetes kronkel deur die ongerepte dele van die plase en van die diere wat jy kan sien is die koedoe, vaal- en rooiribbok, bosbok, gewone duiker en bobbejaan.

1. Luiperd-lus kronkel van Three Loop Junction na die Hadeda-waterval en klim langs die stroom verby talle watervalle en poele na die Luiperdgrot-waterval en Luiperdgrot. Hierdie grot is 'n gewilde middagete- en oornagplek. **4 km; 2 uur; eenrigting.**

2. Krans-staproete volg vir ongeveer 700 m dieselfde roete as die Rivier-staproete, maar pleks dat dit by die eerste aansluiting links draai, gaan dit reguit aan en klim na 'n rotswand, waarna dit 'n ravyn bereik, waar 'n motorbandleer voetslaners help om tot bo-op die eerste kranslys te klim. 'n Kort entjie se stap bring jou by Three Loop Junction bo 'n waterval, van waar die roete die rand van die kranse na die Hadeda-waterval volg. Hier het jy die keuse om 'n heen-en-terug-ompad van 1,6 km na Luiperdgrot te neem of om in die poel onder die Hadeda-waterval te swem voor jy verder gaan. Van hierdie punt af klim die roete steil en steek jy die rivier verskeie kere oor op pad na die basiskamp. Hierdie staproete kan ook met Luiperd-lus tot 'n oornagroete gekombineer word. **4,5 km; 2 uur; sirkelroete.**

3. Rivier-staproete is 'n maklike wandeling wat ongeveer 700 m ver dieselfde roete as die Krans-staproete volg. Dit vertak dan na links en gaan teen 'n koppie uit, van waar daar pragtige uitsigte oor die vrugte- en groenteplase in die vallei is. Nadat dit 'n kontoer gevolg het, kronkel dit af na die Watervalsrivier, wat jy 'n ruk lank volg voordat die roete teen 'n heuwel uitklim en terug na die basiskamp kronkel. **5,6 km; 3 uur; sirkelroete.**

4. Boomvaringkloof-staproete volg die Krans-staproete tot by Three Loop Junction, van waar dit opdraand loop langs 'n stroom waarvan die oewers met gewone boomvarings begroei is. Die roete klim verder verby talle watervalle, onder meer ses wat in een poel stort en 'n ander van 40 m hoog. By die bopunt sluit die roete aan by die Ammo-staproete en volg dan die Luiperd-lus en Krans-staproete terug na die basiskamp. **7,5 km; 4 uur; sirkelroete.**

5. Ammo-staproete vertak in 'n oostelike rigting by Gorge Junction en gaan oor 'n 500 m-gedeelte met 'n loodregte val voordat dit steil na die voet van Ammo Gorge klim. Motorbande is in die ravyn geplaas om voetslaners oor moeilike gedeeltes te help, en wanneer jy bo kom, kan jy wonderlike uitsigte van die Skurings-, Steenkamps- en Drakensberg geniet. Van hier af loop die roete na Luiperdgrot en die Hadeda-waterval, voordat dit na Three Loop Junction gaan, en dan vir net meer as 1 km op die Krans-staproete teruggaan. Die laaste gedeelte volg die Rivier-staproete terug na die basiskamp toe. Jy kan hierdie staptog ook as 'n oornagroete onderneem deur by Luiperdgrot te oornag en die res van die roete die volgende dag af te lê. **15,8 km; 9 uur.**

32. NASIONALE KRUGERWILDTUIN
Oos-Mpumalanga

Staproetes: 7 oornagwildernisroetes; verskillende afstande, tot 20 km per dag van basiskamp af; 2 dae/3 nagte. Begeleide dagwandelings van 2 tot 3 uur; 4 tot 6 km; sirkelroetes.
Permitte: Suid-Afrikaanse Nasionale Parke, Posbus 787, Pretoria 0001, tel: (012) 428 9111, faks: 343 0905, e-pos: reservations@parks-sa.co.za
Kaarte: Algemene kaart van wildtuin.
Geriewe/Aktiwiteite: 12 ruskampe met selfsorgverblyf; 6 bosveldkampe; 4 satellietkampe; kampeerterreine in die wildtuin; luukse private kampe; restaurante; winkels. Op die roetes: rustieke hutte met beddens, beddegoed, oordekte lapa wat as eetplek dien, storte en toilette met riete omhein.
Belangrike inligting: Groepe word beperk tot agt persone, wat almal tussen 12 en 60 jaar oud moet wees. Staptogte vind van Sondag tot Woensdag of van Woensdag tot Saterdag plaas. 'n Mens moet taamlik fiks wees, want tot 20 km per dag word afgelê. Voorsorg teen malaria is noodsaaklik.

Die Nasionale Krugerwildtuin, wat in 1926 geproklameer is, is een van Afrika se groot wildtuine en is wêreldbekend vir sy dierelewe. Die wildtuin beslaan byna 2 miljoen ha ongeskonde wildernis en is die tuiste van 147 soogdierspesies. Vir baie besoekers is die wildtuin se belangrikste aantrekkingskrag die Groot Vyf (olifant, renoster, buffel, leeu en luiperd), maar daar is 'n groot verskeidenheid wildsbokke soos die swartwitpens, njala, koedoe, waterbok, basterhartbees en rooibok (die talrykste van die antilope). Wildehonde, jagluiperds, troppe blouwildebeeste, bontsebras en seekoeie kan ook in die wildtuin gesien word.

Die Krugerwildtuin is 'n uitstekende plek vir voëlkykers en 505 voëlspesies is reeds opgeteken. Besonder lonend is die noordelike hoek, waar verskeie ongewone spesies afgemerk kan word. Meer as 50 roofvoëlspesies is tot op datum in die wildtuin opgeteken.

In Julie 1978 is die Krugerwildtuin se eerste staproete, die Wolhuter-wildernispad, in die suide van die park oopgestel. Sedertdien het die getal wildernispaaie tot sewe aangegroei, en hulle lê deur die hele wildtuin versprei.

Staptogte word deur 'n opgeleide gids gelei en hoewel wildbesigtiging te voet 'n integrerende deel van die ervaring is, word tyd ook bestee om voetslaners meer omtrent die omgewing te leer. Die gids sal al die natuurtekens verduidelik, en die uitkenning van bome, voëlkyk en 'n waardering van die natuurskoon is alles deel van die ervaring. Die roetekampe is rustiek maar gerieflik, en dien as basis waarvandaan die staptogte onderneem word. Eenvoudige maar voedsame maaltye word verskaf.

1. Boesman-roete word in die suidwestelike hoek van die wildtuin afgelê in 'n deel met meer as 90 plekke met rotskuns sowel as talle terreine uit die Steen- en Ystertydperk. Die oorwegend heuwelagtige omgewing is bestrooi met granietriwwe wat aan voetslaners manjifieke uitsigte oor die gebied verskaf. Onder die diere wat jy kan teëkom is die witrenoster, olifant, buffel, rooiribbok, koedoe, klipspringer, bontsebra en kameelperd. Die Malelane-hek is die naaste ingang na die Berg-en-Dal-ruskamp, van waar voetslaners na die basiskamp vervoer word.

2. Metsi-Metsi-roete Die golwende heuwels en ravyne oos van die berg Nwarmuriwa naby Tshokwane is die agtergrond vir hierdie roete wat vernoem is na die Metsi-Metsi-rivier (wat 'waterwater') beteken. Die Nwaswitsonto-rivier, een van die min standhoudende waterbronne in die wildtuin, lok 'n groot verskeidenheid wild in die droë wintermaande. Onder die diere wat in die gebied voorkom, is groot getalle olifante, swartrenosters, buffels, leeus en verskeie wildsbokspesies. Die basiskamp kyk uit oor 'n drinkgat. Voetslaners vertrek van Skukuza en die gerieflikste ingang vir hierdie kamp is die Krugerhek.

3. Napi-roete loop oor die golwende landskap en granietheuwels halfpad tussen Skukuza en Pretoriuskop. Die basiskamp is geleë by die samevloeiing van die Mbayamiti- en die Napirivier in 'n gebied met 'n groot witrenosterbevolking. Voetslaners kan ook op swartrenosters, olifante, buffels, swartwitpense, koedoes en ribbokke afkom. Roofdiere soos die leeu, luiperd en wildehond kom ook hier voor, en daar is 'n groot verskeidenheid voëls. Voetslaners kom by Pretoriuskop bymekaar en Numbi is die naaste ingangshek.

4. Njalaland-roete Die Punda Maria-omgewing in die verre noorde van die Krugerwildtuin word as een van Suid-Afrika se uitmuntendste wildernisgebiede beskou. Die landskap word deur mopaniebome, uitgestrekte 'kremetart-woude' en stande koorsbome gekenmerk. Hoewel nie ryk aan soogdiere nie, is dit een van Suid-Afrika se interessantste voëlkykplekke met verskeie Rooi Dataspesies soos die gevlekte en witpensstekelstert en die kuifkopboskraai. Die Punda Maria-hek is die naaste ingang aan die Punda Maria-ruskamp, van waar voetslaners na die basiskamp op die oewer van die Madzaringwe-stroom vervoer word.

5. Olifantsroete is in die sentrale gedeelte van die wildtuin geleë, met 'n basiskamp op die suidoewer van die Olifantsrivier, 4 km wes van sy samevloeiing met die Letabarivier. Wild is volop en diere wat gesien kan word is die olifant, buffel, kameelperd, blouwildebees, waterbok, bontsebra en leeu. Seekoeie en krokodille is volop in die rivier. Die landskap wissel van vlaktes tot die voorheuwels van die Lebomboberge. Die kolkgate in die smal skeure is 'n hoogtepunt. Voetslaners vertrek van Letaba-ruskamp. Ba-Phalaborwa is die naaste hek.

6. Sweni-roete Op hierdie wildernispad verken voetslaners die omgewing om Nwanetsi. Die maroela- en knoppiesdoringveld huisves 'n groot verskeidenheid wildspesies, waaronder die olifant, buffel, swart- en witrenoster, blouwildebees, bontsebra, kameelperd en leeu. Voetslaners word na die basiskamp vervoer van die Satara-ruskamp af, wat die maklikste van die Orpen-hek bereik word. Die basiskamp kyk uit oor die Sweni-stroom, met sy buitengewoon baie lalapalms.

7. Wolhuter-roete eer die legendariese Harry en Henry Wolhuter, die pa en seun wat jare lank in die eerste helfte van die 20ste eeu in beheer van die suidelike gedeelte van die wildtuin was. Die roete loop deur die gebied tussen die Berg-en-Dal- en Pretorius-ruskamp, 'n landskap gekenmerk deur effens golwende bosveld bestrooi met granietriwwe. Hierdie gebied, in die hart van die witrenosterwêreld, huisves ook rooiribbokke, swartwitpense, rooibokke, kameelperde, blouwildebeeste, luiperds en leeus. Voetslaners moet hulle by die Berg-en-Dalruskamp aanmeld, van waar hulle na die basiskamp op die Mavukanerivier vervoer word. Malelane-hek is die gerieflikste ingang vir hierdie roete.

8. Dagwandelings word onderneem vir groepe van tussen vier en agt mense onder begeleiding van twee gewapende veldgidse. Die staptogte begin vroeg in die oggend en duur tussen drie en vier uur. Langs die pad sal die gidse wildspore volg en hul grondige kennis van plaaslike diere-, plante- en voëllewe met voetslaners deel. Staptogte kan bespreek word by die ruskampe Berg-en-Dal, Letaba, Onder-Sabie, Mopani, Orpen-, Pretoriuskop, Satara en Skukuza, sowel as by die bosveldkampe Berghaan, Biyamiti en Shimuwini. Kinders onder 12 jaar word nie op die dagwandelings toegelaat nie. **4–6 km; 2–3 uur; sirkelroetes.**

33. DE NECK-VOETSLAANPAD
Letsitele

Staproetes: 2 roetes met verbindingsroetes; (altesaam 30 km); netwerk van basis af.
Permitte: Jacana Marketing and Reservations, Posbus 95212, Waterkloof 0145, tel: (012) 346 3550, faks: 346 2499, e-pos: info@jacanacollection.co.za

Kaarte: Pamflet oor roete met kaart.
Geriewe/Aktiwiteite: Knoppiesdoringkamp: hutte met beddens, matrasse, gaslampe, warm storte en toilette.
Ou Kraal: omskepte voertorings met slaapbanke, matrasse, tweeplaatgasstoof, potte, panne, ketel, braaigeriewe, vuurmaakhout, opwasplek, warm storte en toilette. Murchison View-kampeerterrein: terrein vir tente. Bergfietsry.

Die De Neck Private Natuurreservaat, wat tussen die voue van die Seribane-heuwels naby Letsitele genestel lê, huisves 'n verskeidenheid wildspesies. Van die diere wat gesien kan word, is die swartwitpens, kameelperd, koedoe, ribbok en bontsebra. 'n Groot verskeidenheid voëls is ook in die reservaat opgeteken. Ook interessant is die terreine uit die Ystertydperk waar die voorouers van die Shangaans eeue lank gewoon het.

Die netwerk van wandelpaaie bestaan uit twee dagwandelings, **Rietbok-kring** en **Rooibok-lus**, wat deur ses verbindingsroetes verbind word sodat stappers hul eie roetekombinasie kan beplan. Die roetes loop deur rivierbos, dig begroeide klowe en oor die hange van die Seribane-heuwels, met panoramiese uitsigte van die Murchison-reeks in die ooste.

34. KAMEELPERD-VOETSLAANPAD
Hans Merensky-natuurreservaat, Letsitele

Kyk nr. 35 (bl. 240) vir wandelpaaie.

Staproetes: 20 of 32 km; 2 of 3 dae; sirkelroetes.
Permitte: Die Verantwoordelike Beampte, Hans Merensky-natuurreservaat, Privaatsak X502, Letsitele 0885, tel. en faks: (015) 386 8633.
Kaarte: Brosjure oor voetslaanpad met sketskaart.
Geriewe/Aktiwiteite: Oornagkamp: grasdak-A-raamhutte met slaapbanke, matrasse, oordekte eetarea, vuurmaakplek,

> *vuurmaakhout, koue storte en toilet.*
> *Eiland-oord: selfsorgverblyf; swembad; besoekersentrum; selfry-wildbesigtiging; Tsonga Kraal Museum.*
> **Belangrike inligting:** *Omdat die temperatuur in die midsomer tot 40 °C kan styg, is voorsorg soos 'n sonhoed en sonskermmiddel raadsaam. Jy hoef net 'n dagsak vir die tweede dag se skof te neem, want dit is 'n sirkelroete van die oornaghut af.*

Die Hans Merensky-natuurreservaat, 66 km noordoos van Tzaneen, beslaan 5 300 ha dorre laeveldplantegroei en grens aan die Letabarivier in die noorde. Die plantegroei bestaan hoofsaaklik uit mopanieveld en boswêreld met dopperkiaat, rooiboswilg en sandvaalbos.

Die rooibok is die talrykste van die wildsbokke in die reservaat. Ander spesies wat hier voorkom, is die koedoe, swartwitpens, waterbok, rietbok, bosbok, blouwildebees en tropiese grysbok. Kameelperde, bontsebras, vlakvarke en seekoeie kom ook in die reservaat voor.

Voëls is volop, en onder die meer as 250 spesies wat hier opgeteken is, is die bontpiek, die oopbeken saalbekooievaar, monnikaasvoël, swartbekkakelaar, pylvlekkatlagter en swartkopwielewaal.

Die eerste dag se skof (9 km; 3 uur) volg 'n maklike, gelyk pad deur mopanieveld. Weens die digte plantegroei is wildbesigtiging moeilik, maar die voëllewe vergoed daarvoor. Die oornagkamp is naby 'n drinkgat, waar jy wild sal kan sien.

Dag twee (11 km; 4 uur) loop deur mopanie- en rooiboswilgveld na die Swartheuwels, 'n dolerietintrusiegang wat sy weg met geweld deur graniet gebaan het. Hier kan voetslaners die enigste panoramiese uitsig op die roete geniet voordat hulle verder gaan tot by 'n groot dam, waar baie voëls en moontlik ook wild gesien kan word. Van hier af is dit 'n maklike 90 minute-wandeling terug na die basiskamp.

Op dag drie (12 km; 4 uur) kronkel die roete in 'n noordoostelike rigting tot aan die voet van die Swartheuwels. Dan swaai dit wes en sluit na 'n ruk by die eerste dag se roete aan waarlangs jy na die beginpunt teruggaan.

35. HANS MERENSKY-NATUURRESERVAAT
Letsitele

Kyk nr. 34 (bl. 239) vir voetslaanpad.

> **Staproetes:** *3 roetes; 1,12 tot 11 km; 30 min. tot 4 uur; sirkelroetes.*
> **Permitte:** *Toegangsgeld. Geen permit nodig vir staproetes nie.*
> **Kaarte:** *Brosjure met sketskaarte.*
> **Geriewe/Aktiwiteite:** *Eiland-oord: selfsorgverblyf; swembad; besoekersentrum; selfry-wildbesigtiging; Tsonga Kraal Museum.*

1. Mopanie verklarende roete Hierdie wandeling duur minder as 'n uur maar word hier ingesluit omdat dit 'n uitstekende kennismaking met die bome en ander omgewingsaspekte van die gebied is, wat almal met nommers gemerk is en in die brosjure verduidelik word. Die roete begin by die besoekersentrum. **1,12 km; 30 min.; sirkelroete.**

2. Letaba-natuurstaproete is in die noordelike gedeelte van die reservaat uitgelê en begin by die ingang tot die reservaat. 'n 1 km-gedeelte van die roete, wat uit twee lusse bestaan, loop deur digte rivierplantegroei langs die Letabarivier. **7 km; 2,5 uur; sirkelroete.**

3. Waterbok-natuurstaproete Hierdie roete begin by die besoekersentrum en loop in 'n sirkel deur die suidelike gedeelte van die reservaat. Langs die pad is daar volop geleentheid vir voëlkyk, en jy kan moontlik ook wild sien, mits jy suutjies beweeg. **11 km; 4 uur; sirkelroete.**

36. ROOIKAT-NATUURWANDELPAD
Tzaneen

> **Staproetes:** *11 km; 5 uur; sirkelroete.*
> **Permitte:** *Die Bosboubeampte, New Agatha Plantasie, Privaatsak X4009,*

Tzaneen 0850, tel: (015) 307 4311, faks: 307 5926. Permitte kan gedurende kantoorure by die begin van die roete verkry word.
Kaarte: *Roetepamflet met sketskaart.*
Geriewe/Aktiwiteite: *Piekniekterrein en toilette by halfpadmerk.*
Belangrike inligting: *Reëlings om die gebied te besoek moet lank vooruit getref word. Na swaar reëns is dit raadsaam om vas te stel of die wandelpad oop is, aangesien die Bobsrivier, wat verskeie kere op die roete oorgesteek word, in vloed kan wees.*

Haenertsburg 0730, tel: (015) 276 1303.
Kaarte: *Inligtingspamflet en sketskaart. Die gebied word gedek deur die topografiese 1:50 000-kaart, seksies 2330CC en 2430AA.*
Geriewe/Aktiwiteite: *Kampeerterrein by beginpunt met storte en toilette.*
Belangrike inligting: *Die maksimum grootte van 'n groep vir oornagbesoekers is 10, en daar is 'n beperking van 60 mense per dag. Vure is streng verbode in die wildernisgebied. Dit is noodsaaklik dat jy 'n topografiese kaart saamneem, aangesien die voetpaaie dikwels onduidelik is.*

Hierdie wandelpad kronkel deur die New Agathaplantasie, 18 km oos van Tzaneen, teen die agtergrond van Krugerkop en Tandberg, twee bekende landmerke van die Wolkberg. Denne- en bloekomplantasies het die meeste van die plantegroei vervang, maar die Bobsrivier word nog deur pragtige inheemse woud omsoom. Van die bome op die roete is met hul nasionale boomnommer gemerk en die rooiessenhout, witstinkhout, mitseri, hophout en boskiepersol is van die algemene bome hier.

Afgesien van die rooikat, waarna die wandelpad vernoem is, is die woud en plantasies ook die tuiste van die bosbok, gewone duiker, bosvark en bobbejaan, sowel as die blouapie en samango-aap. Voëls sluit die skaars vlermuisvalk (wat hier broei), die rooiborsjakkalsvoël, bloukuifloerie, swartkopwielewaal en bruinkeelwewer in.

Nadat dit aanvanklik deur denneplantasies gegaan het, volg die roete die loop van die Bobsrivier. Die roete steek die rivier verskeie kere oor en gaan verby verskeie kaskades, stroomversnellings en poele waar voetslaners kan afkoel. Na 7 km kom 'n mens by die Akker-piekniekterrein. Die laaste 4 km van die roete is deur bloekom- en denneplantasies.

37. WOLKBERG-WILDERNISGEBIED
Tzaneen

Staproetes: *Geen vaste roetes nie.*
Permitte: *Die Verantwoordelike Beampte, Wolkberg-wildernis, Privaatsak X102,*

Die Wolkberg, ongeveer 80 km suidwes van Tzaneen, vorm 'n boog waar die noordelike verlenging van die Drakensberg en die oostelike punt van die Strydpoortberg bymekaarkom. Die wildernisgebied beslaan 19 145 ha met hoë bergpieke, diep ravyne, kolle inheemse woud en grasveld. Die Wolkberg, wat deur die 2 050 m hoë Krugerkop, ook bekend as Serala, oorheers word, doen sy naam dikwels gestand, veral in die somer wanneer die hoë pieke dikwels met fyn mis bedek is.

Die plantegroei word oorheers deur bergsuurveld met stukke proteaveld tussenin, maar die plantegroei in die Mohlapitse-vallei bestaan uit suurgrasveld en bosveldbome. Lappe inheemse woud kom in diep ravyne en op die suidelike en oostelike hange van die hoërliggende gebiede voor. Noemenswaardige bome is die Transvaalse bergsuikerbos en die Modjadjebroodboom.

Daar kom nie 'n groot verskeidenheid groot soogdiere in die gebied voor nie. Diere wat jy dalk sal sien, is die bosbok, vaal- en rooiribbok, klipspringer, gewone duiker, bobbejaan, samango-aap, blouapie en nagapie.

Onder die meer as 157 voëlspesies wat al hier opgeteken is, is die vlermuisvalk, breëkoparend, swartoogboslaksman, kuifkoptarentaal en geelkwikkie. Wees ook op die uitkyk vir die sekretarisvoël, gewone vleiloerie, suidelike waterfiskaal, gewone troupant en Maricosuikerbekkie.

Afgesien van bestuurspaaie en dowwe voetpaadjies is daar nie vaste roetes in die wildernisgebied nie. Van die kantoor af daal 'n viertrekpad verby 'n skouspelagtige toefaformasie in die Ashmole

Dales-vallei tot by die Mohlapitserivier, wat jy stroom af kan volg tot by sy samevloeiing met die Mogwatserivier. As jy in Mampaskloof opdraai, kan jy verder gaan tot by die Duiwelskneukels, die Wonderwoud en die Thabina-waterval.

Die Duiwelskneukels, 'n 6 km lange rant van kwartsietkranse, is 'n gedugte rif, wat net by die hoogste kneukel oorgesteek kan word. Van die kruin af is dit steil bergaf na die Wonderwoud en daar is kettings om voetslaners by 'n moeilike gedeelte te help. Die Wonderwoud, wat 500 ha beslaan, is die grootste inheemse woud in die wildernisgebied met mooi geelhoutbome, waarvan die stamme 'n omtrek van tot 5 m het.

Van die Wonderwoud kan jy die Shobwerivier stroomaf tot by 'n viertrekpad volg, wat na die beginpunt terugklim. 'n Kort ompad van hierdie pad af bring jou by die Klipdraai-waterval, 'n goeie voorbeeld van 'n toefawaterval. Die ander moontlikheid is om van die Wonderwoud af na die Serala-plato te stap, oor Krugerneus, wat deel vorm van 'n formasie wat soos die profiel van die eertydse president Paul Kruger lyk, met die Wonderwoud wat sy baard vorm.

38. MAGOEBASKLOOF-VOETSLAANPAD
Tzaneen

> *Staproetes: 65,7 km; 5 dae; sirkelroete. 4 korter roetes; 20,1 tot 40,7 km; 2 tot 3 dae; sirkelroetes.*
> *Permitte: SAFCOL Ekotoerisme, Posbus 1771, Silverton 0127, tel: (012) 481 3615, faks: 481 3622, e-pos: ecotour@safcol.co.za*
> *Kaarte: A4-kleursketskaart van roetes.*
> *Geriewe/Aktiwiteite: Ses oornaghutte met slaapbanke, matrasse, braaigeriewe, storte (warm water by De Hoek en Broederstroom, koue water by Dokolewa, Waterval, Woodbush en Seepsteenmuilstalle) en toilette.*
> *Belangrike inligting: Beginpunte by De Hoek-, Woodbush- en Broederstroomhutte. Dokolewapoel-hut is 'n 1,5 km-stap van De Hoek af, en die afstand van die Woodbush-hut tot by die Seepsteenstalle-hut is ook 1,5 km. Omdat die roete stywe klimme en afdraandes insluit (met hoogteverskille van 500 m), moet voetslaners fiks wees voordat hulle hierdie voetslaanpad aandurf.*

Die inheemse woude van Magoebaskloof is van die mooiste in Suid-Afrika en laat jou aan 'n feëwêreld dink. Strome met varings op hul oewers stort oor mosbedekte rotse teen die berghange af. En bo jou nestel massas boslelies (*Clivia*-spesies) in die vurke van boomtakke terwyl die kleurryke Knysnaloerie tussen die bome sweef. Gedeeltes van die roete loop deur denneplantasies.

Grootbos is die grootste inheemse woud noord van die Vaalrivier en beslaan ongeveer 4 600 ha. Van die bome wat hier oorheers, is die outeniekwa- en regte-geelhout, witstinkhout, lemoenhout, bosvaderlandswilg en ysterhout. Die gebied is ook die tuiste van verskeie epifietorgideë, terwyl die montbretia (*Crocosmia aurea*), met sy oranjegeel blomme, die mooi *Streptocarpus parviflorus* en springkruie (*Impatiens*-spesies) van die blomplante op die woudvloer is.

Hierdie woud is die tuiste van diere soos die rooiduiker, luiperd en bosbok, sowel as die blouapie en samango-aap. Laasgenoemde kan aan sy roep, 'n luide herhaalde 'nja', dikwels gevolg deur 'n reeks laggies, uitgeken word. Hoewel bosvarke eintlik nagdiere is, word hulle in Grootbos dikwels bedags gesien.

Voëls is hier volop en 309 spesies is al in die De Hoek- en Grootbos-gebiede opgeteken. Voëls waarvoor jy kan uitkyk is die kroon- en langkuifarend, swartoogboslaksman, lawaaimaker- en witkoljanfrederik, swartoogtiptol en geelkeelsanger.

Plekke van geskiedkundige belang is die Seepsteen-muilstalle, die Woodbush-boomtuin (in 1907 begin) en die eikebome wat langs die Broederstroom geplant is deur Lady Florence Phillips, wat in die tweede dekade van die 20ste eeu perde op die Broederstroom-stoetery geteel het.

Die netwerk van staproetes in hierdie gebied bestaan uit verskeie gedeeltes wat gekombineer kan word om voetslaanpaaie te vorm wat oor twee tot vyf dae afgelê kan word.

1. Debengeni-voetslaanpad begin by die Woodbush-hut en daal geleidelik na De Hoek (11,7 km; 6 uur). 'n Klein entjie voordat jy by De Hoek kom, lei 'n pad na 'n punt wat op die skouspelagtige Debengeni-waterval uitkyk. Die terugroete (8,4 km; 3 uur) is 'n opdraande pad en tot by Woodbush neem die hoogte bo seevlak met 500 m toe. Hoogtepunte is die Dokolewa-poele, buitengewoon hoë boomvarings en die roete langs die Dokolewa-stroom, met sy poele en manjifieke inheemse woud **20,1 km; 2 dae; sirkelroete.**

2. Dokolewapoele-voetslaanpad Hierdie roete begin by die Dokolewapoele-hut en dag een se skof (9 km; 5 uur) klim met die terugskof van die Debengeni-voetslaanpad voordat dit naby die einde van die voetslaanpad na die Seepsteen-stalle vertak. Dag twee se skof (12 km; 5 uur) is 'n volgehoue klim, wat verby die Debengeni-waterval en dan na die Dokolewapoele-hut loop. **21 km; 2 dae; sirkelroete.**

3. Dokolewawaterval-voetslaanpad Van Woodbush-hut af verlaat die eerste dag se skof (13,7 km; 7 uur) die boomtuin en kronkel dan deur denneplantasies met kolle inheemse woud tussenin. Die roete loop verby 'n boom wat na bewering die hoogste aange-plante boom in die Suidelike Halfrond is, 'n salignabloekom wat 84,4 m hoog is. Die roete klim deur inheemse woud en lappe denneplantasie en loop dan afdraand. 'n Ent verder loop dit deur 'n laning eikebome wat vroeg in die 20ste eeu geplant is en klim dan na 'n punt wat op die Dap Naudè-dam uitkyk. Nadat jy om die dam is, kom jy by die afdraai na die Broederstroom-hut en Waterval-kamp. Die tweede dag se skof (18 km; 7 uur) volg 'n maklike roete met 'n rant langs, van waar daar skouspelagtige uitsigte oor die beboste vallei onder jou is. 'n Ent verder daal die roete steil na die bo-punt van 'n reeks hoë watervalle. 'n Entjie verder kom jy by 'n ander waterval en dan loop die roete verby hoë boomvarings op die oewers van die Dokolewa-stroom wat jy verby verskeie aanloklike poele tot by die Dokolewa-poele volg. Die laaste 1 km van die skof klim deur denneplantasies tot by die Dokolewapoele-hut. Die laaste dag se skof (9 km; 5 uur) is 'n volgehoue klim terug na die parkeerterrein by die Woodbush-hut. **40,7 km; 3 dae; sirkelroete.**

4. Dokolewawaterval-voetslaanpad begin by die Dokolewapoele-hut, van waar die eerste dag se skof (8,4 km) geleidelik na die Seepsteenstalle-hut klim. Dag twee se skof (13,8 km; 6 uur) loop na die Waterval-kamp, en die derde dag se skof (18 km; 7 uur) daal weer na die Dokolewapoele-hut. Hoogtepunte op die roete is onder andere pragtige boomvarings, die roete langs die Dokolewa-stroom, met sy poele en indrukwekkende inheemse woud, die boomtuin by Woodbush, die watervalle in Grootbos en die Dokolewa-waterval en -poele. **40,2 km; 3 dae; sirkelroete.**

5. Magoebaskloof vyfdaagse voetslaanpad Hierdie staptog sluit al die hoogtepunte van die Magoebas-kloof-omgewing in. Die eerste drie drae volg die-selfde roete as die Dokolewawaterval-voetslaanpad en begin by die De Hoek-parkeerterrein. Van die Dokolewapoele-hut klim die vierde dag se skof (9 km; 5 uur) na die Woodbush-hut, en die laaste dag se skof (16 km; 6 uur) is hoofsaaklik bergaf tot by De Hoek. **65,7 km; 5 dae; sirkelroete.**

39. MODJADJE-NATUURRESERVAAT
Tzaneen

Staproete: 7 km; 3 tot 4 uur; sirkelroete.
Permitte: Toegangsgeld. Geen permit nodig vir staproete nie.
Kaarte: Sketskaart.
Geriewe/Aktiwiteite: Inligtingsentrum; museum; piekniekterrein.

Die natuurreservaat, wat 530 ha beslaan, bewaar 'n woud van Modjadjebroodbome teen die hange bo die Modjadje-vallei, 35 km noordoos van Tzaneen. Hierdie reservaat bevat glo die grootste konsentrasie van 'n enkele broodboomsoort in die wêreld. Die Modjadjebroodboom is die hoogste van al 29 Suid-Afrikaanse broodboomspesies. Die gemiddelde hoogte is tussen 5 en 8 m, maar groot eksemplare kan tot 13 m hoog word en die goudbruin vrugte kan tot 34 kg weeg.

Die broodboomwoud het die beskerming geniet van opeenvolgende geslagte Modjadje's of Reënkoninginne, die vroulike erfheersers oor die

Bolobedu-volk wat al meer as drie eeue in die gebied woon. 'n Klein museum, wat aan die Reënkoningin gewy word, bied 'n fassinerende insig in die Bolobedu's en hul mistieke heersers.

Die roete kronkel deur die broodboomwoud na die bosveld onder jou, waar voetslaners waterbokke, blouwildebeeste, njalas en rooibokke kan sien. Meer as 170 voëlspesies is in die gebied opgeteken, waaronder die witkruisarend, bloukuifloerie en boslaksman.

40. KHONGONI-VOETSLAANPAD
Ben Lavin-natuurreservaat,
Makhado (Louis Trichardt)

Kyk nr. 41 vir wandelpaaie.

Staproete: 17,5 km; 2 dae; sirkelroete.
Permitte: Jacana Marketing and Reservations, Posbus 95212, Waterkloof 0145, tel: (012) 346 3550, faks: 346 2499, e-pos: info@jacanacollection.co.za
Kaarte: Sketskaart.
Geriewe/Aktiwiteite: Muvuvhu-hoofkamp: volledig toegeruste grasdakhuisies met en suite-badkamers; volledig toegeruste grasdakhutte met toilet en wasbak; toegeruste tweebedtente; kampeerterreine met braaigeriewe, elektriese punte, warmwaterwaskamers; swembad; winkel wat kruideniersware, vuurmaakhout en aandenkings verkoop. Boskamp: twee volledig toegeruste rustieke grasdakhutte, elkeen met 10 beddens, 'n kombuis, braaigeriewe en warmwaterwasgeriewe (gaste moet eie beddegoed en handdoeke voorsien). Bergfietsry; selfry-wildbesigtiging; begeleide nagritte; voëlkyk- en wildbesigtigingskuilings.

Die 2 500 ha Ben Lavin-natuurreservaat, 12 km suidoos van Louis Trichardt, is die agtergrond vir hierdie oornagvoetslaanpad. Die reservaat is in 1970 deur mev. Molly Lavin aan die Vereniging vir Natuurlewe en die Omgewing geskenk, na die dood van haar bewaringsbewuste man, Ben, sodat dit ter nagedagtenis aan hom ontwikkel kon word.

Die reservaat is die tuiste van wildsbokke soos swartwitpense, blouwildebeeste (waarna die voetslaanpad vernoem is – *khongoni* is die Venda-woord vir 'wildebees'), basterhartbeeste, rooihartbeeste, waterbokke, rooiribbokke, koedoes, njalas, rooibokke en bosbokke. Kameelperde, bontsebras, vlakvarke, strandjutte en 'n verskeidenheid kleiner soogdiere word ook hier aangetref.

Meer as 230 voëlspesies is reeds hier opgeteken, waaronder die bruin- en breëkoparend, swartborsslangarend, papegaaiduif, bloukuifloerie en geelkeelkalkoentjie. Wees ook op die uitkyk vir die gewone vleiloerie, geelbektroupant, swartbekkakelaar, Afrikaanse wielewaal, geelborskleinjantjie en oranjeborsboslaksman.

Die eerste dag se skof (8 km; 4 uur) volg 'n maklike roete deur grasveld tot by Tabajwane-koppie en gaan dan verder verby die Tabajwane-windmeul en Mdudzi-dam na die Doringrivier. 'n Entjie verder sluit die pad vir 'n klein entjie aan by die Fontein-wandelpad voordat dit na die Boskamp vertak.

Op dag twee (9,5 km; 5 uur) kronkel die roete deur bosveld verby die Makulu-dam en volg dan die Klipspruitrivier tot by die Tshumanini-watergat en -skuiling. Die terugskof loop na 'n uitkykpunt en 'n ent verder sluit dit aan by die Fontein-wandelpad, wat jou na die beginpunt terugneem.

41. BEN LAVIN-NATUURRESERVAAT
Makhado (Louis Trichardt)

Kyk nr. 40 vir voetslaanpad.

Staproetes: 4 roetes; 3 tot 8 km; 1,5 tot 4 uur; sirkelroetes.
Permitte: Toegangsgeld. Geen permit nodig vir wandelpaaie nie.
Kaarte: Sketskaart beskikbaar by reservaatingang.
Geriewe/Aktiwiteite: Muvuvhu-hoofkamp: volledig toegeruste grasdakhuisies met en suite-badkamers; volledig toegeruste grasdakhutte met toilet en wasbak; toegeruste tweebedtente; kampeerterreine

> met braaigeriewe, elektriese punte, warmwaterwasgeriewe; swembad; winkel wat kruidenierswace, vuurmaakhout en aandenkings verkoop. Boskamp: twee volledig toegeruste rustieke grasdakhutte, elkeen met 10 beddens, 'n kombuis, braaigeriewe en warmwaterwaskamers (gaste moet eie beddegoed en handdoeke voorsien). Bergfietsry; selfry-wildbesigtiging; begeleide nagritte; voëlkyk- en wildbesigtigingskuilings.
> **Belangrike inligting:** Groepe word tot ses mense per wandelpad beperk.

1. Waterbok-wandelpad Hierdie wandelpad begin by die Muvuvhu-hoofkamp en loop verby die Waterbok-, Steenbok- en Moerasdam en volg Kampweg dan terug na die beginpunt toe. Afgesien van waterbokke, kan voetslaners ook rooibokke en koedoes sien. **3 km; 1,5 uur; sirkelroete.**

2. Fontein-wandelpad kronkel deur grasveld na die Doringrivier met sy welige rivierplantegroei. Wild wat jy hier kan teëkom, is die njala, rietbok en bosbok. Nadat die roete die rivieroewer gevolg het, sluit dit by Kampweg aan. **4 km; 2 uur; sirkelroete.**

3. Tshumaninifonteine-wandelpad loop deur die noordelike gedeelte van die reservaat, 'n gebied waar bontsebras, rooibokke, koedoes en vlakvarke voorkom. **5 km; 2,5 uur; heen en terug.**

4. Tabajwane-wandelpad Van die Muvuvhu-hoofkamp bly die roete naby aan die reservaat se suidelike grens op pad na Tabajwane-koppie, van waar voetslaners pragtige uitsigte oor die omliggende bosveld en die Soutpansberg kan geniet. Die roete loop dan verby die Tabajwane-windmeul en Mpunzi-dam, en die terugskof volg die Doringrivier. **8 km; 4 uur; sirkelroete.**

42. MABUDASHANGO-VOETSLAANPAD
Thohoyandou

> **Staproetes:** 53 km; 4 dae; sirkelroete.
> **Permitte:** Departement van Bosbou,

> *Privaatsak X2413, Makhado 0920, tel: (015) 516 0201, faks: 516 1062.*
> **Kaarte:** Sketskaart.
> **Geriewe/Aktiwiteite:** Twee oornagskuilings op roete: eenvoudige oop grasdakskuilings, vuurmaakplek, vuurmaakhout, water, vullisbak en toilet.
> **Belangrike inligting:** Na swaar reëns kan rivieroorgange moeilik wees, veral op dag drie van die roete.

Hierdie voetslaanpad in die oostelike gedeelte van die Soutpansberg loop deur geurige denneplantasies en klam, ongeskonde inheemse woud. Die gebied het talle plekke wat verband hou met Venda-tradisies. Die roete kronkel deur die Thathe Heilige Woud en jy maak ook kennis met die heilige Fundudzi-meer wat 'n belangrike rol speel in die tradisies van die Vendas.

Verskeie uitkykpunte langs die roete bied jou pragtige uitsigte oor goudgroen teeplantasies, tipiese Venda-dorpies en ineengeskakelde denneplantasies en inheemse woude.

Die inheemse woud bestaan uit bome soos besemtros- en natalvy, lemoenhout, without, boskoorsboom, gewone uiehout, Transvaalse wildepiesang en grootblaardrakeboom. Van die bome wat jy in die Thathe Heilige Woud kan sien, is die regte-geelhout, Transvaalse pokysterhout, gewone wildevlier, lemoenhout, wildelukwart en rooivoëlbessie.

Soogdiere wat jy in die woude kan teëkom, is die samango-aap, bosvark, bosbok en rooiduiker. Die luiperd kom ook hier voor, maar word weens sy skuheid selde gesien. Wees op die uitkyk vir blouapies aan die rande van die woud en bobbejane teen klipperige berghange.

Voëls is volop en jy kan jou oë oophou vir die kuifkoptarentaal, olyfboslaksman, gekroonde neushoringvoël, swartkopwielewaal, Knysna- en bloukuifloerie. Roofvoëls is onder andere die kroon- en witkruisarend en die Afrikaanse sperwer. Die gewone vleiloerie en bergkwikkie kan dalk ook afgemerk word.

Die eerste dag se skof (14 km; 7 uur) volg aanvanklik plantasiepaaie en klim dan steil deur inheemse woud na 'n uitkykpunt met pragtige uitsigte oor die Tshivase-teelandgoed, die Vondo-dam en Lwamondo-kop, 'n heilige plek vir die Vendas. Die roete daal dan na die Nzhelelerivier en klim daarna steil deur inheemse woud na 'n plato. Vir die res van die dag se skof na Fundudzi-kamp loop die roete hoofsaaklik met bosboupaaie deur denneplantasies.

Dag twee (13 km; 6 uur) van die voetslaanpad begin met 'n wandeling langs die Mutalerivier en volg dan 'n brandpad, van waar jy jou eerste blik van die heilige Fundudzi-meer kry. Die meer is die bron van baie van die Vendas se oortuigings, onder meer dat sy suidwestelike oewer die 'geestestuine' is waar hul voorvaderlike geeste steeds hul landerye bewerk. Van hier af klim die roete geleidelik na die Thathe Heilige Woud, wat die tradisionele begraafplaas van hoofmanne van die Netshisivhe-familie is. Die pad klim verder en bereik die baken op die 1 438 m hoë Vhulambanngwe, die hoogste punt op die voetslaanpad. Die roete loop dan steil afdraand deur inheemse woud, waar houtlere voetslaners oor moeilike gedeeltes help. Die laaste gedeelte van die dag se skof volg bosboupaaie deur denneplantasies tot by Mukumbani-kamp, wat net bo die Mukumbani-dam geleë is.

Dag drie se skof (15 km; 7 uur) lei na die Mahovhohovho-waterval, van waar die roete bosboupaaie volg deur denneplantasies en 'n lap droë woud waar indrukwekkende gewone boomvarings (sommige tot 5 m hoog) 'n hoogtepunt is. 'n Ent verder gaan die roete oor die Tshirovha-rivier en, nadat die rivier weer oorgesteek is, loop dit deur droë struikgewas na die Tshatsingo-kolkgate, wat baie geslagte gelede gebruik is as 'n plek om moordenaars en mense wat van heksery beskuldig is, tereg te stel. Hier stort die rivier ongeveer 4 m ver in 'n kolkgat, wat soos 'n pot kookwater lyk, en verskyn dan weer in 'n kleiner kolkgat verskeie meters stroomaf. Van hier af gaan jy op jou spoor terug na Mukumbani-kamp.

Aan die begin van dag vier (11 km; 5 uur) loop jy eers met die Mukumbani-damwal langs en klim dan steil op na 'n uitkykpunt. Nadat jy die panoramiese uitsig geniet het, loop jy afdraand deur denneplantasies en inheemse woud. 'n Ent verder loop die roete om 'n tipiese Venda-dorpie en swaai dan weer in denneplantasies in. Tydens die res van die staptog volg die roete bosboupaaie deur denneplantasies.

43. SOUTPANSBERG-VOETSLAANPAD
Makhado (Louis Trichardt)

Staproetes: 20,5 km; 2 dae; sirkelroete.
Permitte: SAFCOL Ekotoerisme, Posbus 1771, Silverton 0127, tel: (012) 481 3615, faks: 481 3622, e-pos: ecotour@safcol.co.za
Kaarte: A4-kleursketskaart van roetes.
Geriewe/Aktiwiteite: Twee oornaghutte met slaapbanke, matrasse, braaigeriewe, vuurmaakhout, warm (Soutpansberg-hut) en koue (Hangklip-hut) storte en toilette.

Hierdie voetslaanpad, wat teen die hange van die Soutpansberg, Suid-Afrika se mees noordelike berg, uitgelê is, volg die eerste dag se roete van die oorspronklike Soutpansberg-voetslaanpad. Die roete loop hoofsaaklik deur denne- en bloekomplantasies, maar gedeeltes kronkel ook deur inheemse woud.

Dominante boomspesies is die regte-geelhout, lemoenhout, bosvaderlandswilg, boswaterhout en boekenhout. Ander bome wat hier voorkom, is die perdepram, wildekastaiing, transvaalrooihout, assegaai en bosvlier.

Drie primate (die blouapie, samango-aap en bobbejaan) kom in die Soutpansberg voor, en wildsbokke sluit die bosbok, klipspringer, oorbietjie en gewone duiker in. Daar is ook luiperds in die berg.

Voëls is volop en spesies wat jy moontlik sal sien is die swartsperwer, langkuif- en kroonarend, grootringduif, bosloerie en Knysnaloerie. Moontlik sal jy ook die lawaaimaker- en witkoljanfrederik, olyfboslaksman en kuifkoptarentaal kan afmerk.

Van die Soutpansberg-hut af klim die eerste dag se skof (13 km; 6 uur) steil met 300 m oor die eerste 5,5 km deur denneplantasies. Die roete loop deur 'n kol pragtige inheemse woud by Bobbejaanskraal en klim dan geleidelik oor die onderste hange van Hangklip na die oornaghut.

Dag twee se skof (7,5 km; 2 uur) begin met 'n effense klim vir ongeveer 1 km na 'n heuweltjie, van waar jy 'n panoramiese uitsig oor Makhado (Louis Trichardt), die omliggende plase en die Albasini-dam het. Die roete daal dan vir ongeveer 5 km deur bosveld voordat dit die laaste 1,5 km afdraand deur denneplantasies loop.

44. LESHEBA-WILDERNIS
Makhado (Louis Trichardt)

> *Staproetes:* 10 roetes, selfbegeleide- of begeleide staptogte; 1,5 tot 6 uur; sirkelroetes en heen en terug.
> *Permitte:* Lesheba-wildernis, Posbus 795, Makhado 0920, tel. en faks: (015) 593 0076.
> *Kaarte:* Sketskaart.
> *Geriewe/Aktiwiteite:* Drie volledig toegeruste selfsorgkampe; verblyf in plaashuis met spyseniering; wildbesigtigingsritte; begeleide wandelings.

Die ongerepte Lesheba-wildernis op die kruin van die westelike Soutpansberg is geïnkorporeer by die Westelike Soutpansbergse Bewaringsgebied en is tot 'n natuurerfenisgebied verklaar.

Met 'n lys van 340 boomspesies, bied Lesheba uitstekende geleenthede vir amateurplantkundiges. Die plantegroei wissel van bosveld tot manjifieke stukke bergwoud, en verskeie endemiese vetplante kom ook op Lesheba voor. Onder die bome wat opgeteken is, is die outeniekwa- en regte-geelhout, 12 akasia- en nege vyspesies, die gewone drolpeer, maroela, stamvrug en gewone sterkastaiing.

Lesheba is 'n toevlugsoord vir witrenosters, kameelperde, bontsebras, bosvarke en vlakvarke, terwyl swartwitpense, koedoes, elande, rooihartbeeste, waterbokke, rooiribbokke en rooibokke van die groter wildsbokke is wat jy moontlik sal sien. Onder die kleiner bokspesies is daar die gewone en rooiduiker, tropiese grysbok en klipspringer. Die luiperd en strandjut kom ook hier voor.

Voëls is volop en sluit die kransaasvoël, breëkop- en witkruisarend, witborsduifie, kuifkoptarentaal, Knysna- en bloukuifloerie in. Die geelvleknikator, Heuglinse janfrederik, gewone troupant en Kaapse kliplyster is ook al hier opgeteken.

Besoekers kan kies of hulle Lesheba se 10 duidelik gemerkte wandelpaaie op hul eie of met 'n kundige gids wil aflê. Die begeleide wandelings volg gewoonlik die gemerkte roetes, maar spesifieke boom-, voël- en rotskunsroetes, wat nie noodwendig langs die gemerkte roetes loop nie, word ook aangebied.

Die langste wandelpad is ongeveer 6 km en neem tussen 5 en 6 uur. Spesiale kenmerke van die roetes is onder andere kremetartbome (in sommige gebiede), rotspoele waar 'n mens na die somerreëns kan swem, diep skeure deur hoë kranse omraam, en rotsskilderinge. Op sommige van die roetes word voetslaners beloon met verstommende uitsigte van die loodregte kranse se rande af.

'n Driedaagse voetslaanpad van die voorheuwels van die Soutpansberg tot by die hoogste punt in die bergreeks, die 1 746 m hoë Lejume, word beplan. Die voetslaanpad sal as die Ou Sout-voetslaanpad bekend staan en omdat etes en verblyf by drie punte verskaf sal word, sal voetslaners net hul persoonlike besittings hoef saam te dra.

45. THABAPHASWA-VOETSLAANPAAIE
Mokopane (Potgietersrus)

> *Staproetes:* 3 staproetes; 38 km (altesaam); sirkelroetes.
> *Permitte:* Jacana Marketing and Reservations, Posbus 95212, Waterkloof 0145, tel: (012) 346 3550, faks: 346 2499, e-pos: info@jacanacollection.co.za
> *Kaarte:* Roetepamflet met kaart.
> *Geriewe/Aktiwiteite:* Dome Rock-basiskamp en Kanniedood-kamp: hutte met beddens, matrasse, braaigeriewe, tweeplaatgasstoof, yskas, potte, panne, ketel, opwasplek, storte en toilette. Thabaphaswa-kampeerterrein: tente met beddens en matrasse; voetslaners kan eie tente opslaan. Bergfietsroetes.

Die plaas Groenkop, waaroor Thabaphaswa (die 'swart-en-wit berg') uitkyk, lê in 'n welige kom net 16 km van Mokopane af. Hierdie netwerk van drie staproetes bied die keuse tussen 'n staptog teen die berg agter die Kanniedood-kamp uit, deur die vallei wat deur die plaas loop, of oor die vlaktes in die westelike gedeelte van die plaas. Daar is verbindingspaaie tussen die verskillende roetes sodat voetslaners 'n roete kan kies wat geskik is vir hul fiksheidsvlak.

46. UBUMANZI-VOETSLAANPAD
Mookgophong (Naboomspruit)

> *Staproete:* Begeleide staptog; 24 km; 2 dae; netwerk van basiskamp af.
> *Permitte:* Anvie Ventures, Posbus 60035, Pierre van Ryneveld 0045, tel. en faks: (012) 662 1140.
> *Geriewe/Aktiwiteite:* Omskepte beesdip met slaapbanke, matrasse, braaigeriewe, vuurmaakhout, warm stort en toilet; begeleide perdryroetes.

Hierdie begeleide voetslaanpad loop oor drie plase in die Palala-bewaringsgebied in die Waterberg noord van Mookgophong. Wildspesies wat jy dalk op die staproete kan teëkom, is die olifant, witrenoster, kameelperd, bontsebra, bosvark en vlakvark. Wildsbokke is onder meer die koedoe, eland, gemsbok, rooihartbees, blouwildebees, waterbok, rooiribbok, bosbok, blesbok en rooibok. Ander diere waarvoor jy kan uitkyk, is die luiperd, strandjut, maanhaarjakkals en rooikat.

Die roete loop deur tipiese bosveld na fonteine hoog in die berg, deur kolle inheemse geelhoutwoud, en na 'woude' van boomvarings. Besonder interessant is die waterbergbroodboom, 'n spesie wat ook in die Olifantsriviervallei naby Witbank, sowel as in die Wolkberg, groei. Voetslaners volg viertrekpaaie en wildpaaie op die roete en stap 15 km op die eerste en 9 km op die tweede dag.

47. VASBYT-VOETSLAANPAD
Mookgophong (Naboomspruit)

> *Staproete:* 18 km; 2 dae; netwerk van basiskamp af.
> *Permitte:* Anvie Ventures, Posbus 60035, Pierre van Ryneveld 0045, tel. en faks: (012) 662 1140.
> *Geriewe/Aktiwiteite:* Basiskamp met slaapbanke, matrasse, braaigeriewe, potte, panne, ketel, warm storte en toilette.

Hierdie voetslaanpad in die Waterbergreeks naby Mookgophong kronkel deur bosveld met kierieklappers, raasblare, kiepersolle, moepels en pragtige eksemplare van die gewone naboom.

Die eerste dag se skof (12 km; 6 uur) loop verby 'n klein watervalletjie en klim dan teen die berghange uit na die kruin toe. Van hier af gaan die roete deur twee manjifieke klowe en volg dan die kontoer na nog 'n kloof, waar 'n tou voetslaners help om in die kloof af te klim. Vasbyt is ongetwyfeld wat nodig is as jy hierdie deel van die voetslaanpad wil baasraak. Die roete loop dan afdraand terug na die basiskamp toe.

Dag twee se roete (6 km; 3 uur) loop deur 'n stuk inheemse woud en kronkel teen die berghange uit na 'n kloof toe. Van hier af stap jy berg af deur die kloof tot by 'n klein waterval, en dan oor die heuwels terug na die basiskamp toe.

48. RIETFONTEIN-VOETSLAANPAD
Mookgopong (Naboomspruit)

> *Staproetes:* 17 km; 2 dae; netwerk van basiskamp af.
> *Permitte:* Anvie Ventures, Posbus 60035, Pierre van Ryneveld 0045, tel. en faks: (012) 662-1140.
> *Kaarte:* Sketskaart.
> *Geriewe/Aktiwiteite:* Basiskamp:huis met slaapbanke, matrasse, braaigeriewe, potte, pan, ketel, opwasplek, warm storte en toilette.

Die voetslaanpad is geleë op die plaas Rietfontein, noordwes van Mookgophong, en die eerste dag se skof (12 km; 6 uur) loop deur twee beboste klowe, verby pragtige eksemplare van die gewone naboom. 'n Geleidelike klim na 'n plato word gevolg deur 'n maklike wandeling na 'n kloof met aanloklike poele as dit gereën het. Van hier af klim die pad geleidelik na die hoogste punt op die roete, waar voetslaners met wonderlike uitsigte van die Waterberg begroet word. 'n Ent verder loop die roete verby 'n buitengewoon groot maroelaboom en die oorblyfsels van klipmuurwonings van vroeë bewoners, voordat dit na die basiskamp terugkronkel.

MPUMALANGA & LIMPOPO

Dag twee (5 km; 2,5 uur) begin met 'n stywe klim teen die berg uit en daal dan deur 'n beboste kloof met strome nadat dit gereën het. Van hier af klim die roete geleidelik na 'n plato en draai dan terug na die basiskamp toe.

49. SABLE VALLEY-EN-SERENDIPITY-VOETSLAANPAD
Mookgophong (Naboomspruit)

Staproete: 22 km; 2 dae; sirkelroete.
Permitte: Mnr. J. Kloppers, Posbus 1640, Mookgopong 0560, tel: (014) 743 3540, faks: 743 1665.
Kaarte: Sketskaart.
Geriewe/Aktiwiteite: Sable Valley en Tierkloof-kamp: gerestoureerde plaashuis met beddens, matrasse, potte, panne, braaigeriewe, vuurmaakhout, storte en toilette. Serendipity-kamp: gerestoureerde grasdakplaashuis met slaapbanke, matrasse, potte, panne, braaigeriewe, vuurmaakhout, opwasplek, storte en toilette. Viertrekroetes.

Hierdie pragtige voetslaanroetes loop oor twee plase, Naauwpoort en Tierkloof, noordwes van Mookgophong. Die roete loop deur diep ingesnyde ravyne, met kristalhelder poele, en bergstrome, valleie en bosveld. Vanaf uitkykpunte op die roete word voetslaners beloon met panoramiese uitsigte op die Waterberg in die weste.

Bome op die roete is gemerk met hul nasionale boomnommers en regte-geelhout, bostolbos, kasuur en notsung is van die bome wat in die kolle inheemse woud groei.

Wildsbokke wat in die gebied voorkom is onder andere die rooiribbok, rietbok, koedoe en klipspringer. Onder die meer as 200 voëlspesies wat in die gebied opgeteken is, is die witkruis- en breëkoparend, boskrapper en Kaapse bosbontrokkie.

Die eerste dag se skof (12 km; 6 uur), wat by Sable Valley begin, loop tot by Serendipity, van waar die tweede dag se skof (10 km; 5 uur) na die beginpunt terugkronkel. Jy kan ook by Serendipity begin en die roete in die teenoorgestelde rigting aflê.

50. STAMVRUG-VOETSLAANPAD
Modimolle (Nylstroom)

Staproetes: Oornagroete; 17,3 km; 2 dae; sirkelroete. 2 staproetes; 3 en 8,3 km; 1 en 4 uur; sirkelroetes.
Permitte: Jacana Marketing and Reservations, Posbus 95212, Waterkloof 0145, tel: (012) 346 3550, faks: 346 2499, e-pos: info@jacanacollection.co.za
Kaarte: Pamflet oor voetslaanpad met kaart.
Geriewe/Aktiwiteite: Kloof-basiskamp: plaashuis met beddens, matrasse, kombuis met tweeplaatgasstoof, potte, panne, braaigeriewe, vuurmaakhout, warm storte en toilette. Stamvrug-kamp: dieselfde geriewe as Kloof-basiskamp.

Die Bateleur-natuurreservaat in die voorheuwels van die Waterberg beslaan 2 000 ha met bosveld, klipkoppies en klowe met waterstrome.

Onder die groot verskeidenheid bosveldbome wat jy kan sien, is die stamvrug, waarna die voetslaanpad vernoem is. Een van die digste konsentrasies van hierdie boom in die gebied, kan hier in die reservaat gesien word. Ander tipiese bosveldbome is onder meer die fluweelboswilg, raasblaar, wildesering, transvaalboekenhout, waterbergmispel en die transvaalkiepersol.

Wildsbokke wat jy kan teëkom, is die koedoe, blesbok, bosbok, rietbok, klipspringer, steenbok en gewone duiker. Luiperds, maanhaarjakkalse, strandjutte, vlakvarke, bobbejane en blouapies kom ook hier voor.

Voëls is volop en sluit roofvoëls soos die kaalwangvalk, bruinarend, swartborsslangarend en kransaasvoël in. Die lelkiewiet, swartriethaan en groot-rooibandsuikerbekkie kom ook hier voor. Bloukraanvoëls broei in die reservaat.

1. Stamvrug-voetslaanpad Die eerste dag se skof, die Kloof-roete (10,8 km; 5 uur), begin met 'n geleidelike klim na 'n koppie, van waar daar wye uitsigte van die Waterberg in die noorde, Kranskop in die ooste en die Nyl zijn Oog in die weste is. Van hier af daal die roete geleidelik en volg dan 'n rant, van waar jy wonderlike uitsigte oor die Waterberg het. Die res van die roete volg 'n effens golwende pad na 'n lap inheemse woud en 'n indrukwekkende natuurlike rotstuin voordat dit na 'n plaasdam daal waar jy kan afkoel voor jy die laaste 1 km na die Stamvrug-hut aanpak.

Die tweede dag se skof, die Stamvrug-roete (6,5 km; 3 uur), loop geleidelik opdraand met 'n rant langs na 'n koppie en gaan dan oor 'n grasbedekte plato, voordat dit by nog 'n koppie kom. Daarna loop die roete afdraand na 'n lap inheemse woud en 'n ent verder lei 'n ompad na die Kransdam. 'n Maklike klim word gevolg deur 'n daling in 'n pragtige kloof af, wat jy volg tot by die laaste klim van die roete na die Kloof-basiskamp. **17,3 km; 2 dae; sirkelroete.**

2. Panorama-roete loop 'n kort entjie bo die diep ravyn wat deur 'n sytak van die Buffelsrivier uitgekalwe is, en gaan dan oor 'n klein plato. 'n Ent verder volg die pad 'n maklike roete langs 'n stroom en, nadat dit oor die hange onder 'n koppie geloop het, kronkel die roete bultaf, terug na die Kloof-hut toe. Langs die pad is daar mooi uitsigte oor die kloof en die omliggende landskap. Die Panorama-roete kan op sy eie as 'n kort wandeling of as 'n verlenging van die Stamvrug-roete afgelê word. **3 km; 1 uur; sirkelroete.**

3. Moepel-roete is vernoem na die mooi eksemplare van moepelbome wat op die roete gesien kan word. Dit volg die Panorama-roete vir 500 m en na 'n maklike klim teen die hange van 'n koppie uit, loop dit oor die koppie se noordelike hange voordat dit suid swaai om geleidelik na die beginpunt te daal. Hoogtepunte is 'n kol inheemse woud, pragtige uitsigte oor die Waterberg en interessante rotsformasies. **8,3 km; 4 uur; sirkelroete.**

51. WAG-'N-BIETJIE-STAPROETES
Bela-Bela (Warmbad)

Staproetes: 3 roetes; 4 tot 12 km; 2 tot 6 uur; netwerk van basiskamp af.
Permitte: Anvie Ventures, Posbus 60035,

Pierre van Ryneveld 0045, tel. en faks: (012) 662 1140.
Kaarte: Sketskaart.
Geriewe/Aktiwiteite: Basiskamp: houthuise met slaapbanke, matrasse, ketels, braaigeriewe, storte en toilette.

Hierdie netwerk van wandelpaaie wat oor twee plase in die Bela-Bela-distrik loop, is deur die eienaars ontwikkel om die natuurskoon van die omgewing waar hulle woon met voetslaners te deel.

Die netwerk van wandelpaaie kronkel deur pragtige klowe, verby 'n paar interessante rotsformasies en deur bosveldplantegroei waar wildepruim-, stamvrug-, wildemispel- en swartklapperbome te sien is.

Langs die pad kan voetslaners 'n verskeidenheid diere teëkom, onder meer bobbejane, koedoes, bosbokke en klipspringers. Strandjutte kom ook in die gebied voor.

1. Uitsig-roete klim steil teen die berg uit, loop langs kranse met treffende rotsformasies en kom dan by die Bosveld-uitkykpunt. Van die 1 574 m hoë kruin word voetslaners beloon met pragtige, panoramiese uitsigte oor die omliggende bosveldlandskap. Daarna loop die roete afdraand verby groepe bergaalwyne terug na die beginpunt by die basiskamp. **4 km; 2 uur; sirkelroete.**

2. Kloof-roete Hierdie roete kronkel teen die berghange uit en volg 'n kloof na 'n tweede, groter kloof, wat 'n ideale plek is om asem te skep voor jy verder gaan. Van hier af loop die roete oor die berg en 'n ent verder kronkel dit in en uit by 'n kloof waar 'n klein waterval na reën gesien kan word. Nadat 'n maklike roete met die kontoere langs gevolg is, loop die roete steil afdraand na die basiskamp. **6 km; 3 uur; sirkelroete.**

3. Kruin-roete Dié roete volg hoofsaaklik die bergkruine aan die suidekant van die basiskamp, maar daar is 'n hele paar stywe klimme. Op pad stap voetslaners deur 'n digte stand wildeseringbome en verby 'n enorme transvaalkatjiepiering. Naby die halfpadmerk kan voetslaners by die terugskof van die Kloof-roete aansluit om na die basiskamp terug te keer. **12 km; 6 uur; sirkelroete.**

52. DIEPDRIFT-VOETSLAANPAAIE
Bela-Bela (Warmbad)

Staproetes: 2 oornagroetes; 24 km; 2 dae; sirkelroete. 2 dagroetes; 4 en 8 km; 2 en 4 uur; sirkelroetes.
Permitte: Diepdrift Safaris, Posbus 543, Bela-Bela 0480, tel: (014) 743 1729, selfoon: (082) 874 2644.
Kaarte: Sketskaart.
Geriewe/Aktiwiteite: Basiskamp met beddens, matrasse, braaigeriewe, opwasplek, warm storte en toilette. Sandrivier-hut: beddens, matrasse, braaigeriewe, warm storte en toilette. Sable-hut: beddens, matrasse volgens reëling, braaigeriewe en toilet (geen stort nie).

Die staproetes en oornagvoetslaanpaaie op die 4 000 ha-bosveldplaas, Diepdrift, gee voetslaners die geleentheid om 'n groot verskeidenheid wild te voet te sien. Diepdrift is 'n natuurreservaat en jagplaas, en onder die 21 wildsbokspesies wat hier gesien kan word, is swartwitpense, koedoes, blouwildebeeste, njalas en waterbokke. Voetslaners kan dalk ook seekoeie, kameelperde, vlakvarke, bosvarke en sebras teëkom.

Sowat 121 boomspesies is hier uitgeken, waaronder buitengewoon groot wildevyebome. Voëlkykers word ook goed beloon, want 128 voëlspesies is al op een dag hier opgeteken.

1. Seekoeipoel-voetslaanpad loop deur tipiese bosveld tot by 'n poel waar seekoeie en krokodille gesien kan word. Voetslaners word gewaarsku om versigtig te wees, omdat hierdie diere baie gevaarlik kan wees. Ander diere wat hier voorkom en wat voetslaners dalk kan teëkom, is die kameelperd, swartwitpens, eland, koedoe, rooihartbees en blouwildebees. 24 km; 2 dae; sirkelroete.

2. Swartwitpens-voetslaanpad volg 'n golwende roete, met steil op- en afdraandes oor die plase Diepdrift en Elandsfontein. Kameelperde, koedoes, swartwitpense, waterbokke en njalas is van die wildspesies wat gesien kan word. Op een plek gaan die roete oor 'n bergreeks en loop dan deur 'n ongetemde kloof na 'n plato, van waar daar asemrowende uitsigte oor die omliggende landskap is. 24 km; 2 dae; sirkelroete.

3. Bontebok-staproete is veral in die namiddag genotvol wanneer die sonsondergang, wat deur klipkoppies weerkaats word, skouspelagtig is. Wildspesies wat jy kan teëkom is die Damaralandse bergsebra, bontebok, rietbok, koedoe, rooibok en klipspringer. 4 km; 2 uur; sirkelroete.

4. Klipspringer-staproete loop deur 'n pragtige deel van Diepdrift na fassinerende rotsformasies, van waar wild gesien kan word. Op die roete sal voetslaners heel moontlik al die wildspesies sien wat in die reservaat voorkom. 8 km; 4 uur; sirkelroete.

53. TSHUKUDU-VOETSLAANPAD
Vaalwater

Staproete: 19 km; 2 dae; sirkelroete.
Permitte: Anvie Ventures, Posbus 60035, Pierre van Ryneveld 0045, tel. en faks: (012) 662 1140.
Kaarte: Sketskaart.
Geriewe/Aktiwiteite: Oppi-Koppie-basiskamp: grasdakhut met beddens, matrasse, kombuis met koolstoof, pot, pan, ketel, braaigeriewe, warm storte en toilet. Krans-hut: beddens, matrasse, pot, pan, ketel, braaigeriewe, warm storte en toilet.

Hierdie voetslaanpad, 38 km van Vaalwater in die Waterberg, loop deur verskillende landskappe met 'n groot verskeidenheid bosveldbome. Voëls is volop en voetslaners kan ook koedoes, bosbokke en gewone duikers sien.

Op die eerste dag se skof (12 km; 6 uur) lei 'n stywe klim deur twee klowe na die kruin van die berg, waar voetslaners heerlik kan swem. 'n Ent verder word jy beloon met pragtige uitsigte oor die Almavallei, en nadat jy deur 'n stand suikerbosse is, kom jy by Wonderfontein, net die plek vir middagete, met braaigeriewe en toilette. Nog 'n ent verder lei 'n kort ompad na bouvalle uit die Anglo-Boereoorlog teen die berghange. Die tweede dag se skof (7 km; 3,5 uur) volg die bergkruin tot by 'n fontein en daal dan geleidelik na 'n stroom wat jy na die basiskamp terugvolg.

54. RENOSTERPOORT-VOETSLAANPAD
Alma

> **Staproetes:** 12 km; 6 uur; sirkelroete, met 'n korter keuse; 8 km; 4 uur; sirkelroete.
> **Permitte:** Anvie Ventures, Posbus 60035, Pierre van Ryneveld 0045, tel. en faks: (012) 662 1140.
> **Kaarte:** Sketskaart.
> **Geriewe/Aktiwiteite:** Twee private boskampe met volledig toegeruste kombuise en badkamers; hengel; viertrekroetes

Hierdie voetslaanpad kan by Dassie- of Bosbokkamp begin word. Daar is geel merkers op die roete van Dassie-kamp af en wittes van Bosbok-kamp af, wat jou na die aansluiting tussen die twee roetes neem. Van hier af klim die roete steil en volg die kontoere bo Donkerkloof na 'n uitkykpunt met skouspelagtige uitsigte oor die Waterberg. Dan daal die roete, en by die halfpadmerk vertak 'n opsionele 4 km-lus na regs. As jy met die reguit roete voortgaan, kom jy by 'n heerlike piekniekplek langs 'n rivier met natuurlike poele. Van hier af volg die roete die kontoere bo die rivier tot by Dassie-kamp en verder, tot by die hoogtepunt op die roete: 'n waterval wat in 'n pragtige poel stort. Die res van die roete kronkel bo die rivier terug na Bosbokkamp. **12 km; 6 uur, of 8 km; 4 uur; sirkelroete.**

55. WATERBERGKRUIN-VOETSLAANPAD
Alma

> **Staproetes:** 2 roetes; 7 en 18 km; 3 uur en 9 uur; netwerk van basiskamp af.
> **Permitte:** Anvie Ventures, Posbus 60035, Pierre van Ryneveld 0045, tel. en faks: (012) 662 1140.
> **Kaarte:** Sketskaart.
> **Geriewe/Aktiwiteite:** Basiskamp: A-raamgrasdakhutte met beddens, matrasse, kombuis met kookplate, yskas, potte, panne, ketel, opwasplek, braaigeriewe, vuurmaakhout, warm storte en toilette. Hengel en kanovaart op dam.

1. Skilpadkruin-roete loop oor maklike terrein deur 'n wildkamp waar 15 wildspesies gesien kan word en voetslaners pragtige uitsigte oor die Waterberg kan geniet. Verby die halfpadmerk kom jy by 'n dam omring deur skadubome wat die ideale rusplek is. Die res van die roete is 'n maklike wandeling terug na die basiskamp. **7 km; 3 uur; sirkelroete.**

2. Perdekop-roete Die Perdekop-roete, wat hoog in die Waterberg uitgelê is, loop aanvanklik oor maklike terrein en klim dan geleidelik met 'n kloof langs en teen Perdekop se hange uit. Die laaste skof na die 1 800 m hoë kruin van Perdekop, die tweede hoogste piek in die omgewing, is 'n stywe klim, maar die skouspelagtige uitsigte oor die Almavallei is voldoende beloning. Die terugskof volg 'n ander roete **18 km; 9 uur; sirkelroete.**

56. KRANSBERG-NATUURSTAPROETES
Thabazimbi

> **Staproetes:** 2 roetes; 8 tot 15 km; 4 tot 9 uur; sirkelroete en heen en terug.
> **Permitte:** Kransberg-natuurstaproetes, Posbus 2355, Vereeniging 1930, tel. en faks: (016) 451 1407.
> **Kaarte:** Roetes word op lugfoto's aangedui.
> **Geriewe/Aktiwiteite:** Basiskamp: kamers met beddens, matrasse, potte, pan, ketel, braaigeriewe, opwasplek, warm storte en toilette.

Hierdie roetes op die plaas Hartebeesfontein onder die 2 085 m hoë Kransberg, die hoogste punt in die Waterberg, loop verby ruwe kranse en diep ravyne.

Wildsbokke wat jy kan teëkom, is onder meer koedoes, bosbokke, gewone duikers en klipspringers. Hou ook jou oë oop vir bobbejane, blouapies, bosvarke en vlakvarke. Luiperds, rooikatte en tierboskatte kom ook voor, maar word selde gesien omdat hulle sku is.

Kransberg het die grootste broeikolonie kransaasvoëls in die wêreld en mens sien hulle gewoonlik hoog bo jou sweef. Die witrugaasvoël, witkruisarend, berghaan en verskeie ander voëlspesies kom ook hier voor.

1. Hierdie staproete (wat nie 'n spesifieke naam het nie) bied jou drie moontlikhede. Die gevorderde roete (15 km; 8–9 uur) is moeilik en moet net aangepak word deur fikse voetslaners wat nie aan hoogte- of noutevrees ly nie. Die algemene roete (10 km; 6–7 uur) is vir gemiddelde en ervare voetslaners en begin met 'n stywe klim van 2,3 km en volg dan 'n betreklik maklike roete voordat dit tussen kranse afdaal, waar 'n mens versigtig moet wees omdat dit taamlik steil is. 'n Ent verder gaan jy deur 'n 'woud' van bergaalwyne (sommige tot 7 m hoog) en dan raak dit meer gelyk. Die kort roete (8 km; 4 uur) is makliker as die algemene roete, want die op- en afklim tussen die kranse word uitgeskakel en dit is geskik vir onervare voetslaners of mense met hoogtevrees. **8, 10 of 15 km; 4, 6–7 of 8–9 uur; sirkelroetes.**

2. Lo-Hani-swemroete Hierdie roete kronkel in 'n ravyn af en loop dan verder tot by 'n natuurlike glyrots en die Lo-Hani-swempoel, die ideale plek vir middagete. Van hier af gaan jy terug deur die ravyn na die gemerkte roete by die kloof uit. **10 km; 4 uur; heen en terug.**

57. MATEKE-VOETSLAANPAD
Thabazimbi

Staproetes: 2 roetes; 9 tot 19 km; 6 tot 9 uur; sirkelroetes, met korter keuses.
Permitte: Anvie Ventures, Posbus 60035, Pierre van Ryneveld 0045, tel. en faks: (012) 662 1140.
Kaarte: Sketskaart.

Geriewe/Aktiwiteite: Boomkamp en Boomhuis: slaapbanke, matrasse, pot, pan, ketel, braaigeriewe, vuurmaakhout, warm storte en toilette.
Boskamp: slaapbanke, matrasse, yskas, tweeplaatstoof, potte, panne, ketel, braaigeriewe, opwasplek, warm storte en toilette. Bergfietsry; viertrekroetes; perdry; wildbesigtigingsritte.

Hierdie netwerk van wandelpaaie op die plaas Tweeloopfontein in die Kransberg loop afwisselend deur 'n landskap van berge met diep klowe en vlaktes. Op die roetes kan voetslaners 95 boomspesies sien wat gemerk is, onder meer rooi-ivoor-, tambotie- en wildevyebome.

Wildsbokke wat jy kan sien is die koedoe, rooihartbees, waterbok, gemsbok, njala, rooibok en klipspringer. Bobbejane en vlakvarke kom ook voor, en die groot katte word deur die luiperd en jagluiperd verteenwoordig. Voëls is volop en voëlkykers word goed beloon.

1. Koedoe-roete loop deur tipiese bosveld na 'n manjifieke wildevyeboom en nadat dit opdraand deur 'n kloof geloop het, daal dit deur nog 'n kloof tot by 'n fontein omring met welige plantegroei. Hier het voetslaners die keuse om 'n moeilike 7 km-lus na die Mambarivier aan te pak of om in 'n kloof af te gaan en dan na 'n rug op te klim, van waar die roete na die basiskamp afdaal. Op die langer roete kan voetslaners pragtige uitsigte op Kransberg geniet en in die Mambarivier swem. Van die Mambarivier af loop die roete met 'n lus terug na die fontein, waar dit by die korter roete aansluit. **9 of 16 km van Boomkamp af, 14 of 19 km van Boskamp af; tot 9 uur; sirkelroetes.**

2. Njala-roete volg die loop van die Mambarivier en nadat dit 'n heuwel, wat met aalwyne bedek is, uitgeklim het, loop dit afdraand na die rivier met sy heerlike poele. Voetslaners kan langs die pad hul oë oophou vir waterbokke, koedoes, bobbejane en visarende. 'n Ent verder kom die roete by 'n kloof met 'n mooi poel, waar voetslaners middagete kan geniet. Nadat die rivier oorgesteek is, kronkel die roete langs sy suidoewer terug na die basiskamp. **13 km; 6 uur; sirkelroete.**

GAUTENG & NOORDWES

Hoewel dit Suid-Afrika se digs bevolkte provinsie is, bied Gauteng en die aanliggende Noordwes Provinsie diegene wat uit die geroesemoes van die stad wil ontsnap, 'n verbasende hoeveelheid buitelewegeleenthede. Hierdie twee provinsies bied alles van kort uitstappies in botaniese tuine en oornagroetes in natuurreservate wat gerieflik naby Johannesburg en Pretoria se metropolitaanse gebiede is, tot begeleide staproetes in bewaringsgebiede soos die Pilanesberg Nasionale Park.

Die hoogte bo seevlak in groot dele van Gauteng en die Hoëveldgebiede van Noordwes Provinsie wissel tussen 1 200 en 1 800 m. Die plantegroei word gekenmerk deur uitgestrekte vlaktes met bykans suiwer grasveld en feitlik geen bome nie. Boswêreld is tot riviervalleie beperk en kolle boswêreld en struikgewas, bekend as Bankenveld, kom op die kwartsietriwwe van Gauteng voor.

Noord van die Magaliesberge verander die plantegroei van die twee provinsies na uitgestrekte bosveldgebiede. Tipiese bome wat hier voorkom is die huilboom, maroela, raasblaar en rooiboswilg, vaalboom, wildesering en gewone drolpeer.

Voëlkyk is veral in die somer lonend en onder meer is die berg- en rooivlerkpatrys, bloukraanvoël, witpenskorhaan, grasuil, verskeie lewerik- en koesterspesies en tinktinkies te sien. In die droër westelike deel kom voëls soos die rooiborslaksman, Maricovlieëvanger, bloukopdrawwertjie en Kalahariwipstert ook voor.

Tipiese wildsoorte van die Hoëveld sluit die blesbok, rooihartbees, swartwildebees en bontsebra in. Hoewel die groot troppe diere wat vroeër op die Hoëveld se vlaktes gewei het lank reeds verdwyn het, is wild in verskeie reservate, nasionale parke en op plase in die twee provinsies hervestig. In klein bewaringsgebiede soos die Rustenburg- en Suikerbosrand-natuurreservaat is daar goeie wildbesigtiging en voëlkykgeleenthede vir buitelewe-entoesiaste op staproetes en wandelpaaie.

In die Borakalalo Nasionale Park kan besoekers kies tussen selfbegeleide en begeleide wandelpaaie en dalk witrenosters, seekoeie, buffels, bastergemsbokke en basterhartbeeste te sien kry.

Die Groot Vyf (olifant, renoster, buffel, leeu en luiperd) kom in die Pilanesberg Nasionale Park voor en derhalwe kan dit, weens veiligheidsredes, net op begeleide staptoere verken word. Die park is in 1979 op erg verwaarloosde grond gevestig en weer van wild voorsien, in een van die grootste hervestigingsprojekte, bekend as Operasie Genesis, wat ooit onderneem is. Die projek het meer as 7 000 diere van 20 verskillende spesies in die park hervestig.

Die Pilanesberg self is van groot geologiese belang, aangesien dit een van die drie grootste alkaliese vulkane (gevorm deur 'n spesifieke tipe gesmelte materie, bekend as alkaliese magma, in teenstelling met suur magma) in die wêreld is. Die vulkaan was sowat 1 200 miljoen jaar gelede aktief, maar het sedertdien volkome verweer. Die vulkaan is 25 km in deursnee en die oorspronklike vulkaniese middelpunt word deur konsentriese heuwels omring.

In die twee provinsies is daar verskeie ander belangrike geologiese besienswaardighede. Die bekendste van die drie kwartsietriwwe wat die landskap van Gauteng en die ooste van Noordwes Provinsie oorheers, is die Magaliesberg. Die Magaliesberg staan gemiddeld 330 m bo die omliggende landskap uit en strek ooswaarts van Zeerust, verby die Hartbeespoortdam, en verder deur Pretoria na die oostelike voorstede. Dit vorm 'n natuurlike grens tussen die Hoëveld na die suide en die bosveld na die noorde.

Die plantegroei van Gauteng se kwartsietrante is hoofsaaklik Bankenveld. Hierdie term verwys na die plantegroei van die lae, bankagtige heuwels wat in die gebied voorkom. Feitlik suiwer kolle grasveld kom voor op die kruine van die heuwels en rante, hul koel suidelike hellings en op die laagliggende vlaktes. Bome en struike groei op die noordelike hellings, kliprante en in beskutte valleie. Tipiese bome is die gewone suikerbos, ouhout, saliehout, notsung, witstinkhout, bergkiepersol en kasuur.

Die kwartsietrante is die habitat van verskeie voëlspesies. Die belangrikste onder hulle is die kransaasvoël, edel- en swerfvalk, grondspeg en korttoonkliplyster. Die rante vorm ook natuurlike deurgange vir soogdiere soos die strandjut, reptiele en kleiner diertjies soos kewers, skoenlappers en insekte.

In die verlede het Gauteng se kwartsietrante 'n belangrike rol in die soeke na goud gespeel. Die vroeë myne by Kromdraai en in die Kloofendal-natuurreservaat bied 'n interessante perspektief op die soektog wat die ontdekking van die Hoofrif in 1886, en die ontwikkeling van Johannesburg, voorafgegaan het.

Die Magaliesberg, wat soos 'n eiland bo die omliggende verstedelikte landskap verrys, word teen onbeheerde ontwikkeling beskerm sedert dit in 1977 tot 'n Natuurgebied en in 1993 tot 'n Beskermde Natuuromgewing verklaar is. Stapgeleenthede in die Magaliesberg wissel van oornagstaproetes en daguitstappies in die Rustenburg-natuurreservaat tot wandelpaaie en staproetes op private grond.

By die Tswaing-krater, ongeveer 40 km noordwes van Pretoria, kan stappers een van die bes bewaarde en toeganklikste meteorietimpakkraters in die wêreld te voet verken. Die feitlik ronde krater met 'n deursnee van 1 km, is sowat 200 000 jaar gelede gevorm toe 'n meteoriet met die aarde gebots het.

In die suidwestelike hoek van Noordwes Provinsie lê nog 'n geologiese rariteit, die Vredefort-koepel, wat tot in die Vrystaat strek. Daar is twee teorieë omtrent sy ontstaan. Een daarvan skryf dit toe aan 'n opwelling van graniet en daaropvolgende omgewingsprosesse en -druk, terwyl die ander meen dat die impak van 'n groot meteoriet die oorsaak was.

Die 'Bakermat van die Mensdom' is slegs 40 km van die middestad van Johannesburg geleë en is in Desember 1999 tot 'n Wêrelderfenisgebied verklaar. Dit is 'n paleontologiese skatkis en van die belangrikste vondste hier is die bekende 2,6 miljoen jaar oue 'mev. Ples' en die nog ouer, 3,3 miljoen jaar oue 'Little Foot'. Die eerste voorbeeld van 'n frisgeboude aapmens is ook in 1935 by Kromdraai gevind. Stappers kan hierdie fassinerende gebied te voet verken op toere wat in die Kromdraai-bewaringsgebied aangebied word.

Ryp kom algemeen in die winter op die Hoëveld voor en minimumtemperature kan tot onder vriespunt daal. Dagtemperature is gewoonlik matig, maar kan ook laag wees. Wintertemperature is nie so ekstreem in die bosveld nie en daal selde onder vriespunt. Die somersdae op die Hoëveld is warm terwyl die aande aangenaam is. Die reënseisoen val in die somermaande en word gekenmerk deur swaar donderstorms en weerlig in die namiddag. Reënval wissel tussen 350 mm in die weste en 750 mm op die oostelike grens van die Gautengse Hoëveld. Die hoogste reënval is gewoonlik tussen Oktober/November en Maart.

Die feit dat hierdie gebiede vry van malaria is, maak dit baie aantreklik vir toeriste.

BELANGRIKE INLIGTING

• In die winter is genoeg warm klere en 'n goeie slaapsak noodsaaklik vir staptogte op die Gautengse Hoëveld en in die hoë bergebiede van Noordwes-Provinsie.

• Donderstorms kom dikwels in die somermaande voor en die weerlig kan gevaarlik wees. Dit is raadsaam dat stappers soggens vroeg moet begin om seker te maak dat hulle hul bestemming bereik voor 'n donderstorm losbars, gewoonlik in die middel van die namiddag.

• In die winter is daar is 'n hoë risiko van veldbrande op die Hoëveldse grasvlaktes. Wees uiters versigtig wanneer vure aangesteek word en rokers moenie rook terwyl hulle stap nie.

• Bosluise kan 'n probleem wees, dus is dit raadsaam om 'n insekweerder te gebruik en ' n langbroek te dra. Ondersoek jouself deeglik na die dag se staptog.

• Die Hoëveldse grasvlaktes bied geen oorhoofse beskutting nie; dra dus 'n breërandhoed en smeer gereeld sonbrandroom aan.

• In die winter sal die meeste strome droog wees. Moet nooit sonder minstens 2 liter drinkwater vertrek nie en gebruik dit spaarsaam tot jy jou waterbottel kan volmaak. Raadpleeg die roetekaart of roete-owerheid oor die beskikbaarheid van water op oornagroetes.

STAPROETES IN SUID-AFRIKA

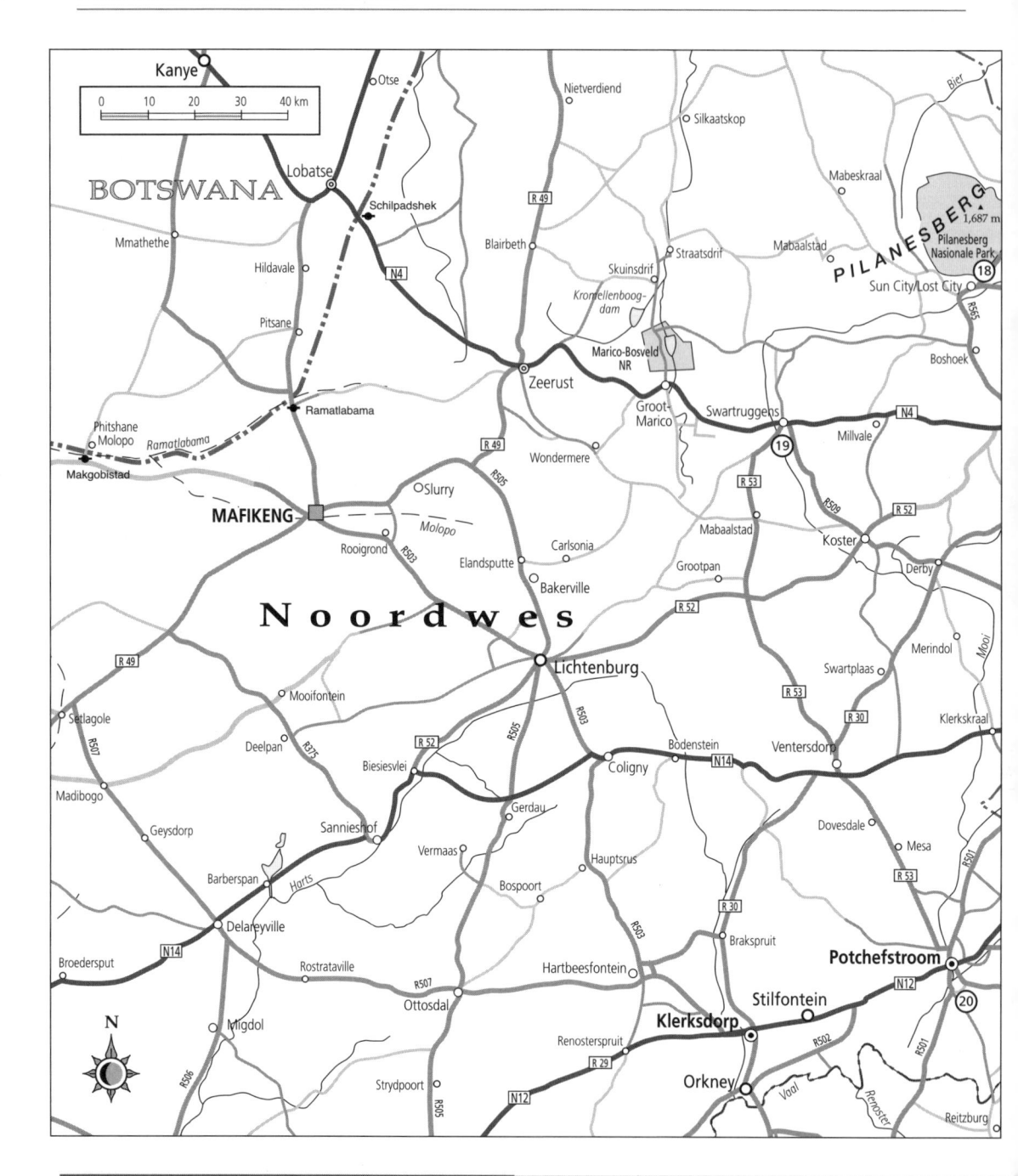

STAPROETES

1 Suikerbosrand-voetslaanpad bl. 258
2 Suikerbosrand-natuurreservaat bl. 259
3 Witwatersrand Nasionale Botaniese Tuin bl. 259
4 Kloofendal-natuurreservaat bl. 260
5 Rietvlei-natuurreservaat bl. 260
6 Pretoriase Nasionale Botaniese Tuin bl. 261
7 Windy Brow-voetslaanpad bl. 261
8 Mooiplasie-voetslaanpad bl. 262
9 Mobonz-wildreservaat bl. 262
10 Borakalalo Nasionale Park bl. 263
11 Tswaingkrater-staproete bl. 263
12 Uitkyk-voetslaanpad bl. 264
13 Hennops-voetslaanpad bl. 264
14 Kromdraai-voetslaanpad bl. 265

GAUTENG & NOORDWES

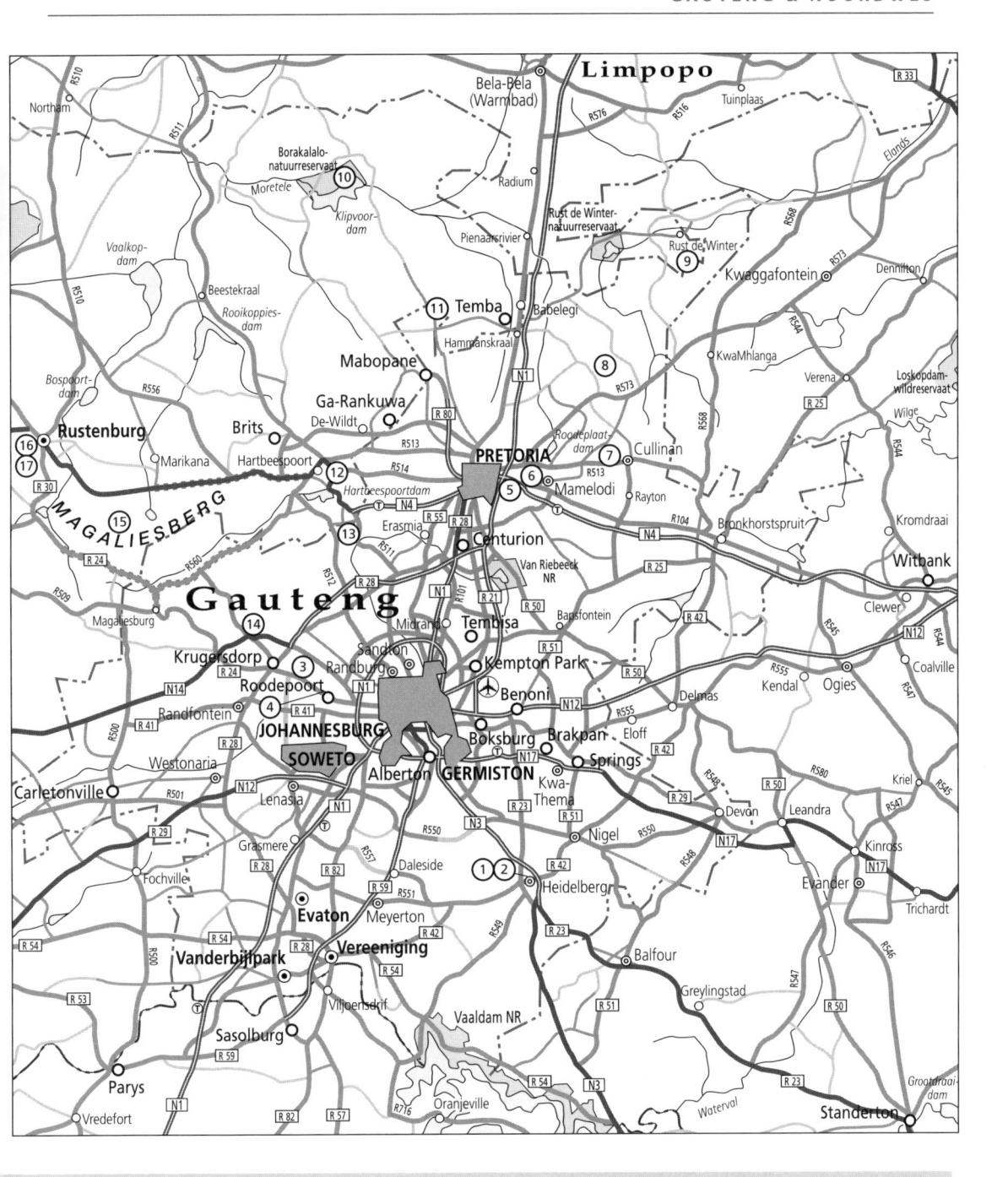

15 Visarendbaai-voetslaanpad bl. 265
16 Rustenburg-voetslaanpad bl. 266
17 Rustenburg-natuurreservaat bl. 267
18 Pilanesberg Nasionale Park bl. 267
19 Visarend-voetslaanpad 268
20 Vredefortkoepel-hooglandroetes bl. 268

1. SUIKERBOSRAND-VOETSLAANPAD
Suikerbosrand-natuurreservaat, Heidelberg

Kyk nr. 2 vir wandelpaaie.

> **Staproetes:** 66 km (altesaam); 2 tot 7 dae; sirkelroete.
> **Permitte:** Suikerbosrand-natuurreservaat, Privaatsak H 616, Heidelberg, tel: (016) 904 3930, faks: 904 2966.
> **Kaarte:** Kleurkaart van reservaat en staproetes.
> **Geriewe/Aktiwiteite:** Ses oornaghutte met slaapbanke, matrasse, buite-kookarea, brandhout en toilette. Besoekersentrum; Diepkloof-plaasmuseum; twee groepkampe; selfry-wildbesigtiging; piekniekterrein; begeleide wildbesigtiging; perdry; bergfietsry.
> **Belangrike inligting:** Hoewel die roete goed gemerk is, moet daar mooi by kruisings gekyk word aangesien daar so baie opsies is. 'n Besoek aan die besoekersentrum sal jou staptog meer genotvol maak.

Die reservaat word oorheers deur die Suikerbosrand, 'n kwartsietrif wat sy naam aan die oorvloed gewone suikerbosse in die gebied te danke het, en beslaan 11 583 ha vals grasveld ('n tipe plantegroei wat uit gras, struike en bome, in teenstelling met suiwer grasveld, bestaan), kolle boswêreld en struikgewas. Meer as 650 plantspesies is al in die reservaat geïdentifiseer, waaronder 61 boom- en 115 grasspesies. Bome sluit in die ouhout, saliehout, witstinkhout, kasuur, olienhout en akasias. Aalwyne word deur die bergaalwyn en Transvaalse aalwyn (*Aloe greatheadii*) verteenwoordig, en 'n verskeidenheid blomplante verleen in die lente kleur aan die grasveld.

Groot wildsbokke in die reservaat sluit die eland, koedoe, rooihartbees, swartwildebees, blesbok, rooiribbok, vaalribbok en springbok in. Die gewone duiker, steenbokkie en oorbietjie kom ook hier voor. Ander soogdiere is onder meer die bontsebra, jagluiperd, strandjut, rooijakkals en bobbejaan.

Met 'n voëllys van sowat 250 spesies kan voëlkyk lonend wees. Kyk uit vir die witkruis-, grootjag- en breëkoparend, bergpatrys, swartpiek, bergwagter, oranjekeelkalkoentjie, kuifkophoutkapper en gewone janfrederik.

Die Suikerbosrand-voetslaanpad is naby Johannesburg en bied die ideale wegbreekkans aan enigeen wat uit die stad wil wegkom. Die kort afstande tussen die hutte (gemiddeld minder as 10 km) en die relatief maklike terrein maak dit 'n geskikte roete vir beginners en gesinne.

Daar is verskeie opsies, dus kan jy 'n roete beplan wat aan jou vereistes voldoen. Die roetenetwerk kronkel deur uiteenlopende plantegroeitipes – van aalwynveld in die weste tot proteaveld in die ooste – en bied uitstekende geleenthede vir wildbesigtiging en voëlkyk.

'n Tipiese vierdagroete (wat veral geskik is vir beginners en gesinne met klein kinders) word hier beskryf. Die roete kan ook maklik in twee dae voltooi word, of met drie dae verleng word om die oostelike deel van die reservaat in te sluit.

Die eerste dag se skof (4,7 km; 2,5 uur) van die besoekersentrum tot by Springbokhut kan maklik ná middagete aangepak word. Die roete loop geleidelik teen die oostelike hellings van Bobbejaanrif uit en net voordat 'n geteerde wildbesigtigingspad oorgesteek word, loop dit verby 'n muur wat 'n boer vanmelewe opgerig het om water wat deur 'n dolerietdyk opgedam is, na 'n syvallei af te keer. 'n Kilometer verder kom mens by Rantjies-uitkykpunt, die hoogste punt van die dag se skof. Van hier loop die roete om Kiepersolkloof op pad na die hut wat in 'n digte kol kloofwoud weggesteek is.

Dag twee se skof (12,2 km; 5 uur) volg die digbeboste Koedoekloof vir 'n kort entjie en klim dan na grasveld afgewissel met aalwyne. By Blindemanshoek wyk die roete skerp weswaarts voordat dit geleidelik langs Doringbospad (vernoem na die oorvloed akasias wat die vallei oorheers) afloop. Nadat die teerpad na Kareekloof-oord oorgesteek is, loop die roete deur Aalwynbos waar daar voorbeelde van hoë bergaalwyne groei. Die roete loop dan op na die kruin van Perdekop voordat dit afkronkel na Elandhut.

Die derde dag se skof bied twee opsies: 'n kort, direkte roete (6,5 km; 2,5 uur) of 'n langer opsie (14,6 km; 6 uur) na Blesbokhut. Die roete loop van die hut opwaarts in 'n kloof en oor die Springbokvlakte waar jy heel moontlik troppe springbokke, wildebeeste en bontsebras sal sien. By Swaeltjieshoek loop die direkte roete na Blesbokhut reguit aan, terwyl die langer opsie (wat hier beskryf word), via Steenbokhut na regs afwyk. Na 'n kort, steil afdraand loop die pad op gelyk grond onder Feeskrans tot by Steenbokhut, wat 7 km van die beginpunt geleë is. Die hut is 'n goeie plek om te rus en iets te eet as dit nie deur ander stappers beset is nie. Ongeveer 2 km van Steenbokhut wyk die roete na regs na Hartebeeshut, maar stappers hou reguit aan en 'n entjie verder kyk mens op die Hartebeesvlakte af. Daar is 'n steil afdraand na Hiënakloof voordat Blesbokhut bereik word. Die hut lê 400 m van die hoofroete af.

Die laaste dag se skof (5 km; 2 uur) volg dieselfde roete as die vorige dag se laaste 400 m en loop dan teen die noordelike helling van Sebraskop voordat dit na Jagluiperdbossie daal. 'n Entjie verder loop die roete verby die oorblyfsels van 'n nedersetting uit die Ystertydperk, kronkel dan afdraand en volg die onderste hellings van Bobbejaanrif tot by die begin. **28,4 of 36,5 km; 4 dae; sirkelroete.**

2. Jagluiperd verklarende roete fokus op die algemene bome en ekologie van die reservaat. Die oorblyfsels van klipmure uit die Ystertydperk wat deur die voorouers van die Tswanas gebou is, is van kulturele en historiese belang. Daar is 12 gemerkte besienswaardighede langs die pad en almal word in die brosjure beskryf. **4 km; 2 uur; sirkelroete.**

3. Bokmakierie-natuurwandelpad is vernoem na die bokmakierie, 'n mooi voël met 'n duidelike swart kraag om 'n geel keel. Die roete volg 'n effens golwende roete deur die noordwestelike hoek van die reservaat, verby ses gemerkte punte van belang. Alles word in die brosjure beskryf. Die belangrikheid van oppervlakwater in 'n natuurreservaat, veral met betrekking tot watergate vir diere, die opeenvolging van veldtipes, inheemse bome, Ystertydperk-oorblyfsels en voedselkettings is maar 'n paar van die interessante onderwerpe. **17 km; 7 uur; sirkelroete, of 10 km; 3,5 uur; sirkelroete.**

2. SUIKERBOSRAND-NATUURRESERVAAT
Heidelberg

Kyk nr. 1 vir voetslaanpad.

Staproetes: 3 roetes; 1 tot 17 km; 1 tot 7 uur; sirkelroete.
Permitte: Toegangsgeld. Geen permit vir roetes nodig nie.
Kaarte: Staproetebrosjure met sketskaart.
Geriewe/Aktiwiteite: Besoekersentrum; Diepkloof-plaasmuseum; twee groepkampe; selfry-wildbesigtiging; piekniekplek; begeleide wildbesigtiging; perdry; bergfietsry.

1. Toktokkie-wandelpad Hierdie kort verklarende roete bied 'n ideale bekendstelling aan die verskillende ekologiese aspekte van die reservaat. Langs die pad is daar 14 interessanthede wat in die brosjure beskryf word. Dit wissel van kruie, voedselkettings en klimatologie tot verskillende boomspesies, aanpassings van vetplante en die Diepkloof-plaasmuseum. **1 km; 1 uur; sirkelroete.**

3. WITWATERSRAND NASIONALE BOTANIESE TUIN
Roodepoort

Roetes: Netwerk van verskeie kilometers.
Permitte: Toegangsgeld. Geen permitte vir roetes nodig nie.
Kaarte: By ingang beskikbaar.
Geriewe/Aktiwiteite: Piekniekplek; kafeteria; boek- en geskenkwinkel; inheemse kwekery.

Die Witwatersrand Nasionale Botaniese Tuin beslaan 225 ha en lê teen die agtergrond van Roodekransrant. Die middelpunt van die tuin is die Witpoortjie-waterval waar die Krokodilrivier oor 'n 70 m hoë krans stort.

Die tuin bied beskerming aan een van die min kolle Bankenveld-plantegroei in Gauteng. Hierdie plantegroei bestaan uit feitlik suiwer grasveld op die kruine van Gauteng se kenmerkende kwartsietrante, hul suidelike hellings en laagliggende vlaktes, terwyl bome en struike op die noordelike hellings van die rante groei.

Van die bekendste onder die 230 voëlspesies wat hier te sien is, is 'n broeipaar witkruisarende wat teen die kranse naby die waterval nes gemaak het. Ander voëls is die pylvlekkatlagter, swartkopwielewaai, Kaapse kliplyster, feevlieëvanger en bonthoutkapper.

Dele van die tuin is rondom spesifieke plante en habitats ontwikkel. Daar is broodbome, vetplante, veldblomme en waterbesparende tuine, terwyl die oorblywende gedeelte in sy natuurlike staat gelaat is.

Die netwerk van paadjies loop kruis en dwars deur die tuin en wissel van roetes langs die kwartsietrante met mooi uitsigte oor die tuin en sy omgewing, tot roetes langs die Krokodilrivier wat omsoom is met rivierwoud.

4. KLOOFENDAL-NATUURRESERVAAT
Roodepoort

Staproetes: 2 roetes; 2 en 6 km: 2 en 2,5 uur; sirkelroete.
Permitte: Toegangsgeld. Geen permitte vir roetes nodig nie.
Kaarte: Op aanvraag by die reservaat beskikbaar.
Geriewe/Aktiwiteite: Piekniekterrein.

Kloofendal-natuurreservaat beslaan 109 ha kwartsietrante en lê in die middel van Roodepoort. Die reservaat word gekenmerk deur kranse en onbedorwe klowe, en die Wilgespruit vloei daardeur. Die plantegroei is tipies Bankenveld, met kolle gewone haakdoring, saliehout, gewone suikerbos, witstinkhout en notsung.

Daar is 'n ryk voëllewe en van die spesies wat dikwels voorkom is die blou- en kransvalk, huiltinktinkie, gewone koester en bokmakierie. Kyk ook uit vir die gewone janfrederik en rooikophoutkapper.

Van historiese belang is Confidence Reef waar Fred Strubens op 18 September 1884 die eerste goudneerslag van ekonomiese belang ontdek het. Aanvanklike optimisme oor die ontdekking het Fred en sy broer Harry aangespoor om die rif te ontwikkel. Die eerste ertsbreker wat aan die Witwatersrand gebruik is, is die volgende jaar in Desember in bedryf geneem. Die werk van die Strubens-broers kan op 'n begeleide toer besigtig word. Skakel mev. Gilbert by tel: (011) 761 0225 van Dinsdae tot Vrydae tussen 09:30 en 13:00.

Die rante, koppies, klowe en grasvelde in die reservaat word deur twee staproetes deurkruis. **2 km en 6 km; 2 en 2,5 uur; sirkelroete.**

5. RIETVLEI-NATUURRESERVAAT
Pretoria

Staproetes: Begeleide voetslaanpad; 22 km; 2 dae; sirkelroete. Begeleide dagroete; 10 km; 4 uur; sirkelroete.
Permitte: Besprekings moet minstens twee weke vooruit gemaak word. Rietvlei-natuurreservaat, Posbus 1454, Pretoria 0001, tel: (012) 345 2274, faks: 345 3928.
Kaarte: Sketskaart.
Geriewe/Aktiwiteite: Oornaghutte; hut met slaapbanke, matrasse, gietysterpotte, ketel, braaigeriewe, brandhout, warm storte en toilette. Begeleide bustoere deur reservaat; begeleide aandritte; perdry (dag en oornag); hengel; piekniekterrein; voëlkykskuiling.
Belangrike inligting: Oornagroetes word vir groepe met 'n minimum van ses en maksimum van agt mense aangebied. Voetslaners moet hul eie slaapsakke, kos, eetgerei, borde en bekers saamdra. Daguitstappies: minimum 10, maksimum 20 mense.

Die Rietvlei-natuurreservaat beslaan 3 800 ha golwende, grasbedekte heuwels, 20 km suidoos van Pretoria en lê in die opvanggebied van die Rietvleidam. Die reservaat is tot stand gebring om te verseker dat Pretoria toegang tot skoon water het: die reservaat se dam (wat in 1934 gebou is), ses fonteine en een boorgat voorsien in ongeveer 15% van die stad se watervereistes.

Die reservaat huisves 'n verskeidenheid Hoëveldse wildspesies. Die volopste is blesbokke, maar die reservaat is ook van swartwildebeeste, elande, rooihartbeeste, springbokke, rietbokke, rooiribbokke en oorbietjies voorsien. Daar is ook witrenosters, seekoeie, buffels en bontsebras, en kleiner diere soos vleirotte, springhase, stokstertmeerkatte, swartkwasmuishonde en kolhase te sien.

Van die ongeveer 240 voëlspesies wat opgeteken is, is heelwat vleilandspesies soos die gewone nagreier, groot flamink, nonnetjie- en knobbeleend, watertrapper en lelkiewiet. Die visarend, bloukraanvoël, gewone vleiloerie, rooibekkakelaar, gewone koester en oranjekeelkalkoentjie kom ook hier voor.

1. Oornagvoetslaanpad: Groepe kom Vrydagmiddag om 17:00 by die reservaat se hoofhek bymekaar van waar dit 'n 2 km-skof na die oornaghut is. Saterdag word 'n 14 km-staptog na die tweede oornaghut onderneem. Langs die pad gee die gids 'n insig in die ekologie van die gebied waarin daar gestap word, en daar sal tyd wees vir wildbesigtiging en voëlkyk. Hoewel die reservaat redelik plat is, moet mens stapfiks wees om jou rugsak te kan dra. Op Sondagoggend wag daar 'n 6 km skof terug na die begin. **22 km; 2 dae; sirkelroete.**

2. Dagwandelings begin om 08:00 by die reservaat se hoofhek en, tesame met wildbesigtiging en voëlkyk, sal stappers die verskeie aspekte van die reservaat se ekologie heelwat beter aan die einde van die uitstappie verstaan. **10 km; 4 uur; sirkelroete.**

6. PRETORIASE NASIONALE BOTANIESE TUIN
Pretoria

Staproetes: Netwerk van voetpaaie, insluitend die Bankenveld-wandelpad; 2 km; 1 uur; sirkelroete.
Permitte: Toegangsgeld. Geen permitte vir roete nodig nie.
Kaarte: By ingang beskikbaar.
Geriewe/Aktiwiteite: Restaurant; begeleide uitstappies (op aanvraag).

Dié tuin lê in die oostelike buitewyke van Pretoria, op Silvertonrant, slegs agt kilometer uit die middestad. Dit is in 1946 op die terrein van Suid-Afrika se Nasionale Herbarium tot stand gebring, en is een van Suid-Afrika se agt nasionale botaniese tuine.

Die 75 ha natuurlike plantegroei word deur Bankenveld-bome en meer as 500 blomplantspesies gekenmerk. In die bewerkte deel van die tuin kom vetplante, fynbos en woudbome, asook versamelings broodbome en aalwyne voor. Die Desmond Cole-versameling van *Lithops* (wat 'soos klip' beteken) en die Hardy-versameling van plante van Namakwaland, Namibië en Madagaskar, bevat van die belangrikste plante.

'n Netwerk van geplaveide paadjies deur die verskillende plantversamelings, asook die Bankenveldwandelpad langs 'n kwartsietrant deur natuurlike Bankenveld-plantegroei, deurkruis die tuin.

7. WINDY BROW-VOETSLAANPAD
Cullinan

Staproetes: 3 roetes, 3,2 tot 5,9 km; 1,5 tot 6 uur; sirkelroete. Netwerk van basiskamp af.
Permitte: Jacana Marketing and Reservations, Posbus 95212, Waterkloof 0145, tel: (012) 346 3550, faks: 346 2499, e-pos: info@jacanacollection.co.za
Kaarte: Roetepamflet met kaart.
Geriewe/Aktiwiteite: Basiskamp: twee slaapsale met slaapbanke, matrasse, gasstoof, potte, ketels, braaigeriewe, warm stort en toilette. Ndaba-kamp: beddens/slaapbanke met matrasse, kombuis met stoof, yskas, potte, panne, ketels, braaigeriewe, storte en toilette. Plaashut: omgewingsopleidingsentrum vir groepe, met slaapbanke, braaigeriewe, storte en toilette. Tentplekke: toilette; bring eie tente en toerusting.

Hierdie netwerk van staproetes deurkruis die plaas Elandsfontein, wat eens deel gevorm het van die plaas Elandshoek, waar die Premier-myn in 1902 in bedryf gekom het. Die wêreld se grootste diamant, die beroemde 3 106 karaat-Cullinan, is in 1905 hier gevind.

Die plantegroei word deur suurderige gemengde bosveld gekenmerk en onder die 45 boomspesies wat hier voorkom, is die bergaalwyn, boekenhout, gewone suikerbos, stamvrug, magaliesrooihout, fluweelklipels en die bergvaalbos.

Van die groter wildspesies is die kameelperd, koedoe, gemsbok, rooihartbees, blesbok en njala. Daar is ook 'n oorvloed van voëllewe vir die entoesias.

1. Geologiese roete Van die basiskamp loop die roete opdraand deur grasveld na die kruin van 'n koppie van waar daar 'n panoramiese uitsig oor die Cullinan-myn is. Die roete loop dan oor die noordwestelike hange van die koppie wat saamgestel is uit Magaliesberg-kwartsiet, en loop dan afdraand na Gemsbokhoek, waar jy by die Ekologiese roete kan aansluit. Die Geologiese roete klim teen 'n steil koppie uit en verderaan is daar 'n pragtige uitsig oor die Cullinan-myn. Nadat jy oor 'n nek afgestap het, is daar 'n steil opdraand na die kruin van die koppie en dan 'n skerp afdraand na die basiskamp. **3,2 km; 1,5 uur; sirkelroete.**

2. Argeologiese roete kronkel verby bome en deur gras en oop vlaktes in die westelike deel van Elandsfontein. Na 1 km wyk die Kameelsirkel, wat by die Ekologiese roete aansluit, na links af, terwyl die Argeologiese roete na regs aanloop. 'n Entjie verder kom jy op die oorblyfsels van 'n klipmuurnedersetting uit die Ystertydperk af. Hierdie plek is waarskynlik hoofsaaklik as 'n veepos, eerder as 'n grootskaalse nedersetting, gebruik. Na 'n gemaklike afdraand oor oop vlaktes, loop die roete stadig opdraand na die begin. **3,5 km; 2 uur; sirkelroete.**

3. Ekologiese roete volg die Argeologiese roete vir 1 km en volg dan die Kameelsirkel wat loop deur grasveld afgewissel met gewone suikerbosse, kiepersol en suurpruime. 'n Kort, steil klimtog na 'n kliprif bied 'n uitstekende uitkykpunt van waar kameelperde, njala, en koedoes gesien kan word. Verderaan kom mens by Koedoesirkel, wat by die Geologiese roete aansluit, terwyl die Ekologiese roete langs Blesbokrant, 'n gewilde weiplek van die blesbokke, loop. Die roete loop dan geleidelik afwaarts met die Gemsboklus tot by sy aansluiting by die Geologiese roete, wat jy vir 1,7 km na die basiskamp volg. **5,9 km; 6 uur; sirkelroete.**

8. MOOIPLASIE-VOETSLAANPAD
Boekenhoutskloof

Staproetes: 2 roetes; 7 en 12 km; 3,5 en 6 uur; sirkelroete.
Permitte: Anvie Ventures, Posbus 60035, Pierre van Ryneveld 0045, tel. en faks: (012) 662 1140.
Kaarte: Ruwe sketskaart.
Geriewe/Aktiwiteite: Basiskamp; drie hutte met slaapbanke, matrasse, yskas, vrieskas, ketels, potte, panne, eetgerei, braaigeriewe, warm storte en toilette; klein sonverhitte swembad.

Hierdie roetenetwerk naby Boekenhoutskloof loop afwisselend tussen klipperige rantjies, bosveldbome, grasveld en klowe met inheemse woud. Langs die pad kan stappers oor die omliggende landskap uitkyk, en op die langer roete is daar 'n aanloklike poel in die rivier wat 'n ideale uitspanplek is. **7 en 12 km; 3,5 en 6 uur, sirkelroete.**

9. MOBONZ-WILDRESERVAAT
Rust De Winter

Staproetes: 6 roetes, 26 km (altesaam) 1 tot 5 uur; netwerk van basiskamp af.
Permitte: Jacana Marketing and Reservations, Posbus 95212, Waterkloof 0145, tel: (012) 346 3550, faks: 346 2499, e-pos: info@jacanacollection.co.za
Kaarte: Sketskaart.
Geriewe/Aktiwiteite: Grasdak-rondawel met slaapbanke, matrasse, kombuis met drieplaat-gasstoof, potte, panne, ketels, braaigeriewe, brandhout, warm stort en toilette.

Die Mobonz-wildreservaat lê in die heuwels wat oor Rust De Winter uitkyk en huisves talle koedoes, groot troppe elande, rooihartbeeste, gemsbokke en rooibokke. Die verskeidenheid habitats onderhou talle voëlspesies en die plantegroei word gekenmerk deur gemengde bosveld bestaande uit akasiaspesies, boekenhout, rooiboswilg en wildesering.

Die roetenetwerk is so uitgewerk dat stappers self hul roetes kan beplan om by hul belangstellings en fiksheidsvlak te pas. Uitstappies wissel van kortes in die vroegoggend en laatmiddag tot halfdagwandelings in die oggend of namiddag.

10. BORAKALALO NASIONALE PARK
Jericho

Staproetes: Selfbegeleide roete; 5 km; 2,5 uur; heen en terug. Begeleide roetes; 2 tot 4 km; 2 uur; sirkelroete.
Permite: Toegangsgeld. Geen permitte vir roetes nodig nie. Begeleide toere kan by Moretele-kamp gereël word.
Kaarte: Pamflet van park met kaart.
Geriewe/Aktiwiteite: Phudufudu: safari-tentkamp. Moretele: safari-tente en kampeerplekke met vuurmaakplekke, warm storte en toilette. Pityane-kamp: kampeerplekke met vuurmaakplekke, gemeenskaplike warm storte en toilette. Selfry-wildbesigtiging van al die kampe af. Piekniekplekke op die walle van die Klipvoordam en langs die wildbesigtigingsroetes; hengel by die dam.
Belangrike inligting: Stappers op die selfbegeleide roete moet uitkyk vir witrenosters, buffels en seekoeie aangesien hierdie diere baie gevaarlik kan wees.

Die Borakalalo Nasionale Park, 90 km noordwes van Pretoria, beslaan 14 000 ha bosveld, rivierbos en grasveld rondom die Klipvoordam, wat deel is van die middelpunt van die park. Die naam beteken in Tswana 'plek waar mense ontspan'.

Die park huisves meer as 30 groot soogdierspesies insluitend witrenosters, seekoeie, kameelperde, bontsebras en 'n verskeidenheid wildsbokke, soos buffels, bastergemsbokke, basterhartbeeste, rooihartbeeste, koedoes, gemsbokke, blouwildebeeste, waterbokke, rooibokke en springbokke. Vlakvarke, rooijakkalse, blouape en 'n verskeidenheid kleiner soogdierspesies kom ook hier voor.

Borakalalo bied uitstekende voëlkykgeleenthede en daar is reeds sowat 350 spesies hier aangeteken. Die Klipvoordam en 'n nabygeleë seisoenale vleiland lok 'n ryke verskeidenheid watervoëls, onder meer die ontwykende watertrapper, groot- en kleinflamink, gewone nagreier, groenrugreier, nonnetjie-eend en verskeie visvangerspesies. Die bruinarend, edelvalk, kaalwangvalk, witkeeljanfrederik, Kalahariwipstert, rooibeklyster, bosveldpapegaai en pylvlekkatlagter is ook hier aangeteken.

1. Selfbegeleide roete Hierdie roete kronkel deur 'n beboste gebied langs die boloop van die Moretelerivier. Daar is uitstekende voëlkykgeleenthede, veral vanuit die voëlkykskuilings wat oor die vleiland uitkyk. Daar is ook altyd die moontlikheid om wild te sien. **5 km; 2,5 uur; heen en terug.**

2. Begeleide staptogte word vroeg in die oggend of laat die middag van die Moretele-kamp deur erekampbeamptes gelei. Behalwe vir die opwinding om diere te besigtig, kry stappers ook 'n beter insig in die omgewing waardeur hulle stap. **2 tot 4 km; 2 uur; sirkelroete.**

11. TSWAINGKRATER-STAPROETE
Pretoria

Staproetes: 7,2 km; 3 uur; sirkelroete.
Permite: Toegangsgeld. Geen permit vir roete nodig nie.
Kaarte: By kantoor beskikbaar.
Geriewe/Aktiwiteite: Begeleide toere; kiosk; braaigeriewe; tradisionele Afrika-etes; verblyf vir omgewingsopvoedinggroepe.

Die Tswaing-meteorietkrater lê ongeveer 30 km noord van Onderstepoort en is een van die bes bewaarde meteorietimpakkraters in die wêreld. Dit is sowat 200 000 jaar gelede gevorm toe 'n meteoriet van ongeveer 60 m in deursnee met die aarde gebots het. Die impak het 'n krater wat 1,1 km in deursnee en 120 m diep is, veroorsaak.

Die naam Tswaing beteken in Tswana 'soutpan' en verwys na die soutmeer wat in die middel van die krater is. Die sout is eeue lank deur die Tswanas, Sotho's en Ndebele, wat die gebied op verskillende tye bewoon het, ontgin. Gedurende die vroeë 1900's is 'n sodafabriek by Tswaing gevestig.

Die Tswaing-meteorietkrater is een van nege satellietmuseums van die Nasionale Kultuurhistoriese Museum en het in 1992 as die eerste omgewingsmuseum in Suid-Afrika tot stand gekom.

Die plantegroei word deur boswilg- en akasia-spesies oorheers. Onder die sowat 300 voëlspesies wat hier te sien is, is die bruinarend, bospatrys, kardinaalspeg, rooiborslaksman en gevlekte lyster.

Die selfbegeleide **Krater-staproete** van 7,2 km is waarskynlik die enigste van sy soort in die wêreld. Dit begin by die Tswaing-meteorietkrater se ontvangs en loop noordwaarts na die suidelike kraterrand, waar dit dan ooswaarts swaai en al langs die kruin van die suidelike en oostelike kraterrand loop. Hier word stappers met pragtige uitsigte oor die krater beloon. 'n Slingerroete teen die beboste kraterhellings af lei na die kratervloer en die skiereiland wat tot in die kratermeer strek. Die terugpad volg 'n ou waroete uit die krater uit en kronkel dan by die sodafabriek verby tot by die ontvangsgebied. Bome en ander interessante besienswaardighede langs die pad is gemerk, onder meer die boorgat, wat die bewys gelewer het dat die krater gevorm is deur die impak van 'n meteoriet, en nie as gevolg van vulkaniese aktiwiteit nie. Rots uit die boorgat het 'n deformasie van minerale getoon wat slegs kon ontstaan het weens die druk wat deur die impak van 'n meteoriet veroorsaak was.

Ten tye van hierdie skrywe was nog drie roetes in die beplanningsfase en een sal deur digte rivierplantegroei met manjifieke boomspesies loop.

12. UITKYK-VOETSLAANPAD
Hartbeespoortdam, Magaliesberg

Staproetes: 2 roetes; 13 km; 6 uur; sirkelroete. Korter opsies is beskikbaar.
Permitte: Jacana Marketing and Reservations, Posbus 95212, Waterkloof 0145, tel: (012) 346 3550, faks: 346 2499, e-pos: info@jacanacollection.co.za
Kaarte: Sketskaart.
Geriewe/Aktiwiteite: Omheinde parkeerterrein; braaigeriewe; wasgeriewe met storte en toilette.

Die Magaliesberge, wat van Zeerust ooswaarts na Pretoria se oostelike voorstede strek en gemiddeld 330 m bo die omliggende landskap uitrys, vorm 'n natuurlike grens tussen die bosveld in die noorde en die Hoëveld in die suide.

Die kranse by Skeerpoort, suidwes van die Hartbeespoortdam, is 'n belangrike broeiplek vir die kransaasvoël wat dikwels bokant die gebied te sien is. Ander voëlspesies wat hier voorkom is die witkruisarend, korttoonkliplyster, Nicholsonse koester en swartwangsysie.

Die staproetenetwerk is teen die noordelike hellings van die Magaliesberg uitgelê en loop afwisselend deur oop boswêreld, beboste klowe en grasbedekte berghellings. Skouspelagtige uitsigte oor die Magaliesberg en die omgewing regverdig die naam van die roete.

Die roete na die kruin van die Magaliesberg loop van die begin afdraand na 'n tonnel onder die R513 en loop dan verder in 'n kloof wat tussen twee prominente bergpieke uitgekalwe is. Van hier kan stappers óf die 1 474 m hoë westelike piek óf die 1 517 m hoë oostelike piek uitklim. Langs die pad is die kronkelende Krokodilrivier te sien, en as die kruin eers bereik is, word stappers met skouspelagtige uitsigte beloon. Na die weste sien jy die bergreeks tot by Rustenburg strek, en in die ooste is die Magaliesberg-kabelspoorstasie duidelik sigbaar. Na die suide word die landskap oorheers deur die Hartbeespoortdam en Johannesburg se stadsprofiel verder suid. Die uitsig na die noorde strek op 'n helder dag so ver as die Waterberg. Die roetes na die kruin van die bergpieke behels stygings van 294 m en 337 m.

13. HENNOPS-VOETSLAANPAD
Hartbeespoortdam, Magaliesberg

Staproetes: 2 roetes; 6,1 en 11,3 km; 3 en 5 uur; netwerk van basiskamp af.
Permitte: Jacana Marketing and Reservations, Posbus 95212, Waterkloof 0145, tel: (012) 346 3550, faks: 346 2499, e-pos: info@jacanacollection.co.za
Kaarte: Roetepamflet met kaart.
Geriewe/Aktiwiteite: Loeriekamp: rondawels met slaapbanke, matrasse, kombuis met tweeplaatstoof, yskas, potte, panne, ketel, storte en toilette. Hadedakamp: plaashuis en rondawel met swembad en dieselfde geriewe as Loeriekamp; braaigeriewe vir dagstappers.

Hierdie roetenetwerk deurkruis die 1 000 ha-plaas Skurweberg, 16 km suidoos van die Hartbeespoortdam. Benewens die skouspelagtige uitsigte en die moontlikheid om diere te sien, is hier ook 'n hele paar interessante historiese besienswaardighede.

1. Sebra-roete loop deur die noorde van die plaas waar stappers op blesbokke en bontsebras kan afkom. Die uitwaartse been kronkel teen die berghellings op en loop deur verskeie groepe bome. Van die kruin van 'n koppie loop die roete afdraand na die begin. **6,1 km; 3 uur; netwerk.**

2. Krokodilberg-roete kronkel aanvanklik langs die Hennopsrivier en loop dan na 'n holkrans waar die boere tydens die Anglo-Boereoorlog (1899–1902) 'n veldhospitaal vir hul gewondes opgerig het. 'n Entjie verder word die Hennopsrivier met behulp van 'n hangbrug oorgesteek en die roete loop dan tot by Hardekraal, waar die oorblysels van 'n ou klipmuurnedersetting te sien is. 'n Gelykmatige opdraand lei na twee uitkykpunte en nadat die roete die kontoer gevolg het, loop dit afdraand verby 'n ou dolomietmyn en kalkoond. Van hier stap mens gemaklik na die Hennopsrivier wat met behulp van 'n katrolbeheerde kabelkar oorgesteek kan word om na die Loerie- en Hadedakamp terug te keer. **11,3 km; 5 uur; netwerk.**

14. KROMDRAAI-VOETSLAANPAD
Kromdraai

Staproete: *Begeleide roete; 20 km; 2 dae; sirkelroete.*
Permitte: *Kromdraai-bewaringsgebied, Posbus 393, Paardekraal 1752, tel: (011) 957 0241, faks: 957 0344.*
Kaarte: *Toeristekaart van die gebied.*
Geriewe/Aktiwiteite: *Oornaghutte met slaapbanke, matrasse, vuurmaakplekke, warm storte en toilette.*
Belangrike inligting: *Groepe moet uit minstens agt stappers (kleiner groepe kan gekombineer word) bestaan en is tot 16 stappers beperk. Persone onder 18 moet deur 'n volwassene vergesel word.*

Die Kromdraai-bewaringsgebied lê in die 'Bakermat van die Mensdom', die kollektiewe naam vir die persele met hominiedfossiele by Sterkfontein, Swartkrans, Kromdraai en hul omstreke, wat in 1999 tot Wêrelderfenisgebied verklaar is. Dit is een van die rykste vroeëhominiedpersele in die wêreld en tot op hede is meer as 600 hominiedfossiele, duisende dierfossiele, fragmente van fossielhout en klipwerktuie op 12 persele opgegrawe. Die vroegste bekende gebruik van vuur het sowat 1,3 miljoen jaar gelede by Swartkrans voorgekom.

Hierdie roete met sy spesiale besienswaardighede loop deur die Kromdraai-bewaringsgebied en is moontlik gemaak deur die samewerking van bykans 30 eienaars wat hul eiendomme vir stappers oopgestel het. Die roete word deur 'n SATOER-veldgids gelei en het 'n opvoedkundige inslag. Onderwerpe soos die flora, fauna, geologie en fassinerende paleontologie van die gebied word bespreek.

Daar word elke dag ongeveer 10 km afgelê en dit sluit besoeke aan verskeie besienswaardighede in die bewaringsgebied in. Een hiervan is die Wondergrot, 'n groot ondergrondse spelonk met stalaktiete, grotpêrels, randsteenpoele en formasies van tot 15 m hoog. Daar is ook 'n besoek aan die Kromdraai-goudmyn, wat dateer uit 1881, 'n kalkmyn en die Reënboog-forelplaas.

Die roete begin by die Inligtingskantoor van die bewaringsgebied. Oornagverblyf na die eerste dag se stap is in 'n ou tabakoond.

15. VISARENDBAAI-VOETSLAANPAD
Rustenburg, Magaliesberg

Staproetes: *3 roetes; 5 tot 12 km; 2,5 tot 6 uur, sirkelroete.*
Permitte: *Anvie Ventures, Posbus 60035, Pierre van Ryneveld 0045, tel. en faks: (012) 662 1140.*
Kaarte: *Sketskaart.*
Geriewe/Aktiwiteite: *Basiskamp: hut met slaapbanke, matrasse, vrieskas, potte, panne, braaigeriewe, brandhout, warm storte en toilette.*
Belangrike inligting: *Laat voertuie in die parkeerarea, 3,2 km van die hut af.*

Die roete is op die noordelike hange van die Magaliesberg geleë en lê ongeveer 30 km suidoos van Rustenburg.

1. Roete 1 kronkel geleidelik teen die hellings van die Magaliesberg uit, styg met sowat 100 m, en loop dan langs Hamerkopkloof af. **5 km; 2,5 uur; sirkelroete.**

2. Roete 2 (ook bekend as Kloofroete) loop verby Rotsboomkloof en nadat dit 'n kort entjie teen die hange van Hamerkopkloof geloop het, kom die roete by 'n leer wat stappers in die kloof afneem. Van hier klim die roete teen die kloof uit en kronkel dan geleidelik afdraand langs die uitwaartse been van Roete 1. **6 km; 3 uur; sirkelroete.**

3. Roete 3 volg Roete 1 totdat dit by Hamerkopkloof afwyk. Verderaan steek die roete Hamerkopstroom oor en loop geleidelik op na die kruin van die Magaliesberg waar stappers met pragtige uitsigte oor die reeks en die omliggende landskap beloon word. Die roete loop dan geleidelik afdraand langs 'n stroom en sirkel terug na die uitwaartse been. Nadat jy 'n entjie in jou spore teruggestap het, kan die terugwaartse been van die Kloofroete of Roete 1 gevolg word. **12 km; 6 uur; sirkelroete, met 'n korter opsie: 9 km; 4,5 uur; sirkelroete.**

16. RUSTENBURG-VOETSLAANPAD
Rustenburg-natuurreservaat, Rustenburg

Kyk nr. 17 vir wandelpaaie.

Staproetes: 2 roetes; 19,5 km en 25,3 km, 2 dae; sirkelroete.
Permitte: Die Besprekingsbeampte, Rustenburg-natuurreservaat, Posbus 20382, Protea Park 0305, tel: (014) 533 2050, faks: 533 0905.
Kaarte: Kleurkaart van roetes.
Geriewe/Aktiwiteite: Oornaghutte by Explorers-, Avon More-, Witkruiskrans- en Naga-kamp, met slaapbanke, matrasse, braaigeriewe, brandhout, emmerstorte en toilette.

Rustenburg-natuurreservaat beslaan 4 257 ha op die oostelike hange van Magaliesberg en die plantegroei skep die indruk van 'n mosaïek van grasveld, kloofbosse, doringveld en boswêreld met oop grasvlaktes. Proteaveld kom voor op die plato en die middelhellings van die Waterkloofspruitkom, en onder meer is die gewone suikerbos en ander proteas hier te sien. Die stamvrug is opvallend tussen die rotsagtige rante en kranse. Die vuurpylaalwyn (*Aloe peglerae*) en 'n klein vetplantjie met die naam olifantsvoet (*Frithia pulchra* – die volksnaam verwys na die voorkoms van sy blaarpunte), is twee endemiese plante van die Magaliesberg wat in die reservaat voorkom.

Die reservaat huisves 84 soogdierspesies en van die wildsbokke wat te sien is, is die swartwitpens, swartwildebees, blesbok, rooibok, rooihartbees, koedoe, rietbok en oorbietjie. Karnivore wat hier voorkom, is onder meer die luiperd, strandjut, maanhaarjakkals, rooikat en rooijakkals, terwyl primate deur bobbejane, blouape en nagapies verteenwoordig word.

Met meer as 300 aangetekende voëlspesies kan stappers onder meer die bosveldpapegaai, gewone troupant, rooiborslaksman, paradysvlieëvanger, pylvlekkatlagter en swartkopwielewaai sien. Roofvoëls sluit die kransaasvoël, witkruis- en grootjagarend, rooiborsjakkalsvoël en edelvalk in. Die 11 lyster- en spekvreter-spesies sluit die Kaapse en korttoonkliplyster in.

1. Baviaanskloof-roete kan óf by Explorers'- óf Avon More-kamp begin word. Net na jy by Explorers'-kamp vertrek het, klim dag een se skof (10,4 km; 5 uur) teen 'n steil heuwel uit waarna dit oor die golwende Sebra-vlakte loop. Verderaan kronkel die roete verby interessante kliprante en daal dan af in die Waterkloofspruitvallei. Daarna klim die roete teen Langkloofrug uit voordat dit weer na die oornaghut afkronkel.

Die tweede dag se skof (9,1 km; 5 uur) begin met 'n opdraand na die Tuin van Herinnering en gaan verder opwaarts na die Tierkloofwatervalle waar die asemrowende Tierkloofval in verskeie trappe in die ravyn afstort. Die poele bokant die watervalle is onweerstaanbaar en die perfekte plek om te rus en iets te eet. Verderaan kronkel die roete teen Bakenkop uit en daal dan steil om Bobbejaanskloof oor te steek voor jy by die beginpunt terugkom.

2. Kruinroete kan óf by Withuiskrans- óf Naga-kamp begin. Van Withuiskrans-kamp loop dag een se skof (11 km; 5 uur) geleidelik teen Bakenkop uit en kronkel dan af na die Tierkloofpoele. Van hier klim dit weer geleidelik met sowat 200 m voordat dit oor die hellings van Swartwildebeesrug loop. Hierna loop die roete verby interessante kwartsietformasies voor dit by Naga-kamp, 'n kort entjie verby Civet Rock Arch aankom.

Dag twee (14,3 km; 7 uur) loop oor Sekretarisvoëlvlakte en styg dan geleidelik na die Sampioenrotse, verweerde kwartsietrotse wat soos reusesampioene lyk, voordat dit 'n uitkykpunt op die rant van die vertikale westelike kranse van die Magaliesberg bereik. Die roete loop nou na die 1 690 m hoë Hoogstepunt en nadat dit verby Sebradam gekronkel het, begin 'n lang afdraand teen die oostelike hellings van die Magaliesberg na die beginpunt.

17. RUSTENBURG-NATUURRESERVAAT
Rustenburg

Kyk nr. 16 vir voetslaanpaaie.

Staproete: 5 km; 2 uur; sirkelroete.
Permitte: Toegangsgeld. Geen permitte vir roetes nodig nie.
Kaarte: Roeteboekie en sketskaart.
Geriewe/Aktiwiteite: Besoekersentrum; piekniekplekke; groepkamp.

Peglerae verklarende roete is vernoem na die vuurpylaalwyn, *Aloe peglerae*, wat endemies aan die Magaliesberg en Witwaterberg is. Dit is 'n besonderse aalwyn met 'n dwergagtige voorkoms wat veral gedurende Julie en Augustus die grasvlakte ophelder met sy dowwe rooi tot sagte geelgroen blomme.

Die roete begin by die besoekersentrum en kronkel in 'n noordwestelike rigting langs die hellings bokant Waterkloof. 'n Roeteboekie bied inligting oor die gemerkte besienswaardighede langs die pad, onder meer verweerde kwartsietrotse; bome soos die stamvrug en wilde-appelkoos; die vuurpylaalwyn en 'n endemiese vetplant van die Magaliesberge, die olifantsvoet (*Frithia pulchra*).

18. PILANESBERG NASIONALE PARK
Sun City

Staproetes: Begeleide roetes, afstande wissel van 4 tot 6 km; 2 tot 3 uur; sirkelroete.
Permitte: Toegangsgeld. Bespreek begeleide toere by die Gametrackers Safari-toonbank by Sun City, tel: (014) 552 1561, en by die Safari-toonbanke by Manyane, tel: (014) 555 5469 en Bakgatla, tel: (014) 556 2710 in die park.
Kaarte: Toeristekaart van park.
Geriewe/Aktiwiteite: Verblyfopsies wissel van luukse hutte (Bakabung, Kwa Maritane en Tshukudu) tot safaritentkampe en kampeerplekke; selfry-wildbesigtiging; selfry-geologieroete; begeleide wildbesigtiging en nagritte; ballonsafari's; Manyane se inloop-voëlhok met inheemse voëls; voël- en wildkykskuilings; piekniekplekke.
Belangrike inligting: Begeleide uitstappies vir groepe van minstens ses stappers.

Die Pilanesberg Nasionale Park van 58 000 ha lê 50 km noordoos van Rustenburg en word omsluit deur vier konsentriese heuwelkringe, die oorblyfsels van 'n oeroue vulkaan wat sowat 1 200 miljoen jaar gelede aktief was. Die Pilanesberg-kompleks is een van die drie grootste alkaliese vulkane in die wêreld (die ander twee is in Rusland en Groenland) en het die duidelikste ringstruktuur. Die landskap van die Pilanesberg, wat sowat 300 m bo die omliggende bosveldvlaktes uitstyg, wissel van indrukwekkende bergpieke en golwende vlaktes tot diep, beboste valleie en ravyne. Die parkowerhede het 'n dam in die middel van die kratervloer gebou.

Die wisselende topografie en geologie het 'n ryke verskeidenheid plantegroei tot gevolg. Tipiese boomspesies is die transvaalboekenhout, gewone drolpeer, olienhout, karee en 'n verskeidenheid doringbome. Van spesiale belang is die Transvaalse rooiklapperbos wat endemies aan die Pilanesberg is.

Behalwe dat die park 'n veilige hawe vir die groot vyf (olifant, wit- en swartrenoster, buffel, leeu en luiperd) is, huisves die Pilanesberg Nasionale Park ook verskeie ander spesies, aangesien dit in die oorgangsone tussen die droë Kalahari en die natter Laeveldse plantegroei geleë is. Van die wildsbokke wat hier voorkom is die koedoe, gemsbok, rooihartbees, blouwildebees, rooiribbok, rooibok en springbok. Ander spesies sluit die kameelperd, seekoei, bontsebra, vlakvark en strandjut in.

Daar is meer as 330 voëlspesies aangeteken en voëlkyk is 'n plesier. Daar is meer as 32 roofvoëlspesies, soos die kransaasvoël en witrugaasvoël, swartborsslangarend en edelvalk. Ander spesies wat te sien is, is die gewone troupant, swartkopwielewaai, korttoonkliplyster, oranjekeelkalkoentjie, rooiborslaksman en witborsspreeu.

Begeleide uitstappies stel stappers in staat om die park te voet te verken onder die leiding van 'n kundige en ervare gids. Behalwe dat wild te voet gevolg kan word, kan stappers ook meer leer oor die bome en omgewing waardeur gestap word. Die uitstappies vind soggens plaas wanneer die roofdiere minder aktief is. **4–6 km; 2–3 uur; sirkelroete.**

19. VISAREND-VOETSLAANPAD
Swartruggens

Staproetes: 2 roetes; 6 en 10 km; 3 en 5 uur; netwerk van basiskamp af.
Permitte: Anvie Ventures, Posbus 60035, Pierre van Ryneveld 0045, tel. en faks: (012) 662 1140.
Kaarte: Sketskaart.
Geriewe/Aktiwiteite: Kampeerplek (bring eie tente) met braaigeriewe, brandhout, pot, ketel, warm storte en toilette.

Hierdie staproetes loop oor die plaas Klipbankfontein, wat sowat 15 km suid van die dorp Swartruggens geleë is.

1. Maselkrans-roete volg 'n golwende paadjie met steil op- en afdraandes na fonteine en watergate. Van die basiskamp loop die roete na Vaalkoppies, waar mens pragtige uitsigte oor die omliggende landskap kry. Die roete loop dan verder na Maselkrans voordat dit na die basiskamp terugkeer. **6 km; 3 uur; sirkelroete.**

2. Waterval-roete Van die basiskamp loop die roete op na 'n plato en kronkel dan geleidelik af na die Elandsrivier waar jy moontlik die visarend kan sien. Van hier loop die roete deur valleie en onder baie hoë kranse na 'n asemrowende waterval in die Elandsrivier. Die pad kronkel dan terug na die basiskamp. **10 km; 5 uur; sirkelroete.**

20. VREDEFORTKOEPEL-HOOGLANDROETES
Venterskroon

Staproetes: 3 roetes; 13 tot 27 km; 2 dae; sirkelroete en eenrigting. Een van die roetes kombineer stap en kanovaart; 2 dae; eenrigting.
Permitte: Dome Highlands Trails, Posbus 21138, Noordbrug 2522, tel: (018) 294 8572, e-pos: domeavnt@iafrica.com
Kaarte: Word by aankoms aan stappers verskaf.
Geriewe/Aktiwiteite: Basiskamp in die historiese nedersetting Venterskroon: die mynkommissaris se huis en kantoor, 'n klein hotel en pioniershuisie vorm die Dorpstraat-gedeelte van die Dome Trails-basiskamp. Daar is drie oornag-boskampe met slaapbanke, matrasse, braaigeriewe, storte en toilette.
Belangrike inligting: Die Rooihaasstaproete is eenrigting, dus moet stappers óf 'n tweede voertuig aan die einde van die roete laat, óf met die roeteowerheid reël vir vervoer (teen addisionele koste) terug na die beginpunt. Die Kruin-staproete en die Stap-en-roei-roete is ook eenrigting, maar vervoer terug na die beginpunt is by die roetegeld ingesluit.

Hierdie staproetenetwerk is vernoem na die Vredefort-koepel, 'n halfsirkelvormige reeks heuwels met 'n deursnee van 70 km. Die oorsprong van die Vredefort-koepel is al baie bespreek en twee hoofteorieë word voorgestel. Sommige geoloë is van mening dat graniet in oorliggende rotse ingedring en sodoende 'n koepel gevorm het. Die oorliggende strata en die bokant van die koepel het geleidelik verweer en is later deur die rotse van die Waterbergstelsel bedek. 'n Verdere opwelling van magma het veroorsaak dat die koepel weer begin rys het, terwyl die onewe drukking van diep binne die aardkors die hele struktuur noordwaarts geforseer het. Die aanliggende rotsstrata is ook in daardie rigting gevou. Hierdie proses het vir 'n aansienlike tyd geduur en daaropvolgende erosie het die oorliggende rotse verwyder.

Die tweede teorie beweer dat 'n reusagtige meteoriet, met 'n geskatte deursnee van 10 km, die aardoppervlak sowat 2 biljoen jaar gelede getref het. Aangesien die graniet verlos is van die gewig van strata wat in die impaksone vergruis is, het dit opwaarts beweeg en die kante van die aanliggende strata uitwaarts gedraai. Navorsing dui daarop dat die oorspronklike impakstruktuur (indien dit wel so gebeur het) 'n deursnee van tussen 250 en 300 km moes gehad het. Erosie oor tallose millennia het slegs 'n halfsirkel heuwels in die noordweste van die krater agtergelaat, terwyl die suidwestelike deel van die koepel daarna deur Karoo-sediment bedek is.

Vredefort-koepel is ook van belang oor die groot konsentrasie van klipmuur-nedersettings uit die Ystertydperk wat hier voorkom. Sommige van die vroeë persele is waarskynlik so lank terug as 1 500 jaar gelede bewoon. Van die ander nedersettings is waarskynlik bewoon in die tyd tussen die 1500's en die verstrooiing van die Tswanas in die 1820's, na die aankoms van Mzilikazi op die Hoëveld.

Tipiese Bankenveld-bome wat in die gebied voorkom is die olienhout, witstinkhout, proteas, soetdoring, gewone drolpeer, blinkblaar-wag-'n-bietjie en bloughwarrie. Die bergkaree, fluweelboswilg en kleinperdepram kom ook hier voor.

1. Rooihaas-staproete is vernoem na die Smith- rooi klipkonyn wat hou van rotsagtige terrein en voorkom in groot dele van Suid-Afrika met geskikte habitats. Die roete begin op die plaas Buffelskloof, naby die historiese myndorpie Venterskroon, en die eerste dag se skof (12 km; 6 uur) kronkel aanvanklik langs die walle van die Vaalrivier. Van hier klim dit geleidelik teen die heuwels uit en volg dan 'n effens golwende pad deur klein valleie, met 'n hele paar afdraai-moontlikhede. Langs die pad is daar panoramiese uitsigte oor die Vredefort-koepel en die Vaalrivier na die suide, asook oorblyfsels van klipmuur-nedersettings uit die Ystertydperk en ou mynskagte. Stappers kan óf by Bundu- óf Boplaaskamp oornag.

Die tweede dag se skof (7 km; 3 uur) loop oor maklike terrein met die oorblyfsels van talle klipmuur-nedersettings. Die roete eindig dan by Krugerskraal, waar die huis staan waarin die skrywer en digter Totius die Bybel in Afrikaans vertaal het. Die huis is tot nasionale monument verklaar. **19 km; 2 dae; eenrigting.**

2. Kruin-staproete Stappers kan van óf Bundukamp óf Boplaaskamp vertrek en dan die roete oor die kruin van die Vredefort-koepel se heuwels volg. Die eerste dag se skof dek 12 km (meer as 6 uur) en die tweede dag se skof dek 7 km (meer as 3 uur). Venterskroon-basiskamp word as 'n oornagrusplek na die eerste dag se skof gebruik. **19 km, 2 dae; eenrigting.**

3. Ou Myn-staproete Hierdie roete fokus op die myngeskiedenis van die Vredefort-koepel, wat in die laat 1880's begin het toe goud in die gebied ontdek is. Venterskroon is in 1889 as 'n myndorpie gevestig, maar die erts was van 'n lae graad en die delwers, fortuinsoekers en avonturiers het gou weer vertrek, met die gevolg dat die nedersetting gestagneer het. Stappers word by hul aankoms in die Venterskroon-basiskamp gehuisves. Die eerste dag se skof (8 km of 15 km) eindig by Oudewerfkamp, terwyl die tweede dag se skof (5 km of 12 km) na die beginpunt terugkronkel. **13 km, 20 km of 27 km; 2 dae; sirkelroete.**

4. Stap-en-roei-roete kombineer 12 km van stap op dag een met 12 km van kanovaart op dag twee. Stappers kan by hul aankoms by Bundu-kamp of Boplaaskamp oornag. Die eerste dag se skof loop na die Venterskroon-basiskamp. Op die tweede dag roei stappers 12 km in die Vaalrivier af. **24 km; 2 dae; eenrigting.**

Groot-Karoo, Namakwaland & Kalahari

Die Groot-Karoo en Namakwaland is sinoniem met dorre landskappe, wye vlaktes en verlatenheid, en die Kalahari word as 'n dorsland beskou. Saam strek hierdie streke oor bykans 50% van Suid-Afrika se oppervlakte met landskappe wat wissel van eindelose grasvlaktes en tipiese Karoo-koppies tot die indrukwekkende granietkoepels van Namakwaland en die oranje duine en statige kameeldoringbome van die Kalahari.

Die Groot-Karoo word in die suide deur die Groot Platorand en in die noorde deur die Garieprivier (Oranjerivier) begrens. Dit strek van die Oos-Kaapse middellande weswaarts tot by die westelike platorand, waar dit oorgaan in die vlaktes, sandveld en Klipkoppe van Namakwaland. Die Kalahari strek van die Gariep noordwaarts tot by die verste uiteindes van die Noord-Kaap en tot in Botswana.

Vir baie reisigers wat deur hierdie streke jaag, lyk die landskap troosteloos en oninteressant, maar die barheid weerspreek die ryke verskeidenheid diere en plante wat aangepas het om in hierdie oënskynlik onherbergsame omgewing te oorleef.

'n Groot deel van Suider-Afrika het sowat 280 miljoen jaar gelede in 'n vlak kom gelê, wat op verskillende tye gevul is met sand, modder, klippies en rotsblokke van die omliggende hooglande. Toe die temperatuur sowat 250 miljoen jaar gelede ná 'n ystydperk begin styg het, het varings, vroeë naaldbome, kolfmos en groot bome soos *Dadoxylon* in die Karoo-kom begin floreer, terwyl dinosourusse in die moerasse, vlak mere en vloedvlaktes rondgeswerf het. Die bewind van die dinosourusse het 50 miljoen jaar geduur, van 240 tot 190 miljoen jaar gelede, waarna hulle, waarskynlik as gevolg van drastiese klimaatsveranderinge, uitgesterf het.

Die Karoo is bekend vir sy fossiele, veral *Therapsid*-fossiele (soogdieragtige reptiele). Hierdie oorblyfsels uit die verre verlede is gevorm toe die liggaam van 'n dinosourus deur modder begrawe is en die kalsium in sy gebeentes deur silika van die omliggende sediment vervang is om 'n perfekte replika te vorm. Die modder het daarna verhard tot rots wat later vir miljoene jare verweer het tot die fossiele blootgelê is.

Die kenmerkende kegelvormige koppies en tafelbladberge van die Karoo het ontstaan in die middel-Jurassiese era toe magma in krake en skeure in die aardkors ingeforseer is, en ysterklip (doleriet) gevorm het nadat dit afgekoel het. Die minder weerstandbiedende afsettingsgesteente onder die beskermende dolerietlae het daarna verweer sodat die tipiese Karoo-koppies en riwwe gevorm is.

Ten spyte van die onherbergsame klimaat onderhou die Karoo ongeveer 7 000 plantspesies, onder meer grasse, vetplante, jaarplante en 'n rykdom van dwergstruike wat groot dele van die Karoo oorheers. Baie van hulle het kleurryke name, soos ankerkaroo (*Pentzia incana*), kapokbos (*Eriocephalus ericoides*), swartganna (*Salsola calluna*), perdekaroo (*Rosenia humilis*), koggelmandervoetkaroo (*Limeum aethiopicum*) en silwerkaroo (*Plinthus karooicus*). Ander bome en struike wat hier voorkom sluit die soetdoring, geelberggranaat, pendoring, kankerbos (*Sutherlandia frutescens*), besembos en karoo-kruisbessie (*Grewia robusta*) in.

Hollandse boere het hulle in die 1750's in die Karoo gevestig en spoedig die groot troppe wild uitgeroei. Gelukkig neem wildgetalle in bewaringsgebiede en op baie plase weer toe. Besoekers kan dalk wild teëkom wanneer hulle deur die Karoo-, Doornkloof- en Rolfontein-natuurreservaat en die Karoo Nasionale Park stap. Die groot verskeidenheid kleiner soogdiere wat hier voorkom word dikwels misgekyk, maar onder hulle tel die bakoor- en rooijakkals, rooikat, Kaapse groototter, ratel, muishond, vlak- en kolhaas en 'n magdom nagdiertjies.

In vergelyking met ander streke kom hier nie 'n groot verskeidenheid voëlspesies voor nie. Die vaalkorhaan, Ludwigse en gompou, vlakte- en Karoolewerik, woestyn-, vlakte- en Karoospekvreter, swartoorlewerik, groenbossanger en Namakwalangstertjie kom onder meer hier voor.

Geleenthede om die gebied te voet te verken wissel van kort dagwandelinge tot oornagvoetslaanpaaie. Stappers kan die wye oop vlaktes en panoramiese uitsigte geniet en die Karoo-bossies ruik. Vroegoggend en laatmiddag is veral wonderskoon wanneer die veranderende lig 'n kaleidoskoop van kleure skep.

Boaan die lys van besienswaardighede is die Augrabies Waterval Nasionale Park. Die Augrabies-waterval word beskou as een van die wêreld se beste voorbeelde van 'n katarakwaterval en die verwering van graniet deur water.

By Graaff-Reinet het titaniese kragte diep onder die aarde en daaropvolgende erosie saamgewerk om die skouspelagtige Vallei van Verlatenheid, met sy dolerietpilare, te skep. Die vallei lê in die Karoo-natuurreservaat, wat Graaff-Reinet feitlik omring. Die reservaat bied daguitstappies en oornagstaproetes.

Die Karoo Nasionale Park, aan die buitewyke van Beaufort-Wes, lê in die hartjie van die Groot-Karoo. Die landskap van die park, wat deur die Nuweveldberge oorheers word, wissel van vlaktes tot Karoo-koppies en dolerietkranse. Wild is hier hervestig en die plantegroei is stadig besig om te herstel.

Namakwaland is bekend vir sy vetplante en jaarlikse lenteblomskouspel, wat die veld in 'n massa kleur omskep. Hierdie kleurskouspel kan gewoonlik van vroeg in Augustus tot die middel van September gesien word, maar dit hang van goeie winterreën en tydige opvolgreëns af. Die blomtapyt word saamgestel uit jaarplante met name soos gansogies (*Cotula barbata*), sambreeltjies (*Felicia merxmuelleri*), gousblomme (*Osteospermum, Arctotis, Ursinia*), 'beetle daisies' (*Gorteria diffusa* spp. *diffusa*) en botterblom (*Gazania*).

Die kokerboom, wat veral teen die noordelike hange van koppies en granietdagsome groei, is opvallend tussen die Namakwalandse vetplante en die gebroke veld langs die Garieprivier. Sy heldergeel blomare vang veral in Julie die oog.

Die reusetroppe wild wat gesien is deur vroeë reisigers deur Namakwaland en ontdekkingsreisigers op soek na die rykdom van die fabelagtige ryk van Monomotapa, het ongelukkig lankal verdwyn. Groot soogdiere is in die Goegap-natuurreservaat hervestig, maar andersins is soogdiere in hierdie twee streke beperk tot dié wat oorleef het omdat hulle klein is.

Hierdie drie streke het 'n klimaat van uiterstes. Somertemperature is baie hoog en styg dikwels tot bo 35 °C. In die winter val minimum temperature tot onder 5 °C, en die hoë pieke van Sneeuberg noord van Graaff-Reinet en die Nuweveld-reeks by Beaufort-Wes is is dikwels met sneeu bedek.

Namakwaland en die westelike randjie van die Groot-Karoo lê in die winterreënstreek en kry tussen 50 en 300 mm per jaar. Die reënval neem toe van die noorde na die suide en van die kus na die ooste. In die Groot-Karoo wisssel die reënval van 50 mm in die noordweste tot 500 mm in die ooste. Reën kom meestal in die laatsomer en vroeë herfs voor. Die Kalahari se reënval wissel van 100 mm in die suidweste tot 450 mm in die noordooste. Dit is egter baie wisselvallig en die jaarlikse verdamping oortref dikwels die gemiddelde reënval.

BELANGRIKE INLIGTING

- In die somer is dit baie belangrik dat stappers voorsorg moet tref teen die son: wend gereeld sonbrandroom aan, dra 'n breërandhoed en langmouhemp. Dit is ook belangrik dat jy in warm weer genoeg water moet drink om te vergoed vir waterverlies. Doen vooraf navraag oor die beskikbaarheid van water langs die staproetes en neem soveel water saam as wat nodig is.
- Dit is raadsaam om in die somer vroeg te begin sodat jy die grootste afstand moontlik gedurende die koelte van die dag kan aflê. Indien nodig moet 'n gerieflike, skaduryke rusplek gedurende die warmste deel van die dag gevind word en die stappery eers weer aangedurf word nadat dit 'n bietjie koeler geword het.
- Maak seker dat jy in die winter genoeg warm klere en 'n warm slaapsak vir oornagroetes inpak.

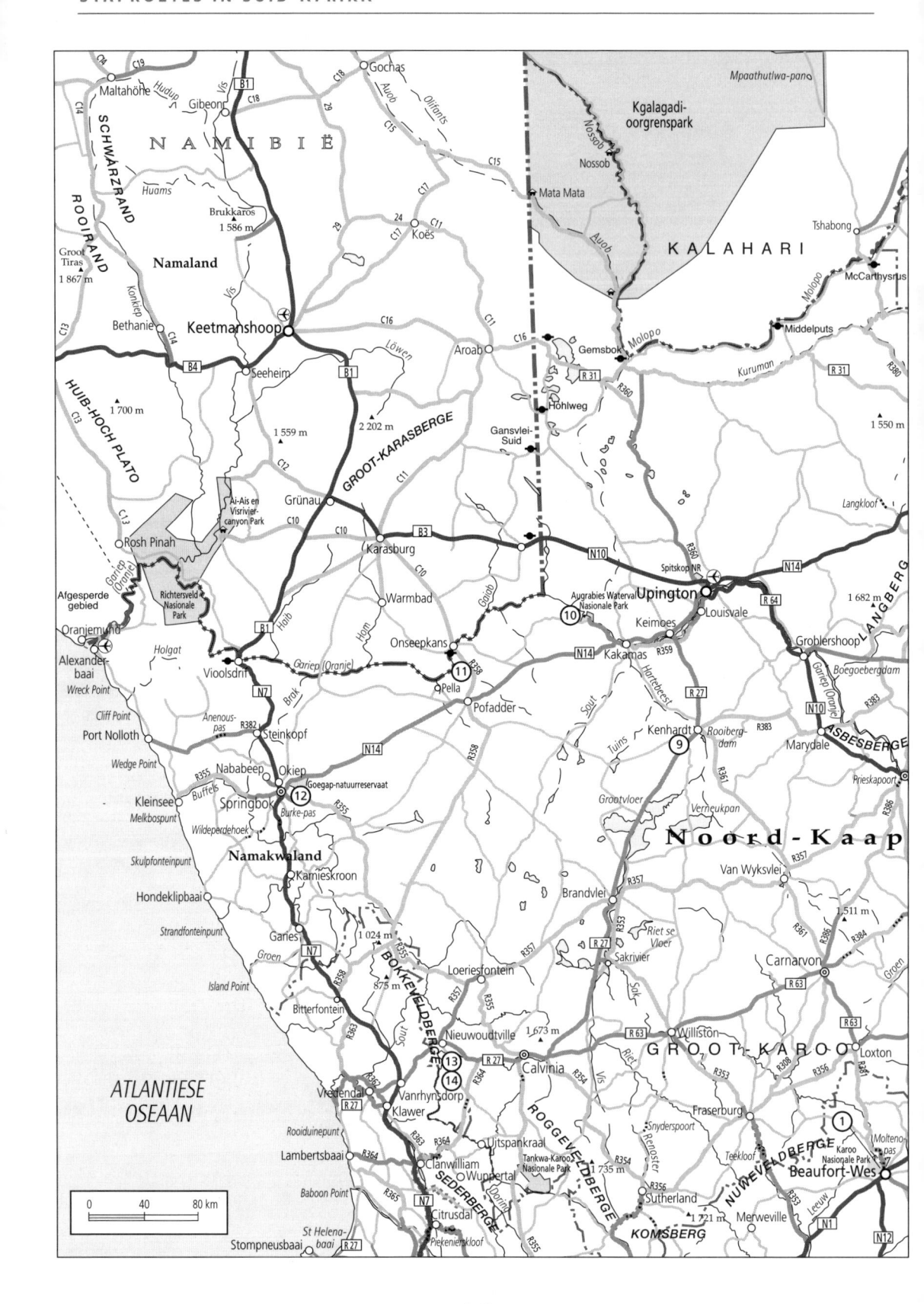

STAPROETES IN SUID-AFRIKA

GROOT-KAROO, NAMAKWALAND & KALAHARI

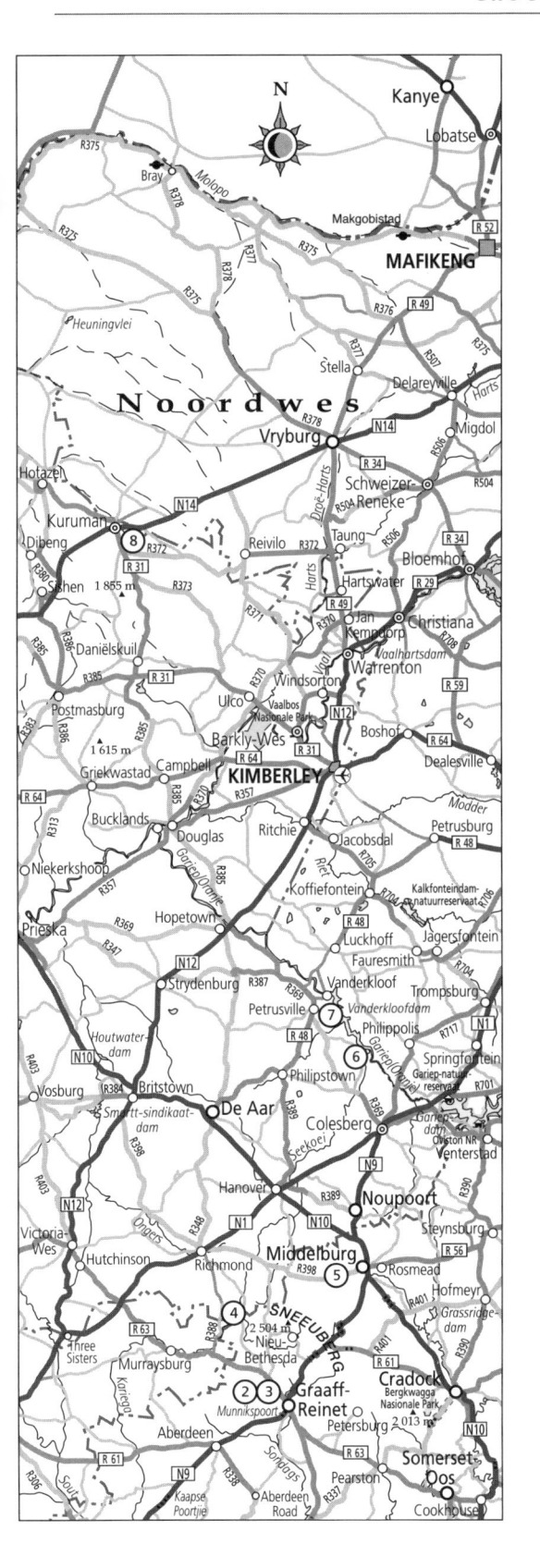

STAPROETES

1 Karoo Nasionale Park bl. 274
2 Karoo-natuurreservaat bl. 274
3 Drie Koppe-voetslaanpad bl. 275
4 Groenvlei-plaas bl. 276
5 Transkaroo-voetslaanpad bl. 276
6 Bokmakierie-voetslaanpad bl. 277
7 Rolfontein-natuurreservaat bl. 277
8 Kuruman-voetslaanpad bl. 278
9 Kokerboom-voetslaanpaaie bl. 278
10 Klipspringer-voetslaanpad bl. 279
11 Pofadder-voetslaanpad bl. 280
12 Goegap-natuurreservaat bl. 280
13 Oorlogskloof-natuurreservaat bl. 281
14 De Hoop-staproete bl. 283

1. KAROO NASIONALE PARK
Beaufort-Wes

> *Staproetes:* 3 roetes; 400 m tot 11 km; 45 min. tot 5 uur; sirkelroete.
> *Permitte:* Toegangsfooi. Permit nie nodig nie.
> *Kaarte:* Sketskaarte.
> *Geriewe/Aktiwiteite:* Ruskamp met volledig toegeruste selfsorghutte; kampeerplek met warm storte en toilette; restaurant; winkel; swembad; selfry-wildbesigtiging; 4x4-roete.

Die Karoo Nasionale Park, net buite Beaufort-Wes, is in 1979 geproklameer om 'n verteenwoordigende deel van die Karoo te bewaar. Die Nuweveldberge kyk uit oor die park wat 86 000 ha vlaktes, koppies en bergagtige terrein beslaan.

Diere wat in die park voorkom sluit springbokke, bergsebras, rooihartbeeste, gemsbokke, koedoes, rooiribbokke, vaalribbokke, klipspringers, steenbokke, gewone duikers en bobbejane in. 'n Klein trop buffels is van die Addo Olifant Nasionale Park hierheen gebring en daar word beplan om ook leeus, luiperds en wildehonde in die park te hervestig sodra die park meer as 100 000 ha (deur aangrensende grond aan te skaf) beslaan. Die park het 'n belangrike rol in die bewaring van die swartrenoster gespeel nadat drie diere in 1993 in 'n spesiale deel van die park losgelaat is. In nog 'n belangrike projek om bedreigde spesies te hervestig, is 'n klein groepie van ses rivierkonyne in Augustus 1994 in die park losgelaat. Die rivierkonyn, wat tans as erg bedreig beskou word, was tot 1979 as uitgewis beskou. In daardie jaar, 32 jaar nadat geglo is dat die laaste lewende een opgespoor is, is daar weer een naby Victoria-Wes gevind. 'n Teelprogram is hierna deur die De Wildt-teelsentrum, naby Hartbeespoortdam in Noordwes Provinsie, geïnisieer.

Hier is reeds 180 voëlspesies opgeteken, waaronder die vaalkorhaan, Ludwigse pou, vlakte- en langbeklewerik, Karoospekvreter, grystjerriktik, kelkiewyn en grondspeg. Sowat 20 roofvoëls is al gesien, insluitende die dwerg- en breëkoparend, swerfvalk, kaalwangvalk en rooiborsjakkalsvoël. Die park se witkruisarend-bevolking is die grootste in Suid-Afrika en die grootste in die wêreld naas dié in die Matopo-gebied in Zimbabwe.

Ander besienswaardighede is die Karoo-landskap met sy koppies, berge en wye vlaktes, asook die skat van fossiele in die rotse van die Beaufort-groep.

1. Fossiel-staproete bied 'n fassinerende insig in die geologiese kragte wat die Karoo gevorm het, en veral in die fossieleksemplare wat langs die pad in glaskaste uitgestal word. Sommige fossiele is gedeeltelik gerekonstrueer, terwyl ander uitgestal is in die vorm waarin hulle gevind is. Genommerde tekens wys plekke van belang, wat in die pamflet beskryf word, aan. Daar is dwarsleêrsitplekke langs die roete wat ook vir rolstoele geskik is. Hoewel hierdie uitstappie minder as 'n uur duur, is dit 'n hoogtepunt van die park, en vir die meeste besoekers die interessantste aspek. **400 m; 45 minute; sirkelroete.**

2. Bossie-staproete dien as die ideale bekendstelling aan die flora van die Karoo. Meer as 60 tipiese Karoo-plante is langs die pad met hul gewone en wetenskaplike name gemerk. 'n Kort beskrywing van elke plant word ook verskaf. **800 m; 1 uur; sirkelroete.**

3. Fonteintjiekloof-staproete loop deur 'n interessante deursnee van Karoo-veld. Die roete begin op die vlakte en wissel dan tussen die middelplato, digte rivierbosse en berghellings. 'n Deel van die roete loop deur 'n gebied waar koedoes dikwels voorkom, en indien mens suutjies beweeg, kan jy dalk net een van hierdie grasieuse bokke bespeur. **11 km; 5 uur; sirkelroete.**

2. KAROO-NATUURRESERVAAT
Graaff-Reinet

Kyk nr. 3 vir voetslaanpad

> *Staproetes:* 2 roetes; 1,5 en 14 km (met korter opsies); 1 tot 7 uur; sirkelroete en heen en terug.
> *Permitte:* Toegangsfooi. Geen permit is nodig nie.
> *Kaarte:* Kleurkaart van reservaat.
> *Geriewe/Aktiwiteite:* Piekniekplekke; selfry-wildbesigtiging; hengel.

(permit nodig) en watersport op die Van Ryneveldpas-dam; Kamdeboo-omgewingsopleidingsentrum.

3. DRIE KOPPE-VOETSLAANPAD
Karoo-natuurreservaat, Graaff-Reinet

Kyk nr. 2 vir wandelpaaie.

Die Karoo-natuurreservaat, wat 14,500 ha oop vlaktes, Karoo-koppies en berge beslaan, omring die historiese dorp Graaff-Reinet feitlik heeltemal. Dit is in 1979 gevestig om 'n verteenwoordigende voorbeeld van die Karoo se ekostelsel te bewaar.

Die fokuspunt van die reservaat is die hoë dolerietpilare van die Vallei van Verlatenheid teen 'n agtergrond van Karoo-vlaktes. Die pilare het hul oorsprong sowat 180 tot 200 miljoen jaar gelede gehad toe gesmelte magma deur krake en skeure in die sediment van die Karoo-Supergroep ingesypel het. Namate die magma afgekoel en ingekrimp het, het dit in vertikale dolerietvoeë verdig. Mettertyd het die omringende sagter Karoo-sediment verweer en is die ysterklipsuile met hoogtes van 90–120 m, ontbloot. Die vallei self is deur verwering en erosie al langs 'n swakplek in die aardkors, gevorm.

Diere wat in hierdie deel van die reservaat voorkom sluit die rooiribbok, Kaapse bergsebra, klipdassie en Smith- rooi klipkonyn in.

1. Kransakkedis-wandelpad begin by die Vallei van Verlatenheid se parkeerterrein en is 'n verlenging van 'n kort sirkelroete na twee uitkykpunte oor die vallei. Van hier kronkel die roete weswaarts langs die kransrand met asemrowende uitsigte oor die rotspilare en die vlaktes ver onder. Nadat die baken op die mees westelike punt van die berg, 1 400 m bo seevlak, bereik is, loop die pad met 'n sirkelroete weer na die beginpunt terug. Kyk uit vir die Oos-Kaapse kransakkedis waaraan die roete sy naam te danke het. **1,5 km; 1 uur; sirkelroete.**

2. Eerstefontein-dagstaproete begin by Spandaukophek en bied drie opsies van 5, 11 en 14 km elk. Die roete loop deur die suidwestelike deel van die reservaat, wat deur die 1 316 m hoë Spandaukop, 'n uitstekende voorbeeld van 'n Karoo-koppie, oorheers word. Eerstefontein en Agterstefontein is twee aanloklike piekniekplekke langs die pad wat goeie geleenthede bied om springbokke, swartwildebeeste, koedoes, gewone duikers en steenbokke te sien. **5 km; 2 uur; heen en terug, of 11 km; 5 uur; sirkelroete, of 14 km; 7 uur; sirkelroete.**

> *Staproetes:* 26 km (met opsionele ekstra 5 km); 2 dae; sirkelroete.
> *Permitte:* Verantwoordelike Beampte, Karoo-natuurreservaat, Posbus 349, Graaff-Reinet 6280, tel: (049) 892 3453, faks: 892 3862.
> *Kaarte:* Kleurkaart van reservaat. Sketskaart van staproete.
> *Geriewe/Aktiwiteite:* Oornaghut met slaapbanke, matrasse, vuurherd, vuurmaakhout, water en toilette; piekniekplekke; selfry-wildbesigtiging; hengel (permit nodig) en watersport op die Van Ryneveldpas-dam; Kamdeboo-omgewingsopleidingsentrum.
> *Belangrike inligting:* Waaihoek-hut kan vir twee agtereenvolgende nagte bespreek word.

Hierdie roete is in die oostelike gedeelte van die reservaat geleë en is na die Drie Koppe, drie prominente koppe wat die landskap oorheers, vernoem.

Die dwergstruikgewas van die vlaktes bevat spesies soos die wildegranaat (*Rhigozum obovatum*), kapokbos (*Eriocephalus ericoides*), perdekaroo (*Rosenia humilis*) en ankerkaroo (*Pentzia incana*). Op hoogtes van meer as 1 300 m word die dwergstruikgewas vervang deur struikgewas met spesies soos die olienhout, witolienhout, Namakwakoeniebos en grasse.

Wildsoorte sluit die Kaapse bergsebra, rooihartbees, rooiribbok, koedoe, klipspringer, steenbok en gewone duiker in. Buffels, blesbokke, gemsbokke en swartwildebeeste is in die wildbesigtigingsgebied, in die noorde van die reservaat, hervestig.

Tot op datum is meer as 225 voëlspesies in die reservaat opgeteken. Kyk uit vir die volstruis, gom-, Ludwigse en veldpou, sekretarisvoël, witkruisarend en bloukraanvoël. Die vaal- en bloukorhaan, grondspeg, vlakte- en Karoospekvreter, Kaapse kliplyster en bleekvlerkspreeu kom ook hier voor.

Van die beginpunt loop die eerste dag se skof (10 km; 5 uur) deur die vlaktes onder Hangklip en sluit dan by 'n viertrekpad aan wat tot by die Waaihoek-hut gevolg word. Die pad styg met sowat

500 m na die oornaghut, van waar daar 'n 5 km-sirkelroete via die 1 482 m hoë Waaihoek-piek, gestap kan word. Die tweede dag se skof (16 km; 8 uur) kronkel tussen en onder die Drie Koppe voordat dit by die uitwaartse roete van die eerste dag se skof, ongeveer 6 km van die beginpunt, aansluit. Van hier stap jy terug met die vorige dag se roete.

4. GROENVLEI-PLAAS
Graaff-Reinet

Staproetes: 11 roetes; 3 tot 20 km; 1 tot 8 uur; sirkelroetes.
Permitte: Groenvlei-plaas, Posbus 148, Graaff-Reinet 6280, tel. (049) 845 0305, faks: 845 0302, e-pos: groenvlei@groenvlei.co.za
Kaarte: Sketskaarte.
Geriewe/Aktiwiteite: Ten volle toegeruste selfsorggastehuis; huis met vier slaapkamers; kothuise met een en twee slaapkamers; fietsry; perdry; tennis.

Groenvlei is noord van Graaff-Reinet in die Sneeuberge geleë en is 'n merinostoetplaas met 'n gastehuis. Behalwe vir die natuurskoon van die gebied, het Groenvlei ook ander besienswaardighede soos fossiele van 200 miljoen jaar gelede, Steentydperk-terreine wat 150 000 jaar gelede bewoon is en rotsskilderinge.

Daar is tot op hede 205 voëlspesies geïdentifiseer, waaronder die volstruis, witkruis- en dwergarend, swerfvalk, bloukraanvoël, veld- en Ludwigse pou, kelkiewyn, Kaapse kliplyster en slangverklikker. Daar is agt lewerik- en drie koesterspesies aangeteken en die fonteine en damme op die plaas lok 'n verskeidenheid watervoëls.

Die 11 staproetes wissel van die uur lange **Bossieroete**, waarlangs 50 tipiese Karoo-plantspesies gemerk is, tot die 20 km lange **Grootklip-roete**. Daar is redelik maklike roetes oor gelyk vlaktes en teen maklike klowe uit, terwyl ander meer veeleisend is, soos die klim teen Aasvoëlberg (2 000 m hoog) uit, maar almal volg plaaspaadjies. Die roetes is volgens moeilikheidsgraad gegradeer en stappers kan roetes kies wat by hul fiksheidsvlak pas.

5. TRANSKAROO-VOETSLAANPAD
Noupoort

Staproetes: 3 roetes; 10 tot 40 km; 5 uur tot 3 dae; sirkelroete.
Permitte: Transkaroo Hiking Trail, Posbus 66, Middelburg 5900, tel. en faks: (049) 843 1506.
Kaarte: Sketskaarte.
Geriewe/Aktiwiteite: Ten volle toegeruste basiskamp. Twee oornaghutte met kampbeddens en matrasse, kombuis, braaigeriewe, vuurmaakhout, storte en toilette.

Hierdie roete volg 'n sirkelroete oor 'n plaas van 10 500 ha in die Bo-Karoo en bied aan stappers 'n geleentheid om die pragtige natuurskoon en ryke verskeidenheid Karoo-plante te ontdek. Die indrukwekkende rotsformasies en rotsskilderinge is maar 'n paar van die besienswaardighede.

Langs die pad kom bome soos die wildeperske en blinkblaar, asook 'n verskeidenheid vetplante en Karoo-struikgewas voor. Tipiese spesies soos die ghombos (*Felicia filifolia*), bloublommetjie (*Felicia muricata*) kriedoring (*Lycium cinereum*), jakkalsbos (*Diospyros austro-africana* var. *austro-africana*), waterharpuis (*Euryops annae*) en basterkaree (*Rhus dregeana*) kom voor.

Stappers kan dalk wildsbokke soos springbokke, rooiribbokke, vaalribbokke en steenbokkies hier sien. Die roofdiere sluit spesies soos die silwer- en bakoorjakkals, rooikat, vaalboskat en rooijakkals in. Bobbejane, blouape, maanhaarjakkalse en waaierstert- en stokstertmeerkatte kom ook voor.

Voëls om voor uit te kyk is die witkruis- en breëkoparend, bloukorhaan, grondspeg, bonthoutkapper, en Hoëveldklappertjie, asook die swartpiek, bergwagter, slangverklikker, geelpenslangstertjie en bokmakierie.

1. Dag-wandeling bied 'n aangename uitstappie vir besoekers wat nie 'n oornagroete wil aanpak nie. Van Wilgerfontein styg die uitwaartse roete met 'n viertrekpad en loop dan in 'n noordwestelike rigting om by die Rooivoetpad aan te sluit. Hierdie voetpad word op die laaste dag van die driedagroete gevolg. **10 km, 5 uur, sirkelroete.**

2. Tweedag-roete Dag een se skof (12 km; 6 uur) volg 'n viertrekpaadjie en styg dan geleidelik teen Visserskloof, verby dolerietpilare, uit tot by 'n aanloklike rotspoel. Wanneer die roete die kloof verlaat, loop dit dwars oor Klipwoestyn tot by 'n uitkykpunt met 'n uitsig op Kompasberg, 30 km suid. Van hier word 'n rant tot by Uitsig-kamp gevolg. Op dag twee (9 km; 4 uur) sluit hierdie roete vir 'n kort rukkie by die driedag-roete aan, waarna dit noordoos loop om by Rooivoetpad, wat teruggaan na die kamp, aan te sluit. **21 km; 2 dae; sirkelroete.**

3. Driedag-roete volg dieselfde roete as die tweedaguitstappie na Uitsig-kamp. Op die tweede dag (19 km; 9 uur) loop die roete verby ossewagroewe wat in die sandsteen uitgekerwe is en loop dan teen Beacon Hill uit, waar daar uitsigte van 360 grade is. Die roete daal daarna geleidelik na 'n windpomp, loop verby plaasruïnes en groot peperbome by Veeplaas en verder tot by Kanferkloof. Die skaduryke populierbos is 'n goeie rusplek, en daar is 'n swemgat langs die laaste deel van die dag se skof na Wilgerfontein. Dag drie se skof (9 km; 4 uur) loop verby rotsskilderinge wat na raming minstens 500 jaar oud is, en volg dan Rooivoetpad deur die Korsmosparadys, met sy ryke verskeidenheid korsmos. Na 'n afdraand in 'n pragtige kloof klim die roete na 'n rant wat uitkyk oor Wilgerfontein, waar die roete eindig. **40 km; 3 dae; sirkelroete.**

6. BOKMAKIERIE-VOETSLAANPAD
Doornkloof-natuurreservaat, Colesberg

Staproete: 37 km; 3 dae; sirkelroete.
Permitte: Verantwoordelike Beampte, Doornkloof-natuurreservaat, Posbus 94, Colesberg 9795, tel. en faks: (051) 753 1315.
Kaarte: Roete aangedui op 'n gefotostateerde topografiese kaart van 1:50,000.
Geriewe/Aktiwiteite: Oornaghut met matrasse, koolstoof, vuurmaakplek, warm stort en toilet.
Belangrike inligting: Hierdie roete word nog ontwikkel en toe die boek geskryf is, is slegs rigtingveranderings gemerk.

Die Doornkloof-natuurreservaat beslaan 10 000 ha en het as fokuspunt die Seekoeirivier, wat vir 10 km deur die reservaat vloei tot by sy sameloop met die Garieprivier (Oranjerivier) en die Vanderkloofdam.

Die landskap word oorheers deur dolerietrantjies afgewissel met beboste klowe en grasvlaktes, steil kranse en die oewer van die Vanderkloofdam. Die reservaat lê in die oorgangsone tussen Karoo- en grasveldplantegroei en bevat elemente van albei.

Diere wat te sien is sluit in buffels, gemsbokke, koedoes, elande, rooihartbeeste, rooiribbokke, steenbokke en gewone duikers, asook die strandjut, rooijakkals, rooikat, vlakvark, bobbejaan en blouaap.

Ten spyte van die droë omgewing is voëls volop, en watervoëls, roofvoëls soos die witkruis- en visarend, en Karoo-landvoëls word deur die Vanderkloofdam gelok. Die Karoolewerik, dikbeklewerik en hoëveldklappertjie, woestyn- en Karoospekvreter, vaalkorhaan, Ludwigse pou en geelpenslangstertjie kom ook hier voor.

Hierdie staproete word nog ontwikkel en sal in die smaak val van diegene met 'n sin vir avontuur wat die wildernis en afsondering wil beleef. Dit is gelukkig moeilik om te verdwaal aangesien al die klowe in die Vanderkloofdam inloop en die dam meestal langs die roete sigbaar is. Hierdie roete bied stappers die geleentheid om wild te voet te besigtig, maar onthou dat jy potensieel gevaarlike diere, soos buffels, kan teëkom.

Die roete kronkel langs dig beboste klowe en om en op teen koppies van waar daar pragtige uitsigte op die Vanderkloofdam is. Aan die einde van die eerste dag se skof slaap stappers in 'n hut met matrasse, 'n warm stort en toilette. Die tweede oornagrusplek is by die ruïne van 'n ou klipkraal en daar is hoegenaamd geen geriewe nie. Waterbottels moet volgemaak word voordat die rusplek bereik word, aangesien die volgende waterpunt eers 2 km ver op die derde dag se roete lê.

7. ROLFONTEIN-NATUURRESERVAAT
Petrusville

Staproete: 4 km; 2 uur; sirkelroete.
Begeleide oggenduitstapppies vir georganiseerde groepe (dit moet vooraf gereël word).

> *Dit staan stappers vry om hul eie weg in die reservaat te baan.*
> **Permitte:** *Self-uitgereikte toegangspermit by reservaathek. Geen permit vir roete nodig nie. Reël begeleide toer met: Assistentbestuurder, Rolfontein-natuurreservaat, Posbus 23, Vanderkloof 8771, tel: (053) 664 0170, faks: 664-01876.*
> **Kaarte:** *Sketskaart van reservaat.*
> **Geriewe/Aktiwiteite:** *Twee stappershutte met basiese geriewe; tentkamp vir opvoedkundige groepe; piekniekplekke; nagritte vir groepe; varswaterhengel; watersport.*

Die Rolfontein-natuurreservaat beslaan 6 250 ha en lê aan die walle van die Vanderkloofdam in die Garieprivier. Die landskap word gekenmerk deur grasvlaktes afgewissel met talle dolerietkoppies.

Die plantegroei wissel tussen Vals-Bo-Karooveld en Oranjerivier- gebroke veld. Tot op hede is daar reeds meer as 40 verskillende grasspesies geïdentifiseer en daar kom ook 'n groot verskeidenheid tipiese Karoo-bossies hier voor. Boomspesies wat in die beboste klowe voorkom sluit onder meer olienhout, soetdoring en karee in, terwyl kiepersol, swarthaak en wildekanfer teen die klipperige koppies en rante groei.

Wild wat hier te sien is, sluit die witrenoster, bontsebra en vlakvark in. Bokke soos die eland, gemsbok, swartwildebees, rooihartbees, rooiribbok, springbok en rooibok kom ook hier voor.

'n Groot verskeidenheid watervoëls word deur die Vanderkloofdam gelok en stappers kan die breëkoparend, geelbekeend, kolgans, wildemakou en kopereend hier aantref. Die aangrensende klipkoppies en vlaktes huisves tipiese Karoo-voëlspesies.

Bonthoutkapper-staproete volg 'n maklike roete na verskeie gemerkte plekke van belang wat in die roetepamflet beskryf word. Van die bome langs die pad is ook gemerk. **4 km; 2 uur; sirkelroete.**

Benewens die Bonthoutkapper-staproete, kan groepe ook begeleide toere met 'n opvoedkundige inslag vir die vroegoggend bespreek. Avontuurlustige stappers kan hul eie weg baan en in twee hutte, die een in Olienhoutskloof, en die ander een in die westelike deel van die reservaat, oornag.

8. KURUMAN-VOETSLAANPAD
Kuruman

> **Staproete:** *11 km; 5 uur; eenrigting.*
> **Permitte:** *Geen permitte vir roete nodig nie.*
> **Kaarte:** *Sketskaart in die toerismebrosjure van Kuruman – beskikbaar van die Kurumanmunisipaliteit, Posbus 4, Kuruman 8460, tel: (053) 712 1095.*
> **Geriewe/Aktiwiteite:** *Tweede Oogvakansieoord; munisipale woonwapark; hotelle en gastehuise in Kuruman; kafee en toilette by die Oogfontein.*
> **Belangrike inligting:** *Ten tye van hierdie skrywe was die merkers op die roete baie swak. Dit is 'n eenrigtingroete; reël dus vir 'n voertuig aan die einde van die roete of dat stappers opgelaai word.*

Die roete begin in Kuruman se hoofstraat by Die Oog, een van verskeie fonteine wat Kuruman tot 'n lushof in die middel van die Kalahari omtower het. Die Tswanas noem dit Gasegonyane, wat 'die oog' beteken, en daar word beweer dat dit die grootste fontein in die suidelike halfrond is, met 'n vloei van tussen 20 en 30 miljoen liter water per dag. Die roete loop na twee forte, Denison en Brown, wat gedurende die Anglo-Boereoorlog (1899–1902) deur die Britte gebou is, en dan verder na 'n dolomietsinkgat en Dikgoiingfontein, 'n watergat wat tot 1956 deur die Tswanas gebruik is. Daarna stap jy by die Dikgoiing-nedersetting, wat tussen 1880 en 1956 bewoon is, se besproeiingsgebied verby, voordat die Dikgoiing-grotte en Wondergat bereik word. Wondergat is 'n dolomietgrot met sewe stroompies. Die roete eindig by Tweede Oog-vakansieoord.

9. KOKERBOOM-VOETSLAANPAAIE
Kenhardt

> **Staproetes:** *2 roetes; 4 en 15 km; 2 en 7 uur; eenrigting en sirkelroete.*
> **Permitte:** *Bushmanland Crafts and Tours, tel: (054) 651 0022 of 651 0059 (na ure),*

> *e-pos:* info@bushmanland.co.za
> *Kaarte:* Sketskaart.
> *Geriewe/Aktiwiteite:* 4x4-roete.

> *Belangrike inligting:* Weens die hoë somertemperature is die Klipspringer-roete slegs tussen April en September oop.

'n Buitengewone konsentrasie van kokerbome, wat ongeveer 7 km van Kenhardt op die plaas Driekop groei, is in 1993 as die Kokerboomwoud-reservaat geproklameer. Hier groei tussen 4 000 en 5 000 kokerbome op 'n koppie tussen swart ysterklippe. Die reservaat is veral aanskoulik tussen Mei en Julie wanneer plate geel blomme die landskap ophelder.

Voëls om af te merk sluit die Namakwasuikerbekkie (tydens blomseisoen), vaalkorhaan, versamelvoël, bergwagter, langbek- en Namakwalewerik in. Dassies woon in die rotsagtige terrein.

Vir diegene wat die gebied te voet wil verken, is daar twee roetes wat afwisselend deur donker ysterklippe (doleriet) en kwartsklippies loop. Oorblyfsels van die Anglo-Boereoorlog (1899-1902) en dinosourusvoetspore is nog besienswaardighede. 'n Flinke stap teen die hoogste koppie, Driekop, uit, word beloon met pragtige uitsigte oor die dramatiese landskap. **4 km; 2 uur; eenrigting, of 15 km; 7 uur; sirkelroete.**

10. KLIPSPRINGER-VOETSLAANPAD
Augrabies Waterval Nasionale Park, Kakamas

> *Staproetes:* 33,5 km; 3 dae; sirkelroete.
> *Permitte:* Suid-Afrikaanse Nasionale Parke, Posbus 787, Pretoria 0001, tel: (012) 428 9111, faks: 343 0905,
> *e-pos:* reservations@parks-sa.co.za
> *Kaarte:* Sketskaart.
> *Geriewe/Aktiwiteite:* Twee oornaghutte met slaapbanke, matrasse, chemiese toilette. Ruskamp met volledig toegeruste selfsorghutte en huthuise; kampeerplekke met gemeenskaplike kombuis en wasgeriewe; piekniekplekke; restaurant; selfry-wildbesigtiging. Swartrenoster-avontuur (begeleide ritte en stap in noordelike deel van die park). Gariep-3-in-1-avontuur (kombinasie van stap, kanovaar en bergfietsry).

Hierdie driedaagse staproete lê tussen die Augrabieswaterval, die Garieprivier-ravyn en die verweerde gneiskliprantjies op die vlaktes suid van die rivier.

Die fokuspunt van die park, wat weerskante van die Garieprivier lê, is die Hoofwaterval, waar die rivier 56 m ver in 'n poel afstort. Daar is verskeie sekondêre watervalle, onder meer die Bridal Veilwaterval. Die geraas van die watervalle het daartoe gelei dat die vroeë Khoi-Khoi inwoners die gebied Aukoerebis, 'plek van groot geraas', genoem het.

Stroomaf van die Hoofwaterval, vloei die Gariep deur 'n nou 18 km lange ravyn met 'n gemiddelde diepte van 240 m. Die rivier se gemiddelde volume is 45 kubieke meter per sekonde, maar gedurende die vloede van 1974 het dit tot 'n ongelooflike 7 000 kubieke meter per sekonde gestyg.

Die plantegroei word gekenmerk deur Oranjerivier- gebroke veld, wat bestaan uit gewone spesies soos bloubeesklou, wolftoon, stinkbos, kriedoring en doppruim. Van die ander spesies wat hier groei, is die soetdoring, blinkblaar-wag-'n-bietjie, witkaree, ebbeboom en abiekwasgeelhout. Kokerbome groei welig in die omgewing van die Swartrante, waaroor daar op die derde dag se skof gestap word.

Diere wat jy langs die pad kan sien sluit die klipspringer, springbok, gewone duiker, steenbok, klipdassie en bobbejaan in. Maanhaarjakkalse en luiperds kom ook hier voor, maar omdat hulle skugter en naglewend is, word hulle selde gesien. Die swartrenoster is in 1985 in 'n deel van die park noord van die Garieprivier hervestig.

Hier is reeds sowat 195 voëlspesies opgeteken. Dit sluit die witkruis- en visarend, rooiwangparkiet, Ludwigse pou, bonthoutkapper, Namakwasuikerbekkie en swartbandlangstertjie in. Die gebroke veld is die habitat van spesies soos die sabota-, langbek- en vlaktelewerik, asook die swartrugtinktinkie. Spekvreters, soos die woestyn- en Karoospekvreter, asook die swartpiek, kom ook hier voor.

Die eerste dag se skof (11 km; 5 uur) loop in die begin redelik naby aan die rant van die Garieprivier-ravyn op pad na Arrow Point, waar daar wonderlike uitsigte oor die ravyn en die Tweeling-watervalle is. Dit kronkel dan deur pienk gneis-formasies, met die koepelvormige Moon Rock wat die landskap na die suide oorheers. Nadat daar deur vier redelik diep riviervalleie gestap is, word Ararat-uitkykpunt bereik, en weer eens is daar treffende uitsigte oor die Garieprivier-ravyn. Na sowat 30 minute word Afdak, 'n piekniekplek op die rand van die ravyn, bereik, en van hier is dit 'n kort stappie na die Visarendhut op die noordelike rand van die Swartrante.

Die tweede dag se skof (10,5 km; 5 uur) loop af na die Garieprivier, wat vir sowat 5 km (2,5 tot 3 uur) stroomaf gevolg word, verby Echo Corner, tot by Witkruiskrans. Die aanvanklike rotsagtige terrein langs die rivier verander later na lang ente sand, wat dit effens moeiliker maak. By Witkruiskrans draai die roete weg van die rivier en kronkel in Diepkloof, 'n droë rivierloop met gladde rotsbanke, af. Daarna swaai dit oos en volg vir sowat 30 minute 'n afvoersloot voordat dit verder suid langs nog 'n afvoersloot jou by die hut tussen 'n klomp rotse uitbring.

Op dag drie (12 km; 5 uur) klim die roete teen die helling van die Swartrante op en, nadat dit teen die oostelike helling afgekronkel het, loop dit oor grasvlaktes wat met kokerbome deurspek is. Verderaan sluit die roete aan by die toeristehoofpad wat na Moon Rock lei. Hierdie groot koepelvormige dagsoom is 'n uitstekende voorbeeld van die proses van verwering waartydens lae rots afskilfer, en van sy kruin is daar 'n uitsig van 360 grade oor die omliggende park. Die laaste 3 km van die roete loop hoofsaaklik deur sanderige veld.

11. POFADDER-VOETSLAANPAD
Onseepkans/Pella

> *Staproete:* 76 km; 4 dae; sirkelroete.
> *Permitte:* Khâu-ma-munisipaliteit, Posbus 108, Pofadder 8890, tel: (054) 933 0066, faks: 933 0252.
> *Kaarte:* Roete word op 'n gefotostateerde topografiese kaart aangedui.
> *Geriewe/Aktiwiteite:* Slegs basiese kampplekke by oornagrusplekke.
> *Belangrike inligting:* Volledige inligting te kry by mnr. Koos Louw, Rus 'n Bietjie-woonwapark en -chalets, Posbus 99, Pofadder 8890, tel: (054) 933 0056,

> faks: 933 0366. As gevolg van die hoë somertemperature in die gebied, is die staproete slegs van 1 Mei tot 30 September oop.

Hierdie staproete, noord van Pofadder, bied aan stappers die geleentheid om die relatief onontdekte Boesmanland-dorsland en die historiese sendingnedersetting Pella te verken. Die roete strek tussen Onseepkans en Pella en kan in altwee rigtings gestap word. Daar is ook korter tweedag-opsies.

Die eerste dag se skof (17 km; 8 uur) van Onseepkans begin met 'n redelike opdraand na Groot-Rooiberg voor die roete afloop na die oornagplek op die walle van die Garieprivier.

Dit is verstandig om op die tweede dag (26 km; 12 uur) vroeg te begin, aangesien dit 'n voldagstap is. Van die oornagplek volg die roete die loop van die Gariep verby die mond van die efemere Cobeerivier tot naby Pelladrif. Hier swaai die roete weg van die Gariep (maak waterbottels hier vol aangesien daar geen water by die oornagplekke is nie) om langs die westelike voorheuwels van die berge in 'n suidoostelike rigting te loop, en dan oos na die oornagplek by 'n waterval wat gewoonlik droog is.

Dag drie (17 km; 8 uur) loop oor die berge na Swartpad-se-Put waar jy koel putwater kan drink. Die roete loop dan oor Lepellaagte en verderaan volg dit die Vieruurrivier tot by die mond van die Cobeerivier en dieselfde oornagplek as nag een.

Die vierde dag se skof (16 km; 8 uur) is die kortste been van die roete en kronkel stroomop langs die Garieprivier, verby Onseepkans. Verderaan kom mens by die 30 m hoë Ritchie-waterval. Hierdie waterval staan ook as die Verkeerdom-Valle bekend aangesien die weswaartsvloeiende rivier skielik suidoos draai voordat dit oor die valle stort. Die res van die dag se skof loop langs die walle van die Garieprivier terug na die begin van die roete.

12. GOEGAP-NATUURRESERVAAT
Springbok

> *Staproetes:* 3 roetes; 4 tot 7 km; 2 tot 3 uur; sirkelroete.
> *Permitte:* Toegangsgeld. Permit nie nodig nie.

> *Kaarte:* Reservaatkaart.
> *Geriewe/Aktiwiteite:* Piekniekplekke; inligtingsentrum; bergfietsry; perdry (bring eie perd); selfry-roete van 17 km; begeleide toere gedurende blomseisoen.

Die Goegap-natuurreservaat word deur die 1 342 m hoë Carolusberg oorheers en beslaan 15 000 ha sanderige vlaktes en granietkoppies, waarna plaaslik as die Namakwaland-klipkoppe verwys word. Die Hester Malan-veldblomtuin (gevestig in 1960) is die middelpunt van die reservaat, wat in 1990 vergroot is toe die aangrensende plaas, Goegap, bygekry is. Die Khoi-Khoi-naam Goegap beteken 'watergat'.

Daar is reeds sowat 581 plantspesies in die reservaat opgeteken. Die hoofaantrekkingskrag van die reservaat is die indrukwekkende seisoenale lenteblomskouspel. Daar is 'n oorvloed madeliefies (*Gorteria*), gousblomme (*Arctotis*, *Osteospermum*, *Ursinia*), botterblomme, en 'n verskeidenheid vygies wat gewoonlik van vroeg Augustus tot middel September 'n gloed van kleur verskaf.

Onder meer kom die Damaralandse bergsebra, springbok, gemsbok, klipspringer, steenbok en bobbejaan hier voor, asook voëls soos die witkruisarend, vaalkorhaan, grondspeg en bonthoutkapper.

Ian Myers-natuurstaproetes Hierdie netwerk van roetes in die suidwestelike hoek van die reservaat is vernoem na die natuurkenner Ian Myers wat groepe besoekers vir 30 jaar in Namakwaland begelei het. Die netwerk bestaan uit twee sirkelroetes, met 'n korter opsie, en bied stappers die geleentheid om die fassinerende Namakwaland-klipkoppe te voet te verken. Benewens die plante en voëls is daar 'n menigte kleiner diertjies soos akkedisse en skilpaaie te sien. 4–7 km; 2–3 uur; sirkelroete.

13. OORLOGSKLOOF-NATUURRESERVAAT
Nieuwoudtville

> *Staproetes:* 4 roetes; 15,5 km tot 52,3 km; 8 uur tot 7 dae; sirkelroete.
> *Permitte:* Verantwoordelike Beampte, Oorlogskloof-natuurreservaat, Posbus 142, Nieuwoudtville 8180, tel en faks: (027) 218 1010 – skakel tussen 07:45 en 08:30, weeksdae.
> *Kaarte:* Volkleur-staproetekaart.
> *Geriewe/Aktiwiteite:* Verblyf regdeur die reservaat wissel van grotte, klipkrale en oop plekke onder bome, tot basiese kampe met tente en matrasse. Basiese kampe is op albei oornagroetes beskikbaar. Groot Tuin: grasdakhut met braaigeriewe en 'n toilet vir stappers; piekniekplekke; parkering.
> *Belangrike inligting:* Hoewel afstande kort voorkom, is die ruwe terrein baie veeleisend.

Die Oorlogskloof-natuurreservaat beslaan 4 776 ha ongerepte wildernis in die Bokkeveldberge, suid van Nieuwoudtville. 'n Fokuspunt van hierdie gebied is die Oorlogskloofrivier wat vloei deur 'n skouspelagtige ravyn wat 500 m breed en tot 200 m diep is, en deel van die reservaat se oostelike grens vorm. Die naam Oorlogskloof herinner aan die gewelddadige gevegte wat in die 1700's tussen Hollandse koloniste en die Khoi-Khoi en Boesmans gewoed het. Die gebied bevat rotsskilderinge en ruïnes van strukture wat óf deur die Boesmans en Khoi-Khoi, óf deur boere, wat tydens die depressiejare (1929–1934) hier gewoon het, gebou is.

Aangesien die reservaat in die oorgangsone van fynbos, bergrenosterveld en Karoo-flora lê, kom hier 'n interessante verskeidenheid plante voor. Van die proteas wat hier te sien is, is die kaiing-, lourier- en opregte suikerbos en die waboom, asook ander verteenwoordigers van die protea-familie. Die reservaat huisves 'n ryke verskeidenheid geofiete, terwyl die wydverspreide kransalwyn (*Aloe mitriformis*) en die botterboom (*Tylecodon paniculatus*) van die noemenswaardige vetplante is wat hier groei. Die rooierige boslelie, wat eers onlangs ontdek is en toepaslik *Clivia mirabilis* (*mirabilis* is Latyn vir 'wonderlik' of 'buitengewoon') genoem is, is van spesiale belang.

Die wildsbokke wat hier voorkom, sluit die gewone duiker, klipspringer, steenbok, grysbok en vaalribbok in. Luiperds kom in die gebied voor, en ander kleiner roofdiere word deur die rooikat, maanhaarjakkals, vaalboskat en swartpootkat verteenwoordig. Die bakoor- en silwerjakkals,

Kaapse groototter, bobbejaan en klipdassie kom ook in die reservaat voor.

Onder die bykans 100 voëlspesies wat reeds in die reservaat opgeteken is, is die witkruis- en dwergarend, gewone janfrederik, suidelike waterfiskaal, bokmakierie, Kaapse suikervoël, jangroentjie, oranjeborssuikerbekkie en kleinrooibandsuikerbekkie. Die kransduif en geelbekbosduif word ook hier aangetref en twee van die oornagroetes is na hulle vernoem. 'n Verskeidenheid watervoëls word ook deur die Oorlogskloofrivier gelok.

Verder is daar die dramatiese ravyn van die Oorlogskloofrivier, die vallei van die Rietvleirivier, fassinerende sandsteenformasies, rotsboë, tonnels en pragtige uitsigte om te geniet.

1. Luiperdval-dagstaproete kronkel van Groot Tuin af na Saaikloof en nadat dit deur 'n tonnel en in 'n skoorsteen, met 'n leer om stappers te help, opgewurm het, kom dit op die plato uit. 'n Entjie verder is 'n ou klip-luiperdval en dan loop die roete oor maklike terrein bo die vallei wat deur die Rietvleirivier gevorm is. Verderaan styg die roete steil na 'n uitkykpunt op die kransrand wat panoramiese uitsigte oor die Knersvlakte bied. Van hier daal die roete na Saaikloof en klim dan terug na die plato, verby 'n grot wat deels deur 'n klipmuur afgesper is. Na 15 minute langs die plato se rand sluit die roete aan by die uitwaartse roete waarmee jy begin het, en loop vir 1,3 km met dieselfde pad terug na Groot Tuin. **15,5 km; 8 uur; sirkelroete.**

2. Rietvlei-dagstaproete volg die Oorlogskloofrivier van Groot Tuin na Brakwater en sluit daar by 'n viertrekpad na die Kareebos-afdraai aan, waar jy regs draai. Die roete volg dan die vallei waardeur die Rietvleirivier vloei om die Kleinheideveld-voetpad te neem en skerp in 'n kloof te klim na die rand van die plato en die Knersvlakte-uitkykpunt. Van hier volg die roete dieselfde pad as die Luiperd-roete terug na Groot Tuin. **17,9 km; 9 uur; sirkelroete.**

3. Kransduif-staproete Hoewel die kort afstande van die eerste twee dae miskien lyk asof hulle in een dag gestap kan word, is die terrein te moeilik.

Die eerste dag se skof (4 km; 2 uur) sak in Saaikloof af en nadat dit uit die kloof geklim het, kronkel die roete langs die rand van die kloof voordat dit na Brakwater-kamp afsak.

Op dag twee (8,5 km; 6 uur) word 'n viertrekpad oor die Oorlogskloofrivier gevolg en die roete klim dan na die voet van die kranse. Verderaan is daar 'n leer en 'n tou om stappers te help om by die plato uit te kom. Hier word net 'n entjie gestap voordat die roete steil na die Oorlogskloofrivier afsak. Die rivier word vir 'n paar kilometer gevolg voor dit weer na die voet van die kranse klim. Nadat dit deur 'n lang tonnel agter die Driefontein-waterval geloop het, sluit dit by die uitwaartse been van dag drie aan. 'n Laaste steil deel lei na Driefontein op die plato bokant die Oorlogskloofrivier.

Die derde dag se skof (12 km; 7 uur) loop steil af na die Oorlogskloofrivier, wat maklik oorgesteek word as dit nie in vloed is nie, en na Kameel se Gatkamp. Van hier klim die roete uit die ravyn na die voet van die kranse, waar stappers met behulp van twee toue in 'n rotsskoorsteen opklim na die plato. Hier draai die Geelbekbosduif-staproete regs af. Verderaan loop die roete deur indrukwekkende kolle proteas en loop dan langs die kant van Saaikloof voor dit noord swaai om by die afdraai na Suikerbosfontein-kamp te kom. Ongeveer 1 km verder loop die roete geleidelik afdraand in die vallei af na Doltuin-kamp.

Op dag vier (17 km; 8 uur) kronkel die roete na die top van Doltuin-vallei en ongeveer 3,5 km na die begin, loop die roete deur die eerste van tien rotsboë op die dag se skof. Die roete volg die rand van die plato, verby interessante rotsformasies, en ongeveer 6 km na die begin moet stappers deur 'n nou gangetjie kruip. 'n Ent verder is 'n wegwyser wat die ompad na die hoogste punt van die roete aandui, die 915 m hoë Arrie se Punt, van waar Gifberg en Vanrhynsdorp op 'n helder dag gesien kan word. Van die begin van die ompad daal die roete na Kouekloof en keer dan terug na die rand van die plato, waar daar wonderlike uitsigte oor die vlaktes sowat 600 m onder jou is. By Waboombult loop die roete deur twee grotte en, nadat dit om Pramkoppie gekronkel het, sak dit steil af na die Rietvleirivier en Pramkoppie-kamp.

Op dag vyf (10,7 km; 6 uur) stap jy aanvanklik met 'n viertrekpad langs, maar na 10 minute sluit dit by Kleinheideveld-voetpad aan en klim deur 'n steil beboste kloof na die bokant van die plato en die Knersvlakte-uitkykpunt. Vir die volgende paar kilometer loop die roete oor die plato, met Rietvleirivier-vallei altyd in sig, voordat dit wegswaai na Spelonkkop, waar jy by 'n ou klipluiperdval verbystap. 'n Entjie verder is 'n leer om stapppers te help om in 'n rotsskoorsteen af te klim. Die roete kronkel dan om en verby 'n warboel van yslike rotsblokke voordat dit die aansluiting met die eerste dag se skof bereik. Draai hier links en stap vir 3,6 km terug na Groot Tuin. **52,2 km; 5 dae; sirkelroete.**

4. Geelbekbosduif-staproete Dit is 'n sirkelroete wat altesaam 52,3 km behels en kan oor vier, vyf, ses of sewe dae afgelê word. Dieselfde roete word gevolg, ongeag die aantal dae wat daaraan afgestaan word, maar vir die opsies van vier, vyf en ses dae word daar elke dag langer afstande afgelê om die hele roete betyds te voltooi. Die sewedag-staproete word hier beskryf.

Die eerste dag se skof (5,9 km; 3 uur) volg die Kransduif-staproete tot by Brakwater-kamp en loop dan verder langs 'n viertrekpad tot by die afdraai na Kareebos-kamp. Die kamp is op die walle van die Oorlogsrivier geleë en kry sy naam van die kareeboom, wat volop in die gebied voorkom.

Die tweede dag se skof (7,9 km; 7 uur) kronkel langs die westelike oewer van die Oorlogskloofrivier voordat dit by dag twee se skof van die Kransduifstaproete aansluit. Dié roete word gevolg tot by die afdraai na Kameel se Gat, vernoem na 'n boer, Kameel, wat aan die einde van die 1800's en vroeg in die 1900's hier gewoon het.

Op dag drie (4,6 km; 3 uur) volg die roete vir die eerste 1 km die Kransduifroete en loop steil op na die voet van die kranse en die afdraai na die Geelbekbosduif-staproete. Nadat jy deur nou skeure in die ravynkranse van die Oorlogskloofrivier gekruip het, kom jy by 'n groot grot. Die roete volg dan die ravyn tot by 'n afdraai na rotsskilderinge. Die roete klim geleidelik tot by 'n skeur, waar daar 'n tou is om stappers te help afklim. 'n Entjie verder kom mens by Suikerbosfontein.

Die vierde dag se skof (6,4 km; 3 uur) daal in Dwarskloof af en klim dan stadig na Draaikraal, van waar die roete na die rivier terugkeer. Nadat jy die rivier oorgesteek het, is daar 'n gelykmatige opdraand na die plato, waar rotsskilderinge en 'n ou klip wat gebruik is om graan te maal, aan die vroeë inwoners van Oorlogskloof herinner. Interessanthede naby Swartkliphuis-kamp is 'n rooikatlokval en nog 'n rotskunsterrein.

Dag vyf (8,1 km; 4 uur) kronkel oor die plato na Donkiestasie wat vernoem is na die pakdonkies wat hier aangehou is toe boere hulle gebruik het om rooibostee, wat in die berge gepluk is, te vervoer. Verderaan loop die roete langs die kranse bokant Doltuinvallei en nadat daar by 'n leer afgeklim is, loop dit verder na Ghelling se Tenk en twee grotte met rotsskilderinge. Op pad na Bo-kloof-kamp word daar verby nog 'n rotskunsterrein gestap.

Op dag ses (7,4 km; 4 uur) loop die roete, wat by twee plekke met rotsskilderinge verbygaan, geleidelik op na die bopunt van Kouekloof en sak dan na 'n uitkykpunt oor die Knersvlakte, Pramkoppie-kamp en De Vondeling-vallei. Die roete kronkel dan langs die kranse bokant die ravyn wat deur die Rietvleirivier uitgekalwe is. Net voor Olienhoutbos-kamp bereik word, is daar 'n leer om stappers te help om deur 'n gat in 'n rots te klim.

Die finale dag se skof (12 km; 6 uur) volg 'n viertrekpad na die Groot Tuin-afdraai, van waar mens die terugwaartse been van die Rietvleidagstaproete terug na die begin volg. **52,3 km; 7 dae; sirkelroete.**

14. DE HOOP-STAPROETE
Nieuwoudtville

Staproete: 12 km; 6 uur; sirkelroete.
Permitte: Mnr. en mev. W. van Wyk, Posbus 46, Nieuwoudtville 8180, tel. en faks: (027) 218 1246, e-pos: papkuilsfontein@cybertrade.co.za
Kaarte: Sketskaart.
Geriewe/Aktiwiteite: De Hoop-gastehuis: slaapplek vir 12 (bring eie slaapsak en kos).

Die De Hoop-staproete loop oor die plaas Papkuilsfontein wat in die noordweste aan die Oorlogskloof-natuurreservaat grens.

Die roete begin by die historiese De Hoop-kothuis en loop deur interessante sandsteenformasies tot by 'n 200 m hoë waterval in De Hooprivier, 'n sytak van die Oorlogskloofrivier. Van hier kronkel die roete in 'n noordwestelike rigting na die grens van die Oorlogskloof-natuurreservaat voordat dit na die beginpunt terugloop.

PERSOONLIKE VOETSLAANVERSLAG

Hierdie afdeling is ingesluit sodat jy aantekeninge oor jou staptogte en die diere, voëls en besienswaardighede wat jy langs die pad teëgekom het, kan opteken.

NAAM VAN VOETSLAANPAD: _____

_____

VOËLS GESIEN: _____

_____

DIERE TEËGEKOM: _____

_____

HOOGTEPUNTE VAN DIE ROETE: _____

_____

_____

_____

_____

PROBLEME LANGS DIE PAD: _____

_____

_____

_____

_____

_____

BYKOMENDE AANTEKENINGE: _____

_____

_____

_____

PERSOONLIKE VOETSLAANVERSLAG

NAAM VAN VOETSLAANPAD:

VOËLS GESIEN:

DIERE TEËGEKOM:

HOOGTEPUNTE VAN DIE ROETE:

PROBLEME LANGS DIE PAD:

BYKOMENDE AANTEKENINGE:

NAAM VAN VOETSLAANPAD:

VOËLS GESIEN:

DIERE TEËGEKOM:

HOOGTEPUNTE VAN DIE ROETE:

PROBLEME LANGS DIE PAD:

BYKOMENDE AANTEKENINGE:

PERSOONLIKE VOETSLAANVERSLAG

NAAM VAN VOETSLAANPAD: _____

VOËLS GESIEN: _____

DIERE TEËGEKOM: _____

HOOGTEPUNTE VAN DIE ROETE: _____

PROBLEME LANGS DIE PAD: _____

BYKOMENDE AANTEKENINGE: _____

VOETSLAANADRESSE

Ben Lavin-natuurreservaat
Posbus 782, Makhado (Louis Trichardt) 0920
Tel & Faks: (015) 516 4534
E-pos: benlavin@mweb.co.za

Borakalalo Nasionale Park, Golden Leopard Sentrale Besprekings
Posbus 6651, Rustenburg 0030
Tel: (014) 555 6135, Faks: 555 7555
E-pos: goldres@iafrica.com

Charter's Creek, Die Besprekingsbeampte, KwaZulu-Natal Natuurlewe
Posbus 13069, Cascades 3202
Tel: (033) 845 1000, Faks: 845 1001
E-pos: bookings@kznwildlife.com

De Hoop-natuurreservaat
Privaatsak X16, Bredasdorp 7280
Tel: (028) 542 1126, Faks: 542 1274

Valsbaaipark, Die Besprekingsbeampte, KwaZulu-Natal Natuurlewe
Posbus 13069, Cascades 3202
Tel: (033) 845 1000, Faks: 845 1001
E-pos: bookings@kznwildlife.com

Fanie se Eiland, Die Besprekingsbeampte, KwaZulu-Natal Natuurlewe
Posbus 13069, Cascades 3202
Tel: (033) 845 1000, Faks: 845 1001
E-pos: bookings@kznwildlife.com

Giant's Castle, Die Besprekingsbeampte, KwaZulu-Natal Natuurlewe
Posbus 13069, Cascades 3202
Tel: (033) 845 1000, Faks: 845 1001
E-pos: bookings@kznwildlife.com

Golden Gate Hoogland Nasionale Park (Brandwag/Golden Gate Mountain Resort), Protea Hotelle Sentrale Besprekings
Posbus 75, Seepunt 8060
Tel: (021) 430 5000, Faks: 430 5320,
E-pos: reservations@proteahotels.com

Golden Gate Hoogland Nasionale Park (Glen Reenen), Suid-Afrikaanse Nasionale Parke
Posbus 787, Pretoria 0001,
Tel: (012) 428 9111, Faks: 343 0905
E-pos: reservations@parks.co.za

Goukamma Mariene en -Natuurreservaat
Posbus 331, Knysna 6570
Tel. & Faks: (044) 383 0042

Hans Merensky-natuurreservaat, (Aventura Eiland-oord), Sentrale Besprekings
Posbus 1399, Halfweghuis 1685
Tel: (011) 207 3600, Faks: 207 3699
E-pos: info@aventura.co.za

Harold Johnson-natuurreservaat, Die Besprekingsbeampte, KwaZulu-Natal Natuurlewe
Posbus 13069, Cascades 3202
Tel: (033) 845 1000, Faks: 845 1001
E-pos: bookings@kznwildlife.com

Hluhluwe-Umfolozi-park, Die Besprekingsbeampte, KwaZulu-Natal Natuurlewe
Posbus 13069, Cascades 3202
Tel: (033) 845 1000, Faks: 845 1001
E-pos: bookings@kznwildlife.com

Injisuthi, Die Besprekingsbeampte, KwaZulu-Natal Natuurlewe
Posbus 13069, Cascades 3202
Tel: (033) 845 1000, Faks: 845 1001
E-pos: bookings@kznwildlife.com

Ithala-wildreservaat, Die Besprekingsbeampte, KwaZulu-Natal Natuurlewe
Posbus 13069, Cascades 3202
Tel: (033) 845 1000, Faks: 845 1001
E-pos: bookings@kznwildlife.com

Kaap Vidal, Die Besprekingsbeampte, KwaZulu Natal Natuurlewe
Posbus 13069, Cascades 3202
Tel: (033) 845 1000, Faks: 845 1001
E-pos: bookings@kznwildlife.com

Kenneth Steinbank-natuurreservaat, Die Besprekingsbeampte, KwaZulu-Natal Natuurlewe
Posbus 13069, Cascades 3202
Tel: (033) 845 1000, Faks: 845 1001
E-pos: bookings@kznwildlife.com

Kommandodrif-natuurreservaat
Posbus 459, Cradock 5880
Tel: (048) 881 3925, Faks: 881 3119

Lake Sibaya-natuurreservaat, Die Besprekingsbeampte, KwaZulu-Natal Natuurlewe
Posbus 13069, Cascades 3202
Tel: (033) 845 1000, Faks: 845 1001
E-pos: bookings@kznwildlife.com

Mkuzi-wildreservaat, Die Besprekingsbeampte, KwaZulu-Natal Natuurlewe
Posbus 13069, Cascades 3202
Tel: (033) 845 1000, Faks: 845 1001
E-pos: bookings@kznwildlife.com

Mount Sheba, Three Cities Sentrale Besprekings
Posbus 5478, Durban 4000
Tel: (031) 310 3333, Faks: 307 5247

Mpofu-wildreservaat, Oos-Kaap Toerismeraad
Posbus 186, Bisho 5606
Tel: (040) 635 2115, Faks: 636 4019.

Nasionale Kugerwildtuin, Suid-Afrikaanse Nasionale Parke
Posbus 787, Pretoria 0001
Tel: (012) 428 9111, Faks: 343 0905
E-pos: reservations@parks.co.za

Ndumo-natuurreservaat, Die Besprekingsbeampte, KwaZulu-Natal Natuurlewe
Posbus 13069, Cascades 3202
Tel: (033) 845 1000, Faks: 845 1001
E-pos: bookings@kznwildlife.com

Oribi Gorge-natuurreservaat, Die Besprekingsbeampte, KwaZulu-Natal Natuurlewe
Posbus 13069, Cascades 3202
Tel: (033) 845 1000, Faks: 845 1001
E-pos: bookings@kznwildlife.com

Pilanesberg Nasionale Park, Golden Leopard Sentrale Besprekings
Posbus 6651, Rustenburg 0030
Tel: (014) 555 6135, Faks: 430 5320
E-pos: goldres@iafrica.com

Royal Natal Nasionale Park, Die Besprekingsbeampte, KwaZulu-Natal Natuurlewe
Posbus 13069, Cascades 3202
Tel: (033) 845 1000, Faks: 845 1001
E-pos: bookings@kznwildlife.com

Salmonsdam-natuurreservaat, Die Bestuurder, Walkerbaai-natuurreservaat
Privaatsak X13, Hermanus 7200
Tel: (028) 314 0062, Faks: 314 1814

Sodwanabaai, Die Besprekingsbeampte, KwaZulu-Natal Natuurlewe
Posbus 13069, Cascades 3202
Tel: (033) 845 1000, Faks: 845 1001
E-pos: bookings@kznwildlife.com

St Lucia, Die Besprekingsbeampte, KwaZulu-Natal Natuurlewe
Posbus 13069, Cascades 3202
Tel: (033) 845 1000, Faks: 845 1001
E-pos: bookings@kznwildlife.com

Tellewaterval-staproete, Tiffindel-oord
Posbus 23166, Waterfront, Randburg 2167
Tel: (011) 787 9090, Faks: 787 3667
E-pos: samsteg@global.co.za

Tembe-olifantpark, Tembe Elephant Park and Lodge
Tel: (031) 202 9090, Faks: 202 8026
E-pos: tembesafari@mweb.co.za

Tsitsikamma Nasionale Park, (De Vasselot), Suid-Afrikaanse Nasionale Parke
Posbus 787, Pretoria 0001
Tel: (012) 428 9111, Faks: 343 0905
E-pos: reservations@park.co.za

Tsitsikamma Nasionale Park, (Stormsrivier), Suid-Afrikaanse Nasionale Parke
Posbus 787, Pretoria 0001
Tel: (012) 428 9111, Faks: 343 0905
E-pos: reservations@park.co.za

Tussen-die-Riviere-wildreservaat
Posbus 16, Bethulie 9992
Tel: & Faks: (051) 763 1114

Wildernis Nasionale Park, Suid-Afrikaanse Nasionale Parke
Posbus 787, Pretoria 0001
Tel: (012) 428 9111, Faks:343 0905
E-pos: reservations@park.co.za

WOORDELYS

GEOLOGIESE EN OMGEWINGSTERME

Afsettingsgesteentes – verweerde materie wat deur wind of water verplaas en agtergelaat is en waar die opgehoopte sediment uiteindelik vaste rots vorm nadat die sedimentasieproses plaasgevind het

Basalt – 'n vulkaniese gesteente met 'n fyn grein

Bergmeertjie – 'n klein meer omring deur berge

Boswêreld – plantegroei-tipe wat deur bome met 'n goed ontwikkelde, maar nie heeltemal geslote blaredak nie, gekenmerk word

Bosveld – tipiese plantegroei van die noordooste van Noordwes Provinsie, die noorde van Mpumalanga en Limpopo Provinsie

Doleriet/ysterklip – 'n ligkleurige gesteente van vulkaniese oorsprong met 'n growwe grein wat in gange en plate voorkom en wat kwarts en veldspaat bevat

Endemies – 'n plant of dier wat tot 'n betrokke gebied beperk is

Fauna – alle dierelewe

Flora – alle plantelewe

Fout – 'n fraktuur waarlangs die posisie van rotse aan die een kant relatief tot die posisie van rotse aan die ander kant verplaas is

Fynbos – 'n ryke verskeidenheid fynblaarplantegroei van die Suidwes-Kaap wat gekenmerk word deur erikas, proteas, riete en biesies

Gang – 'n vertikale, of steil maar effens skuins, muuragtige lawadek van doleriet wat slegs gedurende daaropvolgende erosie ontbloot word

Gneis – saamgestelde gesteente van wit en swart lae wat dieselfde minerale as graniet bevat, maar wat 'n metamorfose deur hitte ondergaan het

Graniet – 'n algemene harde vulkaniese gesteente met growwe grein, wat hoofsaaklik uit kwarts en veldspaat bestaan. Dit word blootgestel wanneer oorliggende rotse verweer. Die kleur wissel van pienk tot grys, na gelang van die kleur van die veldspaat.

Hoëveld – die hoogliggende deel van Suid-Afrika waarvan die helfte meer as 1 600 m bo seevlak lê. Dit word deur boomlose grasvlaktes gekenmerk.

Inheems – kom natuurlik in spesifieke gebiede voor, maar is nie noodwendig tot die gebied beperk nie

Intra-Afrika-trekvoël – voëls wat seisoenaal binne Afrika migreer

Intrusieplaat – magma wat ondergronds tussen lae afsettingsgesteentes in geforseer is. Wanneer die magma verhard, vorm dit bykans horisontale stukke vulkaanrots wat deur daaropvolgende erosie blootgestel word.

Karnivoor – vleisetende diere wat roofdiere of aasvreters kan wees

Klippieshelling – los klipfragmente wat 'n helling bedek

Kwartsiet – 'n metamorfiese afsettingsgesteente gevorm uit silika en sandsteen

Lawa – gesmelte materie wat deur vulkaniese uitbarstings na die oppervlak geforseer is en afgekoel het om basalt te vorm

Magma – gesmelte materie wat nie die aarde se oppervlak tydens 'n vulkaniese uitbarsting bereik nie, maar soms later deur middel van erosie blootgelê word

Metamorfiese rots – vulkaniese of afsettingsgesteentes wat weens temperatuur, druk of chemiese reaksies 'n metamorfose ondergaan het

Naglewend – hoofsaaklik snags aktief

Palaearktiese trekvoël – voëls wat seisoenaal van die noordelike na die suidelike halfrond migreer

Riviermonding/estuarium – 'n riviermond waar vars- en seewater meng

Roofdier – 'n dier wat ander diere doodmaak en vreet
Roofvoël – 'n dagroofvoël, m.a.w. een wat bedags jag en vreet
Sandsteen – afsettingsgesteente wat die tweede meeste voorkom, maar die bekendste is. Dit vorm ongeveer 'n derde van die afsettingsgesteente wat op die aarde se oppervlak blootgestel is. Dit bestaan uit ronde sandkorrels en gewoonlik kwarts, wat saamgebind is.
Savanna – 'n stuk grasveld met verspreide bome, struike en struikgewasse
Spesie – die mees basiese eenheid van klassifikasie; lede van dieselfde spesie se struktuur is identies en hulle kan binne die groep voortplant
Strandmeer – 'n stuk water wat gedeeltelik, of heeltemal, deur 'n sandpunt of sandbank van die see geskei word
Veldspaat – 'n wit of pienk kristalvormige mineraal wat in rotse gevind word
Vulkaniese gesteente – gevorm deur gesmelte materie, óf op die aarde se oppervlak waar lawa tot vulkaanrots gestol het, óf ondergronds waar magma dieptegesteentes gevorm het
Waadvoël – kollektiewe naam vir nege voëlfamilies van die suborde Charadrii, insluitend kiewiete en strandlopers. Die term word egter dikwels baie algemeen gebruik wanneer daar verwys word na alle voëls wat waad wanneer kos gesoek word.

BIBLIOGRAFIE

'n Praktiese en volledige gids – oor die opsporing van wild, identifisering van bome, insekte, voëls, soogdiere en reptiele, en oor wat jou te doen staan in geval van slangbyt – kan baie nuttig wees wanneer jy op 'n voetslaantog is. Die volgende is 'n keur uit Struik se gewildste publikasies, en al die boeke wat hier aanbeveel word is klein genoeg om in jou rugsak saam te dra:
- *A Field Guide to Insects of South Africa*, deur Mike Picker, Charles Griffiths en Alan Weaving
- *A Field Guide to Tracks & Signs of Southern & Eastern African Wildlife*, deur Chris & Tilde Stuart
- *Die Natuurlewe van Suider-Afrika – 'n Veldgids*, deur Vincent Carruthers
- *Mammals of Southern Africa*, deur Chris & Tilde Stuart
- *Sasol Voëls van Suider-Afrika*, Derde uitgawe (2002), deur Ian Sinclair, Phil Hockey, Warwick Tarboton
- *Snakes and Other Reptiles of Southern Africa*, deur Bill Branch
- *Slange & Slangbyte in Suider-Afrika*, deur Johan Marais
- *Trees of Southern Africa*, deur Braam Van Wyk
- *Wild Flowers of South Africa*, deur John Rourke

Die volgende bronne is deur die skrywers gebruik terwyl hulle hierdie boek geskryf het, en sal nuttig wees vir enigiemand wat bykomende inligting wil hê. Boeke met titels in vetdruk word veral aanbeveel, en boeke wat met 'n asterisk gemerk is, is tans in druk.

Acocks, J.H.P. (1988) *Veld Types of South Africa*. Memoirs of the Botanical Survey of South Africa 57.
Barnes, K. (red.) (1998) *The Important Bird Areas of Southern Africa*. Johannesburg: BirdLife South Africa.
Berutti, A. & Sinclair, J.C. (1983) *Where to Watch Birds in Southern Africa*. Kaapstad: Struik.
Bristow, D. (1988) *Drakensberg Walks – 120 Graded Hikes and Trails in the 'Berg*. Kaapstad: Struik.
Bristow, D. (1992) *Western Cape Walks – A Practical Guide to Hiking along the Coast and in the Mountains*. Kaapstad: Struik.
Brooke, R.K. (1984) *South African Red Data Book – Birds*. South African Scientific Programmes Report 97. Pretoria: WNNR.
Cameron, T. & Spies, S.B. (reds.) (1986) *An Illustrated History of South Africa*. Johannesburg: Jonathan Ball Publishers.
Chittenden, H. (1992) *Top Birding Spots in Southern Africa*. Johannesburg: Southern Book Publishers.
* **Coates, Palgrave, K. (1992) *Trees of Southern Africa*. Kaapstad: Struik.**
Irwin, D. and Irwin, P. (1992) *A Field Guide to the Natal Drakensberg*. Grahamstad: Rhodes-universiteit.
Greyling, T. & Huntley, B.J. (reds.) (1984) *Directory of Southern African Conservation Areas*. South African National Scientific Programmes Report 98. Pretoria: WNNR.
Levy, J. (1993). *Volledige Voetslaangids van Suider-Afrika*. Kaapstad: Struik.
Low, A.B. & Rebelo, G. (reds.) (1998) *Vegetation of South Africa, Lesotho and Swaziland*. Pretoria: Department van Omgewingsake & Toerisme.
* **Maclean, G.L. (1993) *Roberts' Birds of Southern Africa*. Kaapstad: Trustees van die John Voelcker Bird Book Fund.**
Mountain, E.D. (1968) *Geology of Southern Africa*. Kaapstad: Books of Africa.
* **Newman, K. (1992) *Newman se Voëls van Suider-Afrika*. Kaapstad: Struik (Nuwe uitgawe beskikbaar.)**
Olivier, W. & Olivier, S. (1988) *The Guide to Hiking Trails*. Johannesburg: Southern Book Publishers.
Olivier, W. & Olivier, S. (1989) *The Guide to Backpacking and Wilderness Trails*. Johannesburg: Southern Book Publishers.
Olivier, W. & Olivier, S. (1995) *Hiking Trails of Southern Africa*. Johannesburg: Southern Book Publishers.
Paterson-Jones, C. (1991) *Table Mountain Walks*. Kaapstad: Struik.
* **Paterson-Jones, C (1999) *Best Walks of the Garden Route*. Kaapstad: Struik.**
Raper, P. E. (1972) *Streekname in Suid-Afrika en Suidwes*. Kaapstad: Tafelberg.
Raper, P. E. (1978) *Directory of Southern African Place Names*. Johannesburg: Lowry Publishers.
Ryan, B. and Isom, J. (1990) *Go Birding in the Transvaal*. Kaapstad: Struik.
* **Sinclair, I., Hockey, P. & Tarboton, W. (1993) *Sasol Voëls van Suider-Afrika*. Kaapstad: Struik. (Nuwe uitgawe beskikbaar)**
Skinner, J.D. & Smithers, R.H.N. (1990) *The Mammals of the Southern African Subregion*. Pretoria: Universiteit van Pretoria.
Viljoen, M.J. & Reimold, W.U. (1999) *An Introduction to South Africa's Geological and Mining Heritage*. Randburg: MINTEK.
Von Breitenbach, F. (1974) *Suid-Kaapse bosse en bome*. Pretoria: Staatsdrukker.
Von Breitenbach, F. (1986) *Nasionale Lys van Inheemse Bome*. Pretoria: Dendrologiese Stigting.
* Von Breitenbach, F. (1989) *Nasionale Lys van Ingevoerde Bome*. Pretoria: Dendrologiese Stigting.
Wilcox, A.R. (1976) *Southern Land – The Prehistory and History of Southern Africa*. Kaapstad: Purnell & Sons.

In Mpumalanga stort die Sabierivier 68 m ver met die Lone Creek-waterval af tot in 'n natuurlike rotspoel.

INDEKS

Bladsyverwysings in kursiewe druk dui op foto's, en hoofinskrywings verskyn in vetdruk; die afkortings NP (nasionale park), NR (natuurreservaat), VP (voetslaanpad), SR (staproete) en WP (wandelpad) is hier gebruik.

A
aalwyne
  berg- 253, 258
  bitter- 109, 111
  graskop- 227
  koraal- 111
  krans- 226, 281
  Transvaalse 258
  uitenhaags- 111
  vuurpyl- 266, 267
Aalwyn SR 115
aalwynwoud 253
Aarbeikop 231
aasvoël
  baardaasvoël;
  kransaasvoël;
  witaasvoël
Aasvoëlberg
  (Graaff-Reinet) 276
Aasvoëlberg VP (Zastron)
  188-9
Aasvoëlkloof 75
Aasvoëlkop 64
aasvoëlrestaurant 133, 148, 188, 201, 230
Addo Olifant NP 116, 274
adresse, nuttige 288-91
Afdak-piekniekterrein 280
Afrika-ravyn 44
Agulhas-uitkykpunt 106
akkedis, ouvolk- (skurwe janne/sonkykers) 198, 200
Albasterrotse 191
Albert Falls-dam (Greytown) 160
Albert-waterval (Drakensberg) 145
Alexandria 116
Alexandria VP 116-17
Alexandria-woud 112, 113, 116, 117
Alfa-en-Omega-watervalle 202
Alma 252
Alma-vallei 251, 252
  Aloe africana 111
  Aloe ferox 109, 111
  Aloe greatheadii 258
  Aloe mitriformis 281
  Aloe peglerae 266, 267
  Aloe reitzii 226
  Aloe striata 111
Alvin-waterval 228
Ama Poot Poot VP 216
Amanzimnyama (Vierde Meer) 178
Amanzimnyama VP 162, 163, **178-9**
Amatolabarber 129
Amatolaskurwepadda 129
Amatola VP 120,129
Amfiteater (Drakensberg) 125, 200
Amfiteater WP (Kaapse Skiereiland) 41
Ammo Gorge 237
Ammo SR 237
Amon se Kloof 50
Andries Vosloo-koedoereservaat 119
Angel's Corner 195

Angel's View 229
Antoniesgat-roete 40
Apollogrot en Lunar-tonnel 51
Arangieskop 79
Arangieskop VP 79
Ararat-uitkykpunt 280
Arbouset, Thomas 200
Arch Rock 73
arend, *kyk* bruinarend
Arend WP 151
Argeologiese Roete 262
argeologiese terreine
  bewaring van 27
  Cullinan 263
  De Neck Private NR 239
  Kromdraai 255
  Lesoba VP 196
  Makabeni-kop 169
  Nasionale Krugerwildtuin 238
  Pedi-ruïnes 230, 231
  Saldanha 47
  Stilbaai 93, 94, 95
  Stormsriviermond 106
  Suikerbosrand NR 259
  Vredefort-koepel 269
  Welgedacht SR 225
Armehuis 116
Arrie se Punt 282
Arrow Face 44
Arrow Point 279
asemhaling, noodhulp en 29
Ashmole Dales-vallei 242-3
Aspalanthus potbergensis 74
Attakwaskloof VP 95
Auckland-woud 120
Augrabies Waterval NP 271, 279-80

B
Baai-tot-Baai VP 102-3
baardaasvoël *126*, 148
baardsuikerbos 52
Badplaas 212
Baines, Thomas 119
Bainskloof, Limietberg NR 55-6
Bakenkop 81
Bakermat van die Mensdom 255, 265
Baker's Bliss 232
Bakkrans SR 230
Bakkrans-waterval 230
Bakoondkrans VP 213
Balanseerrots 73
Bamboeskloof 196
Bamboo Hollow 148
Banga-nek 179
Bankenveld WP 261
Bannerman Face 148, 150
Bannerman-pas 150
Banzi-pan 180
barber
  Amatola- 129
  grens- 129
Barberton 228
Barbertonse laeveldsuikerbos 227
Barnard, Lady Ann 90
Baroa-Ba-Bararo 152

Barretts Coaches 228
Bateleur-NR 249
Bathing Pools 233
Bathplug Cave 153
Battery Creek 228
Battle Cave 147
Baviaanskloof-bewarings gebied 110
Baviaanskloof-roete 266
Baya-kamp WP *161*, 178
Beacon Hill 277
Beacon Peak 54
Beacon SR 158
Beaufort-Wes 274
Beersheba 190
Beervlei 99
Beestekraalspruit SR 230
Bela-Bela (Warmbad) 250, 251
Bell-piek 144
Bellville 45
Belvedere-dagstaproete 236
Belvedere Hidroëlektriese kragstasie 236
Ben Lavin NR 244-5, 288
Ben Macdhui VP 134
Bendigo-myn 101
bensienstofies 22
Bergdeel Private NR 195
Bergkloof VP 189
Bergklub van Suid-Afrika 51, 200
Bergroete (Salmonsdam NR) 73
bergtee 105
Bergville 141, 142, 143
Berg WP (Zastron) 189
Berlyn-plantasie 227
Bermanzi VP 212-13
besoedeling 26
besprekings,
  adresse vir 288-91,
  kyk ook onder hoofinskrywings
Bethelsdorp 115, 116
Bethlehem 196, 197, 200
Bethulie 188
Bettysbaai 61
Bhangazi-meer 171, 172, 173
Bhodlarivierkloof 151
bibliografie 294
Biedouw 49
Biggarsberg 183
bilharzia 30-1
Birkenhead-wrak (1852) 64
Black Eagle-grot 75
Black Hill-uitkykpunt 233, 234
Black Hill VP 233-4
Black Rock Cascade 214
blase, behandeling van 31
Bleshoender-roete 75
Blindekloof 111
blindes, staproetes vir
  Bourke's Luck-kolkgate 236
  Karoo-woestyn Nasionale Botaniese Tuin 55
  Palmiet-roete 60
Blinkwater VPe 160
blitsvloede, gevare van 28, 185

bloeding
  beheer van 29
  neus- 32
Bloemfontein 190
Blou Roete
  (Groenkopwoud) 98
Blou Roete
  (Merrimetsi SRs) 192
Blou Roete (SAS Saldanha-natuurstaproetes) 47
Blou Roete
  (Wingerdroete) 57
blou-aap 218
Blouaap SR 141
Blouduiker WP 106
Bloukop 117
Bloukransbrug-roete 109
Bloukransrivierbrug 109
Bloukrans-staatsbos 104
Bloupunt-roete 78
blouslangkop (plant) 226
Blouswawel-natuurerfenisgebied 24
Blouvisvanger WP 99
Blouwaterbaai 115
Blyderivierpoort NR 235-6
Blyderiviersport VP *168*, 217, **235-6**
Bobbejaanroete 216
Bobbejaansrivier-roete 55
bobbejane, voer van 65
Bo-Blindekloof-roete 111
Boegoekloof-roete 60
Boekenhoutskloof 262
Boerperd-roete 213
Boesmanbaddens 195
Boesman-roete
  (Kommandodrif NR) 118
Boesman-roete (Nasionale Krugerwildtuin) 238
Boesmansgrot (Kaap St Blaize) 94, 95
Boesmansgrot (Bergdeel Private NR) 196
Boesmanskloof 76
Boesmanskloof/Orchard-roete 59-60
Boesmansnek 153
Boesmansrivier SR 149
Boesmanvisvalle 93, 94
Bokbrug-roete 226
Bokmakierie-natuurwandelpad 259
Bokmakierie VP 277
Bokpoort VP 197-8
Boland VP 59-60, *69*, 70
Bo-Linwood SR 159
bome, geskiedkundige
  Hogsback 120
  Tsitsikamma 108
  Poskantoorboom 94
  Ultimatum-boom 169
  Wonderboom 181
Bond-piek 149, 150
Bonnet 231, 232
Bonnet-en-Mac-Mac-poele VP 231
Bontebok SR 251
Bonthoutkapper-roete
  (Gamka-berg NR) 81

296

INDEKS

Bonthoutkapper SR (Rolfontein NR) 278
Bontvisvanger WP 99
Boomvaringkloof SR 237
Boosmansbos-wildernisgebied 90-1
Borakalalo NP 263, **254**, 288
Bosberg NR 117
Bosberg VP 117
Bosbok WP (Bermanzi SRs) 213
Bosbok WP (Die Eiland NR) 112
Bosbok WP (Grootvadersbosch NR) 91
Bosbok WP (Harold Johnson-NR) 169
Bosbok WP (Wildernis NP) 99
Bosduif-sirkelroete 99
Boskloof 199
Boskloof SR 108-9
bosluis
 -byte 31
 verspreiding 37, 85, 205, 255
Bossie SR 274
Bosvark-roete (Bermanzi SRs) 213
Bosvark WP (Ithala-wildreservaat) 182
Bosveld-uitkykpunt 250
Bos WP 112
Bo-Tarentaal-roete 114
Bothaville 202
Botshabelo-terreinmuseum 215
Botshabelo VPe 215
Bottelaryberg 57
botterboom 281
Boulder Canyon SR 210
Bourke, Tom 236
Bourke's Luck-kolkgate SRs 236
Bourke's Luck-besoekersentrum 236
Bourke's Luck-kolkgate 168, 235, 236
Braille-roetes
 Bourke's Luck-kolkgate 236
 Hottentots-Holland NR 60
 Karoo-woestyn Nasionale Botaniese Tuin 55
braking 31
brandspiritusstofies 22
Brandwag (Sentinel) 166, 198, 199, 200
Brandwag-grot 200
Brandwag SR en Mont-aux-Sources 200
Brandwater VP 164, **194-5**, 203
brandwonde 31
Breakfast Rock 158
Bredasdorp 73, 74
bredasdorplelie 73
bredasdorpsuikerbos 75
Breëriviermond WP 90
Bretagne Rock 57
Bridal Veil-waterval (Augrabies) 279
Bridal Veil-waterval (Hogsback) 120
Bridal Veil-waterval (Sabie) 232
Bridle Path 45
brilpikkewyn-broeikolonie 114, 117
Broederstroom-stoetery 242
broodbome 213, 215, 228, 229
 drakensberg- 155
 kaapsehoop- 228

Modjadji- 241, 243, 244
olifantsrivier- 215, 216
waterberg- 216, 246
Broodboom-lus 214
Broodboom VP 215-16
Brownsheuwel 233
bruinarend-broeihabitat 158
Bruinkopvisvanger WP 99
Bucquay-nek 153
Burgersfort 236
Burmanbos NR 156
Burnetskop 190
bytwonde 31

C

Caledon 63
Caledon NR 63
Caledonrivierbewaringsgebied 190
Caledon-veldblomtuin 63
Calitzdorp 81
Camelroc VP 195
Cannibal Cave 143
Cannon Bay 113
Cannon Rocks 113
Carbineer Point 148, 150
Carlislehoek 134
Carolina 210, 211, 212
Carolusberg 281
Cascades 142
Cascades en McKinlay se Poel 142
Castle Buttress 146
Castle Rock-woonwapark 232
Catalina-baai 171
Catalina-seevliegtuig 171
Cataract Valley 147
Cata-sirkelroete 129
Cathedral Peak 144, 145
Cathedral Peak en Mlambonja-wildernisgebied 144-5
Cathedral Peak Hotel 144, 145
Cathedral Peak-Twee Passe-SR 145-6
Cathedral Rock (Drakensberg) 133
Cathedral Rocks (Sederberge) 50
Cathkin Peak 146
Cathkin Peak en Mdedelelo-wildernisgebied 146-7
Cats'-pas-roete 63
Cats'-tolhuis 63
Cave Falls 64
Ceres 52, 53, 54
Ceres-bergfynbos-reservaat 54
Cetshwayo se Grot 182
Ceylon-plantasie 231, 232, 233
Champagne Castle 146, 147
Champagne SR 190
Chapmanspiek 42
Chapmanspiek tot Blackburn-ravyn 42
Charter's Creek 173-4, 288
Chessmen 144
Chicken Run 195
Christie Prins VPe 53
Cintsa-Oos/-Wes 130, 131
Citadel-rotsformasie 133
Citrusdal 49, 50, 51
Civet Rock Arch 267
Clanwilliam 48, 49
Clanwilliamseder 50
Clarens 197, 198, 199
Cleft Peak 146
Clever-vallei 233
Clever-waterval 233

Clivia caulescens 230
Clivia mirabilis 281
Clivia-bos 234
Clivia-ravyn 230
Cockade-landmerk 146
Cockscomb-piek 110, 115
Cogmanskloof-roete 78
Colesberg 277
Collierpunt 133
Columbia Race 233
Columbia-heuwel 233, 234
Columbia-myn 233
Column-rotsformasie 146
Confidence Reef 260
Constantianek 45
Constantianek na Woodhead-reservoir 45
Corner Peak 54
Corridor, *kyk* The Corridor
Cradockpas SR 97
Cradockpiek SR 97
Crags, *kyk* The Crags
Crane Tarn 153
Crinum macowanii 226
Crocodile Valley Estates-plantasie 236
Crystal Falls SR 141
Crystal Stream-kloof 141
Cullinan 261
Cullinan-diamant 261
Cullinan-myn 263
Cyclopia subternata 105
Cyrtanthus gutherieae 73

D

Da Gama-gedenkteken 40
dagwandelpaaie, definisie 17
Damarasterretjie-broeihabitat 74
Damroete 111
Danabaai 94, 95
Danger Point 64
Danie Miller SR 61
Darnall 169
Dassiehoek NR 78-9
Dassiehoek VPe 78-9
Dassieskeur 202
De Drie Bergen 78
De Hoop NR 37, 68, **74-5**, 288
De Hoop SR (Nieuwoudtville) 283
De Hoop-vlei 74, 75
De Kelders 64
De Mond NR 74
De Neck Private NR 239
De Neck VP 239
De Rust 82
De Saldanha, Antonio 44
De Stades WP 112
De Tronk 52, 53
De Vasselot 105
De Vondeling-vallei 283
De Wildt-teelsentrum 274
Debengeni VP 243
Debengeni-waterval 243
dehidrasie 28
Derde Meer (Kosibaai) 178
Desmond Cole-versameling 261
Devil's Knuckles 152
Devil's Tooth 200
Devil's Toothpick 200
diamantdelwery, Cullinan 261
diarree 31
Didymochlaena truncatula 182
Die Eiland (Plettenbergbaai) 104

Die Eiland NR (Port Elizabeth) 112-13
Die Fort 197
Die Galg 76
Die Gaping 104
Die Geut 225
Die Hel (Gamkaskloof) 81
Die Hel (Groot-Winterhoek-wildernisgebied) 52, 53
Die Hel (Olifantskloof) 214
Die Oog (Clarens) 197
Die Oog (Kuruman) 278
Die Oog (Zastron) 188
Die Plaat 77
Die Punt (Plettenbergbaai) 104
Die Punt (Nature's Valley) 107
Die Spleet 105
Die Stal 64
Die Tonnel (Drakensberg) 124, 125, 143
Die Tonnel (Zastron) 188
Die Venster (Caledon) 63
Die Venster (Carolina) 211
Diepdrift NR 251
Diepdrift VPe 251
Diepkloof-plaasmuseum 259
Diepwalle-woud 102
Dikgoiing-fontein 278
Dikgoiing-grotte 278
Dikkop-roete 46
Dioscorea elephantipes 109
disa
 bloumoederkappie 44
 rooi- 44, 52, 56, 61, 69
Disa longicornis 44
Disa tripetaloides 51
Disa uniflora 44, 52, 56, 61, 69
Disakloof 58
Disapoel (Harold Porter Nasionale Botaniese Tuin) 61
Disa-poel (Sederberg) 51
Dokelewa-poele 243
Dokelewapoele VP 243
Dokelewawaterval VP 243
Dolfyn SR 108
donderweer, *kyk* weerlig
Donkerkloof 56
Donkiestasie 283
Doornkloof NR 277
Doornkop 211
Doreen-wateval 145
Doringrivier-wildernisgebied 96-7
Dorpspruit SR 159-60
Dragon's Back 146, 147
Drake, Sir Francis 40
Drakensberg 124-7
 KwaZulu-Natal 136-53
 Mpumalanga 204, 225, 226, 227, 231, 233, 234
 Oos-Kaap 133-5
 Vrystaat 200
Drakensbergbroodboom 155
Drakensberg Gardens Hotel 153
Drie Boesmans 152
Drie Koppe 275, 276
Drie Koppe VP 275-6
Drie Rondawels 217, 236
Drie Susters-pieke 62, 63
Drie Susters WP 62
Driefontein-waterval 282
drukstofies, meerbrandstof- 22-3
Dubbeldrif-wildreservaat 119-20
Dugandlovu SR 128, **174-5**
Duiker-roete 213
Duikertjie-roete 75

Duiwelsgat 64
Duiwelsgat VP 64
Duiwelshoekvallei 143
Duiwelskneukels 242
Duiwelspiek 44
Duiwelspiek-sirkelroete 45
Dullstroom 216, 225
Dumas, Francois 200
Dundee 182
Durban 156, 157
Dutoitskloof, Limietberg-NR 56
Dutoitskop 63
Dwarsrivier 67, *kyk ook* Sederberg-wildernisgebied
dwergvuurpyl 229
Dying Sun Chariot-tempel 211

E
Eastern Buttress 200
Eastern Monarch 120
Ebb and Flow-ruskamp 99
Echo Corner 280
eenrigting roete, definisie 16
Eerste Meer (Kosibaai) 178, 179
Eerste Tol 55, 56
Eerstefontein-dagstaproetes 275
Eggokloof 199
Eggovallei 41, 44
Eilandvlei 98
Ekologiese Roete 262
El Dorian VP 210-11
Elandsberg SR 80
Elandskransgrot 73
Elandslaagte 183
Elandsrivier 56
Elandsvallei VP 226-7
Elephant-landmerk 46
Elna-waterval 232
Emadundwini WP 151
Emoyeni VP 171-2
eMpophomeni-waterval 151
Encephalartos 213
Engelsmanskloof 50
Eps Joubert-roete (Wit roete) 73
erdwurm, reuse (*Michrochaetus*) 84
Erica blenna 92
Erica galgebergensis 76
Erica parvulisepala 76
erosie, kortpaaie en 26, 27
Erskine-piek 149, 150
Estcourt 147, 148, 160
Eucomis humilis 229-30
Euphorbia clavarioides 194
Euphorbia coerulescens 111
Evelynvallei-sirkelroete 129
Eye-of-the-Needle 41

F
Fairy Glen en die Grotto 142
Fairyland-spruit 233
Fangsgrot 144
Fangspas 144
Fanie Botha-voetslaanpad netwerk 168, 231-2
Fanie Botha-vyfdagvp 232
Fanie se Eiland 173, 288
fauna en flora
 Drakensberg, KwaZulu-Natal 136, 137
 Gauteng & Noordwes 254-5
 Groot-Karoo, Namakwaland & Kalahari 270-1
 Mpumalanga & Limpopo 204-5

Oos-Kaap 85
 Suidwes-Kaap & Klein-Karoo 36-7
 Tuinroete 84
 voetslaanreëls en 27
 Vrystaat 184
Fee-waterval 202
Ferncliffe NR 158
Fernkloof NR 63-4
Ficksburg 192, 193
Fig Tree Island 141
Fisherman's-grot 56
Flamink WP 115
flitslig 23, 26
flora, *kyk* fauna en flora
Fonteinbos 229
Fonteinpiek 44
Fonteintjiekloof SR 274
Fontein WP 244, 245
Forelroete 216
Forest Creek 101
Forest Falls WP 220, **232**
Forest-waterval 232
Formosapiek 110
Fort Beaufort 119
Fort Merensky 215
Fort Pearson 169
Fort Wiltshire 130
Fort, *kyk* Die Fort
fossiele
 Golden Gate 185
 Kromdraai 265
 Karoo 270
 Lesoba VP 196
 St Lucia-vleilande 128, 174
 Wildekus 132
Fossiel SR 274
Fotograafrots 194
Fountain Ledge 44
Fourieburg 194, 195, 196
Franschhoek 63
Fraser's Gorge 133
Frithia pulchra 266, 267
Frontier-wrak (1939) 132
Fundudzi-meer 245, 246
Futi-kanaal 179
fynbos 36
Fynbos-aalwyn-roete 109

G
Gaikaskop 120
Gamka-bergnatuurreservaat 81
Gamkaskloof 81
Gansbaai 64
Gantouwpas 61
Garciapas 92
Garden Castle 153
Gardiner, Captain Allen 152
Gariepdam 188
Garieprivier (Oranjerivier) 188, 189
Garieprivier-ravyn 279, 280
gasstofies 22
Gatberg 146, 147
Gauteng 254-60
Geel Roete (Aalwyn SR) 115
Geel Roete (Heuningberg-NR) 73-4
Geel Roete (Merrimetsi SRs) 192
Geel Roete (SAS Saldanha-NR) 48
Geel Roete (Wingerdroete) 57
Geelbekbosduif SR 283
Geelhout-grot 151
Geelhout-roete 43
geestestuine, Venda 246
Gelib Tree WP 151

Gemini-poele 111
Genadendal VP 76
Generaalskop 197, 198
Geologiese roete 262
George 96, 97, 98
Georgepiek SR 97
George's Pimple 197, 198
geraas, voetslaanreëls en 27
Gerrands-uitkykpunt 201
Gesigrots 188
Geurtuin (Kirstenbosch) 43
Geut, *kyk* Die Geut
Gewelberge 44
Ghelling se Tenk 283
Giant's Castle 126-7, **148-50,** 288
Giant's Castle-pas 149, 150
Giant's Castle-piek 149
Giant's Cup 152
Giant's Cup VP 153
Giant's Hut via Giant's Ridge 149
Giant's Pass en Giant's Castle 149
Gifberg 282
Gifkommetjie/Platboom-roete 40
Gifkoppie 213
Glen Gariff 130
Glen Ives WP 155
Glencoe 183
Glentana 96
Glentana-strandwandelpad 96
Glygat 235
Glynis-waterval 232
Goatfell Gorge 134
God's View 195-6
God's Window (Fouriesburg) 195
God's Window (Graskop) 217, 235
God's Window-lus (Witbank) 213
God's Window-luspad (Graskop) 235
Goegap NR 280-1
Golden Gate Hoogland NP 166-7, **199**, 288
Golden Gate-hoogtepunte 199
Gonubie 131
Gordonsbaai 61
Gorge Junction 237
Gouda 54
goudstormloop
 Belvedere 236
 De Kaap 228
 Dravidiese 211
 Kaapsehoop 227-8
 Kromdraai- 265
 Millwood 100, 101, 102, 103
 Pelgrimsrus 220, 233, 234
 Venterskroon 269
 Witwatersrand- 260
Goudveld-staatsbos 100-1
Goukamma Mariene en NR 101-2, 289
Goukamma-na-Groenvlei SR 102
Gounawoud 102
Graaff-Reinet 271, 275, 276
Grabouw 60
Granny's Forest 59
Graskop 232
graskopaalwyn 227
Gray's-pas 145, 146, 147
grensbarber 129
Greytown 160

Grindstone Caves 147
Groen Roete (Groenkopwoud) 98
Groen Roete (Merrimetsi SRs) 192
Groen Roete (SAS Saldanha-natuurstaproetes) 47-8
Groen Roete (Wingerdroete) 57
Groendaldam 111
Groendal-wildernisgebied 110-11, *123*
Groeneweide-woudwandel-paaie 98
Groenkopwoud 98
Groenlandberg-roete 60
Groenstrook WPe 159
Groenvlei 101, 102
Groenvlei-plaas 276
Groot Boom (Hogsback) 120
Groot Boom (Tsitsikamma) 108
Groot Vyf
 Groter St Lucia-vleiland-park 170
 Hluhluwe-Umfolozi-park 177
 Nasionale Krugerwildtuin 205, 237-9
 Pilanesberg NP 254, 267
 Tembe-olifantpark 179
Grootberg 91
Grootbos inheemse woud 242
Groot-Brakrivier 96
Groot-Brakrivier WPe 96
Groot-Karoo verklarende roete 81
Grootrivier WP 105
Grootvadersbosch NR 91
Groot-Winterhoek-wildernisgebied 52-3
Groter St Lucia-vleilandpark *128*, 137, 169-76
grotte
 bespreking van 140
 Bethlehem 196
 Burgersfort 237
 De Hoop NR 75
 Drakensberg 142, 143, 144, 145, 146, 147, 148, 152, 153, 200
 Fouriesburg 194, 195, 196
 Gansbaai 64
 Kaap St Blaize 94, 95
 King William's Town 130
 Limietberg NR 56
 Salmonsdam NR 73
 Sederberg 50, 51
 slaapplek in 27
 Stilbaai 93
 Stormsriviermond 106
 Vrede 202
Grotto-ravyn 142, 143
Grysbok-bosroete (Drakensberg) 149
Grysbok-roete (Koeberg NR) 46
Grysbok WP (Grootvaders-bosch NR) 91
Guardian-piek 58
Gudu-waterval 143
Gustav Klingbiel NR 230-1
Gydoberg 53

H
Hadeda WP 156
Hadeda-waterval 237
Hadeda-watervalroetes 236-7

INDEKS

Haelgeweer-singel 215
Haga Haga 130, 131
Hans Merensky NR 239-40, **240**, 289
Happy Valley 55, 57
Happy Valley-roete 55
Harding 154
Hardy-versameling 261
Harkerville 99
Harkerville Inheemse Woud 103
Harkerville-kusvoetslaanpad *71-2*, 83, **103**
Harold Johnson NR 169, 289
Harold Porter Nasionale Botaniese Tuin 61, 68
Harrismith 201
Hartbeespoortdam 264
Hartbeesvlakte VP 231
Hawk-piek 151
Heaven's Staircase 229
Hebron-staproetnetwerk 212
Heidehof-natuurstaproetes 64, 73
Heidelberg (Gauteng) 258, 259
Heidelberg (Suid-Kaap) 90, 91
Heilige Woud, Thathe 245, 246
Hel, *kyk* Die Hel
Helderberg 58
Helderberg NR 58
Helderbergplaas SR 58-9
Helderwater-roetes 47-8
Hemel-en-Aarde-vallei 64
Hennops VP 264-5
Herbarium, Nasionale 261
Hermanus 31, 63, 64
Hermitagekloof 78
Hester Malan-veldblomtuin 281
Heuningberg 73
Heuningberg NR 73-4
Highlands-plantasie (SAFCOL) 62
Highlands VP 62-3
Highmoor 150-1
Himeville 152, 153
Hinana-hulpbrongebied 119
Hippo Pool-swemgat 214
hitte-uitputting 32
Hlathimbe-pas 151
Hluhluwe-dorp 174, 176
Hluhluwe-Umfolozi-park 137, **176-7**, 289
HMS *Grosvenor* (1782) 85, 132
Hodgson, Thomas 152
Hodgson's Peaks 152
Hoek van Bobbejaan 40, 41
Hoephoep-waterval 156
Hoephoepwaterval WP 156
Hogsback 120, *122*
Hogsbackpadda 129
Hogsback-wandelpaaie 120
Hole in the Wall *123*, 132
Holkrans 199
Holkrans VP *166*, 167
Honderd Heuwels 213
Hoofwaterval (Augrabies) 279
Hoogstepunt 267
Hopefield 47
Hottentots-Holland NR 59-61, **60-1**
Houtbaai 42
Houtbaai-wandelpaaie 42-3
Houtkapperpad 43
Houtkapperskeur 212
Houtkapper WP 101

Houhoek 61
Houhoek-roete 61
Hugenotekop 56
Hugenotetonnel 56
Hugo's Rest 55
Humansdorp 108

I
Ian Myers-natuurstaproetes 281
Idwala VP 214-15
Ifidi Pinnacles 144
Ifidi-grot 144
Igolomi WP 112
Imboma SR *128*, 172
iMpunzi WP 154
Imvubu WP 170
iMziki WP 154
India-ravyn 44
Infanta WP 90
infeksies 32, 33
Ingeli Forest Lodge 154-5
Ingungumbane WP 154
Ingwe SR 174
Injisuthi 147-8, 289
Injisuthi Dome 147
Injisuthi Drieling 147
Injisuthi-wildernisstaproetes 148
Inner Horn 144
Ipithi-waterval 157
Isandlwana 183
Isikhova-natuurstaproete 174
Ithala-wildreservaat 181-2, 289
Izemfene VP 183

J
Jacaranda-wrak (1971) 132
Jacob's Ladder-waterval 151
Jacobsberg 193
jagluiperd *218*
Jagluiperd verklarende roete 259
Jakobsleer 235
Jan Joubertgat-brug (1825) 63
Jan Smuts WP 114
Jean's Hill 62
Jericho 263
Jesser Point 176
Jock of the Bushveld SR 232-3
Jongensgatgrot 93
Jonkershoek NR 57-8
Joubertinia 109
Jubilee Creek WP 101
Junction-poel (Limietberg-NR) 55, 57
Junction-poel (Hottentots Holland NR) 60
Junction-poel (Kalkbaaiberge) 41
Jungle Gym 183

K
Kaap Columbine NR 48
Kaap die Goeie Hoop 40-1, 65
Kaap die Goeie Hoop VP 41
Kaap Morgan Ekotoerismesentrum 131
Kaap Recife NR 113-14
Kaap St Blaize 94, 95
Kaap Vidal *128*, **172-3**, 289
Kaap Windlass 96
Kaappunt 40
Kaapse Blommeryk 36
Kaapse Duinemol WP 99
Kaapse Skiereiland NP 40-2
Kaapsehoop 227, 228

kaapsehoopbroodboom 228
Kaapsehoop-vierdagvoetslaanpad 228
Kaapsehoop VP 221, 227-8
kaarte
  Drakensberge 138
  Gauteng & Noordwes 256-7
  gebruik van 17
  Groot-Karoo, Namakwaland & Kalahari 272-3
  KwaZulu-Natal 138-9
  Limpopo 206-9
  Mpumalanga 206
  Nasionale Krugerwildtuin 207, 209
  Noord-Kaap 272-3
  Oos-Kaap 87-9
  Suid-Afrika 6-7
  Suidwes-Kaap & Klein-Karoo 40-9
  Tuinroete 86-7
  Vrystaat 184-5
Kaasfabriek WP 134
Kagga Kamma Private Wildreservaat 52
Kakamas 279
Kalanderkloof WP 105
Kalkbaai 41
Kalkbaaiberge 41
kalkmyn, Wondergrot- 265
kalkoenibis-broeihabitat 150
Kalkoenibis VP 201
Ka-Masihlenga-pas 151
Kamberg NR 150, 151
Kambule-piek 149, 150
Kameel se Gat 282, 283
kameelperd 218
Kameelperd VP 239-40
kampstofies 22-3
Kannibaalsgrot 192
Kanonkop 40, 65
Kapteinspiek 43
Karbonkelberg 43
Karbonkelberg en Sutherpiek 43
Kareekloof-oord 258
Karoo NP 274
Karoo-avontuurroete 55
Karoo NR *221-2*, **274-5**
Karoo-woestyn Nasionale Botaniese Tuin 55
Kasteelspoort 44
Katana-piek 149, 150
Katedraalgrot *167*, 198, 199, 201
Kearney's Creek 234
keelinfeksies 32
Kei Mouth 131
Keirivier 131
Keiskammahoek 120
Kenhardt 278
Kenneth Steinbank NR 157, 289
Kerkdeur 196
Khoi-Khoi-visvalle 93, 94
Khongoni VP 244
Kimcadle-waterval 111
King William's Town 120, 129
Kingdom VP 214
Kingfisher Lake 159
Kirstenbosch Nasionale Botaniese Tuin 43
klapperbos 80
Klapperbos SR 80
Klein Tuinkloof 41
Klein Victoria-waterval 225
Klein-Aasvoëlkrans SR 215
Klein-Karoo 36-9, *71*, 80-2
Klein-Karoo NR 80
Kleinklofie 212

Klein-Leeukoppie 43
Kleinmond 61, 62
klere 22, 23-4, 25, *kyk ook* skoene
klimaat, *kyk* weerstoestande
Klipbokkop-roete 52
Klipdraai-waterval 242
klipkershout 57
Klipkershout-roete 57
Klipkoppie na Koppie Alleen 75
Klipspringer-roete (De Hoop NR) 74-5
Klipspringer SR (Bela-Bela) 251
Klipspringer VP (Augrabies NP) 279-80
Klipspringer WP (Ithalawildreservaat) 181
Klipstapel WP 188
Klipwoestyn 277
Kloof 157
Kloof Corner Ridge 44
Kloof Gully 200
Kloofendal NR 260
Kloofroete (Kranskloof) 212
Kloofroete (Le Ferox Paradis) 109
Kloof-roete (Bela-Bela) 250
Kloof-waterval 157, 158
Knersvlakte 282
Knersvlakte-uitkykpunt 282
kneusplekke 32
Knife Edge 114
Kniphofia triangularis 229
Knysna 100, 102
Kob Inn 130
Koeberg NR 45-6
Koedoe-roete 253
Koffiebaai 132
Koffiebaai tot Mbasherivier *123*, 132
Kogelberg NR 61-2, 62-3
Kogelberg-roete 62
Kogelbergvaalstompie 59
kokerboom 224
Kokerboom VP 278-9
Kokerboomwoudreservaat 279
Koloniesbos 77
Kommandodrifdam 118
Kommandodrif NR 118, 289
Kompasberg 277
Koningin Victoria 63
Koningin Victoria-rotsformasie 196
Kontoerpad (Drakensberg) 146, 147, 149, 150, 151
Kontoerpad (Tafelberg) 43
Kontoerpad via die Sfinks 146
konyn, *kyk* rivierkonyn
kookgeriewe, *kyk* kos; stofies
koors 32
Koovallei 79
Koppie Alleen *68, 75*, 76
koraalfossiele, Groter St Lucia-vleilandpark 174
koraalriwwe, Sodwanabaai 176
Korannaberg-bewaringsgebied 191, 192
Koranna VP *164*, **191**
Kormorant WP 94
Korsmosparadys 277
Korsmos SR 236
kortpaaie, erosie en 26, 27
kos
  daaglikse voedingsbehoeftes 18
  kook- en eetgerei 24, 25, 26
  spyskaart 18-19

Kosibaai 162
Kosibaai NR 178
Koumashoek-sirkelroete 95
Kraainesgrot 200
kraanvoël, *kyk* lelkraanvoël
Kraanvoël-roete 230
krampe 32
kransaasvoël-broeihabitats
  De Hoop NR 74, 75
  Gustav Klingbiel NR 230-1
  Kransberg 253
  Mtamvuna NR 154
  Skeerpoort 264
  Tsolwana-wildreservaat 119
  Zastron 188
  kyk ook aasvoëlrestaurante
Kransakkedis SR 275
Kransberg-natuurstaproetes 252-3
Kransduif SR 282-3
Kranshoek-kuswandelpad 103
Kranskloof VP 212
Kransroete (Kranskloof) 212
Krans SR (Hadeda-watervalroetes) 237
Krantzkloof NR 157-8
Kraterpoele 193
Krater SR 264
Krimpvarkie WP 181
Krisjan se Nek 101
Kristalkloof VP 92
Krokodilberg-roete 265
Krokodilsentrum (St Lucia) 170
Kromdraai-bewaringsgebied 255, 265
Kromdraai-goudmyn 265
Kromdraai VP 265
Kromrivier 51, 56
Krugerwildtuin, *kyk* Nasionale Krugerwildtuin
Krugerkop 241
Krugerneus 242
Krugerskraal 269
Kruin-roete (Bela-Bela) 250
Kruinroete (Rustenburg NR) 267
Kruinroete (Swartberg NR) 82
Kruin SR (Vredefortkoepelhooglandroetes) 269
Kruispad na Wolfkloof 77
Kuilsrivier 57
Kupido-waterval 229
Kuruman 278
Kuruman VP 278
Kuspaadjie (Hermanus) 64
Kusroete (De Hoop NR) 75
Kwaggafontein VP 189
KwaNgwanase 178, 179
KwaVundla-berg 181
KwaZulu-Natal 136-83
KwaZulu-Natal Natuurlewe (besprekings) 288, 289, 290, 291
Kwela-kloof 202

L
Ladismith 80
Lady Grey 133
Laer-Linwood SR 159
Laeveld Nasionale Botaniese Tuin 229
lalapalms 181
Lammergeier Private NR 133-4
Langalibalele-grot 153
Langalibalele-pas 149, 150
Langberg VP 202

Langebaanstrandmeer 36
Langeberge (Suid-Kaap) 77, 78, 79, 91, 92
Langesnek VP 193-4
Langklippe 225
Langklippe-roete 225
Langkloof 109, 110
Langkloof-roete 109
Langrietvlei-roete 48
Langvlei 98
Lappiesbaai-roete 93
Le Ferox Paradis Private NR 109
Le Ferox Paradis SRs 109
leerskilpad-broeihabitat 176, 178, 179
Leeukop (Korannaberg) 192
Leeukop (Kaapstad) 43, 44
Leeukoppie, Klein- (Houtbaai) 43
Lejume-piek 247
lelkraanvoël-broeihabitat 160
Leopard Cave 145
Leopard's Gorge 61
Lesheba-wildernis 247
Lesoba VP 196
Lesotho View 134
Letaba-natuurstaproete 240
Letsitele 239, 240
Leucodendron argenteum 44
Leucospermum heterophyllum 73
Leucospermum mundii 92
Leucospermum praecox 93
Leucospermum reflexum 50
Leucospermum winterii 92
Limietberg NR 55-7
Limietberg VP 56-7
Limpopo Provinsie 204-9, 239-53
Linwood WP, Bo-/Laer- 159
Lister-skiereiland 174
Little Foot 255
Livingstone Cottage 116
Loch Athlone 201
Loerie WP (Umtamvuna NR) 154
Loerie WP (Sabie) 168, 232
Lo-Hani-swempoele 253
Lo-Hani-swemroete 253
Lone Creek-waterval 168, 231, 295
Long Acres VP 53
Long Wall 148, 150
longinfeksies 32
Lookout Rock 142
Losberg 97
Loskopdam 214
Lost City-uitkykpunt (Mount Sheba) 234
Lost Valley-ravyn 141
Lot se Vrou 73
Lotheni NR 150, 151
Louis Trichardt, *kyk* Makhado
Louterwater SRs 109-10
Louwsburg 181
Lovers' Rock 114
Lubbert's Gift 43
luiperdbewaringsgebied 50
Luiperdgrot (Hadeda-watervalroetes) 237
Luiperdgrot (Salmonsdam-NR) 73
Luiperdgrot-waterval 237
Luiperd-lus 237
luiperdval, ou klip 283
Luiperdval-dagstaproetes 282
Lumbago Alley 41
Lunsklip-waterval 225

Lusikisiki 133
Lydenburg 225, 230

M
Mabudashango VP 245-6
Machadodorp 212
Mackton-plantasie 155
Maclear 135
Maclear's Beacon 44, 45
Mac-Mac-piekniekterrein 232
Mac-Mac-plantasie 231, 232
Mac-Mac-poele 231, 232
Mac-Mac-waterval 231
Madikwe-wildreservaat 179
Madonna and Child-waterval 120
Madonna en haar Aanbidders 144
Mafadi-piek 147
Magaliesberg 264, 265, 266, 267
Magaliesberg-kabelspoorstasie 264
Magaliesberg-pieke 264
Maggie-wrak 74
Magoebaskloof VP 218-19, 242-3
Magul se Gat 191, 192
Magwa-waterval 133
Mahai-parkeerterrein 142
Mahovhohvo-waterval 246
Maidenhair-waterval 158
Main Caves 149
Maitland NR 122
Makabeni-kop 169
Makawulani (Eerste Meer) 163, 178, 179
Makhado (Louis Trichardt) 244, 246, 247
malaria 32, 140, 145, 255
malgas, *kyk* witmalgas-broeikolonie
Maloti-Drakensberg Oorgrensbewaringsarea 136
Malteserkruis 49, 50, 67
Malteserkruis via Kromrivier 51
Malteserkruis via Sanddrif/Dwarsrivier 51
Maluti-uitkykpunt 194
Manzimbomvu WP 180
Mapieta se Grot 196
Maputaland 137
Maputo-olifantreservaat 179
Marco's Mantle WP 234
Marie se Piekniekplek 229
Maritzbos 231
Maritzbos VP 231
Marloth, dr. Rudolf 77
Marloth NR 76-7
Marquard 191
Maselkrans-roete 268
Mashai-pas 152
Mashai-piek 152
massa, berekening van 25
Masubashuba-pas 152
Mateke VP 253
Matlapa VP 234-5
Matterolli-huis 101
Maytenus oleoides 57
Mbasherivier 132
Mbasherivier tot Qoloramond 132
Mbazwana 177
Mbundini Abbey 144
Mbundini Buttress 144
Mbuvu VP 128
McKinlay se Poel 142
Mdedelelo-wildernisgebied 146-7
Meerminpoel 196

Meer-sirkelroete 171
Melkbosstrand 45
Melville-piek 98
Memel 201
Memetes splendidus 105
Merensky, Alexander 215
Merenskyhuis-museum 215
Merrimetsi SRs 191-2
meteorietkrater, Tswaing- 263
Metsi-Metsi-roete 238
Meulwater-veldblomreservaat 57
mev. Ples 255
Mfazana-pan 171
Mfihlelo-waterval 133
Miaspoort WP 56
Michellspas 54
Michrochaetus-erdwurm 84
Middelburg (Mpumalanga) 215
Middelpunt SR 188
Mike's-pas 145, 146
Millwood-goudstormloop 100, 101, 102, 103
Millwood-mynwandelpad 101
Millwood NR 103
Millwood-piekniekplek 101
Mimetes argenteus 59
Mimetes capitatus 60
mis, *kyk* weerstoestande
miskruier, Oos-Kaapse 116
Mission Rocks 170, 171, 172
Misty Mountain-melkplaas 108
Mkhaya VP 180-1
Mkhomazi-wildernisgebied 150
Mkuze-dorp 175
Mkuzi Fig Forest WP 175
Mkuzi-bosveld VP 175-6
Mkuzi-wildreservaat 175, 290
Mlamboja-pas 144, 146
Mngobozeleni-meer 176
Mngobozeleni SR 161, 176
Mobonz-wildreservaat 262
Modimolle (Nylstroom) 249
Modjadji 244-5
Modjadjibroodboom 241, 243, 244
Modjadji NR 243-4
Moepel-roete 250
Mohlesi-pas 152
Mokopane (Potgietersrus) 247
Molar 147
Molweni SR 158
Mond-en-Uitkyk WP 106
Monk's Cowl 145, 146
Monk's Cowl na Ndedemaravyn 147
Mons Ruber SR 82
Mont Rochelle NR 63
Montagu 78
Montagu, John 78
Montagu-berg NR 78
Montagupas 97
Mont-aux-Sources, *kyk* Brandwag SR; Mont-aux-Sources na Cathedral Peak
Mont-aux-Sources na Cathedral Peak 143-4
Moodie se Put WP 90
Mooifontein-waterval 211
Mooiplasie VP 262
Mooirivier WP 151
Mookgophong (Naboomspruit) 248, 249
Moon Rock (Augrabies) 280
Moon Rock SR (Warburton) 210
Moor Park NR 160, 169

INDEKS

Mopane verklarende roete 240
Morganbaai 130
Morgenzon-plantasie 233
Mosambiek 179
Mosselbaai 93, 94, 96
mosselbaai-speldekussing 93
Mosselgat 190
mossels, varswater- 190
Mount Amery 200
Mount Anderson 231
Mount Durnford 150
Mount Moodie 232
Mount Moodie VP 232
Mount Sheba 290
Mount Sheba NR 234
Mountain-waterval 160
Mpatiberg 182, 183
Mpatiberg VP 182-3
Mphophomeni SR 174
Mpofu-wildreservaat 119, 290
Mponjwane-grot 144
Mpumalanga 204-39
Mpungwini (Tweede Meer) Park
Mrs Mitchell's High Tea Rock 194
Mtamvunarivier 131, 132
Mtamvunarivier tot Port St Johns 132
Mtubatuba 173, 176
Mtunzini 178
Mudslide 143
Muizenberg 41
Muller se Brug 63
Murasie-roete 55
Mushroom Rock 145
muthi-tuin 159
Mvubu SR 172
Mwamasi-roete 215
Mweni Needles 144
Mweni Pinnacles 144
Mziki SR 170
Mziki WP 156
Mzilikazi 182
Mzimkhulu-wildernisgebied 152
Mzimkhulwana NR 152

N

Naboomspruit, *kyk* Mookgophong
Namakwaland 270-3, 280-3
Namakwaland-klipkoppe 281
Namakwalandse veldblomme 281
Napi-roete 238
Narina Trogon WP 155
Nasionale Herbarium 261
Nasionale Krugerwildtuin 204-5, *218*, **237-9**, 290
Nasionale Kultuur-historiese Museum 263
Nasionale Lys van Inheemse Bome 17
Nasionale Parke, Suid-Afrikaanse (besprekings) 289, 290, 291
Natalse Nasionale Botaniese Tuin 158-9
Nature's Valley 104, 105, 107
Ndedema-ravyn 144-5, 147
Ndumeni Dome 146
Ndumeni-grotte 146
Ndumo 180
Ndumo-wildreservaat 180, 290
Nellie se Poel 41
Nelspruit, 226, 227, 229
netwerk van basiskamp,

definisie 16
netwerk, definisie 16
neusbloeding 32
New Agatha-plantasie 241
New Chumm-waterval 236
New Scotland Development 210
Ngele-piek 155
Ngelipoort-plantasie 155
Ngelipoort WP 155
Ngobozana-sandwoud WP 180
Ngodwana 227
Ngome-woud 182
Ngwena-poel 153
Nhlange (Derde Meer) 178
Nhlonhlela-pan 175
Nieuwoudtville 281, 283
Nkonka WP 156
Nkosazana-grot 146
Nkutu-waterval 157
Nkutu-waterval SR 158
Noetzie 75
Nolloth-wrak (1942) 40
Nollshalte 102
Nols se Kop 101
Nongqawuse 131
noodhulp
  algemene kwale 30-4
  noodprosedure 29-30
  slangbyt 33-4
  -stel 30
noodkombers 22
Nooitgedacht na Wolfkloof 77
Noordhoekpiek 41, 42
Noord-Kaap, *kyk* Groot-Karoo, Namakwaland & Kalahari
Noordkapper-roete 93
noordkapperwalvis 64, 90, 101-2, *kyk ook* walvisbesigtiging
Noordkus-sirkelroete 171
Noord-Pongolo WP 180
Noordwes 254-7, 260-9
Nottingham Road 150
Noupoort 276
Nsumo-pan 175
Ntaba Themba 119
Ntabangcobo 152
Ntendeka-wildernisgebied 182
Nursery Ravine 43
Nuweberg 60
Nuweberg-roete 60
Nuwelandbos 45
Nuwerust 51-2
Njalaland-roete 238
Njala-roete 253
Nyamithi-pan 180
Nyamithipan WP 180
Nyl zijn Oog 249
Nylstroom, *kyk* Modimolle
Nylsvlei 205
Nymania capensis 80

O

Oestervanger VP 94
Ohrigstad-vallei 234
Old Furrow-roete 169
Old Salt VP 247
Old Woman Grinding Corn 147
oliepalms 178
olifante, Knysna- 102, *kyk ook* Addo Olifant NP; Tembe-olifantpark
Olifant-roete 102
Olifantskloof 214
Olifantskloof VPe 213-14
Olifantsooggrot 42

olifantspoot 109, *kyk ook* olifantsvoet
olifantsrivierbroodboom 215, 216
Olifantsroete 238
olifantsvoet 266, 267, *kyk ook* olifantspoot
Olympus-ravyn 133
Onderstepoort 263
Onder-Tarentaal-roete 115
Onseepkans 280
ontwrigting 32
Oog, *kyk* Die Oog
oogbeserings en -infeksies 32-3
Oom Japie se Kloof 211
Oorbietjie-roete 212
Oorgrensbewaringsarea, Maloti-Drakensberg 136
oorinfeksies 33
oorlewingsak 27
Oorlogskloof NR 281-3
Oos-Kaap 84-9, 110-35
Oos-Kaap Toerismeraad 290
Operasie Genesis 254
Oranjerivier WP 188
Oranjevlei-vakansieplaas 47
Organ Pipes, 144, 145, 146
Organ Pipes-pas 145, 146
Oribi Gorge NR *126-7*, 155-6, 290
Orothamnus zeyheri 62
Otter-swemgat 226
Otter VP 107, *121*
Ou Delwery WP 234
Ou Kaapseweg 41
Ou Myn SR 269
Oudebosch 62
Oudebosch na Harold Porter Nasionale Botaniese Tuin 62
Oukraal VP 81
Outeniekwa NR 95, 96, 97
Outeniekwapas 97
Outeniekwa VP 99-100
Outer Horn 144
Ozabeni 176

P

Paarl 56, 57
Paarlberg NR 57
padda
  Amatolaskurwe- 129
  Hogsback- 129
Pager, Harald 144
Palala-bewaringsgebied 248
Palmiet NR 157
Palmietrivier-roete 62
Palmiet-roete vir Blindes 60
palms
  lala- 181
  olie- 178
  raffia 178, 179
Panorama-roete 250
Panorama-sirkelroete 58
Pantelis A. Lemos-wrak 46
Paradise Camp 233
Paradise-poel 235
Paradors-lus 214
Pas-tot-Pas SR 97
Pat Busch NR 78
Patensie 110
Paternoster 48
Pauline Bohnen-roete 93
Peach Tree Creek 233
Peach Tree Creek VP 233
Peddie 119
Pedi-roete 230
Pedi-ruïnes 230, 231
Peglerae verklarende roete 267

Pegram's Point 41
Pelgrimsrus *220*, 233, 234
Pelionvallei WP 134
Pella 280
Pepsipoele 98
Pepsiwaterval 98
Percy's Bank 104
perde, wilde
  Kaapsehoop 228
  Morgenzon *221*, 233
Perdeberg-roete (Kogelberg-NR) 62, 63
perdekop-protea 50
Perdekop 63
Perdekop-natuur WP (Harkerville Inheemse Woud) 103
Perdekop-roete (Waterbergkruin VP) 252
Perdevlei-De Tronk-sirkel-roete 53
permitte 16, *kyk ook* hoofinskrywings
Petrusville 277
Phillips, Lady Florence 242
Phuthaditjhaba 200
Phyllisia-sirkelroete 40
Phyllisia-wrak (1968) 40
Piano-huis 183
Pic Blanc 57
Pic-sans-Nom 58
Pietermaritzburg 158, 159
Piggy Books 120
pikkewyn, *kyk* brilpikkewyn
Pilanesberg NP 254, 267-8, 290
Pilanesberg-kompleks 267
Pillar-grot 152
Pine Creek-woonwapark 96
Pinnacle 235
Piramideberge, Eerste & Tweede 193, 194
Piriebos 129-30
Pirie WP 130
Pithi WP 156
Plaatbos-natuurwandelpad 108
Platteklip Gorge 44
Player, Ian 177
Plettenbergbaai 103, 104
Plowman's Kop 142, 143
Poacher's Cave 145
Pofadder VP 280
Policemen's Helmet 142, 143
Pondoland Portage VP 133
Pongola 180, 181
Pongolo WP, Noord/Suid 180
Port Beaufort 90
Port Edward 153
Port Elizabeth 112, 113, 114, 115
Port Shepstone 155
Port St Johns 132
Port St Johns tot Koffiebaai 132
Porterville 52
Poskantoorboom 94
Postberg VP 46
Potberg 74
Potberg-roete 75
Potgietersrus, *kyk* Mokopane
Potterill-piek 149, 150
Preekstoelrots 73
Preekstoel-uitsig 193
Premier-myn 261
Pretoria 260, 261, 263
Pretoriase Nasionale Botaniese Tuin 261
Prince Alfred Hamlet 53

Prospekteerder-en-
  Morgenzon VP 234
Prospekteerder VPe *220,
  221,* **233-4**
protea 68
  bredasdorpsuikerbosse 75
  bruinbaard- 77
  grond- 74
  koning- 77, 92, 109
  perske- 77
  rooisuikerkan 92
  sneeu- 50
  Stokoe-suikerbos 59, 60
Protea cryophila 50
Protea cynaroides 77, 92, 109
Protea denticulata 74
Protea grandiceps 77, 92
Protea nitida 52
Protea obtusfolia 75
Protea recondita 52
Protea speciosa 77
Protea stokoei 59, 60
Protea-roete 231
Proteavallei 77
Protea WP 94
Puntjie WP 90
Pup, *kyk* The Pup
pyn 33
Pypleidingpad 44
Pyramid 146

Q
Qolo la Masoja 145
Qolorarivier 130
Queen Rose VP 228-9

R
raffiapalms 178, 179
Rantjies-uitkykpunt 258
Ras se Kloof 213
Ratel-natuurwandelpad 108
Ratelspruit VP 225
Ratelspruit-waterval 225
Ratelsrus-roete 225
Ravyn-parkeerterrein 143
Ravynroete 73
Razorback 154
Razor's Edge 214
Recifepunt 114
Redcliffe-poel 135
Redi-piek 151
reën, *kyk* weerstoestande
Reënboog-forelplaas 265
Reënboog-ravyn 145
reënklere 22
Reënkoningin (Modjadji)
  244-5
Reier-roete (Vrolijkheid NR)
  80
Reier-roete (De Hoop NR) 75
Rein se NR 93-4
Reitziikop 226
Remedies and Rituals WP 169
Renoster-piek 152
Renosterpoort VP 252
Rensburgkoppie 201
Retiefpas 141
Retiefrots 141
Reusevisvanger WP 99
Rhodes 134
Ribbokroete 216
Ribbok VP 198
Ribbon-waterval 145
Richtersveld 224
Ridge of Horns 144
Ridge Peak 41
Rietbok-kring 239
Rietfontein VP 248-9
Rietvlei-dagstaproete 282
Rietvlei NR 260-1

Rif van die Soldate 145
Rifpieke 58
Ritchy-waterval 280
Riversdal 92
Riversdalse heide 92
Riversdal-VPe 92
Rivier WP (Van Stadens-
  veldblomreservaat) 112
riviere, oorsteek van 28-9
rivierkonyn-teelprogram 274
Rivieroewer WP (Laeveld
  Botaniese Tuin) 229
Riviersonderend-bewarings
  gebied 76
Riviersonderend-kloofroete
  60
Rivier SR (Hadeda-waterval
  roetes) 237
Rivieruitsig-roete (Bergkloof
  VP) 189
Rivieruitsig WP (Witsand) 90
Rivier WP (Kwaggafontein
  VP) 189
Rivier WP (Giant's Castle) 149
**Robberg Mariene en NR
  104**
Robertson 78, 79
Robertson-dwergtrap-
  suutjie 79
Robinsonpas 94, 95, 97
Rock 75 (Seventy-five) 149
Rockeries Tower 144
Rockeriespas 144
Rockhopper-roete 56
Rolfontein NR 277-8
rolstoelroetes
  Bourke's Luck-kolkgate 236
  Fossiel-roete 274
  Mooirivier WP 151
  Romeinse Baddens 134
Rondevlei 98, 99
Roodekransrant 259
Roodepoort 259, 260
Rooi Roete (Aalwyn SR) 118
Rooi Roete (SAS Saldanha-
  natuurstaproetes) 48
Rooi Roete
  (Wingerdroete) 57
Rooiberg-roete 51
Rooibok-lus 239
Rooiborssterretjie WP 114
rooibostee 283
Rooihaas SR 269
**Rooikat-natuurwandelpad
  240-1**
Rooikat-roete
  (Machadodorp) 213
Rooikat-roete (Robertson) 80
Rooikop 189
Rooikop-roete 189
Rooi SR (Kenneth Steinbank
  NR) 157
Rooiwaterspruit VP 92
rook, voetslaanreëls en 27
Roossekop 226
Roossekop-roete 226
Roossenekal 226
Rotskamer 226
rotsskilderinge
  Battle Cave 147
  bewaring van 27
  Biedouw-vallei 49
  Cobham-gebied 152
  Drakensberg *124, 126,
    136,* 144-5, *146, 147,
    149, 153*
  Fouriesburg 195
  Giant's Castle 149
  Giant's Cup 153
  Kagga Kamma Private

Wildreservaat 52
Kalkoenibis VP 201
Korannaberg 192
Kruger NP 238
Kwaggafontein VP 189
Le Ferox Paradis 109
Lesoba WP 196
Mdedelelo-wildernisge-
  bied 146
Monk's Cowl 146
Mosselbaai-distrik 96
Ndedema Gorge 144-5
Oorlogskloof NR 281, 283
Oos-Kaap 85
Sederberge 37
Sevilla-rotskunsroete 48-9
Transkaroo VP 277
Vergezient-bergoord 141
Vrederus (Maclear) 135
Woodcliffe (Maclear) 135
Royal Natal NP *124, 125,
  126,* **142-3,** *200,* 290
rugsakke
  keuse van 20-1
  pakwenke 24-5
rugsakroetes, definisie 17
Ruines-daguitstappie 212
Russiese Roulette-kloof 235
Rust de Winter 262
Rustenburg 265, 266, 267
Rustenburg NR 266, **267**
Rustenburg VP 266-7

S
Saalpad 44
Saasveld 98
Sabie 231, 232
Sabielelie 226
**Sable Valley-en-Serendipity
  VP 249**
Sacramento-monument 113
Sacramento WP 113
SAFCOL 42, 62, 227, 231
Saldanha 46, 47
Salmonsdam NR 73, 290
Salpeterkrans (Fouriesburg)
  194, *203*
Salpeterkrans (Witbank) 213
Salpeterkransberg
  (Roossenekal) 226
Salpeterkransgrot
  (Fouriesburg) 194-5
**Salpeterkrans VPe
  (Roossenekal) 226**
Sam Knott NR 119
Sampioenberg 196
Sampioenrots (Golden Gate)
  167, 197, 198, 199, 201
Sampioenrots (Zastron) 188
Sampioenrotse
  (Magaliesberg) 267
Sampioenrotse
  (Witbank) 213
Sanddrif/Dwarsrivier 50-1
Sandersonia aurantiaca 155
Sandilegrot 130
Sandilekrans 130
Sandile WP 130
Sandown-piek 62
Sandstone Sentinels 233
Sandstone View 149
Sandybaai 43
sangoma 195
Sani-pas 152, 153
Santo Alberto-wrak (1593)
  85, 131
São Bento-wrak (1554) 85
São João-wrak (1552) 85
Sardiniëbaai NR 113
SAS Saldanha-

natuurstaproetes 47
Schoenmakerskop 113
Schrijver, Isaac 95
Scilla natalensis 226
Searle-familiebegraafplaas 96
Searle-gedenkkerk 96
Sebayeni-grot 145
Sebra-roete 265
Sebra-vlakte 266
Sederberg-toeristepark 51
Sederberg-wildernisgebied
  35, 37, **49-52,** *66, 67*
sederboom *66*
Sedgefield 101
Sediba VP 201-2
Seekoeipoel VP 251
Seepsteen-muilstalle 242, 243
Seinheuwel 44
Sekonjela se Hoed 193
Sekonjela-piek 192
Sekretarisvoëlrugpad 150
Sekretarisvoël-vlakte 267
Sendingklok 116
Sentinel (Golden Gate), *kyk*
  Brandwag
Sentinel (Houtbaai) 42
Sephton-viertrekpas 135
Serendipity 249
Serpentine 98, 99
Setlaarspark 114
Sevilla-olienhoutwandelpad 49
Sevilla-rotskunsroete 48-9
Sfinks (Visierskerf
  Private NR) 193
Sfinks (Drakensberg) 146, 147
Sfinks-roete (Hottentots-
  Holland NR) 59
Sfinks VP (Ficksburg) 193
Sheba's Breasts
  (Lotheni NR) 151
Sheba's Breasts (Witbank) 214
Shokwe-pan 180
Shokwe WP 180
Sibaya-meer *161*
Sibayameer NR 177-8, 290
sigoreibrander 117
Sigsagroete 61
Silverglen NR 156-7
Silverglen SR 156-7
Silvermyn 41-2
Silvertonrant 261
silwerboom 44
Silwerboomroete 43
Silwerfontein VP 54
Sinclair NR 103
Sipongweni-skuiling 152
Sir Lowryspas 60
Sir Peregrine Maitland WP 112
Sirkelroete (Goukamma
  Mariene en NR) 101
sirkelroete, definisie 16
Sirkelsvlei 41
Skaapplaas SR 96
Skalie-roete 55
skeepswrakke 40, 46, 64,
  74, 85, 113, 131, 132
Skeleton Gorge 43, 45
skilpad, suurpootjie- 54
Skilpadkruin-roete 252
Skinny Dip Pool 135
skoene 19-20, 25
skoenlappers 198
skok, behandeling vir 29
Skuitbaai WP 90
slaapsak 21
slaaptoerusting
  grondseil 22
  lys vir 25
  slaapsak 21
  toesel-grondkussing 21-2

INDEKS

kyk *ook* tent
Slagbos 117
Slagthoek VP 213-14
slagvelde, Anglo-Boere, Anglo-Zoeloe 183
slangbyt 33
Slapende Skoonheid-piek 92
Smaragpoel 111
Smithfield 190
Smith-rotsformasie 65
Smitswinkelbaai 41
Smutspad 43, 45
Snaaksekrans-uitkykpunt 214
sneeu, *kyk* weerstoestande
Sneeuberg (Sederberg) 50, 67
Snowdon-piek 134
Sodwanabaai *160*, **176**, 290
soetnoors 111
Somerset-Oos 117
Somerset-Wes 58
sonbrand 31
sonsteek 34
Sorocephalus imbricatus 54
Soutpansberg 245-7
Soutpansbergbewaringsgebied, Westelike 247
Soutpansberg VP 246
Soutrivier oor Keurpad 106
Soutriviermond 105
Spandaukop 275
speldekussing, mosselbaai- 93
Spelonkkop 282
Spes Bona-vallei 41
Spine WP 40
Spiraalgat 193
Spitskop 103
Splash Pool 158
Splendidpas 104
Sporekrans VP 195-6
Springbok 280
Spruitsonderdrif 202
St Blaize SR 94-5
St Fort VP 197
St Lucia-dorp 169, 290
St Lucia-meer
 Oostelike Oewer 170, 171, 172
 Westelike Oewer 173, 174
St Lucia-vleilandpark, *kyk* Groter St Lucia-vleilandpark
St Lucia-wildernisroete 172
St Lucia-wildreservaat 169-70
St Sebastianbaai 90
Stadsaalgrotte 51
Stalgrotte 147
Stamvrug VP 149-50
Stanford 73
Stanford's Cove 64
Stanley Bush-heuwel 231
Stanley de Witt se Lig 80
Stap-en-Roei-roete 269
Starvation Creek NR 228
Starvation Creek-waterval 228
steekwonde 31
Steelpoort 234
Steenbok-dagwandelpad 47
Stellenbosch 57
Sterkfonteingrot 265
Sterna-roete 74
stewels, *kyk* skoene
Stilbaai WPe 92-3
Stimela-rug 144
Stinkhoutkloof-natuurwandelpad 104
stofies, kamp- 22-3
Stokoe, Thomas 59
Stokoe-pas-roete 59
Stokstert VP 190
Stompneusbaai 48

Stompneusbaai na Paternoster 48
Stormsrivierbrug 104, 107
Stormsrivier-dorpie 107, 108
Stormsriviermond 106
Stormsriviermond-grot 106
Stormsriviermond-hangbrug *121*
Stormsrivier WP 107-8
Strandloper-roete 93
Strandloper VP 131
Strandveld Opvoedkundige Roete 46
Strand WP (Sedgefield) 101-2
Strikdas VP 211-12
Strikdas VP en Hebron SRs 211-12
Strubens-broers 260
Strydomsbergpiek 111
Sugarloaf (Nelspruit) 227
Sugarloaf-piek (Sederberg) 51
Suicide Gorge (Grabouw) 60
Suicide-kloof (Ceres) 54
Suidkus-sirkelroete 171
Suid-Pongolo WP 180
Suidwes-Kaap 36-80
Suikerbekkie-lus 91
Suikerbosfontein VP 211
Suikerbosrand NR 258, 259
Suikerbosrand VP 258-9
Suikerbosrifgrot 194
Suikerbossingel WP 215
Suikerbos VP 216
Sun City 267
Sunday Falls 143
Supertube Gorge 194
Surprise Ridge 143
Sutherpiek 43
suurpootjieskilpad 54
Swaelkranse 201
Swaelnes 193
Swallowtail-waterval 120
Swartberg NR 81-2
Swartbergpas 81, 82
Swartberg VP *71*, 82
Swartboskloof na Sosyskloof 58
Swartboskloof-roete 58
Swartheuwels 240
Swartkops NR 115
Swartkrans 265
Swartruggens 268
Swart-se-Put 280
Swartvlei 99
Swartwildebees VP 141-2
Swartwitpens VP 251
Swellendam VP *71*, 77-8
Sweni-roete 238-9
Swinburne 201

T
Taaibosh, Gert 191
Tabajwane-koppie 244, 245
Tabajwane WP 245
Tabajwane-windmeul 245
Tafelberg (Kaapstad) 43-5
Tafelberg (Lady Grey) 134
Tafelberg (Robertson) 78
Tafelberg (Sederberg) 50, *66*
Tafelberg (Tsolwana NR) 119
Talana-kop 183
Tandberg 241
Tarentaal-roete (Machadodorp) 213
Tarentaal SRs (Port Elizabeth) 114-15
Tarkastad 118
Tarn and Tryme Hills-roete 145
Tarn Hill 145
Taylor's-pas 151

Telekulu WP 159
Telle-waterval 135
Tellewaterval SR 134-5
tent 23
Tent-piek 151
Tepelkop VP 196
Tewate-wildernis 172
Thabana Ntlenyana 152
Thabaphaswa VPe 247
Thabazimbi 252, 253
Thabina-waterval 242
Thathe Heilige Woud 245, 246
The Brook/Mondi SRs 210
The Corridor 177
The Crack 143
The Crags oor Brakrivier 106
The Gully, *kyk* Die Spleet
The Pup 51
The Spout 66
Theewaterskloof-bewaringsgebied 63
Tembe-olifantpark 179-80, 291
Themeda-heuwel 234
Thirty-nine Steps-waterval 120
Thohoyandou 245
Thomas T Tucker-roete 40
Three Loop Junction 237
Thumb 148, 150
Thunderbolt Reef 114
Tienuurkop na Twaalfuurkop 77
Tierboskat-roete 213
Tierkloof 54
Tierkloofpoele 267
Tierkloofwatervalle 266
Tierkop VP 97-8
Tietiesbaai na Swartriet 48
Tiffendel Ski-oord 134, 135, 291
Timber Square 129, 130
toerusting, voetslaan- 19-24, 26
 koop van 19
 lys vir 25
toilet, die 'katmetode' 27
toiletware, lys vir 25
Tok se Grot 135
Toktokkie WP 259
Tolhuis WP 54
Tonnel, *kyk* Die Tonnel
Tonnelbos 97
Tonnelgrot 143
Tonnel-roete *124*, 125
Tor Doone 120
Toringberg 80
Tortoise Rocks 153
Totius 269
Towersig SR 80
Transkaroo VP 276-7
Transvaalse aalwyn 258
Trapleer (125-) 197
Trappe-waterval 104
trapsuutjie, Robertson-dwerg- 79
Truitjieskraal 51
Tryme Hill 145
Tshatsingo-kolkgate 246
Tshivase-teelandgoed 245
Tshukudu VP 251-2
Tshumaninfonteine WP 245
Tsitsikamma NP
 De Vasselot-gedeelte 105-6, 291
 Otter VP 107, 291
 Stormsriviermond 106, 291
Tsitsikammakloof-roete 109
Tsitsikamma VP 104-5, *121*, 122

Tsolwana-wildreservaat 118-19
Tsonga-visvalle 178-9
Tswaing-krater 255, 263
Tswaingkrater SR 263-4
Tugela-tonnel en -ravynroete *125*, 143
Tugela-waterval 142
Tuin van Herinnering 266
Tuinroete *71-2*, *83*, 84-7, 90-110
Tumbling Waters-spruit 233
Turraea WP 159
Tussen-die-Riviere-wildreservaat 188, 291
Twaalf Apostels, *kyk* Gewelberge
Tweede Meer (Kosibaai) 178
Tweede Oog-vakansieoord 278
Tweede Tol 56
Tweede Waterval WP 58
Tweelingpieke 58
Twins Cave 144, 146
Tygerberg NR 45
Tylecodon paniculatus 281
Tzaneen 240, 241, 242, 243

U
Ubumanzi VP 248
Uitenhaagaalwyn 111
Uitenhage 110, 111
Uitenhage NR 111
Uithou VP 118
Uitkoms-waterval 213
Uitkyk VP 264
Uitkyk WP 45
uitputting 34
Uitsig-roete 250
Uitsigrots 73
Uitsoek-plantasie 229
Uitsoek VP 229-30
Uitzicht VP 197
uKhahlamba-Drakensberg-park 136, 142-53
Ultimatum-boom 169
Umfolozi primitiewe VP *161*, 177
Umfolozi-wildernisstaproete 177
Umgeni WP 156
Umkhiwane SR 173
Umkhumbe SR 173
Umtamvuna NR 153-4
uNkonka WP 154

V
Vaalkloof 54
Vaalkloof VP 53-4
Vaalribbok-roete 212
Vaalwater 251
Vallei van die Rooi Gode 44
Vallei van Verlatenheid *221-2*, 275
Valsbaaipark (St Lucia) 174
Van der Kemp se Kerk 116
Van Heyningenspas 147, 148
Van Reenen 141
Van Reenenspas 201
Van Stadenskloof 112
Van Staden-veldblomreservaat 112
Vanderkempskloof SR 115-16
Vanderkloofdam 277, 278
Vanrhynsdorp 282
Varinghoek oor Keurpad 106
varings, inheemse 182
varkore 226

303

Vasbyt VP 248
veiligheidsmaatreëls
  (voetslaan-) 28-34
veldbrande, gevaar van 29,
  37, 140, 205, 255
Vemaanvallei 143
Venda-geestestuine 246
Venster, *kyk* Die Venster
Vensterbank na Wolfkloof 77
Vensterberg 195
Vensterbergkaap 44
Venster-India 44
Vensterkloof 63
Vensterrots 233
Venterskroon 268
Venterskroon historiese
  gouddelwery 269
Vereniging vir Natuurlewe
  en die Omgewing 182, 244
Vergelegen NR 150, 151-2
Vergezient-bergoord 141
Vergezient-bergsrs 141
Verkeerdom-Valle 280
verklarende roetes, definisie 17
Verkykerskop 146
Verlorevallei-uitkykpunt 201
Vermaakskop 111
verrekkings 34
verstuitings 34
Vhulambanngwe-piek 246
Vierde Meer (Kosibaai) 178
Vingerklippe 47
Vingerrots 226
Visarendbaai VP 265-6
Visarend VP
  (Swartruggens) 268
Visarend WP (Mtamvuna
  NR) 154
Visierskerf Private NR 192, 193
Visierskerf-piek 192, 193, 197
Vissersklloof 277
visvalle
  Khoi-Khoi/Boesman 93, 94
  Tsonga *162, 163,* 178-9
Vleesbaai 94
vleiland
  De Hoop 74, 75
  Langebaan 36
  Ndumo 180
  Sibaya 177-8
  St Lucia 137
  Swartkops 115
  Wildernis 98
Vlei-roetenetwerk
  (De Hoop) 75
vleiroos 62
vloede, *kyk* blitsvloede
Voëlvlei-natuurbewarings-
  gebied 54
voer van diere 27
voetangel 192
voetslaan
  algemene kwale 30-4
  beplanning 17-26
  kos 18-21
  noodhulp 29-34
  pakwenke 24
  reëls 26-7
  spyskaart 18-19
  terminologie 17

tipe roetes 16
toerusting 19-24, 25
veiligheid 28-34
verslag 284
wenke 26
voetslaanpad, definisie 17
Volstruis SRs 90
Vrede 202
Vredefort-koepel 255, 268-9
**Vredefortkoepel-hoogland-
  roetes 268-9**
Vrederus VP 135
Vrolijkheid NR 79-80
Vryheid 181, 182
Vrystaat 184-203
**Vrystaatse Nasionale
  Botaniese Tuin 190-1**
vulkaan, Pilanesberg
  alkaliese 267
vuurmaak
  veiligheidsmaatreëls 27
  kyk ook veldbrande
Vuurtoring WPe 40
Vyekop 230

W
Waaihoek-piek 276
waboom 52
Waenhuisgrot (Langberg VP)
  202
Waenhuiskrans
  (Korannaberg) 192
**Wag-'n-Bietjie SRs
  (Bela-Bela) 250**
**Wag-'n-Bietjie VP
  (Bothaville) 202**
Walker's Peak 152
walvisbesigtiging 37, 64, *68,*
  74, 75, 76, 90, 93, 94,
  101-2
Walvisroete 75-6
Warburgia-sirkelroete 174
Warburton 210
Warmbad, *kyk* Bela-Bela
Wasbank 183
water
  siektes oorgedra deur 28,
    30-1
  voetslaanreëls en 27
Waterberg 248-53
waterbergbroodboom 216,
  248
Waterbergkruin VP 252
Waterbok-natuur-
  staproete 240
Waterbok WP 245
waterbottel 23
Waterfall Bluff 133
Waterkloof VP 192-3
waterskilpaaie, *kyk*
  leerskilpad-broeihabitat
Waterval-Boven 212
Watervalgrot (Brandwater
  VP) 194
Watervalroete (Salmonsdam
  NR) 73
Waterval-roete (Sederberg) 51
Waterval-roete (Visarend VP)
  268

Waterval SR (Warburton) 210
Waterval WP (Mount Sheba)
  234
Waterval WP (Stormsrivier-
  mond) 106
Watervalwoud 129
Watson-skoenfabriek 96
weerlig
  Gauteng & Noordwes 255
  gevare van 28
  Mpumalanga & Limpopo
    205
  Vrystaat 185
weerstoestande
  Drakensberg 85, 137, 140
  Gauteng & Noordwes
    205
  Groot-Karoo, Namakwaland
    & Kalahari 271
  KwaZulu-Natal 137, 140
  Mpumalanga & Limpopo
    205
  Oos-Kaap 85
  Suidwes-Kaap 37
  veiligheidsmaatreëls 28
  Vrystaat 185
  kyk ook weerlig
Welbedacht-grot 50
Welgedacht SRs 225
Wellington 55
Weskus NP 46-7
Wesoewer-roete 93
Western Buttress 200, 201
Western Heights 154
Westfield WP 90
Westville 157
Wet op Gedenkwaardig-
  hede 27
Weza-plantasie 155
Whalewatch Point 76
Whittlesea 118
Widdringtonia cedarbergensis
  50
Wild Coast Amble 130
Wild Coast Meander 130-1
wildbesigtigingsroetes,
  begeleide
  Borakalalo NP 263
  Hluhluwe-Umfolozi-
    park 177
  Ithala-wildreservaat 181-2
  Nasionale Krugerwildtuin
    237-9
  Ndumo-wildreservaat 180
  Pilanesberg NP 267
  Tsolwana-wildreservaat 119
Wildekamfer-sirkelroete 175
Wildekus 85, 123, 130-2
**Wildekus, Mtamvunarivier
  tot Keirivier 131-2**
wildepynappel 229-30
Wildernis 98
Wildernis NP 98-9, 291
Wildernis-strandmeer 99
wildernistrekke, definisie 17
Wilson's Peak 152
Window Stream 43
Windybrow VP 261-2
Wingerdroete 57
Winterton 144, 145, 146

Wit Roete (Eps Joubert-
  roete) 73
witaasvoël-broeihabitat 178
Witbank 213
Witberg 97
Witborsspreeu WP 181
Witches 200
Witgatbad 193
Witkleigat 51
Witkrantz 80
Witkruisarend WP 133
witmalgas-broeikolonie 117
Witpoortjie-waterval 259
Witrivier se Grip 55
Witsand 90
Witsandeiland 104
Witsand WPe 90
Witteberg Sky Walk 133
**Witwatersrand Nasionale
  Botaniese Tuin 259-60**
Wodehouse-kop 199
Wodehouse-piek 197,
  198, 199
Wolfbergboog 49, 50-1, *67*
Wolfbergkeure 49, 50-1
Wolfbergskeure en -boog 50-1
Wolfkloof 77, 78
Wolfrivier SR 129
Wolhuter, Harry & Henry 239
Wolhuter-roete 239
Wolhuterskop NR 201
Wolhuterskop VP 200-1
Wolkberg 241, 242
**Wolkberg-wildernisgebied
  241-2**
Wolwedans WP 96
Wonderboom 181
Wonderfontein
  (Swinburne) 201
Wonderfontein
  (Vaalwater) 251
Wondergat 278
Wondergrot 265
Wonderklippe 76
Wondervallei 148
Wondervallei-grot 148
Wonderwoud 242
Woodbush-boomtuin 242
Woodcliffegrot VP 135
Woody Cape NR 116-7
woordelys 292-3
Worcester 55
World's View 159, 160
World's View WP 159, 160
wortelboomwoude
  Kosibaai 178
  Sodwanabaai 176
  Wildekus 132
Woud WP (Natalse Nasio-
  nale Botaniese Tuin) 159

X
Xeni-pas 146

Z
Zantedeschia pentlandii 226
Zastron 188, 189, 190
Zigzag-waterval 73
Zingcuka-sirkelroete 129
Zuurberg 116